Tony Gaddis 저

장원영 역

Alice
컴퓨터 프로그래밍의 시작

홍릉과학출판사

Addison-Wesley
is an imprint of
PEARSON

일러두기

이 책의 원서 "Starting Out with Alice: A Visual Introduction to Programming"에는 주석이 없습니다. 본 번역서의 주석은 모두 역자 주석입니다.

TRANSLATOR'S FOREWORD

역자 서문

과학 고등학교의 전산[1]교사로서, 학생들에게 컴퓨터에 관해서 무엇을 가르쳐야 할지를 항상 고민한다. 그 고민은 "지식은 무엇이어야 하는가?"라는 교육철학에 가까운 물음으로 귀결되지만, 언제나 컴퓨터 과학에 대한 원리를 가르쳐야 한다는 믿음에는 변함이 없다.

과학 고등학교에 입학하는 학생들은 수학 또는 과학(물리, 화학, 생물, 지구과학) 교과에서 뛰어난 재능을 가지고 있는 반면, 컴퓨터 과학 또는 컴퓨터 프로그래밍에 대해서는 잘 모르는 학생들이 많다. 다른 과학고나 일반계 고등학교에서도 마찬가지 상황일거라고 추측된다. 아마 이것은 초등학교나 중학교의 정규교육 과정에서 컴퓨터 프로그래밍을 접할 수 있는 기회가 많지 않았던 이유에서 그 원인을 찾을 수 있을 것이다.

컴퓨터 프로그래밍을 전혀 경험하지 못한 학생을 대상으로 특정 프로그래밍 언어를 가르치는 것은, 배우는 학생이나 가르치는 교사에게 무척 힘든 일이 아닐 수 없다. 역자의 경험에 비추어 보면, 초반 학생들의 반응은 "너무나 생소해..." 이다. 어린 아이가 처음으로 알파벳을 접할 때도 이만한 생소함을 느끼게 될까?

"컴퓨터 프로그래밍을 경험하지 못한 학생들에게, 어떻게 하면 쉽게 그것을 가르칠 수 있을까?"를 고민하면서 Computer Science Education[2] 관련 논문을 뒤적거리고 있던 중, Alice라는 프로그램을 알게 되었다. Alice는 미국의 Carnegie Mellon 대학에서 컴퓨터 과학 교육

1) 컴퓨터 과학, 정보 과학, 컴퓨터 공학 등 Computer 관련 학문 분야를 지칭하는 다양한 명칭들이 있지만, "전산학"이라는 이름이 제일 맘에 든다. 컴퓨터에 대한 이산 수학적인 심오한 원리가 내재되어 있는 느낌이 들기 때문이다. 그래서 역자는 언제나 "전산 교사"로 자신을 소개한다.

2) ACM 학회에는 SIGCSE (Special Interest Group on Computer Science Education)라는 그룹이 있는데, 컴퓨터 과학 교육(Computer Science Education)에 대해 특별히 관심을 갖고 있는 연구그룹을 지칭한다. http://www.sigcse.org를 방문해 보기 바란다. 컴퓨터 과학 교육에 대한 연구를 활발히 진행하고 있는 대학들의 목록이 나온다. 특히 목록에 열거된 대학들은 컴퓨터 과학 교육을 전공으로 박사 학위 취득이 가능한 곳이다.

(Computer Science Education)을 위해 만든 소프트웨어이다. 굳이 이야기 한다면, 프로그래밍 언어이다. 그러나 이 프로그래밍 언어는 일반적인 응용 프로그램을 제작하기 위한 것이 아니고, 가상의 세계에서 3D 애니메이션이나 게임을 쉽고 재미있게 만들 수 있도록 했다. 이러한 애니메이션이나 게임을 만들면서 자연스럽게 컴퓨터 프로그래밍의 원리를 학습할 수 있도록 고안된 것이다.[3)]

이 언어의 장점은 명령어 코드가 '타일'로 되어 있다는 것이다. 그리고 그 타일을 드래그 앤 드롭(Drag and Drop)만 하면 프로그램이 완성된다. 보통 코딩이라 함은 다다닥 거리는 키보드의 자판 소리가 나야 그 참 맛을 느낄 수 있지만, 사실 특정 언어의 문법에 맞게 코딩해야 함은 프로그래밍 학습의 최대 적이 아닐 수 없다. 많은 학생들이 이러한 문법 오류 또는 컴파일 오류로 인해 모니터 앞에서 좌절하고 만다. Alice는 최소한 문법 오류로 인한 좌절에서 학생들을 멀리할 수 있다. 다만 논리적인 오류는 생길 수 있는데, 일반 프로그래밍 언어의 학습에서 겪게 되는 모니터의 장시간 응시로 인한 눈의 충혈과, 로직이 변화시킨 변수의 값을 추적하다가 그만 뇌에서 느끼게 되는 어지럼증이 아닌, 웃음을 선사한다. 캐릭터의 예상하지 못한, 때로는 배꼽 잡게 하는 웃기는 행동들이 화면에서 펼쳐지기 때문이다. 더욱이 Alice는 기본적인 객체지향 프로그래밍의 개념과 원리를 학습할 수 있도록 구성되어 있다. 거기에 공짜이기까지 하다. 2009년 하반기에는 Alice 3.0이 공개될 예정이다. 세계적인 게임 제작사 Electronic Arts의 인기 게임 "The Sims 2"의 캐릭터와 애니메이션이 포함된다고 하니, 사뭇 기대가 된다.

미국에서 출간된 Alice 관련 교재[4)] 중, Tony Gaddis의 Starting Out with Alice: A Visual Introduction to Programming을 번역하게 된 이유는, 이 책이 가장 쉽고 간결하면서도, 컴

---

3) Alice는 Head Fake를 통해 컴퓨터 프로그래밍을 가르친다. 여기서 Head Fake란 배우는 사람으로 하여금 재미있게 놀고 있는 것처럼 스스로 느끼게 하면서 실제로는 컴퓨터 프로그래밍을 학습케 하는 프로그래밍 교육 기법을 말한다. Alice 개발 팀의 리더였던 Carnegie Mellon 대학 고(故) Randy Paush 교수가 Alice의 Head Fake에 대해 그의 저서 "마지막 강의"에서 언급한 내용을 다음과 같이 소개한다.

"Alice는 입문 과정의 컴퓨터 전공자들, 혹은 남녀노소 누구나가 쉽게 스토리 텔링, 쌍방향 게임, 혹은 영상창작을 위해 애니메이션을 만들 있도록 도와주는 도구다. 3D 그래픽과 드래그 앤 드롭(drap and drop) 기술을 이용해서 사용자들에게 쉽고도 매력적인 첫 프로그래밍 경험을 제공하는 것이다. Alice는 카네기 멜론의 사회봉사 차원으로 무료로 제공되었으며 백만 명 이상의 사람들이 다운로드했다. 앞으로도 사용량이 더욱 치솟을 것으로 전망된다. <중략> 1990년대 초반, 처음 Alice를 시작했을 때부터, 나는 이것이 Head Fake를 통해 컴퓨터 프로그래밍을 가르친다는 사실에 열광해 왔다. 헤드 페이크를 기억하는가? 배우는 사람이 다른 흥미로운 것을 배우고 있다고 착각하게 만들어 놓고 실제로는 다른 것을 가르치는 것을 말한다. 학생들은 영화를 만들거나 비디오 게임을 만들기 위해 Alice를 이용한다고 생각한다. 여기서 Head Fake는 그들이 지금 컴퓨터 프로그래머가 되는 법을 배우고 있다는 사실이다. <중략> Alice를 통해 수백만의 아이들은 어려운 공부를 하면서도 굉장한 재미를 느끼는 쉽지 않은 경험을 얻게 될 것이다. Alice와 더불어 아이들은 그들의 꿈을 성취하는데 도움이 되는 여러 능력들을 계속 발전시켜 나갈 것이다. 만약 내가 죽어야만 한다면, 직업상의 유산으로 Alice가 있다는 사실에 위안을 받는다." (마지막 강의, 랜디 포시 · 재프리 재슬로 저, 심은우 역, (주)살림출판사, 2008.06.10. p174~176 중에서)

4) 총 8권의 교재가 현재 미국에서 출간되어 활용되고 있다. Alice 관련 교재에 대해 궁금하다면, http://www.alice.org를 방문해 보기 바란다. 사이트의 Teaching > Textbook 메뉴를 선택하면 된다.

퓨터 과학에 대한 기초 원리를 충실하게 설명하고 있으며, 초보자가 쉽게 따라할 수 있도록 구성되어 있기 때문이다. 다수의 "Starting Out with" 시리즈 (Visual Basic 2008, C++, C#, Java 등)를 출간한 경험을 바탕으로, 각 프로그래밍 언어의 핵심 원리를 이해하기 쉽게 전달하는 저자의 노하우가 책에 고스란히 담겨져 있다.

이 책이 컴퓨터 프로그래밍을 처음 배우는 독자에게는 친절한 안내서가, 더 재미있게 프로그래밍을 가르치고자 하는 분들에게는 색다른 강의 교재가 되었으면 한다. 또한 우리나라 컴퓨터 과학 교육의 불모지인 중 · 고등학교에서 컴퓨터 프로그래밍 학습의 좋은 예가 되었으면 하는 바램을 가져본다.

지난 수개월 간, Alice는 이상한 나라가 아닌, 나의 모니터와 나의 의식 속에서 신나는 모험들을 내게 보여 주었다. Alice의 그 모험담들이 이 책을 통해 독자에게 잘 전달되었으면 좋겠다.

감사의 글

췌장암 말기의 시한부 인생을 선고 받은 후, "당신의 어릴 적 꿈을 진짜로 이루기(Really Achieving Your Childhood Dreams)"라는 주제로, Carnegie Mellon 대학과 오프라 윈프리 쇼에서 감동적인 강연[5]을 선사해준, Carnegie Mellon 대학 고(故) Randy Pausch 교수에게 지면을 통해서나마 고마움을 표시하고 싶다. Alice 개발 팀의 리더로서 컴퓨터 과학 교육에 이바지한 공헌뿐만 아니라, 교육자, 과학자로서, 그리고 죽음을 맞이하는 한 인간으로서, 그는 철면부지의 나에게 많은 영감을 주었다.

국내 Alice 관련 서적이 전무한 상태에서, 모험에 가까운 번역 출간을 흔쾌히 동의하신 홍릉과학출판사의 우명찬 사장님과 이 책이 출간되기까지 불철주야 애써주신 모든 임직원들께 진심으로 감사드린다.

마지막으로, 언제나 내 삶의 귀감이 되어주신 부모님, 그리고 "일상의 소소한 행복", 그 의미를 알게 해 준 아내 진회와 딸 서현에게, 못다 표현한 고마움을 전하고 싶다.

전산 교사 장 원 영

5) 다음의 인터넷 주소 http://download.srv.cs.cmu.edu/~pausch를 방문해 보기 바란다. 카네기 멜론 대학에서 있었던 마지막 강의 "Really Achieving Your Childhood Dreams"를 촬영한 동영상을 볼 수 있다. 강연의 전체 스크립트와 강연에서 사용했던 프레젠테이션 자료도 다운로드 할 수 있다.

번역과 관련하여

번역서에 추가된 구성

주석

이 교재를 통해 컴퓨터 프로그래밍을 학습하면서 참고할만한 내용이나 Alice에 대한 부가적인 설명을 주석으로 삽입해 놓았다.

6장, 7장, 8장의 추가 연습문제와 초기 장면이 완성된 추가 연습문제 월드

6장, 7장, 8장에서는 5장까지 학습과 내용을 토대로 도전적인 문제들을 해결해봄으로써 프로그래밍의 묘미를 느낄 수 있도록 하였다. 프로그래밍을 처음 학습하는 독자에게는 다소 어렵게 느껴질 수도 있으나 도전해 볼 만한 가치가 충분히 있다. 또한 초기 장면이 완성된 추가 연습문제 월드를 제공함으로써 독자들이 월드의 알고리즘 구현에 집중할 수 있도록 했다.

부록 C. Alice 설치와 사용에 관한 자세한 사항

한글 Windows 환경에서 Alice를 다운로드 받아 실행하다 보면 다양한 어려움들에 직면하게 된다. Alice가 전혀 실행되지 않는다든지, 원인을 알 수 없는 오류 메시지가 계속해서 나타난다든지 등등... 부록 C는 역자가 경험을 통해 확인한 내용을 바탕으로, 독자 여러분들이 Alice를 설치하고 실행하는데 어려움이 없도록 필요한 사항들을 자세히 실어놓은 것이다. 더불어 최신 Alice 2.2 베타버전에서 제공하는 동영상 제작 기능과 이렇게 만들어진 동영상을 YouTube나 네이버 동영상 서비스에 올리는 방법에 대해서도 각 단계별로 설명해 놓았다. Alice를 실행하고 사용하는 과정에서 실질적인 도움이 될 것이다.

부록 D. 객체지향 프로그래밍의 3대 요소

Alice를 통해 독자 여러분은 객체지향 프로그래밍이라고 하는 다소 어려운 개념을 학습할 수 있다. 그러나 Alice는 객체지향 프로그래밍의 용어나 딱딱한 개념을 직접 가르치지 않는다. 재미삼아 게임이나 애니메이션을 만드는 과정에서 자연스럽게 습득되도록 한다. 부록 D는 Alice를 통해 자연스럽게 체득한 객체지향 프로그래밍의 개념을 Alice의 기능과 연결시켜 정리한 것이다. 부지불식간에 알게 된 개념을 구체적인 언어로 설명해 놓았다.

부록 E. Alice에서 사용할 이미지와 소리 만들기

Alice는 이미지 파일이나 소리 파일을 이용해서 다양하고 흥미진진한 가상 세계를 만들 수 있다. 부록 E에서는 Alice에서 사용할 이미지와 소리 파일을 만드는 방법에 대해서 설명한다. 무료공개 소프트웨어를 사용해서, 이미지와 소리 파일을 편집하는 능력도 키울 수 있다.

Alice를 통해 컴퓨터 프로그래밍을 학습하는 동시에, 독자 여러분은 이미지와 소리 등의 멀티미디어를 다룰 수 있는 능력까지 덤으로 얻게 된다.

부록 F. 배열과 리스트, 도대체 너희들은 뭐가 다른 거야!

Alice는 배열과 리스트라고 하는 기본적인 자료구조를 제공한다. 이 자료구조는 Alice에서 원하는 가상 세계를 쉽게 만들 수 있는 편리한 기법을 제공하기도 하지만, 배열과 리스트를 통해 컴퓨터 과학의 주요 과목인 "자료구조(Data Structure)"에 대한 기본적인 개념을 배울 수 있다. 부록은 단순히 배열과 리스트의 사용법에 대한 설명이 아니라, 두 자료구조 속에 녹아 있는 알고리즘의 효율성에 대해 설명한다. 추가 연습문제와 더불어 학습한다면, 컴퓨터 과학의 "자료구조"에 대해서 어느정도 감을 잡을 수 있을 것이다.

번역 원칙

본서는 다음과 같은 원칙하에 번역하였음을 밝혀둔다.

- Alice 소프트웨어에서 사용하는 용어는 "영어(한글)"로 번역하였으며, 그 중 반복되어 나오는 용어나 굳이 번역할 필요가 없는 것은 원문의 용어를 "그대로" 사용하였다.
- 의사코드와 순서도는 번역을 생략하였다.
- 원문을 확인할 필요가 있는 용어에 대해서는 "한글(영어)"로 번역하였다.

번역을 마치면서

컴퓨터 프로그래밍을 전혀 접해보지 못한 독자도 쉽게 이해할 수 있도록 번역하기 위해 노력하였으나, 그 과정에서 아직 발견되지 않은 오타나 오역이 있을까 출간을 앞두고 걱정이 앞선다. 오타나 오역, 이와 더불어 이해가 잘 안 가는 부분이 있다면 역자의 홈페이지나 이메일로 아낌없는 지적과 문의 주시길 기원한다.

본 번역서의 부록 CD 구성

원서에서 제공하는 학생용 자료 CD의 내용과 더불어 다음과 같은 다양한 자료가 포함되어 있다.

1. Alice SW
2. 예제 월드
3. 추가 연습 문제 월드
4. Java 설치 프로그램
5. Quick Time Player
6. 그림 편집 프로그램
7. 소리 편집 프로그램

링크 모음.htm

PREFACE

저자 서문

본 교재에서는 Carnegie Mellon 대학[1]이 무료로 배포하는 혁신적인 소프트웨어 시스템, Alice를 이용하여 컴퓨터 프로그래밍을 학습한다.[2] Alice는 애니메이션과 컴퓨터 게임을 만들 수 있는 3차원 그래픽 소프트웨어이다. 학습자는 Alice를 이용하여 사람, 동물, 자동차, 비행기와 같은 객체들이, 실세계의 모습 그대로 존재하는 가상세계를 만든다. 그리고 자신이 만든 가상세계와 그곳에 배치한 객체들이 살아 움직이도록 프로그래밍 할 수 있다. Alice를 통해 프로그래밍을 배우면서, Java, C++, 또는 Visual Basic과 같은 일반 프로그래밍 언어의 학습 과정에서 배우게 되는 기초적인 내용들을 동일하게 학습하게 된다.[3]

---

1) Carnegie Mellon 대학은 미국 펜실베이니아 주 피츠버그에 위치한 사립 종합대학으로, 컴퓨터 과학, 공학, 심리학 분야에서 미국 대학 중 최상위권을 유지하고 있으며, 특히, 경영학과 컴퓨터 과학을 연계한 학위 프로그램으로 유명하다. 우리나라 KAIST와는 박사과정 복수학위 프로그램을 운영하고 있다. Carnegie Mellon 대학의 홈페이지 http://www.cmu.edu를 방문하면 이 학교의 다양한 정보를 얻을 수 있다.

2) 현재 미국 내 10%~15%의 대학(단과 대학 포함)과 수많은 고등학교, 중학교에서 Alice를 사용하고 있다.

3) 사실 일반 프로그래밍 언어 중에는 오래전부터 많은 프로그래머들로부터 애용되고 있는 C 언어도 있지만, 위 예에서는 빠져 있다. 그 이유는, C언어가 객체지향 프로그래밍 언어가 아니기 때문이다. (객체지향 프로그래밍 언어가 아니라고 해서 프로그래밍 언어로서의 중요도가 떨어진다는 이야기는 결코 아니다.) Alice는 객체지향 프로그래밍의 기초적인 내용을 학습할 수 있도록 고안되었다. 그러나 Alice를 사용하다 보면, 객체지향 프로그래밍의 원리와 개념뿐만 아니라, 컴퓨터 프로그래밍에서 반드시 요구되는 "논리적 사고력"을 키울 수 있으며, 변수, 수식, 조건 분기, 반복, 함수, 단계적 세분화, 재귀 등 컴퓨터 프로그래밍 언어의 공통적이면서도 핵심적인 개념들을 배울 수 있다.

프로그래밍을 가르치기 위해 Alice를 사용하는 이유?

Alice는 추상적인 개념을 구체화한다.

많은 학습자들이 컴퓨터 프로그래밍을 배우는데 어려움을 겪고 있는 이유는 프로그래밍의 추상적인 개념 때문이다. Alice는 이러한 어려움에서 학습자를 구할 수 있다. Alice는 추상적인 개념을 현실적이고 좀 더 구체적으로 만든다. 예를 들어, 사람, 건물, 동물, 자동차 등의 객체는 화면에서 볼 수 있는 물리적인 형태를 갖고 있다. 객체의 메서드[4]가 호출될 때, 그 메서드는 객체로 하여금 눈으로 관찰할 수 있는 행동을 수행하도록 한다. 학습자는 실제로 존재하는 객체를 손으로 만지면서 작업하는 것과 같은 느낌을 받게 된다. 이러한 경험들을 통해, 학습자는 일반 프로그래밍 언어[5]를 학습하면서 배우게 되는 객체지향 프로그래밍의 좀 더 추상적인 원리들을 이해하는데 만반의 준비를 하게 된다.

Alice에는 문법 오류(Syntax Errors)가 없다.

프로그래밍 언어의 문법을 배우는 일은 많은 초보 학습자들에게 고된 과정이 아닐 수 없다. 프로그래밍의 기초 학습에 투자해야 하는 값진 시간들을, 빠뜨린 세미클론과 짝이 맞지 않은 괄호를 찾는데 소비한다.

Alice에서 문법 오류는 전혀 문제가 되지 않는다. 왜냐하면, 문법 오류가 아예 발생하지 않기 때문이다. 학습자는 타일을 편집기에 드래그 앤 드롭을 해서 프로그램을 개발한다. 여기서 타일은 프로그래밍 명령문과 메서드 호출문에 해당한다. 변수 할당이나 메서드의 매개변수를 위해 값이나 수식이 필요한 경우, 자동으로 나타나는 팝업 메뉴에서 필요한 값과 수식을 선택하기만 하면 된다.

잘못된 명령문을 사용하거나 명령문의 순서가 바르지 못한 경우에는 실행 오류(runtime error)가 발생할 수 있다. 그러나 문법에 더 이상 신경 쓰지 않아도 되기 때문에, 학습자는 프로그램의 개발과 알고리즘의 디버깅에 더 많은 시간을 투자할 수 있게 된다.

---

4) 메서드(Method)란 객체의 행동을 말한다. 메서드를 호출하면 해당 객체가 메서드에 정의된 행동을 수행하게 된다. "방법"으로 해석하지 말고, 그냥 "메서드"로 알아 두자! 객체지향 프로그래밍 언어에서 널리 사용되고 있는 용어이다.

5) 여기서 저자는 "traditional(전통적인) programming languages" 라는 용어를 사용하였다. 저자가 예로 든 "전통적인" 프로그래밍 언어는 Java, C++, Visual Basic 등이다. 현재 널리 사용하고 있고, 특히 Java 언어처럼 최근 부각되고 있는 언어들에 대해서 "전통적인(traditional)"이란 용어를 사용한 이유는, 혁신적인(revolutionary) 기능을 가지고 있는 Alice와 대별시키기 위한 저자의 소박한 의도라고 판단된다. 역자는 컴퓨터 프로그래밍을 처음 접하는 독자가 가질 수 있는 오해를 최소화하기 위해 "일반 프로그래밍 언어"로 번역하였다.

Alice는 학습자의 흥미를 자극한다.

Alice를 사용하는 이유로 가장 주목할 점은 학습자가 Alice를 매우 즐겁게 사용한다는 사실이다. 학습자들이 Alice를 사용하는 목적은 계산을 수행하거나 화면에 텍스트를 출력하는 프로그램을 만들기 위해서가 아니라, 재미있는 애니메이션과 컴퓨터 게임을 만들기 위해서다. 가상세계를 만들면서 프로그래밍의 기초를 함께 배울 수 있기 때문에 일석이조의 효과가 있다.

교재 사용법

Alice는 다양한 형태의 수업에서 사용되고 있다. 이 교재는 모든 형태의 수업에 맞게 활용될 수 있도록 고안되었다. 다음은 몇 가지 예이다.

- 기초 프로그래밍 과정의 초반, 즉 일반 프로그래밍 언어를 시작하기 전에 이 교재를 Alice와 함께 사용할 수 있다. 교육 과정에서 Alice 학습을 위해 할애한 시간의 양에 따라, 교재 전체를 나갈 수도 있고, 후반 일부의 장을 생략할 수도 있다.
- 컴퓨터 기초 과정이나 정보통신기술 기초 과정에서 컴퓨터 프로그래밍에 대한 간단한 소개를 위해 Alice와 함께 사용할 수 있다. 할당된 시간에 따라 후반부의 장들을 생략할 수 있다.
- Alice를 이용하여 프로그래밍 기초를 가르치는 한 학기 과정에서 사용할 수 있다.
- Alice를 이용한 프로그래밍 또는 '가상세계 구축'을 가르치는 단기 과정이나 여름방학 프로그램에서 사용할 수 있다.

각 장의 간략한 개관

1장 Alice와 객체에 대한 소개

1장은 알고리즘이 무엇이며, 프로그래밍 언어를 사용하는 이유를 설명한다. Alice 소프트웨어에 대해서 소개하고, 객체와 3차원 그래픽 환경에 대해서 학습한다.

2장 Alice 프로그래밍

2장에서는 Alice의 기본 메서드에 대해서 그리고 메서드를 호출하는 명령문 작성법에 대해서 학습한다. 프로그램 설계 과정이 이 장에서 소개되고 이러한 과정을 통해서 프로그램을 개발하는 방법에 대해서 학습한다.

3장 변수, 함수, 수식, 그리고 문자열

3장은 변수와 데이터 형식을 소개한다. 함수와 함수의 호출방법도 학습한다. 수식이 이 장에서 소개되고, 문자열을 처리하는 함수의 사용법에 대해서도 학습한다.

4장 결정 및 반복 구조

4장은 논리식(Boolean expressions)에 대해서 처음으로 다룬다. If/Else 명령문으로 결정 구조를 만드는 방법과 Loop, While 명령문으로 반복 구조를 만드는 방법에 대해 학습한다.

5장 메서드, 함수, 기타 변수들

5장에서는 객체 내에 클래스 수준 메서드를 작성하는 방법, 객체 내에 새로운 속성을 만드는 방법, 객체를 저장하여 새로운 클래스를 만드는 방법에 대해 학습한다. 단계적 세분화(Stepwise refinement)에 대해서 논의하며, 큰 문제를 몇 개의 메서드로 분할하는 방법에 대해서 학습한다.

6장 이벤트

6장은 이벤트 구동 프로그래밍(event-driven programming)에 대해서 소개하고, Alice의 다양한 이벤트를 처리하는 방법에 대해서 학습한다. 특히, 이벤트는 게임을 개발하는데 매우 중요하다.

7장 리스트와 배열

7장은 리스트와 배열과 같은 데이터 구조에 대해서 소개한다. 리스트와 배열을 생성하고, 데이터 구조 내부에 저장된 아이템을 처리하는 방법에 대해서 학습한다.

8장 재귀

8장은 재귀(recursion)에 대해서 소개하고 문제 해결을 위해 재귀를 사용하는 방법에 대해서 학습한다. 애니메이션 구현과 수치 계산을 위해 재귀를 사용하는 몇 가지 예제를 실습해 볼 것이다.

부록 A Alice 설치하기

부록 A는 Alice 소프트웨어를 설치하는 각 단계를 설명한다.

부록 B 체크 포인트 해답

부록 B는 각 장에 있는 모든 체크 포인트의 해답을 제공한다. 이 해답을 통해 교재의 진도를 나가는 동안, 자신의 학습 진행 상황을 확인해 볼 수 있다.

교재의 특징

개념 정리

교재의 주요 절 대부분은 개념 정리로부터 시작한다. 이것은 해당 절의 주요 포인트를 간결하게 요약해 준다.

예제 월드

현재 학습하고 있는 주제를 부각시키는 예제 월드를 풍부하게 제공한다. 이 예제 월드는 완성되어 있거나 또는 부분적으로 완성되어 있다.

따라하기

각 장은 학습자가 직접 실습할 수 있는 다수의 따라하기를 제공한다. 이를 통해 학습자는 Alice 월드를 개발하거나 완성할 수 있으며, 각 장에서 다루고 있는 내용을 직접 실습해 보는 경험을 갖게 된다.

노트

노트는 교재 전반에 나타난다. 이것은 다루고 있는 주제와 관련하여, 흥미롭거나 종종 오해의 소지가 있는 사항에 대해서 간략한 설명을 제공한다.

팁

교재 전반에 나타나는 팁은 다른 방식의 프로그래밍으로 접근하는 방법, 또는, 애니메이션에서 발생하는 문제를 해결하는 최선의 기법에 대하여 조언해 준다.

체크 포인트

체크 포인트는 각 장 전반에 중간 중간 나타나는 문제이다. 새로운 주제를 학습한 후 곧바로 학습한 지식에 대해서 질의하는 방식으로 되어 있다.

확인 문제

각 장의 끝 부분에 풀 세트의 객관식 문제와 주관식 문제를 제공한다.

연습 문제

각 장의 마지막 부분, 즉, 확인 문제 다음에, Alice 월드를 개발하는 연습 문제를 제공한다. 이 연습 문제는 각 장에서 학습한 주제가 지식으로 고착화 되도록 고안되었다.

보충 자료

학생용 자료 CD

CD에 포함되어 있는 것 :

- Alice 소프트웨어
- Alice 월드 예제

만약 CD를 찾을 수 없다면, http://www.aw.com/cssupport에서도 이러한 다양한 자료를 얻을 수 있다.

교수자용 자료

수업에서 이 교재를 사용하는 교수자로 확인이 되면, 다음과 같은 보충자료들을 얻을 수 있다.

- 따라하기 Alice 월드 완성본
- 확인 문제의 해답
- 연습 문제의 완성본
- 파워포인트 프레젠테이션 슬라이드
- 문제 은행

이러한 자료들을 얻고 싶다면, Addison-Wesley Instructor Resource Center (http://www.aw.com/irc)를 방문하거나 computing@aw.com으로 이메일을 보내기 바란다.

감사의 글

이 교재를 개발하고 출판하는데 있어 많은 분들이 도움의 손길을 주었다. 원고를 꼼꼼히 읽고 전문적인 조언으로 이 교재에 많은 개선을 가져다 준 다음의 교수진 검토자에게 감사함을 전하고 싶다.

Carol Buse
Amarillo College

Scott A. Hood
Kennebec Valley Community College

Jim McDonald
Monmouth University

W. Brett McKenzie
Roger Williarms University

Laurie J. Patterson
University of North Carolina Wilmington

Charles Payne
Northern High School

Starting Out With 시리즈를 성공적으로 제작해 준 Addison-Wesly의 모든 직원들에게도 감사드리고 싶다. Michael Hirsch 편집자, 그리고 Lindsey Triebel 부 편집자와 일하게 된 것은 내게 엄청난 행운이다. 이들은 이 책을 집필하는 전 과정에서 나에게 도움을 주었다. Michelle Brown이 이 책의 마케팅 매니저를 담당한 것도 큰 행운이다. 그녀와 Sarah Milmore는 내 책들이 대학 교재로서 세상의 빛을 보는데 큰 공헌을 하였다. 이 책은 Jeff Holcomb이 이끄는 다음의 훌륭한 제작팀에 의해서 만들어졌다. Gillian Hall (프로젝트 관리, 텍스트 디자인, 페이지 구성), Kathleen Cantwell (원고 정리), Holly Mclean-Aldis (교정), Joyce Cosentino Wells (표지 디자인), Bethany Tidd (미디어), Carol Melville (출판), 그리고, Marianne Groth (증보). 모두에게 감사드린다.

끝으로 이 교재와 다른 프로젝트 전반에 걸쳐, 인내와 사랑, 그리고 지원을 보내준 나의 가족에서 감사함을 전하고 싶다.

저자에 대해서

Tony Gaddis는 Starting Out With 시리즈 교재의 주 저자다. Tony는 지난 20년 동안 Haywood Community College에서 Computer Science 과정을 가르쳐왔다. North Carolian Community College Teacher of the Year로 선정되었고, National Institute for Staff and Organizational Development로부터 Teaching Excellence 상을 수여받은 매우 촉망받는 교수이다. Addison-Wesly에서 출판한 Starting Out With 시리즈에는 C++, Java, Microsoft Visual Basic, Microsoft C#에 대한 기초 소개서가 있다.

CONTENTS

차례

Appendix 379

CHAPTER 1

Alice와 객체에 대한 소개

TOPICS

1.1 컴퓨터 프로그램이란 무엇인가?

개념 : 컴퓨터 프로그램이란 하나의 일을 수행하기 위해 컴퓨터가 따르는 명령문[1]의 집합이다.

본 교재를 통해 독자 여러분은 컴퓨터 프로그래밍에 대해서 학습한다. 지금 이 절의 제목은 "컴퓨터 프로그램이란 무엇인가"라고 묻고 있다. 그것에 대답하기 전에, 우리는 "컴퓨터란 무엇인가"라는 물음에 먼저 답해야 한다. 프로그래밍 학습을 위해서 컴퓨터의 내부 동작 방식에 대해 깊이있게 이해하고 있어야 할 필요는 없지만, 컴퓨터가 무엇인지에 대해서는 아주 기본적인 용어를 사용하여 이해하고 있을 필요가 있다. 다음은 컴퓨터에 대한 기본적인 정의다.

" *컴퓨터는 명령문을 따르는 장치이다* "

컴퓨터는 스스로 어떤 것도 할 줄 모른다. 단지 주어진 명령문을 따를 뿐이다. 그러나 독자 여러분이 알고 있어야 할 것은 이미 언급한대로 컴퓨터가 모든 종류의 명령문을 다 따르지

1) "컴퓨터가 따르는 명령문"이라고 하는 문장에는 "컴퓨터가 따를 수 있도록 명령문을 작성해야 한다"는 의미가 내포되어 있다.

는 않는다는 것이다. 예를 들어, 아침에 일어나서 컴퓨터에게 "오믈렛 하나 만들어서 내가 있는 침대로 가져와!"라고 말했다고 하자. 이것은 컴퓨터가 이해할 수 있는 명령문이 아니다. 이것은 사람이(가정부를 고용할 수 있을 만큼 독자 여러분이 부자라면, 그 가정부가) 이해할 수 있는 그런 종류의 명령문이다. 불행히도 우리의 책상 위에서 볼 수 있는 일반적인 컴퓨터는 아침식사를 만들 수 없다. 그것의 목적은 데이터를 처리하는 것이다. 숫자를 더하거나 곱하거나 그리고, 화면에 데이터를 출력하고 나중에 그것을 다시 사용할 수 있도록 데이터를 저장하는 등의 일을 한다.

이러한 점을 파악했다면, 컴퓨터가 무엇인지에 대한 정의를 아래와 같이 확장시킬 수 있다.

"*컴퓨터는 데이터를 조작하고 저장하는 명령문을 따르는 장치이다*"

컴퓨터가 설계될 때부터, 데이터를 처리하는 연산들이 이미 컴퓨터에 마련되어 있다. 대부분의 연산들은 본래 매우 단순하다. 예를 들어, 컴퓨터가 할 수 있는 대표적인 연산은 다음과 같다.

- 두 숫자 더하기
- 한 숫자에서 다른 숫자를 빼기
- 두 숫자 곱하기
- 한 숫자를 다른 숫자로 나누기
- 한 메모리 위치에서 다른 메모리 위치로 숫자 이동하기
- 한 숫자가 다른 숫자와 같은지 판단하기
- 등등

컴퓨터 명령문이란, 단지 컴퓨터가 할 수 있는 연산들 중 하나를 수행토록 하는 명령이다.

비록 컴퓨터가 수행할 수 있는 각 연산에 대한 명령문이 존재하지만, 개별 명령문 혼자서는 쓸모가 별로 없다. 컴퓨터 연산들은 본래 매우 단순하기 때문에 컴퓨터가 하나의 의미 있는 일을 하기 위해서는 많은 연산들을 수행해야 한다. 예를 들어, 독자 여러분의 은행 계좌에서 생기는 이자액이 얼마인지 계산하려면 많은 명령문을 순서대로 적절히 수행해야 한다. 여기서 우리는 컴퓨터 프로그램이 무엇인지에 대해 이해할 수 있다.

"*컴퓨터 프로그램이란 컴퓨터가 일을 수행하기 위해 따르는 명령문의 집합이다*"

따라서 컴퓨터가 은행 계좌의 이자액을 계산하는 등의 의미있는 일을 수행하기 위해서는 명령문의 집합인 프로그램이 있어야 한다. 프로그램 내부의 명령문은 논리적인 순서를 따르기 때문에 주의깊게 작성되어야 한다.[2] 컴퓨터가 프로그램의 명령문을 수행하고 있을 때, 우리는 "*컴퓨터가 실행되고 있다*" 또는 "*프로그램을 실행하고 있다*"라고 말한다.

2) 프로그램 작성과 관련된 좋은 글이 있어, 다음과 같이 소개한다. 단, "1.2 알고리즘과 프로그래밍 언어"에서 설명하고 있는 알고리즘에 대해서 먼저 파악한 후에 읽어보기를 바란다.

1.2 알고리즘과 프로그래밍 언어

개념 : 프로그램을 만들 때, 프로그래머는 알고리즘을 개발한다. 여기서 알고리즘이란 하나의 일을 수행하기 위해 거쳐야만 하는 단계들의 집합이다. 그런 다음, 프로그래머는 그 알고리즘을 프로그래밍 언어로 변환한다.

컴퓨터 프로그래머는 매우 중요한 일을 수행한다. 그들은 컴퓨터 프로그램을 만드는 사람들이다. 그들의 일은 매우 중요하다. 왜냐하면 컴퓨터는 프로그램 없이 아무것도 할 수 없기 때문이다!

프로그래머는 알고리즘을 만드는 것을 시작으로 하나의 프로그램을 작성한다. *알고리즘(Algorithm)*은 하나의 일을 수행하기 위해 거쳐야만 하는 *잘 정의된 논리적 단계들(well-defined logical steps)*의 집합이다.[3] 예를 들어, 직원들의 총 급여를 계산하는 프로그램을 작성하고 있다고 가정하자. 다음은 거쳐야 하는 단계들이다.

1. "당신의 업무시간은 얼마입니까?" 라는 메시지가 화면에 표시된다.
2. 사용자는 업무시간을 숫자로 입력한다.
3. 사용자가 입력한 숫자가 메모리에 저장된다.
4. "시간당 급여는 얼마입니까?" 라는 메시지가 화면에 표시된다.
5. 사용자는 시간당 급여율을 입력한다.
6. 사용자가 입력한 숫자가 메모리에 저장된다.
7. 업무시간과 시간당 급여율을 곱하고 그 결과를 메모리에 저장한다.
8. 받게되는 급여액을 알려주는 메시지가 화면에 표시된다. 메시지에는 단계 7에서 수행

알고리즘이 특정한 문제를 해결하기 위한 작업의 절차를 정의하고 있다는 점에서 본다면 음식을 만들기 위한 조리법이나 결혼식의 식순과 별로 다를 바가 없다. 하지만 알고리즘이 조리법이나 식순과 구별되는 지점은 바로 수학과의 관련성에 있다. 조리법에서 어떤 단계 하나가 잘못 처리되면 맵거나 싱거운 음식을 먹으면 그뿐이다. 하지만 알고리즘은 어느 한 단계에서 오류가 발생하면 논리 체계 전체가 붕괴할 수도 있다. 그렇기 때문에 알고리즘을 작성하는 프로그래머는 단 한 순간도 긴장의 끈을 늦출 수가 없다. (행복한 프로그래밍 : 컴퓨터 프로그래밍 미학 오디세이, 임백준, 한빛미디어, 2003, p72 중에서)

3) 비교적 알기 쉽게, 그리고 핵심적인 사항을 빠뜨리지 않은 "알고리즘" 에 대한 설명이 있어, 다음과 같이 소개한다.

잘 정의한 알고리즘이란 어떤 작업을 수행하기 위해 입력을 받아 원하는 출력을 만들어내는 과정을 기술한 것이다. 알고리즘을 설계하기 위해서는 우선, 해야 할 작업을 명확하게 명시해야 한다. 설계하려는 알고리즘이 "무엇을" 하는지는 입력과 출력에 의해 명시할 수 있다. <중략> 잘 설계된 알고리즘은 명확하고 효율적이어야 한다. 알고리즘이 명확하다는 것은 모호하지 않고 이해하기 쉬움을 뜻한다. <중략> 명확하다는 것과 자세하다는 것을 혼동하지는 말기 바란다. 명확하게 표현한답시고 지나친 세부사항을 구구절절이 기호적으로 기술하는 것은 오히려 알고리즘의 명확성을 떨어뜨린다. (쉽게 배우는 알고리즘 : 관계중심의 사고법, 문병로, 한빛미디어, 2007, p21~22 중에서)

한 계산결과가 포함되어 있어야 한다.

알고리즘의 각 단계들이 순차적으로 나열되어 있음에 주목하자. 단계 1은 단계 2에 앞서 수행되어야 하고, 단계 2는 단계 3에 앞서 수행되어야 하고... 중요한 것은 이 명령문들이 적절한 순서로 수행된다는 점이다.

급여 계산 알고리즘에서 보여준 단계들은 한글로 작성되었다. 비록 우리는 그 알고리즘을 쉽게 이해할 수 있지만, 이것을 컴퓨터에서 바로 실행시킬 수는 없다. 명령문들은 컴퓨터가 이해할 수 있는 유일한 언어인 *기계어(machine language)*로 번역되어야 한다. 기계어의 각 명령문들은 이진수로 되어 있다. *이진수(binary number)*는 1과 0으로만 된 숫자이다. 다음은 이진수의 한 예이다.

```
1011010000000101
```

이 숫자들은 우리에게 단지 0과 1의 나열로만 보인다. 그러나 컴퓨터에게는 특정 연산을 수행하는 명령문이다. 컴퓨터에서 프로그램의 명령문이 실행 가능하려면 연속적인 이진수로 되어 있어야 한다.

한글 또는 영어로 작성된 알고리즘을 기계어로 번역하는 일은 매우 지루하면서도 어려운 과정임을 짐작할 수 있다. 이런 프로그래밍 작업을 보다 쉽게 할 수 있도록 특별히 설계되어 개발된 것이 있는데 이것이 바로 프로그래밍 언어다. *프로그래밍 언어(Programming language)*는 숫자 대신에 영어 단어를 사용해서 명령문을 나타낸다. 프로그래밍 언어로 작성한 프로그램은 기계어로 작성한 프로그램 보다 사람이 이해하기가 훨씬 쉬우며, 기계어로도 쉽게 번역된다. 이러한 번역 작업을 위해서 프로그래머는 *컴파일러(compiler)* 또는 *인터프리터(interpreter)*라고 하는 특별한 소프트웨어를 사용한다.

수년간, 많은 프로그래밍 언어들이 만들어졌다. 만약 컴퓨터 과학으로 학위를 받고자 하거나 관련 분야에서 일할 예정이라면, 아마 Java, C++("씨 플러스 플러스"라고 발음한다), Visual Basic, 그리고 Python 등의 언어를 배우게 될 것이다. 이러한 언어들은 그 언어를 사용하기 위해서 프로그래머가 배워야 하는 단어들의 집합을 갖고 있다. 하나의 프로그래밍 언어를 구성하는 단어들을 *키워드(Keyword)*라고 한다. 예를 들어 Python 언어는 print라는 이름의 단어로 된 키워드가 있다. 이것은 화면에 메시지를 출력한다. 아래의 예는 Python 프로그램에서 print 키워드가 하나의 명령문으로서 어떻게 사용되는지 보여준다.

```
print "Hello Earthling!"
```

이렇게 하면 컴퓨터 화면에 Hello Earthling이 표시된다. 이 명령문과 이미 살펴본 이진수를 비교해 보라. 이 단순한 예로부터, 프로그래머들이 프로그래밍 언어를 기계어 보다 더 선호하는 이유를 알 수 있다. 프로그램을 작성할 때 영어 단어를 사용하는 것이 이진수를 사용하는 것보다 훨씬 쉽기 때문이다.

프로그래밍 언어는 키워드와 더불어 데이터에 대해서 다양한 연산을 수행하는 *연산자(oper-*

*ator)*를 갖고 있다. 예를 들어, 프로그래밍 언어는 수식 연산을 수행하는 산술 연산자를 갖고 있다. Java 언어에서 + 표시는 대부분의 언어들과 마찬가지로 두 숫자를 더하는 연산자이다. 다음 식은 12와 75를 더한다.

```
12 + 75
```

키워드, 연산자와 더불어 각 언어들은 자신의 *문법(syntax)*[4]을 가지고 있다. 이 문법은 프로그램을 작성할 때 엄격히 따라야만 하는 규칙들의 집합이다. 문법규칙은 키워드, 연산자 그리고 여러 구두점들이 프로그램에서 어떻게 사용되어야 하는지를 규정한다. 프로그래밍 언어를 배우려면 해당 언어에 대한 문법규칙을 반드시 배워야 한다.

일반적인 프로그래밍 언어로 프로그램을 작성하려면, 알고리즘을 일련의 *문장(statement)*들로 바꿔야 한다. 프로그래밍 문장들은 키워드, 연산자, 구두점, 기타 관련 프로그래밍 요소들로 구성되는데, 특정 연산을 수행하기 위해서는 이러한 것들이 적절한 순서로 배치되어야 한다. 프로그래머는 이러한 문장들을 *코드(code)*라고 부른다. 대개 프로그래밍 문장들은

그림 1-1 텍스트 편집기

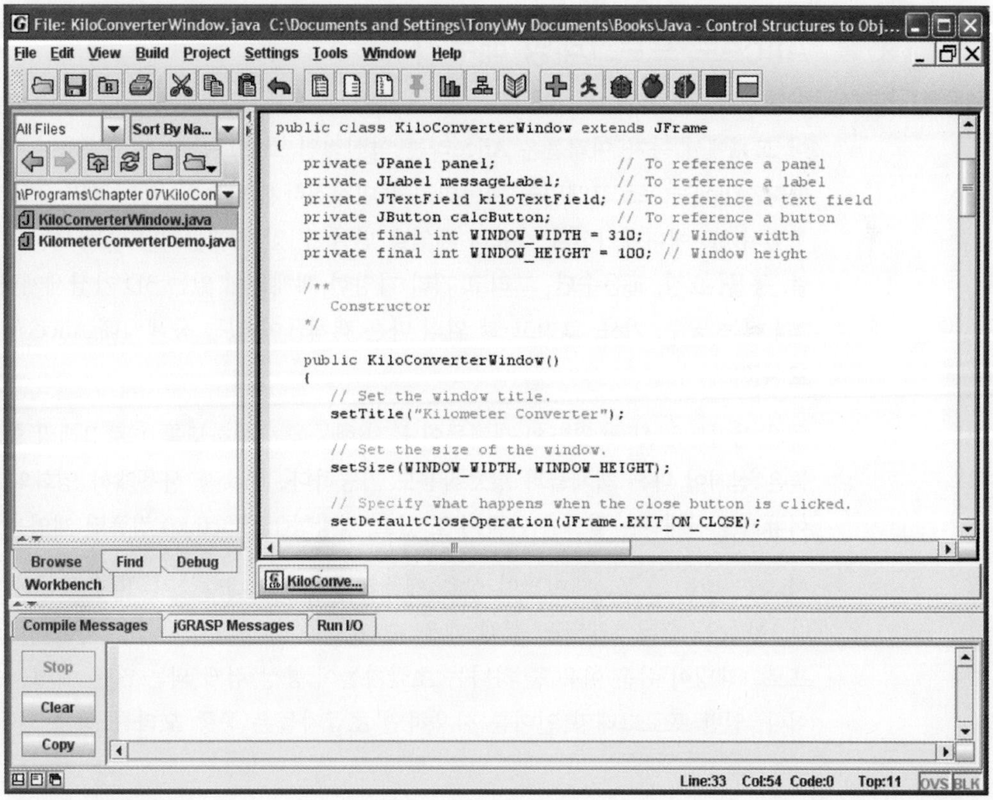

4) 독자의 이해를 돕기 위해, syntax를 '구문 또는 구문 규칙'으로 번역하지 않고, '문법'으로 번역하였다.

Windows 운영체제에 있는 메모장과 같은 텍스트 편집기에서 작성한다. 프로그램 작성을 위해 특별히 만들어진 텍스트 편집기도 있다. 그림 1-1의 예는 Java 프로그램의 일부가 코딩된 텍스트 편집기를 보여준다.

일단 문장들을 작성하면 파일로 저장하고 컴파일러를 사용하여 그 문장들을 실행 가능한 프로그램으로 번역한다. *실행 가능한 프로그램(executable program)*이란 컴퓨터에서 직접 실행할 수 있는 기계어 명령문으로 된 파일을 의미한다.

체크 포인트

1.1 컴퓨터란 무엇인가?
1.2 프로그램이란 무엇인가?
1.3 알고리즘이란 무엇인가?
1.4 컴퓨터가 이해할 수 있는 유일한 언어는 무엇인가?
1.5 프로그래밍 언어가 개발된 이유는 무엇인가?

1.3 Alice로 프로그래밍 배우기

이 교재에서 독자 여러분은 Alice라는 혁신적인 소프트웨어를 사용하여 프로그래밍을 학습한다. Alice는 프로그래밍을 재미있고 흥미진진하게 만든다. 왜냐하면 프로그래밍 개념을 배우면서 3D 애니메이션과 컴퓨터 게임을 만들 수 있기 때문이다. Alice에서 독자 여러분은 사람, 동물, 요정, 교통수단, 그리고 기타 다양한 객체들이 있는 3D 가상세계를 만든다. 그림 1-2의 예는 공주, 기사, 그리고 그 외의 다른 객체들이 있는 중세시대 Alice 월드[5)]의 한 장면을 보여준다.

독자 여러분은 Alice 월드의 객체들이 특정 행동을 수행하도록 프로그래밍 할 수 있다. 이 객체들은 심지어 다른 객체들과 상호작용도 가능하다. Alice를 사용해서 영화와 동일한 방식으로 이야기를 전개하는 월드를 만들 수도 있고, 쌍방향(interactive) 컴퓨터 게임을 만들 수도 있다.

Alice는 전문 프로그래머들이 상용 애플리케이션을 개발하기 위해 사용하는 시스템이 아니다. Alice는 프로그래밍을 쉽게 배울 수 있도록 하는 교수학습 도구로서 고안되었다. Alice 프로그래밍이 쉬운 이유 중 하나는 초급자들이 통상 겪게 되는 많은 에러들을 제거했기 때문이다. 일반 프로그래밍 언어를 사용하면 초급자들은 종종 오타를 치게 되어, 키워드의 철자

5) Alice에서 월드(World)는 Alice 프로그래밍의 기본 파일 단위이다. 즉, Alice 프로그램에서 작성한 하나의 파일이 하나의 Alice 월드가 되는 것이다. Alice 프로그램에서 사용하고 있는 용어의 일관성을 위해 영어 발음 그대로 "월드"로 번역하였다.

가 잘못되거나 구두점을 빠뜨리거나 기타 이와 관련된 에러들이 발생한다. 이러한 실수를 *문법 오류(syntax errors)*라고 한다. 프로그램 내에 문법 오류가 한 개만 있어도 실행 가능한 프로그램으로 만들어지지 않는다. 따라서 학생이나 전문 프로그래머나 모두 똑같이, 이러한 문법 오류를 찾아내어 그것을 고치는데 많은 시간을 할애한다. 그러나 Alice에서는 문법 오류가 발생하지 않는다. 왜냐하면 키보드로 프로그래밍 문장을 입력하지 않기 때문이다. 대신, 블록처럼 생긴 *타일(tile)*을 편집기에 드래그 앤 드롭(Drag and Drop)한다. 프로그래밍 타일은 기능적으로 완벽한 프로그래밍 문장이다. 그리고 이러한 타일들을 사용자의 입맛에 맞도록 쉽게 바꿀 수 있다. 문법 에러를 찾거나 고치는데 시간을 허비할 필요가 없으므로, 월드의 객체들이 어떻게 움직이게 할지를 계획하는 데, 그리고 그 움직임들을 적당한 순서로 배치하는데 집중할 수 있다.

아마 Alice 프로그래밍이 쉽게 느껴지는 가장 큰 이유는 재미있기 때문이다. 수치 계산을 수행하거나 데이터를 분석하는 프로그램을 작성하는 것이 아니라, 나만의 3D 가상세계를 만들고 그곳에 원하는 캐릭터와 객체들을 배치할 수 있으며, 화면에서 객체들이 다양한 행동들을 펼칠 수 있도록 프로그래밍 할 수 있다. 여기서 가장 좋은 점은 재미있게 놀면서 프로그래밍 개념을 배울 수 있다는 것이다.[6] 이 책을 마친 후, 독자 여러분은 C, C++, Java,

그림 1-2 Alice 월드의 한 장면

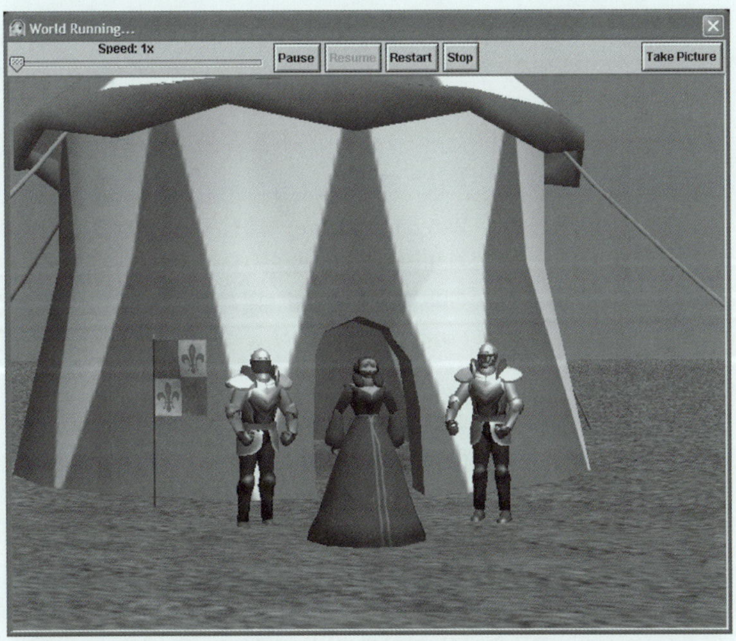

6) 이러한 방식을 "*헤드 페이크(Head Fake)*" 라고 한다. 즉, 학생들로 하여금 흥미로운 것을 배우고 있다고 착각하게 만들어 놓고, 실제로는 다른 것을 가르치는 것을 말한다. Alice를 통해 애니메이션이나 게임을 만들게 되지만, 그 과정에서 학생들은 자신도 모르게 컴퓨터 프로그래밍의 원리를 학습하게 되는 것이다.

Python, 또는 Visual Basic 등 일반 프로그래밍 언어를 학습할 만반의 준비가 되어 있을 것이다.

노트

"Alice"라는 이름을 어디서 따왔는지 궁금해 할지 모르겠다. Alice 개발자들은 Lewis Carroll의 책 "이상한 나라의 앨리스"와 "거울 나라의 앨리스"로부터 영감을 받아, 이 책들의 주인공 Alice Liddell의 이름을 본떠서 소프트웨어의 이름을 지었다.

Alice 설치하고 실행하기

이 책에 동봉된 부록 CD에 Alice 2.0이 들어 있다. 또한, Alice는 http://www.alice.org에서 무료로 다운로드 받을 수 있다. 진행하기에 앞서, Alice를 컴퓨터에 설치[7]해야 한다. Alice를 설치했다면, 따라하기 1-1의 단계들을 진행하여 Alice 월드를 열고 플레이 해보자.

따라하기 1-1

Alice 월드를 열고 플레이하기

단계 1: 컴퓨터에 설치된 Alice를 실행한다. Alice의 팝업 스크린이 잠깐 동안 보일 것이다. 소프트웨어가 완전히 실행되면, 그림 1-3과 같은 Alice 개발환경을 볼 수 있다. 그림처럼 기본적으로 Welcome to Alice! 대화상자가 표시된다.

노트

Welcome to Alice! 대화상자가 보이지 않는다면, Alice의 환경 설정에서 해당 대화상자가 Alice 프로그램의 시작시 나타나지 않도록 설정 해 놓은 것이다. 이러한 경우는 아마 다른 사람들과 컴퓨터를 공유하는 실습실 환경에서 발생할 것이다. 메뉴 바의 File을 클릭한 후, New World나 Open World... 메뉴를 클릭하면 Welcome to Alice! 대화상자가 표시된다.

Welcome to Alice! 대화상자의 하단에 Show this dialog at start 체크 박스가 있다. 이 체크 박스를 클릭하면 Alice가 실행될 때마다 대화상자가 표시된다.

단계 2: Welcome to Alice! 대화상자의 윗부분에 Tutorial, Recent Worlds, Templates, Examples 그리고 Open a world 라는 이름의 탭들을 볼 수 있다. 다음은 각 탭의 기능에 대한 간단한 설명이다.

---

7) Alice 설치에 대한 사항은 "부록 A. Alice 설치하기"와 "부록 C. Alice 설치와 사용에 관한 자세한 사항"을 참고하기 바란다.

그림 1-3 Alice 시스템

Tutorial **:** 이 탭을 클릭하면, Alice에서 제공하는 4개의 튜토리얼 월드를 볼 수 있다. 이 튜토리얼 월드는 Alice의 기본적인 기능들에 대해서 안내해 줄 것이다. 교재에서 이 튜토리얼을 다루지는 않지만, 각자 실행해 보면 도움이 될 것이다. 튜토리얼을 실행할 준비가 되었다면, Start the Tutorial 버튼을 클릭해서 보이는 순서대로 튜토리얼 월드를 실행한다. 원하는 튜토리얼 월드를 선택해서 개별적으로 실행할 수도 있다.

Recent Worlds **:** 이 탭을 클릭하면, 가장 최근에 열었던 월드들이 썸네일 이미지[8] 형태로 표시된다. 썸네일 이미지를 선택한 후, Open 버튼을 클릭하면 월드를 빠르게 열 수 있다. 예전에 한 번도 열지 않은 월드는 여기에 나타나지 않는다.

Templates **:** 이 탭을 클릭하면, 새로운 월드를 만들 때 사용할 수 있는 템플릿들을 볼 수 있다. 템플릿의 이름은 dirt, grass, sand, snow, space, 그리고 water이다. 각 템플릿에는 하나의 지표면과 하나의 색으로 이루어진 하늘이 만들어져

8) 썸네일(thumb nail, 손톱) 이미지란 엄지 손톱만한 크기의 그림으로 크기가 작기 때문에 그림의 대략적인 모습만을 볼 수 있다. 화면상에서 이미지를 썸네일 형식으로 보여주는 이유는, 작은 사이즈로 여러 장의 사진을 한 화면에 보여주고 사용자가 이미지의 대략적인 모습을 확인한 후, 원하는 그림을 선택할 수 있도록 하기 위해서이다.

있다.

Examples : 이 탭을 클릭하면, Alice 개발진이 만들어 놓은 예제 월드의 썸네일 이미지들을 볼 수 있다.

Open a world : 이 탭을 클릭하면, Alice 월드를 불러오는 대화상자를 볼 수 있다. 이 탭을 이용해서 현재 컴퓨터에 저장되어 있는 Alice 월드를 찾을 수 있다. Alice 월드를 저장하면 확장자 .a2w인 파일이 만들어진다. (확장자 .a2w는 해당 파일이 Alice 버전 2.0 월드라는 것을 나타낸다.)

단계 3: Welcome to Alice! 대화상자가 열려 있다면, Examples 탭을 클릭한다. 예제 월드 목록의 스크롤을 내려 그림 1-4와 같은 snowLove 월드의 썸네일 이미지를 찾는다. snowLove 썸네일 이미지를 클릭한 후, Open 버튼을 클릭한다.

단계 4: 일단 월드가 완전하게 열리면, 그림 1-5와 같은 Alice 개발 환경이 나타날 것이다. 그림에 Play 버튼의 위치도 표시되어 있다. Play 버튼을 클릭하면 현재 열린 월드가 플레이된다. Play 버튼을 클릭해서 snowLove 월드를 감상해 보기 바란다.

단계 5: Play 버튼을 클릭하면, World Running...이라는 제목의 윈도우가 하나 생기고, 그 윈도우에서 월드가 플레이 되는 모습을 볼 수 있다. 그림 1-6은 snowLove 월드의 초기 화면을 보여 준다. 윈도우의 안쪽 아무 곳이나 클릭하면 애니메이션이 시작된다.[9)]

그림 1-4 Examples 탭에서 snowLove 월드 선택하기

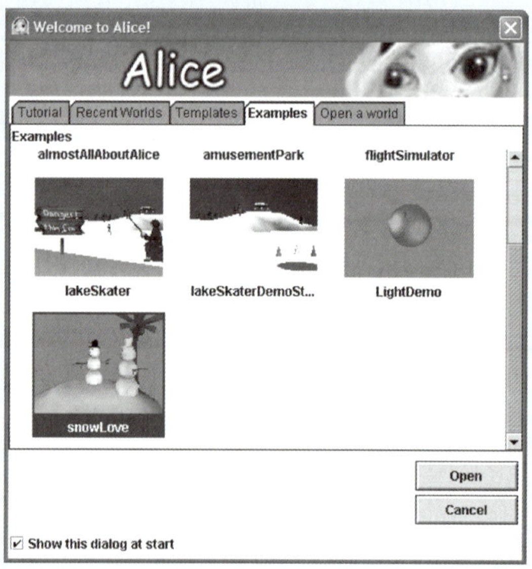

9) 모든 월드가 World Running... 윈도우 화면의 안쪽을 클릭해야 실행되는 것은 아니다. snowLove 월드의 경우는 World Running... 윈도우 화면의 안쪽을 클릭해서 실행하도록 프로그래밍을 한 것이다. 이러한 기법을 '이벤트 처리'라고 하는데, "6장. 이벤트"에서 자세히 다룰 것이다.

단계 6: 그림 1-7은 월드가 플레이되고 있을 때 캡처한 이미지이다. snowLove 월드는 어느 한 섬에 살고 있는 남자 눈사람의 슬픈 이야기를 전해 준다. 남자 눈사람은 분홍색의 아름다운 여자 눈사람을 발견한다. 그는 자신의 눈을 믿을 수 없었다. 그리고 그는 그녀에게 다가갔다. 그러나 사랑스러운 여자 눈사람에 대한 그의 관심이 너무 지나쳤는지, 그녀는 그가 가까이 다가가기도 전에 녹아 버리고 만다.

그림 1-5 열린 snowLove 월드

월드를 플레이 하려면
Play버튼을 클릭한다.

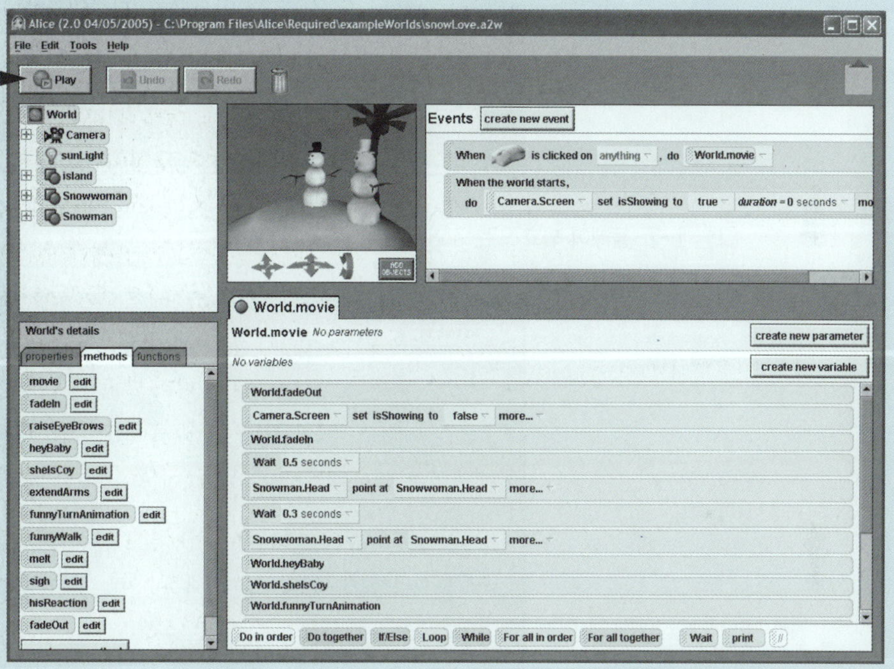

World Running... 윈도우 상단의 툴바를 확인해 보자. 다음은 툴바에 있는 각 버튼에 대한 간략한 설명이다.

Speed 슬라이더 컨트롤 : 이 컨트롤은 월드의 플레이 속도를 조절한다. 슬라이더를 1x로 설정하면 보통의 속도로 플레이된다. 슬라이더를 맨 오른쪽으로 이동시키면, 10배 빠른 속도로 플레이된다.

Pause 버튼 : Pause 버튼을 클릭하면 월드의 플레이가 잠시 멈춘다.

Resume 버튼 : Pause 버튼을 눌러 월드의 플레이가 잠시 멈춘 경우, Resume 버튼을 누르면 플레이가 멈춘 부분부터 다시 시작한다.

Restart 버튼 : Restart 버튼을 클릭하면 월드가 처음부터 다시 시작한다.

Stop 버튼 : Stop 버튼을 클릭하면 월드의 플레이가 멈추고 World Running... 윈도우가 닫힌다.

그림 1-6 snowLove 월드의 초기 화면

그림 1-7 플레이 되고 있는 snowLove 월드

Take Picture 버튼 : Take Picture 버튼을 클릭하면 월드의 한 장면이 이미지로 캡처되고 파일로 저장된다. 이 버튼을 클릭하면 대화상자가 나타나는데, 여기서 캡처한 이미지 파일의 이름과 저장 경로에 대한 정보를 볼 수 있다.[10)]

단계 7: World Running... 윈도우의 툴바에 있는 버튼들을 테스트해 보았다면, Stop 버튼을 눌러 윈도우 화면을 닫자.

10) 캡처한 이미지 파일의 저장 방식(파일 이름이나 저장 경로)은 Alice 개발환경의 Edit 메뉴 > Preference 메뉴 > Screen Grab 탭에서 변경할 수 있다. 자세한 사항은 "부록 C. Alice 설치와 사용에 관한 자세한 사항"을 참고하기 바란다.

Alice 개발 환경

Alice 소프트웨어를 사용할 때 나타나는 화면을 Alice 개발 환경이라고 한다. Alice 개발 환경은 툴바, 월드 뷰 윈도우, 객체 트리, 세부 패널, 메서드 편집기, 이벤트 편집기 등 6개 영역으로 나뉜다. 그림 1-8은 이러한 영역의 위치를 보여준다.

다음은 Alice 개발 환경의 각 영역에 대한 간단한 설명이다.

- ***툴바*** : 툴바는 다음과 같은 버튼을 제공한다. Play 버튼(Alice 월드를 플레이한다), Undo 버튼(이전에 수행한 내용을 취소한다), Redo 버튼(가장 최근에 취소한 내용을 다시 수행한다). 툴바는 또한 휴지통과 하나 또는 그 이상의 클립보드를 제공한다. 이에 대한 자세한 내용은 2장과 5장에서 다룬다.
- ***월드 뷰 윈도우*** : 월드 뷰 윈도우는 가상세계의 전체 조망을 보여준다. 가상세계에는 하나의 카메라가 있으며, 월드 뷰 윈도우는 카메라의 뷰파인더 역할을 한다. 월드 뷰 윈도우는 또한 카메라를 움직이고 회전시킬 수 있는 컨트롤을 제공한다.
- ***객체 트리*** : 객체 트리는 월드에 있는 모든 객체들의 목록을 보여준다. 월드의 객체들은 그림 1-9처럼 하나의 타일로 표시된다. *타일(tile)*은 사각형의 작은 아이콘이다. Alice 개발 환경에서 타일은 다양한 것들을 표시하면서 광범위하게 사용된다.

그림 1-8 Alice 개발 환경의 각 영역들

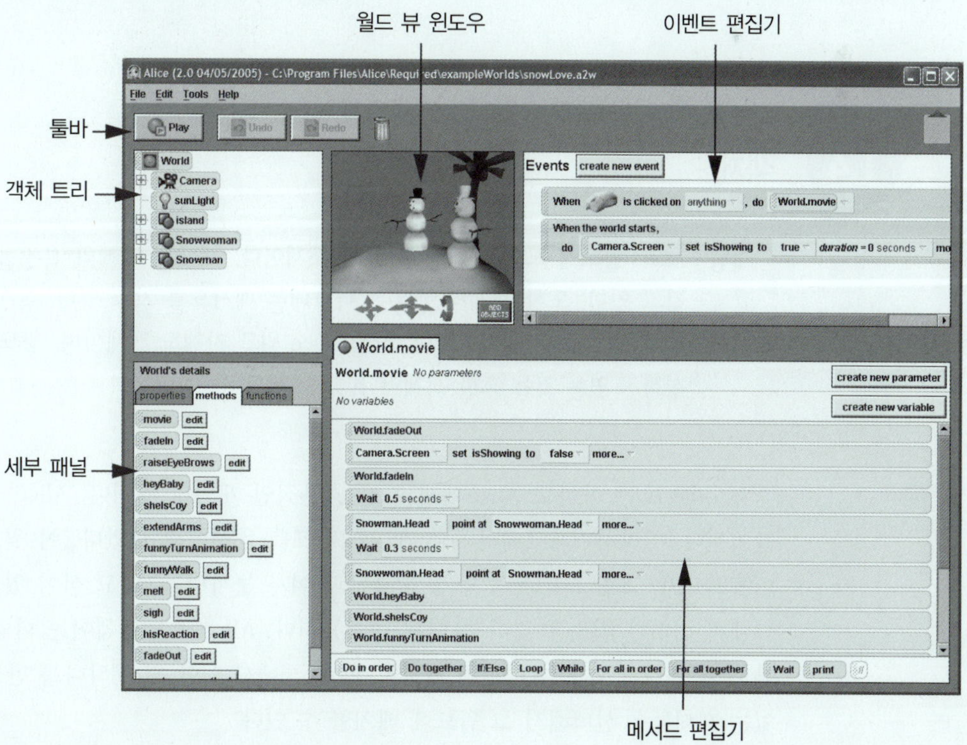

그림 1-9 타일

세부 패널 **:** 세부 패널은 월드 뷰 윈도우나 객체 트리에서 선택한 객체의 세부 정보를 보여준다.

메서드 편집기 **:** 메서드 편집기는 메서드(월드를 움직이는 명령문들의 집합)를 만드는 곳이다. 2장에서 살펴보겠지만 메서드 편집기에 타일들을 배치하여 메서드를 만든다.

이벤트 편집기 **:** 마우스를 클릭하거나 키보드를 누르는 등, 월드가 플레이 되고 있는 상태에서 발생하는 어떤 움직임을 이벤트(event)라고 한다. Alice는 다양한 이벤트들이 언제 어디서 발생하는지 감지할 수 있다. 이벤트가 발생되었을 때, Alice 월드에서 특정 메서드가 수행되도록 이벤트 편집기에서 지정할 수 있다. 이벤트에 대해서는 6장에서 좀 더 자세히 살펴볼 것이다.

체크 포인트

1.6 월드의 플레이 속도는 어떻게 조절하는가?

1.7 Alice 개발 환경에서 카메라로 월드를 바라보는 듯한 화면을 제공하는 곳은?

1.8 Alice 개발 환경에서 월드에 있는 객체들의 목록을 보여주는 곳은?

1.9 타일이란 무엇인가? 이 절에서 살펴본 타일의 목적은 무엇인가?

1.4 객체

개념 : Alice 월드에 보이는 모든 것들이 객체이다. 객체는 객체의 특징을 규정하는 속성을 갖고 있다. 또한 객체의 행동을 나타내는 메서드를 갖고 있다. 통상적으로 객체는 다른 객체들로 구성되어 있다. 사실 Alice 월드 자체도 객체이며, 월드 객체의 내부를 구성하고 있는 것들 또한 객체이다.

*객체(objects)*는 아마도 Alice에서 가장 기본적인 개념일 것이다. Alice 월드는 객체들로 만들어진다. 따라하기 1-1에서 snowLove 월드를 플레이해 보았다. 이 월드의 객체들을 잠시 떠올려보자. 그림 1-10처럼 남자 눈사람과 여자 눈사람, 그리고 섬이 있었다. snowLove 월드에서 이러한 것들은 각각 독립된 객체들이다. Alice 소프트웨어는 다양한 종류의 서로 다른 객체를 담고 있는 갤러리를 제공한다. Alice에서 일단 월드 하나를 만들고 나면, 갤러리에 있는 객체들을 선택해서 그 월드에 배치할 수 있다.

그림 1-10 snowLove 월드를 구성하는 세 객체들

속성

Alice 월드의 각 객체들은 속성을 갖고 있다. 여기서 *속성(property)*이란 객체의 특징을 규정하는 값들이다. 일단 Alice 월드에 객체들을 배치하면, 그 속성들을 조절하여 원하는 특징을 갖는 객체로 만들 수 있다. 대부분의 객체는 color(색깔)[11]와 opacity(불투명도)라는 2가지의 공통된 속성을 갖고 있다. 객체의 색깔을 파란색으로 변경하려면, 그냥 color 속성을 blue로 설정하면 된다.

opacity 속성은 객체의 투명도를 결정한다. 이 속성은 0%부터 100% 사이의 값으로 설정한다. 0%로 설정하면 객체는 완전히 안보이게 된다.[12] 100%로 설정하면 객체는 완전히 불투명하게 되고, 그 객체를 투과해서 어떤 것도 볼 수 없다. opacity 속성을 0 % ~ 100 % 사이의 중간 값으로 설정하면, 객체가 반투명하게 된다. 이 속성을 통해서 객체를 유령처럼 보이게 할 수 있다. 그림 1-11은 color 속성을 red로, opacity 속성을 50으로 설정한 의자 객체를 보여준다. Alice에서 객체의 속성을 설정하는 방법은 이 절의 후반부에서 배우게 된다.

메서드

객체는 어떤 행동을 할 수도 있다. 따라하기 1-1에서 남자 눈사람이 머리를 돌리고, 눈썹을 치켜 올리고, 여자 눈사람 쪽으로 이동하는 것을 보았다. 또한 여자 눈사람이 다양한 모습으로 움직이고, 마지막에는 녹아 없어지는 것을 보았다. 객체가 이러한 행동들을 할 수 있는 이유는 메서드를 갖고 있기 때문이다. *메서드(method)*는 객체가 실행할 수 있는 프로그래

11) Alice 프로그램은 아직 한글화가 되지 않은 상태이다. 즉, 모든 명칭이나 용어가 영어로 되어 있다. 따라서 교재에서 사용되는 용어가 Alice 프로그램에 그대로 나타나는 경우에는 용어의 일관성을 위해, "영문(한글)" 방식으로 번역하였다.

12) 불투명도가 0%라는 것은 완전히 투명해 졌다는 것이다. 즉, 투명 객체가 된 것이다.

그림 1-11 color를 red로, opacity를 50%로 설정한 의자

밍 문장들의 집합이다. 메서드는 일반적으로 객체로 하여금 어떤 행동을 하게끔 한다.

예를 들어, snowLove 월드의 남자 눈사람은 자신의 눈을 치켜뜨게 하는 메서드가 있다. 여자 눈사람 쪽으로 고개를 돌려 마주보고, 그녀에게 다가가고, 그녀가 녹아버릴 때 낙심한 표정을 짓게 하는 메서드도 있다. 더불어 여자 눈사람도 여러 행동들을 취할 수 있는 메서드가 있다. Alice 월드를 만들 때, 사용자는 메서드를 작성하는데 많은 시간을 투자하게 된다. 메서드는 월드의 객체들이 따라야 하는, 사용자가 만든 명령문들의 집합이다. 기본적인 메서드 작성법에 대해서는 2장에서 학습한다.

객체는 다른 객체들로 구성된다

일반적으로 객체는 다른 객체들로 구성되어 있다. 예를 들어 snowLove 월드의 남자 눈사람 객체는 3가지의 다른 객체들, 즉, 아래 부분, 중간 부분, 머리 부분이 합쳐져서 만들어진 것이다. 그림 1-12에서 남자 눈사람이 어떻게 이러한 3가지의 객체 (남자 눈사람의 부품으로 생각할 수 있다)로 구성되는지 알 수 있다.

남자 눈사람은 큰 눈뭉치들로 나뉜다. 그림 1-12를 자세히 보면 머리 부분과 중간 부분은 다른 객체들을 포함하고 있다. 머리 부분에는 그림 1-13에서 볼 수 있듯이, 모자, 눈, 당근, 입이 있다. 중간 부분은 그림 1-14처럼 왼팔과 오른팔이 있다. 객체가 남자 눈사람처럼 여러 개의 내부 객체로 구성되어 있는 것은 어쩌면 매우 자연스러운 것이다. 일반적으로 Alice 소프트웨어에서는 이러한 내부 객체를 "subparts(몸체 일부분)[13)]" 라고 한다.

그림 1-12 여러 객체들로 구성된 남자 눈사람

그림 1-13 남자 눈사람의 머리 부분

그림 1-14 남자 눈사람의 중간 부분

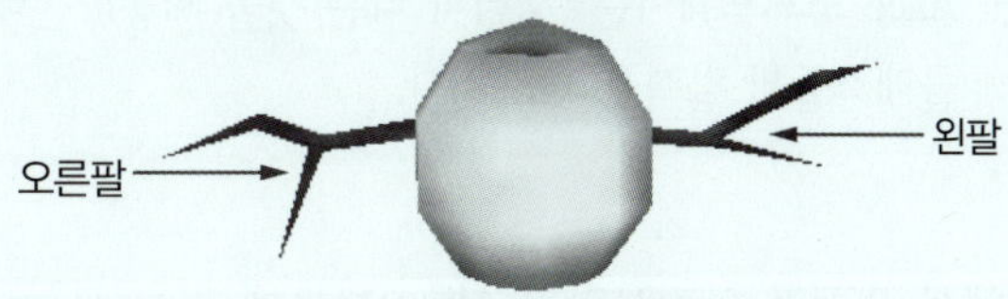

남자 눈사람을 구성하는 내부 객체들도 자신의 속성을 가지고 있으며, 메서드에 의해서 움직인다. 예를 들어, snowLove 월드에서 남자 눈사람이 여자 눈사람 쪽으로 고개를 돌리는데, 이때 남자 눈사람의 눈이 치켜떠지도록 하는 메서드가 월드에 프로그램 되어 있다. Alice 월드를 만들 때, 대개의 경우 큰 객체를 구성하는 내부 객체들을 개별적으로 조작한다.

노트

snowLove 월드의 island 객체도 지표면과 야자수와 같은 내부 객체로 구성되어 있으며, 야자수 객체도 코코넛과 나뭇잎과 같은 내부 객체로 구성되어 있다.

13) Alice 프로그램에서 subparts 라는 용어는 객체의 몸체 일부분, 즉, 머리, 팔, 다리 등을 독립적으로 움직일 때 사용한다. 그림 1-52와 따라하기 1-5를 참고하기 바란다.

월드도 객체다

Alice 월드는 객체들을 포함하고 있을 뿐만 아니라, 그 자체도 객체이다. 즉, 월드 내에 배치된 모든 객체들을 담아낼 수 있는 객체인 것이다. Alice 월드도 객체이기 때문에 월드의 특징을 규정하는 속성을 갖고 있다. 예를 들어, Alice 월드는 atmosphereColor라는 속성이 있는데, 이것은 하늘의 색깔을 결정한다. Alice 월드도 실행 가능한 메서드를 가지고 있다.[14]

체크 포인트

1.10 속성이란 무엇인가?

1.11 객체의 색깔을 결정하는 속성의 이름은 무엇인가? 객체를 투명하게 만드는 속성의 이름은 무엇인가?

1.12 메서드란 무엇인가?

1.13 여러 내부 객체들로 구성된 객체의 예를 들어 보시오.

1.5 클래스와 Alice 갤러리

개념 : 객체는 클래스로부터 만들어진다. 클래스는 객체의 형태를 기술하는 명세서이다. Alice 소프트웨어는 '갤러리' 라는 것을 제공하는데, 이것은 객체를 만드는데 사용되는 클래스들의 컬렉션(모음)이다.

1.4 절에서 객체를 살펴보았고 Alice 월드에 있는 모든 것이 객체임을 배웠다. Alice 월드를 만들 때, Alice의 갤러리로부터 객체를 만들고, 그 객체를 월드에 배치한다. 갤러리(Gallery)란 월드에 배치할 수 있는 다양한 객체의 형태들을 분류해 놓은 곳이다. 갤러리는 동물, 건물, 가구, 사람 등의 다양한 객체 형태의 컬렉션들로 구성된다.

Alice는 2가지의 갤러리 즉, Local Gallery(로컬 갤러리)와 Web Gallery(웹 갤러리)를 제공한다. Local Gallery(로컬 갤러리)는 Alice 소프트웨어가 설치될 때 컴퓨터에 저장되어, 다양한 객체 형태들을 제공하며, 대부분의 프로젝트에서 활용하기에 충분하다. Web Gallery(웹 갤러리)는 Alice 개발진에 의해서 유지 관리되고 있으며, 인터넷에 연결된 경우에 접근 가능하다. 로컬 갤러리 보다 훨씬 더 많은 객체 형태의 컬렉션을 제공한다.

14) 본 번역서의 이 지점 이후부터, Alice의 기본 파일 단위로서의 월드는 "월드"로, 객체 트리에 표시된 객체로서의 월드는 "world"로 번역하였다.

클래스

중요한 것은 "Alice 갤러리에는 객체가 없다"는 것이다. Alice 갤러리에 있는 것은 클래스이다. *클래스(class)*는 특정 객체의 형태를 프로그래밍 문장으로 작성한 간단한 설명서, 또는 명세서[15)]라고 할 수 있다. 클래스를 객체의 설계도라고 생각해 보자. 클래스는 집을 지을 때 사용하는 설계도와 같은 역할을 한다. 설계도 자체는 집이 아니다. 단지 집에 대한 자세한 설명서이다. 동일한 설계도를 이용하여 똑같은 집을 여러 개 지을 수 있다. 각각의 집은 설계도에서 기술한 집의 독립된 실제의 예, 즉, 인스턴스(instance)인 것이다. 그림 1-15에 이 개념이 묘사되어 있다.

Alice 월드에 특정 형태의 객체를 추가하려면, 먼저 갤러리에서 해당 객체의 클래스를 찾아야 한다. 예를 들어 월드에 동물을 추가하려 한다고 가정하자. 갤러리의 Animals(동물) 컬렉션에 들어가서 적절한 클래스를 찾는다. 그림 1-16은 Local Gallery의 Animals 컬렉션 내부에 있는 일부 클래스를 보여준다. Chicken(닭) 클래스가 있는 것을 발견하고 월드에 닭을 추가시키기로 했다고 가정하자.

갤러리에 저장되어 있는 Chicken 클래스는 Chicken 객체[16)]의 모든 특징들을 기술하는 설계도이다. 갤러리에서 Chicken 클래스를 선택하면 Alice는 설계도에 묘사된 것을 토대로 월

그림 1-15 설계도와 설계도로 만든 집들

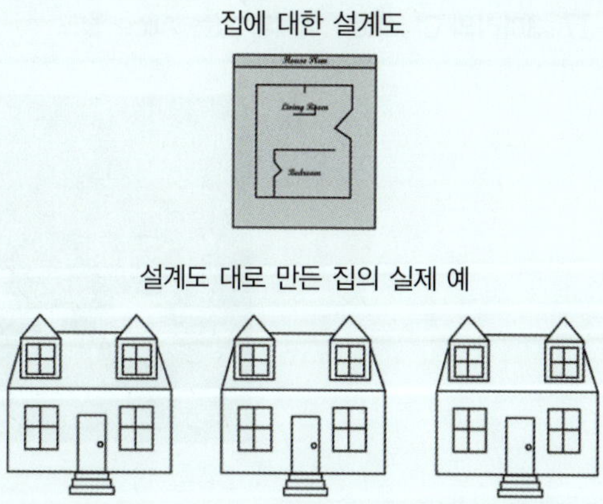

15) 일반적으로 객체 지향 프로그래밍 언어에서는 클래스를 프로그래밍 코드로 정의해야 한다. 이렇게 정의한 클래스로부터 new 연산자를 이용하여 객체(클래스 객체, 또는 인스턴스라고도 부른다)를 생성하게 된다. 그러나 Alice는 이미 많은 클래스들을 갤러리에 정의해 놓았다. 그것도 3D 그래픽으로 정의되어 있다. Alice에서 객체를 생성할 때는 new 연산자 등을 이용할 필요가 전혀 없다. 클래스를 선택하고, 그냥 버튼 하나만 클릭하면 객체가 만들어진다.

16) Chicken 객체란 Chicken 클래스로부터 만든 객체를 의미한다. "객체"라는 용어 앞에 대문자로 시작하는 이름이 나오면 그것은 클래스 이름을 나타낸다. "daks 객체"와 같이 소문자로 시작하는 이름이 나올 수도 있다. 여기서 소문자로 시작하는 이름은 객체의 이름을 나타낸다. 따라서 이것은 "daks"라는 이름을 가진 객체를 말한다. 객체 지향 프로그래밍에서 객체를 "인스턴스"라고도 한다. 다음의 표는 이 교재에서 사용하는 클래스와 객체의 용어 사용 예를 정리해 놓은 것이다.

드에 Chicken 객체를 만든다. 원한다면, Chicken 클래스를 여러 번 선택할 수 있다. 그림 1-17은 3마리의 Chicken 객체가 있는 월드이다.

프로그래밍 용어로 객체를 클래스의 *인스턴스(instance)*라고 부른다. Local Gallery에는 비록 1개의 Chicken 클래스가 있지만 그림 1-17에는 3개의 Chicken 클래스 인스턴스가 있다. 3개의 Chicken 인스턴스들은 동일한 하나의 클래스에서 만들어졌기 때문에, 모두 같은 속성과 메서드를 갖고 있다. 각각의 인스턴스들은 별개의 객체들이다. 따라서 개별적으로 조작 가능하다.

그림 1-18에서는 3마리의 Chicken 객체를 개별적으로 수정할 수 있다는 사실을 보여 준다. 한 마리는 color(색깔) 속성이 빨간색으로 설정되어 있고[17], 한 마리는 opacity(불투명도) 속

그림 1-16 Local Gallery의 Animal 컬렉션에 있는 클래스들

그림 1-17 3마리의 Chicken 객체가 있는 Alice 월드

용어 사용의 예	용어 설명
Chicken 클래스	객체를 만들 수 있는 설계도 또는 명세서로서, 그 설계도 또는 명세서의 이름이 Chicken이다.
Chicken 객체 Chicken 인스턴스	Chicken 클래스로부터 만들어진 객체. 객체와 인스턴스는 동일한 의미로 혼용해서 사용한다. 이 용어에서는 객체의 클래스 이름만 알 수 있고, 객체의 이름은 알 수 없다.
daks 객체 daks 인스턴스	daks라는 이름의 객체. 객체와 인스턴스는 동일한 의미로 혼용해서 사용한다. 이 용어에서는 객체의 이름만 알 수 있고, 객체의 클래스 이름은 알 수 없다.

17) 본 번역서가 2도로 인쇄될 예정이어서, 그림 1-18에 나오는 닭의 색깔을 명확하게 구분하기 힘들지도 모르겠다. 그림의 작은 닭 두 마리 중에, 앞에 있는 것이 빨간색이고, 뒤에 있는 것은 반투명이다.

그림 1-18 개별적으로 수정된 Chicken 객체들

성이 60%로 설정되어 있으며, 한 마리는 크기가 커져 있다.

따라하기 1-2를 통해서 이와 같은 몇 가지 개념들을 보충한다. 따라하기에서는 Alice 월드를 만들고 거기에 클래스의 인스턴스를 생성할 것이다. 그리고 속성을 변경해서 인스턴스의 모습을 바꿔 볼 것이다. 객체 내부에 포함되어 있는 다른 객체를 어떻게 선택하는지, 그리고 그 속성을 어떻게 변경하는지에 대해서도 학습할 예정이다.

노트

따라하기 1-1에서는 움직이는 Alice 월드를 플레이하는 방법을 배웠다. 이 장에서는 Alice 월드에 객체를 추가하는 방법을 학습한다. 그러나 객체를 움직이는 방법은 2장에서 다룬다. 따라서 이번 장에서 만든 월드를 플레이 하면, 어떤 움직임도 일어나지 않는다.

따라하기 1-2

월드를 생성하고 객체 추가하기

단계 1: Alice를 실행하자. Alice의 실행이 완료되면, 그림 1-19와 같은 Welcome to Alice! 대화상자를 볼 수 있다.

노트

만약 Welcome to Alice! 대화상자가 보이지 않는다면, 메뉴 바에서 File을 클릭한 후, New World... 메뉴를 클릭한다.

단계 2: 그림 1-19처럼 Templates 탭을 선택한다. 이 대화상자에서 하나의 템플릿을 선택하면, Alice는 지표면을 만들고, 하늘의 색깔을 설정한다. sand 템플릿을 선택한 후, Open 버튼을 클릭한다. 그림 1-20과 같은 Alice 개발 환경이 보일 것이다. 월드 뷰 윈도우 상에, 모래로 덮인 땅과 파란 하늘이 펼쳐진 월드가 생겼는지 확인해 보자.

그림 1-19 Welcome to Alice! 대화상자

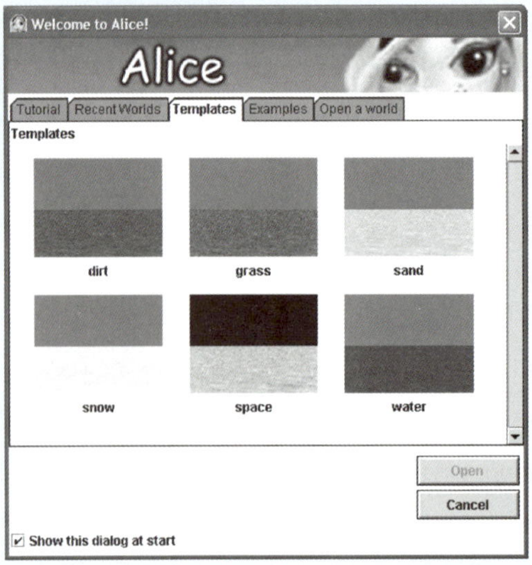

그림 1-20 월드가 생성된 후의 Alice 개발 환경 모습

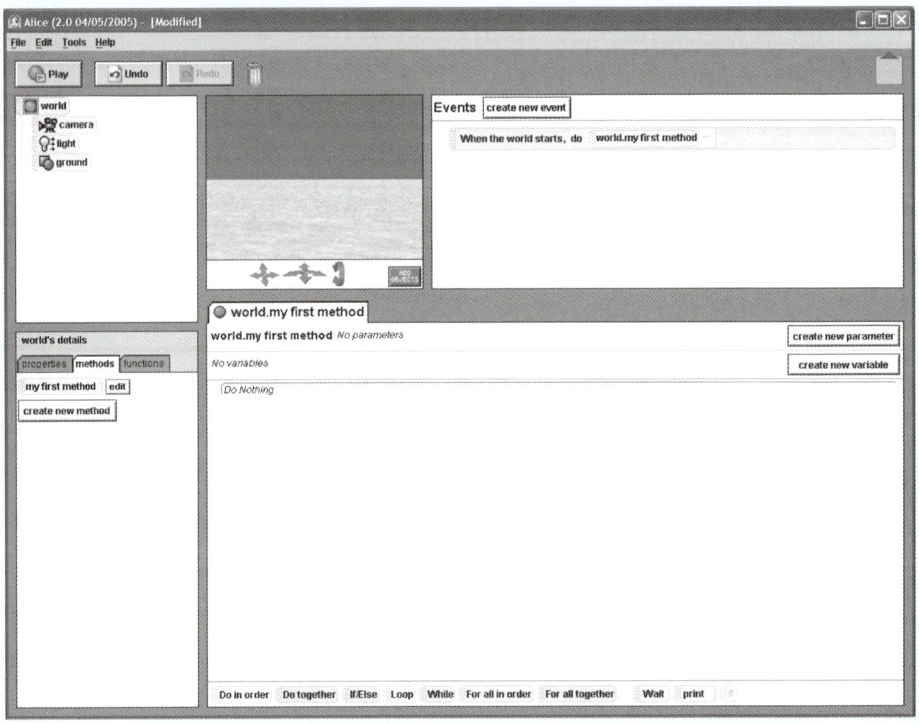

단계 3: 이제 월드에 객체를 추가해 볼 차례이다. 그림 1-21과 같이, Add Objects 버튼이 월드 뷰 윈도우의 오른쪽 하단에 보인다. Add Objects 버튼을 클릭한다. Alice 개발 환경이 장면 편집기 모드로 바뀌고, 그림 1-22처럼 Local Gallery(로컬 갤러리)가 열린다. 갤러리에 있는 컬렉션 썸네일 이미지가 스크린 아래쪽에 보인다. 썸네일 이미지 바로 위에 내비게이션 바가 보이는데, 현재 Local Gallery에 있음을 알려준다.

그림 1-21 ADD OBJECTS 버튼

그림 1-22 Alice의 장면 편집기 모드

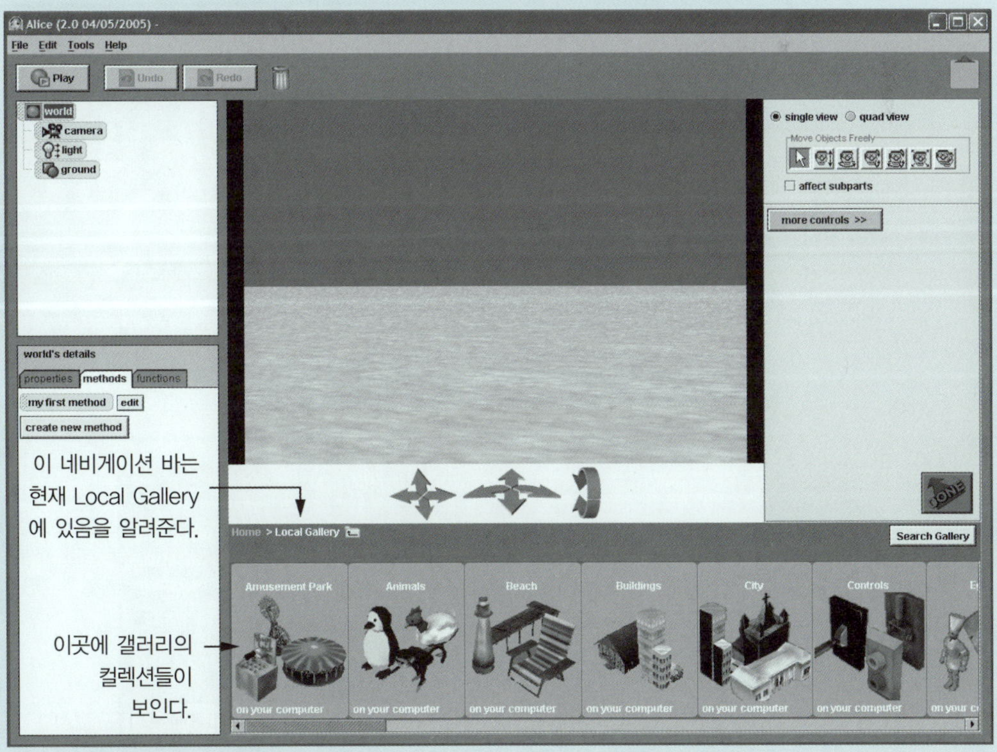

단계 4: 그림 1-23과 같이 People(사람) 컬렉션 썸네일 이미지가 보일때 까지 스크롤 하자. People 컬렉션 썸네일을 클릭해서 연다.

단계 5: People 컬렉션에 있는 클래스들의 썸네일 이미지를 볼 수 있다. 월드에 추가할 수 있는 여러 종류의 사람 클래스들이 있다. 그 중에는 그림 1-24와 같은 Coach(코치) 클래스가 있다. Coach 클래스의 썸네일을 클릭한다.

단계 6: 그림 1-25와 같이, Coach 클래스의 정보를 알려주는 대화 창이 보인다. 이 대화 창은 클래스에 대한 다양한 정보를 보여준다. Add instance to world 버튼을 클릭

그림 1-23 People 컬렉션 썸네일

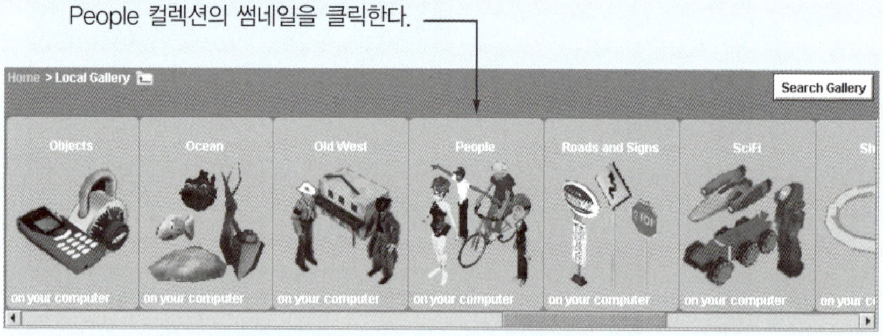

그림 1-24 People 컬렉션 안에 있는 클래스들

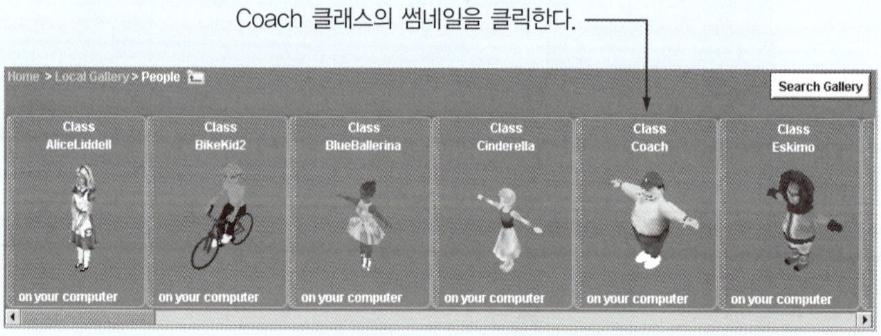

그림 1-25 Coach 클래스의 정보를 보여주는 대화창

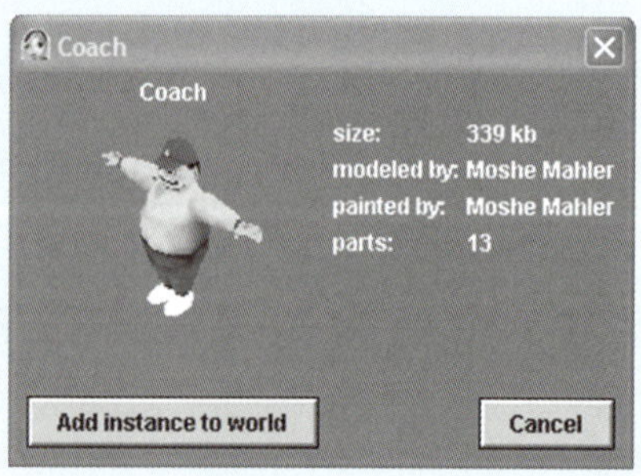

해서 Coach 클래스의 인스턴스를 월드에 추가하자.

축하한다! 독자 여러분은 이제 막 처음으로, Alice 월드에 객체를 추가했다. 방금 추가한 객체가 그림 1-26처럼 월드 뷰 윈도우에 나타난다. coach라는 단어로 된 타일도 객체 트리에 새로 만들어졌다. 이 타일은 방금 월드에 추가한 객체를 나타낸다. 타일 위에 표시된 coach라는 단어는 Alice가 자동으로 객체에 부여한 이름이다.

그림 1-26 월드에 추가된 객체

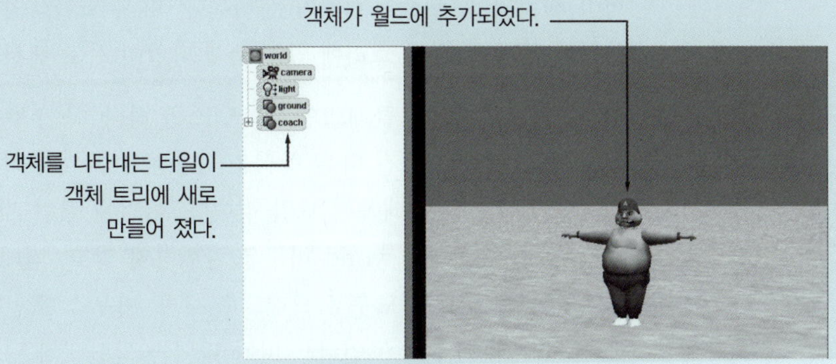

단계 7: Alice 개발 환경에서 객체를 조작하기 위해서는 먼저 객체를 선택해야 한다. 객체를 선택하는 한 가지 방법은 객체 트리에서 그 객체의 타일을 클릭하는 것이다. 객체 트리의 coach 타일을 클릭해서 객체를 선택해 보자. 이렇게 하면 그림 1-27처럼, 월드 뷰 윈도우에 있는 객체 주위에 노란색 박스가 나타나는 것을 볼 수 있다. 이것을 *경계 박스(bounding box)*라고 하며, 이는 객체가 선택되었음을 말해준다. 객체 트리에도 coach 타일이 강조 표시되어 있음을 확인하자. 객체를 선택하면 객체 트리에 있는 객체 타일이 강조 표시된다.

그림 1-27 선택된 객체

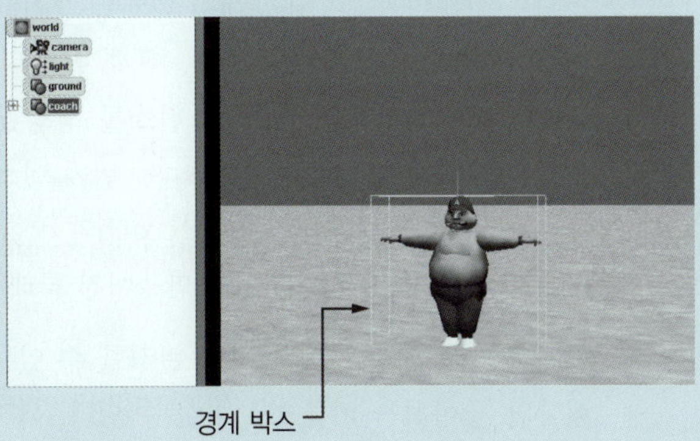

단계 8: 객체를 선택하는 또 다른 방법은 월드 뷰 윈도우에서 객체를 클릭하는 것이다. 월드 뷰 윈도우에서 지표면 위 아무 곳이나 클릭해 보자. 이렇게 하면 땅이 선택되는데, 월드에서 ground(땅)도 객체이다. 한 번에 하나의 객체만 선택할 수 있기 때문에 coach 객체의 선택은 해제된다.

ground 객체는 너무 커서 월드 뷰 윈도우 상에서는 그 경계 박스를 볼 수 없다. 그러나 객체 트리에 있는 ground 객체의 타일은 강조 표시되어 있음을 확인할 수 있다.

다음으로, 월드 뷰 윈도우에서 coach 객체를 클릭하자. 그러면 ground 객체의 선택이 해제되고, coach 객체가 선택된다. 다시 노란색의 경계 박스가 coach 객체 주위에 생기고, 객체 트리에 있는 객체 타일이 강조 표시된다.

단계 9: 이제 월드에 Coach 클래스의 인스턴스를 하나 더 추가해 보자. 그러나 이번에는 전에 했던 것과는 약간 다른 방식을 사용해 보려고 한다. 갤러리의 Coach 클래스 썸네일이 여전히 아래쪽에 보일 것이다. 이전에 했던 것처럼 썸네일을 클릭한 다음 Add instance to world 버튼을 클릭하지 말고, 썸네일을 클릭한 상태에서 그 썸네일을 월드 뷰 윈도우로 드래그해 보자. 마우스 포인터가 월드 뷰 윈도우 안으로 들어가면, 마우스 포인터를 따라 다니는 노란색의 텅 빈 경계 박스를 볼 수 있다. 이것은 월드에 새로 추가할 객체의 경계 박스이다. 경계 박스를 그림 1-28처럼 기존에 있던 coach 객체 근처로 드래그한 후, 마우스 버튼을 놓는다. Coach 클래스의 새 인스턴스가 그림 1-29처럼 만들어진다.

단계 10: 객체 트리에 새로운 객체 타일이 생겼음을 주목하라. 그림 1-29에서 확인할 수 있듯이, 새 타일에 coach2라고 표시되어 있다.

이 시점에서 클래스 이름과 객체 이름의 차이를 살펴볼 필요가 있다. 모든 클래스는 하나의 이름을 갖고 있다. Alice 갤러리에 있는 각 클래스의 썸네일에는 클래스 이름이 표시되어 있다. 클래스 이름은 관습상 언제나 대문자로 시작한다. 예를 들어, 월드에 추가했던 두 객체는 Coach 클래스의 인스턴스들이다.

객체도 이름이 있다. Alice에서 객체를 생성하면 자동으로 이름이 붙게 되는데, 그 이름은 객체 트리에 표시된다. 객체 이름은 관습상 언제나 소문자로 시작한다. Coach 클래스의 첫 번째 인스턴스를 생성했을 때, Alice는 자동으로 coach라는 이름을 붙였다. Coach 클래스의 두 번째 인스턴스를 생성했을 때, Alice는 자동으로 coach2라는 이름을 붙였다. coach와 coach2는 월드에 있는 객체의 이름을 나타내고, Coach는 이들 객체가 만들어진 클래스의 이름을 나타낸다.

Alice가 자동으로 붙인 이름을 변경할 수 있는데, coach나 coach2와 같은 이름이 싫다면, 좋아하는 이름으로 바꿀 수 있다. 이것은 2장에서 자세히 살펴볼 것이다.

그림 1-28 새 객체의 텅 빈 경계 박스

그림 1-29 월드에 추가된 2개의 coach 객체

단계 11: 이제 월드에 추가한 두 객체의 속성을 변경해 볼 것이다. 우선 coach 객체를 선택하자. 객체 트리에서 타일을 클릭하거나 월드 뷰 윈도우에서 객체를 클릭하면 된다. 객체를 선택하면, 세부 패널의 윗부분이 coach' s details로 바뀐다.

세부 패널의 properties 탭을 선택하면 coach 객체의 속성들을 볼 수 있다. 현재 독자 여러분이 실습하고 있는 화면의 모습이 그림 1-30과 동일해야 한다.

단계 12: properties 탭을 선택하면, 세부 패널에 coach 객체의 속성들이 보인다. 각 타일에는 해당 속성의 이름이 새겨져 있다. 그림 1-31에서 color 속성이 있는 위치를 확인할 수 있다.

각 속성 타일 옆에는 드롭-다운 박스가 있는데, 그것을 클릭하면, 속성 값을 설정할 수 있다. color 속성 옆의 드롭-다운 박스를 클릭해 보자. 그러면 그림 1-32와 같은 메뉴가 펼쳐진다. 메뉴에서 red를 선택한다. 월드 뷰 윈도우의 coach 객체가 그림 1-33처럼 빨갛게 변한 것을 확인할 수 있다.[18]

18) 본 번역에서는 빨간색을 확인할 수 없지만 독자 여러분의 모니터 상에서는 그 색깔을 확인할 수 있을 것이다.

그림 1-30 coach 객체의 properties 탭 선택하기

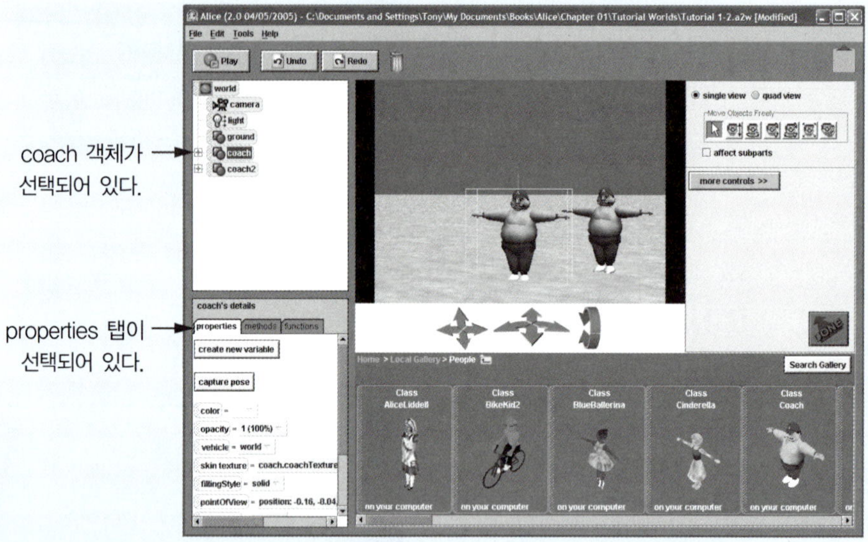

그림 1-31 color 속성의 드롭-다운 박스

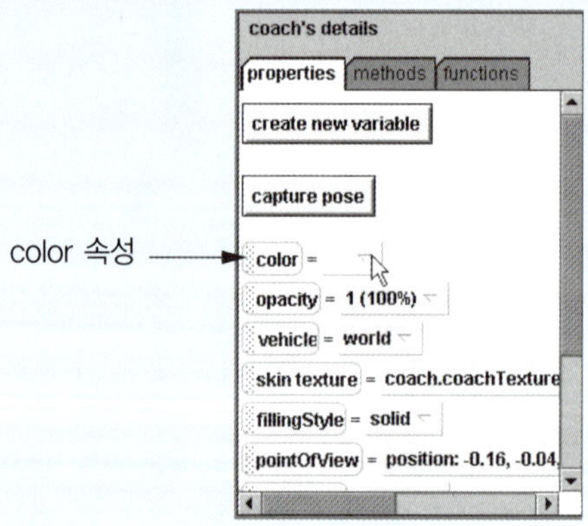

그림 1-32 coach 객체의 color 속성을 red로 변경하기

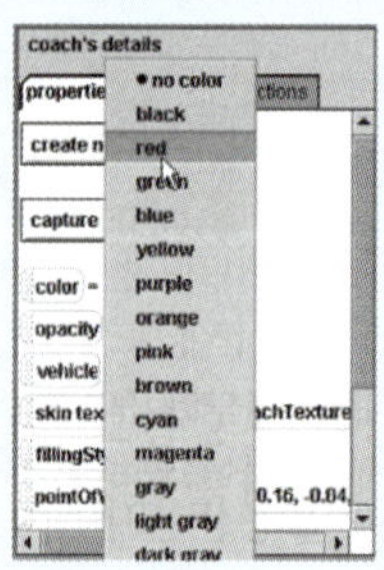

그림 1-33 빨갛게 변한 coach 객체

단계 13: 이제 coach2 객체의 opacity 속성을 변경시켜 보자. 객체 트리에서 coach2 타일을 클릭하거나 월드 뷰 윈도우에서 객체를 클릭해서 coach2 객체를 선택한다. 객체를 선택하면 세부 패널의 윗부분이 coach2' s details로 바뀐다.

세부 패널의 properties 탭이 여전이 선택된 상태라면, opacity라는 속성 타일이 보일 것이다. opacity 속성 옆의 드롭-다운 박스를 클릭하면 그림 1-34와 같은 메뉴가 펼쳐진다. 메뉴에는 선택할 수 있는 불투명도의 퍼센트가 나열되어 있다. 메뉴에서 0.5(50%)를 선택한다. 월드 뷰 윈도우를 보면, coach2 객체가 그림 1-35 처럼 반투명하게 변한 것을 확인할 수 있다.

그림 1-34 coach2 객체의 opacity 속성을 50퍼센트로 변경

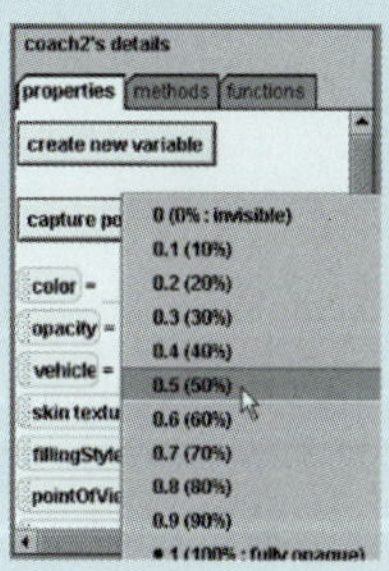

그림 1-35 opacity 속성이 50퍼센트로 설정된 coach2 객체

단계 14: 한 객체가 다른 객체를 포함할 수 있다는 사실을 이 장의 앞에서 배웠다. 이러한 이유로 객체 트리에 있는 타일들은 계층적인 구조로 표시된다. ("객체 목록object list"이 아닌, "*객체 트리object tree*"로 불리는 이유가 바로 여기에 있다.) 객체 타일 옆에 + 표시가 보이는데, 이것은 객체가 다른 객체를 포함하고 있다는 것을 의미한다. 예를 들어, 객체 트리의 coach와 coach2의 경우 객체 타일 옆에 + 표시가 있는 것을 확인할 수 있다. 그림 1-36이 바로 그것이다.

객체 옆의 + 표시를 클릭하면, 트리가 펼쳐지고 내부 객체의 타일들을 볼 수 있다. + 표시는 − 표시로 바뀌게 되고, − 표시를 클릭하면 내부 객체들이 다시 감춰진다. coach2 객체 타일 옆에 있는 + 표시를 클릭해서 객체 트리를 펼쳐보자. 그림 1-37의 객체 트리를 보면, coach2 객체가 3개의 서로 다른 객체인, rightLeg, leftLeg, upperBody로 구성되어 있음을 확인할 수 있다.

단계 15: 내부 객체들 중에서 하나를 선택하려면, 객체 트리에 있는 내부 객체 타일을 클릭하면 된다. rightLeg 객체 타일을 선택해 보자. 월드 뷰 윈도우 상에서 선택된 rightLeg 객체 주위에 그림 1-38과 같이 경계 박스가 나타남을 주목하라.

단계 16: rightLeg, leftLeg, upperBody 객체에도 옆에 + 표시가 있음을 주목하라. 이것은 이 객체들 또한 다른 객체들을 포함하고 있다는 것을 말해준다. + 표시를 클릭해서 객체 트리를 펼치면, coach2 객체를 구성하는 또 다른 객체들을 볼 수 있다. 내

그림 1-36 다른 객체들을 포함하고 있는 coach와 coach2 객체

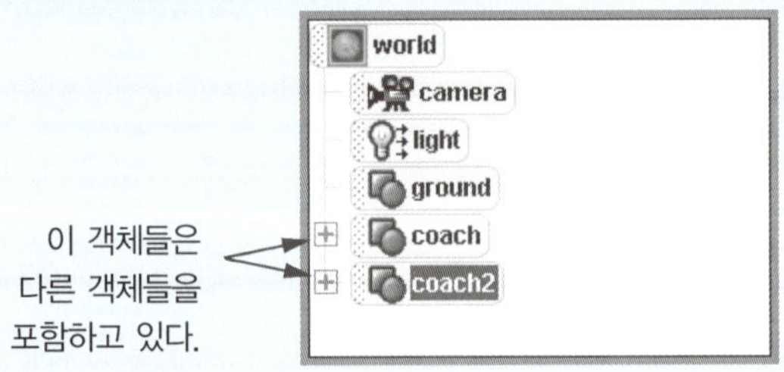

그림 1-37 펼쳐진 객체 트리

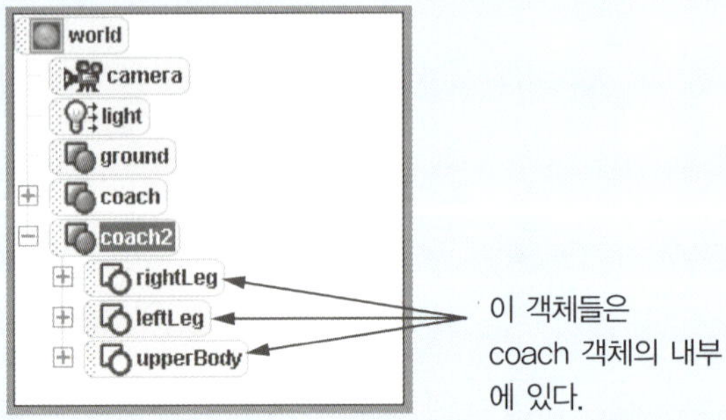

부 객체 중 하나를 선택해서 color 속성을 변경해 보자. 그림 1-39의 예는 head 객체를 선택해서 그것의 color 속성을 green으로 설정한 모습이다.[19)]

단계 17: 원한다면 coach 객체의 객체 트리를 펼쳐서, 내부 객체의 속성들을 변경할 수 있다. 모두 마쳤으면, 그림 1-40의 DONE 버튼을 클릭한다. 이 버튼을 통해 장면 편집기 모드에서 빠져 나올 수 있다. File 메뉴를 클릭한 다음, Save World를 선택해서 Alice 월드를 저장한다. 이렇게 저장한 월드는 따라하기 1-3에서 다시 사용할 것이다.

그림 1-38 선택된 rightLeg 객체

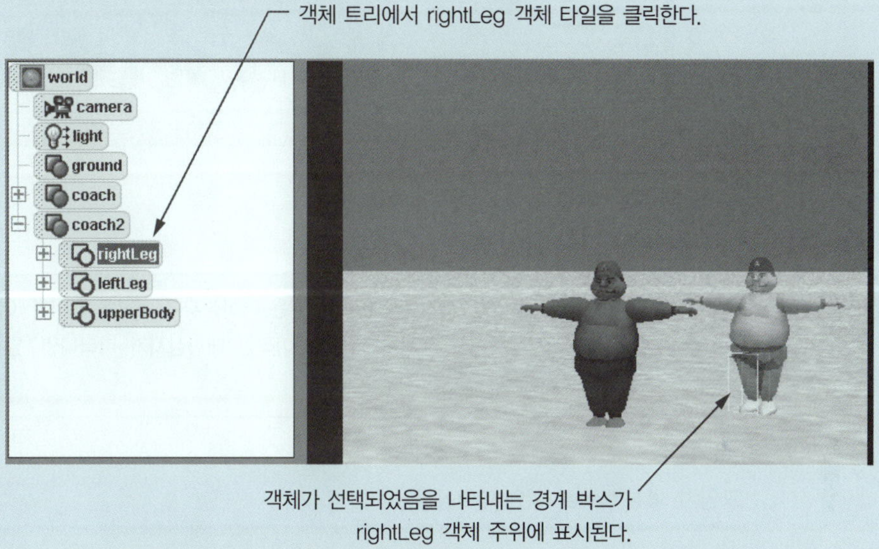

그림 1-39 초록색 머리의 coach2 객체

19) 본 번역서에서는 초록색을 확인할 수 없지만, 독자 여러분의 모니터 상에서는 그 색깔을 확인할 수 있을 것이다.

그림 1-40 DONE 버튼

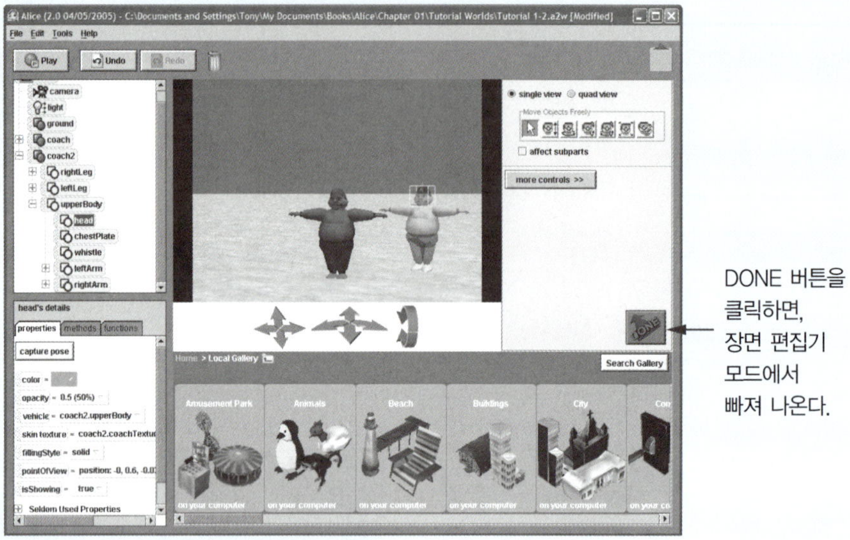

노트

> 따라하기 1-2를 진행하다가, 아마 그림 1-41과 같은 대화상자를 보았을 것이다. 이 메시지는 작업하고 있는 Alice 월드를 자주 저장하도록 상기시켜 준다. 이러한 대화상자가 나타나면, 일반적인 경우 Save right now 버튼을 클릭해야 한다.[20]

그림 1-41 Save? 확인 대화상자

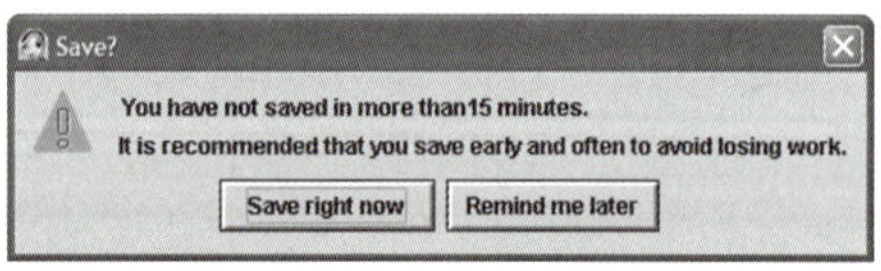

---

20) Alice를 사용하다 보면, 그림 1-41과 같은 Save? 확인 대화상자와 더불어 다음과 같은 그림의 Potential Problem 대화상자도 자주 보게 될 것이다. 이것은 Alice 프로그램을 실행시켜 놓은 상태에서 화면보호기가 실행되었거나, 다른 프로그램이 Alice의 월드 뷰 윈도우를 장시간 가리고 있었을 때 나타난다. 그러나 전혀 걱정할 필요가 없다. 화면이 정상적으로 보일 때까지(Potential Problem 대화상자가 사라질 때까지), 계속 Retry 버튼을 클릭하면 된다.

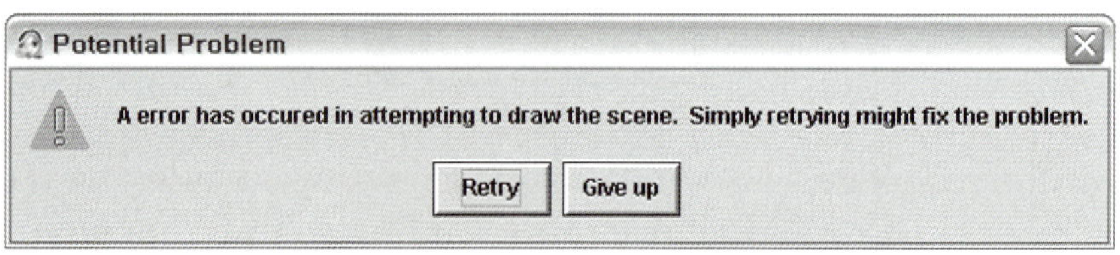

Web Gallery의 사용

따라하기 1-2에서는 Local Gallery를 사용하였다. 만약 인터넷이 연결되어 있다면, Web Gallery를 사용할 수 있다. 갤러리 내비게이션 바의 Home을 클릭한 후 다시 Web Gallery(웹 갤러리)를 클릭하자. 온라인 갤러리에 입장하고 있음을 상기시켜 주는 대화상자가 보일 것이다. 확인 버튼을 클릭하면 Web Gallery가 나타난다. 갤러리가 보이는 시간은 인터넷 접속 속도에 달려있다. Web Gallery도 Local Gallery처럼 컬렉션으로 구성되어 있음을 알 수 있다.

체크 포인트

1.14 클래스란 무엇인가?
1.15 클래스, 클래스 인스턴스, 설계도, 설계도대로 만든 집, 이들은 서로 어떻게 유사한가?
1.16 Alice 갤러리에 저장되어 있는 것은 클래스인가, 아니면 객체인가?
1.17 Add Objects 버튼을 클릭하면 Alice는 어떤 모드로 변하는가?
1.18 Alice 갤러리에서 원하는 클래스를 찾은 후, 월드에 그 클래스의 인스턴스를 추가하는 2가지 방법을 기술하시오.
1.19 Alice 개발환경에서 객체를 선택하는 2가지 방법은 무엇인가?
1.20 객체를 선택했을 때, 월드 뷰 윈도우의 객체 주위에 나타나는 것은 무엇인가?
1.21 Alice 월드에서 dog라는 단어는 클래스 이름인가? 아니면 객체 이름인가?
1.22 객체의 속성은 Alice 개발 환경의 어느 영역에서 선택할 수 있는가?

1.6 3D 객체와 카메라

개념 : Alice 월드와 그 안의 객체들은 3차원으로 되어 있다. 카메라 객체를 통해 Alice 월드를 바라보게 되는데, 월드 안에서 카메라 객체를 움직일 수 있고 다양한 방향으로 향하게 할 수 있다

단순한 아케이드 방식의 비디오 게임을 해 본적이 있다면, 아마 2차원(2D) 그래픽이 익숙할 것이다. 2D 그래픽 객체는 단지 2개의 차원(높이, 너비)만을 갖고 있다. 그림 1-42는 높이와 너비만을 가지고 있는 2차원 게임 캐릭터의 예를 보여준다. 깊이가 없기 때문에, 이러한 객체는 옆에서는 보이지 않는다.

높이와 너비만을 갖고 있는 2차원 객체는 높이와 너비만을 갖고 있는 세상에 존재한다. 이것은 2차원 객체가 단지 위, 아래, 왼쪽, 오른쪽으로만 움직일 수 있다는 것을 의미한다. (2

차원 공간에서의 대각선 움직임은 단지 왼쪽 또는 오른쪽의 움직임과 위 또는 아래로의 움직임이 조합된 것이다.) 그림 1-43은 고전 아케이드 게임 Pac-Man의 화면으로 2차원 공간의 좋은 예가 될 것이다. 캐릭터는 움직일 수 있지만 그 차원이 위, 아래, 왼쪽 그리고 오른쪽으로 제한되어 있다.

Alice는 3차원(3D) 시스템이다. Alice의 객체는 높이, 너비, 깊이의 차원을 갖는다. 그림 1-44는 coach 객체의 3가지 차원을 보여준다. 객체가 깊이를 갖고 있기 때문에 어느 각도에서

그림 1-42 2차원 게임 캐릭터

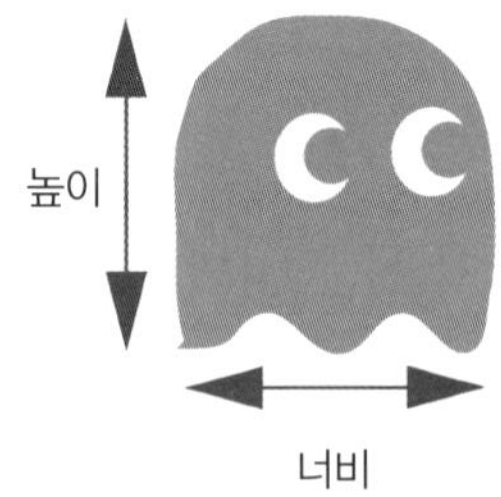

그림 1-43 2D 공간에서의 움직임

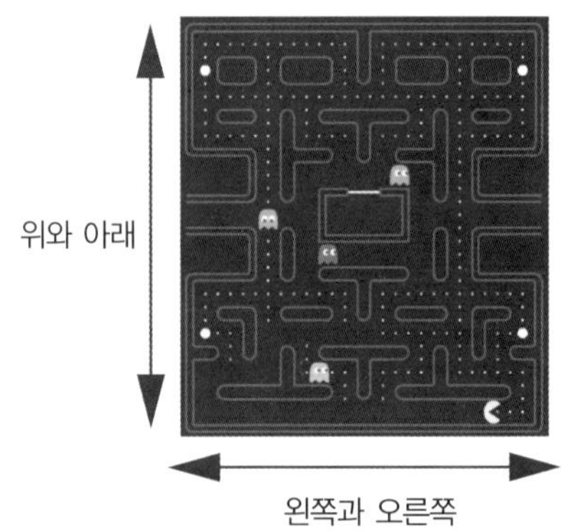

그림 1-44 3D 객체

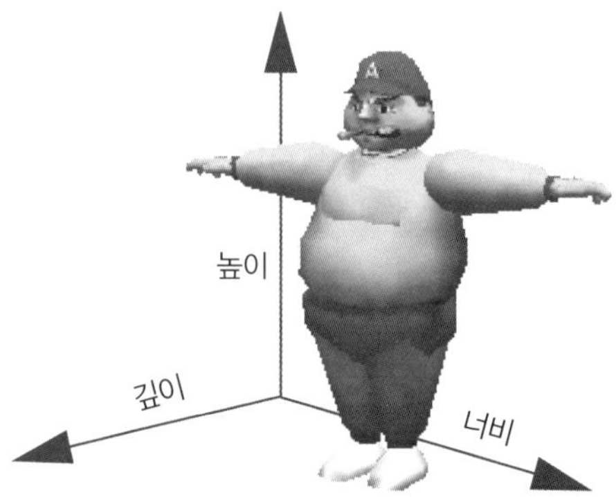

그림 1-45 3차원 공간에서의 움직임

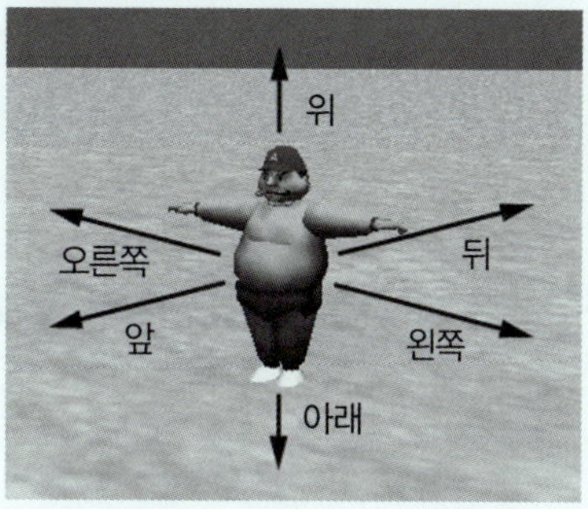

도 그것을 바라 볼 수 있다.

Alice에서 만드는 월드는 3차원을 갖고 있으므로, 그 안의 객체들은 위, 아래, 왼쪽, 오른쪽, 앞, 뒤로 움직일 수가 있다. 그림 1-45가 이것을 묘사하고 있다. 6가지 방향으로 움직일 수 있기 때문에 3차원 세계에 있는 객체는 *6 자유도(six degrees of freedom)*를 갖고 있다고 말한다.

노트 3차원 세계를 일반적으로 가상세계(virtual worlds)라고 부르는데, 이것은 실세계를 가상으로 표현해 놓은 것이기 때문이다.

카메라

Alice 월드를 만들게 되면, 자동으로 카메라가 생성되어 월드에 배치된다. 카메라의 목적은 월드의 이미지를 월드 뷰 윈도우에 표시해 주는 것이다. 월드 뷰 윈도우를 카메라의 뷰파인더로 생각할 수 있다. 월드 뷰 윈도우에 나타나는 이미지는 카메라의 뷰 파인더로 월드를 바라 볼 때 나타나는 모습이다. 카메라가 향하고 있는 방향과 더불어 카메라의 위치를 카메라의 관점(view point)이라고 부른다.

월드 뷰 윈도우의 하단에는 그림 1-46과 같은 3개의 카메라 컨트롤이 있다. 월드 내에서 카메라를 움직이거나, 다른 방향으로 향하게 할 때 이 컨트롤들을 사용한다. 왼편에 있는 컨트롤은 카메라를 위, 아래, 왼쪽, 오른쪽으로 이동시키는 역할을 한다. 중앙에 있는 컨트롤은 카메라를 앞 뒤로 이동시키거나 왼쪽, 오른쪽으로 회전시킨다.[21] 오른편에 있는 컨트롤은 카메라를 위, 아래로 기울인다.

21) 이러한 카메라의 움직임은 월드의 실행 중에 카메라 객체의 기본 메서드를 통해서도 가능하다. move up/down, move left/right는 왼편에 있는 컨트롤의 기능을, turn left/right, move forward/backward는 중앙에 있는 컨트롤의 기능을 수행한다.

그림 1-46 카메라 컨트롤

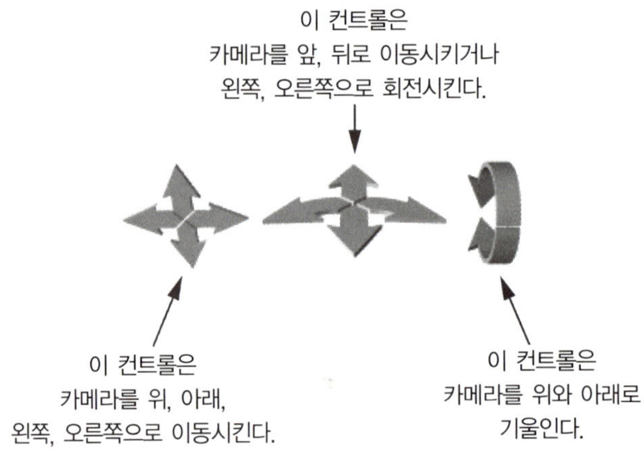

각 컨트롤에는 화살표가 있다. 카메라를 움직이거나 선회시키거나 또는 기울일 때, 원하는 방향의 화살표를 클릭하거나 드래그함으로써 컨트롤을 조작한다. 컨트롤의 사용법을 배우는 최선의 방법은 따라하기 1-3처럼 직접 해보는 것이다.

따라하기 1-3

3차원 공간에서 카메라 움직이기

단계 1: Alice를 실행하고, 따라하기 1-2에서 만든 월드를 연다.

단계 2: 월드 뷰 윈도우의 하단에 위치한 카메라 컨트롤 중에서 중앙에 있는 컨트롤을 사용하여 카메라를 앞으로, coach 객체 쪽으로 이동시키려고 한다. 앞을 가리키는 화살표를 클릭한 채 마우스 버튼을 누르고 있어야 한다. 그림 1-47처럼 화살표가 강조 표시됨을 주목하라. 마우스 버튼을 계속 누르고 있으면, 카메라는 계속 앞으로 움직인다. 그림 1-48처럼 coach 객체의 얼굴을 클로즈업한 모습이 보이도록 카메라를 이동시키자. 필요하다면 왼쪽 컨트롤을 사용하여 카메라를 위, 아래, 왼쪽, 오른쪽으로 이동시켜, 카메라를 원하는 위치에 놓자.

팁

> 카메라를 더 빨리 움직이게 하려면, 마우스 포인터를 카메라 컨트롤의 중심부로부터 멀리 드래그하면 된다. 카메라 컨트롤의 중심으로부터 드래그가 멀어지면 멀어질수록, 카메라도 더 빨리 움직인다.

단계 3: coach와 coach2 객체를 지나쳐서 보이지 않을 때까지 카메라를 앞으로 이동시킨다. 그런 다음에 중앙에 있는 컨트롤의 왼쪽 또는 오른쪽 화살표를 사용하여 카메라를 회전시키면, 그림 1-49처럼 coach와 coach2 객체의 뒷모습을 볼 수 있다.

그림 1-47 강조 표시된 화살표

그림 1-48 coach 객체를 클로즈업 한 모습

단계 4: 맨 왼쪽의 카메라 컨트롤을 사용하여 카메라를 위로 이동시킨다. 그리고 카메라를 객체 머리 위에 위치시키자. 그런 다음, 맨 오른쪽의 카메라 컨트롤을 사용하여 카메라를 아래로 기울인다. 그러면 그림 1-50처럼 객체들이 아래에 보일 것이다.

단계 5: 카메라 컨트롤을 직접 조작해서, 여러 위치와 방향에서 Alice 월드를 조망해 보자. 월드를 저장하면 카메라의 위치도 함께 저장된다. 다음에 월드를 열게 되면, 카메라는 그 위치에 그대로 있을 것이다.

그림 1-49 뒤에서 본 객체

그림 1-50 위에서 본 객체

3차원상의 객체 수정하기

장면 편집기 모드의 마우스 모드 버튼을 이용해서 Alice 월드 내의 객체를 수정할 수 있다. 예를 들어, 마우스를 사용하여 객체를 이동시키거나, 크기를 변경하거나 옆으로 회전시키거나, 사방으로 회전시키거나, 또는 복사할 수 있다. 그림 1-51을 보면, 마우스 모드 버튼의 위치를 알 수 있는데, 이 버튼을 누르면 각 버튼의 기능별로 객체를 조작할 수 있다.

그림 1-52에 각 버튼의 용도가 나와 있다. 다음은 각 버튼에 대한 간략한 설명이다.

- **자유롭게 이동 (Move Freely)** : 이 버튼을 선택한 후 객체를 마우스로 드래그하면, 월드내의 객체를 자유롭게 이동시킬 수 있다. 다음은 이 버튼으로 수행할 수 있는 기능들이다.
    - 그냥 객체를 드래그하면, 객체를 월드 내에서 수평으로 이동시킬 수 있다.
    - Shift 키를 누른 채 객체를 드래그하면, 객체를 위, 아래 방향으로 수직으로 이동시킬 수 있다.
    - Ctrl 키를 누른 채 객체를 드래그하면, 객체를 왼쪽, 오른쪽으로 회전시킬 수 있다.
    - Ctrl 키와 Shift 키를 동시에 누른 채 객체를 드래그하면, 객체를 사방으로 회전시킬 수 있다.
- **위 아래로 이동 (Move Up and Down)** : 이 버튼을 선택한 후 객체를 마우스로 드래그하면, 객체를 위, 아래 방향으로 수직으로 이동시킬 수 있다.

그림 1-51 마우스 모드 버튼의 위치

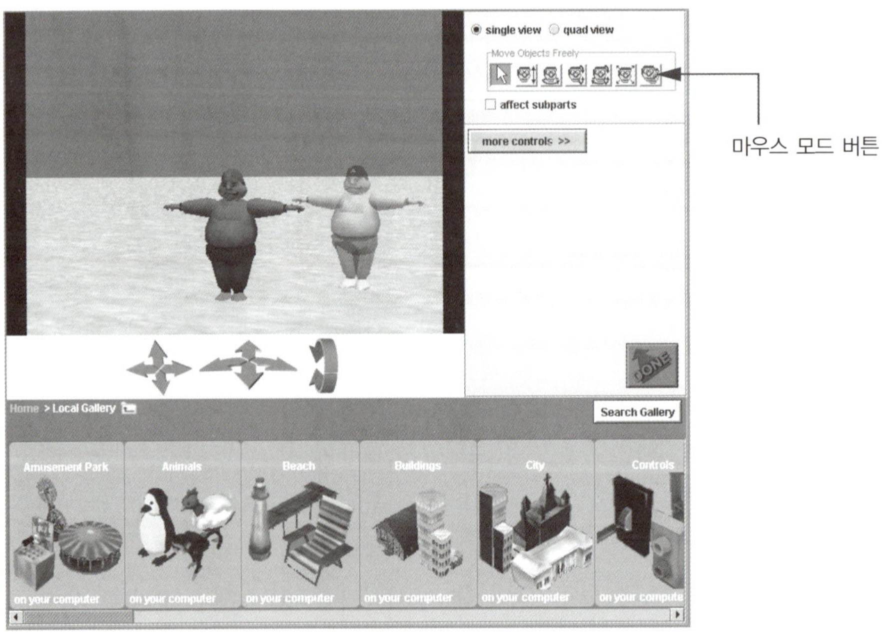

- **왼쪽 오른쪽으로 회전 (Turn Left and Right)** : 이 버튼을 선택한 후 객체를 마우스로 드래그하면, 객체를 왼쪽, 오른쪽으로 회전시킬 수 있다.
- **앞 뒤로 회전 (Turn Forward and Backward)** : 이 버튼을 선택한 후 객체를 마우스로 드래그하면, 객체를 앞, 뒤로 회전시킬 수 있다.
- **사방으로 회전 (Tumble)** : 이 버튼을 선택한 후 객체를 마우스로 드래그하면, 객체를 사방으로 회전시킬 수 있다.
- **크기 변경 (Resize)** : 이 버튼을 선택한 후 객체를 마우스로 드래그하면, 객체의 크기를 크게, 또는 작게 할 수 있다.
- **복사 (Copy)** : 이 버튼을 선택한 후 객체를 마우스로 간단히 클릭만 하면, 그 객체의 복사본을 만들 수 있다.

버튼 바로 밑에 affect subparts라는 체크박스가 보일 것이다. 기본적으로 체크가 해제되어 있다. 이것이 체크되어 있지 않으면, 객체의 수정이 객체 전체에 가해진다. 예를 들어, 앞의 따라하기에서 이 체크 박스가 체크되지 않은 상태로 "사방으로 회전" 버튼을 클릭했다고 가정하자. 그런 후, coach 객체를 드래그하면 coach 객체 전체가 회전할 것이다. 그러나 만약 affect subparts 체크 박스를 먼저 체크했다면, 객체의 몸체 일부분(subpart), 즉, 팔, 다리 등을 회전 시킬 수 있다.

회전, 중심점, 그리고 방위

3개의 마우스 모드 버튼은 객체를 왼쪽, 오른쪽으로 회전시키거나, 앞 뒤로 회전시키거나, 그리고 사방으로 회전시킬 수 있다. 이때 객체는 중심점을 기준으로 회전한다.

객체를 선택하면 대개의 경우 중심점을 볼 수 있다. 객체를 선택하면, 월드 뷰 윈도우의 객체 주위에 노란 경계 박스가 표시됨을 기억할 것이다. 경계 박스와 더불어 3개의 축이 객체

그림 1-52 마우스 모드 버튼

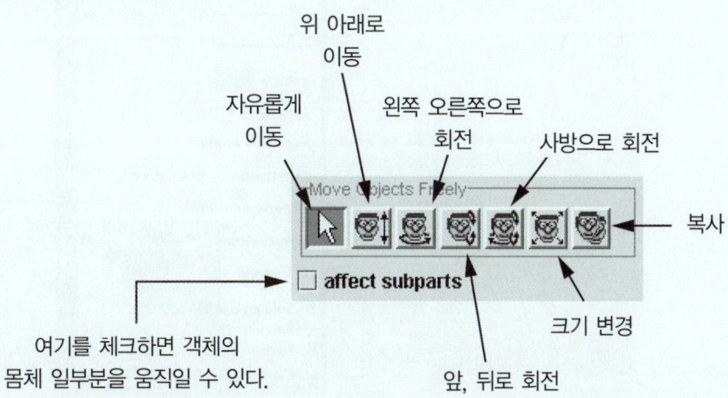

내부 또는 객체 주위에 표시된다. 하나는 초록색이고, 또 하나는 파란색이고, 다른 하나는 빨간색이다. 이 3개의 축이 모이는 위치가 객체의 중심점이다. 이와 같은 예가 그림 1-53에 나와있다.

객체를 선택했을 때 중심점을 정확히 볼 수 없는 경우가 있는데, 그것은 중심점이 객체 내부에 있기 때문이다. 객체의 내부를 보려면, 객체의 fillingStyle(채움 방식) 속성을 변경하면 된다. 그림 1-54에서 볼 수 있듯이, fillingStyle 속성을 solid(고체), wireframe(철사 프레임), points(점), 이 3가지 중 하나로 설정할 수 있다. 기본 설정값은 solid인데, 이것은 객체가 속

그림 1-53 객체의 중심점

그림 1-54 wireframe(철사 프레임)으로 설정한 채움 방식

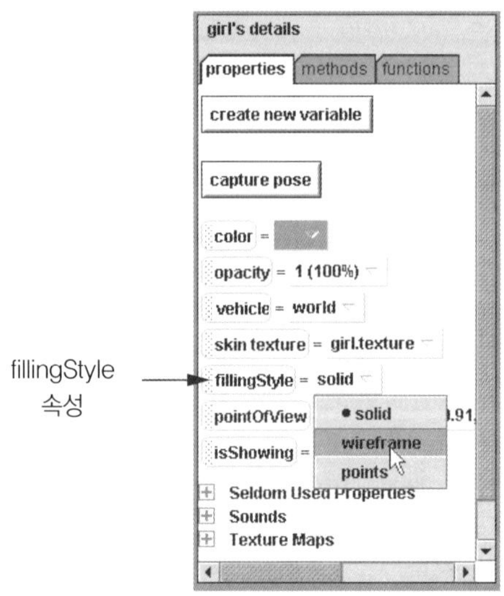

이 꽉 찬 고체처럼 보이게 한다. fillingStyle 속성을 wireframe으로 설정하면, 객체가 철사로 엮은 골격 구조처럼 보인다. fillingStyle 속성을 points로 설정하면, 객체는 점의 집합으로 보인다. 그림 1-55에서 각 채움 방식에 따라 객체가 어떻게 보이는지 확인 할 수 있다.

초록색, 파란색, 빨간색의 축은 객체의 중심점을 표시하기도 하지만, 객체의 방위, 즉, 객체가 바라보고 있는 방향을 나타내기도 한다. Alice의 각 객체는 앞쪽과 뒤쪽이 어디인지, 오른쪽과 왼쪽이 어디인지, 위쪽과 아래쪽이 어디인지를 확인할 수 있는 자신만의 방위를 갖고 있다. 초록색 축은 객체의 위쪽을 가리키고, 파란색 축은 객체의 앞쪽을 가리키며, 빨간색 축은 객체의 오른쪽을 가리킨다. 그림 1-56에 이것이 표시되어 있다.

그림 1-55 채움 방식: solid, wireframe, points

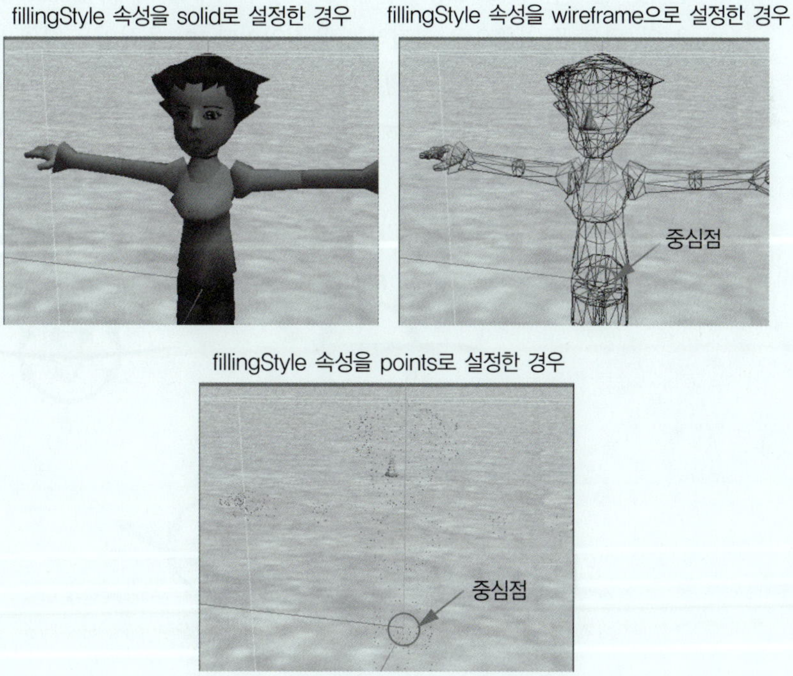

그림 1-56 객체의 방위

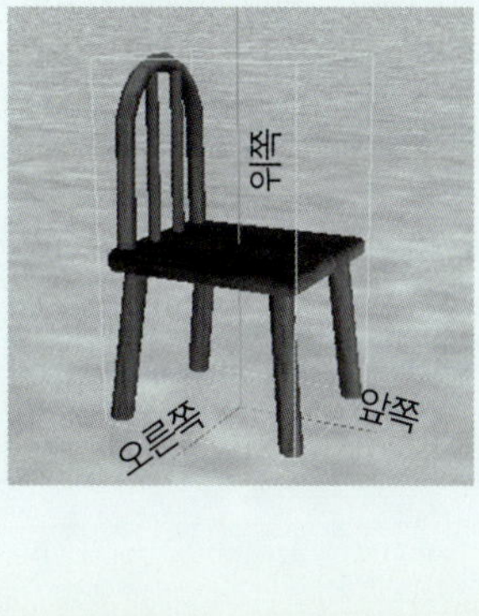

노트

> 객체의 중심점은 클래스를 설계하는 사람에 의해서 결정된다. 중심점을 기준으로 객체가 회전하기 때문에, 객체의 성격에 맞는 위치에 중심점이 놓이게 된다. 예를 들어, 어떤 사람이 Tire 클래스를 설계하고 있다면, 그 Tire 클래스는 실제 타이어처럼 타이어의 물리적인 중앙[22]을 기준으로 회전하는 것이 타당할 것이다. 따라서 설계자는 타이어의 한 가운데에 중심점을 위치시킨다.

Pitch, Roll 그리고 Yaw[23]

3차원을 설계하는 사람들은 Pitch, Roll 그리고 Yaw라는 용어를 사용하여, 3차원에서 객체의 회전 움직임을 설명한다. 이 용어는 항공학 분야에서 유래되었는데, 비행기의 회전 움직임을 설명할 때 사용된다.

그림 1-57은 Pitch, Roll 그리고 Yaw을 보여주고 있다. Pitch는 왼쪽/오른쪽 축을 기준으로 회전하는 움직임이다. 이 움직임은 항공기의 기수를 위나 아래로 당길 때(pitch) 일어난다. Roll은 앞/뒤 축을 기준으로 회전하는 움직임이다. 이 움직임은 항공기의 날개를 한쪽으로 기울일 때 일어난다. (이 움직임을 횡경사banking 라고 있다.) Yaw는 위/아래 축을 기준으로 회전하는 움직임이다. 이 움직임은 항공기의 기수를 왼쪽 또는 오른쪽으로 돌릴 때 일어난다.[24]

그림 1-57 Pitch, Roll 그리고 Yaw

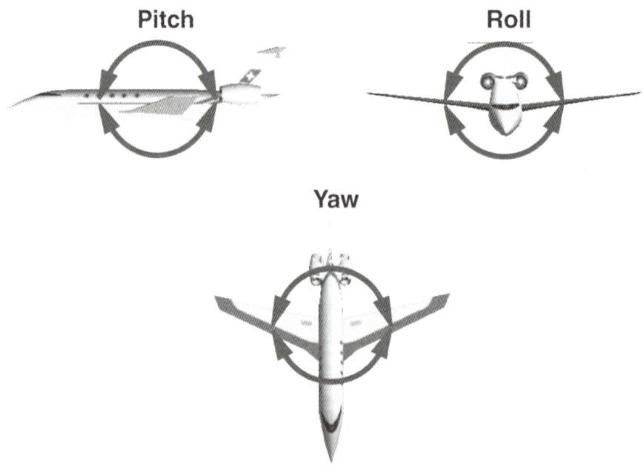

22) 타이어는 일반적으로 자동차에 사용된다. 이때 타이어가 자동차 바퀴 축에 달려서 그 축을 기준으로 회전할 수 있어야 한다. 여기서는 그 기준 축을 "물리적인 중앙"이라고 표현하고 있다.

23) Pitch, Roll 그리고 Yaw는 원어 그대로 사용하는 경우가 많아, 별도로 번역하지 않았다. 주의할 점은 Alice의 기본 명령문에는 이러한 용어로 된 명령문이 없으며 이 용어처럼 객체를 움직이는 명령문이 있다는 것이다.

24) 다음의 표는 객체의 회전 시, 기준 축, 항공기의 회전 움직임 그리고 Alice 명령문 타일을 정리해 놓은 것이다.

기준 축		항공기	Alice 명령문 타일
초록색 축	위쪽	Yaw	turn left / turn right
파란색 축	앞쪽	Roll	roll left / roll right
빨간색 축	오른쪽	Pitch	turn forward / turn backward

이제 마우스 모드 버튼을 사용하여 연습할 차례이다. 따라하기 1-4를 통해서 독자 여러분은 객체를 복사하고, 회전시키고, 그리고 크기를 변경하는 과정을 실습하게 된다.

따라하기 1-4

3차원 공간에서 객체 조작하기

단계 1: Alice를 실행한 다음, 새 월드를 만들어 보자. Welcome to Alice! 대화상자에서 grass 템플릿을 선택한다.

단계 2: Add Objects 버튼을 클릭하여 장면 편집 모드로 들어간다. Local Gallery에서 Furniture(가구) 컬렉션을 선택하고, 그림 1-58과 같은 Chair(의자) 클래스의 인스턴스를 월드에 추가한다.

단계 3: 그림 1-59와 같이 chair 객체가 잘 보이도록 카메라의 위치를 조정한다.

단계 4: 마우스를 이용하여 chair 객체의 복사본을 만들어 보자. 마우스 모드 버튼에서 "복사" 버튼 을 클릭하고, 월드 뷰 윈도우에서 chair 객체를 클릭한다. 그림 1-

그림 1-58 Chiar 클래스

그림 1-59 chair 객체

60과 같이 chair 객체의 복사본이 나타난다.[25] 객체 트리에 새로운 객체의 타일이 만들어진 것을 확인하자. 새 객체의 이름은 chair2이다.

단계 5: chair2 객체를 chair 객체와 떨어뜨려 놓으려고 한다. 마우스 모드 버튼에서 "자유롭게 이동" 버튼 을 클릭하고, 월드 뷰 윈도우에서 chair2 객체를 클릭한 후, chair 객체 옆으로 드래그한다.

단계 6: 다음으로 chair2 객체의 크기를 확대시켜보자. 마우스 모드 버튼에서 "크기 변경" 버튼 을 클릭하고, chair2 객체를 클릭한다. 그리고 위쪽으로 드래그한다. 객체의 크기가 커질 것이다. (마우스를 아래쪽으로 드래그하면, 객체의 크기가 작아진다.) 그림 1-61처럼 chair2 객체를 적어도 chair 객체의 2배 크기가 되도록 만들어보자.

그림 1-60 chair 객체 복사

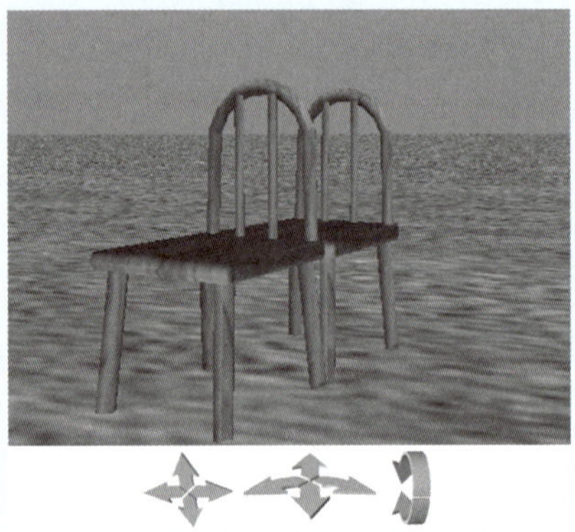

그림 1-61 크기를 변경한 chair2 객체

25) 마우스 모드 버튼의 복사 버튼이 선택된 상태에서, 방금 만들어진 chair 객체의 복사본을 클릭, 또는 드래그해보자. 클릭, 또는 드래그하는 대로 복사본이 계속 만들어진다. 복사본 생성을 중단하기 위해서는 다시 자유 이동 버튼을 선택해야 한다.

단계 7: chair 객체를 돌려, 카메라를 등지게 하자. 마우스 모드 버튼에서 "왼쪽 오른쪽으로 회전" 버튼 을 클릭한다. chair 객체를 클릭한 다음, 왼쪽 또는 오른쪽 방향으로 드래그하자. 그러면 객체는 중심점을 기준으로 왼쪽 또는 오른쪽으로 회전한다. 그림 1-62처럼, chair 객체의 뒷면이 카메라를 향하도록 하자.

단계 8: 이제 그림 1-63처럼, chair2 객체의 뒷면이 땅에 닿도록 해보자. 가장 바람직한 방법은 마우스 모드 버튼을 사용해서 직접 해 보고, 객체를 배치하는 나름의 기술을 터득하는 것이지만, 다음의 일반적인 단계를 따르는 것도 무난하다.

- "위 아래로 이동" 버튼 을 클릭한 후, chair2 객체를 클릭해서 공중으로 드래그한다.
- "사방으로 회전" 버튼 을 클릭한 후, 공중에 있는 chair2 객체를 원하는 자세가 거의 정확하게 나올 때까지 드래그한다.
- "위 아래로 이동" 버튼 을 클릭한 후, chair2 객체를 클릭해서 땅으로 드래그한다.

그림 1-62 카메라를 등지고 있는 chair 객체

그림 1-63 이동 회전시킨 chair2 객체

따라하기 1-4에서, 여러 마우스 모드 버튼을 사용하여 객체 전체를 조작하는 연습을 해 보았다. 객체의 몸체 일부분을 조작하는 것도 중요하므로, 따라하기 1-5에서 객체의 몸체 일부분을 조작하는 연습을 해 볼 것이다.

따라하기 1-5

객체의 몸체 일부분 조작하기

단계 1: Alice를 실행하고 새 월드를 만들어 보자. Welcome to Alice! 대화상자에서 grass 템플릿을 선택한다.

단계 2: Add Object 버튼을 클릭해서 장면 편집 모드로 들어간다. Local Gallery에서 People 컬렉션을 선택한 다음, Girl 클래스의 인스턴스를 월드에 추가한다. 해당 객체의 타일이 객체 트리에 만들어졌는지 확인해 보자. Alice가 자동으로 붙인 객체의 이름은 girl이다. 그림 1-64의 모습과 비슷하게 되도록 카메라를 이동시키자.

단계 3: 기본적으로 Girl 클래스의 인스턴스는 만들어질 때부터 그림 1-64처럼 양팔을 벌리고 있다. People 컬렉션에 있는 대부분의 클래스가 이런 모습을 하고 있다. 이 객체의 팔이 몸 옆으로 가지런히 내려오도록 하려고 한다. 이렇게 하려면 회전의 중심점을 어깨에 둔 채, 팔을 아래쪽으로 내려야 한다. 객체가 왼쪽과 오른쪽 팔에 해당하는 내부 객체를 포함하고 있고, 팔 객체의 중심점이 어깨에 있으므로 충분히 가능하다. 그림 1-65에서 이것을 확인할 수 있다.

마우스 모드 버튼으로 girl 객체의 팔을 돌리기에 앞서, 원하는 회전이 이루어지기 위해서는 객체를 적절한 위치에서 바라보아야 한다. 왜냐하면 마우스 모드 버튼으로 객체를 회전할 때, 카메라의 관점이 그 회전방향에 영향을 미치기 때문이

그림 1-64 girl 객체

그림 1-65 어깨 부위에서 돌아가는 팔

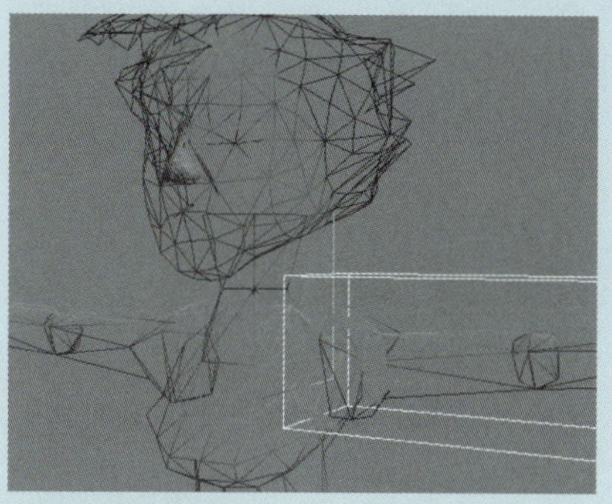

다.[26] girl 객체를 앞에서 바라보면서 팔을 아래쪽으로 내리려고 하면, 팔이 비틀어진다. 그림 1-66처럼 옆에서 바라보아야만 한다.

마우스 모드 버튼에서 "왼쪽 오른쪽으로 회전" 버튼 을 클릭한 후, 그림 1-67처럼 마우스로 객체를 옆으로 돌린다.

그림 1-66 옆에서 바라보아야, 원하는 회전이 가능하다.

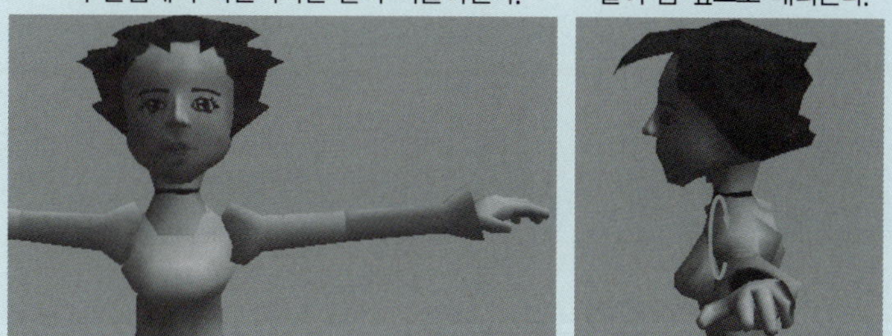

그림 1-67 girl을 옆으로 돌린 모습

26) 마우스 모드 버튼을 이용한 객체 몸체 일부분의 회전 방향은 기준 축과 무관함에 유의하자.

단계 4: 이제 girl의 왼쪽 팔을 돌려서 몸 옆에 내려오도록 하자. 마우스 모드 버튼에서 "앞 뒤로 회전" 버튼 을 클릭하고, affect subparts 체크 박스에 체크한다. 그런 다음, girl의 팔 윗부분을 드래그해서 그림 1-68처럼 팔이 몸 옆으로 내려오도록 한다.

그림 1-68 내려온 왼쪽 팔

팁 드래그하는 몸체의 일부분을 잘 보이게 하려면 카메라를 좀 더 가까이 이동시킨다. 이번 단계는 여러 번의 시도가 필요할 수도 있다. 특히 팔의 일부분을 잘못 클릭하고 드래그한 경우가 그렇다. 잘못되었다면, 언제든지 Undo 버튼을 사용할 수 있음을 기억하자.

단계 5: affect subparts 체크 박스를 해제하고 오른쪽 팔을 볼 수 있도록 girl 객체를 회전시킨다. 단계 4에서 수행한 과정을 반복해서 오른쪽 팔이 몸 옆으로 내려오도록 한다.

단계 6: girl 객체를 다시 돌려 정면을 바라보도록 한다. 객체의 팔이 그림 1-69처럼 놓여야 한다.

팁 마우스 모드 버튼의 사용은 Alice에서 객체를 조작하는 한 가지 방법일 뿐이다. 캐릭터의 팔 자세를 바꾸는 다른 방법은 2장에서 학습한다.[27]

27) Alice에서 가장 힘든 것이 마우스 모드 버튼으로 객체의 몸체 일부분을 회전시키는 것이다. 객체의 메서드를 이용하여 조금 쉽게 회전시키는 방법이 있긴 하지만, 그 또한 여러 번의 시행착오가 필요하다. 얼마큼의 회전 양을 주어야 원하는 자세가 나오는지 미리 알 수 없기 때문이다.

그림 1-69 girl의 몸 양 옆에 놓인 팔

단일 시점 모드와 4중 시점 모드

장면 편집 모드에서 월드의 화면을 single view(단일 시점) 모드 또는 quad view(4중 시점) 모드로 전환할 수 있다. 지금까지는 기본화면 모드인 단일 시점 모드를 사용했다. 단일 시점 모드에서는 월드에 대한 하나의 시점, 즉, 월드 뷰 윈도우만 있다. 4중 시점 모드에서는 4개의 시점으로 월드를 바라볼 수 있는데, 여기서 4개의 시점이란 월드 뷰 윈도우, from the top(위에서 보는) 시점, from the right(오른쪽에서 보는) 시점, from the front(앞에서 보는) 시점을 말한다. 그림 1-70은 이러한 4개의 시점에 대한 예를 보여주고 있으며, 4중 시점 모드로 전환할 수 있는 quad view 버튼이 표시되어 있다.

그림 1-70 4중 시점

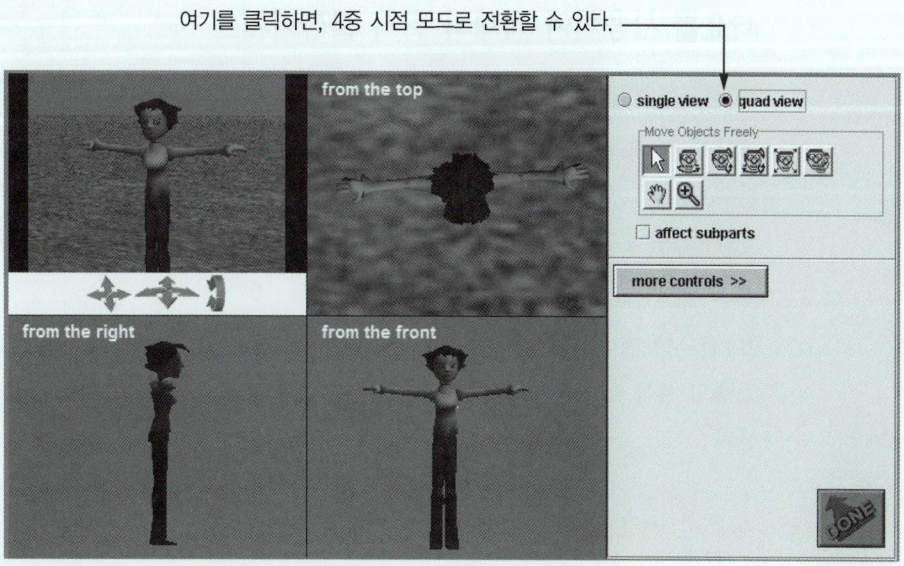

어떤 시점에서든지 마우스를 이용해서 객체를 움직일 수 있다. 4중 시점 모드에서 마우스 모드 버튼을 유심히 보면, "위 아래로 이동" 버튼 이 더 이상 보이지 않음을 확인할 수 있다. 4중 시점 모드에서 객체를 위, 아래로 이동시키려면, 그냥 "자유 이동" 버튼을 선택한 후, from the right 시점이나 from the front 시점에서 객체를 위, 아래로 이동하면 된다.

또한 2개의 버튼, 즉, 손(Scroll View) 버튼 과 돋보기(Zoom) 버튼 이 4중 시점 모드에서 새로 생긴 것을 확인할 수 있다. 4중 시점 모드로 전환하면, 월드내의 객체가 일부 시점에서 잘 보이지 않는 경우가 있는데, 이를 해결하기 위해서는 손 버튼으로 top, right, front 시점을 드래그해야 한다. 이 버튼을 사용하려면 다음의 단계를 따라한다.

1. 손 버튼을 선택한다. 그러면 마우스 포인터가 손 모양으로 바뀐다.
2. 마우스 포인터를 원하는 시점으로 이동시킨다.
3. 시점을 클릭한 후, 원하는 방향으로 드래그한다.

돋보기 버튼으로 top, right, front 시점을 확대, 또는 축소해서 볼 수 있다. 이 버튼을 사용하려면 다음의 단계를 따라한다.

1. 돋보기 버튼을 선택한다. 그러면 마우스 포인터가 돋보기 모양으로 바뀐다.
2. 마우스 포인터를 원하는 시점으로 이동시킨다. 그리고 확대 또는 축소하려는 지점에 포인터를 위치시킨다.
3. 아래쪽 또는 오른쪽으로 드래그하면 확대되고, 위쪽 또는 왼쪽으로 드래그하면 축소된다.

팁

Alice에서는 경험이 최고의 선생님이다. 이 절에서 4중 시점 모드가 어떻게 동작하는지에 대해서 살펴보았지만, 4중 시점 모드를 제대로 배우려면 직접 해 봐야 한다.

좌표를 사용하여 객체의 위치 결정하기

그래픽 시스템에서는 일반적으로 축을 기준으로 위치를 결정한다. 하나의 축에는 일련의 숫자들이 표시되어 있다. 이때 축의 중간 지점은 그 숫자가 0인 위치이다. 0에서 축을 따라 오른쪽으로 이동하면 양수값이 증가한다. 0에서 축을 따라 왼쪽으로 이동하면 음수값이 감소한다. 그림 1-71은 축의 예를 보여준다. 빨간 점은 3 위치에 있고, 초록 점은 -2 위치에 있다.[28]

2차원 시스템에서는 2개의 축을 기준으로 하나의 위치가 결정된다. 그림 1-72는 그러한 시스템의 예를 보여준다. 수평 축은 X축이며, 수직 축은 Y축이다. 2개의 축이 0 위치에서 교차한다.

28) 본 번역서가 2도로 인쇄될 예정이어서, 점의 색깔을 명확하게 확인할 수 없을 것이다. 좌표를 기준으로 확인해 보자.

그림 1-71 단일 축

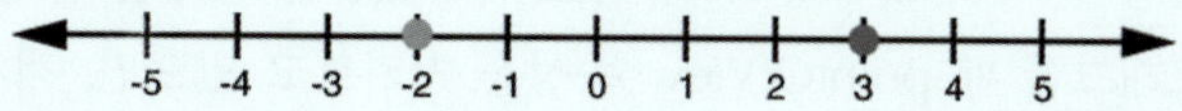

그림 1-72 X축과 Y축

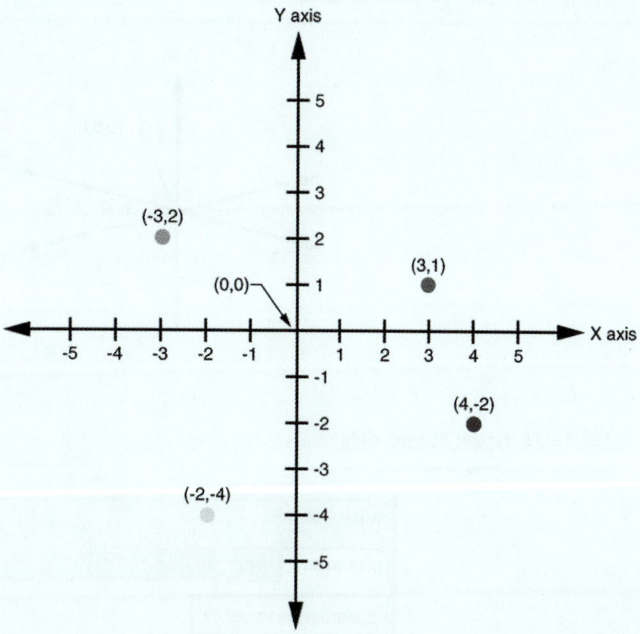

이 2개의 축을 사용하여 위치를 결정하는데, 이때 (X, Y) 형태의 좌표를 사용한다. 여기서 X란 X축에 있는 위치이고, Y란 Y축에 있는 위치이다. 그림 1-72에서 빨간 점의 좌표는 (3, 1)이다. 이것은 점의 위치가 X축의 3과 나란하고, Y축의 1과 나란하기 때문이다. 그림에는 다른 색깔의 점과 그 좌표들도 나와 있다.

Alice와 같은 3차원 시스템에서는 3개의 축을 기준으로 하나의 위치가 결정된다. 그림 1-73은 그러한 시스템의 예를 보여준다. 시스템은 X축, Y축, Z축으로 구성된다. 2차원 시스템에서처럼 X축과 Y축은 수평과 수직 방향으로 향해있다. Z축은 3차원을 향해 뻗어 있는데, 이것이 월드의 깊이가 된다.

3차원 시스템에서는 이러한 3개의 축을 기준으로 좌표를 결정하는데, 이때 (X, Y, Z) 형태의 좌표를 사용한다. 여기서 X는 X축 위에 있는 위치이고, Y는 Y축 위에 있는 위치이며, Z는 Z축 위에 있는 위치이다. 3개의 축은 0인 지점에서 서로 교차한다.

Alice 월드에서 (0, 0, 0) 점은 월드의 중앙에 위치하며, 축은 미터 단위이다. 월드에 하나의 객체를 추가하면 pointOfView 속성에서 해당 객체의 중심점 위치를 볼 수 있다. 예를 들어, 새 월드를 만들고 Hare(산토끼) 클래스의 인스턴스를 추가했다고 가정하자. 객체의

pointOfView 속성을 확인해 보면 그림 1-74와 같은 위치 값을 볼 수 있다. 이것은 객체의 중심점이 (−0.98, 0.6, 0.69) 좌표[29)]에 있음을 말해준다. 월드 뷰 윈도우에서 마우스로 객체를 드래그할 때 pointOfView 속성을 지켜보고 있으면, 객체가 이동함에 따라 그 위치 좌표도 같이 변하는 것을 확인할 수 있다.

그림 1-73 X축, Y축, 그리고 Z 축

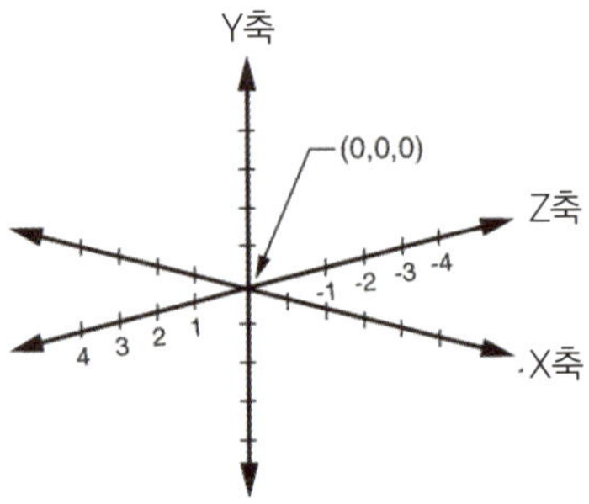

그림 1-74 pointOfView 속성

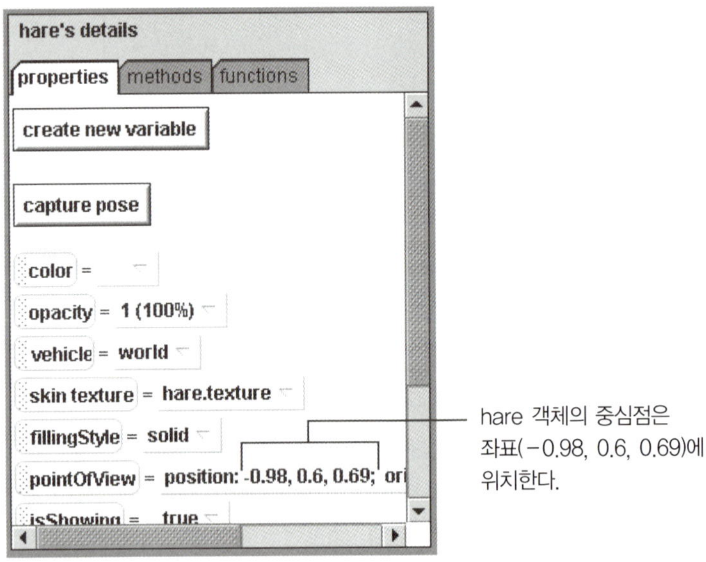

29) 만약 hare 객체의 pointOfView 속성이 (0, 0, 0) 이라면 어떻게 될까? pointOfView 속성이 (0, 0, 0) 이라는 것은, 객체의 중심점이 월드의 좌표 (0, 0, 0)에 위치한다는 것이다. hare 객체의 중심점이 몸통 중앙에 위치하므로, 결국 몸통 아래쪽은 월드의 지표면에 파묻히게 된다.

체크 포인트

1.23 2차원 객체는 몇 차원을 가지고 있나? 3차원 객체는 몇 차원을 가지고 있나?

1.24 2차원 세계에 사는 객체는 어떤 방향으로 움직일 수 있는가? 3차원 세계에 사는 객체는 어떤 방향으로 움직일 수 있는가?

1.25 7개의 마우스 모드 버튼에는 어떠한 것들이 있는가?

1.26 객체를 회전시킬 때, 객체의 중심점을 알아야 하는 이유는 무엇인가?

1.27 객체를 클릭하면 객체 근처에 3개의 축이 보이는데 이 축은 객체의 방위를 나타낸다. 각 축은 어떤 방향을 향하고 있는가?

1.28 4중 시점 모드에서 볼 수 있는 4개의 시점이란 무엇인가?

1.29 4중 시점 모드에서 볼 수 없는 마우스 모드 버튼은 무엇인가? 이 버튼이 나타나지 않는 이유는?

1.30 3차원 시스템에서 (5, 0, 1)와 같은 좌표의 수치는 무엇을 나타내는가?

확인 문제

객관식

1. 컴퓨터 장치가 할 수 있는 것은?
   가. 인간과 같은 지능을 갖고 있다.
   나. 인간에게 명령을 내린다.
   다. 일을 수행하기 위해 명령문을 따른다.
   라. 영어와 같은 언어를 이해한다.

2. 컴퓨터가 따르는 명령문의 집합은?
   가. 언어
   나. 프로그램
   다. 이진수
   라. 컴파일러

3. 하나의 일을 수행하기 위해 거쳐야만 하는 잘 정의된 논리적 단계들의 집합은?
   가. 알고리즘
   나. 프로그래밍 언어
   다. 컴파일러
   라. 실행

4. 컴퓨터가 이해할 수 있는 유일한 언어는?
   가. 자바
   나. 기계어
   다. 키워드
   라. Alice

5. 1 또는 0 만으로 구성된 수는?
   가. 이진수
   나. 십진수
   다. 부동 소수점 수
   라. 일진수

6. 기계어로 작성된 프로그램 보다, 사람이 이해하기가 훨씬 쉬운 프로그램이 있다. 이 프로그램은 무엇으로 작성된 것인가?
   가. 이진수
   나. 프로그래밍 언어
   다. 십진수
   라. 상형 문자

7. 프로그램을 기계어로 변환시키는 것은?
   가. 초보 프로그래머
   나. 마이크로 프로세서
   다. 디스크 드라이브
   라. 컴파일러

8. 프로그래밍 언어를 구성하는 단어는?
   가. 함축어[29)]
   나. 외연어[30)]
   다. 키워드
   라. 합성어

9. 프로그램 작성 시, 엄격히 따라야만 하는 규칙들(rules)의 집합은?
   가. 순서 규칙(Rules of order)
   나. 문법(Syntax)
   다. 절차 규칙(Procedural rules)
   라. 경험 규칙(주먹구구식 규칙, Rules of thumb)

---

29) 내포어, 뜻이 함축되어 있는 단어

30) 뜻이 확연히 들어나는 단어

10. 프로그램에 이것이 하나라도 있으면 실행 가능한 프로그램으로 번역되지 않는다. 이때 이것은 무엇인가?
    가. 문법 오류
    나. 키워드
    다. 컴파일러
    라. 이진수

11. 월드에 존재하는 모든 객체들의 목록을 볼 수 있는 Alice 개발 환경의 영역은?
    가. 월드 뷰 윈도우
    나. 객체 리스트 윈도우
    다. 월드 객체 윈도우
    라. 객체 트리

12. Alice 월드의 객체들이 모두 가지고 있는 것으로, 객체의 특징들을 규정하는 값은?
    가. 속성(Properties)
    나. 내부 표시자(Internal Flags)
    다. 설정(Settings)
    라. 메서드(Methods)

14. 객체의 특정한 형태를 기술하는 것은? 객체가 만들어지는 설계도로 비유되는 것은?
    가. 메서드
    나. 속성
    다. 클래스
    라. 갤러리

15. 프로그래밍 용어에서 객체의 또 다른 명칭은?
    가. 클래스
    나. 클래스 인스턴스
    다. 메서드
    라. 컬렉션

16. 객체를 선택했을 때, 객체 주위에 보이는 노란색 박스는?
    가. 철사프레임
    나. 축
    다. 경계 박스
    라. 클래스

17. Alice 개발 환경에서 객체의 속성들이 나타나는 영역은?
    가. 세부 패널
    나. 월드 뷰 윈도우

다. 객체 트리
라. 속성 뷰 윈도우

18. 3차원 세계에서 객체는 얼마의 자유도를 갖는가?
    가. 3
    나. 4
    다. 6
    라. 12

19. 객체는 무엇을 기준으로 회전하는가?
    가. 월드의 중앙
    나. 객체의 중심점
    다. 스크린의 중앙
    라. 무작위로 선택된 지점

20. 객체를 선택하면, 객체의 내부 또는 근처에 객체의 방향을 나타내는 3개의 축이 보인다. 파란색 축이 가리키는 방향은?
    가. 앞쪽
    나. 위쪽
    다. 오른쪽
    라. 왼쪽

주관식

1. 컴퓨터란 무엇인가?
2. 프로그래밍 언어가 개발된 이유는?
3. 알고리즘이란 무엇인가?
4. 월드 뷰 윈도우란 무엇인가? 그리고 이것은 카메라와 어떤 관련이 있는가?
5. 이 장에서 사용했던 속성의 예 2가지를 들어보시오.
6. 메서드란 무엇인가?
7. Alice에서 몸체 일부분(subparts)이란 무엇인가?
8. 클래스란 무엇인가?
9. 이 장에서 설계도와 집이라는 은유법을 사용하였다. 여기서, 설계도는 객체를 나타내는가? 아니면 클래스를 나타내는가?
10. Alice 갤러리에 있는 것은 클래스인가? 아니면, 객체인가?

연습 문제

1. 눈 덮인 세상

눈 덮인 월드를 만들어보자. 그 월드에는 눈사람(People 컬렉션에 있음)이 하나 있고 5마리의 펭귄(Animals 컬렉션에 있음)이 그 눈사람을 둘러싸고 있다. 펭귄들은 모두 남자 눈사람을 바라보고 있어야 한다.

2. 4인용 식탁 세트

그림 1-75처럼 4인용 식탁 세트가 준비된 월드를 만들어 보자. 식탁과 의자는 Furniture 컬렉션에 있다. 식탁의 각 자리에는 1개의 접시와 1개의 머그잔(Kitchen 컬렉션에 있음)이 세팅되어 있다. 각 접시에는 1개의 쿠키(Kitchen 컬렉션 안의 Food 폴더에 있음)가 놓여있다.

그림 1-75 4인용 식탁 세트

3. 물 속 세상

Web Gallery의 Environments 컬렉션에는 OceanFloor라는 이름의 클래스가 있다. 이 클래스의 인스턴스는 물 속 배경으로 사용할 수 있다. 이 클래스를 사용해서, 서로 다른 종류의 물고기(Animals 컬렉션에 있음) 3마리와 스쿠버 다이버(People 컬렉션에 있음)가 있는 월드를 만들어보자.

4. 달나라

Web Gallery의 Space 컬렉션에는 우주와 관련된 클래스들이 있다. 달 표면, 우주비행사, 달 착륙선(lunar lander), Hyperion 로봇이 있는 월드를 만들어보자.

5. 대화하고 있는 코치들

Coach 클래스(People 컬렉션에 있음)의 인스턴스가 있는 월드를 만들어보자. 코치들은 서로 마주보고 있어야 한다. 코치들은 보통의 서 있는 자세로 있어야 하기 때문에, 팔은 몸 옆으로 내려와야 한다. 코치들이 Gym 클래스 인스턴스의 안쪽에 있게 할 수도 있다. Gym 클래스는 Web Gallery의 High School 컬렉션에서 찾을 수 있다.

6. 도시의 거리

    City 컬렉션에는 건물, 거리, 가로등, 방화전 등 도시를 만들기 위한 다양한 클래스들이 있다. 도시의 거리 풍경을 만들되 가능한 자세하게 만들어보자. 그런 후에 Vehicles 컬렉션에서 차들을 몇 개 추가시키고, 최소 5명의 서로 다른 사람들을 추가해보자.

7. 중세시대 풍경

    Medieval(중세) 컬렉션에는 중세시대의 클래스들이 있다. 성, 기사, 공주, 용이 등장하는 월드를 만들어 보자. 다른 원하는 아이템들을 추가할 수 있다. 기사는 으르렁대는 용으로부터 공주를 지키는 것처럼 보여야 한다.

8. 농장 풍경

    Web Gallery의 Farm(농장) 컬렉션을 사용해서 농장 풍경의 월드를 만들어보자. FarmSky 클래스의 인스턴스부터 추가하고, 농가와 곳간, 옥수수 밭과 허수아비 그리고 울타리를 월드에 배치해 보자.

9. 생일 파티

    People 컬렉션에서 여러명의 캐릭터를 추가해서 생일파티에 참여하고 있는 것처럼 보이는 월드를 만들어보자. Web Gallery의 Holiday(휴일) 컬렉션 안에는 Birthday라는 컬렉션이 하나 더 있는데, 여기에는 생일 케이크와 파티 용품들에 대한 클래스들이 있다.

CHAPTER 2

Alice 프로그래밍

TOPICS

2.1 메서드 작성하기

개념 : 메서드(method)는 Alice 월드가 플레이 될 때 실행되는 명령문의 집합이다. 타일을 메서드 편집기로 드래그하면 메서드가 만들어진다. 메서드 편집기에 만들어진 이 타일들이 바로 월드를 움직이는[1] 명령문이다.

1장에서 Alice 월드에 객체를 배치하고 객체들을 조작해서 다양한 모습으로 보이도록 하는 기본적인 방법에 대해서 학습하였다. 그러나 1장에서 만든 월드는 전혀 움직이지 않는다. Alice 월드의 객체를 움직이려면, 약간의 프로그래밍을 가미해야 한다. 이번 장에서는 Alice 월드를 움직이는 방법을 학습하면서, 프로그래밍이 무엇인지 맛보게 될 것이다.

*메서드(method)*는 월드를 움직이게 하는 명령문의 집합이다. 만약 Alice 월드가 움직이기를 원한다면 메서드를 작성해야 한다. 그림 2-1은 Alice 개발 환경에서 메서드 편집기의 위치를 보여준다. 이곳에서 Alice 월드를 움직이는 메서드를 작성한다.

그림 2-1의 메서드 편집기 윗부분에는 world.my first method라는 이름의 탭이 있다. 모든

1) "월드를 움직인다"는 것은 월드의 객체들로 하여금 어떤 행동을 하게 한다는 것을 의미한다.

그림 2-1 메서드 편집기

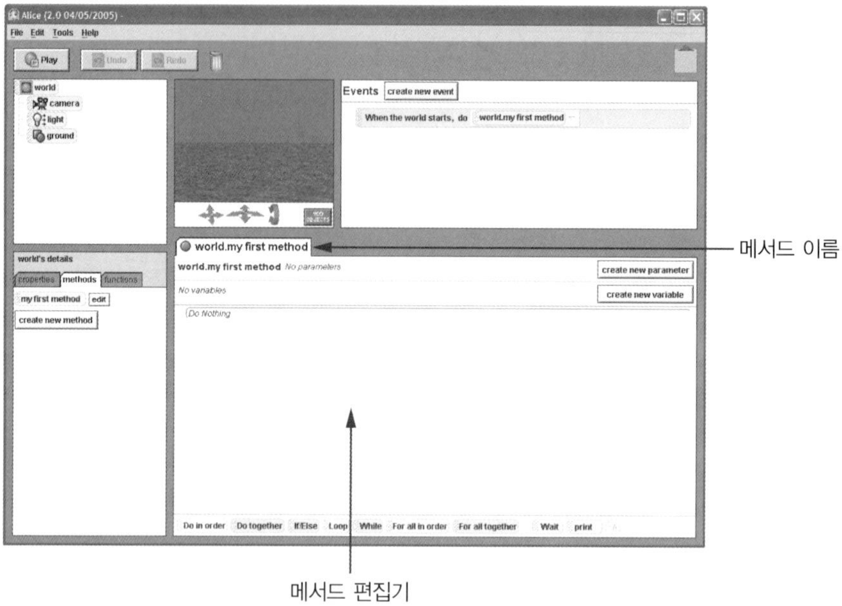

메서드는 하나의 이름을 갖는데, world.my first method가 바로 메서드 편집기에 열린 메서드의 이름이다. 새 월드가 생성되면, Alice는 자동으로 world.my first method라는 텅 빈 메서드 하나를 만든다.

world.my first method는 *점 표기법(dot notation)*으로 표기되어 있다. 프로그래머들이 마침표를 점(dot)으로 부르기 때문에 점 표기법으로 일컫는다. 점은 2가지 정보 사이에 존재한다. 점의 왼쪽에 있는 것은 메서드를 갖고 있는 객체의 이름이다. 점의 오른쪽에 있는 것은 메서드의 이름이다. world.my first method에서 my first method는 메서드의 이름이고 world는 그 메서드를 갖고 있는 객체의 이름이다.

그림 2-2에서 알 수 있듯이, 화면의 오른쪽 위에 Events라고 써져 있는 영역이 있다. 1장에서 학습한 내용을 상기해 보면 알겠지만, Alice 개발환경에서 이 영역을 이벤트 편집기라고 한다. 이 영역에서 다음과 같은 타일을 볼 수 있다.

```
When the world starts, do world.my first method
```

이 타일은, Play 버튼을 클릭해서 월드를 시작하면 world.my first method가 자동으로 실행된다는 것을 말해준다. Alice 월드가 플레이될 때, 월드를 움직이게 하려면 프로그래밍 명령문을 Method 편집기의 world.my first method 메서드에 기입해야 한다.

Alice에서는 메서드 편집기로 타일을 드래그해서 메서드를 만든다. 이렇게 해서 만든 타일이 바로 월드를 움직이게 하는 명령문이다. 그림 2-3은 메서드 편집기에 만들어진 명령문 타일들의 모습을 보여준다. 그림의 타일들이 어떤 작용을 하는지 지금은 신경 쓸 필요가 없다. 각

그림 2-2 이벤트 편집기

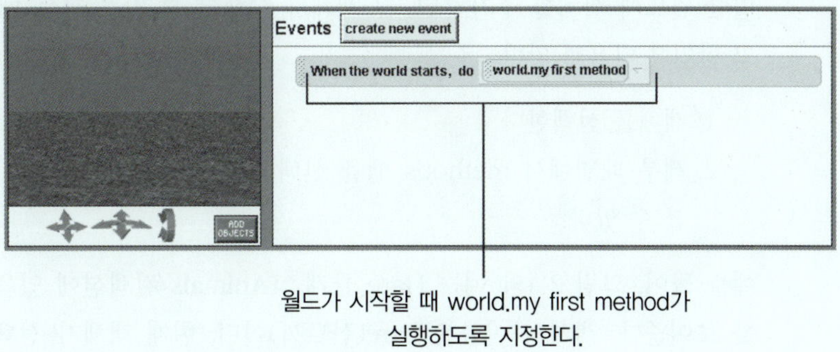

그림 2-3 명령문 타일이 들어 있는 메서드

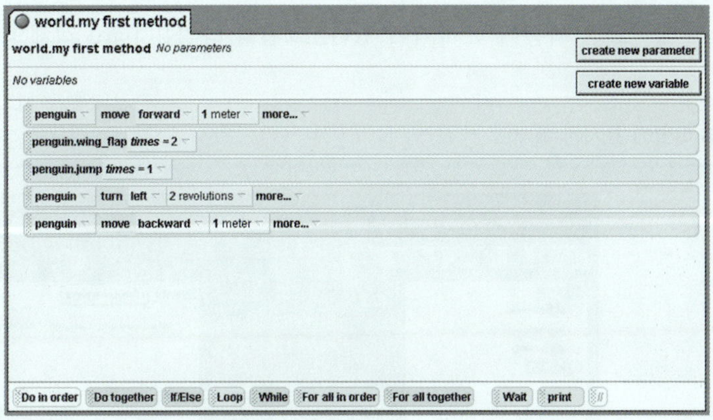

타일들은 월드가 플레이될 때 어떤 식으로든 월드를 움직이게 한다는 사실만 알아두자. 이 장을 진행해 나가면서 명령문 타일에 대해서, 그리고 그 타일들을 메서드 편집기에 적절히 배치하는 방법에 대해서 좀 더 자세히 학습하게 된다.

> **노트** Alice가 장면 편집 모드로 전환되면, 메서드 편집기를 사용할 수 없다.

기본 메서드

월드를 원하는 대로 움직이려면 직접 메서드를 일일이 만들어야 하지만, Alice에는 다양한 메서드들이 이미 만들어져 있어서 그것을 가져다 사용하면 된다. 사실 Alice 객체들은 기본적인 행동을 수행하는 공통의 내장(built-in) 메서드를 갖고 있다. 기본 메서드(Primitive Methods)라고 불리는 이 메서드들은 객체를 움직이거나, 회전시키거나, 크기를 변경하거나, 기타 기본적인 동작들을 수행한다. Alice 프로그래밍은 주로 이러한 기본 메서드를 사용해서 월드의 객체들을 움직인다.

일단 월드에 객체를 추가하면, 그 객체가 수행할 수 있는 모든 메서드의 목록을 볼 수 있다. 그 방법은 다음과 같다.

1. 객체를 선택한다.
2. 세부 패널에서 methods 탭을 선택하면, 객체의 메서드를 나타내는 타일들의 목록을 볼 수 있다.

예를 들어, 그림 2-4의 예는 Hare 클래스(Animals 컬렉션에 있음)의 인스턴스가 있는 월드를 보여준다. 객체의 이름은 hare(산토끼)이며, 현재 객체가 선택된 상태이다. 세부 패널의 methods 탭을 클릭하면, hare 객체가 수행할 수 있는 메서드의 목록이 표시된다.

그림 2-5는 세부 패널에 있는 타일 중에서 하나를 가까이서 본 것이다. 타일이 두 부분으로 분리되어 있음을 주목하라. 왼쪽 부분에는 객체의 이름이 표시되어 있고, 오른쪽 부분에는 메서드의 이름이 표시되어 있다. 그림의 타일은 hare 객체의 move 메서드를 나타낸다. (메

그림 2-4 세부 패널에 표시된 메서드

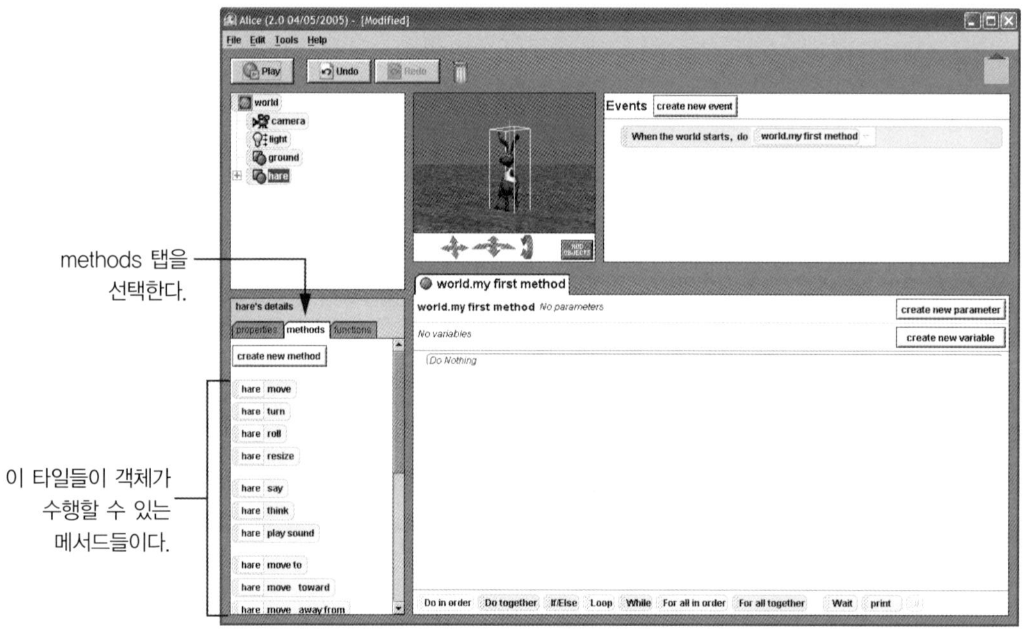

그림 2-5 메서드 타일

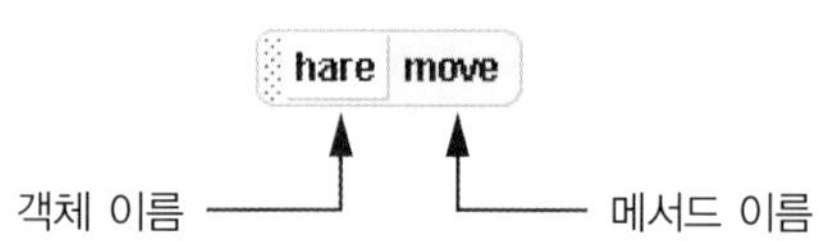

서드 이름을 점 표기법으로 표시하면 hare.move가 된다.[2])

Alice 월드의 모든 객체들은 move 메서드를 가지고 있다. move 메서드는 특정 방향으로 정해진 거리만큼 객체를 이동시킨다. Alice 프로그래밍에서 객체의 move 메서드를 수행하는 명령문을 삽입하기 위해서는 메서드 타일을 그림 2-6처럼 그냥 메서드 편집기로 드래그하면 된다.

타일을 메서드 편집기로 드래그하면, 방향을 선택하는 팝업 메뉴가 나타난다. 선택할 수 있는 방향은 up(위로), down(아래로), forward(앞으로), backward(뒤로)이다. 방향을 선택하면, 또 다른 메뉴가 나타나는데, 여기에서 객체가 이동할 거리를 선택한다. Alice에서 거리는 언제나 미터(meter) 단위이다.

그림 2-7이 그 팝업 메뉴이다. 그림에서 볼 수 있듯이, 선택할 수 있는 거리는 1 meter, 5 meters, 10 meters, other(기타)이다. other를 선택하면, 그림 2-8과 같은 Custom

그림 2-6 hare.move 메서드 타일을 메서드 편집기로 드래그하기

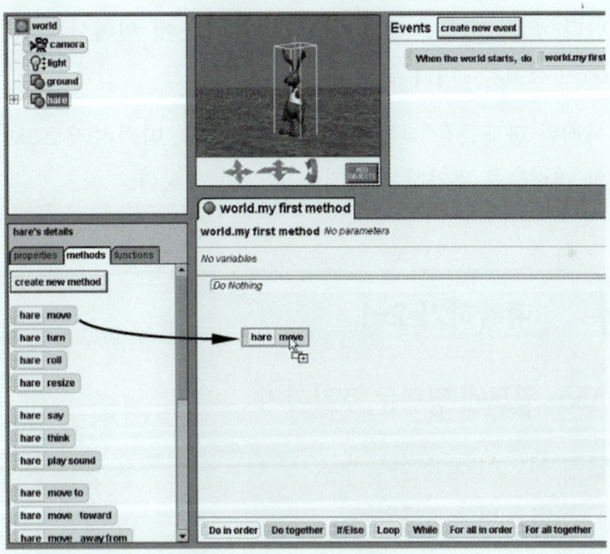

그림 2-7 방향(direction)과 거리(amount) 지정하기

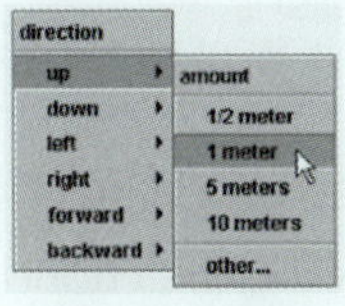

2) Alice의 모든 명령문을 완전한 점 표기법으로 전환하기 위해서는, 명령문 타일의 스타일을 변경해야 한다. 이 스타일을 변경하는 방법은 "부록 C. Alice의 설치와 사용에 관한 자세한 사항"을 참고하기 바란다.

그림 2-8 Custom Number(사용자 숫자) 키패드

Number(사용자 숫자) 키패드가 보이는데, 이 키패드에 있는 숫자 버튼을 선택하면 어떠한 수라도 입력할 수 있다.

일단 방향과 거리를 선택하면, 그림 2-9와 같은 완성된 명령문 타일이 메서드 편집기에 나타난다. Play 버튼을 클릭하면, 이 명령문에 의해서 hare.move 메서드가 수행되고, 그 결과 hare 객체가 1미터 위로 올라가는 것을 볼 수 있다.

이러한 단계들을 직접 실습해 봐야 한다. 따라하기 2-1에서 독자 여러분은 Alice 월드에 2개의 명령문을 추가하는 과정을 실습하게 된다.

따라하기 2-1

Alice 월드에 명령문 추가하기

단계 1: Alice를 실행하고, 새 월드를 만들자. Welcome to Alice! 대화상자에서 grass 템플릿을 선택한다.

단계 2: Add Objects 버튼을 클릭해서 장면 편집기 모드로 들어간다. Local Gallery에서 Animals 컬렉션을 선택하고, Hare 클래스의 인스턴스를 월드에 추가한다. 객체 트리에 생긴 인스턴스의 이름이 hare인지 확인하자.

단계 3: hare 객체를 선택하고, 세부 패널에서 methods 탭을 선택한다.

단계 4: hare 객체의 move 메서드 타일을 메서드 편집기로 드래그 앤 드롭한다. 나타나는 팝업 메뉴에서 direction(방향)으로 up을, amount(거리)로 1 meter를 선택한다. 메서드 편집기에 그림 2-9와 같은 완성된 명령문 타일이 보일 것이다.

그림 2-9 완성된 명령문 타일

단계 5: HareWorld라는 이름으로 월드를 저장한다.

단계 6: Play 버튼을 클릭해서 이 명령문이 어떤 움직임을 만들어 내는지 살펴보자. World Running... 윈도우에서 hare 객체가 위로 움직이는 것을 볼 수 있다. 그림 2-10처럼, 객체가 이동한 거리는 1미터이다.

그림 2-10 World Running... 윈도우

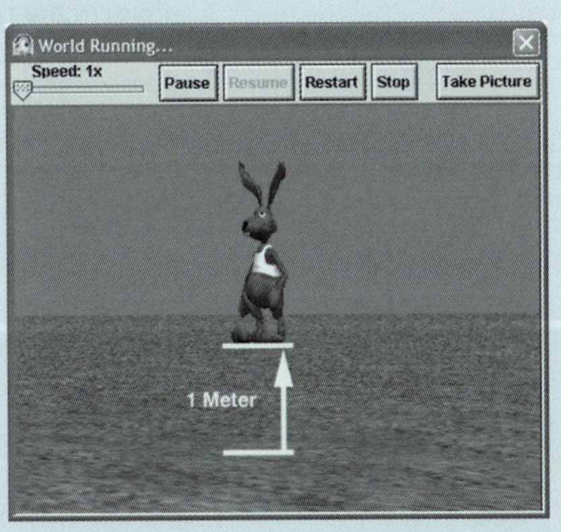

단계 7: 다시 플레이하려면 원하는 횟수만큼 Restart 버튼을 클릭하면 된다. 끝내려면 Stop 버튼을 클릭한다.

단계 8: 월드를 플레이할 때 마다 hare를 공중에 띄워 놓는 것이 마음에 걸린다면, 다른 명령문을 하나 더 사용하여 객체를 다시 땅으로 내려오도록 하면 된다. hare 객체의 move 메서드 타일을 그림 2-11처럼 메서드 편집기로 다시 드래그한다. 이때 기존에 있었던 명령문 아래에 드롭한다.

그림 2-11 move 메서드 타일을 메서드 편집기로 다시 드래그하기

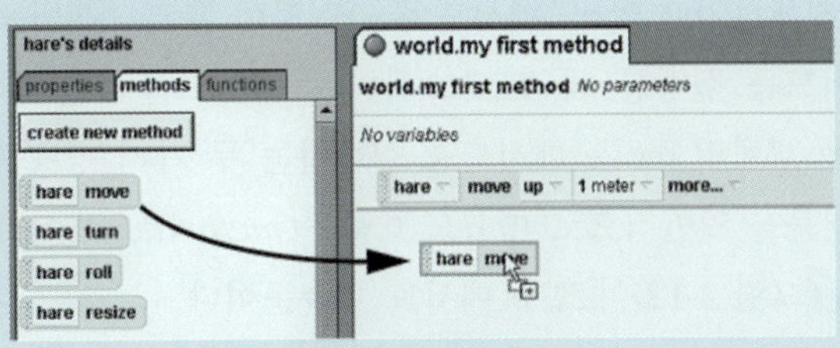

단계 9: 팝업 메뉴에서 direction(방향)으로 down을, amount(거리)로 1 meter를 선택한다. 그림 2-12와 같은 명령문 타일이 메서드 편집기에 보일 것이다.

앞에서 만든 첫 번째 명령문은 hare 객체를 위로 1미터 이동시킨다. 두 번째 명령문은 hare 객체를 아래로 1미터 이동시킨다. 이 명령문으로 객체가 다시 땅으로 내려온다. 그림 2-12에서 알 수 있듯이, 명령문은 메서드 상에 보이는 순서대로 실행된다. 객체를 위로 이동시키는 명령문이 첫번째로 실행되고, 객체를 아래로 이동시키는 명령문이 두번째로 실행된다.

그림 2-12 메서드 내의 두 명령문

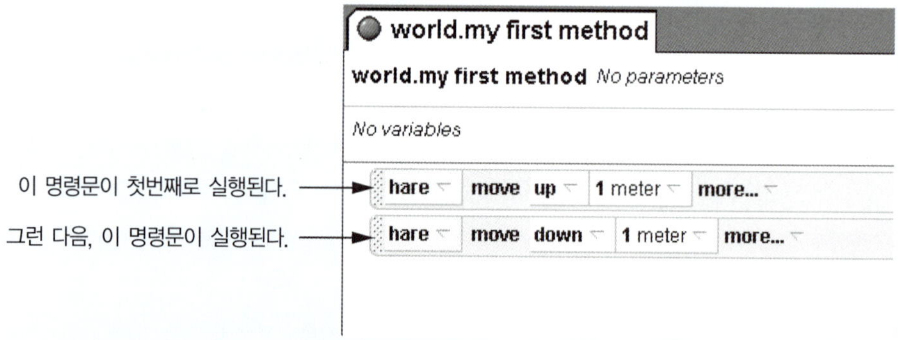

단계 10: Play 버튼을 클릭해서 이 명령문들이 어떤 행동을 만들어 내는지 살펴보자. World Running... 윈도우에서 hare 객체가 위로 올라갔다가 땅으로 내려오는 것을 볼 수 있다. 이 두 행동은 hare가 슬로우 모션으로 깡충 뛰는 것처럼 보인다. 다시 플레이하려면 원하는 횟수만큼 Restart 버튼을 클릭하면 된다. 끝내려면, Stop 버튼을 클릭한다.

단계 11: 월드를 저장하자. 이 월드는 다음의 따라하기에서 사용될 것이다.

메서드 호출문과 인수

더 진행하기에 앞서, 메서드와 관련하여 프로그래머들이 사용하는 용어에 대해서 살펴보자. 메서드를 실행할 때, 프로그래머는 *메서드를 호출한다*라고 이야기한다. 따라하기 2-1에서 hare 객체의 move 메서드를 실행하는 두 가지 명령문을 만들어 보았다. 메서드를 실행하는 명령문을 일반적으로 *메서드 호출문(method call)*이라고 한다. 따라하기 2-1에서 만든 두 명령문(그림 2-12)이 모두 메서드 호출문이다.

따라하기 2-1에서 학습했듯이, move 메서드를 호출할 때마다 2개의 정보, 즉, 방향과 거리

그림 2-13 인수를 가진 메서드 호출문

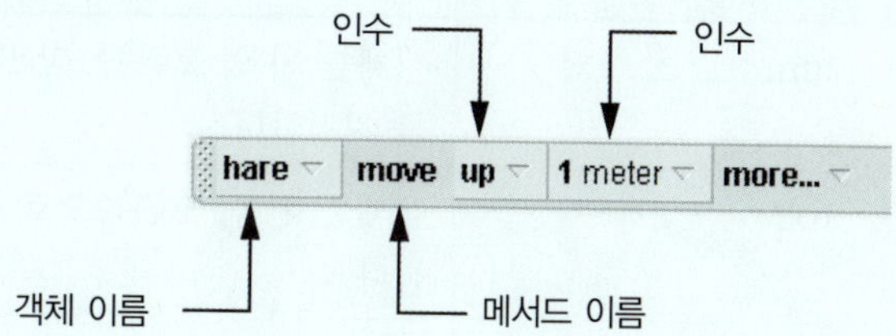

를 지정해야 한다. 이러한 정보를 인수라고 한다. *인수(arguments)*란, 메서드를 실행하는데 필요한 정보를 말한다. 메서드 호출시, 필요한 정보를 전달하는 것을 메서드에게 *인수 전달하기(argument passing)*라고 한다.

그림 2-13은 따라하기 2-1에서 만든 명령문들 중 하나를 보여준다. 명령문은 hare.move 메서드를 호출하고 인수로 up과 1 meter를 전달한다.

명령문 타일에 있는 인수의 값을 변경하려면, 인수를 클릭한다. 그러면 드롭-다운 메뉴가 나타난다. 메뉴는 인수로 설정할 수 있는 모든 값들을 보여준다. 이때 메뉴에서 그냥 새로운 값을 선택하면 된다.

기본 메서드에 대해 좀 더 자세하게

Alice 객체는 move 메서드와 더불어 다양한 기본 메서드를 가지고 있다. 표 2-1은 이러한 기본 메서드들을 모두 요약해 놓은 것이다. 객체를 선택한 다음, 세부 패널의 methods 탭을 들여다보면 이러한 메서드들이 모두 타일로 되어 있는 것을 확인할 수 있다.

기본 메서드를 더 실행해 보자. 따라하기 2-2는 따라하기 2-1에서 만들었던 월드를 계속해서 수정할 것이다. 이번 따라하기에서는 turn 메서드 호출문을 추가해서 hare를 공중에서 한 바퀴 회전시키고 땅으로 내려오게 할 것이다. hare를 공중에서 회전시키려면, turn 메서드 호출문을 두 move 메서드 호출문 사이에 삽입해야 한다. 또한 say 메서드 호출문을 추가해서 말풍선으로 한마디 하도록 할 것이다. 마지막으로, 메서드 편집기에서 명령문을 재배치하는 경우, 이것이 월드의 플레이에 어떤 영향을 미치는지 확인해 볼 것이다.

표 2-1 기본 메서드(세부 패널에 보이는 순서대로)

메서드 이름	설명
move	객체를 위, 아래, 왼쪽, 오른쪽, 앞 또는 뒤로 이동시킨다. 호출시 객체의 이동 방향과 거리를 지정한다.

표 2-1 기본 메서드(세부 패널에 보이는 순서대로) 계속

메서드 이름	설명
turn	객체를 왼쪽, 오른쪽, 앞 또는 뒤로 회전시킨다. 호출시 객체의 회전수를 지정한다.
roll	객체를 왼쪽, 오른쪽으로 구르게 한다.[3] 호출시 객체의 회전수를 지정한다.
resize	지정한 양만큼 객체의 크기를 변경한다.
say	지정한 메시지가 만화에서 볼 수 있는 말풍선으로 나타나는데, 이것은 마치 객체가 말하고 있는 것처럼 보이게 한다.
think	지정한 메시지가 만화에서 볼 수 있는 생각풍선으로 나타나는데, 이것은 마치 객체가 생각하고 있는 것처럼 보이게 한다.[4]
play sound	소리가 나도록 한다. Alice에서 제공하는 소리를 선택하거나, MP3 또는 WAV 파일을 불러올 수 있다.
move to	객체를 다른 객체가 위치해 있는 곳까지 이동시킨다. 이 메서드가 수행되고나면, 두 객체의 중심점이 같은 위치에 놓이게 된다.
move toward	객체를 다른 객체쪽으로 이동시킨다. 미터 단위의 이동 거리와 이동 방향이 되는 객체를 지정한다. 단, 지정한 객체의 중심점을 향해 이동한다.

3) turn과 roll을 '회전하다'와 '구르다'로 번역하였지만, 그것만으로는 그 의미를 명확하게 이해하기가 쉽지 않다. 회전과 관련된 Alice 명령문을 쉽게 이해하는 방법은 turn이든, roll이든 객체의 특정 축을 기준으로 회전한다는 사실을 아는 것이다. 다음은 기준 축을 중심으로 객체를 회전시키는 명령문을 정리해 놓은 표이다. 명령문을 통한 몸체 일부분의 회전도 동일하게 적용된다.

Alice 명령문 타입	기준 축		의미
	색	방향	
turn left / turn right	초록색 축	위쪽	옆으로 회전하다
roll left / roll right	파란색 축	앞쪽	옆으로 구르다
turn forward / turn backward	빨간색 축	오른쪽	앞뒤로 구르다

4) Alice에서 사용하는 "말풍선"과 "생각풍선"이 어떻게 다른지 다음의 그림에서 확인할 수 있다.

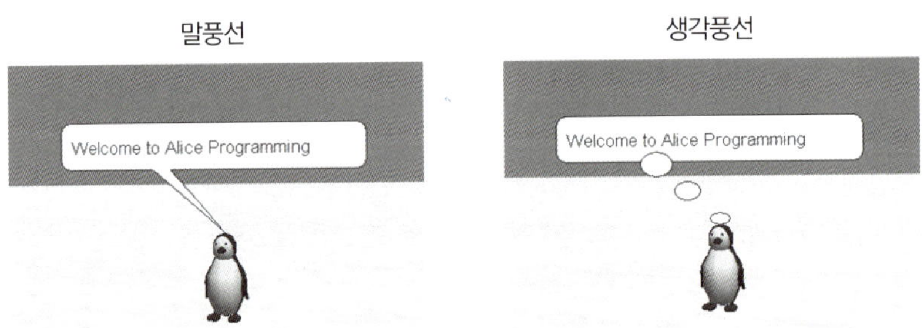

표 2-1 기본 메서드(세부 패널에 보이는 순서대로) 계속

메서드 이름	설명
move away from	객체를 다른 객체와 떨어지게 한다. 미터 단위의 이동 거리를 지정한다. 단, 지정한 객체의 중심점을 기준으로 멀어진다.
orient to	지정한 객체와 같은 방향을 향하도록 한다. 이 메서드가 수행되고나면, 객체의 위쪽(초록색), 오른쪽(빨간색), 앞쪽(파란색) 방향 축이 지정한 객체의 축과 나란히 놓이게 된다.
turn to face	객체를 회전시켜 다른 객체를 바라보게 한다.
point at	turn to face 메서드와 동일하지만, 객체의 앞쪽(파란색) 방향 축이 지정한 객체의 중심점을 향하도록 한다.
set point of view to	객체의 시점을 다른 객체의 시점으로 설정한다. 이것은 일반적으로 카메라가 다른 객체의 위치로 이동하여 그 객체의 시점에서 월드를 바라보는 모습이 나타나도록 할 때 사용한다.
set pose	Alice에서는 객체의 위치와 객체의 몸체 일부분의 위치를 변경시키고, 그것을 하나의 포즈로 캡처할 수 있다. 이때, 이 메서드는 객체로 하여금 이전에 캡처했던 포즈를 취하도록 한다.
stand up	객체를 일으켜 세워, 월드의 위쪽(초록색) 방향 축과 나란히 되도록 한다.
move at speed	지정한 방향(위, 아래, 왼쪽, 오른쪽, 앞쪽, 뒤쪽)과 속도로 객체를 이동시킨다. 속도는 초당 미터 단위이다. 기본적으로 객체는 1초 만에 움직이지만, 움직이는 시간을 다르게 지정할 수 있다.
turn at speed	지정한 방향(왼쪽, 오른쪽, 앞쪽, 뒤쪽)과 속도로 객체를 회전시킨다. 속도는 초당 회전수 단위이다. 기본적으로 객체는 1초 만에 회전하지만, 회전하는 시간을 다르게 지정할 수 있다.
roll at speed	지정한 방향(왼쪽, 오른쪽)과 속도로 객체를 구르게 한다. 속도는 초당 회전수 단위이다. 기본적으로 객체는 1초 만에 구르지만, 구르는 시간을 다르게 지정할 수 있다.
constrain to face	turn to face 메서드와 동일하게 작동하지만, 객체를 '즉각적으로'[5] 회전시킨다. (turn to face 메서드는 객체를 '점진적으로' 회전시킨다.)
constrain to point at	point at 메서드와 동일하게 작동하지만, 객체의 방향을 '즉각적으로' 변화시킨다. (point at 메서드는 객체의 방향을 '점진적으로' 변화시킨다.)

5) instantly를 '빠르게'로 번역하기에는 어감을 충분히 전달할 수가 없어, '즉각적으로'로 번역하였다. 메서드 편집기로 객체의 constrain to face 메서드 타일을 드래그하고, camera를 바라보도록 (인수를 camera로) 지정한 다음, 월드를 플레이 해보자. '즉각적으로(instantly)'와 '점진적으로(gradually)'의 차이점을 명확하게 이해할 수 있을 것이다.

따라하기 2-2

기본 메서드 좀 더 살펴보기

단계 1: 따라하기 2-1에서 만들었던 HareWorld를 연다. hare 객체를 선택하고 세부패널의 methods 탭을 클릭한다.

단계 2: 현재, 메서드 world.my first method 안에 move 메서드를 호출하는 두 호출문이 있다. 첫 번째는 hare를 위로 이동시키고 두 번째는 hare를 다시 아래로 이동시킨다. hare 객체의 turn 메서드 호출문을 추가해서, 공중에서 한 바퀴 회전시키려고 한다. 공중에서 회전해야 하므로, turn 메서드 호출문을 move 메서드 호출문 사이에 삽입해야 한다.

다음과 같이 하면 된다. turn 메서드 타일을 메서드 편집기로 드래그한다. 그러나 아직은 마우스 버튼을 놓지 말자. 타일을 클릭한 상태로 있으면, 메서드 편집기에 초록색 라인이 나타나는데, 이것은 타일을 드롭할 때 타일의 삽입 가능한 위치를 나타낸다. 그림 2-14처럼 타일을 드래그해서 기존에 있는 2개의 명령문 타일 사이에 초록색 라인이 나타나면 그때 드롭한다.

단계 3: 메서드의 인수를 지정하는 메뉴가 나타난다. turn 메서드는 2개의 인수 즉, 회전 방향과 회전수가 필요하다. direction(방향)으로 left를 선택하고, amount(회전수)로 1 revolution(all the way around)(1회전)을 선택한다.

이제 메서드 편집기에 그림 2-15와 같이 3개의 명령문 타일이 생긴다. 월드를 플레이하면 명령문이 메서드 상에 보이는 순서대로 실행된다.

그림 2-14 메서드 호출문 삽입

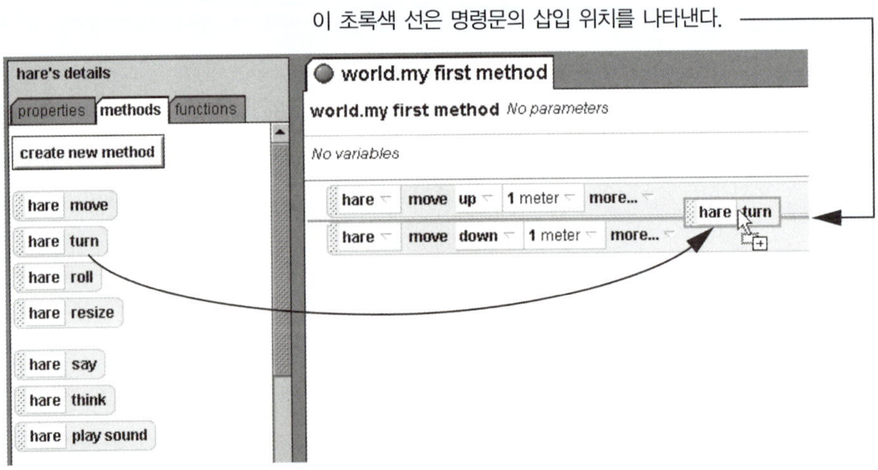

그림 2-15 3가지 명령문 타일

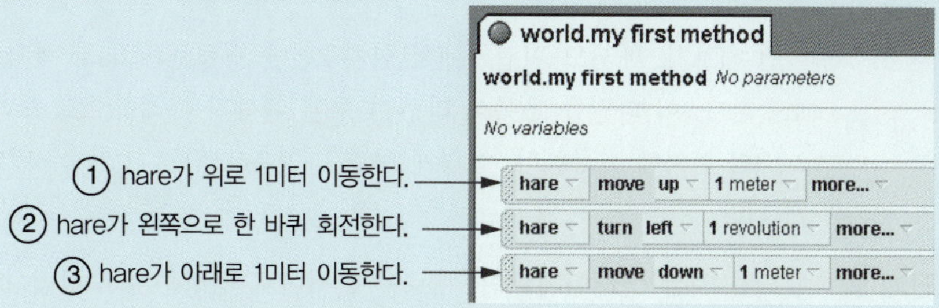

단계 4: Play 버튼을 클릭해서 월드를 플레이해 보자. hare가 위로 올라가서 한 바퀴 돌고 다시 내려 올 것이다.

단계 5: 메서드에 명령문을 하나 더 추가해 보자. hare가 땅위로 다시 내려온 후, 말풍선으로 "That was fun!"(재밌다!)이라고 말하도록 하자.[6] hare 객체의 say 메서드 타일을 메서드 편집기로 드래그하고, 마지막 명령문 아래에 드롭한다. say 메서드는 1개의 인수 즉, 객체가 말할 이야기가 필요하다. 메뉴가 나타나는데, hello, goodbye, 또는 other...를 선택할 수 있다. other...를 선택한다.

단계 6: Enter a string 대화상자가 나타난다. *string(문자열)*이란 단지 일련의 연속된 문자들(a string characters)이다. "That was fun!"이라고 입력하고 확인 버튼을 클릭한다. 이제 메서드 편집기에 그림 2-16처럼 4개의 명령문이 보일 것이다.

단계 7: 월드를 저장하고, Play 버튼을 클릭해서 플레이해 보자. hare가 위로 올라갔다가, 한 바퀴 돌고 내려와서는 그림 2-17처럼 말풍선으로 "That was fun!"이라고 말한다.

단계 8: 일단 만들어진 명령문 타일을 드래그해서 메서드 편집기의 다른 위치로 이동시킬

그림 2-16 4개의 명령문 타일

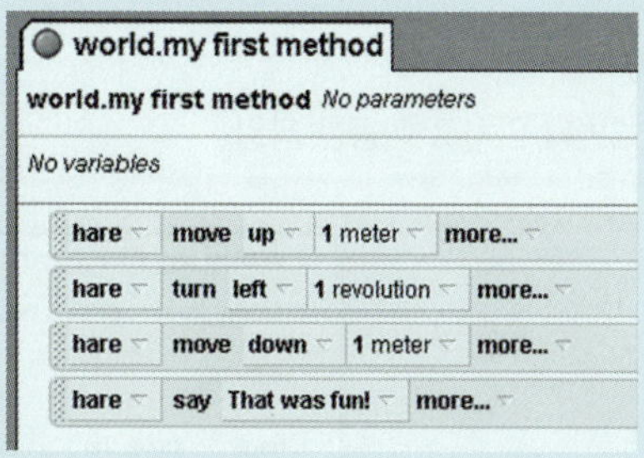

6) 참고로 Alice에서는 한글을 사용할 수 없다. 예를 들어 say 메서드에 한글로 된 문자열 "재미있다!"을 입력하면, 글자가 깨져서 나오는 말풍선을 보게 될 것이다.

수 있다. 명령문 타일을 메서드 편집기내에서 위 또는 아래로 드래그하면 초록색 선이 보이는데, 그것은 타일을 드롭했을 때 타일이 이동할 위치를 나타낸다.

한번 해보자. 메서드 편집기에서 현재 2번째 명령문은 hare 객체의 turn 메서드를 호출한다. 이 타일을 초록색 라인이 보일 때까지 아래쪽으로 드래그한 다음, 그림 2-18의 위치에 드롭한다. 이렇게 하면 타일은 그림 2-19처럼 3번째 위치로 이동하게 된다.

단계 9: 월드를 지금 플레이해보면, 새로운 순서대로 명령문이 수행될 것이다. Play 버튼을 클릭하고, 월드를 지켜보자. 이번에는 hare가 위로 올라갔다가 아래로 내려와서 한 바퀴 회전한 다음, “That was fun!” 이라고 말한다.

그림 2-17 말풍선

그림 2-18 명령문 타일 이동하기

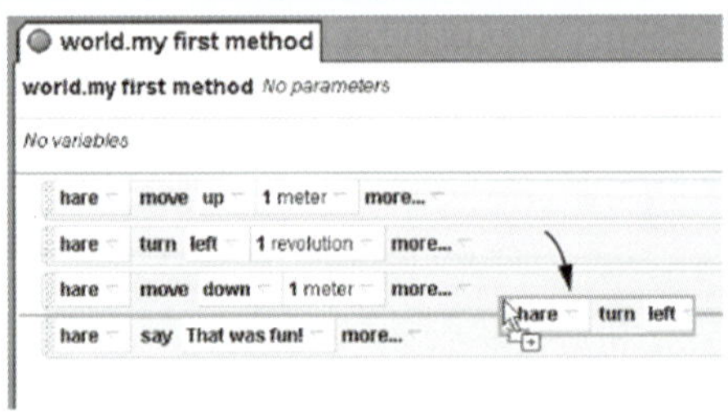

그림 2-19 3번째 위치로 이동한 타일

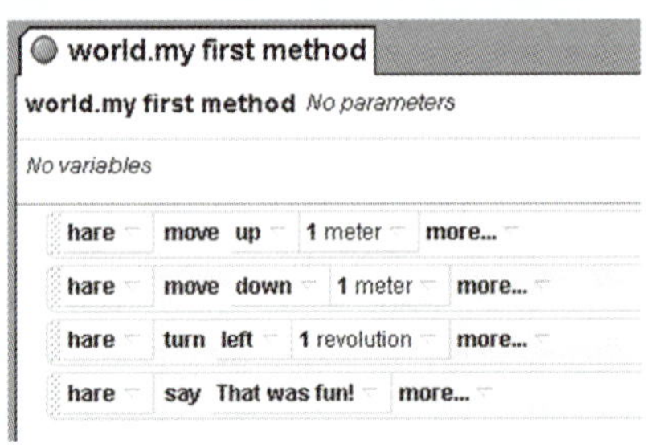

more... 편집 태그

따라하기 2-1과 2-2를 진행하다가 보면, 명령문 타일 끝부분에 그림 2-20과 같은 more...라는 영역을 볼 수 있을 것이다. 이것을 *편집 태그(editing tag)*라고 하는데, more... 편집 태그를 클릭하면 인수를 추가로 지정하는 메뉴가 나타난다.

그림 2-20 more... 편집 태그

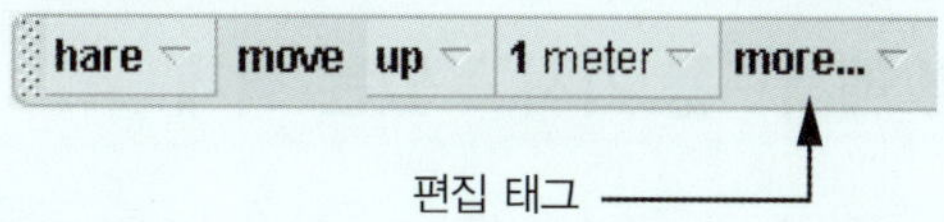

편집 태그 메뉴에 보이는 인수는 호출되는 메서드의 형식에 따라 달라진다. 일반적으로 보이는 인수 중 하나는 duration(지속시간)이다. duration 인수는 메서드를 호출했을 때, 그 메서드에 의해서 화면상에 나타나는 움직임의 지속시간을 결정한다. 기본적으로 duration은 1초이다. hare 객체가 위로 1미터 올라갈 때, 그 움직임이 소요되는 시간은 1초이다. duration 인수를 1/2초로 줄이면, hare 객체는 1/2초 만에 1미터를 이동하게 된다. 이것은 2배 더 빨리 이동한다는 것을 의미이다.

명령문 삭제하고 복사하기

메서드 편집기에 만들었던 명령문을 없애 버리고 싶다면, 쉽게 삭제가능하다. 명령문을 삭제하는 한 가지 방법은 명령문 타일을 오른쪽 버튼으로 클릭했을 때[7] 나타나는 팝업 메뉴에서 delete를 선택하는 것이다. 명령문을 삭제하는 또 한 가지 방법은 명령문 타일을 휴지통으로 드래그하는 것인데, 휴지통은 그림 2-21처럼 Alice 개발 환경의 윗 부분에 있는 툴바

그림 2-21 휴지통

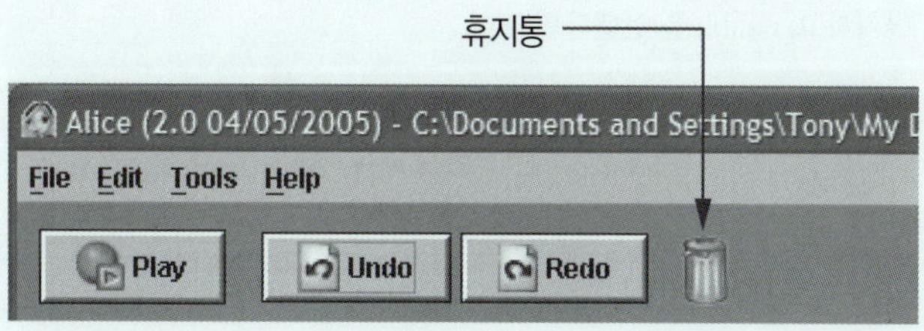

7) 이러한 경우에는 타일의 맨 왼쪽에 위치한 타일 손잡이 부분(동그라미로 표시한 부분)을 마우스 오른쪽 버튼으로 클릭한다. 타일의 다른 부분을 클릭해도 되지만, 자칫 잘못해서 인수를 클릭하면, 인수를 변경하는 팝업 메뉴가 나타나니 주의하자.

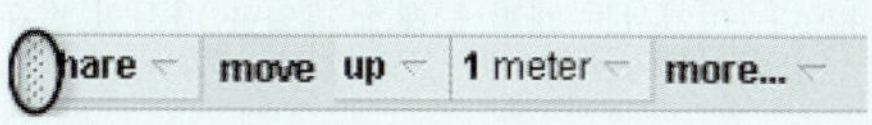

안에 위치해 있다.

메서드 편집기에 있는 명령문을 복사할 수도 있다. 복사하고자 하는 명령문 타일을 그냥 마우스 오른쪽 버튼으로 클릭한 후, 팝업 메뉴에서 make copy를 선택하면 된다.[8] 원본 명령문 타일 밑에 복사본 명령문 타일이 생긴다. 종종 똑같은 명령문이 여러 개 필요할 때가 있는데, 편리한 방법은 일단 한 개의 명령문을 만들고, 그것을 필요한 만큼 복사하는 것이다. 그런 다음, 필요에 따라 복사본의 인수를 변경하면 된다.

맞춤형 메서드를 가지고 있는 객체

앞 절에서 Alice 월드 객체의 기본 메서드에 대해서 알아보았다. 기본 메서드와 더불어, 일부 클래스의 객체들은 맞춤형 메서드를 가지고 있다. *맞춤형 메서드(Custom Method)*란, 특정 클래스의 객체만 가지고 있는 메서드를 말한다.

모든 클래스가 맞춤형 메서드를 가지고 있는 것은 아니다. 어느 한 클래스가 맞춤형 메서드를 가지고 있다면, 클래스 정보 창에 맞춤형 메서드의 목록을 볼 수 있다. 갤러리로 가서 클래스의 썸네일을 클릭하면 클래스 정보 창이 표시됨을 기억할 것이다. 예를 들어, Animals 컬렉션으로 가서 Frog 클래스의 썸네일을 클릭하면, 그림 2-22와 같은 정보 창을 볼 수 있다. 정보 창에 표시되어 있는 맞춤형 메서드를 통해, Frog 클래스는 foottap, ribbit, headnod라고 하는 3개의 맞춤형 메서드를 가지고 있음을 알 수 있다.[9]

Alice 월드에 추가한 객체를 선택하면, 세부 패널의 기본 메서드 타일 위에 그 객체의 맞춤형 메서드를 확인할 수 있다. 예를 들어, 월드에 Frog 클래스의 인스턴스를 추가했다고 가정하자. 그림 2-23은 맞춤형 메서드가 세부 패널에 어떻게 나타나는지를 보여 준다.

---

8) 명령문 타일의 손잡이 부분을 마우스 오른쪽 버튼으로 클릭하면, 작은 팝업 메뉴가 나타난다. 메뉴의 disable은 명령문 타일의 사용을 일시적으로 정지시킨다. 이렇게 일시 사용 정지된 명령문은 다음의 오른쪽 그림에서 두 번째 명령문 타일처럼 흐릿하게 변하면서 빗금이 그어진다. 다시 사용하려면, 타일을 마우스 오른쪽 버튼으로 클릭하고, enable을 선택하면 된다.

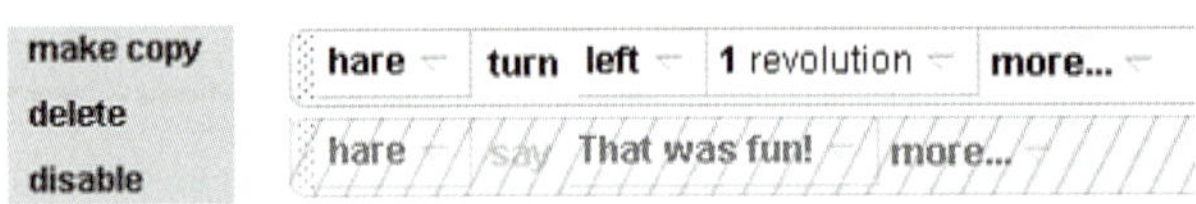

9) 일부의 클래스만 맞춤형 메서드를 가지고 있다고 하였는데, 독자 여러분은 여기에서 한 가지 궁금증이 생겼을 것이다. "어떤 클래스가 어떠한 맞춤형 메서드를 가지고 있는지 알아보려면 갤러리의 각 클래스를 클릭해서 그 때 나타나는 클래스의 정보 창을 모두 확인해야 한단 말인가?" 만약 이렇게 해야 한다면, 상당히 번거로운 일이 아닐 수 없다. 맞춤형 메서드가 있는 클래스를 찾는 좀 더 쉬운 방법은 http://www.alice.org를 방문하는 것이다. 사이트에서 Downloads를 선택하고, Object Gallery를 선택해 보자. Alice의 Web Gallery에서 제공하는 모든 클래스들이 컬렉션 별로 구분되어 있으며, 컬렉션을 클릭하면 각 클래스의 정보 창에서 볼 수 있는 것들이 한 페이지에 일목요연하게 표시되어 나온다. 여기서는 개별 클래스 파일을 자신의 컴퓨터로 다운로드 받을 수도 있다.

그림 2-22 Frog 클래스의 정보 창

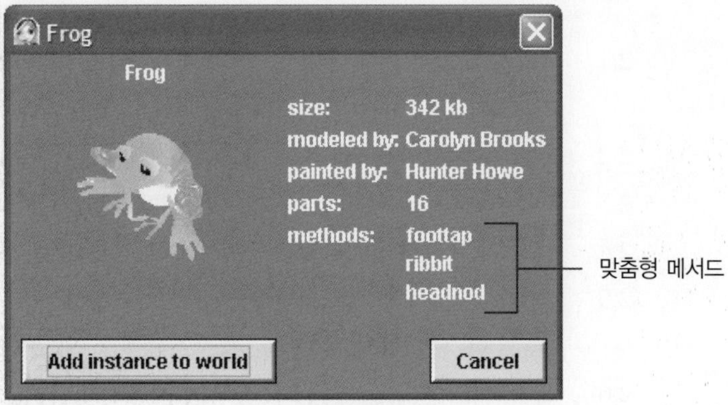

그림 2-23 맞춤형 메서드

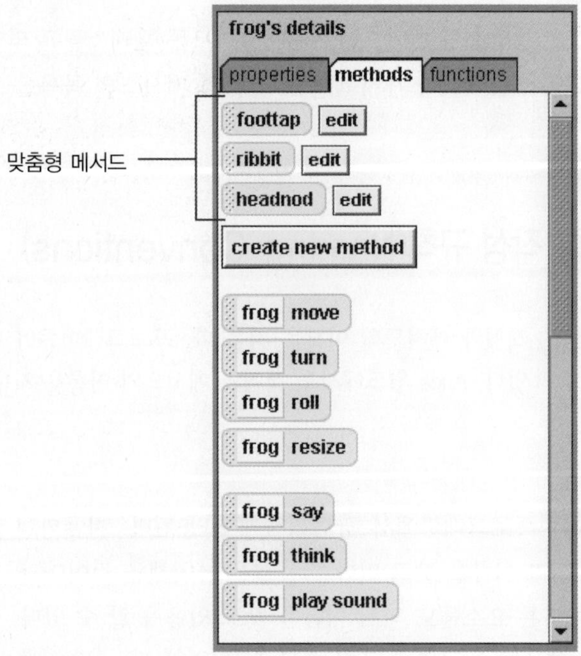

일반적인 경우, 맞춤형 메서드의 이름만 보아도 무엇을 하는 메서드인지 쉽게 알 수 있다. 예를 들어, foottap 메서드는 개구리의 발을 가볍게 두드리게 한다. ribbit 메서드는 개구리의 입을 '개굴' 소리를 내는 것처럼 벌리도록 한다. headnod 메서드는 개구리의 고개를 끄덕이도록 한다. 그러나 이름만 보아서는 메서드의 목적이 불분명한 경우가 있다. 이때는 시험삼아 그 메서드를 실행해 보면 무엇을 하는 메서드인지 알 수 있다.

체크 포인트

2.1 Alice 월드에 이름이 hare인 객체가 있다. hare 객체는 이름이 move인 메서드를 가지고 있다. 점 표기법으로 이 메서드의 이름을 쓴다면 어떻게 쓸 수 있겠는가?

2.2 월드가 플레이될 때, 무엇에 의해서 메서드가 자동으로 수행되는가?

2.3 기본 메서드란 무엇인가? 어떠한 객체들이 기본 메서드를 가지고 있는가?

2.4 객체가 가지고 있는 기본 메서드의 목록을 확인하는 방법은?

2.5 move 메서드의 거리를 지정할 때 메뉴에서 other...를 선택하면 무슨 일이 일어나는가? 이것은 언제 사용하는가?

2.6 독자 여러분의 반 친구가 명령문을 메서드 편집기에 갖다 놓았다. 그에게 그것이 무엇을 하는 메서드인지 물어보았다. 그러자 그는 "이것은 다른 명령문을 호출해..."라고 했다면, 그가 말하려고 했던 것은 무엇인가?

2.7 인수란 무엇인가?

2.8 맞춤형 메서드란 무엇인가? 모든 클래스들은 맞춤형 메서드를 가지고 있는가?

2.9 클래스가 가지고 있는 맞춤형 메서드의 목록을 보려면 어떻게 해야 하는가?

2.2 이름 작성 규칙(Naming Conventions)

개념 : 객체와 메서드의 이름을 지을 때, 프로그래머들이 따르는 표준화된 관습(즉, 규칙)이 있다. Alice 월드에서도 객체와 메서드의 이름을 지을 때, 이러한 규칙을 따라야 한다.

이름은 프로그래밍에서 광범위하게 사용된다. 지금까지 Alice를 사용하면서 클래스, 객체, 메서드가 이름을 갖고 있다는 사실을 눈치챘을 것이다. 앞으로 학습을 진행하다 보면 프로그램의 다른 요소들도 역시 이름을 갖고 있음을 알 수 있다. 이름은 하나의 프로그램 내에서 다양한 요소들을 구별해 주기 때문에, *식별자(identifier)*[10] 라고도 한다.

각 프로그래밍 언어는 프로그램에서 사용할 이름을 지을 때, 해당 언어만의 규칙을 가지고 있다. 이러한 규칙과 더불어, 일반적인 경우 프로그래머는 일종의 관습 또는 가이드라인에 따라 이름을 붙인다. 이 절은 가장 일반적으로 사용되는 규칙과 관습들에 관하여 살펴본다. Alice가 자동으로 붙인 객체와 메서드의 이름을 수정하는 방법에 대해서도 살펴본다.

10) 이름은 하나의 월드에 존재하는 모든 아이템들에 대해서, 하나의 식별자 역할을 하기 때문에, 한 월드 내에서, 한 클래스 내에서, 또는 한 메서드 내에서 유일(unique)해야 한다. 이에 대한 자세한 내용은 "5장. 메서드, 함수, 그리고 기타 변수들"에서 다룬다.

이름은 의미 있게(Meaningful Names)

객체를 월드에 추가하면, Alice는 그 객체의 이름을 자동으로 부여한다. 그러나 Alice가 객체에 기본적으로 부여하는 이름은 객체의 목적을 완전히 반영하지는 못한다. 다행히 Alice에서는 객체를 월드에 추가한 다음에도, 객체의 이름을 변경할 수 있다. (이제 곧 그 방법에 대해서 살펴볼 것이다.) 월드에 객체를 추가하면, 객체의 목적이나 역할을 내포하고 있는 이름으로 변경해야 한다. 그렇게 해야, 코드를 읽는 사람 누구나 그 객체의 존재 이유를 쉽게 이해할 수 있다.

예를 들어, 2명의 고등학교 농구 코치들이 서로 대화하고 있는 장면의 Alice 월드를 만든다고 가정하자. 한 사람은 Cougars 고교의 코치이고, 또 한 사람은 Knights 고교의 코치이다. Coach 클래스의 첫 번째 인스턴스를 월드에 추가하면, Alice는 자동으로 coach라는 이름을 부여한다. Coach 클래스의 두 번째 인스턴스를 추가하면, Alice는 자동으로 coach2라는 이름을 부여한다. 이러한 이름들은 객체의 목적을 나타내지 못하므로, 썩 좋은 이름이 아니다. 이런 상황의 월드에서는 cougarsCoach와 knightsCoach라는 이름이 더 의미가 있다. 왜냐하면, 이름이 코치들의 소속팀을 나타내고 있기 때문이다.

메서드의 이름도 그 메서드의 목적을 나타낼 수 있어야 한다. 앞의 따라하기에서, Alice가 my first method라는 이름의 메서드를 자동으로 world 객체에 만든다는 사실을 확인하였다. (점 표기법으로 하면, world.my first method이다.) 대부분의 경우, 이 이름은 메서드의 목적을 잘 나타내는 이름이 아니다. 메서드의 목적을 반영하는 이름으로 변경해야 한다. 예를 들어, 앞의 따라하기에서 이 메서드는 hare 객체를 움직이게 하였다. 이런 경우는 hareAnimation이라고 하는 것이 더 좋은 이름이 될 것이다. Alice에서 메서드의 이름을 변경하는 방법에 대해 곧 살펴볼 것이다.

공백

대부분의 프로그래밍 언어에서는 공백이 있는 이름의 사용을 금지한다. 그러나 Alice에서는 공백이 있는 이름을 사용할 수 있다. 독자 여러분들은 이러한 이름의 예를 이미 보았을 것이다. Alice 월드를 만들면, world.my first method라는 이름의 텅 빈 메서드가 자동으로 생성된다. my와 first 바로 다음에 있는 공백에 주목하라. 이것은 Alice에서 완전히 올바른 이름이다. 그러나 Java, 또는 C++와 같은 언어에서는 이러한 이름을 사용할 수 없다.

비록 Alice에서 공백이 있는 이름을 사용할 수 있지만, 본 교재에서는 이 시점부터 이러한 방식의 이름을 사용하지 않을 것이다. 그렇게 해야, Alice에서 일반 프로그래밍 언어(Java, C++ 등)로 쉽게 전환할 수 있다.

camelCase[11] 이름

객체나 메서드의 목적이 반영될 수 있도록 이름을 지어야 하기 때문에, 프로그래머는 종종 여러 개의 단어를 사용해서 이름을 만들게 된다. 예를 들어, Horse 클래스(Animals 컬렉션에 있음)의 인스턴스가 있는 월드를 만든다고 가정하자. 월드에 인스턴스를 추가하면, Alice는 horse1이라는 이름을 부여한다. 월드에서 그 객체를 "Black Beauty(아름다운 흑마)"로 묘사하려고 한다. 그렇다고 해서, 그 객체의 이름을 black beauty라고 수정할 수는 없다. 왜냐하면, 그 이름에는 공백이 들어있기 때문이다.[12] 그래서 객체의 이름을 두 단어가 연결된 blackbeauty로 변경하기로 잠정 결정했다.

그러나 아쉽게도 blackbeauty와 같은 이름은 사람의 눈으로 쉽게 읽혀지지 않는다. 왜냐하면, 단어들이 구분되어 있지 않기 때문이다. 이를 해결하기 위해, 다시 이름에 공백을 사용할 수는 없으므로, 개별 단어들을 시각적으로 분리하는 새로운 방법을 찾아야 한다. 이것이 바로, camelCase 이름 작성 규칙이 필요한 이유다. camelCase 이름 작성 규칙은 다음과 같은 방법으로 여러 개의 단어를 사용하여 이름을 짓는다.

- 이름은 소문자로 시작한다.
- 두 번째 그리고 그 뒤에 나오는 단어들의 처음 문자는 대문자이다.

예를 들어, blackbeauty라는 이름을 camelCase로 작성하면 blackBeauty가 된다. 두 번째 단어의 처음 문자가 대문자로 시작되었음에 주목하라. 이 방법은 2개의 단어를 시각적으로 분리하여, 이름을 쉽게 읽을 수 있도록 한다. 다음의 예는 camelCase로 작성한 객체의 이름들이다.

```
handsomePrince
travelingSalesman
queenOfEngland
petCockerSpaniel
```

camelCase가 프로그래머들 사이에서 널리 사용되고 있으므로, 이제부터 교재에서는 이 방법을 사용할 것이다. camelCase는 객체의 이름과 메서드의 이름을 지을 때 적용된다.

노트

> 이러한 이름 작성 규칙을 camelCase라고 불리는 이유는, 이름에 있는 대문자('C')가 낙타(camel)의 혹을 연상시키기 때문이다.

11) 원어 그대로 알아 두는 것이 좋다. 왜냐하면 "camelCase"라는 영어 단어 자체에 이름 작성 규칙이 이미 함축되어 있기 때문이다. "PascalCase" 이름 작성 규칙도 마찬가지다.

12) Alice에서는 공백이 있는 이름을 사용할 수 있지만, 교재에서는 사용하지 않기로 했다.

클래스 이름과 PascalCase

1장에서 이미 학습한 내용이지만, 관습상 클래스의 이름은 대문자로 시작한다. 갤러리에 있는 클래스 이름을 보면, Alice에서 이 관습을 따르고 있다는 것을 확인할 수 있다. 대부분의 일반 프로그래밍 언어에서도 이러한 관습을 따른다. 프로그래머들은 클래스의 이름을 지을 때, 대부분 PascalCase 이름 작성 규칙을 적용한다. PascalCase의 경우, 이름의 첫 번째 문자가 대문자로 작성된다는 것을 제외하고는, camelCase와 정확히 똑같다. 다음의 예는 PascalCase로 작성한 이름들이다.

```
IceSkater
BadGuyRobot
CheshireCat
```

이름 작성 규칙의 요약

이제부터 교재에서는 다음의 이름 작성 규칙을 사용한다.

- 객체와 메서드의 이름은 그 목적을 반영할 수 있도록 의미 있게 작성한다.
- Alice에서 문자와 숫자만을 사용할 수 있으므로, 이것만을 가지고 이름을 작성한다.[13)]
- 이름에 공백을 사용하지 않는다.
- 객체와 메서드 이름은 camelCase 이름 작성 규칙을 적용한다.
- 클래스 이름은 PascalCase 이름 작성 규칙을 적용한다.

객체 이름 바꾸기

객체의 이름을 바꾸려면, 객체 트리에 있는 해당 객체 타일을 마우스 오른쪽 버튼으로 클릭하고, 이때 나타나는 메뉴에서 rename을 선택하면 된다. 그림 2-24는 이 메뉴를 보여준다. 이렇게 한 후에, 객체 타일 위에 쓰여있는 이름을 직접 변경한다.[14)] 그림 2-25의 객체 트리는 2개의 Coach 객체가 있는 월드를 보여주고 있는데, 객체의 이름을 cougarsCoach와 knightsCoach로 변경하였다.

---

13) 일반 프로그래밍 언어에서도 숫자와 문자를 이용해서 식별자의 이름을 만든다. 그렇지만, 이름의 첫 문자로 숫자가 오는 것은 제한하고 있다. 즉, 1abc, 123 등은 잘못된 이름이다. 그러나 Alice는 이름의 첫 문자로 숫자가 오는 것을 허용한다. 만약 일반 프로그래밍 언어를 학습할 계획이 있는 독자라면, 가능한 숫자가 첫 문자로 오는 이름을 사용하지 않기를 권하고 싶다.

그림 2-24 객체 이름 바꾸기

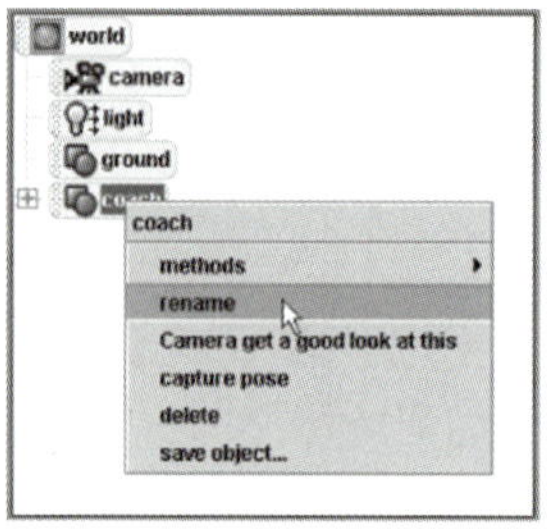

그림 2-25 이름이 바뀐 두 객체

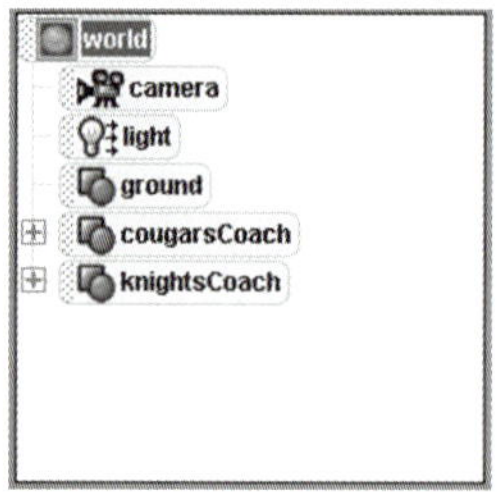

my first method 메서드[15] 이름 바꾸기

교재에서는 이제부터 my first method를 월드의 성격에 맞게 좀 더 의미있는 이름으로 변경할 것이다. 이 메서드의 이름은 다음의 단계를 거쳐 변경한다.

1. my first method 메서드는 world 객체 안에 있으므로, 먼저 객체 트리에서 world 객체를 선택해야 한다.
2. 세부 패널의 method 탭을 선택한다.

14) 객체 이름은 한 월드 내에서 그 객체를 식별하는 식별자 역할을 한다. 따라서 월드 내에서 객체의 이름은 언제나 유일해야 한다. 즉, 한 월드 내에 동일한 이름의 두 객체가 존재하면 안 된다는 것이다. 만약 월드에 있는 기존의 객체와 동일한 이름을 입력하면, 아래와 같은 Error setting name 대화상자가 나타난다. 이때는 확인 버튼을 클릭하고, 다른 이름을 입력한다.

15) my first method는 메서드의 이름이다. 영문의 "method"와 국문의 "메서드"가 이어서 붙어있어 오타로 여겨질 수 있으나 그렇지 않다.

3. 세부 패널에 있는 my first method 타일을 마우스 오른쪽 버튼으로 클릭하고, 이때 나타나는 메뉴에서 Rename을 선택한다. 이렇게 하면 메서드 타일에 쓰여있는 이름을 직접 변경할 수 있다. (이때 메서드 이름 앞에 world.을 입력하면 안 된다. 1단계에서 world 객체를 선택한 후 다음 단계를 진행하였기 때문에, 어느 객체의 메서드 이름을 변경할 것인지 이미 확인이 된 상태이다.)

위의 단계를 수행할 때, 그림 2-26을 참조하면 도움이 될 것이다.

이벤트 편집기에 있는 그림 2-27의 타일 때문에, 월드가 플레이 될 때 world.my first method가 자동으로 실행된다는 점을 기억하자.

world.my first method 메서드의 이름을 변경하면, 이벤트 편집기의 타일에 새 이름이 자동으로 반영된다. 어떤 이유로든지 타일의 이름이 바뀌지 않으면, 이벤트 타일에서 메서드 이름이 표시된 부분(드롭-다운 메뉴)을 클릭하고, 거기서 새 이름을 선택하면 된다.

체크 포인트

2.10 객체의 이름을 의미있게 짓는 것이 중요한 이유는 무엇인가?

2.11 대부분의 일반 프로그래밍 언어에서, 객체나 메서드의 이름에 공백이 허용되는가?

2.12 "camelCase 이름 작성 규칙"이란 무엇인가? 어떤 경우에 적용하는가?

2.13 "PascalCase 이름 작성 규칙"이란 무엇인가? 어떤 경우에 적용하는가?

그림 2-26 메서드 이름 변경하기

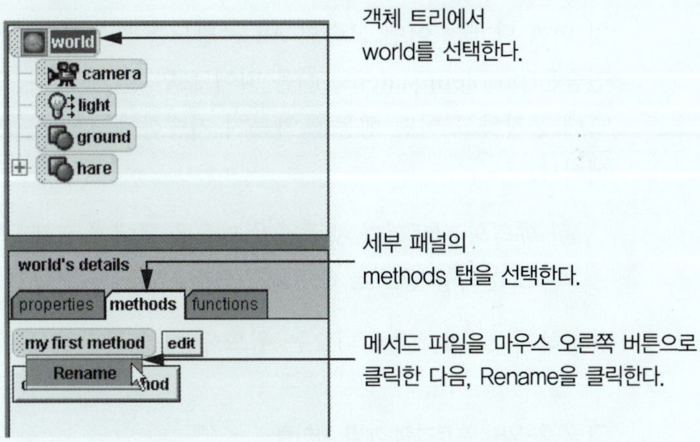

그림 2-27 이벤트 타일

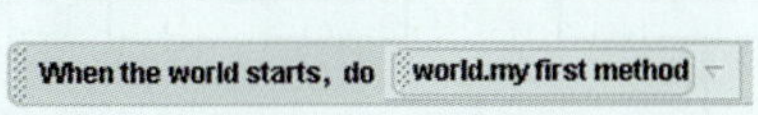

2.3 프로그램 설계

개념 : 프로그래머는 프로그램을 계획하고, 개발하고, 테스트하는 반복적인 과정, 즉, 프로그램 개발 사이클(Program Development Cycle)을 거친다. Alice 월드를 만들 때도 이와 동일한 과정을 거치게 된다.

전문 프로그래머들이 이야기하기를, 소프트웨어 개발은 치밀한 계획이 요구된다고 한다. 프로그래머는 새로운 프로젝트를 진행할 때, 성급하게 뛰어들어 메서드 작성부터 시작하지 않는다. 프로그램 설계부터 시작해서 개발과정의 각 단계들을 주의깊게 거치게 된다. 프로그래머는 프로그램을 설계한 후에 메서드를 작성한다. 그런 후에, 메서드에 에러가 있는지 테스트한다. 만약 에러가 있다면, 메서드를 디버그(Debug)한다. 디버깅(Debugging) 과정에서 문제가 있는 코드를 찾아 수정한다. 때로는 본래의 설계부터 모두 바꾸는 경우도 종종 있다. 이러한 전체 과정을 *프로그램 개발 사이클(program development cycle)*이라고 하는데, 프로그램 내에 에러가 전혀 존재하지 않을 때까지 이 과정을 반복한다. 그림 2-28은 이 과정의 각 단계를 그려놓은 것이다.

프로그램 개발 사이클은 Alice 월드를 만들 때도 적용된다. 프로그램 개발 사이클을 Alice에 적용할 수 있도록 사이클의 각 단계들을 좀 더 자세히 살펴보자.

프로그램(Alice 월드) 설계

첫 번째 단계는 어떤 모습의 Alice 월드를 개발할지 정확히 이해하는 것이다. 이것은 문제 진술문(problem statement)을 읽어 보면 알 수 있다. 문제 진술문은 어떤 객체가 Alice 월드에 등장하고 어떤 행동을 하는지 기술한다. 다음은 Alice 월드에 대한 문제 진술문의 한 예이다.

> *한 마리의 산토끼가 재주넘기 기술을 뽐내기 위해 공중으로 점프한 후 거기서 한 바퀴 돈다. 그런 다음 땅으로 착지해서 "That was fun!(이거 재미난데!)" 이라고 소리친다.*

따라하기 2-1과 2-2에 나오는 월드에 대한 간단한 문제 진술문이다. 이것을 통해 hare(산

그림 2-28 프로그램 개발 사이클

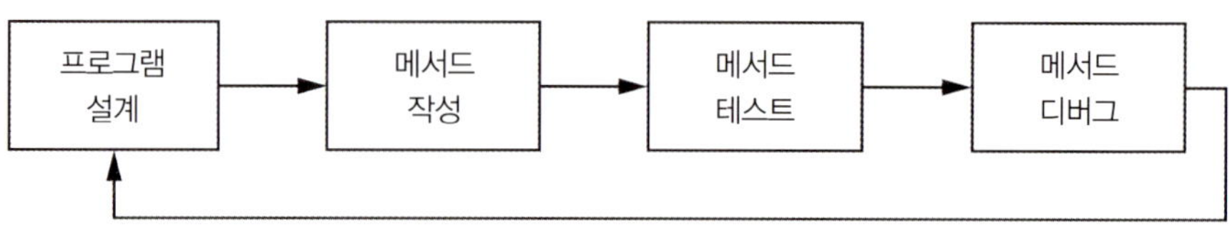

토끼) 객체가 월드에 필요하다는 것을 알 수 있으며, 객체의 행동을 개괄적으로 파악할 수 있다.

일단 어떤 모습의 Alice 월드를 개발할지 분명히 이해한 후에, 필요한 메서드를 설계하기 시작한다. 먼저 문제를 일련의 단계들로 쪼개야 하는데, 이를 위해 프로그래머는 2가지 도구를 사용한다. 의사코드와 순서도가 그것이다. *의사코드(pseudocode)*란 알고리즘의 각 단계들을 자연어[16]로 기술한 것을 말한다. 의사코드로 된 각 단계들은 프로그래밍 언어로 작성된 것이 아니기 때문에 컴퓨터에서 실행되지 않는다. 그것은 알고리즘의 전체적인 윤곽을 나타내는 역할을 한다. 일단 알고리즘이 의사코드로 작성되면, 프로그래밍 명령문으로 변환 가능하다.

객체가 위의 문제 진술문대로 행동하도록 메서드를 작성해야 하는데, 이를 위해 의사코드를 어떻게 작성해야 하는지에 대한 예가 아래에 있다.

```
hare move up in the air
hare turn completely around
hare moves down to the ground
hare says "That was fun!"
```

위의 예처럼, 의사코드는 알고리즘의 각 단계에 의해 수행되는 개별 행동을 기술하고 있다. 의사코드를 작성하는 규칙은 별도로 존재하지 않는다. 정확한 순서대로 알고리즘의 각 단계를 그냥 문장으로 기술하면 된다.[17] 일단 알고리즘이 의사코드로 완성되면, 실제 프로그래밍 명령문으로 코딩하기 위한 전체적인 윤곽을 파악할 수 있게 된다.

순서도는 메서드를 설계하기 위해 프로그래머들이 사용하는 또 하나의 도구이다. *순서도(flowchart)*란 시각적인 도형으로 알고리즘의 각 단계들을 그린 것이다. 그림 2-29는 hare 객체를 위의 예처럼 움직이게 하는 메서드를 만들 때, 순서도를 어떻게 작성해야 하는지를 보여준다.

순서도에 2가지 모양의 도형 즉, 타원과 사각형이 있음에 주목하라. 타원은 순서도의 맨 위와 맨 아래에 나타나는데, *단말 기호(terminal symbol)*라고 부른다. 시작 단말 기호는 알고

16) 한글로 작성해도 무관하다.

17) 의사코드란 가짜 코드라는 의미이다. 즉, 코드이긴 하지만 컴퓨터에서 바로 실행할 수 없는 코드라는 것이다. 따라서 의사코드 작성에 대한 명확한 규칙이 없다. 한글로 작성해도 된다. 영어에 자신이 있다면 영어로, 프로그래밍 언어에 대한 경험이 있다면 C언어나 Java처럼 생긴 코드로 작성해도 상관없다. 아니면, 본인 나름대로 특정 기호를 사용해서 의사코드를 만들어도 좋다. 중요한 것은 알고리즘의 전체적인 윤곽과 흐름을 파악할 수 있도록 작성하면 된다. 컴퓨터 과학의 많은 교재에서 다양한 의사코드들이 등장한다. 대개의 경우, C, C++, Java 언어 스타일의 의사코드이지만, 일부 교재에서는 저자가 의사코드의 작성 규칙을 본인 나름대로 만들어 놓고, 독자에게 그 규칙을 알려 주기도 한다. 이러한 경우, 독자는 저자 나름대로(그러나, 저자 자신이 정해놓은 규칙대로) 적어놓은 의사코드를 파악할 수 있어야 한다. 본 번역서에서 의사코드를 번역하지 않은 이유가 여기에 있다. 사실, 본 교재에 나오는 의사코드는 이미 문제 진술문의 내용을 반복하는 경우가 많으므로 굳이 번역하지 않아도 전체 내용을 파악하는 데는 큰 어려움이 없을 것이다.

그림 2-29 hare 객체를 움직이는 메서드의 순서도

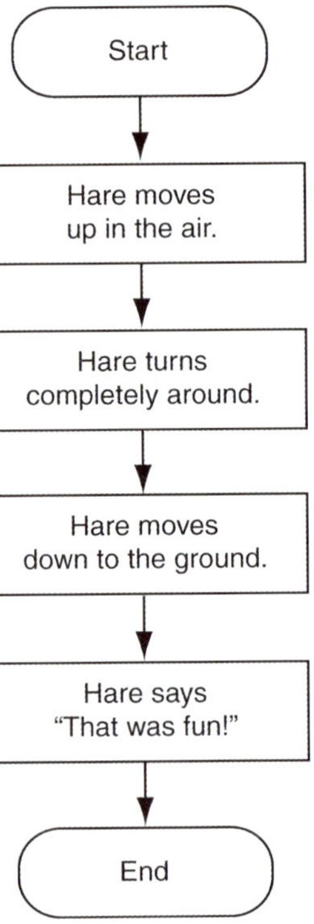

리즘의 시작 지점에 표시되며, 종료 단말 기호는 알고리즘의 끝 지점에 표시된다. 단말 기호 사이에 위치한 도형을 *처리 기호(processing symbol)*라고 부른다. 각 처리 기호는 알고리즘의 단계들을 나타낸다. 기호들은 화살표로 연결되어 있는데, 이러한 화살표는 알고리즘의 *흐름(flow)*을 나타낸다. 올바른 순서대로 각 기호를 거쳐 가려면, 시작 단말 기호를 시작으로 화살표를 따라가다가 종료 단말 기호에서 끝나면 된다.

의사코드와 마찬가지로, 순서도 역시 실제 프로그래밍 명령문을 만드는데 필요한 전체적인 윤곽을 보여준다.

팁

> 대부분의 프로그래머들은 프로그램 설계 시 의사코드, 또는 순서도를 사용한다. 2개를 동시에 사용하지는 않는다.

메서드 작성

의사코드나 순서도는 설계 단계에서 Alice 메서드의 설계도 역할을 한다. 일단 설계도가 정확하게 작성된 것으로 판단되면, 그것을 실제 프로그래밍 명령문으로 변환한다. 여기서 변환한다는 것은, Alice의 명령문 타일들을 메서드 편집기로 드래그해서 한데 모은다는 것을 의

미한다. 이렇게 모아놓은 명령문은 의사코드나 순서도에 기술한 대로 정확하게 수행되어야 한다. 그림 2-30은 이미 살펴보았던 순서도와 의사코드, 그리고 실제 Alice 명령문을 나란히 보여주고 있다.

여기서 기억해야 할 점은 의사코드나 순서도 모두 알고리즘의 전체적인 윤곽을 나타낼 뿐, 메서드를 만드는데 필요한 세세한 부분까지 나타내는 것은 아니라는 점이다. 예를 들어, 그림 2-30에서 보았던 의사코드나 순서도의 2번째 단계는 "hare turns completely around (hare가 한 바퀴 회전한다)" 인데, 객체를 1회전시키는 기본 메서드는 Alice에 특별히 준비되어 있지 않다. 그러나 회전 방향과 회전수를 지정하여 객체를 회전시키는 turn이라는 기본 메서드는 있다. 이 메서드를 이용해서 hare를 한 바퀴 회전시킬 수 있다. 그림 2-30의 명령문 타일은 turn 메서드를 호출하는데, 회전 방향을 left로, 회전수를 1 revolution으로 지정하고 있다.

팁

기본 메서드와 사용자 정의 메서드[18]에 대해서 좀 더 학습하면서 프로그래밍 능력을 키우게 되면, 의사코드나 순서도를 훨씬 더 잘 만들 수 있을 것이다. 경험이 쌓여 직관력(intuition)이 생기면, Alice 명령문으로 쉽게 전환할 수 있는 의사코드나 순서도를 만들 수 있다.

그림 2-30 순서도, 의사코드, 그리고 실제 Alice 명령문

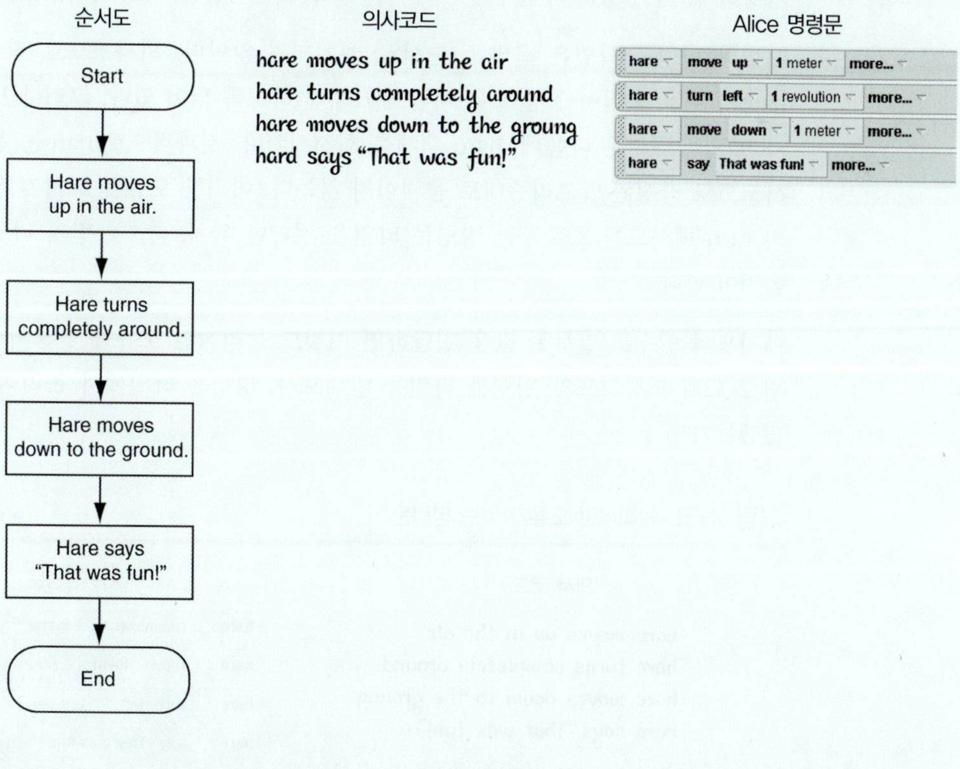

18) 사용자 정의 메서드에 대해서는 3장에서 다루게 된다.

테스트와 디버깅

일단 메서드를 만들면, 그 다음 단계는 메서드를 테스트하는 것이다. 테스트 단계에서 메서드가 다음의 기준을 만족하는지 확인한다.

- 의도했던 대로 일을 수행해야 한다.
- 바람직하지 않은 결과를 가져오는 논리적인 오류가 없어야 한다.
- 불필요한 단계를 수행하지 않아야 하며, 효율적으로 동작해야 한다.

Alice에서는 월드가 플레이되고 있을 때 메서드를 테스트한다. 월드가 플레이될 때, 일어나는 움직임을 관찰하고 그것이 문제 진술문의 요구사항에 만족하는지 확인한다. 만약 그것이 만족스럽지 못하다면, *디버깅(debugging)*을 시작해야 한다. 디버깅 과정에서 특정한 요구사항이 만족되도록 메서드를 고치거나 수정한다.

처음 만들어진 프로그램은 대개 논리적인 오류를 가지고 있다. *논리적인 오류(logical error)*, 또는 *버그(bug)*란 프로그램의 실행을 방해하지는 않지만, 정확하지 않은 결과를 야기하는 실수(mistake)를 말한다. 논리적인 오류를 일으키는 실수들에는 많은 종류가 있다. 예를 들어, 명령문을 잘못된 순서로 작성하면 논리적인 오류가 발생한다. 한 프로그래머가 그림 2-31과 같은 의사코드로 알고리즘을 작성하고 오른쪽 그림과 같은 명령문 타일을 만들었다고 가정하자. 이 명령문 타일에는 논리적인 오류가 존재한다. 찾을 수 있겠는가?

그림의 명령문 타일은 올바른 순서로 배치되지 않았다. 의사코드로 작성된 알고리즘에는 hare가 위로 움직여 공중에 뜬 다음에, 1회전 하도록 되어 있다. 그러나 명령문 타일은 hare가 땅으로 내려온 다음에, hare 객체를 회전시킨다. 결과적으로 hare는 문제 진술문이나 의사코드로 작성된 알고리즘대로 움직이지 않는다. 이러한 오류를 고치기 위해서는 hare 객체의 turn 메서드를 호출하는 명령문 타일을 정확한 위치, 즉, 첫 번째 타일의 바로 다음으로 옮겨야 한다.

메서드의 인수로 잘못된 값을 전달하면 이것도 논리적인 오류를 발생시킨다. 예를 들어, 그림 2-32의 의사코드와 명령문 타일을 살펴보자. 명령문 타일에서 논리적인 오류를 찾을 수 있겠는가?

그림 2-31 논리적인 오류가 있는 명령문

의사 코드

hare moves up in the air
hare turns completely around
hare moves down to the groung
hard says "That was fun!"

Alice 명령문

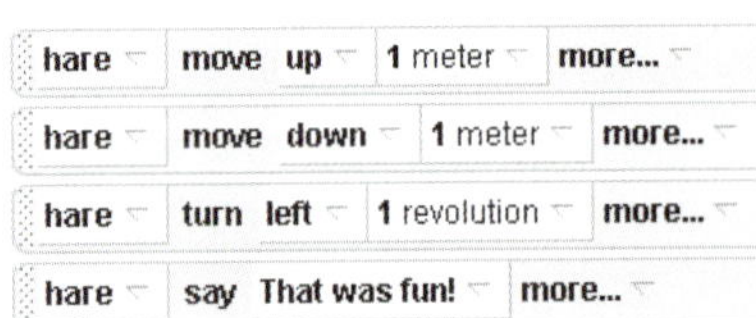

명령문에서 논리적인 오류를 찾을 수 있겠는가?

그림 2-32 다른 논리적인 오류가 있는 명령문

의사 코드

hare moves up in the air
hare turns completely around
hare moves down to the groung
hard says "That was fun!"

Alice 명령문

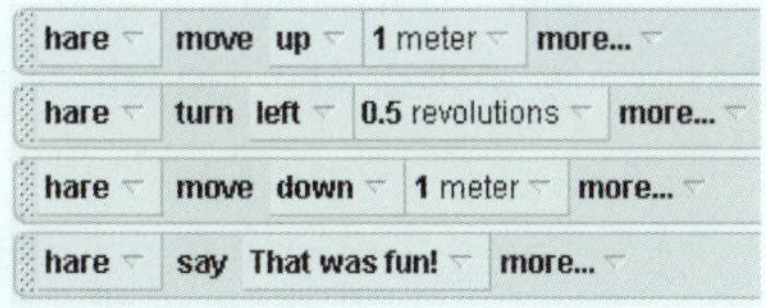

명령문에서 논리적인 오류를 찾을 수 있겠는가?

hare 객체의 turn 메서드를 호출하는 두 번째 명령문 타일에 오류가 존재한다. 회전수를 나타내는 인수로 잘못된 값이 전달되고 있다.

명령문 타일에 인수로 0.5 revolutions(0.5 회전)가 전달되면, hare 객체는 반 바퀴만 돌게 된다. 이 오류를 고치지 위해서는 인수값을 1 revolution(1 회전)으로 변경해야 한다.

따라하기 2-3에서는 프로그램 개발 사이클을 통해 Alice 월드를 만드는 방법에 대해 알아본다. 문제 진술문이 제시되며, 알고리즘을 나타내는 의사코드와 순서도의 예를 보여준다. 이를 토대로 메서드를 작성하고 테스트하는 과정을 실습하게 된다.

따라하기 2-3

프로그램 개발 사이클 적용하기

다음은 이번 따라하기에서 만들 Alice 월드의 문제 진술문이다.

루이스 캐럴의 이상한 나라의 엘리스에 나오는 첫 장면을 만들어보자. 엘리스는 그녀 앞을 지나가는 토끼 한 마리를 목격한다. 그런데 이 토기는 "아이고, 아이고, 늦겠는걸?" 이라고 혼잣말을 하고 있다.[19]

이 문제 진술문을 읽어보면, 월드에 2개의 객체가 필요하다는 것을 알 수 있다. 하나는 엘리스 캐릭터이고 또 하나는 하얀 토끼 캐릭터이다. 다행히도, 이 두 캐릭터에 대한 클래스가 Local Gallery에서 제공되고 있다. People 컬렉션에서 AliceLiddell(실제 Alice의 성은 Liddell이였다.)이라는 이름의 클래스를, Animals 컬렉션에서 WhiteRabbit이라는 이름의 클래스를 찾을 수 있을 것이다.

19) 이 장면을 떠올릴 수 있는 존 테니얼의 그림을 보려면, 인터넷 주소 http://en.wikisource.org/wiki/Alice%27s_Adventures_in_ Wonderland/Chapter_1를 방문해 보자. 존 테니얼의 삽화와 함께 이 장면이 나오는 원문도 볼 수 있다 (1번째 그림). 존 테니얼은 앨리스의 이야기가 처음 책으로 출간될 때, 책의 삽화를 그린 인물이다. 앨리스의 저자 루이스 캐럴의 까다로운 요구를 들어 주느라 고생을 했다는 이야기가 전해진다.

또한, 문제 진술문은 객체의 행동을 묘사한다. 월드가 플레이 되는 모습을 잠깐 머릿속으로 떠올려 보자. WhiteRabbit 객체가 AliceLiddell 객체 앞으로 이동한다. 문제 진술문에 따르면, 이때, 엘리스가 토끼 한 마리를 목격하는 것으로 되어 있다. 따라서 월드에서도 문제 진술문대로 AliceLiddell 객체가 WhiteRabbit 객체를 쳐다본다. 그런 다음 WhiteRabbit 객체는 "Oh dear! Oh dear! I shall be late!(아이고, 아이고! 늦겠는걸!)" 라고 말하면서 이동하고, 결국 화면에서 사라진다.

이러한 행동이 나타나도록 메서드를 작성해야 한다. 그러나 먼저 의사코드나 순서도를 이용해서 메서드의 설계도부터 만들어야 한다. 다음은 의사코드의 한 예이며, 그림 2-33은 순서도의 한 예이다.

White Rabbit moves forward to a position in front of Alice
Alice looks at the White Rabbit
White Rabbit says "Oh dear! Oh dear! I shall be late!"
White Rabbit moves forward, off the screen

그림 2-33 순서도의 예

단계 1: Alice를 실행한 다음, grass 템플릿을 사용하여 새 월드를 만든다.

단계 2: AliceLiddell 클래스(People 컬렉션에 있음)의 인스턴스와 WhiteRabbit 클래스(Animals 컬렉션에 있음)의 인스턴스를 월드에 추가한다. 다른 객체는 문제 진술문에 나와있지 않지만, 시각적으로 좀 더 재미있게 보이도록 나무 하나를 추가하자. HappyTree 클래스(Nature 컬렉션에 있음)의 인스턴스를 추가한다. 그림 2-34처럼 객체들을 배치한다.

그림 2-34 초기 장면 설정

단계 3: 방금 추가한 객체들의 타일을 객체 트리에서 볼 수 있다. 객체 이름이 aliceLiddell, whiteRabbit, 그리고 happyTree로 자동 부여되어 있음을 주목하라. 이 이름들은 camelCase로 되어 있으며, 객체의 성격을 잘 나타내고 있으므로 굳이 변경할 필요가 없다.

그러나 world.my first method의 이름은 변경해야 한다. 이 장의 앞부분에서 살펴보았지만, 자동으로 붙여진 이 이름은 camelCase로 되어 있지 않으며 메서드의 목적을 잘 나타내고 있지 못하다. 메서드의 이름을 변경하려면 다음과 같이 하면 된다. (1) 객체 트리에서 world 객체를 선택한다. (2) 세부 패널에서 methods 탭을 선택한다. (3) 세부 패널의 my first method 메서드 타일을 마우스 오른쪽 버튼으로 클릭하고, 팝업 메뉴에서 Rename을 클릭한다. 위의 단계들을 진행할 때, 그림 2-35를 참조하면 도움이 될 것이다.

이렇게 하면, 메서드 타일에 표시된 my first method를 직접 수정할 수 있다. 메서드의 이름을 animation으로 변경한다. 이렇게 변경하면, 그림 2-36처럼 메서드 편집기의 상단 부분에 표시되는 메서드 이름도 world.animation으로 변경되는 것을 확인할 수 있다.

단계 4: world.my first method의 이름을 변경하면, 이벤트 편집기에 있는 타일의 이름도

그림 2-35 메서드 이름 변경하기

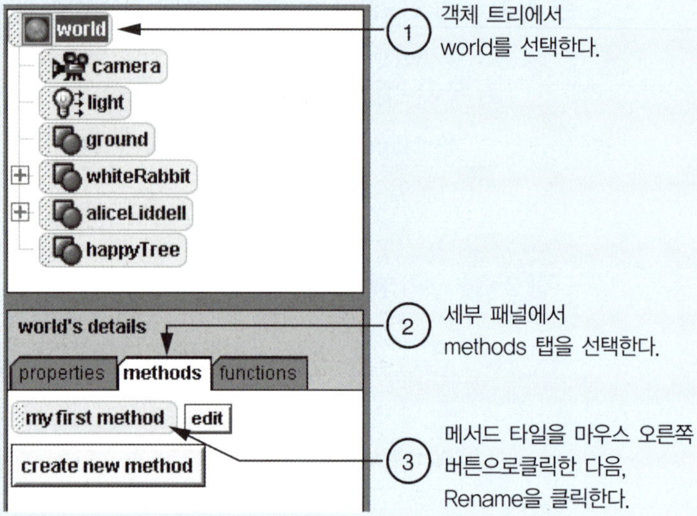

그림 2-36 메서드의 새 이름

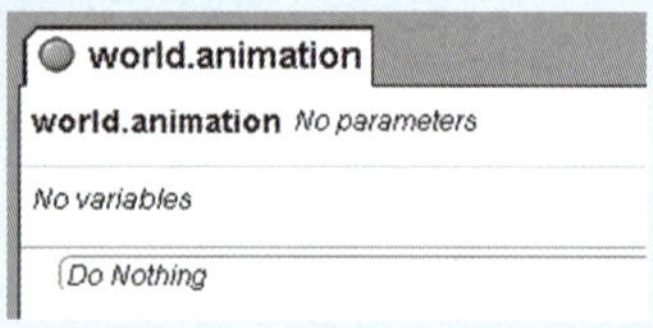

그림 2-37처럼 자동으로 변경되어 새 이름이 반영된다. 타일의 이름이 바뀐 것을 확인하자. 만약 어떤 이유로든, 타일이 바뀌지 않으면, 이벤트 편집기에서 메서드 이름이 표시된 타일을 클릭하고 world.animation을 선택하자.

단계 5: 이제 의사코드나 순서도로 된 알고리즘을 world.animation 명령문으로 변환해 보자. 일단 whiteRabbit 객체를 aliceLiddell 객체 앞으로 이동시켜야 한다. 이를 위해 whiteRabbit 객체의 move 메서드를 호출하자.

whiteRabbit 객체를 선택하고, 세부 패널의 methods 탭을 선택한다. whiteRabbit.move 메서드를 메서드 편집기로 드래그한다. 그런 다음 direction(방향)으로 forward를 선택한다. amount(거리)로 other...를 선택하면 Custom Number(사용자 숫자) 키패드가 나타나는데, 2를 입력하고 Okay 버튼을 클릭한다. (2미터는 단지 whiteRabbit이 움직일 거리를 예측한 것이다. 메서드를 테스트 해보고, 필요하다면 거리를 수정한다.) 그림 2-38은 방금 만든 명령문 타일이다.

단계 6: 다음으로 aliceLiddell 객체는 whiteRabbit 객체를 바라본다. 이렇게 하려면 aliceLiddell 객체의 turn to face 메서드를 호출하면 된다.

그림 2-37 이벤트 타일

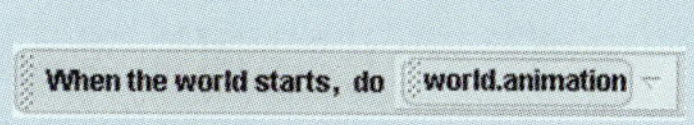

그림 2-38 완성된 명령문

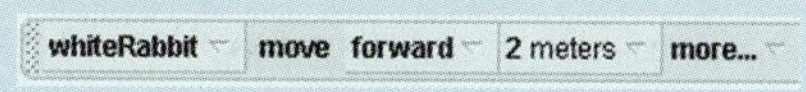

aliceLiddell 객체를 선택하고 aliceLiddell.turn to face 메서드[20]를 메서드 편집기로 드래그한다. 이때 target(목표물), 즉, aliceLiddell 객체가 바라볼 다른 객체를 선택해야 한다. 그림 2-39처럼, whiteRabbit을 선택한 다음, the entire whiteRabbit을 선택한다. 그림 2-40은 지금까지 완성한 명령문이다.

단계 7: 알고리즘의 다음 단계로는 whiteRabbit 객체가 "Oh dear! Oh dear! I shall be late!" 라고 말하는 것이다. whiteRabbit 객체를 선택하고 whiteRabbit.say 메서드를 메서드 편집기로 드래그한다. 이때 객체가 할 말을 지정해야 한다. 메뉴에서 other...를 선택하고, 나타나는 Enter a String 대화상자에 "Oh dear! Oh dear! I

그림 2-39 whiteRabbit을 target(목표물)으로 선택하기

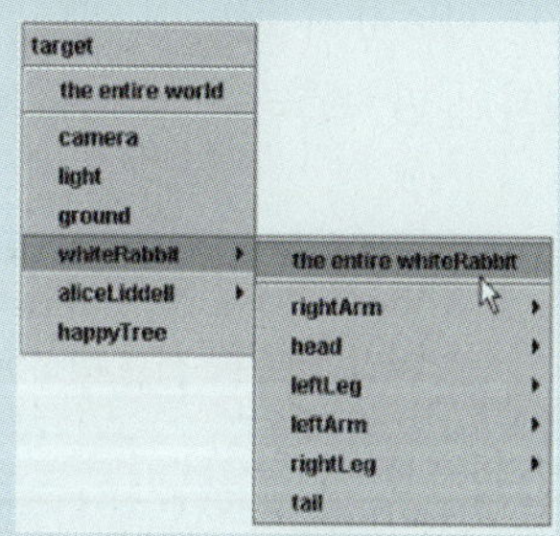

그림 2-40 지금까지 완성한 명령문 타일

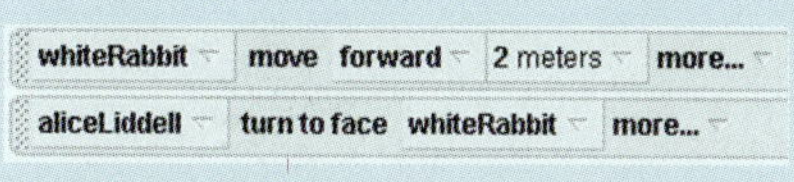

20) 이름 작성 규칙을 학습한 독자는 Alice에서 제공하는 메서드의 이름을 보고 의아해할 수도 있을 것이다. 본 교재에서 이름에 공백을 사용하지 않기로 했음에도 기본 메서드는 여전히 공백이 있는 이름을 사용하고 있기 때문이다. 분명히 turn to face 메서드는 to 양 쪽에 공백이 하나씩 존재한다. 그러나 이것은 Alice 개발자들이 프로그래밍을 처음 배우는 초급자로 하여금 명령문 타일이 자연 언어(영어)처럼 친숙하게 느껴지도록 하기 위한 배려라고 판단된다. 프로그램 표시 방식을 Java 스타일로 변경하면 이름 내에 있는 공백은 전혀 표시되지 않는다. turn to face 메서드가 완전한 camelCase인 turnToFace로 표시된다. 명령문 타일의 스타일을 변경하는 방법은 "부록 C. Alice 설치와 사용에 관한 자세한 사항"을 참조하기 바란다.

shall be late!"를 입력한다.

단계 8: 끝 장면에서 일어나야 하는 행동은 whiteRabbit 객체가 스크린을 벗어나는 것이다. whiteRabbit.move 메서드를 메서드 편집기로 드래그한다. direction(방향)으로 forward를 선택하고, amount(거리)로 5 meters를 선택한다. (다시 말하지만, 거리는 예측 값이다. 5미터 정도 이동하면 객체가 화면을 벗어나리라고 예상한 것이다. 메서드를 테스트 해보고, 필요하다면 수정할 수 있다.) 이제 메서드 편집기의 명령문들이 그림 2-41처럼 된다.

그림 2-41 완성된 메서드

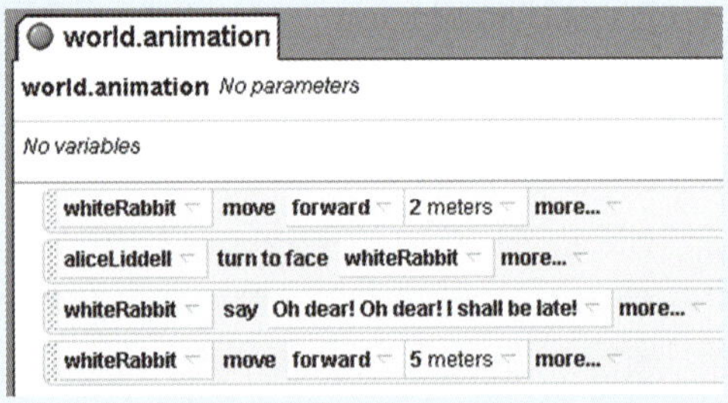

단계 9: 월드를 플레이해서 확인해 보고, 일어나는 행동들을 주의깊게 관찰해 보자. 처음 명령문에서 지정한 2미터의 거리는 적당한가? 마지막 명령문에서 지정한 5미터는 어떤가? 적당하지 않다면, 메서드 인수를 수정한 다음, 월드를 다시 테스트 해보자. 결과가 만족스러울 때까지 계속 인수를 수정해서 테스트한다.

팁 반복해서 명령문을 수정하고 그것을 테스트하는 과정을 "*시행착오(trial and error)*"라고 한다. 이러한 접근 방식이 모든 에러를 다 해결할 수는 없지만, 때로는 효과적이다.

단계 10: 월드를 저장하자. 이 월드는 다음에 나오는 따라하기에서 다시 사용할 것이다.

체크 포인트

2.14 프로그램 개발 사이클의 단계들에는 어떤 것들이 있나?

2.15 하나의 문제를 일련의 단계들로 쪼개는 도구가 2개 있다. 무엇인가?

2.16 논리적인 오류(logical error)란 무엇인가?

2.17 메서드를 테스트하는 경우, 메서드가 만족해야 할 3가지 기준은 무엇인가?

2.4 주석(Comments)

개념 : 주석이란 코드가 수행하는 일을 쉽게 파악할 수 있도록 프로그래머가 자신의 프로그램에 삽입하는 메모이다.

모든 프로그래밍 언어는 프로그램에 주석을 삽입할 수 있다. *주석(comment)*이란 프로그래머가 특정 코드 영역을 설명하기 위해 프로그램 내에 작성하는 메모이다. 전문 프로그래머들은 주석을 프로그램의 중요한 요소로 생각한다. 왜냐하면 프로그램의 코드를 읽을 때, 명령문을 이해하는데 도움이 되기 때문이다.

Alice는 메서드 내에 주석을 삽입할 때 사용할 수 있는 독특한 주석 타일을 제공한다. 그림 2-42처럼, 2개의 슬래쉬(//)로 된 타일이 메서드 편집기의 하단에 보인다. 주석 타일을 메서드 편집기로 드래그하면, 그림 2-43과 같은 기본 주석이 만들어진다. "No comment"라고 적혀 있는 부분을 클릭하고, 나타나는 메뉴에서 other...를 선택한다. Enter a String 대화상자가 나타나는데, 이 대화상자에서 아무거나 치면 타일에 그대로 표시된다.

그림 2-42 주석 타일

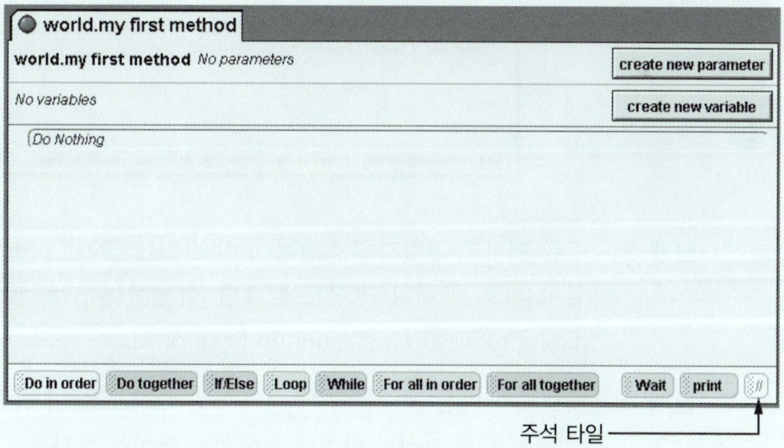

그림 2-43 기본 주석

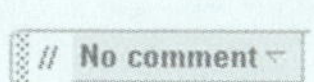

노트

주석 타일을 2개의 슬래쉬(//)로 표시한 이유는, Java와 C++를 포함하여 대부분의 일반 프로그래밍 언어에서 2개의 슬래쉬(//)로 시작하는 주석을 사용하기 때문이다.

월드가 플레이되면, Alice는 월드[21]의 메서드에 있는 모든 주석을 무시한다. 주석은 월드의 실행에 어떠한 영향도 미치기 못하지만, 코드를 이해하기 쉽도록 만들어주기 때문에 중요하다. 따라하기 2-4에서 주석 처리에 대해 실습할 것이다. 이전의 따라하기에서 만들었던 월드에 주석을 삽입해 볼 것이다.

따라하기 2-4

주석 삽입하기

단계 1: 따라하기 2-3에서 만든 월드를 연다.

단계 2: world.animation 메서드를 연 후, 메서드 편집기로 주석 타일을 드래그한다. 그런 다음 그림 2-44처럼 메서드의 맨 위쪽에 주석 타일을 드롭한다.

그림 2-44 주석 타일을 메서드 맨 위로 드래그하기

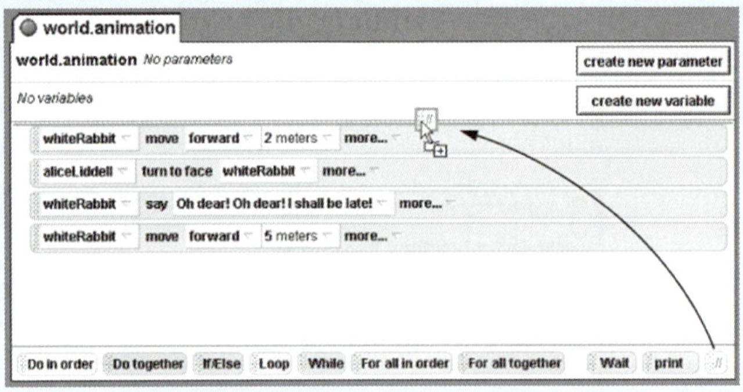

단계 3: 방금 메서드 편집기에서 만든 주석 타일은 "No Comment"라고 쓰여 있다. 그 타일이 바로 아래의 명령문에 대한 설명이 되도록 타일의 내용을 "The White Rabbit moves to a position in front of Alice" 라고 변경한다.[22]

단계 4: 메서드의 다른 명령문에 대한 주석도 추가로 삽입하자. 그림 2-45는 주석의 예이다. 자유롭게 자신의 방식대로 주석을 작성해 보자.

단계 5: 월드를 저장한다.

21) 본 번역서에서는 한글로 된 "월드"와 영어로 된 "world"를 혼용해서 사용하는데, 한글로 된 "월드"는 Alice의 기본 파일 단위를 말하며, 영어로 된 "world"는 world 객체의 이름을 나타내는 것임을 혼동하지 말자 !

22) Alice 2.0에서 주석만은 한글이 가능하다.

그림 2-45 주석의 예

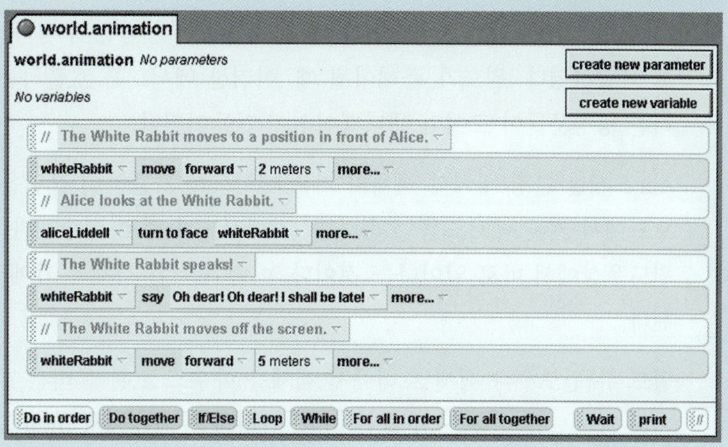

체크 포인트

2.18 주석이 왜 중요한가?

2.19 주석은 프로그램의 실행에 영향을 미치는가?

2.20 Alice의 주석 타일에는 어떤 기호가 표시되어 있는가? 왜 이러한 모양을 채택했나?

2.5 초기 장면 설정 팁

개념 : Alice에서는 월드의 초기 장면을 설정하는데 도움이 되는 몇 가지 도구를 제공한다. 예를 들어, 기본 메서드는 Alice 개발 환경 내에서 객체를 정밀하게 배치하는 데 사용할 수 있다.

지금까지는 Alice 월드에서 객체들을 정확하게 배치하거나 객체들 사이를 정확한 거리만큼 떨어뜨리는 작업에 대해서는 관심을 두지 않았다. 대신에 마우스를 사용하여, 눈대중으로 객체를 이동시켜 배치하였다. 많은 월드에서 이러한 방식을 적용할 수 있지만, 월드의 초기 장면 설정 시 때로는 객체를 정확하게 배치해야 하는 경우가 있다. 이 절에서는 Alice에서 객체를 정확하게 배치하는 여러 기법들에 대해서 살펴볼 것이다.

기본 메서드를 사용하여 장면 설정하기

이 장의 앞에서, Alice의 모든 객체는 기본적인 동작을 수행하는 기본 메서드를 가지고 있다고 학습하였다. 월드가 플레이될 때, 이러한 메서드를 호출하는 명령문도 만들어 보았다. 이러한 명령문들이 모여서 애니메이션이 만들어진다.

Alice 개발 환경 내에서 객체의 기본 메서드를 호출하여 장면을 편집할 수도 있다. 장면 편집 모드에서 기본 메서드를 호출하면 그 메서드가 바로 실행된다. 즉, 객체의 움직임이 월드 뷰 윈도우상에서 바로 일어나는 것이다. 이런 방식은 객체와 카메라를 초기에 배치할 때 도움이 된다.

월드 뷰 윈도우나 객체 트리에서 객체를 마우스 오른쪽 버튼으로 클릭하는 방식으로 객체의 기본 메서드를 호출한다. 그런 다음, 나타나는 메뉴에서 methods를 선택한다. 이때, 또 다른 메뉴가 나타나는데, 그 메뉴에는 수행 결과가 월드 뷰 윈도우에 바로 나타나는 메서드의 목록이 표시된다. 그림 2-46은 메뉴의 예이다.

그림 2-47의 예는 2개의 Monkey 클래스 인스턴스가 있는 월드를 보여준다. 하나의 이름은 monkeySee(왼편)이고, 또 하나의 이름은 monkeyDo(오른편)이다. 이 원숭이들을 회전시켜 서로 마주보게 하려고 한다고 가정하자. 각 객체의 turn 메서드를 호출하면 객체를 회전시켜 서로를 마주보게 할 수 있다. 그림 2-48은 monkeySee 객체의 turn 메서드를 호출하되,

그림 2-46 기본 메서드 선택하기

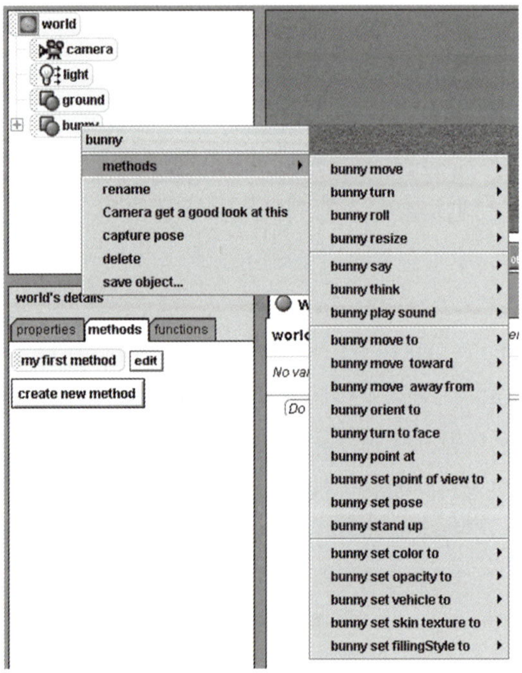

direction(방향)으로 left를, amount(회전수)로 1/4 revolution을 선택하는 모습이다. 그런 다음 monkeyDo 객체의 turn 메서드를 호출한다. direction(방향)으로 right를, amount(회전수)로 1/4 revolution을 선택한다. 이렇게 하면 객체들은 회전하게 되고, 그림 2-49처럼 서로를 마주 본다.

그림 2-47 monkeySee와 monkeyDo

그림 2-48 monkeySee 객체의 turn 메서드 호출하기

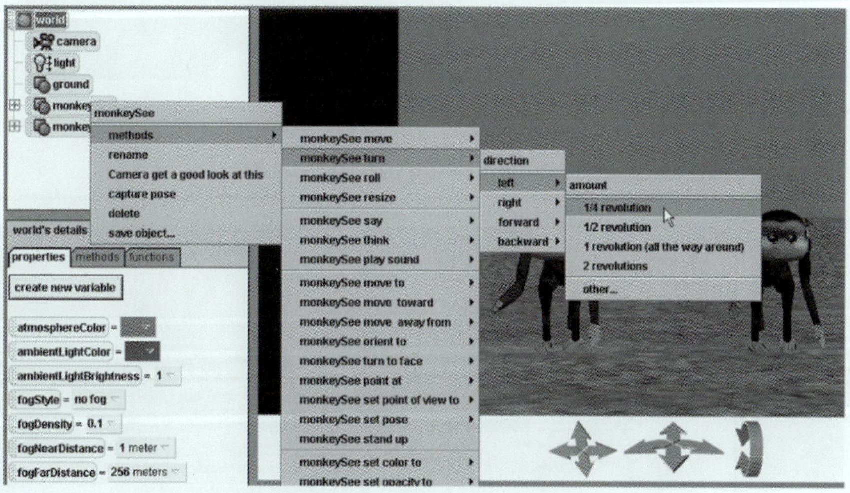

그림 2-49 서로 마주보고 있는 객체들

기본 메서드를 사용하여 캐릭터의 팔 자세 변경하기

1장의 따라하기 1-5에서는 마우스 모드 버튼을 사용하여 캐릭터의 팔을 양 옆으로 내려오도록 자세를 변경하였다. 기본 메서드를 사용해서 이와 똑같이 할 수 있다. 그림 2-50의 예는 Cinderella 클래스(People 컬렉션에 있음)의 인스턴스가 있는 월드를 보여준다. 인스턴스를 만들면, 캐릭터는 양 팔을 벌린 자세로 있다. 팔을 몸의 양 옆으로 내려오도록 하려면 다음 단계를 수행한다.

1. 객체트리에서 cinderella 객체 타일을 펼친 후[23] 그 내부 객체인 leftUpperArm을 찾는다.
2. 객체트리에서 leftUpperArm 타일을 마우스 오른쪽 버튼으로 클릭한다. 그리고 나타나는 메뉴에서 methods를 선택한다. 이때, 또 하나의 메뉴가 나타나는데, 여기서 그림

그림 2-50 Cinderella 클래스의 인스턴스

그림 2-51 leftUpperArm 객체의 roll 메서드 호출하기

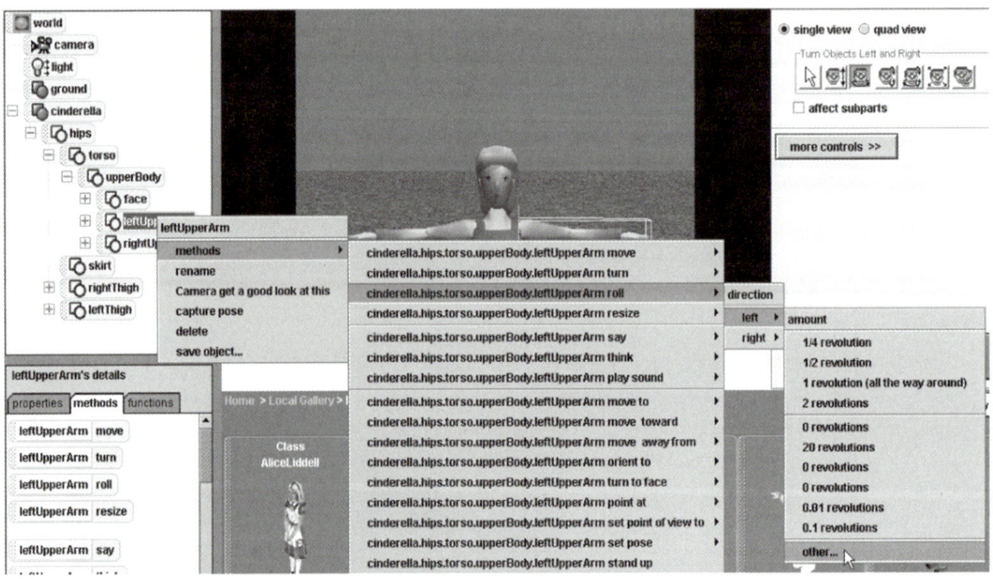

23) 객체 트리에서 객체의 +표시를 클릭하면 된다.

2-51과 같이 roll 메서드를 선택한다. 그런 다음, direction(방향)으로 left를, amount(회전수)로 other...를 선택한다. 나타나는 Custom Number(사용자 숫자) 키패드에서 0.2를 누르고, OK 버튼을 클릭한다. 이렇게 하면, 캐릭터의 왼팔 자세가 변경된다.

3. 객체트리에서 rightUpperArm 타일을 마우스 오른쪽 버튼으로 클릭한다. 그리고 나타나는 메뉴에서 methods를 선택한다. 이때, 또 하나의 메뉴가 나타나는데, 여기서 roll 메서드를 선택한다. 그런 다음, direction(방향)으로 right를, amount(회전수)로 other...를 선택한다. 나타나는 Custom Number(사용자 숫자) 키패드에서 0.2를 누르고 OK 버튼을 클릭한다. 이렇게 하면 캐릭터의 오른팔 자세가 변경된다. 이제 캐릭터가 그림 2-52처럼 된다.

그림 2-52 자세가 변경된 양팔

동일한 방식으로, 기본 메서드를 사용해서 객체의 어떤 몸체 일부분의 자세도 변경할 수 있다.

월드의 중앙으로 객체 이동하기

객체의 중심점이 월드의 중심점 (0, 0, 0)에 오도록 객체의 위치를 변경하려고 한다. 표 2-1에서 확인 했듯이, move to 메서드는 객체를 다른 객체가 위치한 곳까지 이동시킨다. 메서드 수행이 완료되면, 객체의 중심점이 서로 같은 위치에 놓이게 된다. 인수로 the entire world를 지정하고, move to 메서드를 실행하면, 객체를 월드의 중심점으로 이동시킬 수 있다.

그림 2-53의 예는 hare 객체가 있는 월드를 보여준다. 그림은 the entire world를 인수로 지정하여 hare 객체의 move to 메서드를 지금 막 실행시키려고 한다. 메서드가 실행되면 hare 객체의 중심점은 월드의 중심점 (0, 0, 0)으로 변경될 것이다.

그림 2-53 move to 메서드 실행하기

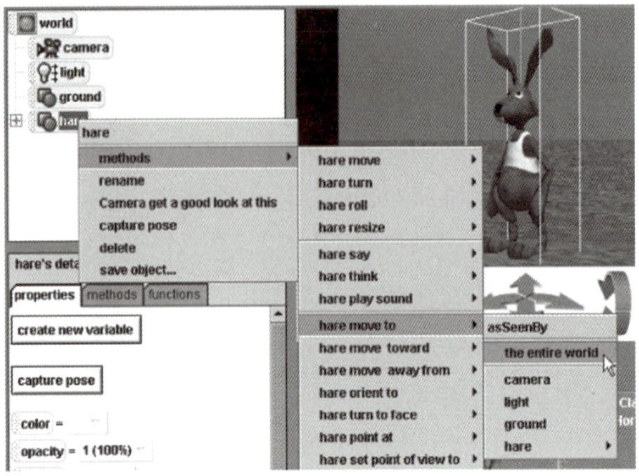

두 객체를 특정 거리만큼 서로 떨어뜨려 놓기

기본 메서드를 사용하여 두 객체의 중심점이 특정 거리만큼 정확히 떨어지도록 객체를 이동시킬 수 있다. 예를 들어, 그림 2-54의 teapot(주전자) 객체와 plate(접시) 객체의 두 중심점 사이의 거리가 정확히 1/2 미터가 되도록 하려고 한다. 다음의 단계들을 따라해 보자.

- teapot 객체를 이동시켜서 그 중심점이 plate의 중심점과 동일한 위치에 놓이도록 해 보자. 이렇게 하려면, teapot 객체의 move to 메서드를 실행하되, asSeenBy 인수로 plate를 선택한다. 메서드를 실행하면 그림 2-55처럼 teapot 객체와 plate 객체의 중심 점 위치가 서로 같아진다. (plate를 teapot으로 이동시킬 수도 있다. 기본 아이디어는 객체의 중심점이 서로 같은 위치에 놓이도록 하는 것이다.)
- teapot 객체를 원하는 방향으로 1/2미터 이동시킨다. 이렇게 하려면, teapot 객체의 move 메서드를 실행하되, 방향으로 왼쪽이든 오른쪽이든 어느 하나를 지정하고, 거리로 1/2 meter를 지정한다. 그림 2-56에 있는 두 객체의 모습은 teapot 객체를 오른쪽으로 1/2 미터 이동시킨 결과이다. (plate를 왼쪽으로 1/2 미터 이동시킬 수도 있다.)

그림 2-54 teapot과 plate 객체

그림 2-55 동일한 위치에 놓인 두 객체의 중심점

그림 2-56 중심점 사이가 1/2 미터 떨어진 두 객체

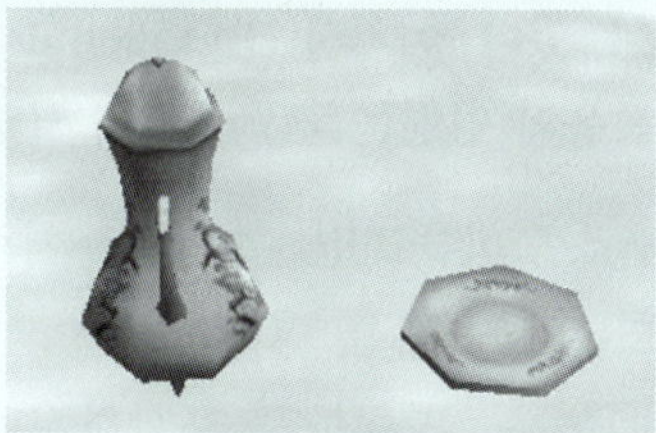

객체의 위치로 카메라 이동하기

객체, 또는 객체 트리에 있는 객체 타일을 마우스 오른쪽 버튼으로 클릭하면 메뉴가 나타나는데, 그 메뉴에서 그림 2-57의 Camera get a good look at this라는 항목을 선택할 수 있다. 이 메뉴 항목을 선택하면, 해당 객체가 잘 보이는 위치로 카메라가 이동한다.

그림 2-57 객체의 위치로 카메라 이동하기

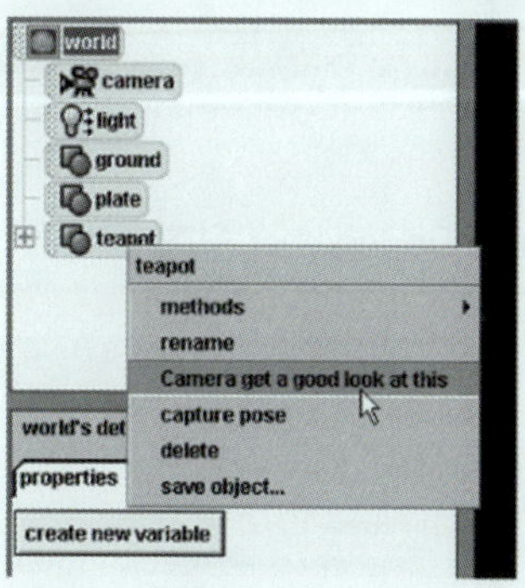

2.6 명령문 동시 수행하기

개념 : Do together 구조를 이용하면 여러 명령문들을 동시에 실행할 수 있다.

명령문은 일반적으로 메서드 편집기에 보이는 순서대로 하나씩 실행된다. 그 결과, 월드에서 일어나는 동작도 하나씩 차례대로 발생한다. 그러나 때로는 그 동작들이 동시에 일어나야 하는 경우가 있다. 이렇게 하려면, 명령문도 동시에 실행할 수 있어야 한다. Alice에서는 Do together라는 구조를 제공하는데, 이 구조 안에 원하는 명령문들을 배치하면 그 명령문들을 동시에 실행할 수 있다. 여기서 Do together 구조란, 명령문을 하나씩 차례대로 실행하는 것이 아니라, 한 묶음의 명령문들을 동시에 실행하는 구조를 말한다.

Do together 구조를 만들려면, 그림 2-58처럼 Do together 타일을 메서드 편집기로 드래그한다. 타일을 드롭하면, 다른 명령문들을 그 안에 배치할 수 있는 구조가 하나 만들어진다. 그림 2-59의 예는 두 명령문을 포함하고 있는 Do together 구조를 보여준다. 그림의 monkeySee와 monkeyDo는 모두 Monkey 클래스의 인스턴스이다. Monkey 클래스는

그림 2-58 Do together 타일

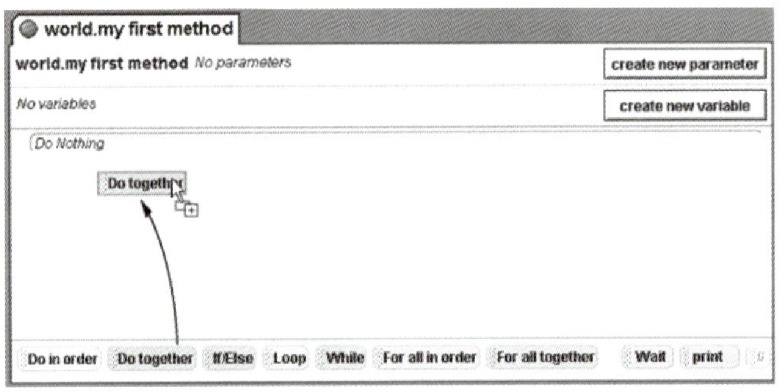

그림 2-59 완성된 Do together 구조

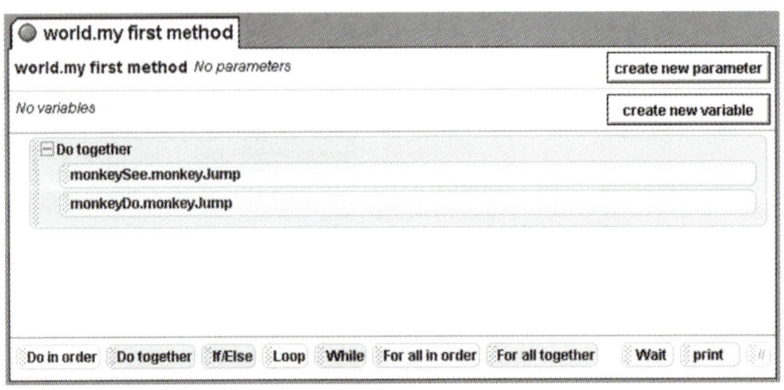

monkeyJump라는 이름의 메서드가 있는데, 이 메서드를 호출하면 객체가 점프한다. 그림의 my first method가 실행되면, monkeySee와 monkeyDo 객체의 monkeyJump 메서드가 동시에 실행된다.

따라하기 2-5에서는 메서드 안에 Do together 구조를 만드는 방법에 대해서 알아본다.

따라하기 2-5

동시에 수행되는 명령문 만들기

이번 따라하기에서는 다음의 문제 진술문을 토대로 Alice 월드를 만들어 볼 것이다.

두 마리의 펭귄(오빠와 여동생)이 2미터의 거리를 두고 서로를 바라보고 있다. 오빠 펭귄이 "Hey Sis!" 라고 말하면, 여동생 펭귄이 "Hey Brother!" 라고 말한다. 그런 후, 두 펭귄은 서로를 향해 동시에 1/2 미터 이동한 다음 멈춘다. 그런 다음에는 동시에 공중으로 점프한다.

이번 월드를 만드는데 필요한 Penguin 클래스는 Animals 컬렉션에 있다. Penguin 클래스의 인스턴스를 2개 만들고, 하나의 이름은 brotherPenguin, 다른 하나의 이름은 sisterPenguin이라고 짓는다. 다음의 의사코드를 토대로 메서드를 작성한다.

```
brotherPenguin says "Hey Sis!"
sisterPenguin says "Hey Brother!"
Do together
   brotherPenguin moves forward 1/2 meter
   sisterPenguin moves forward 1/2 meter
End Do together
Do together
   brotherPenguin jumps
   sisterPenguin jumps
End Do together
```

위의 의사코드는 2개의 Do together 구조를 사용하고 있다. Do together라고 쓰여진 코드 라인은 그 구조의 시작을 나타내며, End Do together라고 쓰여진 코드 라인은 그 구조의 끝을 나타낸다. 이 2개의 코드 라인 사이에 있는 모든 문장들은 구조 내부에 존재하는 것이며, 동시에 실행된다.

단계 1: snow 템플릿을 사용하여 새 월드를 만든다.

단계 2: Penguin 클래스의 인스턴스를 월드에 추가한다. 객체의 이름을 brotherPenguin으로 변경한다.

단계 3: Penguin 클래스의 인스턴스를 월드에 하나 더 추가한다. 이 객체의 이름을 sisterPenguin으로 변경한다.

단계 4: 두 객체 사이를 (중심점을 기준으로) 2미터 떨어뜨려 놓고, 서로를 바라보게 하자. 이 장의 앞부분, "기본 메서드를 사용하여 장면 설정하기"와 "두 객체를 특정 거리만큼 서로 떨어뜨려 놓기"에서 학습한 기법을 이용하여 객체의 위치를 변경한다. 그림 2-60은 위치를 변경한 후의 객체 모습을 보여준다.

그림 2-60 위치를 변경한 두 펭귄

단계 5: world.my first method 메서드의 이름을 camelCase로, 그리고, 메서드의 목적을 좀 더 잘 나타내주는 world.animation과 같은 이름으로 변경한다. 이렇게 하면, 이벤트 편집기에 있는 메서드 타일의 이름도 자동으로 변경되어 월드가 시작할 때 그 메서드가 실행된다.

단계 6: 그림 2-61의 명령문은 의사코드의 처음 두 문장과 일치한다. 이 명령문을 메서드 편집기에 만든다.

단계 7: 알고리즘의 다음 단계는 Do together 구조이다. Do together 타일을 메서드 편집기로 드래그한 다음, 기존에 있던 명령문 아래에 드롭한다. 메서드 편집기의 모습이 그림 2-62처럼 된다.

단계 8: 이번 Do together 구조는 두 펭귄들을 동시에 앞쪽으로 1/2미터 이동시키는 것이

그림 2-61 처음 2개의 명령문

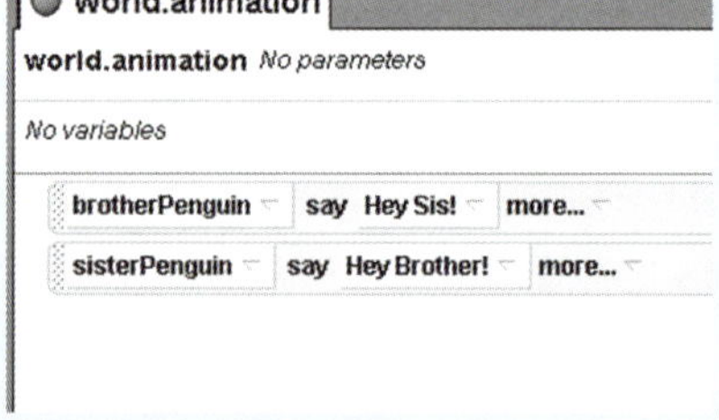

그림 2-62 첫 번째 Do together 구조

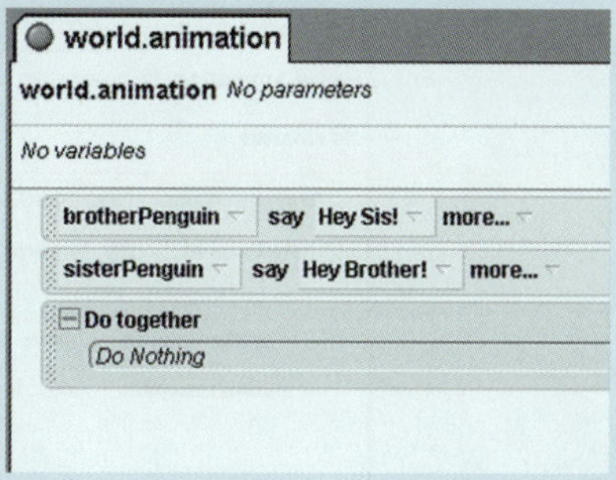

다. 먼저 brotherPenguin 객체의 move 메서드 타일을 메서드 편집기로 드래그하고, 그림 2-63처럼 Do together 타일 안쪽에 드롭한다. direction(방향)으로 forward를, amount(거리)로 1/2 meters를 지정한다. 이렇게 하면 메서드를 호출하는 타일이 Do together 타일 안쪽으로 삽입된다.

단계 9: sisterPenguin 객체의 move 메서드 타일을 메서드 편집기로 드래그하고, Do together 타일 안쪽에 드롭한다. direction(방향)으로 forward를, amount(거리)로 1/2 meters를 지정한다. 이것으로 첫 번째 Do together 구조가 완성되었다. 이제 메서드 편집기의 모습이 그림 2-64처럼 된다.

단계 10: 알고리즘에서 그 다음 단계의 Do together 구조는 두 펭귄을 동시에 점프하게 한다.

Do together 타일을 메서드 편집기로 드래그한 다음, 기존에 있던 명령문 아래에 드롭한다. brotherPenguin 객체의 jump 메서드를 편집기로 드래그하고 방금 만든 Do together 타일 안쪽에 드롭한다. times(횟수) 인수로 1을 지정한다. 그런 다음 sisterPenguin 객체의 jump 메서드를 편집기로 드래그하고 동일한 Do

그림 2-63 타일을 Do together 타일 안쪽에 드롭하기

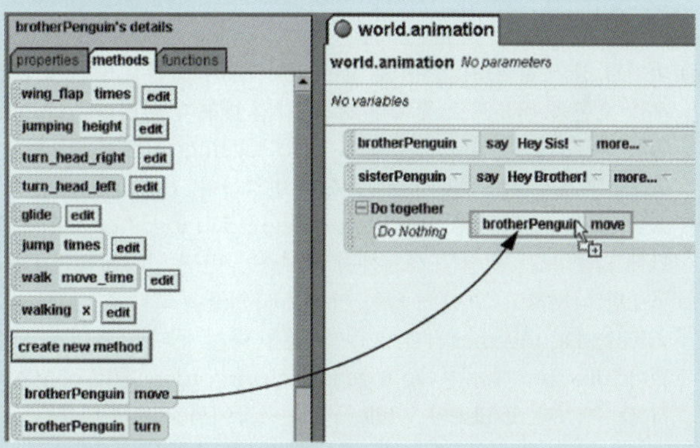

그림 2-64 완성된 첫 번째 Do together 구조

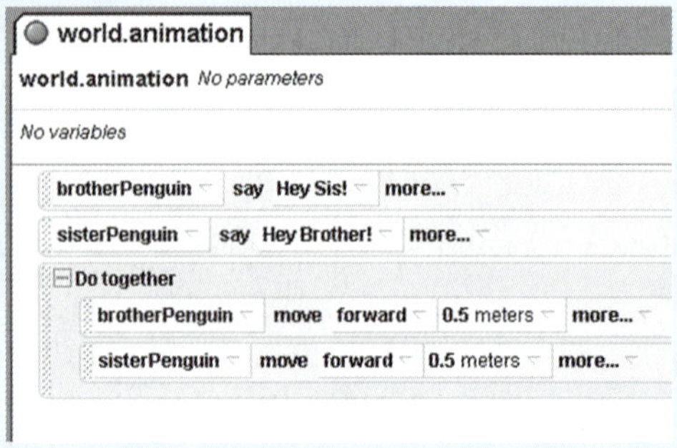

together 타일의 안쪽에 드롭한다. times(횟수) 인수로 1을 지정한다. 메서드 편집기의 모습이 그림 2-65처럼 된다.[24)]

단계 11: 월드를 플레이해서 확인해 보자. 만약 행동이 정확하게 수행되지 않으면 작성한 메서드의 명령문과 그림 2-65의 명령문을 비교한다. 실수가 있다면 고치고, 다시 월드를 플레이한다.

그림 2-65 완성된 메서드

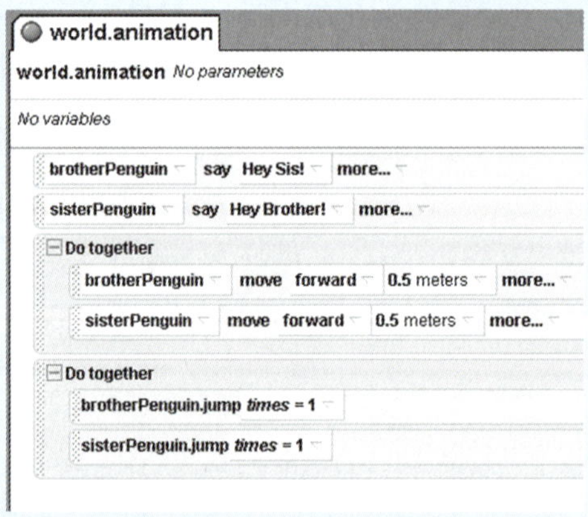

24) 여기서 잠깐 한 가지 알아 둘 것이 있다. 메서드 편집기 안에 만들어진 Do together 구조의 손잡이 부분을 마우스 오른쪽 버튼으로 클릭해 보자. 팝업 메뉴가 나타나는데, change to와 dissolve라는 메뉴가 생긴 것을 확인할 수 있다. change to 메뉴는 Do together 구조를 곧바로 Do in order 구조로 변경한다. 또는 Do in order 구조를 Do together 구조로 변경한다. dissolve 메뉴는 Do together 구조를 삭제하는 기능이지만, delete와는 약간 다른 점이 있다. delete는 Do together 구조와 더불어 그 안에 있는 모든 명령문 타일까지 삭제하는 반면, dissolve는 Do together 구조만 삭제하고 그 안에 있는 명령문 타일들은 그대로 남겨둔다. 즉, dissolve는 Do together 구조로 묶인 것을 다시 푼다는 의미로 생각하면 되겠다. dissolve 메뉴는 Do together, Do in order, If/Else, While 구조에서 볼 수 있다. If/Else와 While 구조는 4장에서 자세히 다룬다.

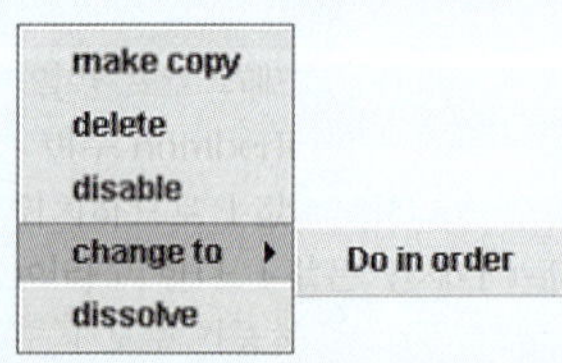

단계 12: 3개의 명령문 그룹이 서로 다른 행동을 수행하고 있음을 알려주는 주석을 삽입하자. 자기 나름대로 주석을 삽입해도 되고, 그림 2-66처럼 삽입해도 된다. 끝마쳤다면, 월드를 저장한다.

그림 2-66 삽입된 주석

타이밍과 Do together 구조

more... 편집 태그에 있는 duration(지속 시간) 인수가 명령문의 실행 소요시간을 결정한다는 사실을 이미 배워 알고 있을 것이다. Do together 구조 안에 있는 개별 명령문들에 대해서 서로 다른 duration(지속 시간) 값을 지정할 수 있다. 이것은 일부 명령문들이 다른 명령문들 보다 먼저 끝난다는 것을 의미한다. Do together 구조에서 수행되는 동작들을 모두 동일한 시간에 끝내려면, 구조 내에 있는 명령문들의 duration 값이 모두 동일해야 한다.

Do in order 구조

Alice는 Do in oder 구조도 제공한다. Do in order 구조 안의 명령문들은 배치한 순서대로 실행된다. 이 구조는 어떤 행동들을 하나로 묶어 동시에 수행하면서, 그 묶음[25)]내의 일부 행동들에 대해서는 순차적으로 수행할 때 유용하게 사용할 수 있다.[26)] 예를 들어 다음과 같은 행동을 수행하는 메서드를 만든다고 가정하자.

25) 여기서 "묶음"은 Do together 구조를 의미한다.

두 마리의 펭귄(오빠와 여동생)이 동시에 머리를 오른쪽으로 돌렸다가 왼쪽으로 돌린다.

Penguin 클래스는 turn_head_right와 turn_head_left라는 이름의 맞춤형 메서드(custom method)를 가지고 있다. 처음에 메서드를 호출하는 명령문을 그림 2-67처럼 Do together 구조 안에 그냥 집어넣으면 될 거라고 생각할 수도 있다. 그러나 이 메서드에는 논리적인 오류가 존재한다. 4개의 명령문들이 Do together 구조 안에서 모두 동시에 수행된다는 점이다. (월드를 플레이 해보면, 펭귄들의 머리가 전혀 움직이지 않는다는 것을 확인 할 수 있다. 이러한 원인은 두 펭귄들이 자신의 머리를 오른쪽과 왼쪽으로 돌리는 행동을 동시에 수행하고 있기 때문이다.)

이 에러를 바로 잡으려면, 그림 2-68처럼 Do together 구조 안에 Do in order 구조를 삽입해야 한다. 그림 2-68의 경우, 두 개의 Do in order 구조가 동시에 실행되지만, Do in order

그림 2-67 논리적 오류가 있는 메서드

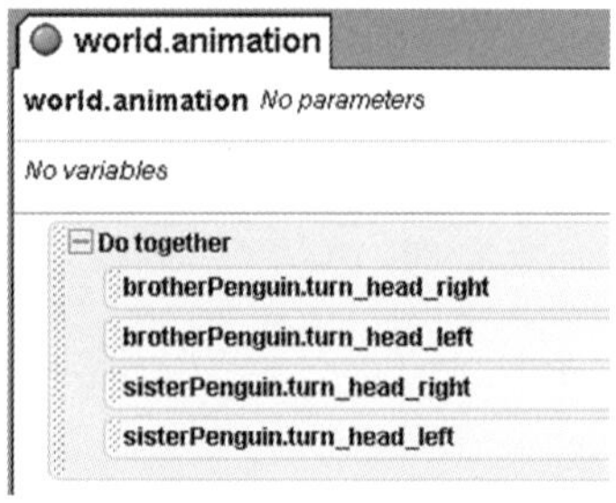

그림 2-68 오류를 바로 잡은 메서드

26) Do in order 구조는 이러한 기능 이외에도 관련 있는 명령문 타일을 하나로 묶는 기능이 있다. 여러 개의 명령문 타일들을 Do in order 구조로 묶게 되면, 그 명령문 타일들을 한 번에 복사하거나, 메서드 편집기 내의 다른 위치로 한 번에 이동시킬 수 있다. Do in order 구조에 포함된 명령문 전체를 복사하는 방법은 Do in order 타일의 손잡이를 마우스 오른쪽 버튼으로 클릭해서, make a copy 메뉴를 선택하거나, 클립보드로 드래그 앤 드롭하면 된다. 또한, 다른 위치로 이동시키는 방법은 Do in order 구조의 손잡이를 클릭해서 원하는 위치로 드래그하면 된다.

구조 내부의 명령문들은 보이는 순서대로 순차적으로 실행된다. 그 결과, 두 펭귄들은 동시에 머리를 오른쪽으로 돌렸다가 왼쪽으로 돌리게 된다.

체크 포인트

2.21 명령문들을 동시에 실행하려면 어떻게 해야 하는가?

2.22 Do together 구조내의 일부 명령문들을 차례대로 실행하기 위해서는 어떻게 해야 하는가?

2.7 작성한 코드 내보내기

개념 : 월드의 명령문 코드를 HTML 파일로 내보낼 수 있다. HTML 파일은 브라우저로 열거나 프린트할 수 있으며, 과제 등을 제출할 때도 사용할 수 있다.

Alice는 코드를 HTML 파일로 내보낼 수 있다. 이렇게 하면 인터넷 익스플로러나 파이어폭스와 같은 웹 브라우저에서 그 HTML 파일을 열 수 있고 출력할 수 있으며, 과제로 제출할 때도 사용할 수 있다.

월드의 코드를 내보내기 위해서는 File 메뉴를 열고 Export Code for Printing을 선택한다.[27)] 그러면 그림 2-69와 같은 Export to HTML 대화상자가 보일 것이다. 대화상자에서 내보내고 싶은 항목을 선택할 수 있다. 이벤트 편집기의 When the world starts 타일이 기본적으로 선택되어 있다. 월드에 있는 모든 메서드들이 보이는데 객체의 맞춤형 메서드도 선택할 수 있다. 기본적으로는 선택이 해제되어 있다.

대화상자의 Export to는 HTML 파일이 저장되는 폴더 위치를 보여준다. 다른 폴더에 저장하고 싶다면, Browse... 버튼을 클릭한다. Author' s name 박스에 이름을 반드시 입력해야 한다. 이렇게 입력한 이름은 월드를 만든 저자로 HTML 파일에 기재된다. Export Code 버튼을 클릭하면 파일이 만들어진다. 그림 2-70은 생성된 HTML 파일의 예를 보여준다.

---

27) Alice의 File 메뉴에는 Export As A Web Page라는 메뉴도 있다. 이것은 자신이 만든 월드를 웹 서버에 업로드할 수 있도록 월드를 웹 페이지 형식으로 저장하는 기능이다. 자세한 사용법은 "부록 C. Alice 설치와 사용에 관한 자세한 사항"을 참조하기 바란다.

그림 2-69 HTML 파일 내보내기

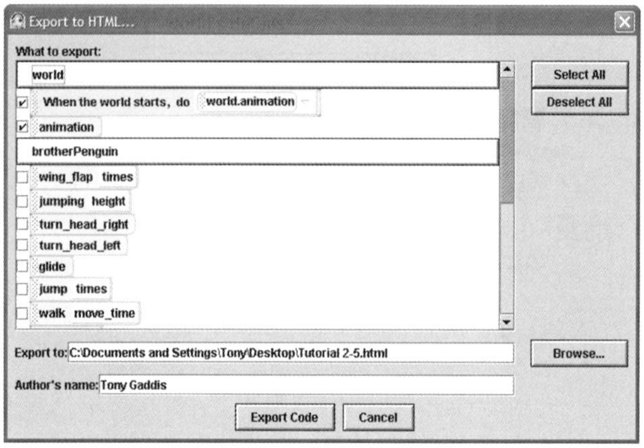

그림 2-70 HTML로 만든 따라하기 2-5의 코드

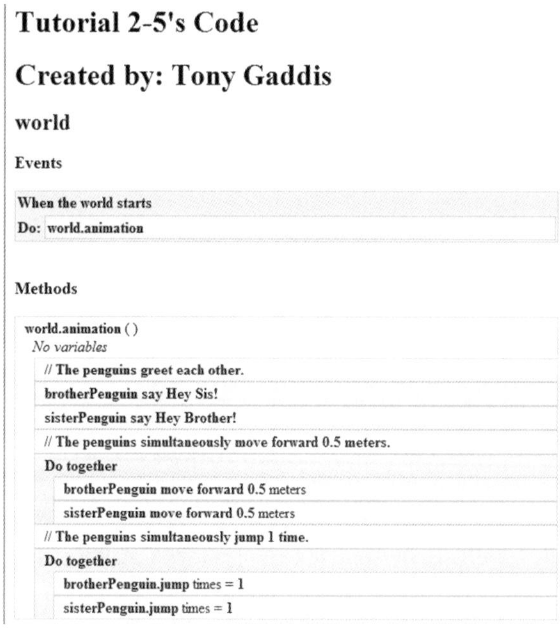

확인 문제

객관식

1. Alice의 모든 객체가 가지고 있는 메서드는?
   가. 더미(Dummy) 메서드
   나. 맞춤형(Custom) 메서드
   다. 기본(Primitive) 메서드
   라. 호출불가능(Noncallable) 메서드

2. 기본 메서드 move는 2개의 인수가 필요하다. 무엇인가?
   가. 첫 번째 인수는 방향이고 두 번째 인수는 거리(또는 양)이다.
   나. 첫 번째 인수는 거리(또는 양)이고 두 번째 인수는 방향이다.
   다. 첫 번째 인수는 움직일 객체이고 두 번째 인수는 움직이게 될 위치이다.
   라. 첫 번째 인수는 움직이게 될 위치이고 두 번째 인수는 움직이는 속도이다.

3. 프로그래머가 메서드를 실행할 때, 보통 무엇을 한다고 이야기하는가?
   가. 메서드를 디버깅(Debugging)한다.
   나. 메서드를 추적(Tracing)한다.
   다. 메서드를 설계(Designing)한다.
   라. 메서드를 호출(Calling)한다.

4. 메서드를 실행할 때, 필요한 정보를 무엇이라고 하는가?
   가. 인수(Argument)
   나. 호출(Calling)
   다. 명령문(Instruction)
   라. 속성(Property)

5. 특정 클래스의 객체만이 가지고 있는 메서드는?
   가. 기본(Primitive) 메서드
   나. 맞춤형(Custom) 메서드
   다. 인수(Argument) 메서드
   라. 복사(Copy) 메서드

6. monkeySee의 이름 작성 규칙은?
   가. PascalCase
   나. CodeCase
   다. camelCase
   라. CodeScript

7. WhiteRabbit의 이름 작성 규칙은?
   가. PascalCase
   나. CodeCase
   다. camelCase
   라. CodeScript

8. 객체나 메서드의 이름을 작성할 때 따르는 이름 작성 규칙은?
   가. PascalCase
   나. CodeCase
   다. camelCase
   라. CodeScript

9. 클래스의 이름을 작성할 때 따르는 이름 작성 규칙은?
   가. PascalCase
   나. CodeCase
   다. camelCase
   라. CodeScript

10. 알고리즘의 단계들을 자연어로 작성하는 방식은?
   가. 명령문을 도형으로 그리기
   나. 의사코드
   다. 코드 이야기
   라. 코드 스크립팅

11. 알고리즘의 단계들을 시각적인 도형으로 그리는 방식은?
   가. 명령문을 도형으로 그리기
   나. 의사코드
   다. 코드 차트
   라. 순서도

12. 프로그램은 실행되나, 잘못된 결과를 야기하는 것은?
   가. 문법 오류(Syntax error)
   나. 명령문 오류(Instructional error)
   다. 논리적인 오류(Logical error)
   라. 의사코드 오류(Pseudocode error)

13. 프로그램에 삽입하는 메모 형식의 설명문은?
   가. 주석
   나. 인수
   다. 코드 메모
   라. 편집 태그

14. 여러 개의 명령문을 동시에 실행하는 구조는?
    가. Do together
    나. Do simultaneously
    다. Execute together
    라. Do in order

15. 여러 개의 명령문을 그 내부에 배치한 순서대로 실행하는 구조는?
    가. Do together
    나. Do simultaneously
    다. Execute together
    라. Do in order

주관식

1. world.my first method는 점 표기법으로 작성된 메서드라고 할 수 있다. 이 메서드를 가지고 있는 객체의 이름은 무엇이며, 메서드의 이름은 무엇인가?
2. 메서드를 호출할 때 무슨 일이 일어나는가?
3. 인수란 무엇인가? 인수를 전달하려면 어떻게 해야 하는가?
4. 월드에 객체를 추가할 때, "object"처럼 객체의 특징이 드러나지 않는 이름을 사용해도 되는가?
5. 객체의 이름을 지을 때 따라야 하는 이름 작성 규칙은? 메서드의 이름을 지을 때 따라야 하는 이름 작성 규칙은?
6. 클래스 이름을 지을 때 따라야 하는 이름 작성 규칙은?
7. world.my first method 메서드의 이름을 바꾸어야 하는 2가지 이유는?
8. 하나의 문제를 일련의 단계들로 나누는데 사용하는 2가지 도구는?
9. 논리적인 오류란 무엇인가?
10. 논리적인 오류를 야기할 수 있는 2가지 형태의 실수를 예로 들어보자.

연습 문제

1. 이상한 나라 앨리스의 한 장면

이상한 나라 앨리스의 한 장면에서, 앨리스와 체셔 고양이가 다음과 같은 대화를 나눈다.[27)]

앨리스: "Would you tell me, please, which way I ought to go from here?"
(여기서 어느 길로 가야 하는지 가르쳐 줄래?)

체셔 고양이: "That depends a good deal on where you want to get to."
(그건 네가 어디로 가고 싶은가에 달려 있어.)

앨리스: "I don' t much care where..."
(난 어디든 상관없어)

체셔 고양이: "Then it doesn' t matter which way you go."
(그렇다면 어느 길로나 가도 돼.)

이 장면을 만들되, say 메서드를 사용해서 객체들이 서로 이야기 하도록 하자. 월드를 테스트 할 때, 말풍선이 대화를 읽기에 충분한 시간 동안 표시되는지 확인해야 한다. 만약 그렇지 않다면, 메서드 호출문의 지속 시간(duration)을 변경해서 말풍선이 좀 더 오래 보이도록 하자.

2. 움직이는 물 속 세상

이 연습문제는 1장의 연습문제 "3. 물 속 세상"을 완성했다고 가정한다. 월드에 추가 했던 물고기와 스쿠버 다이버를 움직이게 해서, 스크린을 천천히 가로질러 헤엄치도록 해 보자.

3. 마술 쿠키 1부

월드에 4개의 쿠키를 담고 있는 1개의 접시(Kitchen 컬렉션)를 만들자. 또 월드에는 4개의 빈 접시가 있다. 월드가 플레이되면, 쿠키들은 하나씩 마술처럼 공중 부양해서 빈 접시가 있는 방향으로 둥둥 떠간다. 그리고 빈 접시에 내려앉는다. 종료되면 처음에는 비어있던 4개의 접시에 각각 1개의 쿠키가 놓여 있게 된다.

4. 마술 쿠키 2부

연습문제 3에서 만들었던 마술 쿠키 월드를 수정해 보자. 쿠키들은 동시에 빈 접시가 있는 방향으로 둥둥 떠간다. 그리고 동시에 빈 접시에 내려앉는다.

5. 동물과 자전거

도로(City 컬렉션에 있음)위에 자전거를 탄 한 아이(People 컬렉션에 있음)가 있는 월드를 만들어 보자. 필요한 만큼 도로의 크기를 조절하자. Animals 컬렉션에서 원하는 동물 하나를 골라 월드에 추가한다. 자전거를 탄 아이는 도로의 한쪽 끝에서 다른 쪽 끝으로 이동하고 다시 시작 지점으로 되돌아온다. 아이가 움직일 때, 동물도 아이 옆에서 같이 움직인다.

---

27) 이 장면을 떠올릴 수 있는 존 테니얼의 그림을 보려면, 인터넷 주소 http://en.wikisource.org/wiki/Alice' s_Adventures_in_Wonderland/Chapter_6를 방문해 보자. 존 테니얼의 삽화와 더불어 이 장면이 나오는 원문도 볼 수 있다 (4번째 그림).

6. 직선 코스 경주

하나의 도로(City 컬렉션에 있음)와 2대의 자동차(Vehicles 컬렉션에 있음)가 있는 월드를 만들어 보자. 자동차와 어울리도록 도로의 크기를 필요한 만큼 조절하자. 직선 코스인 도로의 한쪽 끝에 자동차들이 나란히 서 있어야 한다. 월드가 플레이되면, 자동차들이 동시에 다른 한쪽 끝까지 이동한 다음 멈춘다. 한 자동차의 메서드 호출 지속 시간(duration)을 변경해서 다른 자동차보다 더 빠르게 움직이게 하자. 직선 코스의 끝에 도달한 자동차들이 잘 보이도록 카메라의 위치를 조절하자.

7. 공 가지고 놀기

2명의 사람과 1개의 공(Sports 컬렉션에 있음)이 있는 월드를 만들어 보자. 10미터의 거리를 두고 두 사람이 서로 마주보고 있어야 한다. 공은 한 사람의 발끝에 놓여 있고, 그 사람이 공을 차는 모션을 취한다. 그러면 공은 다른 사람을 향해 움직이고, 이때 공을 받은 사람이 다시 공을 찬다.

8. 춤추기

한 개의 방(Environments 컬렉션에 있음)과 두명의 사람이 있는 월드를 만들어 보자. 방 안에 사람을 배치하고, 춤을 추는 포즈로 서로를 마주보게 하자. 월드가 플레이 되면 두 사람은 춤을 추는 모습으로 같이 움직여야 한다.

9. Apollo 15호 실험

Apollo 15호가 달에 착륙하여 임무를 수행하는 도중, 우주 비행사 David Scott는 하나의 실험을 수행하였다. 그 실험은 "진공상태에서 어떤 2개의 물건을 동시에 떨어뜨리면, 땅에 동시에 닿는다"는 갈릴레오의 진술이 옳음을 증명해 보이는 것이었다. Scott은 달 표면 위에 서 있는 상태에서, 망치와 깃털을 떨어뜨렸고, 정말로 2개의 물건은 동시에 땅에 닿았다. (http://www1.jsc.nasa.gov/er/seh/feather.html[28])에서 이 실험 장면의 비디오를 볼 수 있다.)

이 실험을 재현하는 Alice 월드를 만들어 보자. 우주 비행사, 달 착륙선, 달 표면 등의 클래스 등은 Web Gallery의 Space 컬렉션에서 찾을 수 있다. 망치 클래스는 Objects 컬렉션에서 찾을 수 있으며, 깃털은 그것을 대체할 수 있는 물건으로 마음대로 선택해 보자.

10. 책상, 의자 그리고 마술 빗자루

Web Gallery의 Kitchen 컬렉션에 있는 클래스들을 사용하여, 1개의 테이블과 4개의 나무 의자, 그리고 1개의 빗자루가 있는 부엌을 만들어 보자. 그림 2-71의 왼쪽 그림처럼 초기 장면을 설정한다. 월드가 플레이 되면, 4개의 의자가 동시에 그림 2-71의 오른쪽 그림처럼 그 위치가 변경된다. 빗자루가 빗질을 끝내고 나면 의자들은 동시에 원래의 위치로 이동해야 한다.

28) 만약 이 주소에서 비디오를 볼 수 없다면, YouTube 주소 www.youtube.com/watch?v=5v50D1TsSaQ를 방문하거나, http://kr.youtube.com 에서 "Apollo 15 Experiment"를 검색해 보기 바란다.

그림 2-71 의자 정리

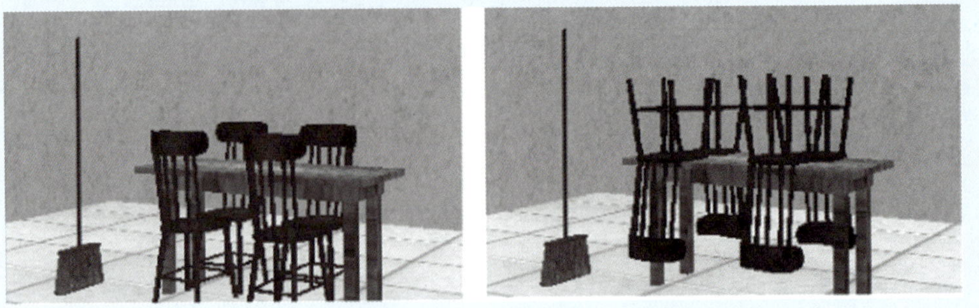

11. 영화의 한 장면

    제일 좋아하는 영화의 한 장면을 만들어 보자. 필요한 캐릭터와 배경이 되는 풍경, 그리고 소품들을 월드에 배치해 보자.

12. 문제 진술문 교환

    독자 여러분은 동료 학생 1명과 문제 진술문을 작성하여 교환해야 한다. 상대방이 작성한 문제 진술문을 사용하여 Alice 월드를 만들어 보자. (문제 진술문을 작성할 때, 상대방이 완성하기에 너무 어려운 객체나 행동이 포함되지 않도록 주의하자!)

CHAPTER 3

변수, 함수, 수식 그리고 문자열

TOPICS

3.1 변수

개념 : 변수란 이름을 가지고 있는, 컴퓨터 메모리 내의 저장 장소이다.

프로그램은 데이터를 컴퓨터 메모리 안에 자주 저장해야 한다. 예를 들어 보자. 몇 가지 정보를 입력해야 하는 프로그램을 사용해 본 적이 있을 것이다. 프로그램은 입력된 정보를 메모리에 저장한다. 아마 수치 연산을 수행하는 프로그램도 사용해 본 적이 있을 것이다. 상품을 온라인으로 구매하면, 웹 사이트에서 부가세, 배송료 그리고 구매 총액을 계산해 준다. 프로그램이 이러한 계산을 하기 위해서는 컴퓨터 메모리에 결과 값을 저장해야 한다. 메모리에 정보를 저장하는 경우, 프로그램은 변수를 이용한다. *변수(variable)*란, 하나의 이름으로 접근할 수 있는 컴퓨터 메모리 내의 저장 장소이다.

일반 프로그래밍 언어처럼, Alice도 변수를 사용하여 데이터를 저장한다. Alice에서는 다음과 같은 종류의 변수를 사용할 수 있다.

- 지역 변수(Local Variable) : 지역 변수는 특정 메서드에 속해 있다. 지역 변수는 그 변수가 속해 있는 메서드 내의 명령문에서만 사용할 수 있다. 메서드의 실행이 종료되

면, 지역 변수도 메모리에서 사라진다.

- 매개 변수(Parameter Variable) : 매개 변수는 메서드 호출시, 메서드로 전달되는 인수를 저장하는데 사용한다.
- 클래스 수준 변수(Class-Level Variable) : 클래스 수준 변수는 특정 객체의 속성과 동일한 성격을 갖는다.
- 월드 수준 변수(World-Level Variable) : 월드 수준 변수는 world 객체의 속성과 동일한 성격을 갖는다.

이 장에서는 지역 변수에 대해 살펴본다. "5장. 메서드, 함수, 그리고 기타 변수들"에서 매개 변수, 클래스 수준 변수, 월드 수준 변수에 대해서 살펴 볼 것이다.

지역 변수 만들기

지역 변수는 특정 메서드에 소속된다. 메서드 내에서 지역 변수를 사용하려면 먼저 그 변수를 메서드 내에 만들어야 한다. 그림 3-1처럼 메서드 편집기의 create new variable 버튼을 클릭하면 지역 변수를 만들 수 있다. 이렇게 하면 그림 3-2와 같은 Create New Local Variable 대화상자가 나타난다. Create New Local Variable 대화상자에서 세 가지 항목 즉, 변수의 이름, 변수의 형식, 변수의 초기 값을 지정해야 한다. 이 필수 항목들에 대해 자세히 살펴보자.

변수 이름

변수는 이름을 가지고 있어야 한다. 변수의 이름을 지을 때, 다음 규칙을 따라야 한다.

- 이름은 메서드 내에서 유일해야 한다. 동일 메서드 내에서 동일한 이름을 가진 2개의 변수를 만들 수 없다.
- 이름은 의미가 있어야 하며, 변수의 목적을 나타낼 수 있어야 한다.
- camelCase 이름 작성 규칙을 사용해야 한다.

그림 3-1 create new variable 버튼

그림 3-2 Create New Local Variable 대화상자

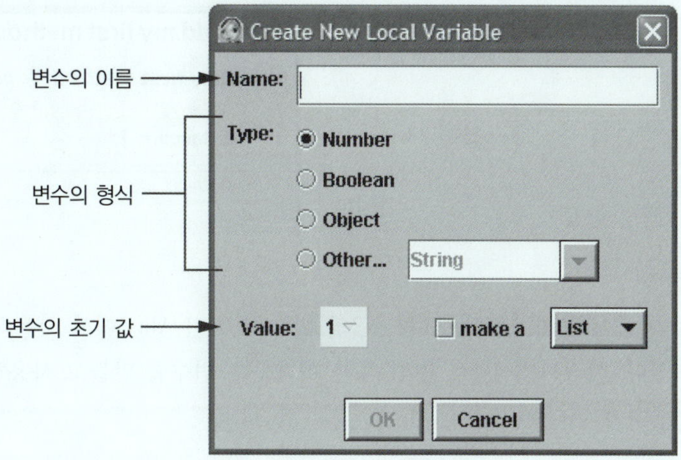

변수 형식

변수를 만들 때, 그 변수에 저장할 수 있는 데이터의 형식을 결정해야 한다. 사용할 수 있는 데이터 형식에는 다음과 같은 것들이 있다.

- Number : 수치(Number) 변수는 수치 값을 저장할 수 있다.
- Boolean : 논리(Boolean) 변수는 true(참) 또는 false(거짓)을 저장할 수 있다.
- Object : 객체(Object) 변수는 하나의 객체를 저장할 수 있다.
- Other : Alice에서는 String(문자열), Color(색깔), Sound(소리) 등과 같은 다양한 특수 형식의 데이터를 저장할 수 있다.

Alice에서 변수를 처리할 때, 변수의 형식과 일치하는 데이터만 그 변수에 저장할 수 있다.

초기 값

변수의 초기 값은 변수가 만들어질 때 변수에 처음으로 저장되는 데이터이다.

일단 Create New Local Variable 대화상자에서 이름, 형식, 초기 값을 지정했으면, OK 버튼을 클릭한다. 그러면 변수 타일이 만들어진다. 그림 3-3은 메서드 편집기에 만들어진 변수 타일의 모습을 보여준다. 메서드 편집기에서 변수 타일이 위치한 부분을 변수 영역(variable area)이라고 한다. 이 영역에 메서드 내의 모든 지역변수가 나타난다. 그림에는 distance라는 이름의 변수가 있다. 타일에 표시된 기호 123에 주목하라. 이것은 변수의 형식이 Number(수치)임을 말해준다. 타일에는 변수의 초기 값도 표시되어 있다. 그림에 있는 변수의 초기 값은 1이다. 초기 값을 변경하려면, 바로 옆의 드롭-다운 메뉴를 클릭하면 된다.

프로그래머들은 변수를 생성하는 명령문을 가리켜 *변수 선언문(variable declaration)*이라

그림 3-3 변수 타일

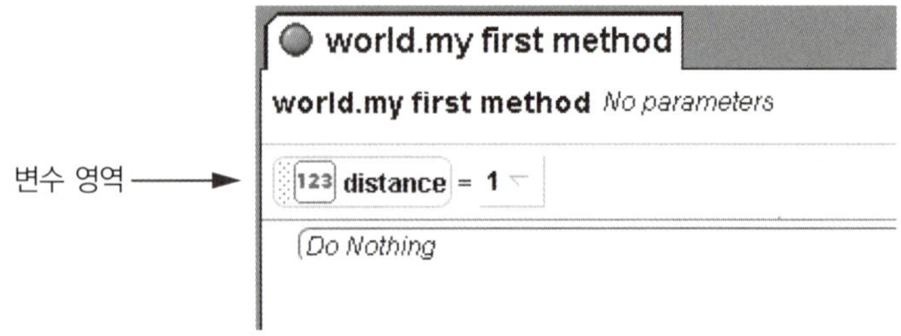

는 용어를 사용한다. 그림 3-3의 변수 타일이 Alice에서 사용하는 변수 선언문이라고 할 수 있다. 따라하기 3-1을 통해 독자 여러분은 변수를 만들고 사용하는 기본적인 사항에 대해 실습하게 된다.

따라하기 3-1

변수를 만들고 사용하기

단계 1: 새 Alice 월드를 만들고 Penguin 클래스(Animals 컬렉션에 있음)의 인스턴스를 추가한다. 2장에서 배웠던 이름 작성 규칙에 따라, world.my first method 메서드 이름을 world.animation으로 변경한다.

단계 2: 메서드 편집기에서 create new variable 버튼을 클릭한다. Create New Local Variable 대화상자에서 변수의 이름으로 numberJumps을 입력하고, 변수의 형식으로 Number을 선택한다. 그리고 value에 5를 입력한다. OK 버튼을 클릭하면 메서드 편집기의 변수 영역에 그림 3-4와 같은 변수 타일이 만들어진다.

단계 3: penguin 객체를 선택하고 jump 메서드 타일을 메서드 편집기로 드래그한다. 이 메서드를 실행하면 penguin 객체가 점프하게 되는데, 횟수를 지정하는 인수가 필요하다. 나타나는 메뉴에서 그림 3-5처럼 expressions를 선택하고 numberJumps

그림 3-4 변수 타일

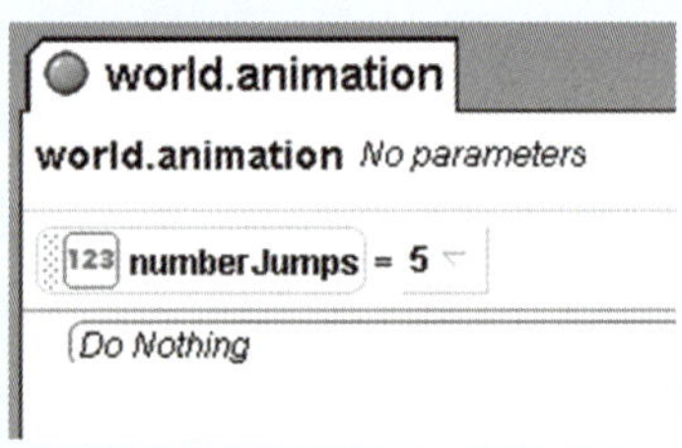

를 선택한다. 이렇게 하면 메서드의 인수로 numberJumps 변수가 전달된다. 이러한 방식으로 완성된 명령문 타일이 그림 3-6처럼 만들어진다.

그림 3-5 numberJumps를 인수로 설정하기

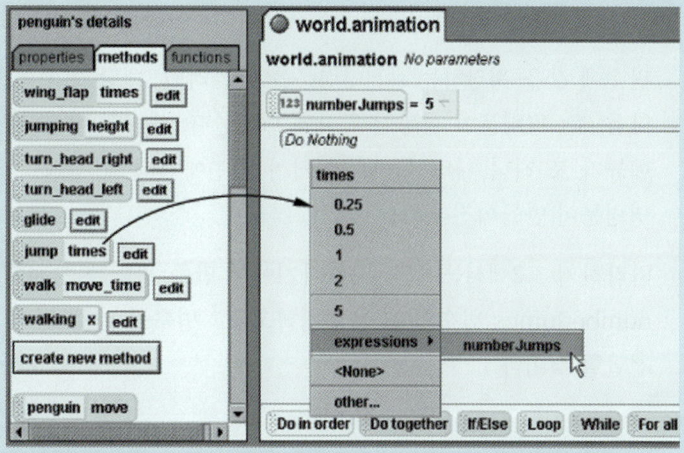

그림 3-6 완성된 명령문

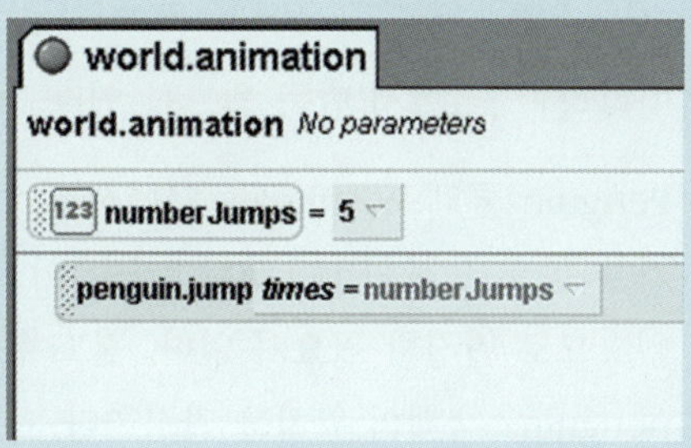

단계 4: 방금 만든 명령문에 대해 잠깐 생각해 보자. 월드를 플레이하면 무슨 일이 일어날까? 생각이 떠올랐다면, 그 생각이 맞는지 월드를 플레이해서 확인해 보자.

독자 여러분의 생각대로 움직이는가? penguin이 5번 점프를 할 것이다. jump 메서드가 호출될 때 numberJumps 변수가 인수로 전달된다. 변수가 인수로 전달된다는 것은, 실제로는 변수에 저장된 값이 전달되는 것이다. numberJumps 변수에 5가 저장되어 있으므로, penguin 객체는 5번 점프하게 된다.

단계 5: 월드를 저장하자. 이 월드는 다음에 나오는 따라하기에서 다시 사용할 것이다.

변수 할당문

변수를 만들 때, 변수에 초기 값을 부여한다. 메서드가 실행되면, 초기 값은 다른 값을 저장할 때까지 그 변수에 그대로 남는다. 변수에 새로운 값을 저장하는 set 명령문을 메서드에 만들 수 있다. set 명령문은 변수에 새로운 값을 저장한다. 변수에 값을 저장하는 명령문을 일반 프로그래밍 용어로 *변수 할당문(variable assignment)*[1]이라고 한다.

변수에 값을 저장하는 set 명령문을 만들려면, 해당 변수 타일을 메서드 편집기로 드래그한 다음, set 명령문이 실행될 위치에 드롭한다. 메뉴가 나타나는데, 이때 set value를 선택한다. 메뉴가 또 하나 나타나는데, 여기서 변수에 저장할 값을 지정한다. 이렇게 하면 하나의 set 명령문이 만들어진다.

따라하기 3-2에서는 앞의 따라하기에서 만든 월드를 수정할 것이다. set 명령문을 추가해서 numberJumps 변수의 값을 변경하고, 그 변수를 바로 뒤에 나오는 메서드 호출문의 인수로 전달할 것이다.

따라하기 3-2

변수에 값을 저장하는 set 명령문 만들기

단계 1: 따라하기 3-1에서 만든 월드를 연다.

단계 2: Penguin 클래스(Animals 컬렉션에 있음)의 인스턴스를 하나 더 추가한다. Alice가 자동으로 붙인 penguin2라는 이름은 이번 따라하기를 진행함에 있어 무리가 없으므로 변경할 필요가 없다. 월드 뷰 윈도우의 펭귄 두 마리가 모두 잘 보이도록 penguin2 객체의 위치를 변경한다.

단계 3: 현재, 메서드에는 penguin 객체의 jump 메서드를 호출하는 명령문이 한 개 있다. 기존에 있던 명령문 다음에 set 명령문을 만들어, numberJumps 변수에 2 값을 저장하려고 한다. 이렇게 하려면, numberJumps 변수 타일을 메서드 편집기로 드래그한 다음, 기존의 메서드 호출문 타일 아래에 드롭한다. 그림 3-7과 같은 메뉴가 나타날 것이다. set value를 선택하고 다음 메뉴에서 2를 선택한다. 이렇게 하면, 메서드 편집기에 그림 3-8과 같은 명령문 타일이 만들어진다.

---

1) Alice에서는 set 명령문을 사용하여 변수에 새로운 값을 할당하지만, 대부분의 일반 프로그래밍 언어에서는 대입 연산자(=)를 사용한다. 예를 들어, C언어의 경우, numberJumps = 10 ; 은 변수 numberJumps에 상수 10을 할당하라는 명령문이다. 이때 numberJumps는 대입 연산자의 왼쪽에 위치하므로 l-값(left-hand side value), 10은 대입 연산자의 오른쪽에 위치하므로 r-값(right-hand side value)이라고 한다. l-값은 언제나 r-값이 저장되는 위치 또는 장소가 되므로, 변수만 가능하다. 반면 l-값은 변수나 상수가 모두 가능하다.

단계 4: penguin2 객체를 선택한다. 그리고 jump 메서드 타일을 메서드 편집기로 드래그한 다음, 방금 만든 set 명령문 아래에 드롭한다. 인수를 지정하는 메뉴가 나타난다. expressions를 선택한 다음, numberJumps를 선택한다. 이렇게 하면 numberJumps 변수가 메서드의 인수로 전달된다. 이제 메서드가 그림 3-9처럼 만들어진다.

그림 3-7 set 명령문 만들기

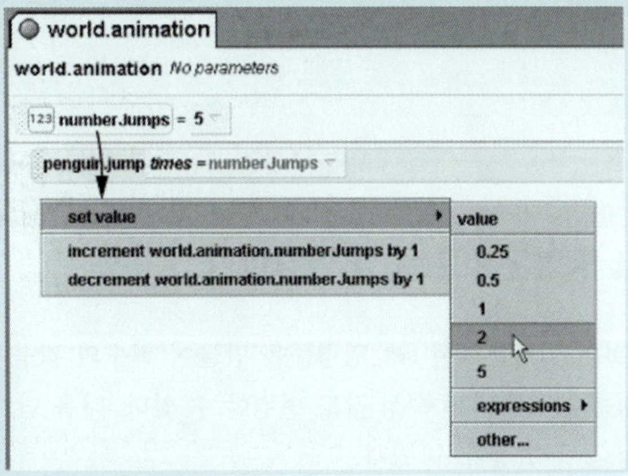

그림 3-8 set 명령문

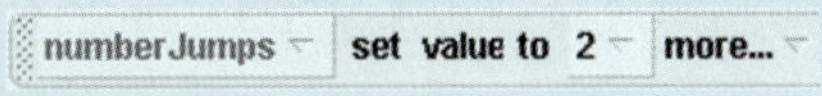

그림 3-9는 메서드가 실행될 때 코드 내에서 일어나는 동작의 순서를 보여주고 있다. numberJumps 변수는 5 값으로 시작한다. 변수가 penguin.jump 메서드의 인수로 전달되면, penguin 객체는 5번 점프하게 된다. 이때 numberJumps 변수에 2가 저장되고 penguin2.jump 메서드의 인수로 전달된다. 그 결과, penguin2 객체는 2번 점프하게 된다.

노트

> 하나의 변수는 한 순간에 하나의 값만 저장할 수 있다. 변수에 새로운 값을 저장하면, 변수에 있던 기존의 내용은 새로운 값으로 교체된다.

단계 5: 월드를 플레이해 보자. penguin 객체가 5번 점프한 다음, penguin2 객체가 2번 점프할 것이다.

단계 6: 월드를 저장한다. 이 월드는 다음에 나오는 따라하기에서 다시 사용할 것이다.

그림 3-9 완성된 메서드

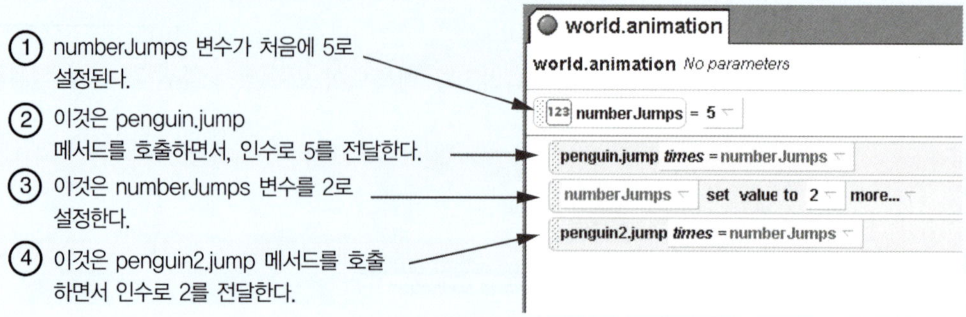

set 명령문으로 속성 변경하기

이 절의 앞부분에서 set 명령문을 만들어 변수의 값을 바꾸는 방법에 대해 학습하였다. set 명령문을 사용해서 속성 값도 변경할 수 있다. 다음 단계를 따라하면, set 명령문을 사용해서 속성 값을 변경할 수 있다.

- 객체를 선택한 다음, 그 객체의 속성을 선택한다.
- 세부 패널에 있는 속성 타일을 메서드 편집기로 드래그한다.
- 타일을 드롭하면 메뉴가 나타나는데, 여기서 변경할 속성 값을 선택한다.

체크 포인트

3.1 변수란 무엇인가?

3.2 새로운 변수를 만들 때 반드시 지정해야 하는 필수 항목 3가지는 무엇인가?

3.3 변수 타일은 메서드 편집기의 어느 부분에 나타나는가?

3.4 변수 타일에 표시된 기호 123은 무엇을 의미하는가?

3.5 변수에 값을 저장하는 set 명령문을 만드는 방법은?

3.2 함수 사용하기

개념 : 함수(function)란 그 함수를 호출한 명령문 쪽으로 값을 다시 반환하는 특수한 형태의 메서드이다.

함수(function)는 특수한 형태의 메서드이다. 지금까지 메서드에 대하여 학습한 모든 내용을 함수에 적용할 수 있다.

- 함수는 월드의 움직임을 만들어 내는 명령문의 집합이다.
- 함수를 실행하기 위해서는 먼저 그것을 호출하는 명령문을 만들어야 한다.
- 일부 함수들은 추가적인 데이터, 즉, 인수가 필요하다.

함수와 메서드의 차이점은 함수는 그 함수를 호출한 명령문 쪽으로 값을 반환하지만, 메서드는 그렇지 않다는 것이다.[2]

Alice의 world 객체는 기본 함수(primitive function)를 가지고 있으며 Alice의 다른 객체들도 자신만의 기본 함수를 가지고 있다. 다음 단계를 따라하면 객체가 가지고 있는 함수 목록을 확인할 수 있다.

1. 객체를 선택한다.
2. 세부 패널에서 functions 탭을 선택하면, 객체의 함수를 나타내는 타일들의 목록이 보인다.

예를 들어, world 객체의 함수를 확인하려면, 객체 트리에서 world 객체를 선택하고 세부 패널에서 functions 탭을 선택한다. 이렇게 하면, 그림 3-10과 같은 세부 패널이 보일 것이다. 세부 패널의 스크롤을 내리면, 상당히 많은 함수들이 나열된 목록을 볼 수 있다. 카테고리별로 목록이 분류되어 있음을 주목하라. 카테고리는 boolean logic(논리식), math(수학), random(난수), string(문자열), ask user(사용자에게 요청), mouse(마우스), time(시간), advanced math(고급 수학), 그리고 other(기타) 등이 있다.[3]

---

2) 명령문의 집합(코드의 묶음이라고 할 수 있는데, 전문 용어로는 "모듈 Module"이라고도 한다.)을 지칭할 때, Alice에서는 반환 값의 유무에 따라 메서드와 함수를 구분해서 사용한다. 그러나 C 언어나 Java 언어에서는 그렇지 않다. 반환 값의 유무와는 상관없이 명령문의 집합을 C언어에서는 "함수(Function)"라고 하며, Java언어에서는 "메서드(Method)"라고 한다.

3) 이것은 world 객체의 기본 함수 카테고리들이다. 다른 객체의 함수들은 이와는 다른 카테고리로 분류되어 있다. 이에 대해서는 "객체의 기본 함수"에서 살펴본다.

그림 3-10 세부 패널에서 볼 수 있는 함수들

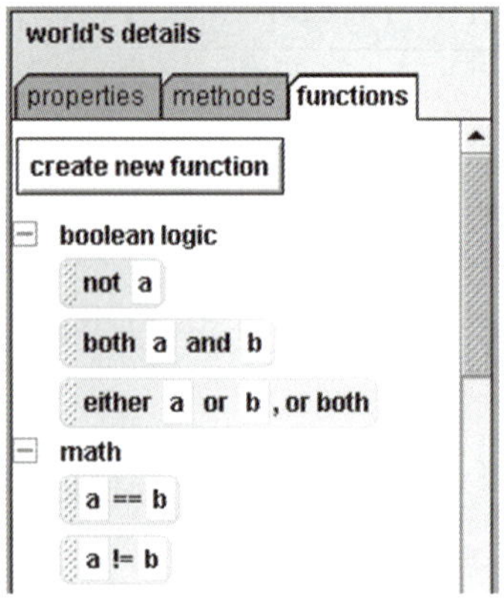

사용자에게 입력을 요청하는 함수 사용하기

world 객체는 사용자에게 값을 입력하라고 요청하는 3개의 기본 함수를 가지고 있다. world 객체를 선택한 다음, 함수 목록에서 스크롤을 ask user 카테고리까지 내리면, 그림 3-11과 같은 함수들을 볼 수 있다. 표 3-1은 각 함수들에 대한 설명이다.

표 3-1에서 설명하고 있는 모든 함수들은 대화상자에 표시될 하나의 메시지가 필요하다. 이들 함수를 호출하면, 이 함수의 인수로 지정한 메시지가 대화상자에 표시된다.

Alice에서 함수는 메서드와 다른 방식으로 호출된다. 함수가 값을 반환하므로, 반환되는 그 값을 받아 처리할 수 있는 명령문 안에 함수 호출문을 배치해야 한다. 예를 들어, 사용자에게 거리 입력을 요청하는 대화상자를 표시한 다음, distance라는 이름의 변수에 사용자가 입력한 값을 저장하려고 한다. 이렇게 하려면, set 명령문을 먼저 만든 다음, 이 set 명령문이 ask user for number 함수의 반환 값을 distance 변수에 저장하도록 해야 한다. 그림 3-12는 이러한 명령문의 예이다.

그림 3-11 ask user 함수들

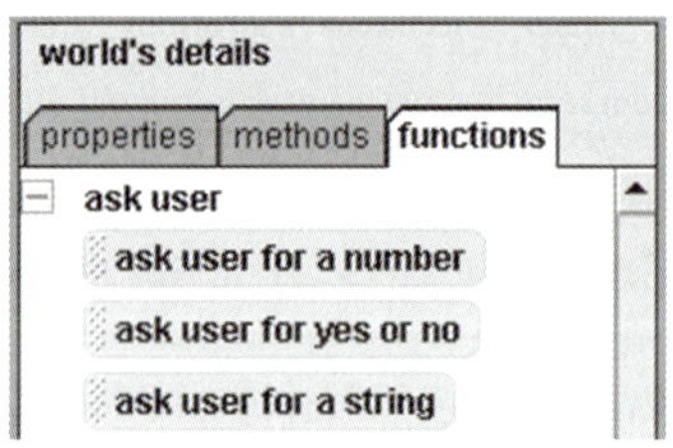

표 3-1 ask user 함수들

함수	설명
ask user for a number	이 함수를 호출하면, 사용자에게 수치값을 입력받는 대화상자가 표시된다. 함수는 입력된 수치값을 반환한다. (사용자가 알파벳 문자와 같은 비수치값을 입력하면 에러가 발생한다.)
ask user for yes or no	이 함수를 호출하면, "예" 버튼과 "아니오" 버튼이 있는 대화상자가 표시된다. 사용자가 "예" 버튼을 누르면 함수는 논리값 true를 반환한다. 만약 "아니오" 버튼을 누르면 논리값 false를 반환한다. (이 함수에 대해서는 4장에서 좀 더 자세히 다룰 것이다.)
ask user for a string	이 함수를 호출하면, 사용자에게 문자열을 입력받는 대화상자가 표시된다. (문자열은 그냥 문자들의 나열이다. 문자열에 대해서는 이 장에서 자세히 다룬다.) 함수는 입력된 문자열을 반환한다.

이 명령문과 그림 3-13의 set 명령문을 비교해 보자. 그림 3-13의 set 명령문은 distance 변수에 값 1을 저장한다. 그림 3-12의 명령문은 distance 변수에 특정한 값을 설정하지 않고 있음에 주목하라. 대신 ask user for a number 함수를 호출한다. 결국, 그 함수가 실행되고 나서 반환하는 값이 distance 변수에 저장된다.

따라하기 3-3은 앞의 따라하기에서 만든 월드를 이어서 수정할 것이다. 이번 따라하기에서는 ask user for a number 함수를 호출해서 사용자가 펭귄의 점프 횟수를 입력하도록 할 것이다.

그림 3-12 함수 호출문의 반환 값을 사용하는 set 명령문

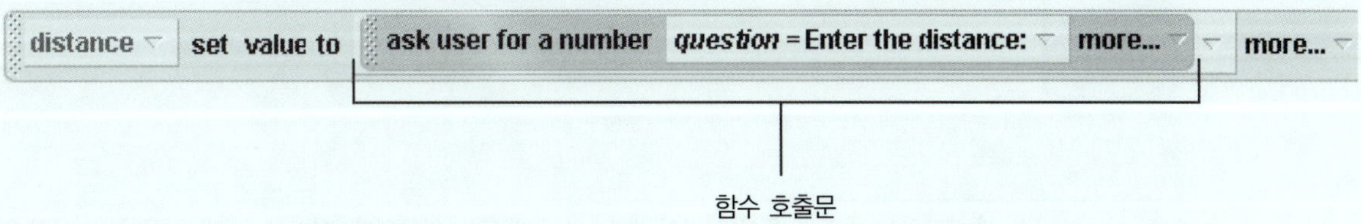

그림 3-13 특정한 값을 사용하는 set 명령문

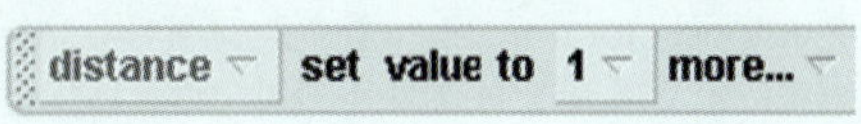

따라하기 3-3

ask user 함수 호출하기

단계 1: 따라하기 3-2에서 수정한 월드를 연다.

단계 2: numberJumps 변수 타일을 드래그한 다음, 그림 3-14처럼 메서드 편집기의 penguin.jump 메서드 호출문 바로 위에 드롭한다. 나타나는 메뉴에서 set value를 선택하고, 다음 메뉴에서 1을 선택한다. 이렇게 하면, 그림 3-15와 같은 set 명령문이 만들어진다.

사실은, 어떤 값을 선택하든 상관없다. set 명령문을 만들 때, 팝업 메뉴에서 변수에 저장할 값 하나를 선택해야 한다. 단계 2에서 임시 자리표시자(placeholder)[4]로 1을 선택했다. 왜냐하면, 현 단계에서는 ask user for a number 함수를 선택할 수 없기 때문이다.[5] 다음 단계에서 이 자리표시자 값을 ask user 함수 호출문으로 교체할 것이다.

그림 3-14 set 명령문 만들기

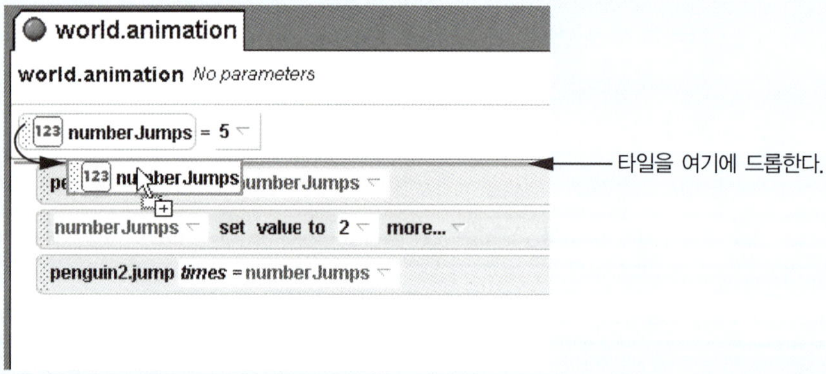

4) placeholder에 해당하는 마땅한 용어가 없어, "자리표시자"로 번역하였다. 여기서 "자리표시자"란, 어떤 명령문 내에서 자리를 차지하는 하나의 임시 값으로, 그것은 나중에 다른 값으로 교체되기 위해서 존재한다.

5) 일단 임시로 값 하나를 선택해서 set 명령문 타일을 만든다. 여기서 임시 값을 반드시 선택해야 하는 이유는, 메뉴 시스템을 사용하여 명령문 타일을 만드는 Alice의 특성 때문이다. 이렇게 set 명령문 타일을 만들어 놓고, ask user for a number 함수를 드래그한 다음, set 명령문 타일의 임시 값(자리표시자)에 드롭한다. 그러면 그 임시 값은 ask user for a number 함수로 교체된다. Alice에서 함수를 사용하기 위해서는 함수의 반환값을 처리하는 명령문을 먼저 만들어 놓아야 한다. 왜냐하면, 반환 값을 처리할 수 있는 명령문에만 함수 타일을 드롭할 수 있기 때문이다. 여기서 set 명령문이 바로 ask user for a number 함수의 반환 값을 처리하는 명령문이 되는 것이다. 이렇게 메서드 편집기에 어떠한 타일을 만들 때는 그 타일의 결과 값을 처리하는 명령문을 먼저 만들어야 한다는 점을 명심하자. 각 장의 따라하기를 진행하다 보면, 메뉴 시스템을 통해서 명령문 타일을 만드는 Alice의 이러한 방식에 점점 익숙해질 것이다.

그림 3-15 set 명령문

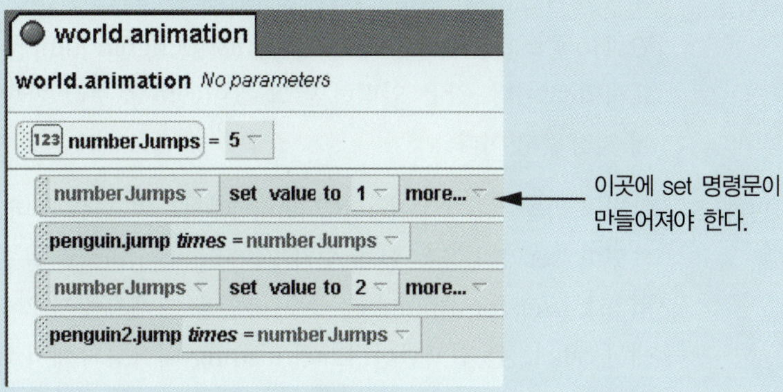

단계 3: 객체 트리에서 world 객체를 선택하고 세부 패널에서 functions 탭을 선택한다. 스크롤을 내려 ask user for a number 함수를 찾는다. 그림 3-16처럼 ask user for a number 함수 타일을 단계 2에서 만든 set 명령문의 자리표시자 값까지 드래그한다. 타일을 자리표시자 값까지 드래그하면, 초록색 테두리 선이 나타난다. (그림 3-16에서 확인하자.) 초록색 테두리 선이 나타날 때, 마우스 버튼을 놓아 함수 타일을 드롭한다.

그림 3-16 함수 타일을 자리표시자 값에 드롭하기

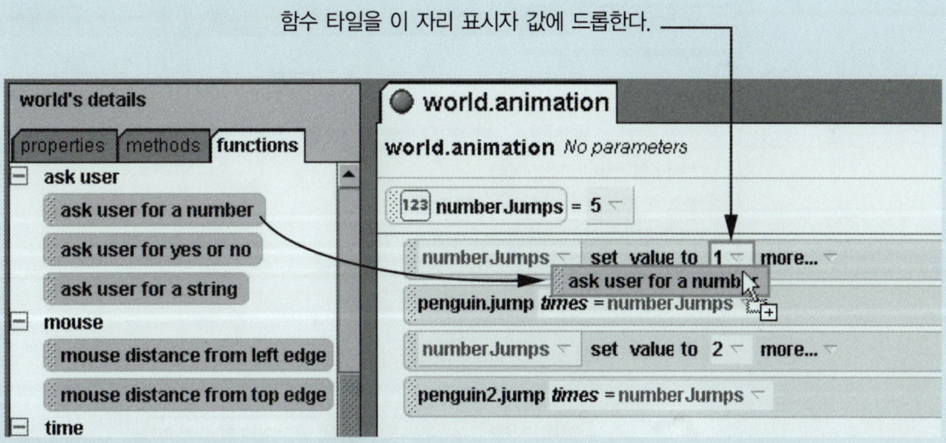

단계 4: 함수 타일을 자리표시자 값에 드롭하면 메뉴가 나타나는데, 여기서 함수의 인수를 선택할 수 있다. 여기서 인수란 사용자에게 표시되는 메시지이다. other...를 선택한다. 그러면, 그림 3-17과 같은 Enter a string 대화상자가 나타난다. 이 대화상자에서 "How may times should the first penguin jump?" 라고 입력한다. 그런 다음, 확인 버튼을 클릭한다. 이제 그림 3-18과 같은[6] set 명령문이 만들어진다.

방금 완성한 set 명령문에 대해서, 그리고 월드가 플레이되면 그 명령문이 어떤 일을 수행하는지에 대해서 잠깐 생각해 보자. ask user for a number 함수가 호출되면, How many times should the first penguin jump?라고 쓰여 있는 대화상자가 표시될 것이다. 값을 입력하면 그 값이 함수로부터 반환되어 numberJumps 변수에 저장될 것이다.

단계 5: 앞의 따라하기에서 penguin2.jump 메서드의 호출문 바로 전에 set 명령문을 삽입하였다. set 명령문은 현재 숫자 2를 numberJumps 변수에 저장한다. 그림 3-19처럼 ask user for a number 함수 타일을 드래그해서 2에 드롭한다. 나타나는 메뉴에서 other...를 선택한다. Enter a string 대화상자에서 "How many times should

그림 3-17 메시지 지정하기

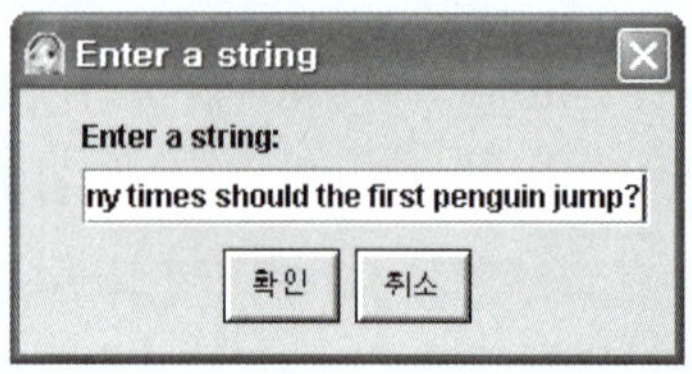

그림 3-18 완성된 set 명령문

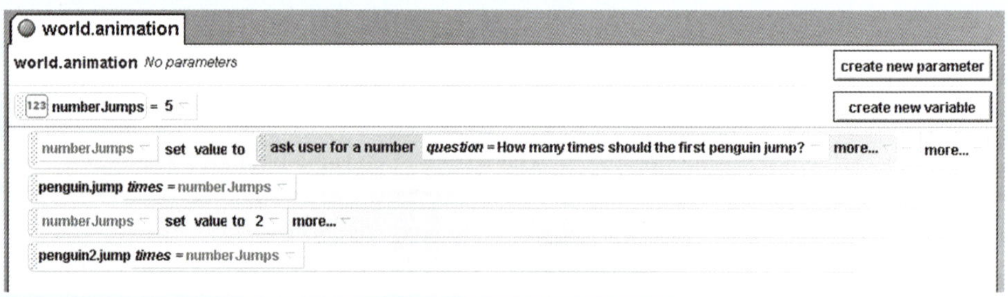

그림 3-19 두 번째 set 명령문 수정하기

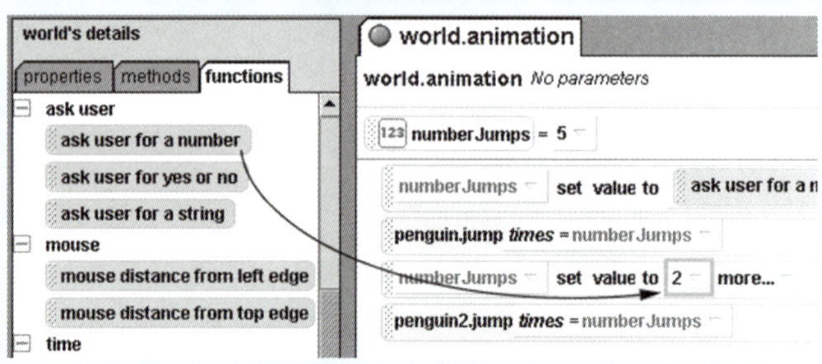

6) 그림의 첫 번째 set 명령문 타일처럼 되어야 한다.

the second penguin jump?"라고 입력하고 확인 버튼을 클릭한다. 이제 그림 3-20과 같은 메서드가 만들어진다.

그림 3-20 완성된 메서드

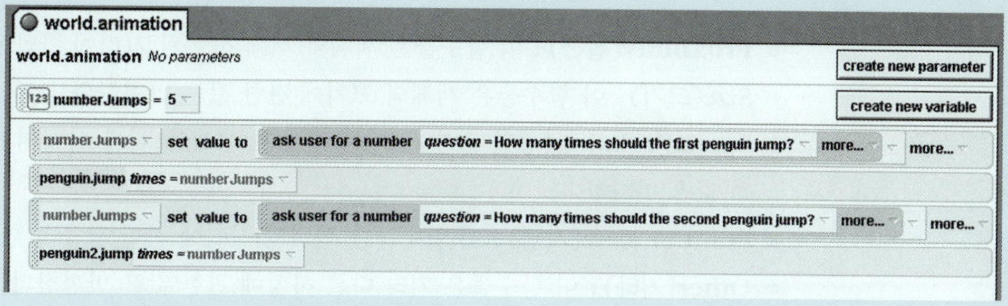

단계 6: 완성된 메서드에 대해서 생각해 보자. 월드를 플레이하면 무슨 일이 일어날까? 일단 생각이 떠올랐다면, 월드를 플레이해서 자신의 생각이 맞는지 확인해 보자.

먼저 그림 3-21과 같은 대화상자가 나타난다. 숫자를 입력하고 확인 버튼을 클릭한다. penguin 객체가 입력한 횟수만큼 점프하는 모습을 볼 수 있다. 그 다음 How many times should the second penguin jump?라고 묻는 동일한 대화상자가 나타난다. 숫자를 입력하고 확인 버튼을 클릭한다. 그러면 이번에는 penguin2 객체가 입력된 횟수만큼 점프하는 모습을 볼 수 있다.

그림 3-21 첫 번째 대화상자

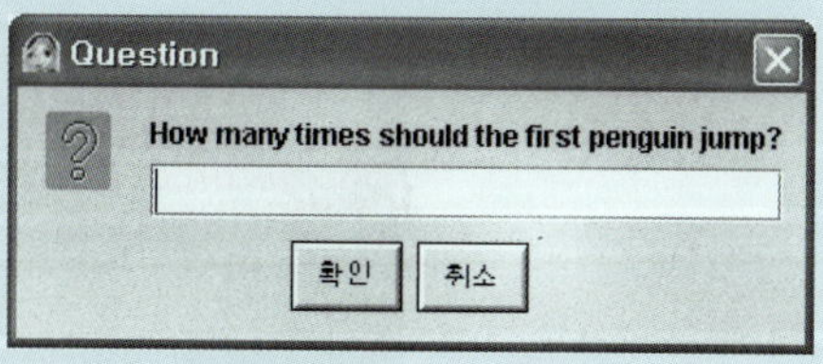

팁

ask user for a number 함수에 의해서 나타나는 대화상자에는 반드시 숫자를 입력해야 한다. 만약 숫자가 아닌 문자를 입력하면, 오류가 발생한다.

단계 7: 월드를 저장한다.

객체의 기본 함수

Alice 객체는 다양한 기본 함수(primitive function)를 가지고 있다. 객체를 선택한 다음, 세부 패널에서 functions 탭을 선택하면, 다음과 같은 카테고리로 분류된 함수들을 볼 수 있다.[7)]

- **Proximity(접근) :** 이 함수들은 객체와 객체 사이의 거리에 관한 값을 반환한다.
- **Size(크기) :** 이 함수들은 객체의 크기에 관한 값을 반환한다.
- **Spatial relation(공간 관계) :** 이 함수들은 객체와 객체 사이의 상대적인 위치에 관한 값을 반환한다.
- **Point of view(시점) :** 이 함수들은 객체의 시점에 관한 값을 반환한다.
- **Other(기타) :** 이 함수들은 기타 다른 사항에 관한 값을 반환한다.

접근 함수 중에 distance to라는 이름의 함수가 있다. distance to 함수는 객체와 객체 사이의 거리를 미터 단위로 반환한다. (정확하게 말하면, 두 객체의 중심점 사이의 거리를 반환한다.) 예를 들어, 그림 3-22의 월드에는 baseballGlove 객체와 baseball 객체(두 클래스 모두 Web Gallery의 Sports 컬렉션에 있음)가 있다. baseballGlove 객체의 중심점에서 baseball 객체의 중심점까지의 거리를 구해서 distance라는 변수에 그 값을 저장하려 한다고 가정하자. 이렇게 하려면 baseballGlove.distance to 함수를 호출하되 baseball 객체를 인수로 전달하고, 반환되는 값을 distance 변수에 저장하는 set 명령문을 작성하면 된다. 그림 3-23은 그러한 명령문의 예를 보여준다.

그림 3-22 baseballGlove 와 baseball 객체

그림 3-23 set 명령문

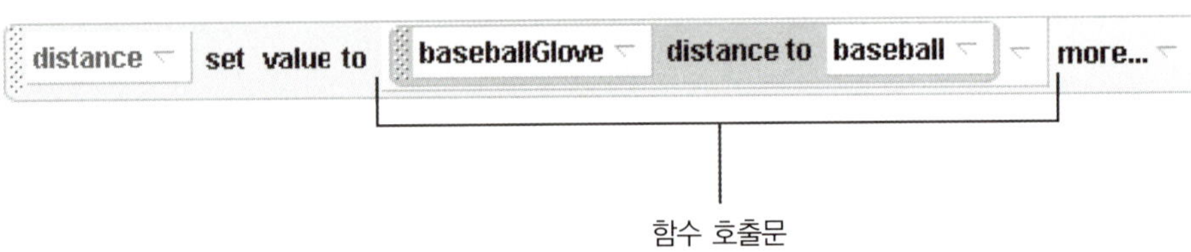

7) 앞에서 살펴본 world 객체의 기본 함수 카테고리와 다름을 확인하자.

따라하기 3-4에서 독자 여러분은 distance to 함수에 대해서 연습한다. 한 마리의 펭귄이 얼음위의 구멍이 어느 위치에 있든지 언제나 그것을 찾아 그 안으로 점프해 들어가는 Alice 월드를 만들어 볼 것이다.

따라하기 3-4

접근 함수 사용하기

이번 따라하기에서는 다음의 문제 진술문이 묘사하는 월드를 만들어 볼 것이다.

펭귄은, 얼음 위의 구멍이 어느 위치에 있든지, 그 구멍을 향해 고개를 돌린다. 펭귄은 구멍의 중앙까지 걸어가서 구멍 안으로 점프한다. 그리고 얼음 표면 아래로 사라진다.

다음의 의사코드는 알고리즘의 전체적인 윤곽을 보여 준다.

```
penguin turns to face the hole
penguin walks the distance to the center of the hole
penguin falls down into the hole
```

단계 1: snow 템플릿을 사용해서 새 Alice 월드를 만든다. Penguin 클래스(Animals 컬렉션에 있음)의 인스턴스 한 개와 Circle 클래스(Shapes 컬렉션에 있음)의 인스턴스 한 개를 추가한다. circle 객체를 선택한 다음, 세부 패널의 properties 탭을 선택한다. 그리고 color 속성을 black으로 변경한다.

그림 3-24의 예는 월드의 초기 장면이 어떤 모습이어야 하는지를 보여준다. penguin과 circle 객체의 위치는 원하는 곳 어디든지 상관없다. 검정색 원은 얼음에 생긴 구멍을 나타낸다.

단계 2: 먼저 펭귄이 얼음에 생긴 구멍을 바라봐야 한다. penguin 객체를 선택한 다음, turn to face 메서드 타일을 메서드 편집기로 드래그한다. 편집기에 드롭하면 메

그림 3-24 펭귄과 얼음 구멍

서드의 인수를 지정하는 메뉴가 나타나는데, 여기서 인수는 penguin이 바라봐야 하는 객체가 된다. 메뉴에서 circle를 선택한다. 이렇게 하면, 그림 3-25와 같은 명령문 타일이 메서드 편집기에 만들어진다.

단계 3: 다음에는 penguin 객체가 얼음에 생긴 구멍까지 걸어가야 한다. Penguin 클래스는 walking이라는 맞춤형 메서드를 가지고 있는데, 이것은 특정한 거리만큼 객체를 걷게 한다. (메서드 타일은 walking x 라고 되어 있다. x는 인수를 나타내는데, 여기에 객체가 걷게 될 거리를 지정해야 한다.) walking 메서드 타일을 메서드 편집기로 드래그한 다음, 단계 2에서 방금 만든 명령문 타일 아래에 드롭한다.

인수로 객체가 걷게 될 거리를 지정해야 하는데, 그냥 1을 선택하자. 이 값은 자리 표시자로서, 함수 호출문으로 교체될 것이다. 이제 메서드 안에 그림 3-26과 같은 명령문 타일이 만들어진다.

단계 4: 단계 3에서 만든 명령문은 penguin 객체를 1미터 거리만큼 걷게 한다. 펭귄이 1미터를 걷는 것은 우리가 원하는 바가 아니다. 펭귄 객체는 현재 자신의 위치로부터 circle 객체 중심부까지의 거리를 걸어야 한다. 이를 위해, 인수 1을 penguin.distance to 함수 호출문으로 교체할 것이다.

penguin 객체를 선택한 상태에서, 세부 패널의 functions 탭을 선택한다. Proximity(접근) 카테고리에 있는 distance to 함수 타일을 메서드 편집기로 드래그한 다음, 그림 3-27처럼 penguin.walking 메서드의 인수에 드롭한다.

distance to 함수의 인수를 선택하는 메뉴가 나타난다. 여기서 circle를 선택하자. 이제 메서드에 그림 3-28과 같은 명령문이 만들어진다.

그림 3-25 완성된 명령문 타일

그림 3-26 2개의 명령문 타일

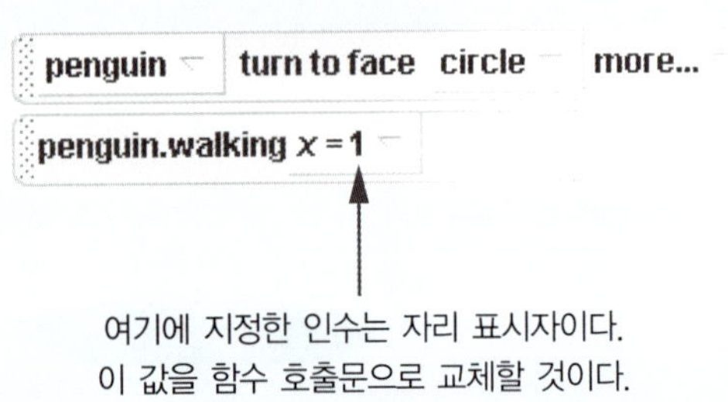

그림 3-27 distance to 함수를 자리표시자 인수까지 드래그하기

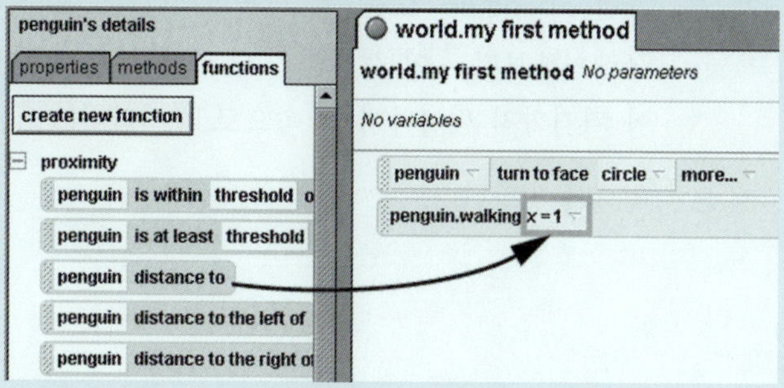

그림 3-28 지금까지 만든 명령문

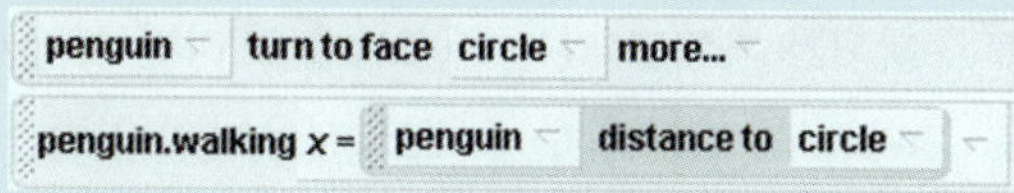

더 진행하기 전에, 방금 만든 명령문을 자세히 살펴보자. 명령문은 penguin.walking 메서드를 호출한다. 이 메서드는 인수가 필요한데, 그것은 객체가 걷게 될 거리이다. 인수에 특정한 숫자를 지정하는 대신, penguin에서 circle까지의 거리를 구하는 penguin.distance to 함수를 호출하였다. 이 함수의 반환 값은 penguin.walking 메서드의 인수로 전달된다. 그 결과 penguin은 시작 위치에서 circle의 중심부까지 걷게 된다.

단계 5: 마지막으로 남은 것은 펭귄이 구멍 속으로 들어가게 하는 것이다. 이렇게 하려면, 펭귄이 얼음 표면에서 안보일 때까지 펭귄을 얼음 표면 아래로 이동시키면 된다. penguin 객체의 move 메서드 타일을 메서드 편집기로 드래그한 다음, 기존에 있던 명령문 아래에 드롭한다. direction(방향)으로 down을 선택하고, amount(거리)로 5 meters를 선택한다. 이제 메서드에 그림 3-29와 같은 명령문 타일이 만들어진다.

단계 6: 월드를 플레이해서 확인해 보자. penguin 객체가 circle를 바라보고, 그 중심부까지 걸어 간 후, 얼음 표면 아래로 빠지는 모습을 볼 수 있어야 한다. 펭귄이 구멍

그림 3-29 완성된 메서드

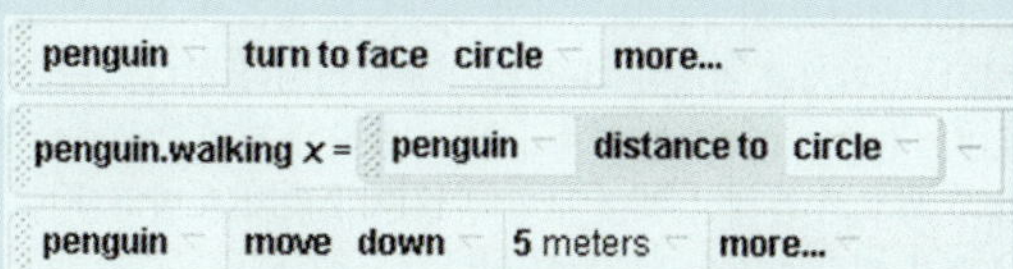

속으로 들어가면 Stop 버튼을 클릭해서 World Running... 윈도우를 닫는다.

단계 7: circle, penguin, 또는, 두 객체의 위치를 모두 이동시켜 월드를 수정한 다음, 다시 플레이해보자.[8] 이 객체들을 어느 위치로 이동하든, penguin은 언제나 구멍을 찾아 거기까지 걸어가서 그 속으로 들어간다.

단계 8: 월드를 저장한다.

체크 포인트

3.6 함수가 메서드와 다른 점은 무엇인가?

3.7 객체가 가지고 있는 함수들을 보려면 어떻게 해야 하는가?

3.8 world의 기본 함수 중에서, 사용자의 입력을 요청하는 3가지 기본 함수는 무엇인가?

3.9 기본 함수 distance to는 무엇을 하는 함수인가?

3.3 수식 만들기

개념 : Alice에서는 수식을 만드는 연산자를 제공한다.

실제로 사용하는 알고리즘 대부분은 계산 과정이 필요하다. 프로그래머는 이러한 계산 과정이 필요할 때 산술 연산자(math operater)라는 도구를 사용한다. 대부분의 프로그래밍 언어는 표 3-2와 같은 연산자를 제공한다.

프로그래머는 표 3-2의 연산자들을 사용하여 수식을 만든다. *수식(math expressions)*은 계산을 수행한 후, 그 결과 값을 반환한다. 다음은 간단한 수식의 예이다.

```
12 + 2
```

+ 연산자의 왼쪽과 오른쪽에 있는 값을 *피연산자(operand)*라고 부르며, 이 피연산자들이 + 연산자가 더할 값이다. 이 수식이 반환하는 값은 14이다.

---

8) 구멍이나 펭귄의 위치를 변경하기 위해서는 월드의 플레이를 일단 중지해야 한다. 그리고 장편 편집 모드로 다시 가서 그 위치를 변경한 다음 다시 플레이해야 한다. 만약 월드의 플레이 중에 구멍이나 펭귄의 위치를 변경하려면, "이벤트 처리"에 대해서 알고 있어야 한다. "이벤트 처리"에 대해서는 "6장 이벤트"에서 자세히 다룰 것이다. 월드의 플레이 중에 구멍과 펭귄의 위치를 변경할 수 있도록 이번 따라하기 월드를 수정하는 문제가 6장의 추가 연습문제에 포함되어 있다.

표 3-2 산술 연산자

연산자	설명
+	덧셈
−	뺄셈
*	곱셈
/	나눗셈

수식에 변수도 사용할 수 있다. 예를 들어, payRate와 houseWorked라는 이름의 변수가 있다고 가정하자. 다음 수식은 * 연산자를 사용하여 변수 payRate의 값과 houseWorked의 값을 곱한다.

```
payRate * houseWorked
```

Alice도 표 3-2와 같은 산술 연산자를 제공한다.[9] Alice에서는 메뉴 시스템을 사용해서 수식을 만든다. 그림 3-30에 있는 Alice 메서드의 예를 살펴보자. 이 메서드는 diameter와 radius라는 2개의 변수를 가지고 있다. 이 두 변수의 형식은 모두 Number이다. 메서드에 있는 set 명령문은 ask user for a number 함수를 호출해서, 사용자에게 원의 지름을 입력하도록 요청한다. 입력된 값은 diameter 변수에 저장된다.

사용자가 원의 지름을 입력한 후에 원의 반지름을 계산한다고 가정하자. 이 계산을 위한 식은 다음과 같다.

$$radius = diameter / 2$$

반지름을 계산하기 위해서는 지름을 2로 나누어서 그 결과 값을 radius 변수에 저장해야 한

그림 3-30 메서드

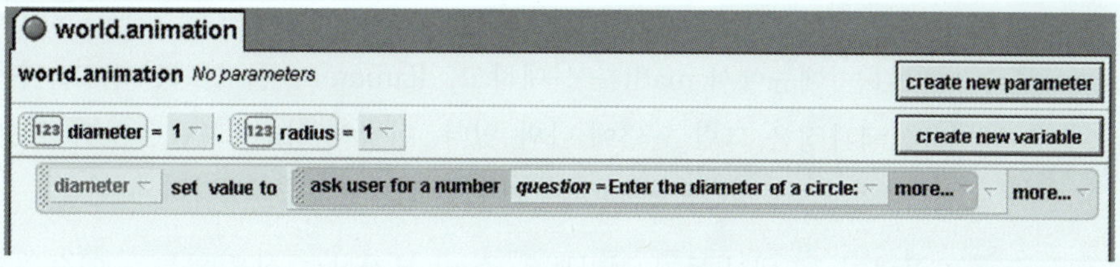

9) 일반 프로그래밍 언어에서는 표 3-2의 연산자 이외에 % 기호를 사용하는 "나머지 연산자"를 제공한다. 이 연산자는 나눗셈의 나머지를 반환한다. Alice는 이러한 나머지 연산자를 제공하지는 않지만, world 객체에 동일한 기능을 수행하는 기본 함수가 있다. world 객체를 선택한 후 세부 패널의 functions 탭을 살펴보면, advanced math 함수 카테고리에 IEEERemainder of a / b 함수 타일이 있다. 이 함수는 인수 a를 인수 b로 나눈 나머지를 반환한다.

다. 이렇게 하려면, radius 변수를 메서드 편집기로 드래그해서 set 명령문을 만든다. 메뉴가 나타나면, set value 값을 선택한 다음 expressions를 선택한다. 이때 또 다른 메뉴가 나타나는데, 여기에는 메서드 내의 모든 변수가 나열되어 있다. 메뉴에서 diameter를 선택한다. 이러한 일련의 메뉴 선택 과정이 그림 3-31에 나와 있다.

그림 3-31 set 명령문을 만드는데 필요한 메뉴

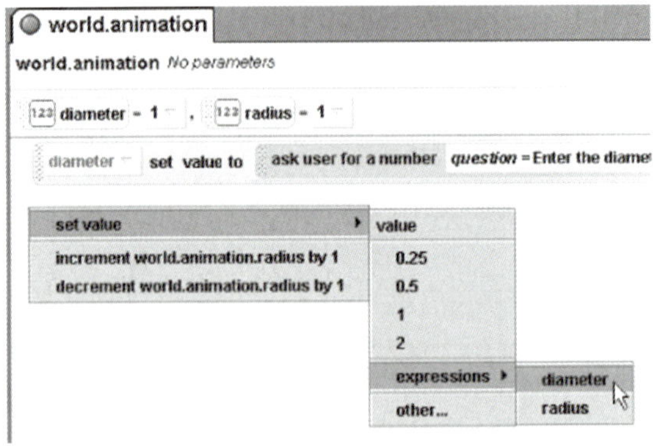

결국, 그림 3-32의 set 명령문이 만들어진다. 그러나 아직 끝나지 않았다. diameter / 2의 결과 값을 radius 변수에 저장해야 하므로 수식이 좀 더 필요하다. 이를 위해 set 명령문의 diameter 글자 바로 옆에 있는 그림 3-32의 드롭-다운 메뉴를 클릭한다.

그림 3-32 set 명령문

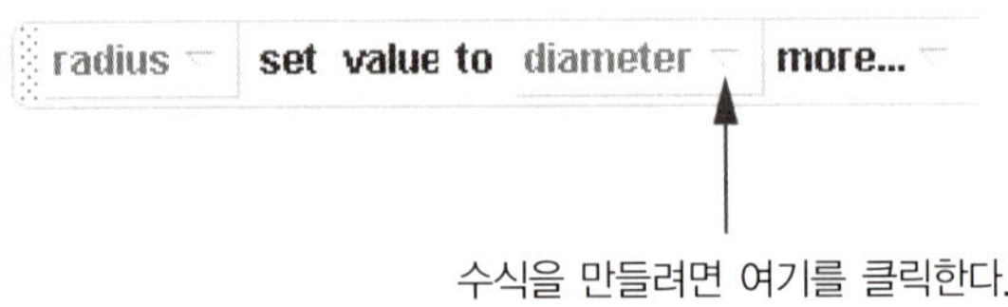

나타나는 메뉴에서 math를 선택하고, diameter / 를 선택한다. 그 다음 2를 선택한다. 이 메뉴 선택과정은 그림 3-33에 나와 있다. 이렇게 하면, 그림 3-34와 같은 set 명령문이 만들어진다. 이제 set 명령문은 radius 변수에 정확한 값을 저장하게 된다.

따라하기 3-5에서 독자 여러분은 좀 더 복잡한 수식을 만드는 연습을 한다. 이번 따라하기에서는 객체의 이동거리를 계산하는 수식을 만들어 볼 것이다.

그림 3-33 메뉴를 사용해서 수식 만들기

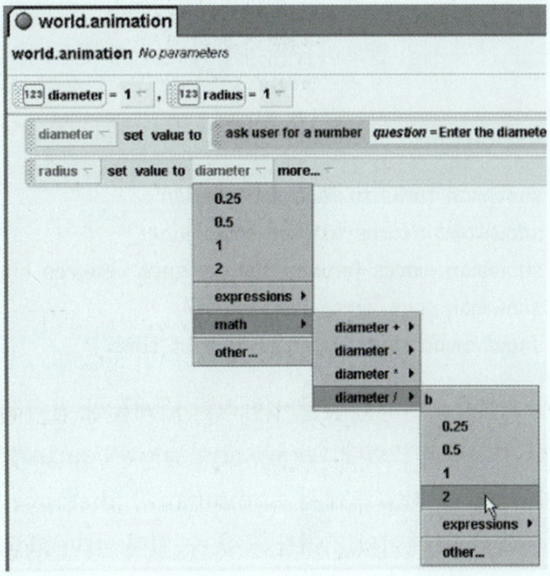

그림 3-34 완성된 set 명령문

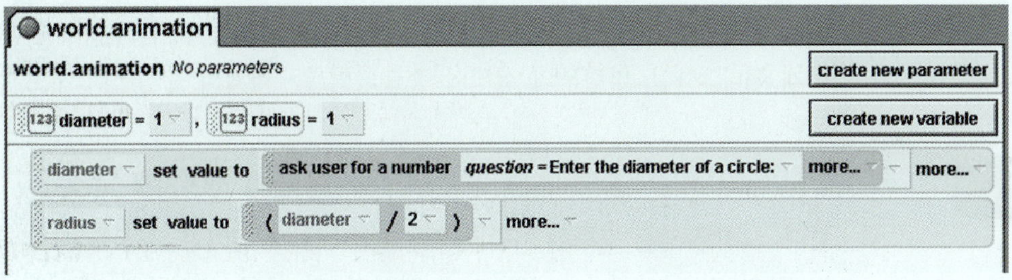

따라하기 3-5

수식을 사용하여 충돌 회피하기

그래픽 프로그래밍에서 충돌(collision)은 2개의 그래픽 객체가 서로 맞닿는 경우를 말한다. 객체가 충돌하면 서로를 통과해서 같은 공간을 차지하게 된다. 그러나 객체가 서로를 통과한다는 것은 비현실적이다. 따라서 충돌이 발생하지 않도록 해야 한다. 따라하기에서는 한 객체가 다른 객체의 위치로 이동하지만 충돌하지 않는 월드를 만들어 볼 것이다. 아래에 문제 진술문이 있다.

남자 눈사람과 여자 눈사람은 같은 방향으로 서 있다. 남자 눈사람이 여자 눈사람을 바라

보면, 여자 눈사람도 남자 눈사람을 바라본다. 남자 눈사람이 여자 눈사람 쪽으로 이동하고 여자 눈사람 바로 앞에서 멈춘다. 남자 눈사람이 여자 눈사람에게 말을 건넨다.

다음은 이 문제의 알고리즘을 개발하기 위해 만든 첫 번째 의사코드이다.

첫 번째 의사코드

```
snowman turns to face snowWoman
snowWoman turns to face snowman
snowman moves forward the distance between himself and the snowWoman
snowman says "Come here often?"
snowWoman says "No, it's my first time."
```

위 알고리즘은 수행해야할 일반적인 단계들의 전체적인 윤곽을 나타내지만, 중요한 세부사항 한 가지를 빠뜨렸다. snowman이 snowWoman과 충돌하는 것을 어떻게 막을 것인가? 3번째 줄의 의사코드에서 snowman의 distance to 함수를 사용하면 snowman과 snowWoman 사이의 거리를 구할 수 있다. 아마 그림 3-35와 같은 명령문이 만들어질 것이다. 이 명령문을 실행하면 어떻게 될까?

그림 3-35의 명령문은 snowman 객체를 앞쪽으로 이동시킨다. 이동거리는 distance to 함수가 반환하는 값이다. 그러나 distance to 함수는 두 객체의 중심점을 기준으로 그 사이의 거리를 반환한다. 따라서 이 명령문을 실행하면 snowman 객체는 snowwoman 객체와 충돌하게 된다. 사실, 명령문의 실행이 종료되면, 두 객체의 중심점이 서로 같은 위치에 놓이게 된다.

snowman이 snowWoman까지 이동하되 충돌하지 않으려면 정확한 이동거리를 계산해야 한다. 그림 3-36은 정확한 이동거리를 계산하는 데 열쇠가 되는 두 거리, 즉, "두 객체의 중심점 간의 거리"와 "snowWoman 객체의 깊이"를 보여준다. 두 중심점 간의 거리에서 snowWoman 객체의 깊이를 빼면, 상당히 정확한 거리를 구할 수 있다. snowWoman의 depth 함수를 사용하면 snowWoman의 깊이를 구할 수 있다. (기본 함수 목록의 size 카테고리에서 depth 함수를 찾을 수 있다.)

다음은 위의 알고리즘을 개발하기 위해 만든 두 번째 의사코드이다. 이 의사코드에서는 distance라는 이름의 변수를 사용한다.

그림 3-35 예상 명령문

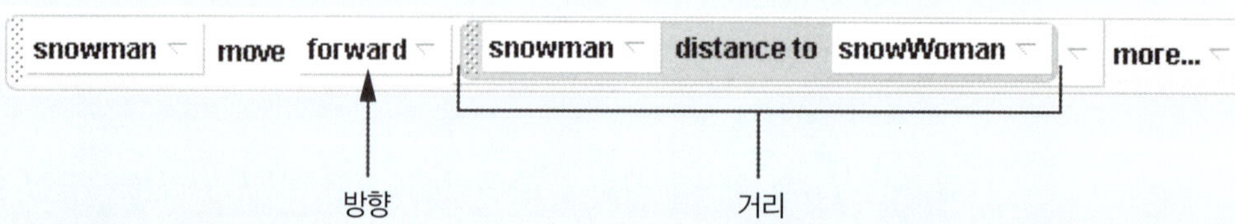

그림 3-36 주요 거리

두 번째 의사코드

snowman turns to face snowWoman
snowWoman turns to face snowman
set the distance variable to the distance from the snowman to the snowWoman minus
 the snowWoman's depth
snowman moves forward, using the distance variable as the amount
snowman says "Come here often?"
snowWoman says "No, it's my first time."

의사코드의 3번째 줄에서 snowman 객체의 이동 거리를 계산하고 그 거리를 distance 변수에 저장한다. 그림 3-37은 이 과정을 수행하는 실제 Alice 명령문이다.

문제의 접근 방법을 알았으니 이제 월드를 만들어 보자. 다음의 단계들을 차례대로 수행하면 된다.

단계 1: snow 템플릿을 사용해서 새 월드를 만든다. Snowman 클래스의 인스턴스 한 개를 월드에 추가하고, SnowWoman 클래스(두 클래스 모두 People 컬렉션에 있음)의 인스턴스도 한 개 추가한다. 객체들을 그림 3-38처럼 배치하자.

단계 2: my first method 메서드의 이름을 animation(또는, camelCase 형식의 원하는 이름)으로 변경한다. distance라는 이름의 변수를 만든다. 변수의 형식은 Number이고, 변수의 초기 값으로 1을 선택한다.

그림 3-37 distance 변수의 set 명령문

그림 3-38 초기 화면 설정

단계 3: 그림 3-39처럼 명령문과 주석을 만든다.

단계 4: 이제 그림 3-37의 set 명령문을 만들어 보자. distance 변수 타일을 메서드 편집기로 드래그한 다음, 마지막 명령문 아래에 드롭한다. 나타나는 메뉴에서 set value를 선택한 다음 1을 선택한다. 이것은 자리표시자이다.

단계 5: 다음으로 자리표시자 값을 snowman.distance to 함수 호출문으로 교체하자. snowman 객체를 선택하고 distance to 함수 타일을 드래그한 다음, set 명령문의 자리표시자 값 1에 드롭한다. 드롭하면 함수의 인수를 지정하는 메뉴가 나타난다. snowWoman을 선택한 다음, entire snowWoman을 선택한다. 이제 그림 3-40과 같은 set 명령문이 만들어진다.

그림 3-39 초기 명령문

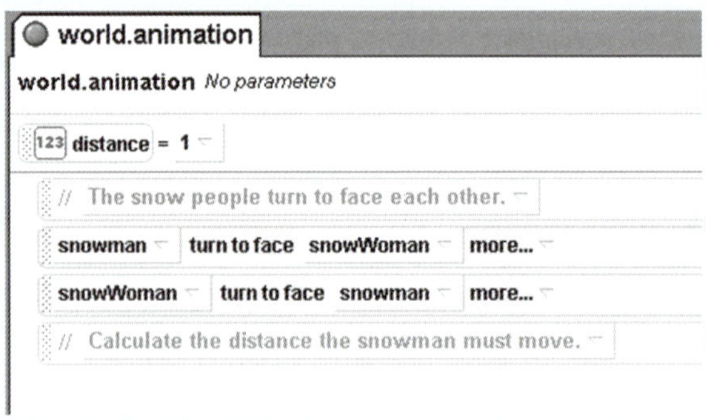

그림 3-40 미완성 set 명령문 1

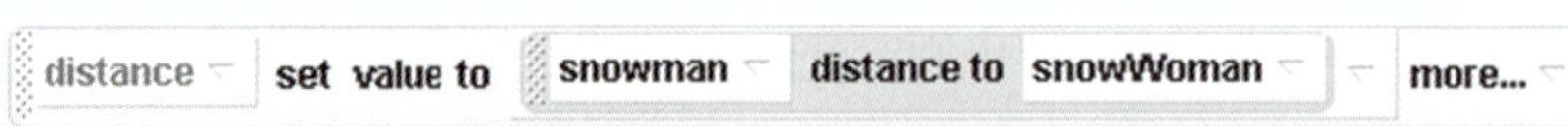

단계 6: 다음으로 수식을 만들어 보자. 그림 3-41의 드롭-다운 메뉴를 클릭한다. 그림처럼, 메뉴에서 math를 선택한다. 그리고 snowman distance to snowWoman을 선택한 다음, 1을 선택한다. 1 값은 자리표시자이다. 여기까지 마쳤다면, set 명령문이 그림 3-42처럼 된다.

단계 7: 이제 수식을 완성해 보자. snowWoman 객체를 선택한 다음, snowWoman의 depth 함수 타일을 찾는다. (size 카테고리에서 depth 함수를 찾을 수 있다.) depth 함수 타일을 메서드 편집기로 드래그한 다음, 단계 6에서 만든 자리표시자 1에 드롭한다. 이제 set 명령문이 그림 3-43처럼 된다. 이 명령문을 실행하면, distance 변수에 snowman의 이동 거리가 저장될 것이다.

단계 8: 방금 만든 명령문 아래에 다음의 주석을 추가하자.

```
// move the snowman to the snowWoman.
```

그리고 snowman.move 메서드 타일을 메서드 편집기로 드래그한 다음, 방금 만

그림 3-41 수식을 만드는 단계

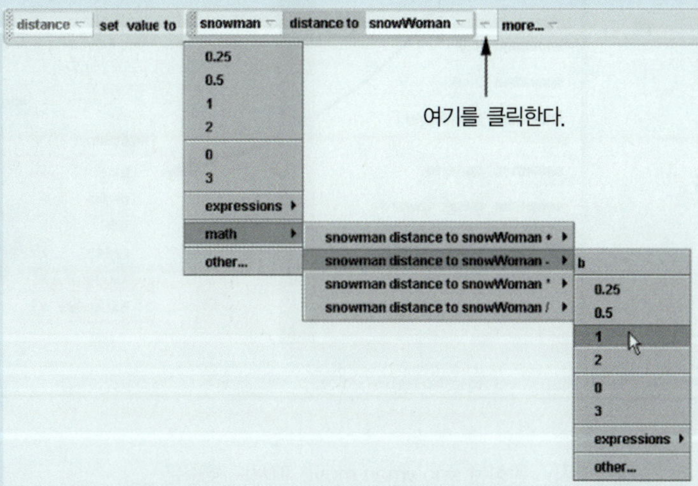

그림 3-42 미완성 set 명령문 2

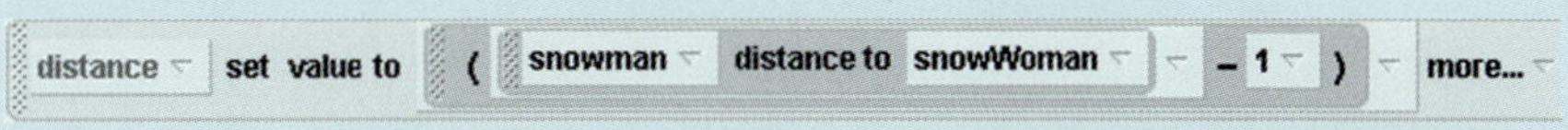

그림 3-43 완성된 명령문

든 주석 아래에 드롭한다. 그림 3-44처럼, direction(방향)으로 forward를 선택하고 amount(거리)로 distance 변수를 선택한다. 이렇게 하면 그림 3-45와 같은 명령문이 만들어진다.

단계 9: 그림 3-46의 마지막 3개의 타일을 추가로 만들어서 메서드를 완성한다.

단계 10: 월드를 저장한 후 플레이해 보자. 남자 눈사람이 아주 가깝게 다가가지만, 여자 눈사람과는 충돌하지 않는 것을 확인할 수 있다.

그림 3-44 snowman.move 메서드

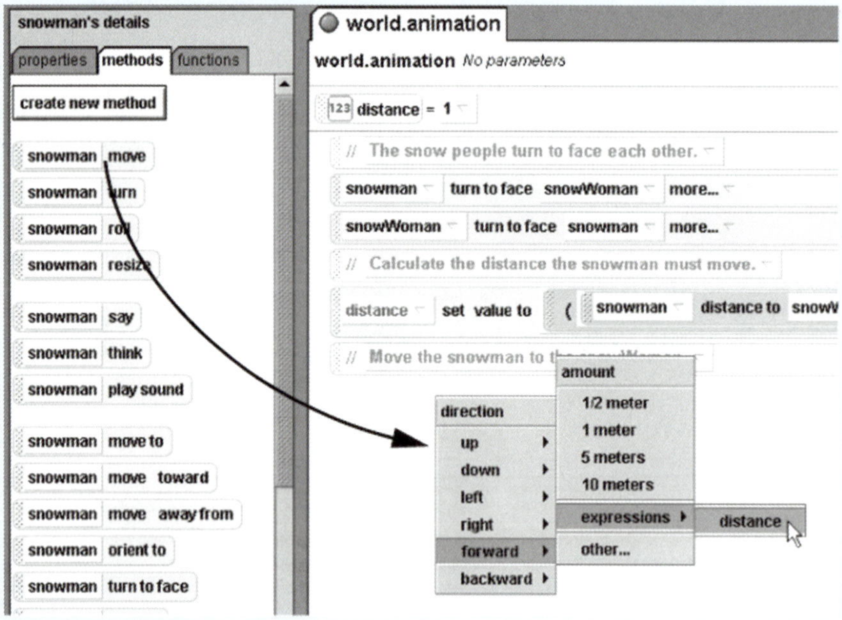

그림 3-45 완성된 snowman.move 메서드 호출문

그림 3-46 완성된 메서드

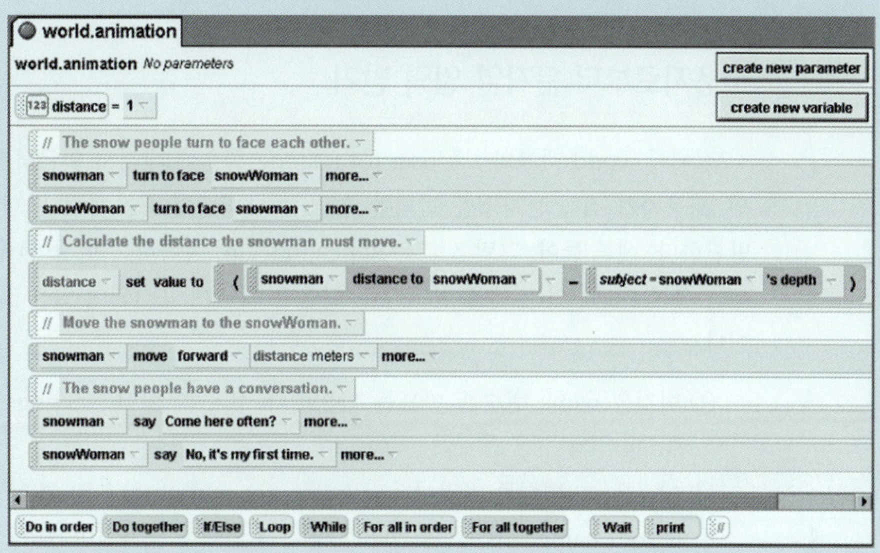

체크 포인트

3.10 대부분의 프로그래밍 언어에서 다음의 연산자가 하는 역할은?

+ − * /

3.11 수식이 하는 역할은?

3.12 변수 days에 14가 저장되어 있다고 가정하자. 다음 수식이 반환하는 값은?

days / 2

3.13 그래픽 프로그래밍에서 충돌이란 무엇인가?

3.4 문자열과 텍스트 처리하기

개념 : 문자열이란 문자들의 연속된 나열을 의미한다. Alice는 문자열과 텍스트를 처리할 수 있는 다양한 기능들을 제공한다.

*문자열(string)*이란, 문자들의 연속된 나열(a sequence of characters)[10]을 의미한다. 컴퓨터 프로그램에서 문자열은 이름, 주소, 경고 메시지 등을 나타내는데 사용한다.[11] 이번 절에

10) 여기서 문자는 공백 문자(' ')도 포함한다.

서는 Alice에서 문자열을 다루는 다양한 기법들에 대해서 학습한다.

사용자로부터 문자열 입력 받기

3.2절에서 world 객체의 ask user for a string 함수에 대해서 언급하였다. 이 함수가 호출되면, 사용자가 직접 문자열을 입력할 수 있는 대화상자가 표시된다. 함수는 입력된 문자열을 반환한다. 예를 들어, 그림 3-47은 RepeatingNurd(따라하는 범생이) 월드를 보여준다. 이 월드는 부록 CD에 있는 예제 월드이다. 다음은 그림에 표시되어 있는 3가지 타일에 대한 설명이다.

① 이것은 name 변수를 만드는 타일이다. 변수의 형식은 String이고 초기 값은 default string이다.[12)]

② 이것은 set 명령문 타일이다. ask user for a string 함수를 호출해서 사용자에게 "What is your name?" 이라고 묻는다. 사용자가 입력한 문자열이 name 변수에 저장된다.

③ 이것은 nerd 객체의 say 메서드를 호출하는 타일로, 인수로 name 변수를 전달한다. 이 명령문이 실행되면, nerd(범생이) 객체는 name 변수의 내용을 말하게 된다.

간단히 이야기해서, 월드를 플레이하면 What is your name?이라고 묻는 대화상자가 표시되고, 여기서 독자 여러분의 이름을 입력한 후, 확인 버튼을 클릭한다. 그러면 nerd 객체가 말풍선으로 여러분의 이름을 말한다.

노트

Alice 2.0(04/05/2005)에서 ask user for a string 함수를 호출하는 명령문을 만들 때, 한 가지 버그가 발생한다. 대화상자에 표시될 문자열을 선택하거나 지정하면, 동일한 대화상자가 2번 나타난다.[13)] 연속해서 확인 버튼을 클릭하면 대화상자가 사라진다. 월드를 플레이하면 함수는 정상적으로 동작한다.

문자열 연결

두 문자열을 연결하여 한 문자열로 만드는 경우가 종종 있다. 예를 들어, 문자열 "Good "과 "Morning"을 연결하면 "Good Morning"이라는 문자열을 만들 수 있다. 이런 형태의 연산을 보통 *문자열 접합(string concatenation)*이라고 한다. Alice는 world 객체의 a joined with b 함수를 사용해서 두 문자열을 연결한다. 여기서 a 또는 b가 인수로 전달되는 문자열

11) C, C++ 또는 Java와 같은 대부분의 일반 프로그래밍 언어에서는 문자열을 표시할 때, 연속된 문자들을 큰 따옴표(" ")로 묶는다. Computer Programming라는 문자열을 프로그래밍 언어로 표현하려면 반드시 "Computer Programming"처럼 문자열을 큰 따옴표로 묶어 주어야 한다. 그러나 Alice에서는 이렇게 하지 않는다.

12) 변수 타일에 표시된 기호 abc에 주목하라. 이것은 변수의 형식이 문자열(string)임을 말해준다.

13) 이 버그는 Alice 2.2에서 수정되었다.

그림 3-47 RepeatingNerd 월드

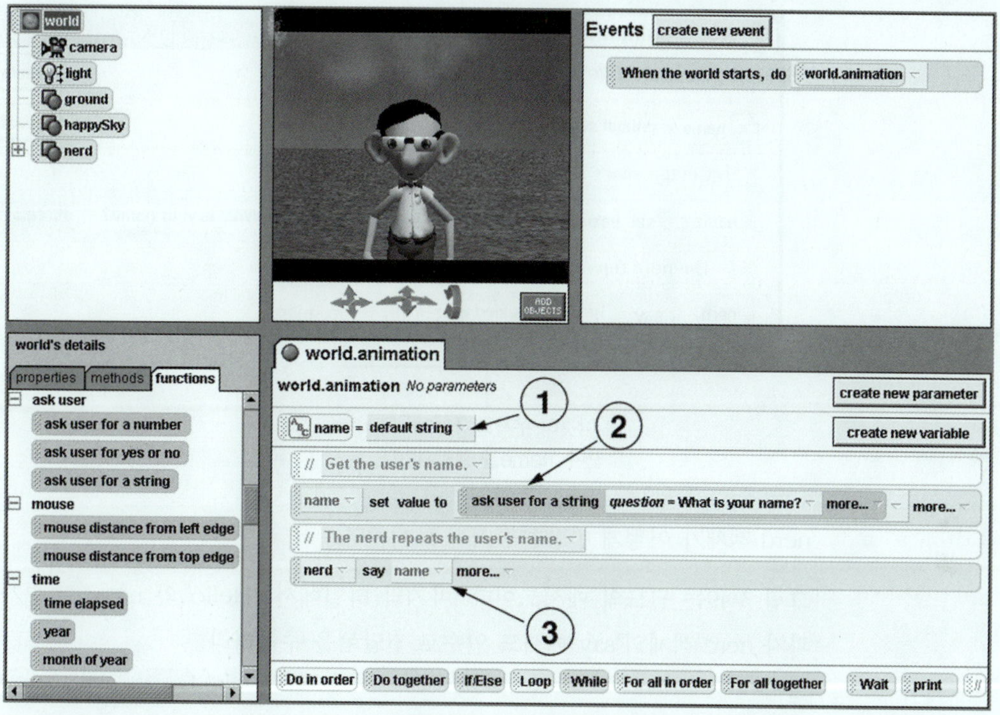

이다. 이 함수는 a 문자열과 b 문자열 자체는 변경하지 않고, a와 b가 결합된 하나의 문자열을 반환한다. (a joined with b 함수는 world 객체의 string 카테고리에 있다.)

이것을 확인하기 위해, 부록 CD에 있는 GreetingNerd(인사하는 범생이) 월드를 살펴보자. 이 월드는 앞에서 살펴본 RepeatingNerd 월드의 수정본이다. GreetingNerd 월드의 대화상자에 독자 여러분의 이름을 입력하면, nerd 객체가 "Hello " 다음에 당신의 이름을 붙여서 여러분에게 인사를 한다. 예를 들어, 그림 3-48은 대화상자에 Christopher라고 입력했을 때

그림 3-48 GreetingNerd 월드의 플레이 모습

그림 3-49 GreetingNerd 월드의 메서드

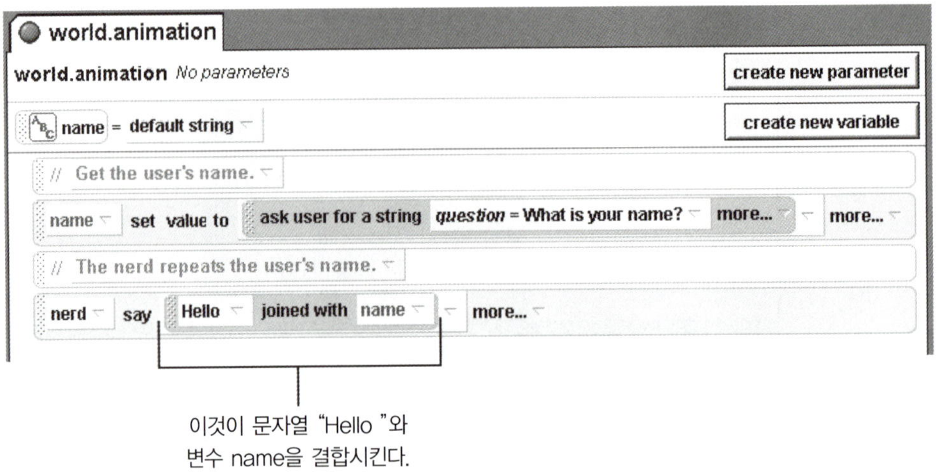

nerd 객체가 어떻게 반응하는지를 보여준다.

그림 3-49는 월드의 메서드이다. 마지막 타일에서 "Hello"와 name 변수가 결합되고, 그 결과가 nerd 객체의 say 메서드 인수로 전달됨을 주목하라.

비문자열을 문자열로 변환하기

비문자열을 문자열로 변환해야 하는 경우가 종종 있다. 예를 들어, 수치 변수의 내용을 말풍선이나 생각풍선으로 나타내려 한다고 가정하자. 기본 메서드인 say와 think는 인수로 문자열만 받기 때문에, 수치 변수를 직접 이 메서드로 전달할 수 없다. 대신 world 객체의 what as a string 함수를 사용해서 수치 변수의 값을 문자열로 변환해야 한다. (이 함수는 string 카테고리에서 찾을 수 있다.) what 인수로 변수를 전달하면, 해당 값이 문자열로 반환된다. 따라하기 3-6에서는 이 함수를 사용해서 부록 CD에 있는 예제 월드를 수정해 볼 것이다.

따라하기 3-6

수치 변수의 값을 문자열로 변환하기

이번 따라하기에서는 부록 CD에 있는 AccountantBob(경리사무원 밥) 월드를 완성해 볼 것이다. 다음은 월드의 문제 진술문이다.

사용자에게 자신의 연봉을 입력하라는 대화상자가 나타난다. 입력하고 나면, 세금(연봉의 25%)이 계산된다. 경리 사무원인 밥은 사용자에게 그 세금의 액수를 말해준다.

다음의 의사코드는 알고리즘의 전체적인 윤곽을 보여준다.

Ask the user "What is your annual salary?" and store the input in salary variable.
Set the taxes variable to salary multiplied by 0.25
Bob says the amount in the taxes variable.

단계 1: 부록 CD에 있는 AccountantBob 월드를 복사해서 연다.(AccountantBob.a2w 파일이다.) 그림 3-50에서 볼 수 있듯이, salary와 taxes 변수 뿐만 아니라, 의사코드 알고리즘의 처음 두 단계에 해당하는 명령문이 이미 만들어져 있다.

단계 2: 알고리즘의 마지막 단계에 해당하는 명령문을 만들면 메서드가 완성된다. bob 객체를 선택한 다음, say 메서드 타일을 메서드 편집기로 드래그한다. 그런 다음, 편집기의 마지막 명령문 아래에 드롭한다. 타일을 드롭하면, 인수를 지정하는 메뉴가 나타난다. 자리표시자를 만들면 되므로, 메뉴에서 hello를 선택한다.

단계 3: 이제 hello 인수를 what as a string 함수로 교체한 다음, 이 함수의 인수로 taxes 변수를 전달하자. 객체 트리에서 world 객체를 선택하고, 세부 패널에서 string 카테고리의 함수들이 보일 때까지 스크롤을 아래로 내린다. what as a string 함수 타일을 메서드 편집기로 드래그한다. 여러분이 만든 마지막 명령문의 hello 인수에 타일을 드롭한다.

그림 3-50 AccountantBob 월드

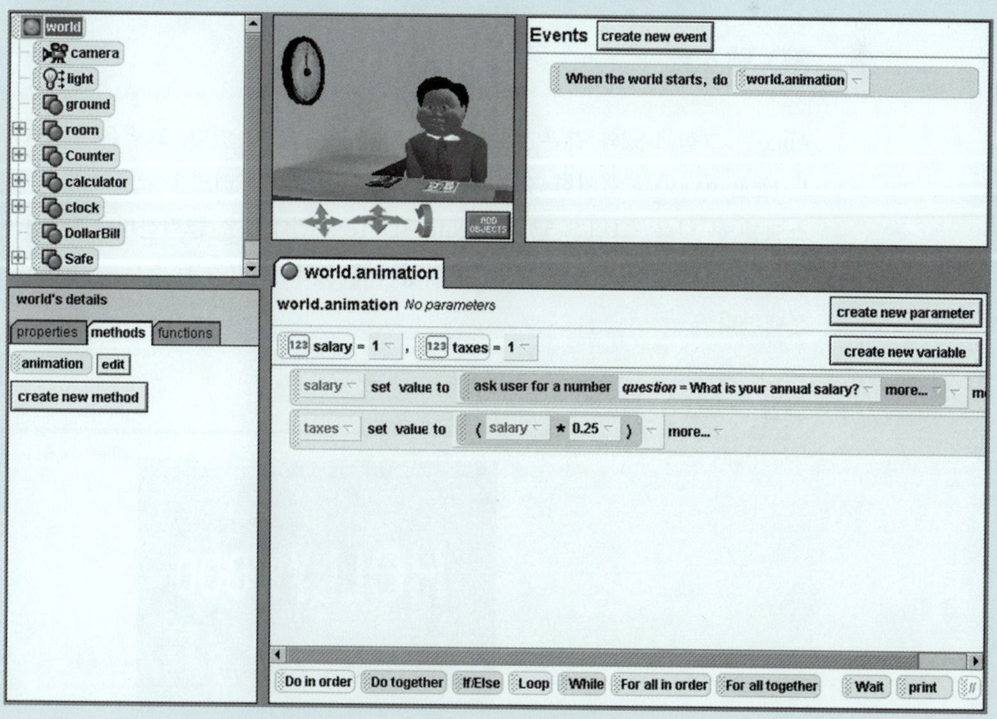

그림 3-51 완성된 메서드

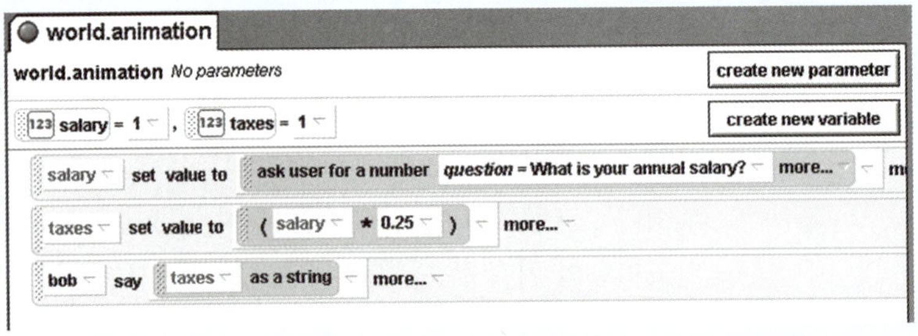

what 인수를 지정하는 메뉴가 나타난다. expressions를 선택한 다음 taxes를 선택한다. 이제 메서드가 그림 3-51처럼 만들어진다. 독자 여러분이 만든 명령문에 대해서 잠깐 생각해 보자. 명령문은 bob 객체의 say 메서드를 호출한다. 그런 다음, taxes 변수가 문자열로 변환되어 say 메서드의 인수로 전달된다.

단계 4: 월드를 저장한 후, 플레이해 보자. 대화상자에서 숫자를 넣고 확인 버튼을 클릭한다. 세금 액수가 밥의 말풍선에 나타나는 것을 볼 수 있을 것이다.

팁

대화상자에서 달러로 된 금액을 입력하는 경우, 달러 표시($)나 콤마(,)를 입력하면 안 된다. 그러한 특수 문자를 입력하면 에러가 발생한다.

3D 텍스트

Alice는 그림 3-52와 같은 3D 텍스트 객체를 만들 수 있다. 그림은 부록 CD에 있는 예제 월드 Hollywood를 캡처한 것이다. 3D 텍스트를 추가하려면 Local Gallery에서 오른쪽 끝까지 스크롤 한 다음, 그림 3-53의 Create 3D Text 썸네일을 클릭한다. 그러면, 그림 3-54의 Add 3D Text 대화상자가 나타난다. 대화상자에서 3D로 만들 텍스트를 입력하고, 원하는 폰트를 선택한다.

그림 3-52 3D 텍스트

그림 3-53 Create 3D text 썸네일

그림 3-54 Add 3D Text 대화상자

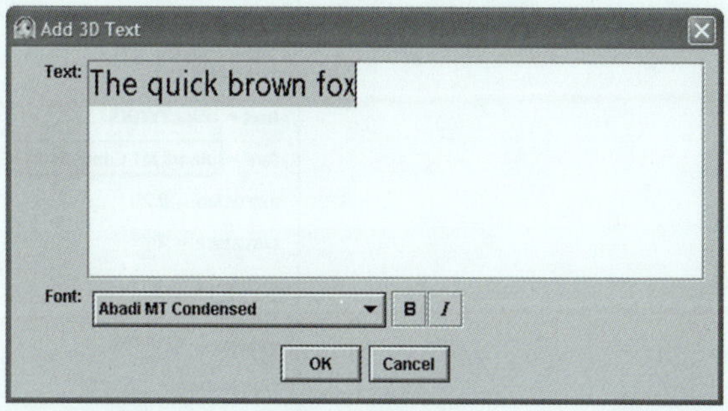

3D 텍스트 객체를 만들면, 해당 객체 타일이 객체 트리에 나타난다. 이때 입력한 텍스트가 객체의 이름이 된다. 예를 들어, 그림 3-52의 3D 텍스트는 객체 트리에 HOLLYWOOD라는 이름의 타일로 표시된다. 그림 3-55에서 확인할 수 있다.

3D 텍스트 객체는 다음과 같은 독특한 4가지 속성을 가지고 있다.

- text(텍스트) : 이 속성은 객체 안에 표시되는 텍스트를 저장하고 있다. 이 속성을 변경하면 해당 객체에 표시되는 텍스트도 함께 변경된다.
- font(폰트) : 이 속성은 텍스트 객체의 폰트를 결정한다.
- extrusion(돌출) : 이 속성은 3D 텍스트 객체의 깊이를 결정한다. 여기에 설정한 값이 크면 클수록 텍스트는 더 두껍게 보인다.
- curvature(굴곡) : 이 속성은 구부러진 문자의 부드러움 정도를 제어한다. 값이 더 크면 클수록 문자는 더 부드럽게 보이고, 값이 더 작으면 문자는 덜 부드럽게 보인다.

체크 포인트

3.14 문자열이란 무엇인가?

3.15 사용자로부터 문자열을 입력 받으려면, 어떤 world 함수를 사용해야 하는가?

3.16 문자열 접합이란 무엇인가?

3.17 수치 변수의 내용을 말풍선이나 생각풍선으로 표시하려면, 어떻게 해야 하는가?

그림 3-55 객체 트리의 3D 텍스트 객체

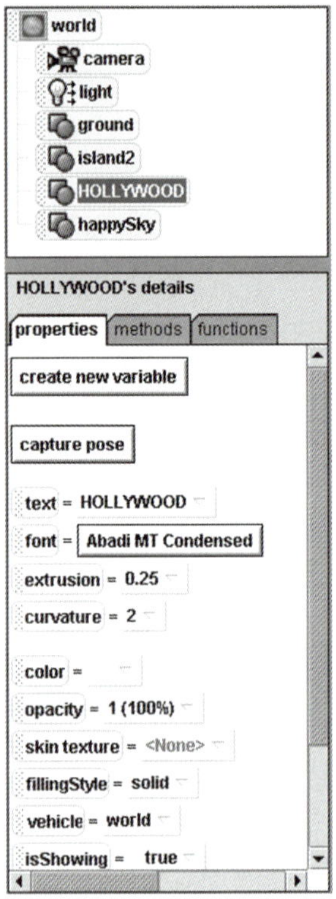

확인 문제

객관식

1. 지역 변수가 속해 있는 곳은?
   가. 객체
   나. 메서드
   다. 클래스
   라. 속성

2. 변수 타일에 표시된 기호 123은 무엇을 의미하는가?
   가. 이 변수는 값 123을 저장하고 있다.
   나. 이 변수의 이름은 123이다.
   다. 이 변수는 메서드 내에서 3번째 라인에 있다.
   라. 이 변수의 형식은 Number이다.

3. 변수 안의 값을 변경하는 명령문은?
   가. 기본 메서드 호출문
   나. Write 명령문
   다. Copy 명령문
   라. Set 명령문

4. 변수에 값을 저장하는 명령문을 보통 무엇라고 부르는가?
   가. 변수 할당문(A variable assignment)
   나. 변수 수정문(A variable modification)
   다. 변수 복사문(A variable duplication)
   라. 변수 변경문(A variable mutation)

5. 메서드와 함수의 차이점은?
   가. 함수는 인수를 전달 받을 수 없다.
   나. 함수는 인수를 반드시 전달 받아야 한다.
   다. 함수는 그 함수를 호출한 명령문 쪽으로 값을 다시 반환한다.
   라. 함수는 호출되지 않지만, 메서드는 호출된다.

6. 사용자로부터 수치값을 입력받아, 그 값을 반환하는 world 함수는?
   가. get number
   나. ask user for a number
   다. input number
   라. enter a number

7. 한 객체의 중심점으로부터 다른 객체의 중심점까지의 거리를 반환하는 기본 함수는?
   가. distance to center
   나. distance from
   다. distance to
   라. distance between

8. 대부분의 프로그래밍 언어에서 곱셈 연산자로 사용되는 기호는?
   가. x
   나. &
   다. *
   라. .

9. 사용자로부터 문자열을 입력 받아, 다시 그 문자열을 반환하는 월드 함수는?
   가. get string
   나. ask user for a string
   다. input string
   라. enter a string

10. 두 문자열을 결합하는 것을 무엇이라고 하는가?
    가. 문자열 접합(String concatenation)
    나. 문자열 접착(String splicing)
    다. 문자열 접목(String grafting)
    라. 문자열 구축(String building)

11. 두 문자열을 결합하는데 사용하는 world 함수는?
    가. a concatenated with b 함수
    나. a appended to b 함수
    다. a plus b 함수
    라. a joined with b 함수

12. 비문자열을 문자열로 변환하는데 사용하는 world 함수는?
    가. what as a string 함수
    나. convert what to a string 함수
    다. object to string 함수
    라. what becomes a string 함수

주관식

1. 변수란 무엇인가?
2. 속성 값을 변경하는 명령문을 만드는 방법은?
3. Alice에서 함수를 호출하는 방식은 메서드의 호출 방식과 동일한가? 아니면, 다른 점이 있는가?
4. 문자열이란 무엇인가?
5. Alice 월드에 hampster라는 이름의 객체가 있다고 가정하자. 그림 3-56의 메서드는 언제 실행되며, hampster 객체가 하는 말은 무엇인가?
6. 다시, Alice 월드에 hampster라는 이름의 객체가 있다고 가정하자. 그림 3-57의 메서드는 언제 실행되며, hampster 객체가 하는 말은 무엇인가?

그림 3-56 메서드

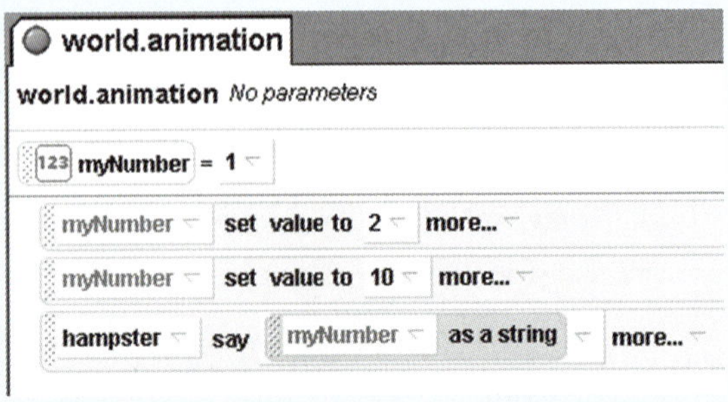

그림 3-57 메서드

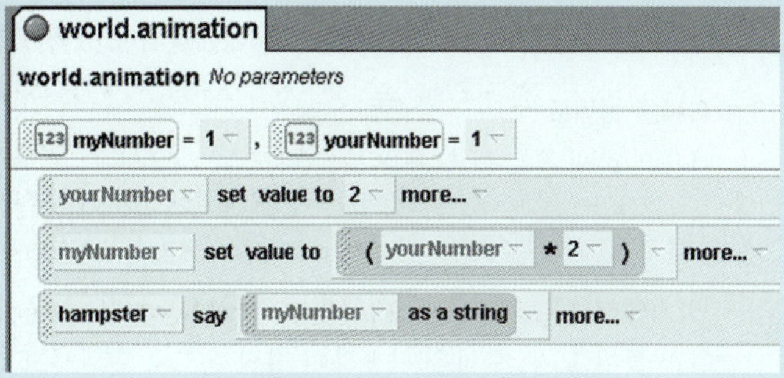

연습 문제

1. 갤런당 주행 거리(Miles per Gallon, MPG)

   월드를 하나 만들되, 자동차에 넣을 수 있는 연료의 총 갤런과 연료를 가득 넣고 최대한 갈 수 있는 총 마일을 입력 받도록 하자. 입력 받은 값을 변수에 저장하자. 또한, 자동차의 갤런당 주행 거리를 저장하는 변수를 만들고, 다음 식을 사용하여 갤런당 주행 거리(MPG)를 계산하자.

   $$MPG = miles / gallons$$

   월드에는 사람(People 컬렉션에 있음) 1명과 차(Vehicles 컬렉션에 있음) 1대가 있어야 한다. 초기 화면에서 자동차는 카메라를 벗어나 보이지 않은 위치에 있어야 한다. 데이터를 입력하고 나면 사람이 카메라로 다가온다. 그리고 차가 달려와 시야에 들어오고, 카메라 앞에서 멈춘다. 이때 그 사람은 사용자로부터 입력 받은 데이터를 토대로 계산한 자동차의 연비(MPG)를 말한다. 그런 다음에 자동차는 그대로 달려가서 카메라의 시야에서 벗어난다. 그림 3-58은 이 월드의 예시 화면이다.

그림 3-58 MPG 월드

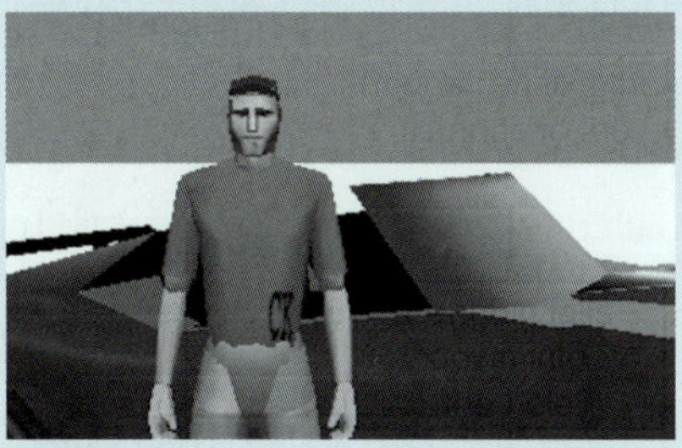

2. 테이블 위의 펭귄

   한 마리의 펭귄과 한 개의 테이블이 있는 월드를 만들자. 펭귄은 테이블 옆에 선 채 테이블 마주 보고 있다. 펭귄은 날갯짓을 하여(wing_flap 메서드를 사용한다) 테이블의 높이보다 (table의 height 함수를 사용하여 높이를 구한다) 정확하게 1미터 더 높게 공중으로 올라간다. 그런 다음, 앞으로 이동해서 거의 테이블의 중앙까지 온 후, 테이블 위로 내려온다.

3. 화씨를 섭씨로

다음은 화씨 온도를 섭씨 온도로 바꿀 때 사용하는 수식이다.

$$C = (5/9) * (F - 32)$$

위 식에서, C는 섭씨 온도이고 F는 화씨 온도이다. 사용자로부터 화씨 온도를 입력받는 월드를 만들어 보자. 수식을 사용하여 섭씨 온도로 변환하고 그 바뀐 온도를 변수에 저장한다. 계산한 섭씨 온도를 People 컬렉션에 있는 캐릭터가 말풍선으로 이야기한다. 그림 3-59는 이 월드의 예시 화면이다.

그림 3-59 "화씨를 섭씨로" 월드

4. 소형 비행기

2대의 소형 비행기(Vehicles 컬렉션에 있음)가 있는 월드를 만들어 보자. 월드가 플레이 되면, 두 소형 비행기가 동시에 서로를 마주본다. 그리고 동시에 서로를 향해서 움직인다. 소형 비행기들은 서로에게 가까이 다가가서 멈춘다. 그러나 충돌하지는 않는다. 소형비행기들을 어디에 위치시켜 놓든지, 동일한 방식으로 움직여야 한다.

5. 닭 시계

농부 MacDonald의 농장에는 시간을 알려주는 닭 한 마리가 있다. 이 닭은 현재 시간만큼 날갯짓을 하도록 훈련을 받은 상태다. 예를 들어, 3시라면, 닭은 3번의 날갯짓을 한다. 농부 MacDonald의 닭이 날갯짓을 해서 지금이 몇 시인지 알려주는 월드를 만들어 보자.

Web Gallery의 Animals 컬렉션에는 2개의 Chicken 클래스가 있다. 이 월드에서는 그림 3-60의 Chicken 클래스 인스턴스를 추가한다. 이 클래스는 날갯짓을 하는 flap이라는 맞춤형 메서드가 있다. 이 메서드는 times와 speed라는 2개의 인수를 전달 받는다. times 인수는 닭이 날갯짓하는 횟수를 결정하고, speed 인수는 날갯짓의 속도(값이 클수록 더 빠르게 날갯짓을 한다)를 결정한다.

그림 3-60 Chicken 클래스

world 객체는 time이라는 이름의 함수 카테고리를 가지고 있다. time 카테고리의 함수 중에는 hour of AM or PM이라는 함수가 있는데, 컴퓨터의 내부 시계로부터 현재 시간을 구해서 반환한다. 이 함수를 이용해서 현재의 시간을 구하고, 그 값을 닭의 flap 메서드의 인수로 전달하자. 이렇게 하면 닭의 날갯짓 횟수로부터 현재의 시간을 알 수 있다.

6. 3D 텍스트로 표시되는 닭 시계

   연습문제 5에서 만든 닭 시계 월드에 hour라는 이름의 3D 텍스트 객체를 추가해 보자. 월드에 hour라고 써져 있는 텍스트가 보여야 한다. color(색깔)나 extrusion(도출) 속성은 원하는 대로 보기 좋게 변경해 보자.

   다음으로, 3D 텍스트 객체의 text 속성을 현재의 시간으로 설정하는 set 명령문을 만든다. (현재의 시간이 숫자이기 때문에, 월드의 what as a string 함수를 사용해서 문자열로 변환해야 할 것이다.) 월드를 플레이하면, 현재의 시간이 3D 텍스트로 표시되어야 한다.

7. 볼 차기

   Sports 컬렉션에서 공을 하나 마음대로 선택하고, People 컬렉션에서 사람 한 명을 마음대로 선택해서 월드를 만들자. 그리고 사람의 발 한쪽 앞에 공을 위치시키자. 월드를 플레이하면, 사람 객체로 하여금 공을 얼마나 멀리 차게 할지 사용자에게 묻는다. 그런 다음에 사람 객체는 공을 차는 모션으로 한쪽 다리를 움직이고, 사용자가 입력한 거리만큼 공이 이동한다.

8. 우주선 수리

   우주 공간을 배경으로 하는 월드를 만들어 보자. 월드에 1명의 우주비행사와 2대의 우주선(Web Gallery의 Space 컬렉션에 있음)이 있다. 한 우주선이 엔진 고장으로 좌초되어 있고, 한 우주비행사가 수리를 위해 다른 우주선을 타고 도착한 상태이다. 초기화면에서 우주비행사는 좌초된 우주선으로 우주유영을 하기 위해 타고 온 우주선 밖으로 이제 막 나간 상태의 위치에 있어야 한다. 월드가 플레이되면, 우주 비행사는 좌초된 우주선으로 떠가서 잠깐 동안 작업하는 것처럼 보이다가 다시 구조선으로 되돌아와야 한다. 그런 다음, 수리된 우주선은 화면을 벗어나 날아가 버린다.

CHAPTER 4

결정 및 반복 구조

TOPICS

4.1 논리값

개념 : 알고리즘과 프로그램은 일반적으로 true 또는 false를 값으로 하는 논리값을 사용한다.

컴퓨터 프로그램은 많은 종류의 데이터를 처리한다. 독자 여러분은 앞 장에서 1, 2, 그리고 0.25와 같은 값을 처리하는 Alice 월드를 만들어 보았다. 이 값들은 수치값(Number)이다. 또한, "Hello"와 "Enter the distance."와 같은 값을 처리하는 Alice 월드도 만들어 보았다. 이 값들은 문자열(String)이다.

프로그램은 참(true)과 거짓(false)이라고 하는 값도 처리할 수 있다. 참과 거짓, 이 두 값은 영국의 수학자 조지 부울을 기념하여, 불린 값(Boolean values, 논리값)이라고 한다. 1800년대에 부울은 참과 거짓이라는 추상적인 개념을 컴퓨터 연산에서 사용할 수 있는 수학적인 체계로 정립하였다. 오늘날 컴퓨터 프로그래밍 언어에서는 true나 false 값[1]을 메모리에 저

1) Java 언어는 C언어에 없는 데이터 형식을 가지고 있는데, 그 중 하나가 boolean 형이다. 이 데이터 형식으로 만들어진 변수는 true, 또는 false 값을 그대로 저장할 수 있다. 다음은 tf라는 이름으로 boolean 형식의 변수를 만들고, 초기 값으로 true를 저장하는 Java 코드이다.

장할 수 있으며, 알고리즘에서 이러한 논리값을 사용한다. 이 장에서는 논리값을 포함하여 다음과 같은 논리 연산에 대한 다양한 예를 살펴본다.

- true 또는 false 값을 저장할 수 있는 논리 변수를 만든다.
- true 또는 false 값을 반환하는 논리 함수를 사용한다.
- 논리값을 검사해서 그것이 true이면 특정 명령문을 실행하고, false이면 다른 명령문을 실행한다.
- 논리값이 true인 동안 특정 명령문의 실행을 반복한다.

논리 변수

논리 변수는 true 또는 false 2개의 값 중 하나만 저장할 수 있다. 그림 4-1은 Create New Local Variable 대화상자에서 논리 변수를 만드는 화면을 보여준다. 변수의 이름은 wantCookie이고, 변수 형식으로 Boolean이 선택되어 있으며, 초기 값으로 true가 설정되어 있다. 그림 4-2는 완성된 변수의 타일을 보여준다. 타일에 표시된 T/F 기호는 이 변수가 Boolean(논리) 형식임을 말해 준다.

그림 4-1 논리 변수 만들기

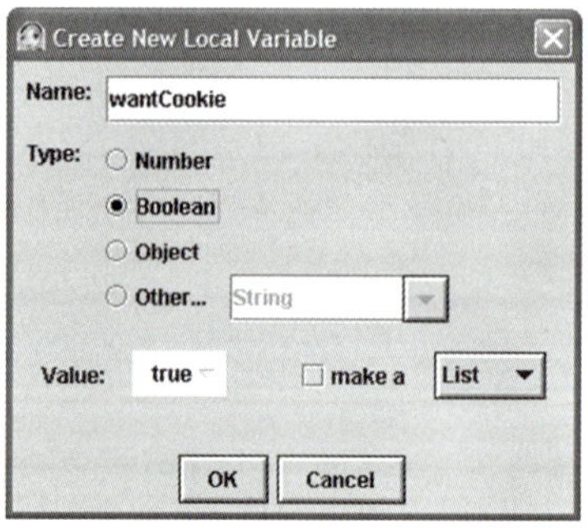

그림 4-2 논리 변수 타일

---

boolean = true;

여기서 주의할 점은, boolean = 1; 또는 boolean = "true"; 이렇게 하면 안 된다는 것이다. Java에서 true와 false는 그 자체가 값이며 상수이다. Alice에서도 true, false를 논리값으로 그대로 사용하고 있으므로 교재의 이 부분부터는 참, 거짓으로 번역하지 않고, true, false를 원어 그대로 사용하였다. 참고로 C언어에서는 true, false를 그대로 사용할 수 없다. Java 언어나 Alice처럼 true나 false라는 논리 상수가 없기 때문이다. C언어에서는 0 이외의 모든 값을 참으로 인식하며, 0을 거짓으로 인식한다.

논리 함수

논리 함수는 true 또는 false를 반환하는 함수이다. Alice에서는 논리값을 반환하는 다양한 기본 함수들이 있다. 3장에서 간단히 언급했던, world 객체의 ask user for yes or no 함수가 이러한 논리 함수의 한 예이다. 이 함수를 호출하면, "예" 버튼과 "아니오" 버튼이 있는 대화상자가 나타나며, 그 대화상자에는 함수 호출시 인수로 지정했던 문자열이 표시된다. 만약 사용자가 "예" 버튼을 클릭하면, 함수는 논리값 true를 반환한다. 만약 사용자가 "아니오" 버튼을 클릭하면, 함수는 논리값 false를 반환한다.

그림 4-3은 set 명령문에서 ask user for yes or no 함수를 어떻게 호출하는지 보여준다. 이 명령문이 실행되면 그림 4-4의 대화상자가 나타난다. 만약 사용자가 "예" 버튼을 클릭하면, wantCookie 변수에 true 값이 저장된다. 만약 사용자가 "아니오" 버튼을 클릭하면, wantCookie 변수에 false 값이 저장된다.

그림 4-3 논리 함수 호출하기

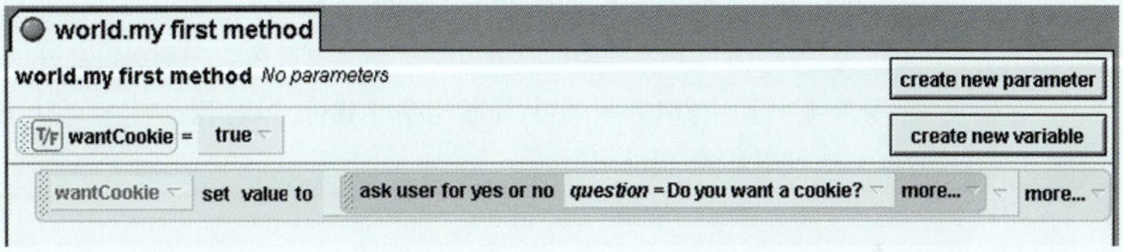

그림 4-4 대화상자

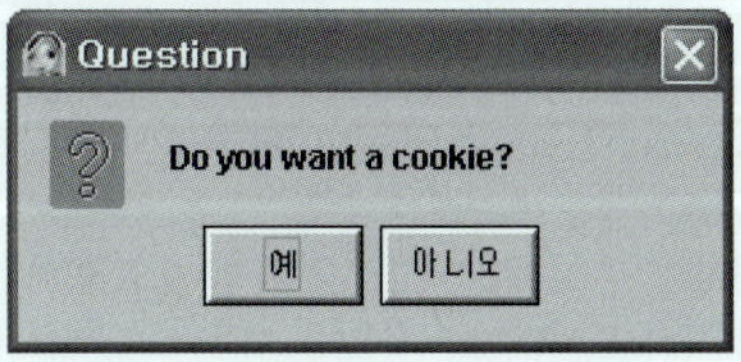

체크 포인트

4.1 논리 변수에 저장할 수 있는 값은 무엇인가?

4.2 world 객체의 ask user for yes or no 함수의 경우, 사용자가 "예" 버튼을 클릭하면 어떤 값을 반환하는가? 사용자가 "아니오" 버튼을 클릭하면 어떤 값을 반환하는가?

4.2 If/Else 결정 구조

개념 : If/Else 결정 구조는, 논리 조건이 true이면 특정 명령문을 실행하고, 그 조건이 false이면 다른 명령문을 실행한다.

지금까지 작성했던 모든 메서드에서, 명령문은 보이는 순서대로 하나씩 실행되었다. 순차적으로 실행되는 명령문은 도로를 걸어 내려갈 때의 발걸음으로 비유될 수 있다. 도로를 다 걸어 내려가려면, 처음부터 시작해서 끝에 도달할 때까지 한 걸음 한 걸음 차례대로 밟아나가야 한다.

그림 4-5는 3장의 따라하기 3-4의 메서드이다. 따라하기 3-4의 월드에는 한 마리의 펭귄과 얼음 구멍이 있었다. 코드를 실행하면, 펭귄이 구멍을 쳐다보고 그 구멍으로 이동한 다음 구멍 속으로 빠지듯이 들어간다.

이런 식의 코드를 *순차 구조(sequence structure)*[2]라고 부르는데, 명령문이 다른 방향으로 분기하지 않고 순차적으로 실행된다. 그러나 프로그램은 하나[3]보다 더 많은 실행 경로가 필요한 경우가 있다. 예를 들어, 알고리즘을 프로그램으로 구현하다보면, 특정 명령문이 특정한 상황에서만 실행되도록 해야 하는 경우가 많다. 이런 경우에는 *결정 구조(decision structure)*[4]로 해결할 수 있다.

---

2) 1970년, Edsger Dijkstra는 구조적으로 잘 만들어진 프로그램이 되기 위해서 2가지 기준을 따라야 한다고 주장하였다. 그 첫 번째가 프로그램의 흐름을 마음대로 바꾸는 무조건 분기문(go to 문)의 사용을 억제하고, 3가지 구조, 즉, 순차 구조, 선택 구조(조건 분기, 결정), 반복 구조만을 사용하여 프로그램을 작성해야 한다는 것이다. 프로그램의 흐름을 나타내는 이 3가지의 구조를 이번 장에서 학습하게 된다.(참고로 Alice에는 무조건 분기문인 go to 문이 없다.) 두 번째는 프로그램의 구성을 단계적으로 세분화시켜야 한다는 것이다. 이것을 보통 *단계적 세분화(Stepwise Refinement)*라고 하는데, 이에 대해서는 5.3절에서 자세히 살펴볼 것이다. 이러한 2가지 기준에 따라 프로그램을 작성하는 것을 "구조적 프로그래밍(Structured Programming)"이라고 하며, 현대 컴퓨터 프로그래밍의 주요 패러다임으로 자리 잡고 있다. Edsger Dijkstra는 네덜란드 출신의 컴퓨터 과학자로서, 그가 컴퓨터 과학에 이바지한 공헌은 매우 크다. 앞서 간단히 살펴본 구조적 프로그래밍 기법, 단일 출발점 최단 경로 알고리즘(일명, Dijkstra 최단 경로 알고리즘), 그리고 멀티 프로세스의 유한 자원에 대한 교착상태를 예방하는 세마포어(Semaphore) 등, 컴퓨터 과학의 많은 난제들을 획기적으로 개선하는 알고리즘을 제시하였다. Dijkstra는 이러한 공로로 1972년 튜링상을 수상하였고, 2002년 암으로 세상을 떠났다.

튜링상(Turing Award)은 미국의 ACM 학회에서 컴퓨터 과학 분야에 큰 업적을 남긴 사람에게 매년 시상하는 상으로, "컴퓨터 과학의 노벨상"이라고도 불린다. 영국의 수학자이며, 현대 전산학의 아버지라고 불리는 Alan Turing을 기념하여 제정된 상이다. 수상자는 상금으로 $250,000을 받게 되는데, 현재 Intel과 Google이 이 상의 재정 지원을 하고 있다. 인터넷 주소 http://en.wikipedia.org/wiki/Turing_award를 방문하면, 연도별 튜링상을 수상한 컴퓨터 과학자의 목록을 볼 수 있다.

3) 여기서 실행 경로가 1개라는 것은, 프로그램의 명령문이 순차 구조로만 되어 있다는 것이다. 이렇게 순차 구조로만 되어 있으면, 프로그램의 명령문이 나열된 순서 그대로, 위에서부터 아래로 한 방향으로만 실행된다. 결국 이러한 프로그램의 실행 경로는 위에서부터 아래로 하나만 존재하는 것이다.

그림 4-5 순차 구조

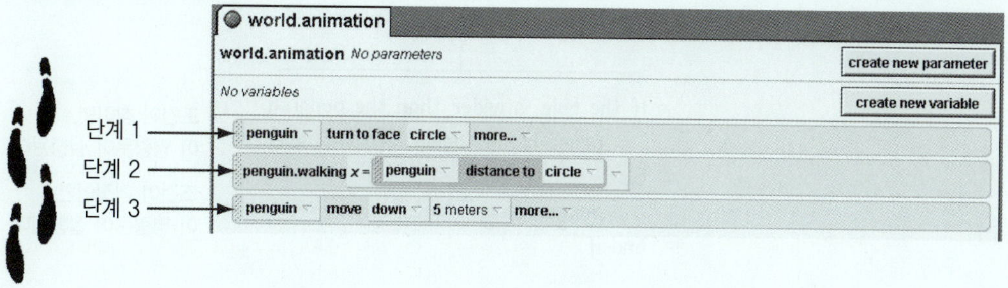

Alice에서 사용하는 결정 구조는 If/Else 명령문이다. If/Else 명령문은 조건(condition)을 검사하는데, 여기서 논리값이 나오는 것이면 무엇이든지 조건이 될 수 있다.[5] 만약 값이 true이면, 특정 명령문이 실행된다. 만약 값이 false이면, 다른 명령문이 실행된다. 예를 들어, 따라하기 3-4의 월드를 다음과 같이 수정한다고 가정하자. 펭귄은 구멍이 자신보다 더 넓은 경우에만 구멍 속으로 들어간다. 그렇지 않은 경우에는 펭귄이 구멍에 맞지 않으므로 "맙소사! (Drats!)"라고 말한다. 이런 경우는 If/Else 명령문이 필요하다. 아래는 이런 경우에 동작하는 명령문의 의사코드이다.

```
If the hole is wider than the penguin
    penguin falls down into the hole
Else
    penguin says "Drats!"
End if
```

이 명령문은 조건 **the hole is wider than the penguin**이 true인지 false인지 검사한다. 조건이 true이면, If와 Else 사이에 있는 코드 **penguin falls down into the hole**이 실행된다. 조건이 false이면, Else와 End if사이에 있는 코드 **penguin says "Drats!"**가 실행된다. 마지막 End if는 If/Else 명령문의 끝을 표시한다. 이상이 그림 4-6에 묘사되어 있다.

If/Else 명령문이 수행되면, 조건의 결과에 따라 펭귄은 구멍으로 들어가거나, "맙소사!"라고 말한다. 어떤 상황에서든 이 두 가지의 행동을 모두 수행할 수는 없다. 컴퓨터 프로그램의 명령문을 도로를 걸어 내려가는 발걸음으로 비유한다면, If/Else 명령문은 도로에 나 있는 갈림길로 생각할 수 있다. 이것은 프로그램의 수행이 두 경로 중에 다른 경로는 제껴 두고, 하나를 따라가도록 한다.

---

4) 선택 구조(selection structure) 또는 조건 분기 구조(conditionally branch structure)라고도 한다.

5) 여기서 논리 변수, 논리값을 반환하는 함수, 또는 비교연산자와 논리연산자로 만든 조건식(이것은 4.3절에서 학습한다) 등, 최종적으로 논리값을 갖게 되는 모든 것이 조건이 될 수 있다.

그림 4-6 주석이 달린 의사코드

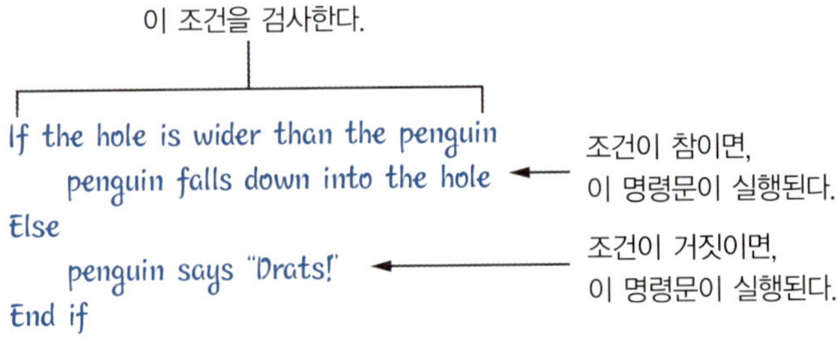

의사코드에서 명령문 **penguin falls down into the hole**과 **penguin says "Drats"**를 들여쓰기 하였음을 주목하라. 이러한 명령문들은 조건에 따라 수행된다. 이것은 언제나 수행되지는 않으며, 특정한 조건 하에서만 실행된다는 것을 의미한다. 조건에 따라 수행되는 명령문을 들여쓰기 하는 것은 프로그래밍의 일반적인 관습이다. 이것은 해당 명령문을 쉽게 찾을 수 있는 시각적인 표시가 된다.

그림 4-7은 If/Else 명령문의 순서도를 보여준다. 마름모꼴 기호는 결과가 true나 false인 조건을 나타낸다. 조건이 true이면, 프로그램은 오른쪽으로 분기한다. 조건이 false이면, 프로그램은 왼쪽으로 분기한다.

그림 4-8은 메서드 편집기의 하단에 위치한 If/Else 명령문 타일을 보여준다. 타일을 드래그해서 메서드 편집기 안쪽에 드롭하면 메뉴가 하나 나타나는데, 여기서 조건값으로 true나 false를 선택할 수 있다. 이 메뉴에서 선택하는 값은 자리표시자로 사용되며 나중에 교체될 것이다.[6)] 자리표시자를 선택하면 그림 4-9와 같이 내부가 비어있는 If/Else 명령문이 만들어진다.

그림 4-7 결정 구조를 나타내는 순서도

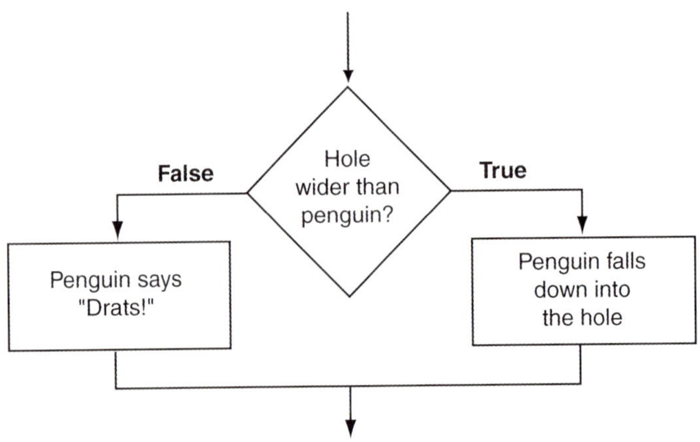

6) 메뉴 시스템을 사용하여 명령문 타일을 만드는 Alice의 특성 때문에, 함수 타일 뿐만 아니라 다른 명령문 타일도 일정한 순서를 지켜야 한다. (함수 타일을 만드는 순서에 대해서는 3장에서 이미 설명하였다.) 예를 들어 보

그림 4-8 If/Else 명령문 타일의 위치

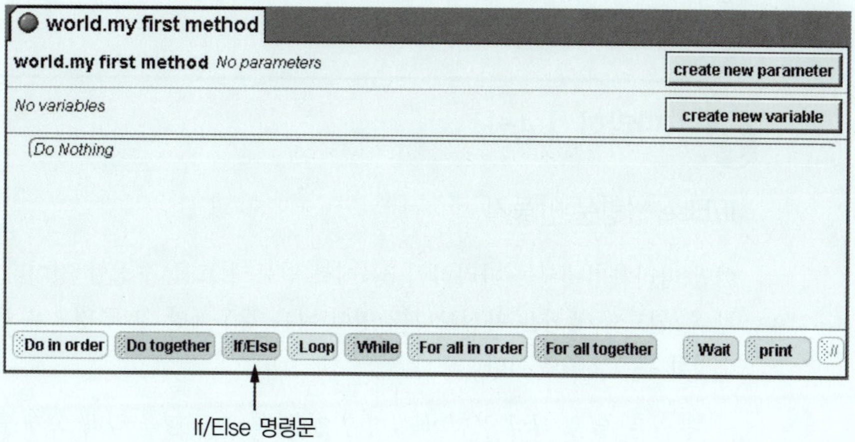

그림 4-9 빈 If/Else 명령문

팁

If/Else 명령문 타일의 색은 밝은 초록색이다. 이것은 If/Else 명령문과 그 안에 포함된 다른 타일을 구별하는데 도움이 된다.

If/Else 명령문 안에 2개의 빈 슬롯이 있다. 이것을 "If 영역"과 "Else 영역"이라고 부른다. 일단, 텅 빈 If/Else 명령문을 만들었다면, 다음과 같이 완성한다.

- 조건으로 입력한 자리표시자 값을 논리 변수나 논리 함수 호출문으로 교체한다.
- 조건이 true인 경우에 수행될 명령문 타일을 If 영역에 추가한다.
- 조건이 false인 경우에 수행될 명령문 타일을 Else 영역에 추가한다.

자. 어떠한 조건을 비교한 후에 선택적으로 명령문을 실행하려고 한다. 이때, 조건문 타일을 만들기 전에 먼저 해야 할 일은 그 조건문의 결과를 처리할 수 있는 명령문 타일을 만드는 것이다. 조건문의 결과인 논리값을 처리하는 명령문에는 If/Else 명령문, While 명령문, 그리고 Boolean 형식의 변수에 값을 저장하는 Set 명령문 등이 있다. 이러한 명령문 타일을 먼저 만들기 위해서는, 조건문이 들어갈 자리에 임시로 자리표시자 값을 선택해야 한다. 보통 true를 선택한다. 그 다음, 처리할 조건문 타일을 true에 드롭한다. 다시 한 번 더 강조하지만, Alice에서 만들려고 하는 명령문 타일(A)이 어떤 특정한 결과 값을 산출한다면, 그 결과 값을 넘겨 받아 처리하는 명령문(B)을 먼저 만들어야 하며, 이때 명령문 타일(A)에 대한 자리표시자를 선택해야 한다. 그러고 나서 만들려고 했던 명령문 타일(A)을 그 자리표시자 위에 드롭한다.

따라하기 4-1을 통해 독자 여러분은 If/Else 명령문을 월드에 추가하는 과정을 실습하게 된다.

따라하기 4-1

If/Else 명령문 만들기

이번 따라하기에서는 따라하기 3-4에서 만든 월드를 수정할 것이다. 이번 따라하기를 끝마친 후 월드의 펭귄은 자신보다 구멍이 넓은 경우에만 그 구멍으로 들어간다. 아래는 새롭게 수정한 문제 진술문이다.

펭귄은, 얼음 위의 구멍이 어디에 있든지, 그 구멍을 향해 고개를 돌린다. 펭귄은 구멍의 중앙까지 걸어가서 구멍 안으로 점프한다. 만약 구멍이 펭귄보다 넓으면, 펭귄은 얼음 표면 아래로 사라진다. 그렇지 않으면 펭귄은 "맙소사!"라고 말한다.

다음은 위의 알고리즘대로 수정한 의사코드이다. 그림 4-10은 월드의 메서드를 나타내는 순서도이다.

```
penguin turns to face the hole
penguin walks the distance to the center of the hole
If the hole is wider than the penguin
    penguin falls down into the hole
Else
    penguin says "Drats!"
End if
```

단계 1: 3장의 따라하기 3-4에서 완성한 월드를 연다. 만약 월드가 없다면, 부록 CD의 PenguinIce 월드를 열면 된다.

단계 2: If/Else 타일을 메서드로 드래그해서 마지막 명령문 아래에 드롭한다. 메뉴가 나타나는데, 여기서 조건을 나타내는 자리표시자로 true나 false를 선택할 수 있다. true를 선택한다. 비어 있는 If/Else 명령문이 그림 4-11처럼 만들어진다.

단계 3: Alice 월드의 모든 객체는 is wider than이라는 논리 함수를 가지고 있는데, 이 함수는 객체가 다른 객체보다 더 넓은지를 결정한다. circle 객체가 penguin 객체보다 더 넓은지를 결정하기 위해, circle 객체의 is wider than 메서드를 사용할 것이다.

circle 객체를 선택하고 is wider than 함수 타일을 메서드 편집기로 드래그해서, 그림 4-12처럼 If/Else 명령문의 자리표시자 값인 true에 드롭한다.

is wider than 함수 타일을 드롭하면 메뉴가 나타나는데, 여기서 다른 객체를 선택한다. penguin을 선택한 다음, the entire penguin을 선택하자. 이제 If/Else 명령문이 그림 4-13처럼 된다.

그림 4-10 순서도

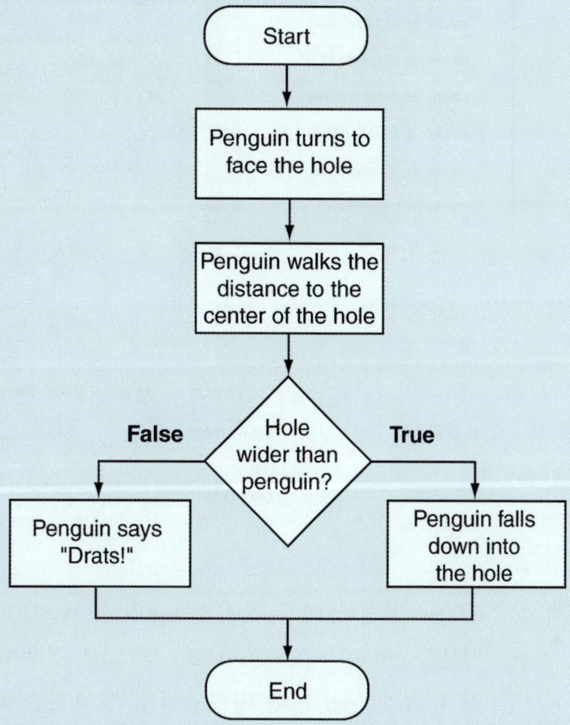

그림 4-11 추가된 If/Else 명령문

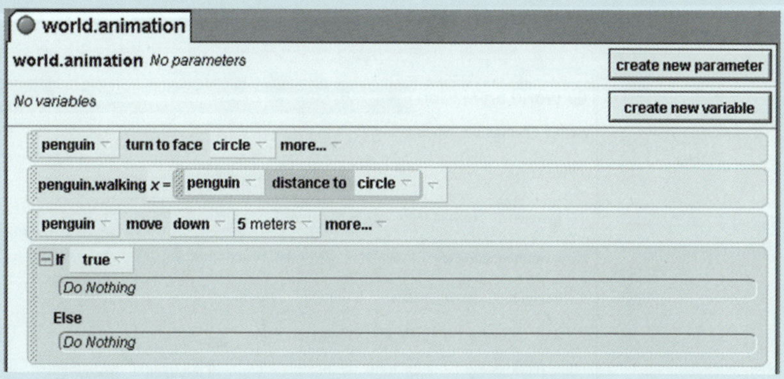

그림 4-12 조건에 해당하는 자리표시자 교체하기

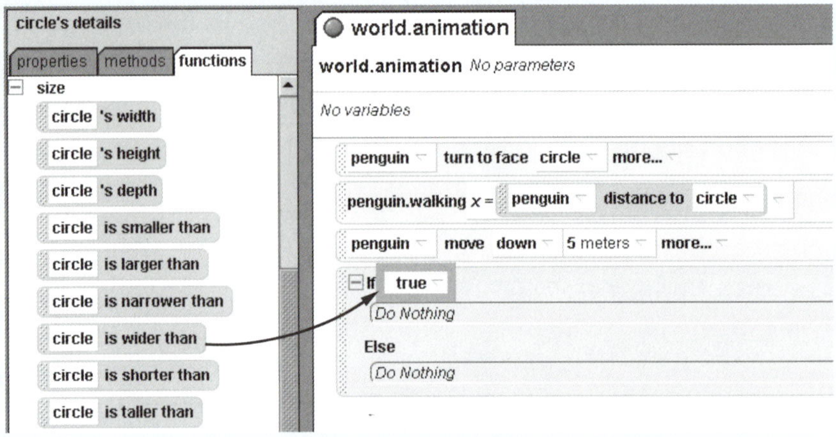

그림 4-13 교체된 조건

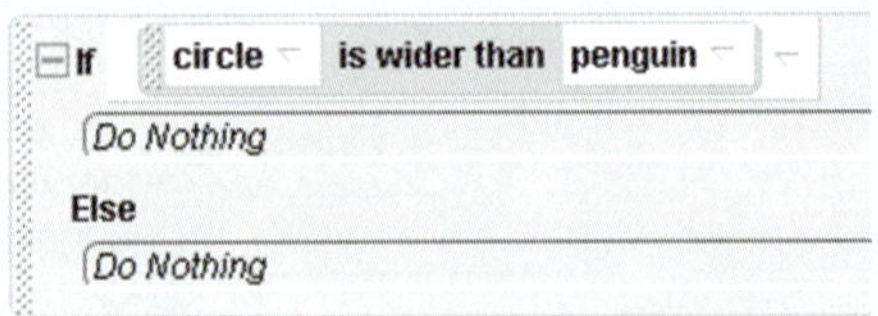

단계 4: If/Else 명령문 바로 위에 penguin.move down 5 meters 명령문이 보인다. 이 명령문은 circle이 penguin보다 더 넓은 경우에만 실행되어야 한다. 이 명령문을 그림 4-14처럼, If/Else 명령문의 If 영역으로 이동시킨다. 이렇게 하면 명령문 타일이 그림 4-15처럼 된다.

그림 4-14 명령문을 If 영역으로 이동하기

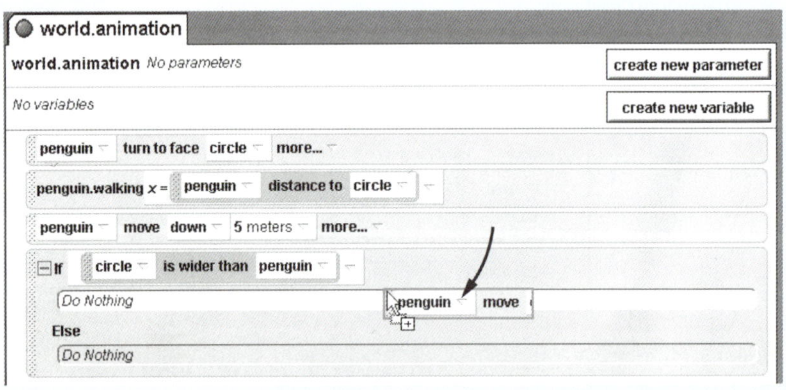

단계 5: 이제 Else 영역에 들어갈 명령문을 만들어 보자. penguin 객체를 선택하고 say 메서드를 Else 영역으로 드래그한다. say 메서드의 인수는 "Drats!" 이다. 일단 이렇게 하면, 그림 4-16과 같은 메서드가 완성된다.

그림 4-15 If 영역으로 이동한 명령문

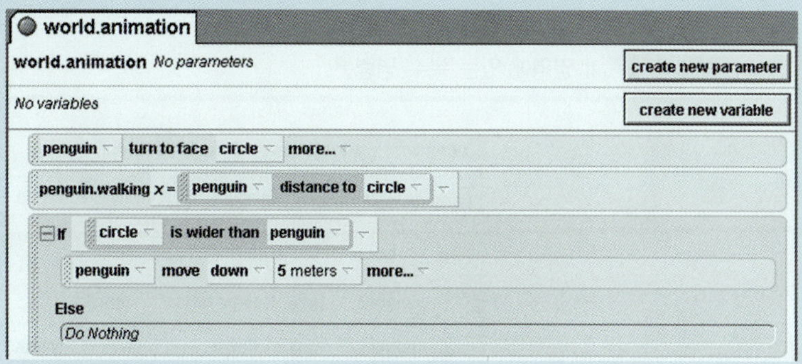

그림 4-16 완성된 메서드

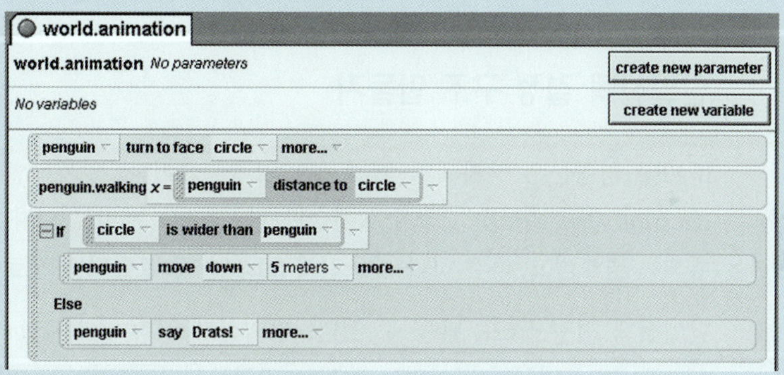

단계 6: 월드를 저장하고 플레이 해보자. penguin이 얼음에 난 구멍으로 가서 그 안으로 들어간다. World Running...윈도우를 닫는다. 월드 뷰 윈도우에서 circle의 크기를 penguin이 들어가지 못할 만큼 작게 만든다. 다시 월드를 플레이 해보자. 만약 circle의 크기를 충분히 작게 만들었다면, penguin이 거기까지는 걸어가되 구멍 안으로 들어가지 못하고 "Drats!" 이라고 이야기할 것이다.

조건에 따라 실행되는 복수 명령문 만들기

따라하기 4-1에서 만든 메서드의 If/Else 명령문은 If 영역과 Else 영역에 각각 하나의 명령문만을 가지고 있었다. 필요하다면 If 영역과 Else 영역에 복수의 명령문을 삽입할 수 있다. 그림 4-17은 이러한 예를 보여준다. 그림의 If/Else 명령문은 If 영역에 2개의 명령문을 가지고 있다. 만약 조건이 참이라면, If 영역에 있는 두 명령문은 보이는 순서대로 실행될 것이다.

그림 4-17 If 영역에 있는 복수 명령문

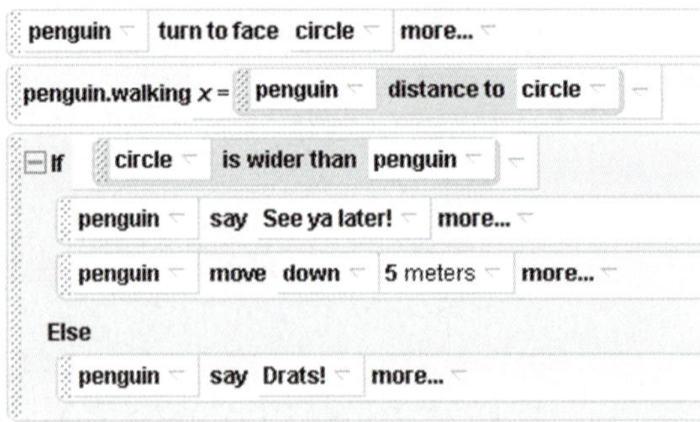

단일선택 결정 구조 만들기

If/Else 명령문은 양자택일 결정 구조의 한 예이다. *양자택일 결정 구조(dual-alternative decision structure)*는 2개의 실행 가능한 경로를 가지고 있다. 하나는 조건이 true일 때 실행되는 경로이고, 다른 하나는 조건이 false일 때 실행되는 경로이다.

단일선택 결정구조도 만들 수 있다. *단일선택 결정 구조(single-alternative decision structure)*는 Else 영역이 비어있는 If/Else 명령문이다. 조건이 true이면 If 영역의 명령문이 실행되고, 그렇지 않으면 실행되지 않고 건너뛴다.

그림 4-18의 메서드는 단일선택 결정구조의 한 예를 보여주는데, 이러한 구조를 따라하기 4-1에 적용할 수 있다. 이 메서드에서 penguin은 circle을 바라본다. 만약 circle이 penguin보다 넓으면, 그쪽으로 걸어가 점프해서 안으로 들어간다. 그렇지 않으면, penguin은 아무것도 하지 않는다. 이러한 메서드의 의사코드를 다음과 같이 작성할 수 있다.

```
penguin turns to face the hole
If the circle is wider than the penguin
    penguin walks the distance to the center of the hole
    penguin falls down into the hole
End if
```

그림 4-18 단일선택 결정 구조

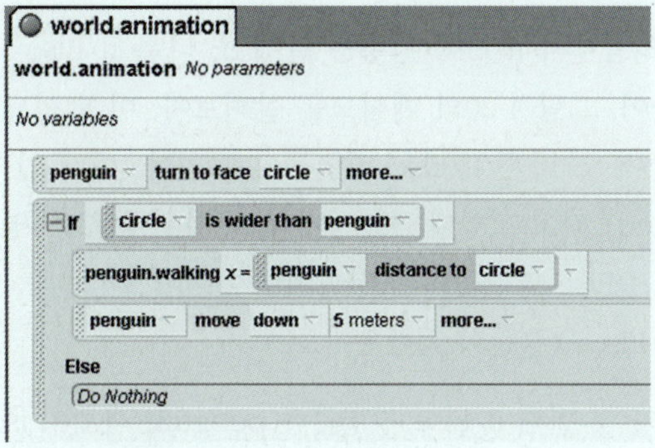

의사코드에 Else라는 단어가 생략되어 있음을 주목하라. 그림 4-19는 해당 메서드에 대한 순서도를 보여 준다.

> **노트** 대부분의 일반 프로그래밍 언어에서는 If/Else문 뿐만 아니라, Else가 없는 단순 If문도 사용할 수 있다.

그림 4-19 단일선택 결정 구조의 순서도

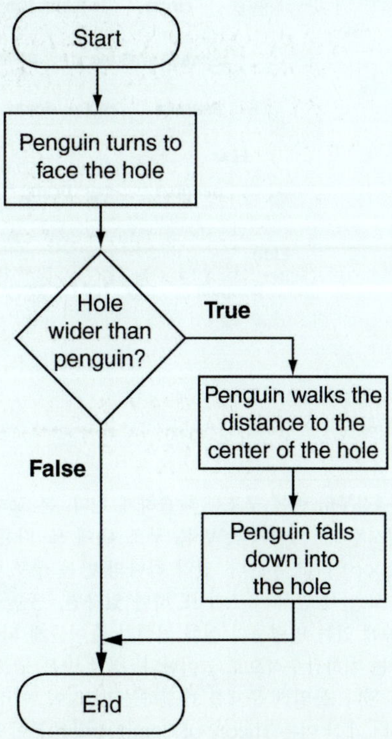

중첩(Nested) If/Else 명령문[7)]

알고리즘에서 If/Else 명령문 안에 또 다른 If/Else 명령문을 배치해야 하는 경우가 있다. 예를 들어, 그림 4-20의 메서드를 살펴보자. 이 메서드는 If/Else 명령문을 가지고 있는데 If 영역 안에 또 다른 If/Else 명령문이 보인다. 이때 안쪽에 있는 If/Else 명령문은 "중첩되었다(nested)"라고 말한다. 이 예에서, 중첩된 If/Else 명령문을 실행하기 위한 유일한 방법은 바깥쪽 If/Else 명령문의 조건이 true이어야 한다. 즉, 바깥쪽 If/Else 명령문의 조건에 따라 안쪽 If/Else 명령문이 실행된다.

그림의 첫 번째 If/Else 명령문은 penguin 객체의 is within 함수를 호출하여 penguin이 circle의 2미터 안쪽에 위치하는지 결정한다. 만약 함수가 true를 반환하면, 두 번째 If/Else 명령문이 수행된다. 그림 4-21은 이 메서드의 순서도이다.

If/Else 명령문의 Else 영역에 또 다른 If/Else 명령문을 중첩시킬 수도 있다. 이때, 중첩된 If/Else 명령문은 바깥쪽 If/Else 명령문의 조건이 false이어야 실행 될 수 있다.

그림 4-20 중첩 If/Else 명령문

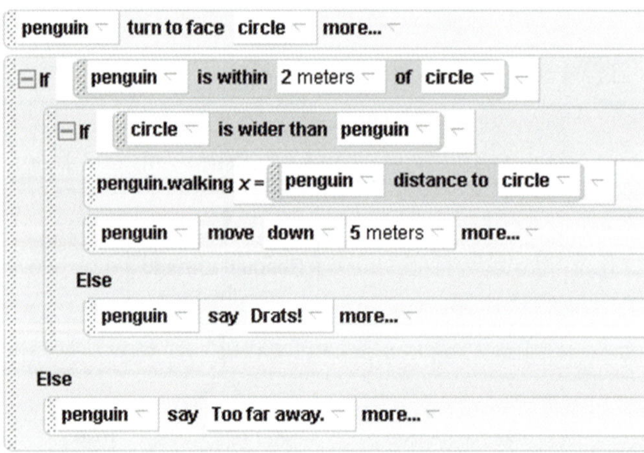

7) 이 장의 4.4절부터 반복 구조를 학습하게 된다. 본 교재에서 다루고 있지는 않지만, 반복 구조도 If/Else 명령문처럼 중첩시킬 수 있다. 즉, 반복 구조 내에 또 다른 반복구조가 있을 수 있는데, 이것을 보통 "중첩 루프(Nested Loop)"라고 부른다. 만약 하나의 반복 구조 내에 또 다른 하나의 반복 구조가 있으면, "이중 중첩 루프", 다시 그 안에 반복 구조가 또 하나 있다면, "3중 중첩 루프"라고 한다. If/Else 결정 구조가 중첩되면 될수록 그 안쪽에 있는 명령문의 실행 기회가 줄어들게 되는 반면, 반복 구조가 중첩되면 될수록 그 내부 명령문의 반복 횟수는 기하급수적으로 늘어난다. 결국 반복 구조의 중첩은 해당 메서드(알고리즘)의 속도에 지대한 영향을 미치게 된다. 동일한 문제를 해결하는 데 있어, 이러한 반복을 최소화하는 알고리즘을 개발하는 것... 이것이 바로 컴퓨터 계산 이론 Theory of Computation 분야의 연구자들이 고민하고 있는 주제이다.

그림 4-21 중첩 결정 구조의 순서도

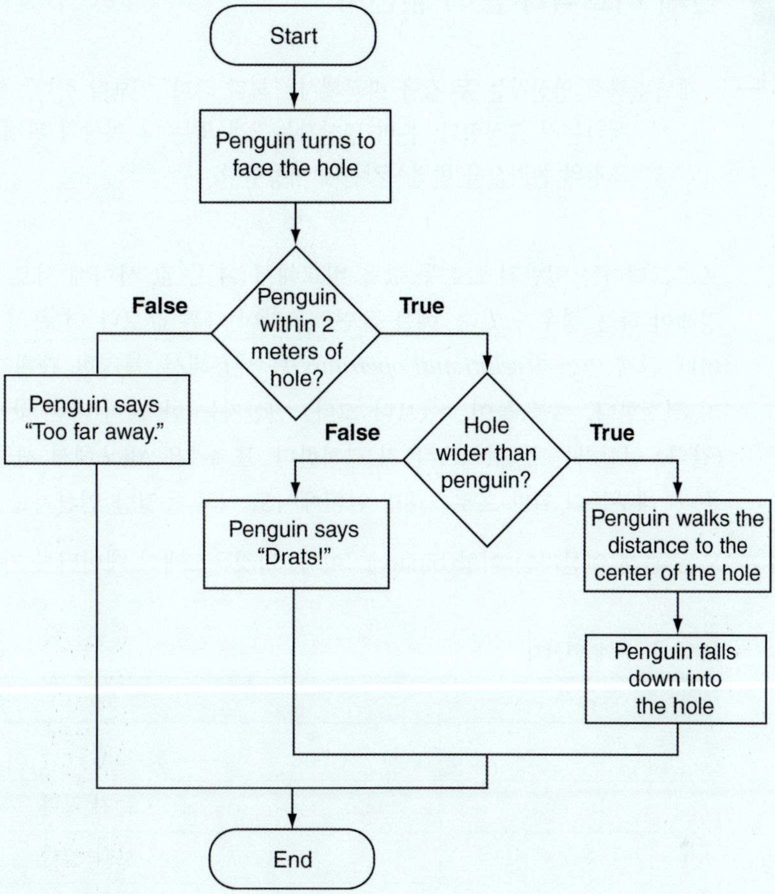

체크 포인트

4.3 순차 구조란 무엇인가?

4.4 결정 구조란 무엇인가?

4.5 If/Else 명령문의 동작 방식을 설명하시오.

4.6 양자택일 결정 구조와 단일선택 결정 구조의 차이점은 무엇인가?

4.7 Alice에서 단일선택 결정 구조를 만드는 방법은?

4.8 중첩 If/Else 명령문이란 무엇인가?

4.3 관계 비교식과 논리 연산자

개념 : 관계 연산자는 두 값을 비교해서, "보다 크다", "보다 작다", "같다"와 같은 관계가 존재하는지 결정한다. 논리 연산자는 2개 또는 그 이상의 관계 비교식[8]을 연결하거나[9] 조건의 논리값을 반전시키는데 사용한다.

프로그래머는 일반적으로 두 값을 비교해서 이 두 값 사이에 서로 어떤 관계가 있는지를 결정해야 하는 경우가 있다. 예를 들면, 한 값이 다른 값보다 더 큰지 결정해야 하는 경우이다. 이때 *관계 연산자(relational operators)*를 사용해서, 특정한 관계가 두 값 사이에 존재하는지 결정한다. 예를 들어, > (보다 크다) 연산자는 한 값이 다른 값보다 큰지 결정한다. == (같다) 연산자는 두 값이 같은지 결정한다. 표 4-1은 Alice에서 제공하는 관계연산자를 보여준다. 대부분의 일반 프로그래밍 언어에서도 이와 동일한 연산자들을 제공한다.

모든 관계 연산자는 이항(binary)[10]이다. 이것은 2개의 데이터를 가지고 연산한다는 것을 의

표 4-1 관계 연산자

연산자	의미
==	같다
!=	같지 않다
>	보다 크다
>=	보다 크거나 같다
<	보다 작다
<=	보다 작거나 같다

8) 관계 비교식이란 다음과 같은 형태의 문장을 말한다.

값1 관계 연산자 값2

9) 일반적으로 논리 연산자는 관계 비교식을 서로 연결하여 좀 더 복잡한 조건을 만드는데 사용한다. 이렇게 만들어진 좀 더 복잡한 조건은 일반적으로 아래와 같은 형태를 갖게 된다.

값1 관계 연산자 값2 논리 연산자 *값3 관계 연산자 값4*

Alice의 메뉴 시스템으로 위의 조건식을 만드는 일반적인 방법은 다음과 같다. 먼저, 논리 연산자로 된 조건식을 먼저 만든다. 이때 양변에 있는 피연산자의 자리표시자로 true를 선택한다. 첫 번째 자리표시자인 true에 첫 번째 조건을 위한 관계 연산자를 드롭하고, 두 번째 자리표시자인 true에 두 번째 조건을 위한 관계 연산자를 드롭한다.

10) 보통 이항 연산자(binary operator)라고 하며, 2개의 피연산자(operand)가 필요한 연산자를 말한다. 단항 연산자(unary operator)는 1개의 피연산자가 필요한 연산자인데, 대표적인 것이 논리연산자인 not a 연산자이다. 연산자 우선순위에서 일반적으로 단항 연산자가 이항 연산자 보다 우선순위가 더 높다. (Alice에서는 연산자의 우선순위를 크게 신경 쓸 필요가 없다.)

미한다. 다음은 > (보다 크다) 연산자를 사용한 식의 예이다.

```
length > width
```

이 식은 length 변수의 값이 width 변수의 값보다 더 큰지 결정한다. length가 width 보다 더 크면 그 식의 값은 true이다. 그렇지 않으면, 그 식의 값은 false이다.

다음 식은 < (보다 작다) 연산자를 사용하여 length가 width 보다 더 작은지 결정한다.

```
length < width
```

length 변수의 값이 width 변수의 값 보다 더 작으면 식은 true이다. 그렇지 않으면 그것은 false이다.

관계 연산자를 사용하여 If/Else 명령문의 조건을 만들 수 있다. 그림 4-22에서 알 수 있듯이, 관계 연산자는 world 객체의 함수 목록에 있는 math 카테고리에서 찾을 수 있다. 각 연산자는 2개의 피연산자 a, b를 가지고 있다. 이 연산자들을 이용해서 조건을 만드는 경우, a와 b의 값을 지정해야 한다.

다음은 관계 연산자를 사용해서 If/Else 명령문의 조건을 만드는 과정이다.

- 원하는 관계 연산자 타일을 드래그해서 If/Else 명령문의 조건에 드롭한다.
- 피연산자 a의 값을 선택하는 메뉴가 나타난다. 이때 (나중에 교체할) 자리표시자 값을 선택하거나, 하위 메뉴의 expression에서 변수를 선택한다.
- 피연산자 b의 값을 선택하는 메뉴가 나타난다. 이때 (나중에 교체할) 자리표시자 값을 선택하거나, 하위 메뉴의 expression에서 변수를 선택한다.
- 피연산자에 해당하는 자리표시자 값을 교체한다. 수치 값을 반환하는 함수나 수치 변수 등 최종적으로 수치 값이 나오는 것이면 무엇이든 교체할 수 있다.[11]

그림 4-22 관계 연산자

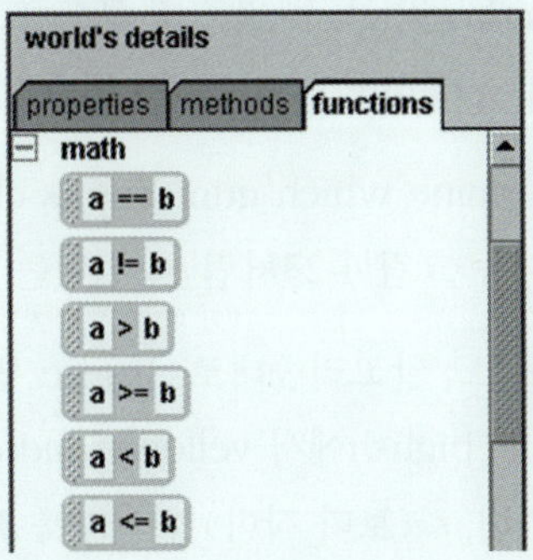

11) 관계 연산자를 이용해서 두 피연산자의 크기를 비교할 수 있어야 하므로, 데이터의 크기를 판단할 수 있는 수치값으로 교체해야 한다.

따라하기 4-2에서 독자 여러분은 If/Else 명령문을 만드는 과정을 실습하게 된다. 이때 관계 연산자를 사용해서 두 값을 비교해 볼 것이다.

따라하기 4-2

관계 연산자 사용하기

다음은 이번 따라하기의 문제 진술문이다.

물속에 큰 물고기 한 마리와 사탕 2개가 있다. 사탕 중 하나는 빨갛고, 다른 하나는 노랗다. 이것들은 마법 사탕이다. 물고기는 그 사실을 모르고 있다. 만약 빨간 사탕을 먹으면 물고기의 크기가 두 배로 커지고, 노란 사탕을 먹으면 물고기의 크기가 반으로 줄어든다. 물고기는 가장 가까이 있는 사탕으로 가서, 그것을 먹는다. 사탕은 물고기에게 마법을 건다. 물고기가 카메라를 쳐다본다.

물고기가 어떤 사탕과 더 가까운지를 결정하기 위해 < (보다 작다) 연산자를 사용하여, 빨간 사탕과의 거리와 노란 사탕과의 거리를 비교한다. 아래는 이 알고리즘의 의사코드이다.

```
If bigfish's distance to red gumdrop is less than bigfish's distance to yellow gumdrop
    bigfish turn to face the red gumdrop
    bigfish moves to the red gumdrop
    bigfish eats the red gumdrop
Else
    bigfish turn to face the yellow gumdrop
    bigfish moves to the yellow gumdrop
    bigfish eats the yellow gumdrop
End If
bigfish turns to face the camera
```

단계 1: 이번 따라하기는 부분적으로 완성된 월드를 가지고 실습한다. 부록 CD에서 GumdropBigfish 월드를 하드 드라이브로 복사해서 연다. 월드에는 이미 bigfish 객체, redGumdrop 객체, 그리고 yellowGumdrop 객체가 있다.

단계 2: Determine which gumdrop is closest라는 주석을 메서드 편집기에 삽입한다. 그런 다음 그림 4-23처럼 비어 있는 If/Else 명령문을 만든다.

단계 3: 의사코드 알고리즘대로, If/Else 명령문의 조건은 bigfish에서 redgumdrop까지의 거리가 bigfish에서 yellowgumdrop까지의 거리보다 더 작은지 결정해야 한다. 이를 위해, < (보다 작다) 연산자를 사용할 것이다. 객체 트리에서 world 객체를 선택하고, 함수 목록에서 a < b 타일을 찾는다. (math 카테고리에서 찾을 수 있다.) 타일을 드래그해서, If/Else 명령문의 조건에 해당하는 자리표시자에 드롭한다.

a < b 타일을 드롭하면 피연산자 a의 값을 선택하는 메뉴가 나타난다. 현재는 자리표시자만 있으면 되므로 1을 선택한다. 그 다음 피연사자 b의 값을 선택하는 메뉴가 나타난다. 역시 자리표시자만 있으면 되므로 2를 선택한다. 이제 메서드가 그림 4-24처럼 된다.

그림 4-23 텅 빈 If/Else 명령문

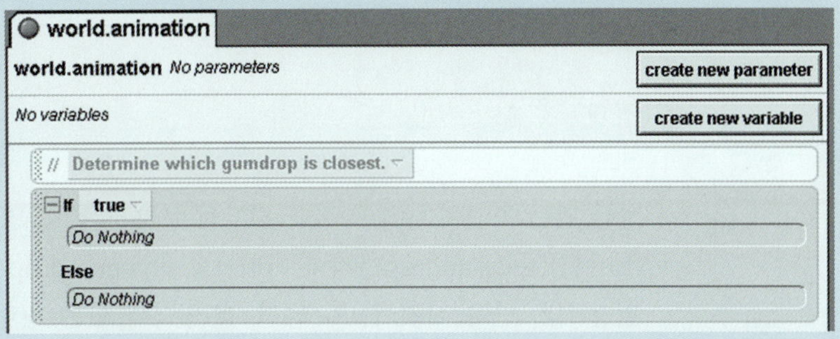

그림 4-24 삽입된 관계 연산자

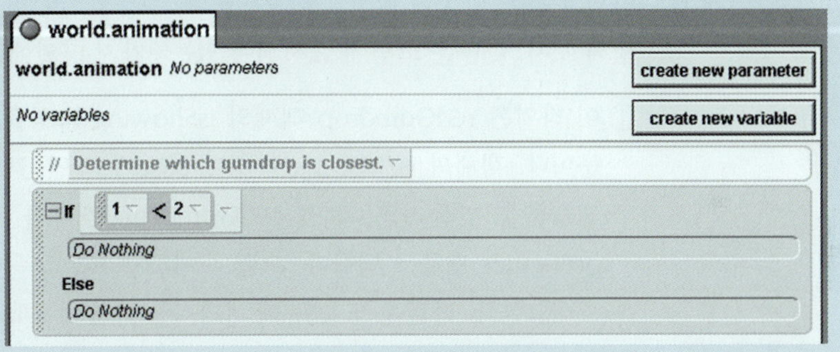

단계 4: 이제 피연산자 a의 자리표시자로 선택했던 값을 교체해 보자. bigfish 객체를 선택하고 bigfish의 distance to 함수 타일을 드래그한다. 그리고 피연산자 a의 자리표시자로 선택했던 값 1에 드롭한다. 나타나는 메뉴에서 redGumdrop을 선택한다. 이제 If/Else 명령문이 그림 4-25처럼 된다.

그림 4-25 교체된 피연산자 a

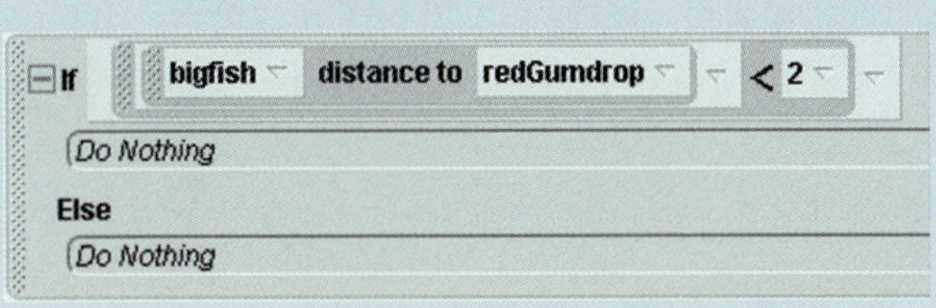

단계 5: 이제 피연산자 b의 자리표시자로 선택했던 값을 교체해 보자. bigfish 객체를 선택하고, bigfish의 distance to 함수 타일을 드래그한다. 그리고 피연산자 b의 자리표시자로 선택했던 값 2에 드롭한다. 이제 If/Else 명령문이 그림 4-26처럼 된다.

그림 4-26 교체된 피연산자 b

방금 만든 조건에 대해서 잠깐 생각해 보자. If/Else 명령문의 조건식을 통해 bigfish에서 redgumdrop까지의 거리가 yellowgumdrop까지의 거리보다 더 작은지 결정한다. 만약 이것이 true라면, If 영역에 있는 명령문이 실행된다. false라면, Else 영역에 있는 명령문이 실행된다. If 영역과 Else 영역에 들어갈 명령문을 다음 단계에서 만들어 보자.

단계 6: 그림 4-27은 완성된 메서드를 보여준다. 추가적으로 들어갈 명령문을 그림처럼 삽입해 보자. 다음은 그림에 표시되어 있는 3가지 타일에 대한 설명이다.

① 이 타일은 redGumdrop 객체의 isShowing 속성을 false로 설정하는 set 명령문이다. 객체의 isShowing 속성이 false가 되면, 객체는 보이지 않게 된다. 이 명령문을 만들려면, 그냥 redGumdrop 객체를 선택한 다음, 세부 패널의 properties 탭을 선택한다. 그런 후에 isShowing 속성 타일을 메서드 편집기로 드래그한다. 타일을 드롭할 때 나타나는 메뉴에서 false를 선택한다.

② 이 타일은 yellowGumdrop 객체의 isShowing 속성을 false로 설정하는 set 명령문이다. yellowGumgrop 객체를 선택한 다음, ①번의 설명과 동일한 순서로 진행하면 된다.

③ 이 타일들은 If/Else 명령문의 안쪽에 있지 않고, 그 아래에 있음을 주의하자.

단계 7: 월드를 저장하고 플레이 해보자. bigfish가 어느 사탕으로 다가가서 그것을 먹는지 주의깊게 살펴보자. 월드를 종료한 다음에, 다른 사탕을 bigfish와 더 가깝게 이동시켜보자. (quad view 모드로 전환하면 객체들을 위에서 보면서 bigfish와 두 사탕과의 거리를 시각적으로 비교할 수 있다.) 월드를 다시 플레이해 보자. bigfish가 더 가까운 사탕으로 다가가서 그것을 먹을 것이다.

그림 4-27 완성된 명령문

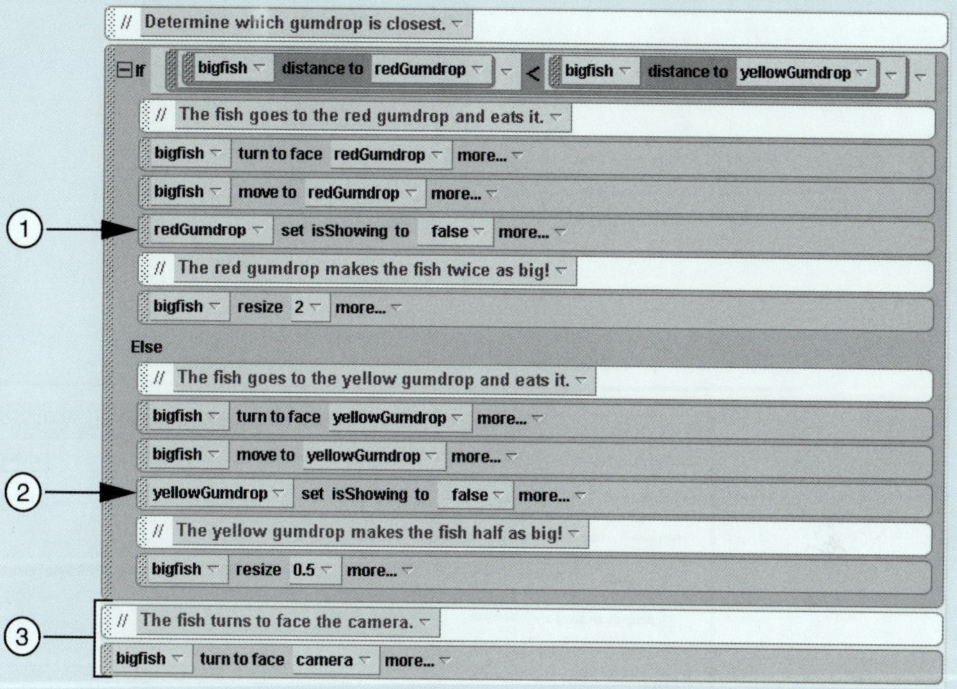

논리 연산자

지금까지 살펴보았던 문제들은 간단한 논리 조건을 검사해서 그것이 true인지 false인지를 결정하는 것이었다. 그러나 복수의 조건이 필요하거나, 좀 더 복잡한 검사가 필요한 문제들이 있다. 예를 들면, 조건 두 개가 모두 true인지를 검사해야 하는 경우이거나, 조건 두 개 중 어느 하나가 true인지를 검사해야 하는 경우이다. 이러한 검사를 수행하기 위해서는 논리 연산자(logical operator)를 사용해야 한다.

그림 4-28과 같이 논리 연산자는 world 객체의 함수 목록, boolean logic 카테고리에서 찾을 수 있다.

그림 4-29에 나오는 메서드의 예를 살펴보자. 그림의 If/Else 명령문은 다음의 논리 조건을 검사한다.

```
both penguin.is within 2 meters of circle and
circle.is wider than penguin
```

그림 4-28 Alice의 논리 연산자

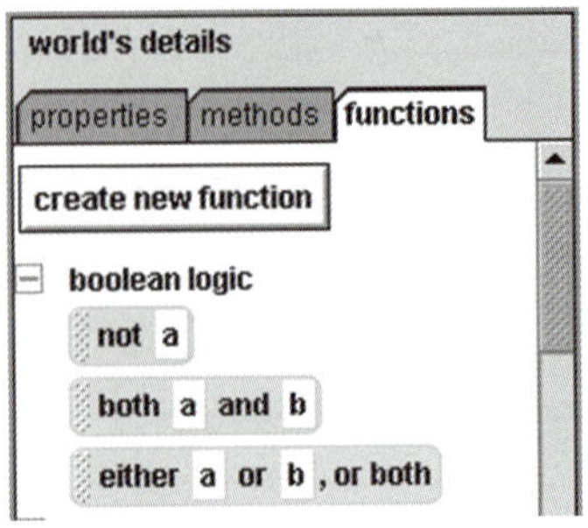

그림 4-29 논리 연산자를 사용하는 메서드

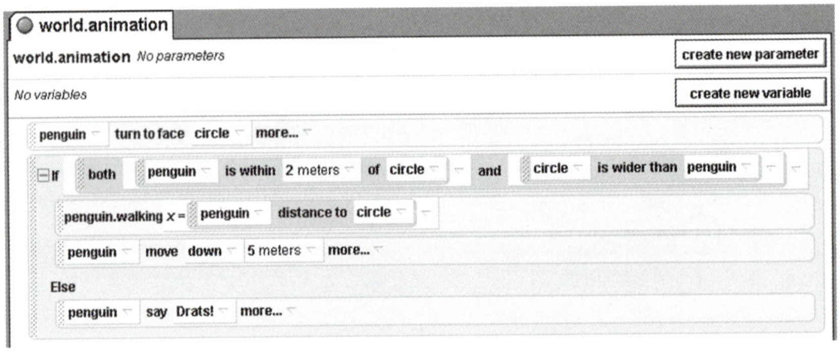

이것은 논리 연산자 both a and b로 만든 복잡한 조건이다. 피연산자 a는 penguin.is within 2 meters of circle이고, 피연산자 b는 circle.is wider than penguin이다. 이 복잡한 조건이 true가 되려면, a와 b가 모두 true이어야 한다. 결국 penguin이 circle에서 2미터 내에 있어야 하고, 그리고, circle은 penguin보다 더 넓어야 함을 의미한다. 어느 하나라도 false가 되

표 4-2 논리 연산자

논리 연산자	효과
not a	이 연산자는 피연산자 a의 논리 값을 반전한다. 이때 a는 논리 조건이다. a가 true이면 연산자는 false을 반환한다. a가 false이면 연산자는 true를 반환한다.
both a and b	이 연산자는 피연산자 a와 b를 전달받아 처리한다. 이 두 피연산자 역시 논리 조건이다. a와 b 모두 true이면, 연산자는 true를 반환한다. 그렇지 않으면, false를 반환한다.
either a or b, or both	이 연산자는 피연산자 a와 b를 전달받아 처리한다. 이 두 피연산자 역시 논리 조건이다. a 또는 b가 true이거나, a, b 모두 true이면, 연산자는 true를 반환한다. 그렇지 않으면, false를 반환한다.

면, Else 영역에 있는 명령문이 실행된다.

not a 연산자는 피연산자 a의 논리 값을 반전한다. 예를 들어, 그림 4-30의 메서드를 살펴보자. 그림의 If/Else 명령문은 다음의 논리 조건을 검사하고 있다.

```
not circle.is narrower than penguin
```

이것은 "만약 circle이 penguin보다 폭이 더 좁지 않으면" 이라고 묻는 것과 같다. not a 연산자는 circle.is narrower than penguin 함수의 결과를 반전한다.

그림 4-30 논리 연산자 not a를 사용한 메서드

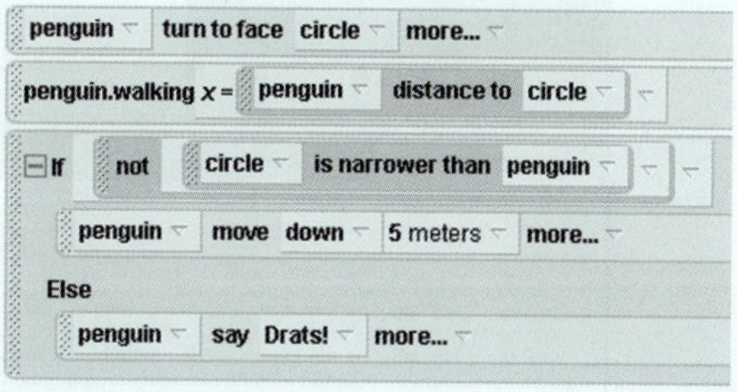

체크 포인트

4.9 다음 관계 연산자의 의미를 설명하라.

== != > < >= <=

4.10 관계 연산자는 Alice 개발환경에서 어디에 위치하고 있는가?

4.11 논리 연산자를 사용해서 복잡한 조건을 만드는 경우, both a and b 연산자와 either a and b, or both 연산자의 차이점은 무엇인가?

4.12 논리 연산자 not a가 하는 역할은 무엇인가?

4.4 Loop 명령문

개념 : Loop 명령문은 하나 또는 그 이상의 다른 명령문을 특정 횟수만큼 반복한다.

프로그램에서 명령문을 여러 번 반복해서 실행해야 하는 경우가 있다. 예를 들어, 그림 4-31의 예는 부록 CD에 있는 Fan이라는 이름의 월드이다. 월드에는 Fan 클래스(Web Gallery의 Objects 컬렉션에 있음)의 인스턴스가 있다. fan 객체의 날개는 내부 객체로서 역시 Fan이라는 이름을 갖고 있다.[12] roll 메서드를 사용해서 Fan을 회전시키면 선풍기의 날개가 실제 돌아가는 것처럼 보인다.

그림 4-31 여러 개의 동일한 명령문이 있는 메서드

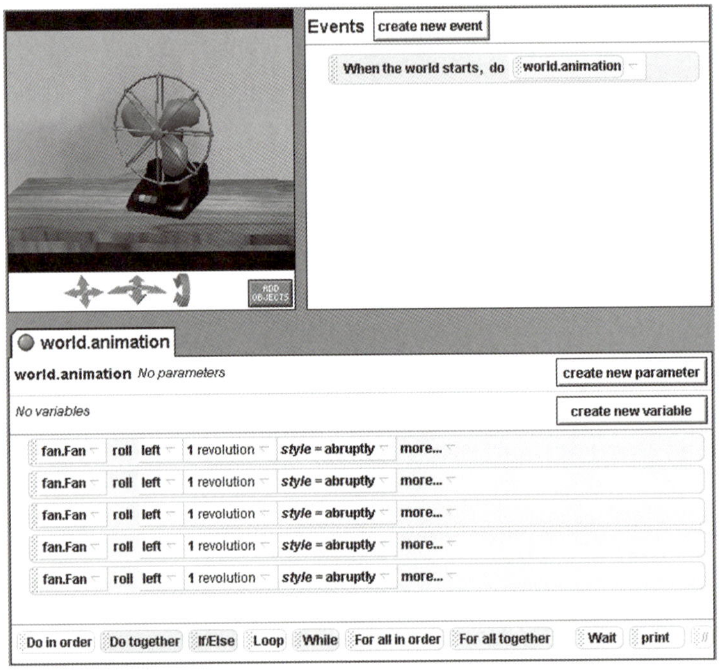

그림의 메서드에는 5개의 동일한 명령문이 있다. 각각의 명령문은 Fan을 왼쪽으로 한 바퀴씩 돌린다. 이 월드를 플레이하면 선풍기의 날개가 5번 회전하는 것을 볼 수 있을 것이다. more... 편집 태그를 사용해서 메서드의 스타일을 abruptly로 변경해 놓았음을 확인하자. 스타일은 기본적으로 gently로 설정되어 있는데, 이렇게 하면 동작을 천천히 시작해서, 천천히 끝낸다. 동작이 연속적으로 이어지는 것처럼 보이게 하려면 스타일을 abruptly로 변경해야 한다. 이렇게 하면 한 바퀴의 회전 동작이 빠르게 시작해서 빠르게 끝난다.

프로그램을 만들 때 대부분의 경우 명령문을 반복해야 하는 경우가 꼭 생긴다. 따라서 모든 프로그래밍 언어는 반복 구조를 제공한다. 대개 이러한 *반복 구조(repetition structure)*를 *루프(loop)*라고 하는데 이 루프는 하나 또는 그 이상의 명령문을 반복한다.

Alice의 반복 구조에도 Loop 명령문이 있다. 이것은 메서드 편집기의 하단(If/Else 명령문의 옆)에 위치해 있다. Loop 타일을 메서드 편집기로 드래그 앤 드롭하면 메뉴가 하나 나타나는데, 여기서 루프의 반복 횟수를 선택한다. 이렇게 하면 내부가 비어있는 Loop 명령문이 만

12) 혼동을 우려해 한 번 더 확인한자. 여기서 fan은 선풍기 객체의 이름이고, Fan은 fan 객체의 내부에 있는 선풍기 날개 객체의 이름이다.

들어진다. 그림 4-32의 예는 5번 반복하는 빈 Loop이다.

그림 4-32의 Loop 명령문 내부에 하나의 빈 슬롯이 있음에 주목하라. 이곳에 다른 명령문을 삽입할 수 있다. Loop안에 삽입한 명령문은 지정한 횟수만큼 반복된다. 그림 4-33의 예는 동일한 명령문을 5개 복사해서 만든 Fan 월드가 Loop 명령문을 사용하면 얼마나 간단히 만들어지는지를 보여준다. 이 메서드를 실행하면, Loop 내의 명령문이 5번 반복해서 실행한다. (이 메서드의 실행 모습을 보려면, 부록 CD의 FanLoop 월드를 플레이해 보자.)

그림 4-32 빈 Loop 명령문

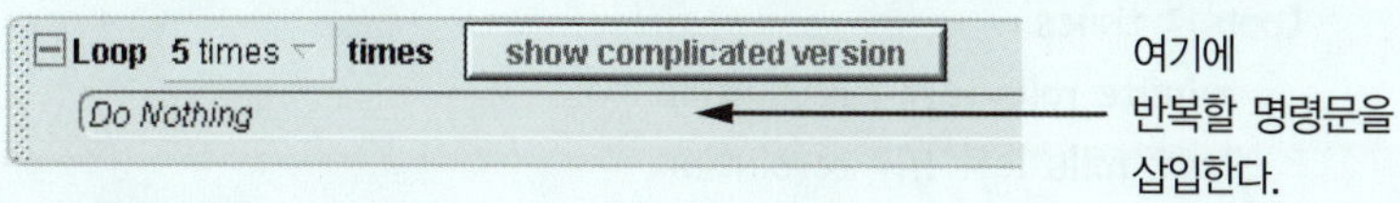

그림 4-33 Loop 명령문

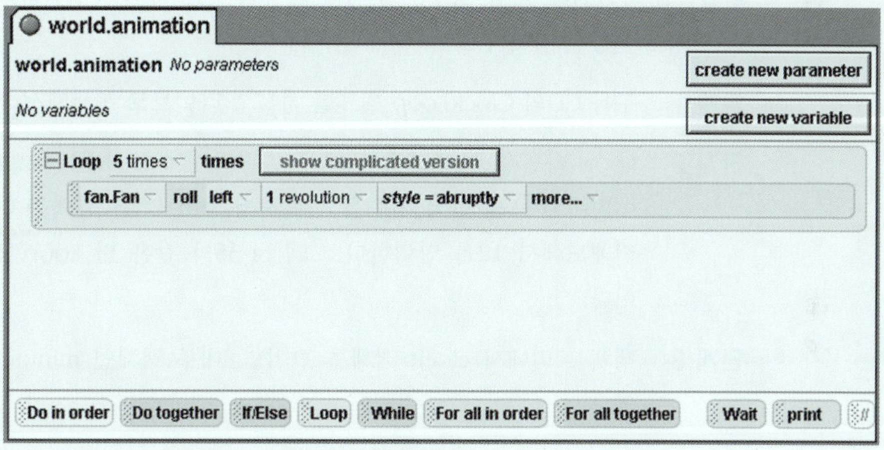

이제 따라하기 4-3을 각 단계별로 진행해 보자. 이번 따라하기에서 독자 여러분은 Loop 명령문을 사용해서 마치 시계가 가는 것처럼 보이는 월드를 만들어 볼 것이다.

따라하기 4-3

Loop 명령문 사용하기

아래는 이번 따라하기에서 만들 월드의 문제 진술문이다.

시계가 있는 Alice 월드를 만들어보자. 시계는 시침과 분침이 있다. 시간이 갈 때, 시계의 움직임을 그대로 표현해 보려고 한다. 분침이 시계 앞면을 한 바퀴 돌면, 시침은 그 다음의

시간 위치로 이동해야 한다. (실제 시간의 속도로 움직이게 할 필요는 없다. 편의상, 움직임은 더 빠른 속도로 일어날 수 있다.) 시계의 움직임은 총 12시간이 흐르는 모양이 되어야 한다.

이번 따라하기에서는 부분적으로 완성된 부록 CD의 ClockLoop 월드를 사용할 것이다. 월드에는 그림 4-34와 같은 clock 객체가 있다. clock 객체는 2개의 내부 객체, 즉, minute(분침)과 hour(시침)를 가지고 있다.

월드를 플레이했을 때, 실제로 시간이 가는 것처럼 움직이게 하려고 한다. 분침이 시계를 한 바퀴 돌면 시침은 그 다음 시간의 위치로 이동해야 한다. 아래는 이 알고리즘의 의사코드이다.

```
Loop 12 times
    minute rolls left 1 revolution.
    hour rolls left 1/12 revolution.
End Loop
```

루프의 첫 번째 명령문을 통해 분침은 왼쪽으로 한 바퀴를 완전히 회전한다. 이것은 60분이 지났음을 나타낸다. 다음 명령문에 의해 시침이 1/12 바퀴 회전한다. 이것은 시침이 다음 시간 위치로 이동한 것이다.

단계 1: 부록 CD의 ClockLoop 월드를 하드 드라이브로 복사해서 연다.

단계 2: Loop 타일을 드래그해서 메서드 편집기에 드롭한다. 메뉴가 하나 나타나는데, 여기서 루프의 반복 횟수를 선택하자. other...를 선택한 다음, Custom Number 키패드에서 12를 입력한다. 그림 4-35와 같은 빈 Loop 명령문이 만들어 질 것이다.

단계 3: 객체 트리에서 clock 객체를 펼치면, 내부 객체인 minute와 hour 타일을 볼 수 있다.

단계 4: minute 객체의 roll 메서드 타일을 드래그해서, Loop 명령문 안에 드롭한다. direction(방향)으로 left를 선택하고, amount(회전수)로 1 revolution(all the way around) 을 선택한다. 이제 명령문 타일이 Loop 안에 만들어진다.

그림 4-34 clock 객체

단계 5: hour 객체의 roll 메서드 타일을 드래그해서, Loop 명령문 안에, 그리고 단계 4에서 만든 명령문 아래에 드롭한다. direction(방향)으로 left를 선택한다. amount(회전수)로 other...를 선택한 후, Custom Number 키패드에서 1/12를 입력한다. Okay 버튼을 클릭하면 명령문 타일이 만들어진다. (회전수가 0.08로 변환되었음을 주목하라.) 이제 Loop 명령문이 그림 4-36처럼 된다.

단계 6: 월드를 저장하고 플레이해보자. 시계가 실제 시계 바늘처럼, 그러나 속도는 더 빠르게 움직일 것이다. 루프가 전체 12번을 반복하고 종료하는데 잠깐이면 된다. 시뮬레이션을 멈추려면, 언제든지 Stop 버튼을 누르면 된다.

그림 4-35 빈 Loop 명령문

그림 4-36 완성된 메서드

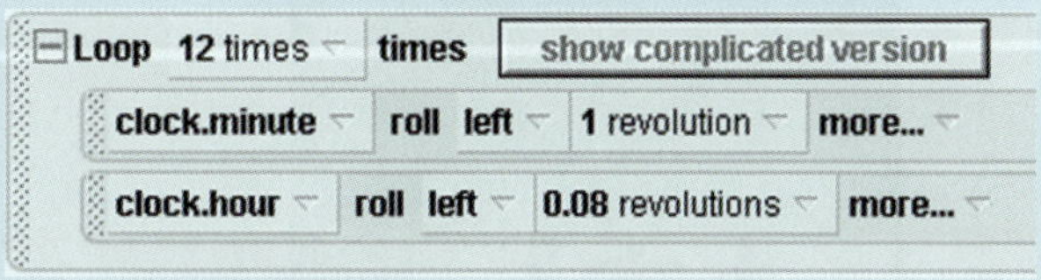

반복 횟수 계산하기

지금까지 살펴본 예에서는 Loop를 만들 때 정해진 반복 횟수를 사용했다. 예를 들어, 따라하기 4-3에서는 Loop가 12번 반복하도록 지정했다. 반복 횟수를 지정할 때 변수나 함수 호출문을 사용해도 된다. 이것은 반복 횟수를 월드의 플레이 중에 계산하여 결정하는데 유용하게 사용할 수 있다.

예를 들어, 부록 CD의 SoccerGoal 월드를 살펴보자. 월드가 플레이되면, 축구공이 축구골대를 마주 보고 있다가 골대의 중앙으로 움직인다. 이러한 동작은 골대가 어느 위치에 있든 상관없이 일어나야 한다.

그림 4-37은 월드가 플레이 될 때 실행되는 메서드를 보여준다. Loop 명령문은 soccerBall.distance to 함수를 사용해서, 축구공에서 축구골대까지의 거리를 구한다. 이 함수의 반환값은 바로 루프의 반복 횟수로 사용된다. 이것은 골대가 축구공으로부터 3미터 떨어져 있는

경우, 루프가 3번 반복한다는 것을 의미한다. 마찬가지로, 골대가 축구공으로부터 20미터 떨어져 있다면 루프는 20번 반복할 것이다. 루프내의 명령문은 루프가 반복될 때마다 축구공을 1미터씩 앞으로 이동시킨다.

Loop 명령문은 반복 횟수로 정수만 사용할 수 있다. 만약 반복 횟수로 실수가 입력되면, 소수점 이하는 버린다. SoccerGoal 월드의 예에서 socdeerBall.distance to 함수가 4.8을 반환했다고 가정하자. Loop 명령문은 4.8번을 반복할 수 없기 때문에 숫자 .8을 버린다. 따라서 Loop 명령문은 4번 반복하게 된다. 그 결과로 공은 4.8미터가 아닌 총 4미터를 이동하게 된다.

노트 숫자의 소수점 이하 부분을 버리는 것을 소수점 이하 버리기(절삭하기, truncating) 라고 부른다.

그림 4-37 SoccerGoal 월드

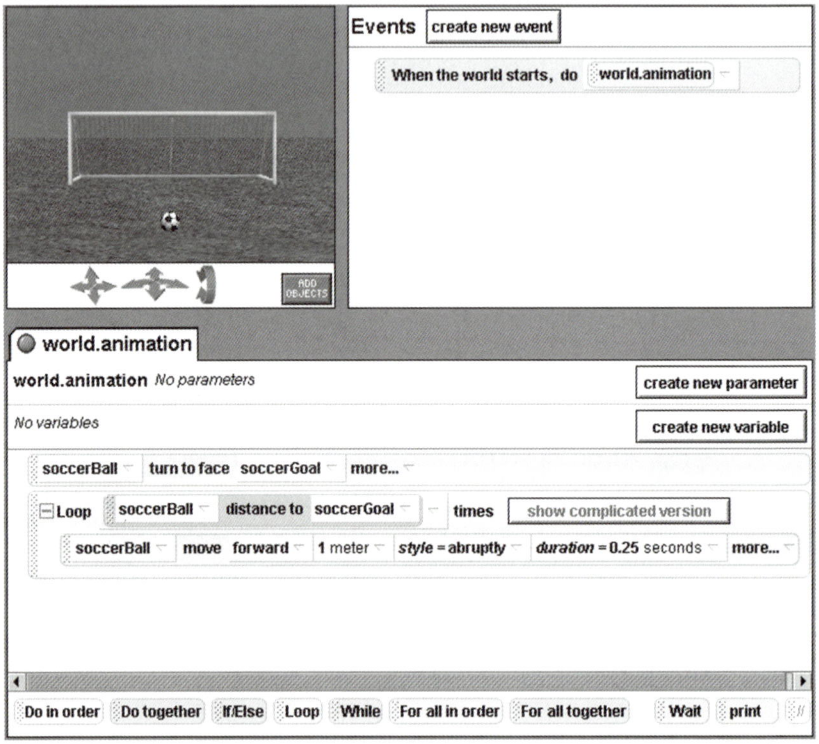

무한 루프

Loop 명령문의 반복 횟수를 선택할 때, 메뉴의 선택 가능한 항목 중에 infinity times(무한 반복)가 있다. 만약 infinity times를 선택했다면, 루프는 월드가 사용자에 의해 종료될 때까지 끊임없이 반복한다. 이러한 루프를 *무한 루프(infinite loop)*라고 한다.

대부분의 경우, 무한히 반복하는 루프가 필요치 않다. 그러나 어떤 상황에서는 무한히 반복하는 것이 바람직할 때가 있다. 월드의 실행 중에, 특정 움직임이 계속 발생되도록 하려면 그 움직임에 대한 무한 루프와 함께, 그 움직임과 동시에 실행될 다른 동작을 Do Together 구조 안에 배치하는 것이 최선의 해법이 될 수 있다. Helicopter 클래스(Vehicles 컬렉션에 있음)가 무한 루프를 사용한 객체의 한 예이다. 이 클래스에는 heli blade라는 이름의 맞춤형 메서드가 있는데, 이것은 무한 루프를 사용해서 헬리콥터의 날개를 계속 회전시킨다.[14)]

Loop 명령문의 복잡한 버전

아마도 지금쯤이면, Loop 명령문에 show complicated version 버튼이 있음을 눈치 챘을 것이다. 호기심으로 이 버튼을 클릭해 본 독자도 있을 것이다. 이 버튼을 클릭하면 Loop 명령문의 "내부 동작"이 드러난다. 예를 들어, 그림 4-38은 따라하기 4-3에 나오는 Loop 명령문의 복잡한 버전이다. 이 루프는 12번 반복했었다.

내부적으로, Loop 명령문은 index라는 이름의 변수를 만든다. index 변수는 루프의 반복 횟수를 세는데 사용된다. 사실, 프로그래머는 이런 형식의 변수를 *카운터 변수(counter variable)*라고 한다. 그림 4-38에서 루프의 첫 번째 라인이 다음과 같이 시작되고 있음을 주목하라.

---

14) 객체의 기본 메서드의 경우 사용자가 그 내부를 볼 수 없도록 되어 있지만, 맞춤형 메서드는 그 내부를 볼 수 있고 편집까지 가능하다. heli blade 메서드 타일 옆에는 다음의 그림처럼 edit 버튼이 있다.

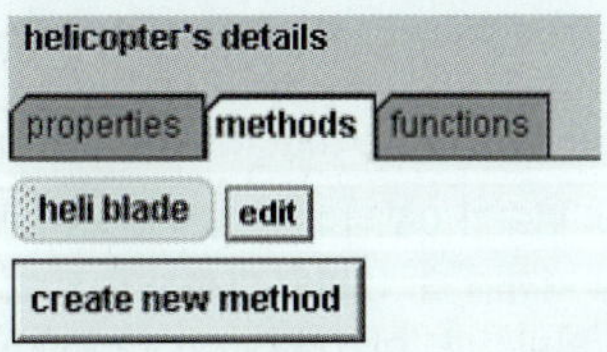

이것을 클릭하면, 다음의 그림처럼 heli blade의 내부가 메서드 편집기에 펼쳐진다. 객체의 맞춤형 메서드는 기본 메서드와 함수, 그리고, 프로그램의 흐름 구조(Do in oder, Do together, If/Else 등)를 사용하여 만든다. 그림에서 Do together 명령문 내부에 두 개의 Loop가 있고, 그 반복 횟수가 모두 infinity times로 되어 있음을 확인하자.

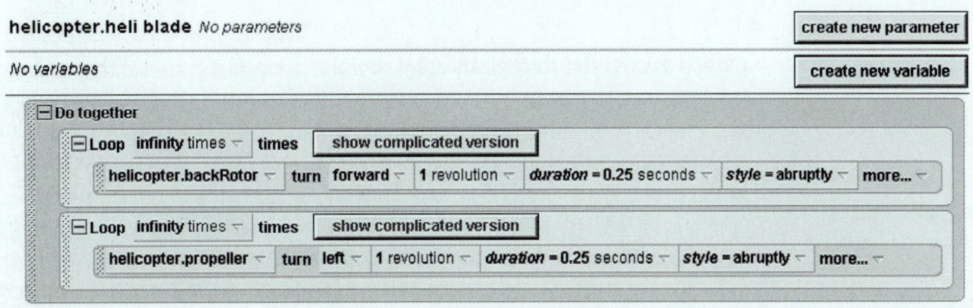

```
Loop index from 0
```

이것은 index 변수가 값 0부터 시작함을 의미한다. 그 다음 부분은 아래와 같다.

```
up to (but not including) 12 times
```

이것은 index 변수가 12가 될 때까지(12는 포함되지 않음) 반복 횟수를 세는데 사용되고 있음을 의미한다.[13] 그 다음은 아래와 같다.

```
incrementing by 1
```

이것은 루프의 반복이 매번 일어난 후에, index 변수가 1씩 증가되고 있음을 의미한다.(이것은 index 변수에 1씩 더해지는 것을 의미한다.)

이상을 모두 합쳐서, 루프가 index 변수를 사용해서 어떻게 반복 횟수를 제어하는지 파악할 수 있겠는가? 간단히 말해서, index 변수는 0부터 시작한다. 루프가 반복할 때마다, index 변수에 1씩 더해진다. 루프는 index 변수가 12가 될 때까지(12는 포함되지 않음) 계속 반복한다. 결국, 루프는 12번 반복하게 된다.[14]

그림 4-38 Loop 명령문의 복잡한 버전

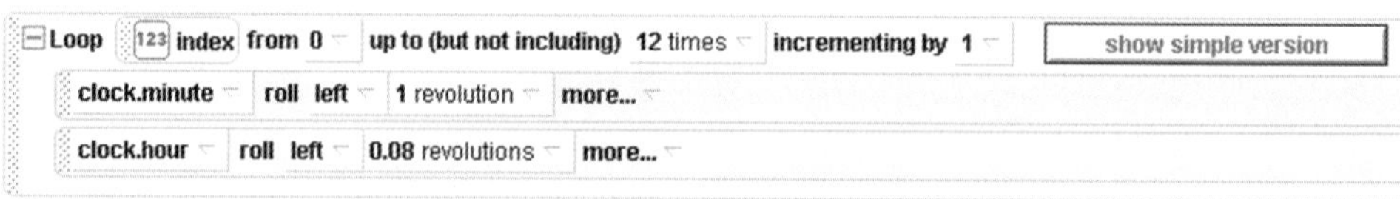

13) Loop index from 0 up to (but not including) 12 times incrementing by 1

이것은 index 변수가 0부터 시작해서 반복이 이루어지고, 매 반복 직후에는 index 변수가 1씩 증가하는데, 그것이 12가 될 때까지 총 12번을 반복하게 되며, index 값이 12가 되면 더 이상 반복문을 수행하지 않고 끝나게 된다는 것을 의미한다. 여기서 but not including이라는 의미는 12라는 index 값은 반복 수행에 전혀 관여하지 않는다는 의미로 파악하면 되겠다.

14) 루프 명령문의 첫 라인을 Java 언어로 구현해 보면 다음과 같다.

```
for( int index = 0 ; index < 12 ; index++){
// 내부 명령문은 생략;
}
```

C언어와 Java 언어의 for문이 Alice에서 제공하는 Loop 명령문의 복잡한 버전과 동일하다. for문의 ( ) 안에 ;(세미콜론)으로 구분된 문장이 보일 것이다. 첫 번째가 초기치, 두 번째가 조건, 세 번째가 증가치이다. 초기치인 int index = 0;는 4바이트 크기의 정수형 변수 index에 0을 저장한다는 것을 의미한다. index < 12;는 종료 조건으로 index 변수가 12 보다 작은 동안 루프를 반복한다는 것을 의미한다. 증가치인 index++;는 매 반복 시 index 변수에 1을 누적한다는 것을 의미한다. 참고로, Alice의 데이터 형식(Number, Boolean, Object 등)은 변수에 저장할 수 있는 데이터의 종류만 결정하지만, C언어 같은 일반 프로그래밍 언어의 데이터 형식(int, char, double 등)은 변수에 저장할 수 있는 데이터의 종류와 함께 그 변수의 크기까지 결정한다. C언어에서 int는 정수형 4바이트, char는 문자형 1바이트, double은 실수형 8바이트의 변수를 만든다.

노트 카운터 변수가 어떻게 사용되는지 이해하려면, 어떤 사람이 독자 여러분에게 0부터 12개[15)]의 숫자를 차례대로 말해 보라고 했다고 상상해 보자. 여러분은 다음 숫자들, 0, 1, 2, 3, 4, 5, 6, 7, 8, 9, 10, 11을 말할 것이다. 12개의 숫자를 셀 때 11까지 세고 멈춘 이유는 바로 0부터 숫자를 세기 시작했기 때문이다.

Loop 명령문을 순서도로 나타내기

카운터 변수로 반복 횟수를 제어하는 루프를 *카운트 제어 루프(count-controlled loop)*라고 한다. 카운트 제어 루프를 순서도로 그리려면, 객체의 움직임과 더불어 카운터 변수도 순서도에 나타나야 한다. 그림 4-39의 예는 그림 4-38의 Loop 명령문을 순서도로 그린 것이다. 순서도에는 index 변수가 언제 초기화되고, 언제 종료 값에 도달하게 되며, 언제 1씩 증가되는지가 표시되어 있다.

그림 4-39 Loop 명령문의 순서도

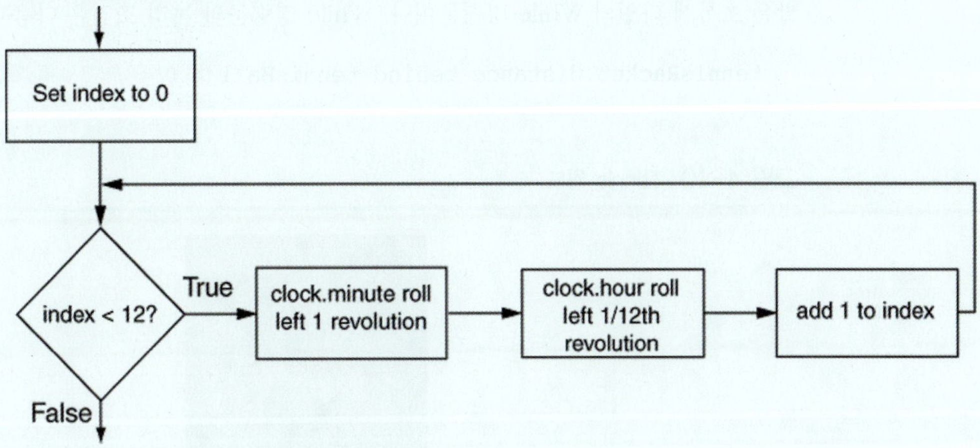

체크 포인트

4.13 Loop 명령문은 어떤 형식의 구조인가?

4.14 메서드 편집기에서 Loop 명령문의 카운터 변수가 처리되는 코드를 보려면 어떻게 해야 하는가?

4.15 무한 루프란 무엇인가?

4.16 Loop 명령문의 카운터 변수 이름은 무엇인가?

---

15) 12까지가 아니라, "12개"를 세는 것이다.

4.5 While 명령문

개념 : While 명령문은 논리 조건이 참인 동안 반복하는 루프이다.

Alice에서 제공하는 두 번째 반복 구조는 While 명령문이다. While 명령문을 만드는 경우에는 반복 횟수를 지정하지 않는다. 대신 논리 조건을 설정해야 한다. While 명령문은 논리 조건이 true인 동안 반복한다. 이런 형식의 루프는 논리 조건으로 제어되기 때문에, 일반적으로 *조건 루프(conditional loop)*라고 부른다.

예를 들어, 부록 CD의 Tennis 월드를 살펴보자. 월드에 테니스 라켓과 테니스 공이 있고, 그림 4-40처럼 배치되어 있다. 월드가 플레이되면, 라켓은 앞쪽으로 나아가서 볼을 치게 되고 볼은 날아가서 화면을 벗어난다.

그림 4-41은 월드가 플레이 될 때 실행되는 메서드를 보여준다. 메서드의 첫 번째 명령문이 밝은 초록색 타일의 While 명령문이다. While 명령문의 논리 조건은 다음과 같다.

```
tennisRacket.distance behind tennisBall > 0
```

그림 4-40 Tennis 월드

그림 4-41 While 루프가 있는 메서드

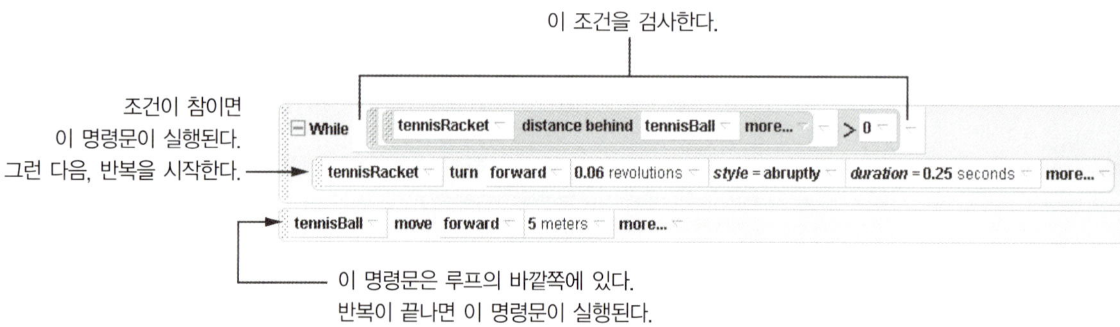

이 조건은 tennisRacket 객체의 distance behind 함수를 호출하여, tennisRacket 객체가 tennisBall 객체의 뒷면에서부터 거리가 얼마나 떨어졌는지 결정한다. 이 거리가 0보다 큰 동안 While 루프가 반복된다.[16] While 루프 내부의 명령문은 tennisRacket 객체를 앞쪽으로 0.06만큼 회전시킨다. (이것은 1/16 회전이다.) 그림 4-42는 이 메서드의 순서도이다.

그림 4-42 While 명령문에 대한 순서도

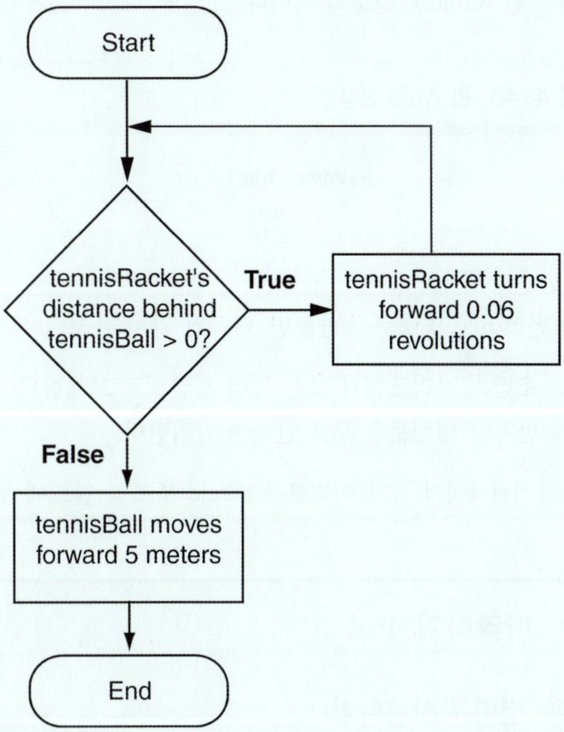

While 명령문은 예비 검사' 루프이다.

그림 4-42의 순서도에서, 매번 반복하기 전에 루프의 조건을 검사하고 있음을 주목하라. 조건을 먼저 검사하는 것, 이것이 While 명령문의 특징이다. 조건이 참이면, 그 때부터 반복을 수행하기 시작한다. 조건이 거짓이면 루프는 종료된다.

반복을 수행하기 전에 조건을 검사하는 루프를 *예비 검사 루프(pretest loop)*라고 부른다. 반복 전에 조건을 검사하므로, 예비 검사 루프가 전혀 반복하지 않는 경우가 생길 수 있다. 루

16) 그 거리가 0이 되는 순간 반복은 중지된다. 결국 거리가 0이 된다는 것은 공이 라켓에 닿았다는 것이고, 그 다음에는 공이 앞으로 날아가야 한다.

프의 조건이 처음부터 거짓이면, 이런 경우가 발생한다.

While 명령문 만들기

While 명령문 타일은 메서드 편집기의 하단(Loop 명령문 옆)에 위치한다. While 명령문 타일을 메서드 편집기로 드래그 앤 드롭하면 메뉴가 하나 나타나는데, 여기서 조건의 자리표시자로 true나 false를 선택한다. 자리표시자를 선택하면 빈 While 명령문이 만들어진다. 그림 4-43은 빈 While 명령문의 예이다.

그림 4-43 빈 While 명령문

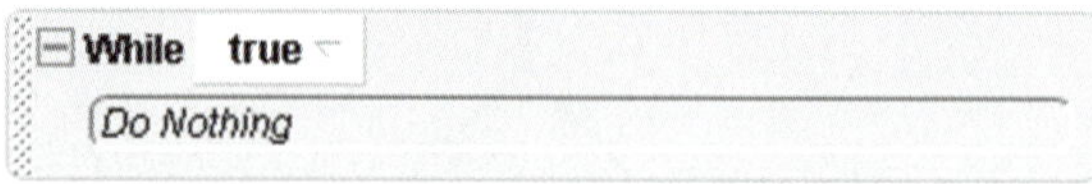

일단 빈 While 명령문을 만들면, 다음과 같이 완성한다.

- 조건의 자리표시자 값을 논리 조건으로 교체한다.
- 반복할 명령문을 루프 안쪽에 삽입한다.

따라하기 4-4에서 독자 여러분은 While 루프를 월드에 추가하는 과정을 실습하게 된다.

따라하기 4-4

While 명령문 사용하기

아래는 이번 따라하기에서 만들 월드의 문제 진술문이다.

스쿠버 다이버 1명이 바다에 표류하고 있는 월드를 만들어 보자. 구조 헬리콥터가 멀리서 맴돈다. 헬리콥터가 스쿠버 다이버를 바라 본 후, 스쿠버 다이버의 상공까지 날아온다.

이번 따라하기는 부분적으로 완성된 RescueAtSea 월드를 가지고 실습한다. 이 월드에는 그림 4-44의 helicopter와 scubaDiver 객체가 있다. helicopter 객체(Vehicles 컬렉션에 있음)는 heli blade라는 이름의 메서드가 있는데, 이것은 헬리콥터의 날개를 계속 회전시킨다. 아래는 이 알고리즘의 의사코드이다.

```
Do together
    helicopter heli blades
    Do in order
        helicopter turn to face scubaDiver
```

```
        helicopter move forward the distance to the scubaDiver
        While helicopter is more than 1/2 meter above the scubaDiver
            helicopter moves down 1/2 meter
        End loop
    End do in order
End do together
```

helicopter 객체의 heli blade 메서드 호출문을 Do together 구조 안에 삽입하였음을 주목하라. 또한 여러 개의 다른 명령문들이 포함된 Do in order 구조가 Do together 구조 안에 배치되어 있다. 이렇게 하면 헬리콥터의 날개가 회전하는 동시에 Do in order 구조의 명령문들이 실행된다.

그림 4-44 RescueAtSea 월드

이 의사코드를 토대로 메서드의 일부를 작성해 놓았으며, 그림 4-45에서 그 메서드를 확인할 수 있다. 이 메서드에는 이번에 삽입할 While 명령문을 제외하고, 모든 단계의 명령문들이 이미 만들어져 있다.

단계 1: 부록 CD의 RescueAtSea 월드를 하드 드라이브로 복사해서 연다.

단계 2: While 명령문 타일을 메서드로 드래그한 다음, Do in order 구조의 안쪽, 그림 4-45에 표시된 지점에 드롭한다. 메뉴가 나타나는데, 여기서 조건의 자리표시자를 선택하자. true를 선택한다. 이제 메서드가 그림 4-46처럼 된다.

그림 4-45 부분적으로 완성된 메서드

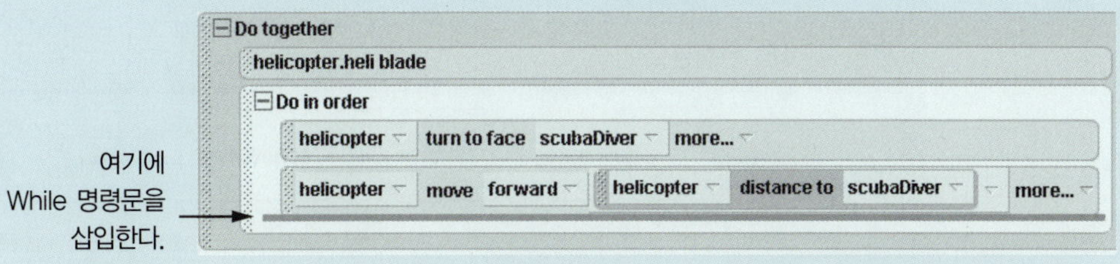

그림 4-46 배치된 While 명령문

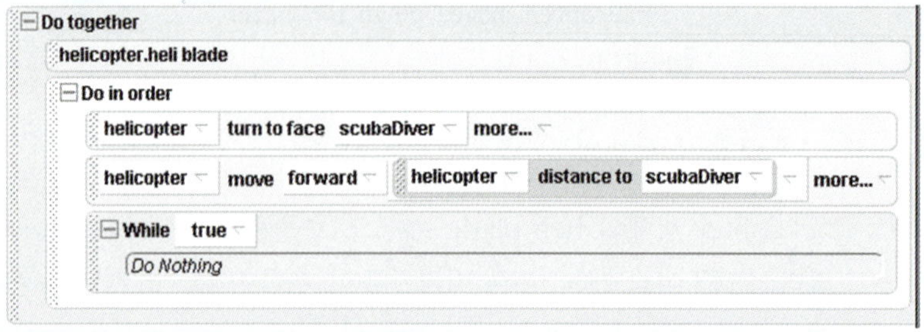

단계 3: 이번에는 While 명령문의 자리표시자를 교체할 것이다. 객체 트리에서 world 객체를 선택한다. world 객체의 함수 목록에서 a > b 연산자 타일을 드래그한 다음 자리표시자 true에 드롭한다. 이때 메뉴가 나타나는데, 여기서 a와 b에 해당하는 값을 선택한다. a에는 자리표시자로 1을 선택한다. b에는 0.5를 선택한다. While 명령문이 그림 4-47처럼 된다.

단계 4: 이제 a > b 연산자의 피연산자 a의 자리표시자를 교체할 것이다. helicopter 객체를 선택하고 distance above 메서드를 자리표시자 1까지 드래그한다. 드롭하면 메뉴가 나타나는데 여기서 객체 하나를 선택하자. scubaDiver를 선택한 다음, the entire scubaDiver를 선택한다. While 명령문이 그림 4-48처럼 된다.

단계 5: helicopter 객체의 move 메서드 타일을 드래그해서 While 명령문 안쪽에 드롭한다. 나타나는 메뉴에서 direction(방향)으로 down을, amount(거리)로 1/2 meter를 선택한다. 메서드를 호출하는 명령문 타일이 완성되면, more... 편집 태그를 선택하고 style을 abruptly로 변경한다. 메서드가 이제 그림 4-49처럼 된다.

단계 6: 월드를 저장하고 플레이 해보자. 코드가 그림 4-49와 일치한다면, 헬리콥터가 스쿠버다이버에게로 날아와 천천히 구조 위치로 내려오는 것을 볼 수 있을 것이다.

그림 4-47 삽입된 a 〉 b 연산자

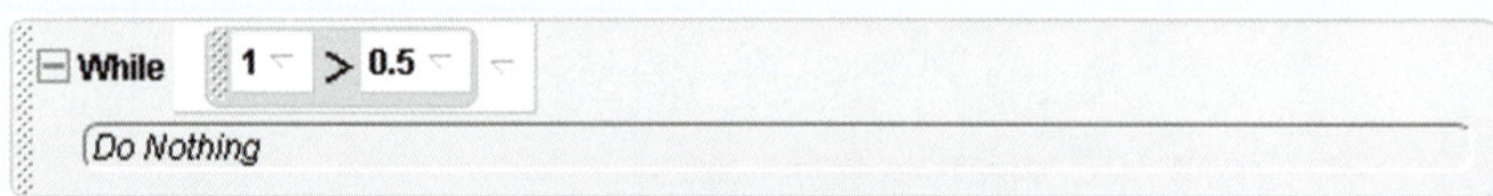

그림 4-48 완성된 조건식

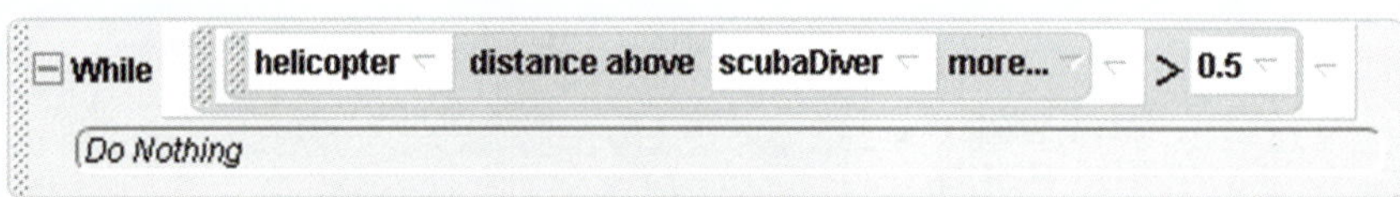

그림 4-49 완성된 메서드

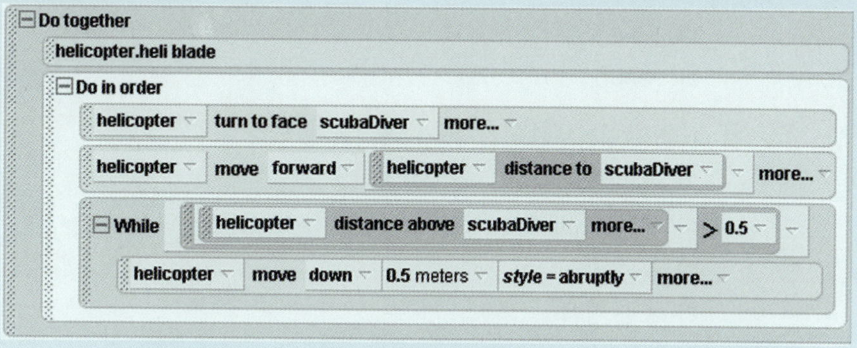

이런 동작이 일어나는 동안 헬리콥터의 날개는 계속 회전하고 있어야 한다.

단계 7: 월드를 닫기 전에 메서드에 적절한 주석을 추가하고 저장하자.

체크 포인트

4.17 While 명령문을 조건 루프라고 하는 이유는 무엇인가?

4.18 While 루프는 어떤 경우에 반복을 중단하는가?

4.19 While 루프를 예비 검사 루프라고 하는 이유는 무엇인가?

확인 문제

객관식

1. 월드 객체의 ask user for yes or no 함수에서 사용자가 "예" 버튼을 클릭했을 때 반환되는 값은?

   가. 문자열 "Yes"

   나. True

   다. False

   라. 숫자 1

2. world 객체의 ask user for yes or no 함수에서 사용자가 "아니오" 버튼을 클릭했을 때 반환되는 값은?

가. 문자열 "No"

나. True

다. False

라. 숫자 0

3. If/Else 명령문에서 검사하는 조건의 형식은?

가. 논리(Boolean)

나. 수치(Number)

다. 문자열(String)

라. 모든 형식

4. Else 영역이 비어있는 If/Else 명령문의 구조는?

가. 양자택일 결정 구조(Dual-alternative decision structure)

나. 단일선택 결정 구조(Single-alternative decision structure)

다. 널[17] 결정 구조(Null decision structure)

라. 유효하지 않음

5. If/Else 명령문 안에 또 다른 If/Else 명령문이 포함되어 있는 것을 무엇이라고 하는가?

가. 숨겨진(Hidden)

나. 패키지화된(Packaged)

다. 번들로 된(Bundled)

라. 중첩된(Nested)

6. 다른 명령문을 정해진 횟수만큼 반복하는 명령문은?

가. Repeat

나. While

다. Loop

라. If/Else

7. Loop 명령문 내부에서 사용하는 변수 형식은?

가. 레지스터 변수

나. 카운터 변수

다. 조건 변수

라. 증가 변수

---

17) Null 은 "무(無)", "영(零)", "존재하지 않음", "유효하지 않음" 등의 의미로, 컴퓨터 프로그래밍에서는 Null 값(Null Value), Null 문자열(Null String), Null 문자(Null Character)라는 용어로 자주 사용된다. Null 값이란 0을 의미하며, 대표적으로 Ascii 코드에서 사용된다. Null 문자열이란 공백 문자열이라는 뜻으로, 내용이 없는 문자열을 말한다. " ", 이것이 공백 문자열이다. 널 문자라고 하는 것은 문자열의 끝을 표시하는 문자로서, C언어에서 문자와 문자열을 구분하는 유일한 표식이다. Ascii 코드에서 널 문자를 대개 '\0' 으로 표기한다. 보기 "다. 널 결정구조"라는 것은 유효하지 않은 결정 구조라는 의미로 이해하면 되겠다.

8. 끊임없이 반복하는 루프는?
   가. 무한 루프
   나. 닫힌 루프
   다. 열린 루프
   라. 중첩 루프

9. 복잡한 조건을 만들 때 사용하는 논리 연산자로, 결과 값이 true가 되기 위해서는 피연산자 a와 b가 모두 true이어야 하는 연산자는?
   가. either a or b, or both
   나. both a and b
   다. not a
   라. union a and b

10. 복잡한 조건을 만들 때 사용하는 논리 연산자로, 결과 값이 true가 되기 위해서는 피연산자 a 또는 b가 true이거나, a와 b가 모두 true이어야 하는 연산자는?
   가. either a or b, or both
   나. both a and b
   다. not a
   라. union a and b

11. 카운트 제어 루프 명령문은?
   가. Repeat
   나. Count
   다. Loop
   라. While

12. 조건 루프 명령문은?
   가. Repeat
   나. Count
   다. Loop
   라. While

주관식

1. Alice의 If/Else 명령문에는 다른 명령문을 삽입할 수 있는 2개의 슬롯, If 영역과 Else 영역이 있다. 어떤 경우에 If 영역의 명령문이 실행되는가? 어떤 경우에 Else 영역의 명령문이 실행되는가?

2. Alice의 If/Else 명령문으로 만들 수 있는 결정 구조 형식 2가지는 무엇인가?

3. Loop 명령문의 복잡한 버전과 단순한 버전의 차이점은 무엇인가?

4. 그림 4-50은 Loop 명령문의 복잡한 버전이다. 이 루프는 몇 번 반복하는가?

그림 4-50 Loop의 복잡한 버전

5. 루프의 반복 횟수를 정확히 알고 있다면, 어떤 루프 명령문을 사용하는 것이 바람직한가?

6. 특정한 조건이 true인 동안 루프가 실행되도록 하려면, 어떤 루프 명령문을 사용하는 것이 바람직한가?

연습 문제

1. 단일선택 결정 구조의 수정

   그림 4-18의 단일선택 결정구조만을 사용해서, 따라하기 4-1의 월드를 만들어 보자.

2. GumdropFish 월드의 수정

   따라하기 4-2에서 만든 GumdropFish 월드에서 물고기가 2개의 사탕을 모두 먹도록 수정해 보자. 그 당시 가장 가까운 사탕부터 우선 먹고, 다른 사탕으로 이동해서 그 사탕을 먹도록 해야 한다. 2개의 사탕 모두 물고기에게 마법을 건다. 빨간색 사탕을 먹으면 물고기의 크기가 현재보다 두 배로 커지고, 노란색 사탕을 먹으면 물고기의 크기가 현재보다 반으로 줄게 된다.

3. FanLoop 월드의 수정

   부록 CD의 FanLoop 월드에서 선풍기 날개의 회전수를 사용자가 입력하도록 수정해 보자. Loop 명령문이 roll 메서드의 반복 호출 횟수를 제어할 때, 사용자가 입력한 값을 사용해야 한다.

   힌트: ask user for a number 함수를 사용하여 회전수를 입력받는다. 하나의 변수에 함수의 반환 값을 저장한 다음, 그 변수를 Loop 명령문의 반복 횟수로 사용한다.

4. 수상 비행기의 곡예비행

   1대의 수상 비행기(Vehicles 컬렉션에 있음)가 있는 월드를 만들어 보자. 수상 비행기가 무한반복으로 원 모양의 곡예비행을 한다. style(스타일)과 duration(지속시간) 편집 태그를 조절해서 애니메이션이 빠르면서 부드럽게 움직이도록 해야 한다.

5. 축구 연습

   Sports 컬렉션에서 축구장 1개와 People 컬렉션에서 아무나 2명을 골라, 월드를 만들어 보자. 한 사람의 앞쪽에 공을 위치시킨다. 월드를 플레이하면, 그 사람의 다리가 공을 차는 모습으로 움직인다. 공이 다른 사람으로 이동하면 그 사람이 다시 공을 찬다. 이 모든 행동들이 하나의 루프에서 5번 반복되도록 배치해 보자.

6. 드래건 수호자

한 마리의 용, 한 명의 기사, 그리고 한 개의 천막(모두 Web Gallery의 Medieval 컬렉션에 있음)이 있는 중세시대 월드를 그림 4-51과 같은 모습으로 만들어 보자. 기사가 천막을 나와서 아무 거리낌 없이 용에게 다가간다. 용은 꿋꿋하게 서 있다가 기사가 용의 앞 2미터 지점에 왔을 때 뒤 돌아서 날아가 버린다. 그리고 기사는 다시 자신의 천막으로 되돌아온다.

그림 4-51 드래건 수호자 월드

7. 로마숫자 변환

사용자와 상호작용하는 월드를 만들어 보자. 1부터 10까지 숫자를 사용자로부터 입력 받는다. 원하는 캐릭터 1명을 선택해서 월드에 추가한다. 그 캐릭터는 입력받는 숫자를 로마숫자로 변환해서 말풍선으로 그 결과를 말한다. 그림 4-52는 한 예이다. 사용자가 1부터 10까지의 범위를 벗어나는 숫자를 입력한 경우에는, 캐릭터가 "An invalid number was entered! (유효하지 않은 숫자가 입력되었다!)"라고 말한다. 그때 메서드는 사용자에게 또 다른 숫자를 입력할지를 묻는다. 사용자가 "예" 버튼을 선택하면 위에서 언급한 단계들이 반복된다. "아니오" 버튼을 선택하면 메서드가 종료된다.

그림 4-52 로마숫자 변환

CHAPTER 5

메서드, 함수, 그리고 기타 변수들

TOPICS

5.1 클래스 수준의 맞춤형 메서드 작성하기

개념 : 필요로 하는 메서드가 클래스에 없다면, 그 메서드를 직접 만들 수 있다. 이렇게 만든 메서드는 그 클래스의 맞춤형 메서드가 된다.

갤러리에 있는 클래스 중에는, Alice 객체들이 공통으로 가지고 있는 기본 메서드와 더불어 맞춤형 메서드를 가지고 있는 클래스가 있다. 예를 들어, Penguin 클래스는 wing_flap, walk, jump라는 이름의 맞춤형 메서드를 가지고 있다. Penguin 클래스의 객체는 이 메서드를 통해 독특한 행동을 할 수 있다.

클래스에 있는 메서드를 *클래스 수준 메서드(class-level method)*라고 부른다. 필요한 메서드가 클래스에 없다면, 자신만의 메서드를 쉽게 만들 수 있다. 그리고 이 메서드는 그 클래스의 인스턴스에 적용된다. 예를 들어, 원을 그리면서 도는(spin) penguin 객체가 필요하다고 가정하자. 이미 언급했던 Penguin 클래스의 맞춤형 메서드 중에는 객체로 하여금 원을 그리며 돌게 하는 메서드가 없다. 그러나 이것은 문제가 되지 않는다. 왜냐하면 penguin 객체가 수행할 수 있는 클래스 수준의 맞춤형 메서드를 spin이라는 이름으로 직접 만들면 되기 때문이다.

Alice에서 클래스 수준의 맞춤형 메서드를 만들려면 다음의 단계를 따라하면 된다.

1. 원하는 클래스의 인스턴스를 만든다.
2. 인스턴스를 선택한다.
3. 세부 패널의 methods 탭 아래에 있는 create new method 버튼(그림 5-1)을 클릭한다.
4. 새 메서드의 이름을 묻는 대화상자가 나타난다. 대화상자에 이름을 입력하고 OK 버튼을 클릭한다. 세부 패널의 create new method 버튼 위로 새 메서드 타일이 만들어진다.
5. 메서드 편집기에서 메서드에 들어갈 명령문을 만든다.

그림 5-1 create new method 버튼

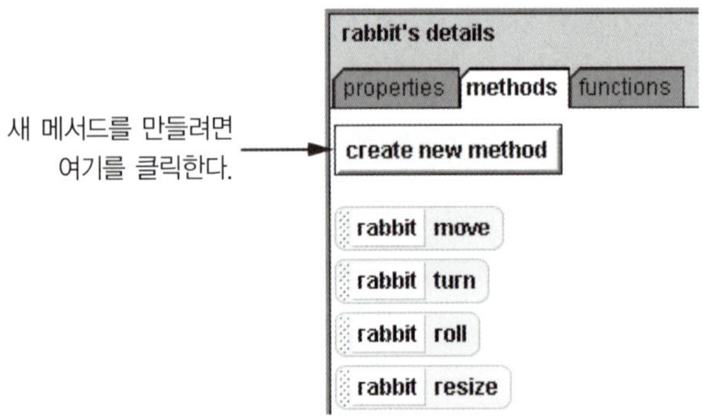

일단 새 메서드를 만들었다면, 일반적인 방법으로 다른 메서드에서 그것을 호출할 수 있다. 새 메서드 타일을 메서드 편집기로 드래그한 후, 그 메서드를 호출할 지점에 드롭한다.

따라하기 5-1에서는 한 마리의 나는 Pterodactyl(익수룡)이 있는 월드를 만들어 볼 것이다. Pterodactyl 클래스에는 맞춤형 메서드가 없다. 따라서 객체로 하여금 날갯짓을 하게 하는 맞춤형 메서드를 만들어 볼 것이다.

따라하기 5-1

클래스 수준 메서드 만들기

단계 1: Alice를 실행한 다음, 새 월드를 만든다. Pterodactyl 클래스(Animals 컬렉션에 있음)의 인스턴스를 그림 5-2와 같이 월드에 추가한다. world 객체의 my first method 메서드의 이름을 animation으로 변경한다.

단계 2: pterodactyl 객체를 선택한다. 세부 패널의 methods 탭을 선택한 다음, create new method 버튼을 클릭한다. New Method 대화상자에서 메서드 이름에 flapWings를 입력하고, OK를 클릭한다.

이제, pterodactyl.flapWings라는 이름의 새 탭이 그림 5-3과 같이 메서드 편집기의 상단에 나타난다. (flapWings 메서드가 pterodactyl 객체에 속해 있으므로, 메서드의 완전한 이름을 점 표기법으로 나타내면 pterodactyl.flapWings이다.) 더불어, world.animation 탭도 보인다. 동시에 여러 개의 메서드를 메서드 편집기에 열 수 있다. 메서드 편집기의 상단에 위치한 메서드 탭을 클릭하면 메서드 편집기에 열린 메서드 사이를 왔다 갔다 할 수 있다. 현재는 pterodactyl.flapWings 메서드가 선택되어 있다. 따라서 편집기로 드래그한 명령문은 모두 이 메서드에 배치된다.

그림 5-2 pterodactyl 객체

그림 5-3 메서드 편집기의 flapWings 메서드

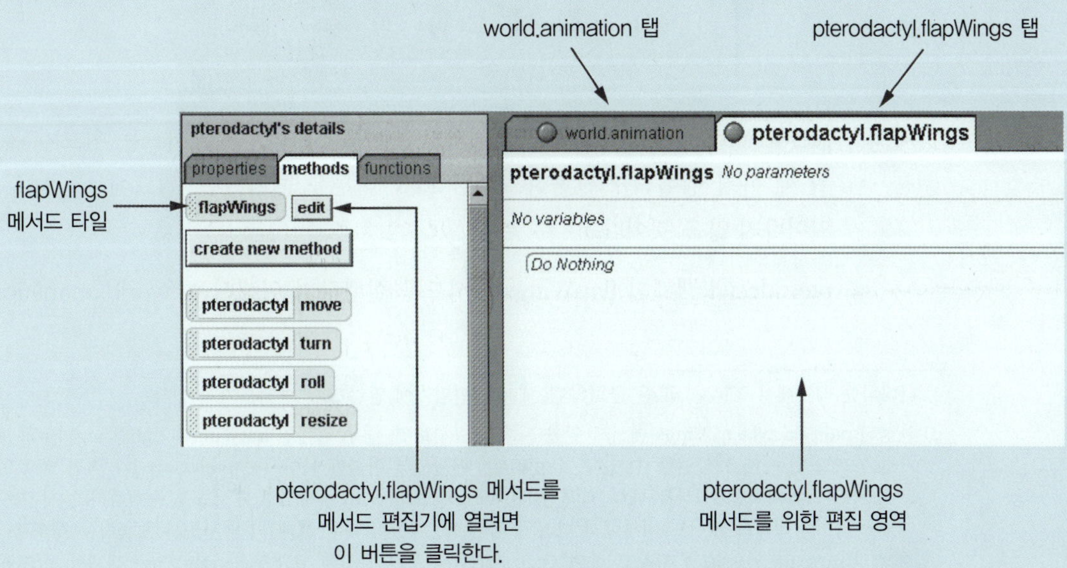

또한 그림에서 볼 수 있듯이, 새로 만들어진 flapWings 메서드 타일이 세부 패널에 나타난다. edit라는 작은 버튼이 타일 옆에 위치해 있음을 주목하라. 언제든지 이 버튼을 클릭하면 flapWings 메서드를 메서드 편집기에 열 수 있다.

팁 메서드 편집기에서 메서드를 닫으려면, 메서드 탭을 마우스 오른쪽 버튼으로 클릭하고, 나타나는 메뉴에서 "Close 메서드 이름"을 클릭하면 된다.[1)]

단계 3: 명령문을 그림 5-4와 같이 만들어서 flapWings 메서드를 완성한다.[2)]

노트 명령문을 만들 때, pterodactyl.flapWings 메서드 탭이 선택되었는지 다시 한 번 확인하자. 잘못하면, 명령문이 world.animation 메서드에 만들어질 수 있다.

그림 5-4 완성된 flapWings 메서드[3)]

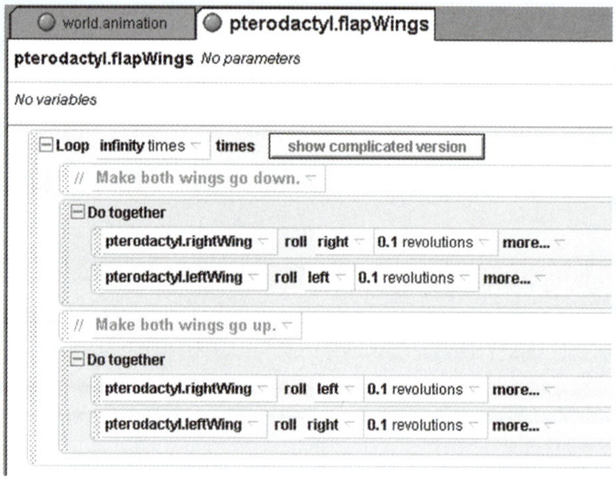

단계 4: pterodactyl 객체의 flapWings 메서드를 만들었지만, 이 메서드는 월드가 플레이될 때 아직 실행되지 않는다. (지금 Play 버튼을 클릭하면, 월드에서는 아무것도 일어나지 않을 것이다.)

pterodactyl 객체의 flapWings 메서드를 실행하기 위해서는, world.animation 메

1) 나타나는 메뉴에서 "Close all"을 클릭하면, 메서드 편집기에 열린 모든 메서드가 닫힌다.

2) 완성된 pterodactyl.flapWings 메서드 안을 자세히 살펴보면, 내부 객체인 leftWing과 rightWing의 roll 메서드가 호출되고 있는 것을 확인할 수 있다. flapWings 메서드의 이름만 보아서는 pterodactyl가 직접 날갯짓을 하는 것처럼 느껴지지만, 실상은 내부 객체인 leftWing과 rightWing에게 roll 메서드를 수행하라고 시키는 격이다. 여기서 한 객체의 메서드 내부에서 다른 객체(또는, 자신의 내부 객체)의 메서드를 호출하는 행위를 "메시지 전달(message passing)"이라고 하며, pterodactyl 객체는 자신의 날갯짓을 rightWing 객체와 leftWing 객체에게 "위임(delegation)했다"라고 말한다.

서드에서 이 메서드를 호출해야 한다. 메서드 편집기의 world.animation 탭을 클릭하자. 현재 이 메서드는 비어 있다. 세부 패널의 flapWings 메서드 타일을 드래그 한 후, 메서드 편집기 안으로 드롭한다. 이렇게 하면 그림 5-5와 같은 메서드 호출문이 만들어진다.

단계 5: 월드를 저장한 후 플레이 해보자. pterodactyl가 날갯짓하는 모습을 볼 수 있을 것이다. 이 월드는 다음에 나오는 따라하기에서 다시 사용할 것이다.

그림 5-5 완성된 world.animation 메서드

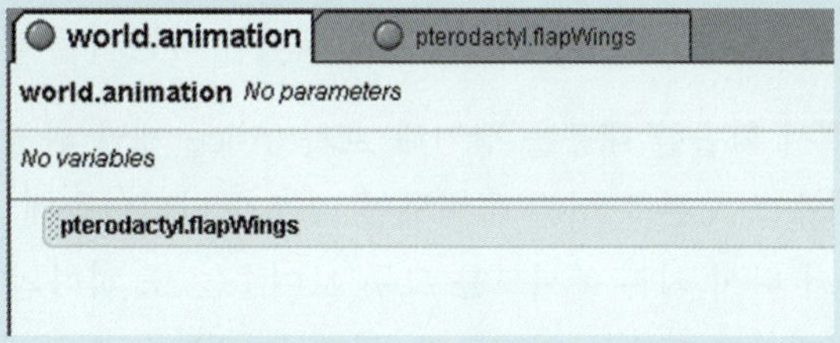

팁

갤러리에 있는 클래스의 맞춤형 메서드가 내부적으로 어떻게 동작하는지 궁금하다면, 세부 패널의 맞춤형 메서드 타일 옆에 있는 edit 버튼을 클릭해 보자. 메서드 편집기에 해당 메서드의 내부가 펼쳐진다.

시행착오 방법으로 메서드 설계하기

따라하기 5-1의 flapWings 메서드는 다음의 명령문을 동시에 실행해서 pterodactyl 객체의 날개가 아래로 내려가도록 하였다.

---

3) 객체 지향 프로그래밍 설계 과정에서 클래스간의 관계, 객체간의 관계를 어떻게 맺느냐가 매우 중요하다. 그 대표적인 관계가 has-a 관계와 is-a 관계이다. has-a 관계란 한 클래스(객체)가 다른 클래스(객체)를 포함하고 있는 경우다. 현재 pterodactyl 객체는 leftWing과 rightWing이라는 객체를 포함하고 있다. 앞 장에서 우리는 이것을 "객체의 몸체 일부분"이라고 하였다. 여기서 pterodactyl 객체는 leftWing 객체, rightWing 객체와 has-a 관계를 맺고 있다고 말한다. 이것을 영어로 다시 풀어 쓰면, **pterodactyl has a leftWing**(pterodactyl는 leftWing을 가지고 있다), **pterodactyl has a rightWing**(pterodactyl는 rightWing을 가지고 있다)이다. 클래스간의 이러한 관계를 그림으로 표시할 때는 특별한 기호를 사용한다. 옆의 그림을 확인해 보자. 사각형은 클래스를 나타내며, 사각형 사이에 그려진 선은 클래스간의 관계를 나타낸다. 점선과 꺽은 괄호가 조합된 화살표가 Pterodactyl에서 뻗어나가 LeftWing과 RightWing을 향하고 있다. 화살표의 방향을 결정하는 요령은 has a의 '주어'에서 '보어'로 뻗어 나가도록 그리면 된다. 객체지향 설계 도구인 UML(Unified Modeling Language)에서는 이러한 관계 도식을 "Dependancy(의존)"라고 부른다. 이와 비슷한 UML 도식으로 "Aggregation(집합)" 관계가 있는데, 이 경우는 실선과 마름모꼴 화살표 (◇—)를 사용해서 그림의 화살표 방향과 반대 방향으로 그려야 한다. UML에 대한 자세한 사항은 관련 도서를 참고하기 바란다. is-a 관계는 이 장의 상속(Inheritance)에서 자세히 다룬다.

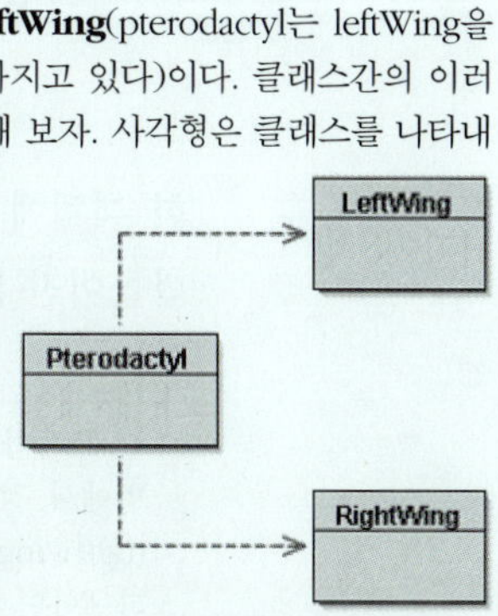

```
pterodactyl.rightWing.roll right 0.1 revolutions
pterodactyl.leftWing.roll left 0.1 revolutions
```

(위 코드 첫 줄 끝에 각주 4 표시)

그런 후, 다음의 명령문을 동시에 실행해서 pterodactyl 객체의 날개가 위로 올라오도록 하였다.

```
pterodactyl.rightWing.roll left 0.1 revolutions
pterodactyl.leftWing.roll right 0.1 revolutions
```

flapWings 메서드를 작성하면서, 자연스러운 날갯짓 모양이 나오는 명령문과 인수를 어떻게 알아냈는지 궁금했을지도 모르겠다. 아주 단순하게, 시행착오 방법을 통해서 어떤 메서드가 호출되어야 하고 어떤 인수가 전달되어야 하는지를 결정한다.

2장에서 학습한 내용을 상기해 보자. Alice 개발 환경 내에서, 객체(객체 트리의 객체 타일)를 마우스 오른쪽 버튼 클릭하면 메뉴가 나타나는데, 거기서 methods를 선택할 수 있었다. 여기서 다시 기본 메서드를 모두 보여주는 또 하나의 메뉴가 나타난다. 그 메뉴에서 메서드를 선택하고 인수를 지정하면, 월드 뷰 윈도우 상에서 메서드가 곧바로 수행되는 모습을 확인할 수 있다. 메서드 수행 결과가 만족스럽지 않으면, Undo 버튼을 클릭해서 메서드의 결과를 취소할 수 있다.

이것이 바로 pterodactyl 객체의 날개를 퍼덕이도록 하기 위해, 정확한 메서드 호출문과 인수를 알아낸 방법이다. 여러 가지 방향과 회전양으로 객체의 roll 메서드를 계속 호출해봐야 한다. 만약 특정 인수 값으로 바라는 결과가 나오지 않으면, Undo 버튼을 클릭하고 다른 인수 값으로 다시 시도한다. 몇 번 시도하다 보면 어떤 값을 사용해야 하는지 분명해 진다.

5.2 객체를 새 클래스로 저장하기

개념 : 클래스 수준의 맞춤형 메서드는 클래스의 한 인스턴스에만 만들어진다. 동일한 맞춤형 메서드를 가진 객체를 만들려면, 해당 객체를 새 클래스로 저장해야 한다. 이 클래스로부터 만들어진 모든 인스턴스는 동일한 맞춤형 메서드를 갖는다.

한 객체에 클래스 수준의 맞춤형 메서드를 만들면, 메서드는 그 객체에만 추가되고 객체가 만들어진 본래의 클래스에는 추가되지 않는다.

---

4) 점 표기법으로 작성한 roll 메서드 호출문이다. pterodactyl.rightWing.roll에 점이 2개 표시되어 있다. 점 표기법에서 점의 오른쪽 위치에 있는 객체는 점의 왼쪽에 있는 객체의 몸체 일부분, 즉, 내부 객체이다. 만약 rightWing 내부에 또 다른 객체가 포함되어 있고 그 객체의 roll 메서드를 호출하는 명령문을 점 표기법으로 나타낸다면, "*pterodactyl.rightWing.내부객체.메서드*"와 같이 점 3개가 표시될 것이다.

예를 들어, 따라하기 5-1에서 pterodactyl 객체안에 flapWings라는 메서드를 만들었다. 그러나 이 맞춤형 메서드는 클래스의 특정 인스턴스 하나에만 만들어진다. 만약 갤러리의 Pterodactyl 클래스로부터 인스턴스를 하나 더 만들었다면, 그 인스턴스는 flapWings라는 이름의 메서드를 갖고 있지 않을 것이다.

한 객체에 클래스 수준 메서드를 만든 다음, 이와 동일한 객체, 즉, 방금 만든 맞춤형 메서드를 가지고 있는 객체를 더 만들어야 하는 경우가 있다. 이렇게 하기 위해서는 그 객체를 클래스로 저장해야 한다. 이렇게 새로 저장한 클래스는 객체에 만들었던 맞춤형 메서드를 그대로 갖고 있다. 따라서 이 클래스로부터 만든 인스턴스도 역시 맞춤형 메서드를 갖게 된다. [5)]

객체를 새 클래스로 저장하려면, 다음 단계를 따라한다.

1. 객체의 이름을 새 클래스의 이름으로 변경한다. (이름의 첫 문자를 굳이 대문자로 하지 않아도 된다. Alice가 객체를 저장할 때, 첫 문자를 자동으로 대문자로 변경하기 때문이다.)
2. 월드 뷰 윈도우 내에 있는 객체, 또는 객체 트리에 있는 객체 타일을 마우스 오른쪽 버튼으로 클릭한다. 나타나는 메뉴에서 save object...를 선택한다. Save Object 대화상자가 나타나는데, 여기서 새 클래스 파일에 기본적으로 붙여진 이름을 볼 수 있다. 파일 이름은 클래스 이름과 동일하며 .a2c(.a2c 확장자는 Alice 2 Class의 약자다.)로 끝난다. 파일을 저장할 컴퓨터의 폴더 위치를 선택한 다음, Save를 클릭한다.

이러한 단계들을 수행하면, 새로운 클래스 파일이 하나 만들어진다. 그 클래스 파일로부터 인스턴스를 만들려면 아래의 단계를 따라한다.

1. File를 클릭한 후, Import...를 클릭한다.
2. Import 대화상자가 나타난다. 클래스 파일 .a2c가 있는 폴더 위치를 찾는다. 클래스 파일을 선택하고 Import를 클릭한다. 월드에 그 클래스의 인스턴스가 만들어진다.

따라하기 5-1에서는 위와 같은 단계를 거쳐, flapWings 메서드가 있는 pterodactyl 객체를 새 클래스로 만들어 볼 것이다. 그런 다음, 월드를 만들어서 새 클래스로부터 몇 개의 인스턴스를 추가해 볼 것이다.

---

5) 한 월드에 동일한 맞춤형 메서드를 갖는 객체를 여러 개 추가하는 경우는 장면 편집기 모드의 복사 버튼 을 이용해서 객체를 복사하면 된다. 그러나 다른 월드에 추가해야 하는 경우는 이 방법을 사용해야 한다.

따라하기 5-2

객체를 클래스로 저장하기

단계 1: 따라하기 5-1에서 만든 월드를 연다. 이 월드의 pterodactyl 객체는 flapWings 메서드를 가지고 있다.

단계 2: pterodactyle 객체의 이름을 flyingPterodactyl로 변경한다.(객체 트리에서 pterodactyl 객체 타일을 마우스 오른쪽 버튼으로 클릭한 후, 나타나는 메뉴에서 rename을 선택한다.) 이렇게 하고 나서 객체를 저장하면, FlyingPterodactyl라는 이름의 클래스 파일이 새로 만들어질 것이다.

단계 3: 객체 트리에서 flyingPterodactyl 객체 타일을 마우스 오른쪽 버튼으로 클릭한다. 그림 5-6과 같은 메뉴가 보일 것이다. save object....를 클릭하면 그림 5-7의 Save Object 대화상자가 나타난다. 저장할 클래스 파일의 이름이 FlyingPterodactyl.a2c인지 다시 한 번 확인하자. 객체를 저장할 폴더 위치를 선택한 다음, 저장 버튼을 클릭한다.

단계 4: 월드를 저장한 후, Alice 월드를 새로 만든다.

그림 5-6 객체 저장하기

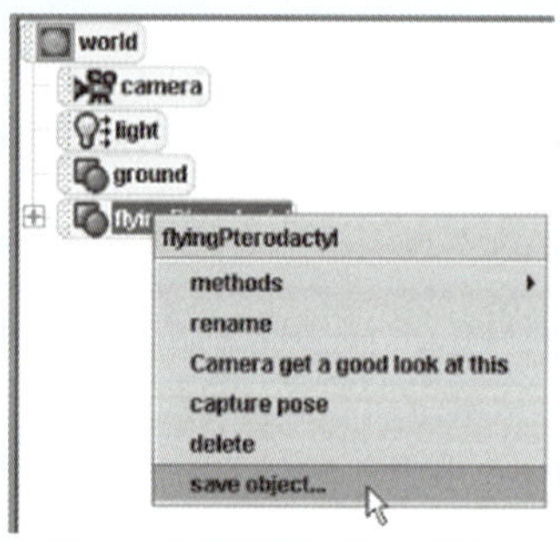

그림 5-7 Save Object 대화상자

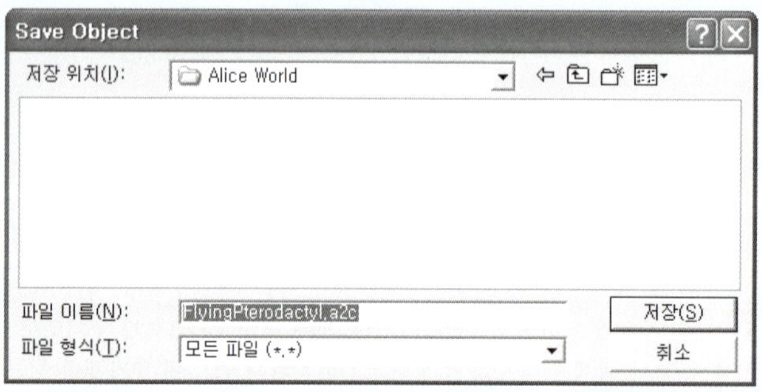

단계 5: 다음에는 단계 3에서 저장한 FlyingPterodactyl 클래스로부터 인스턴스를 만들어 볼 것이다. File을 클릭한 후, Import...를 클릭한다. Import 대화상자가 나타난다. 단계 3에서 저장한 FlyingPterodactyl.a2c 파일의 위치를 찾는다. 파일을 선택하고 Import를 클릭한다. 클래스의 인스턴스가 월드에 만들어진다.

단계 6: flyingPterodactyl 객체를 조금 이동시켜서 클래스의 인스턴스를 하나 더 배치할 공간을 마련하자. 단계 5와 동일한 과정을 거쳐서 FlyingPterocactyl 클래스의 인스턴스를 하나 더 추가한다. 이 객체의 이름이 flyingPterodactyl2임을 주목하자. 이제 월드가 그림 5-8과 같은 모습이 되어야 한다.

단계 7: world.my first method 메서드의 이름을 world.animation으로 변경한다. 그리고 world.animation 메서드 안에 그림 5-9의 명령문을 만든다. 이 명령문은 두 객체의 flapWings 메서드를 동시에 호출한다.

단계 8: 월드를 저장한 후, 플레이 해 보자. 두 마리의 FlyingPterodactyl 객체가 날갯짓하는 모습을 보게 될 것이다.

그림 5-8 두 마리의 FlyingPterodactyl 객체

그림 5-9 world.animation 메서드의 명령문

```
Do together
    flyingPterodactyl.flapWings
    flyingPterodactyl2.flapWings
```

상속(Inheritance)[6]

실세계의 많은 객체들이 사실은 일반적이고 추상적인 개념으로부터 도출된 하나의 특수한 실체이다. 예를 들어, "곤충"이라는 용어는 여러 가지 특징들을 가지고 있는 매우 일반적인

6) 상속은 객체지향 프로그래밍의 3대요소에 포함되는 매우 중요한 개념이다. 객체지향 프로그래밍의 3대요소에는 상속과 더불어, 캡슐화(Encapsulation)와 다형성(Polymorphism)이 있다. 이들 3가지 요소에 대한 보충 설명은 "부록 D. 객체지향 프로그래밍의 3대요소"를 참고하기 바란다.

형태의 생물체를 기술한다. 메뚜기와 꿀벌은 곤충이기 때문에, 곤충의 일반적인 특징들을 모두 가지고 있다. 추가로 그들은 자신만의 독특한 특징들도 가지고 있다. 예를 들어, 메뚜기는 점프하는 능력을 가지고 있고, 꿀벌은 침으로 찌를 수 있다. 메뚜기와 꿀벌은 곤충의 특수한 실체이다.[7] 이것이 그림 5-10에 묘사되어 있다.[8]

프로그래밍에서도 이러한 일반화와 특수화가 적용된다. 앞의 따라하기에서 FlyingPterodactyl 클래스를 만들었는데, 이것은 Pterodactyl 클래스의 특수한 형태이다. FlyingPterodactyl 클래스는 Pterodactyl 클래스의 메서드와 속성을 모두 가지고 있다. 프로그래머는 이것을 "FlyingPterodactyl 클래스가 Pterodactyl 클래스의 모든 메서드와 속성을 상속받았다(inherits)"라고 이야기한다. 프로그래머는 상속을 통해서 코드를 재사용할 수 있다. 일단 일반적인 클래스를 만들고 난 후 그 보다 특수한 형태의 클래스가 필요한 경우에는 클래스를 다시 만들지 말고 일반 클래스의 속성과 메서드를 상속받으면 된다.

그림 5-10 일반화와 특수화

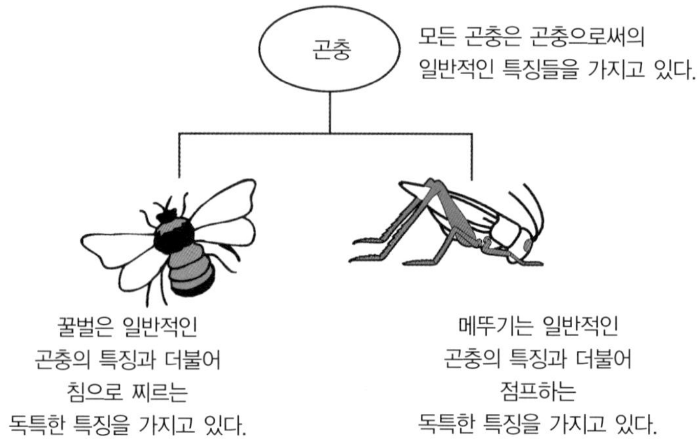

7) 메뚜기와 꿀벌 그리고 그 상위 개념인 곤충 사이에는 is-a 관계가 존재한다. 상속 관계가 곧 is-a 관계다. 이러한 관계를 다시 영어로 풀어 쓰면, **메뚜기 is a 곤충**(메뚜기는 곤충이다), **꿀벌 is a 곤충**(꿀벌은 곤충이다)이다. 그러나 그 역은 성립되지 않는다. 즉, 곤충 is a 메뚜기(곤충은 메뚜기다), 곤충 is a 꿀벌(곤충은 꿀벌이다)은 거짓이다. 일반적으로 이러한 클래스 간의 관계를 나타날 때도, 역시 특별한 기호를 사용한다. 옆의 그림을 확인하자. 사각형은 클래스를 나타내며, 사각형 사이에 그려진 선이 클래스 간의 관계를 나타낸다. 실선과 삼각형이 조합된 화살표가 꿀벌과 메뚜기에서 뻗어나가 곤충으로 향하고 있다. 이 때 이 화살표의 방향을 주의해야 한다. 방향을 결정하는 요령은 is a의 '주어'에서 '보어'로 뻗어나가면 된다. 즉, 꿀벌에서 곤충으로, 메뚜기에서 곤충으로 선이 뻗어 나가도록 그리면 되는 것이다.

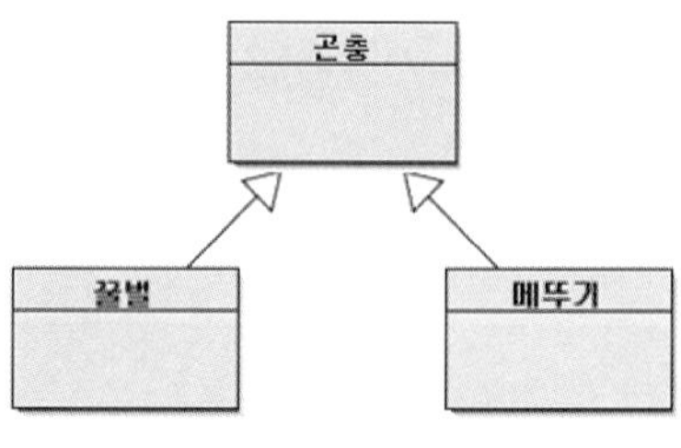

8) 곤충은 타원과 같은 두루뭉술한 그림으로 그려져 있고, 꿀벌과 메뚜기는 그 형태를 정확하게 묘사하는 그림으로 그려져 있다. 꿀벌과 메뚜기가 곤충의 특수한 실체라는 것이 이 그림으로도 확연히 드러난다.

클래스 수준 메서드를 외부 객체로부터 독립시키기

한 객체 안에 자신만의 클래스 수준 메서드를 작성하고 있다면, 그 객체는 새 클래스로 저장될 수 있고, 그런 후 다른 월드에서 사용될 수 있다는 사실을 명심해야 한다. 이것은 한 객체 내에 작성하고 있는 메서드가 외부 객체의 존재유무에 의존해서는 안 된다는 것을 의미한다. 즉, 한 객체의 클래스 수준 메서드에서 외부 객체의 메서드를 호출하면 안 된다. 만약 외부 객체가 존재하지 않는 경우는 에러가 발생한다. 더욱이 모든 월드에 그 외부 객체가 항상 존재하는지도 확신할 수 없다. 클래스 수준 메서드를 설계하는 경우, 그 메서드가 속해 있는 객체에 대해서만 메서드가 작동되도록 해야 한다.

체크 포인트

5.1 클래스 수준의 맞춤형 메서드를 객체에 만들어 놓은 상태에서, 그와 동일한 객체를 더 만들려면 어떻게 해야 하는가?

5.2 한 객체를 새 클래스로 저장하는 경우, 그 새 클래스는 어떤 이름이 붙여지는가?

5.3 새 클래스를 만든 다음, 그 클래스의 인스턴스를 Alice 월드에 추가하려면 어떻게 해야 하는가?

5.4 상속에는 일반 클래스와 특수 클래스가 있다. 어떤 클래스가 다른 클래스의 속성과 메서드를 상속받는가?

5.5 한 객체의 클래스 수준 메서드에서 다른 객체의 클래스 수준 메서드를 호출하지 말아야 하는 이유는 무엇인가?

5.3 단계적 세분화

개념 : 의사코드나 순서도로 된 알고리즘을 명령문 코드로 곧바로 변환하기 힘든 경우가 있다. 이것은 의사코드나 순서도가 알고리즘을 충분히 상세하게 묘사하고 있지 않기 때문이다. 이러한 알고리즘은 세분화 되어야 하는데, 여기서 세분화란 자세하게 기술되어야 한다는 것을 의미한다. 알고리즘이 세분화되면, 여러 개의 메서드가 만들어진다.

의사코드와 순서도는 알고리즘의 단계들을 대략적으로 기술한 것이므로, 그것을 직접 프로그래밍 명령문으로 변환하는 것은 쉬운일이 아니다. 한 단계의 의사코드나 순서도에 여러 개의 프로그래밍 명령문이 필요한 경우가 있기 때문이다.

그림 5-11의 예는 부록 CD에 있는 WorkOut이라는 이름의 Alice 월드이다. 이 월드에는 Web Gallery의 People 컬렉션에서 가져온 RandomGirls 클래스의 인스턴스가 있다. randomGirl2 객체는 체육관에 있으며, 총 10회를 제자리에서 뛰게 하는 메서드가 필요하다. 다음은 runInPlace 메서드 알고리즘의 의사코드이다.

```
Method runInPlace
    Raise the right leg
    Loop 10 times
        Do together
            Lower the right leg
            Raise the left leg
        End Do together
        Do together
            Lower the left leg
            Raise the right leg
        End Do together
    End Loop
    Lower the right leg
End Method
```

이 알고리즘의 전체적인 흐름은 올바르다. 이것은 여학생이 제자리에서 뛰는 행동을 대략적으로 기술한 것이다. 알고리즘 곳곳에 **Raise the right leg**, **Lower the right leg**, **Raise the left leg** 그리고 **Lower the left leg** 명령문이 있다. 이 알고리즘을 지금 바로 명령문으로 변환하는 것은 불가능하다. 왜냐하면 알고리즘에서 기술한대로 다리를 올리거나 내리는 기본 메서드가 없기 때문이다.

그렇다고 해서, 이 알고리즘이 잘못되었다고 말할 수는 없다. 이것은 그냥 알고리즘이 충분히 상세하지 않은 것이다. 이러한 경우를 해결하기 위해서 *단계적 세분화(stepwise refinement)* 과정을 거친다. 이 과정에서 프로그래머는 알고리즘이 충분히 상세하게 세분화되어 실제 명령문으로 쉽게 변환될 수 있을 때까지, 알고리즘의 각 단계를 검토한다.

runInPlace 알고리즘을 세분화하는 과정에서 runInplace 메서드 안에 각각의 다리를 올리고 내리는 과정의 모든 세부 단계들을 포함시킬 수도 있다. 다시 말해서, **Raise the right leg** 라고 되어 있는 모든 곳을 오른쪽 다리를 올리는 각각의 세부 단계들로 교체할 수 있다. 이것은 **Lower the right leg**, **Raise the left leg** 그리고 **Lower the left leg**가 있는 모든 곳을 해당되는 세부 단계들로 교체한다는 것을 의미한다. 그러나 이것은 결코 바람직한 접근 방법이 아니다.

하나의 메서드 안에 세부 단계들을 너무 많이 구겨 넣으면, 그 메서드가 커져서 이해하기 힘들어진다. 복잡한 일을 수행하는 메서드는 여러 개의 더 작은 메서드로 쪼개져야 한다. 작아진 하나의 메서드는 하나의 특정한 일을 수행하게 되고, 그렇게 해야 메서드의 실행

그림 5-11 WorkOut 월드

순서가 명확해진다.

예를 들어, 앞에서 본 runInPlace 메서드의 알고리즘을 세분화하기 위해, rightLegUp, rightLegDown, leftLegUp, 그리고 leftLegDown 메서드를 추가로 만들 수 있다. 이 메서드들 각각에는 한쪽 다리를 올리거나 내리는데 필요한 세부적인 명령문이 들어있다. 그런 다음, 그림 5-12처럼 runInPlace 메서드의 적당한 지점에서 이 메서드들을 호출한다. 이것은 runInPlace 메서드 안에 모든 코드를 배치하는 것보다 더 좋은 설계 방법이다.

그림 5-12 runInPlace 메서드의 수정된 알고리즘

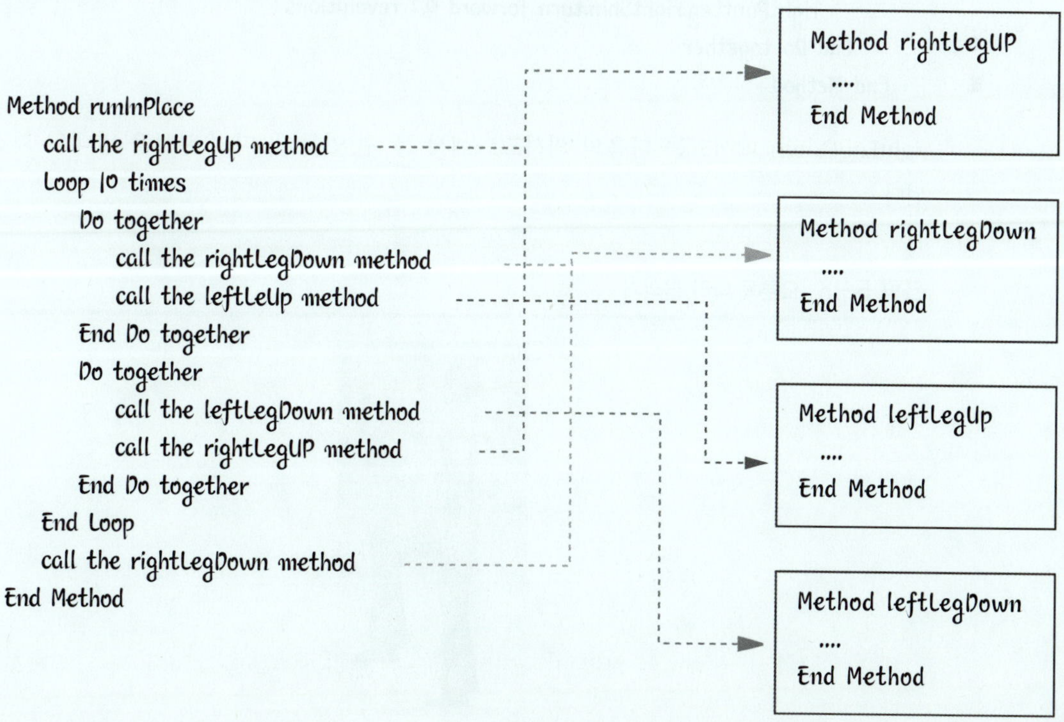

알고리즘을 좀 더 작은 메서드로 쪼개면 코드를 재사용할 수 있다는 장점이 있다. 예를 들어, 이 알고리즘에는 오른쪽 다리를 올리는 곳이 2군데가 있다. 이때 오른쪽 다리를 올리는 코드를 2번 작성하는 대신, 메서드를 하나만 작성하고 오른쪽 다리를 올려야 할 때마다 그 메서드를 호출한다. 오른쪽 다리를 내리는 경우도 마찬가지다. 알고리즘의 2군데에서 오른쪽 다리를 내린다. 오른쪽 다리를 내리는 코드를 2번 작성하는 대신 메서드를 하나만 작성하고 오른쪽 다리를 내려야 할 때 마다 그 메서드를 호출한다.

rightLegUp 메서드로 오른쪽 다리를 올려서 그림 5-13과 같은 자세가 나오도록 하려고 한다. randomGirl2 객체는 오른쪽 다리 전체를 나타내는 rightPantLeg라는 내부 객체가 있다. rightPantLeg 중심점은 엉덩이에 있다. 또한 rightPantLeg 객체는 다리의 아래 부분을 나타내는 rightShin이라는 이름의 객체로 구성되어 있다. rightShin의 중심점은 무릎에 있다. 기본 메서드로 몇 번 테스트 해보면, 다음과 같은 메서드를 호출할 때 그림 5-13과 같은 자세로 다리가 올라간다는 것을 알 수 있다.

```
rightPantLeg.turn backward 0.2 revolutions
rightPantLeg.rightShin.turn forward 0.2 revolutions
```

이 두 행동이 동시에 일어나야 하므로, Do together 구조안에 넣어야 한다. 다음의 의사코드는 rightLegUp 메서드의 알고리즘이다.

```
Method rightLegUp
    Do together
        rightPantLeg.turn backward 0.2 revolutions
        rightPantLeg.rightShin.turn forward 0.2 revolutions
    End Do together
End Method
```

rightLegDown 메서드는 다음의 의사코드에서 볼 수 있듯이, 다리 부분을 반대로 회전하면 된다.

그림 5-13 오른쪽 다리 올리기

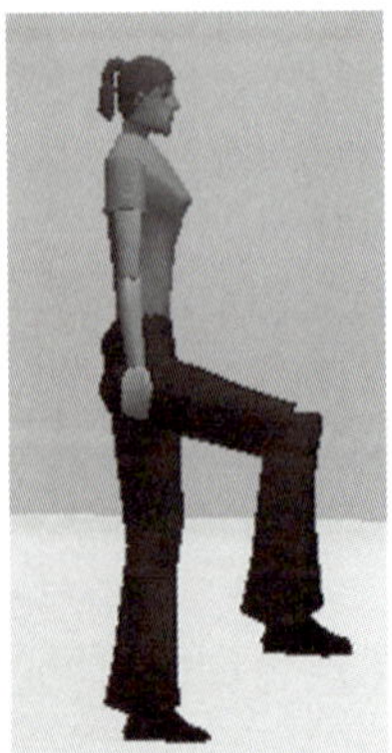

```
Method rightLegDown
    Do together
        rightPantLeg.turn forward 0.2 revolutions
        rightPantLeg.rightShin.turn backward 0.2 revolutions
    End Do together
End Method
```

leftLegUp과 leftLegDown 메서드는 왼쪽 다리라는 것을 제외하고는 위의 메서드들과 동일하다. 다음은 각각의 의사코드이다.

```
Method leftLegUp
    Do together
        leftPantLeg.turn backward 0.2 revolutions
        leftPantLeg.leftShin.turn forward 0.2 revolutions
    End Do together
End Method

Method leftLegDown
    Do together
        leftPantLeg.turn forward 0.2 revolutions
        leftPantLeg.leftShin.turn backward 0.2 revolutions
    End Do together
End Method
```

이상의 메서드들은 runInPlace 메서드의 적당한 지점에서 각각 호출된다. 따라하기 5-3에서 이 메서드들을 모두 만들어 보고 테스트해 볼 것이다.

따라하기 5-3

WorkOut 월드 완성하기

단계 1: 부록 CD의 WorkOut 월드를 하드 드라이브로 복사해서 연다.

단계 2: 우선 rightLegUp 메서드를 작성할 것이다. randomGirl2 객체를 선택하고, 세부 패널의 methods 탭을 선택한다. create new method 버튼을 클릭한다. New Method 대화상자에서 이름에 rightLegUp을 입력하고 OK 버튼을 클릭한다. 메서드를 그림 5-14와 같이 만든다. more... 편집 태그를 사용하면, 각 명령문의 duration(지속시간)을 0.25초로 변경할 수 있다. 이렇게 하면 움직임이 빨라진다. (명령문의 기본 지속시간이 1초임을 상기하자)

단계 3: 이제는 rightLegDown, leftLegUp, 그리고 leftLegDown 메서드를 각각 그림 5-15, 그림 5-16, 그림 5-17과 같이 만든다.

단계 4: 다리를 올리고 내리는 메서드가 만들어졌으므로, runInPlace 메서드를 그림 5-18과 같이 만든다.

단계 5: 월드 객체의 animation 메서드를 메서드 편집기에 연다. 이 메서드는 월드가 플레이될 때 자동으로 실행된다. randomGirl2 객체의 runInPlace 메서드 타일을 드래그한 후, 메서드 안에 드롭한다. 메서드가 그림 5-19처럼 된다.

단계 6: 월드를 저장한 후, 플레이 해 보자. 여학생이 제자리에서 10번을 반복해서 뛰는 모습을 볼 수 있을 것이다.

그림 5-14 rightLegUp 메서드

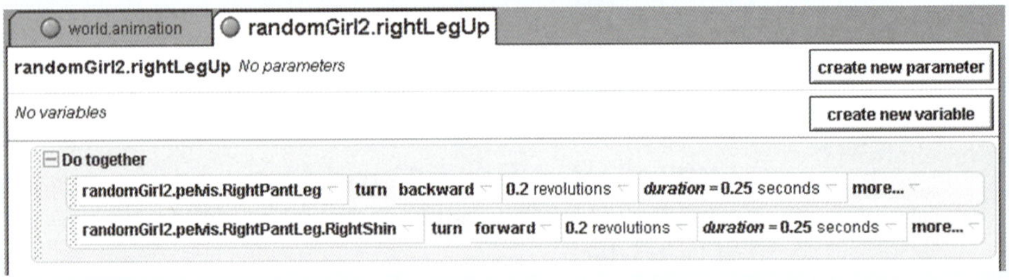

그림 5-15 rightLegDown 메서드

그림 5-16 leftLegUp 메서드

그림 5-17 leftLegDown 메서드

단계 7: 이제 randomGirl2 객체를 새 클래스로 저장하자. 객체의 이름을 exerciseGirl로 변경한다. 그런 다음 객체를 마우스 오른쪽 버튼으로 클릭하고, 나타나는 메뉴에서 save object...를 선택한다. 객체가 ExerciseGirl.a2c라는 이름의 파일로 컴퓨터에 저장된다.

그림 5-18 runInPlace 메서드

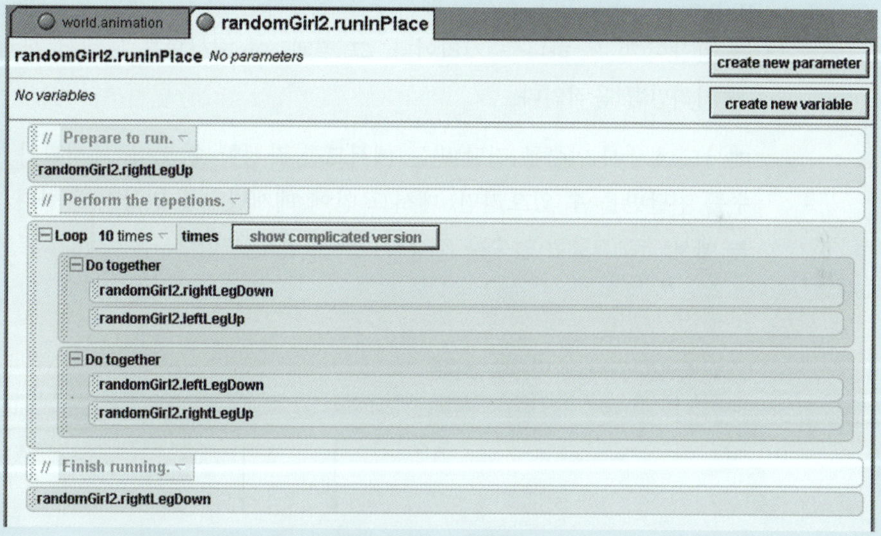

그림 5-19 runInPlace 메서드 호출

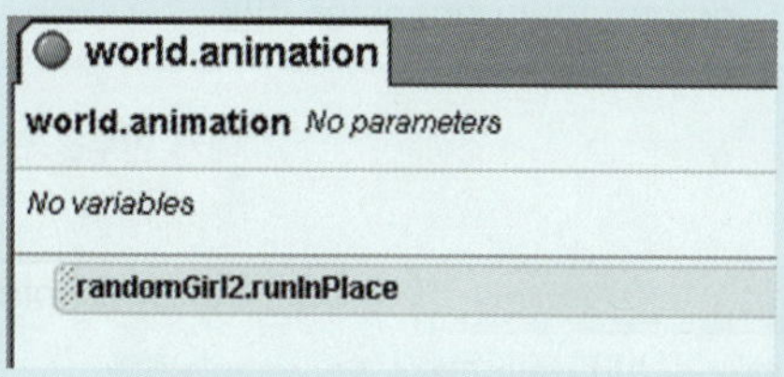

체크 포인트

5.6 알고리즘의 세분화가 필요한 이유는 무엇인가?

5.7 너무 많은 명령문을 하나의 메서드에 구겨 넣지 말아야 하는 이유는 무엇인가?

5.4 인수 전달하기

개념 : 인수를 전달 받는 메서드를 만들 수 있다. 메서드가 호출되면, 그때 인수로 지정한 데이터가 메서드로 전달된다.

메서드를 호출할 때, 특정 값을 메서드의 인수(argument)로 전달해야 하는 경우가 있다. 이것은 메서드가 어떤 일을 수행하기 위해서 인수가 필요한 경우이다. 메서드 호출시 인수를 지정하는 메서드를 사용해 본 적이 있을 것이다. 예를 들어, 그림 5-20은 기본 메서드 move의 호출문이다. move 메서드를 호출하는 경우, 2개의 인수를 지정해야 하는데, 하나는 방향이고, 또 하나는 거리이다. 그 결과, 이 메서드를 통해서 객체는 특정 방향으로, 특정 거리만큼 움직인다.

메서드 호출시 인수를 전달 받는 메서드를 작성할 수 있다. 메서드가 호출될 때 메서드가 인수를 전달받을 수 있으려면, 메서드 안에 매개변수를 만들어야 한다. *매개변수(parameter)*는 메서드로 전달된 인수를 저장하는 특수한 변수이다.

그림 5-20 move 메서드 호출문

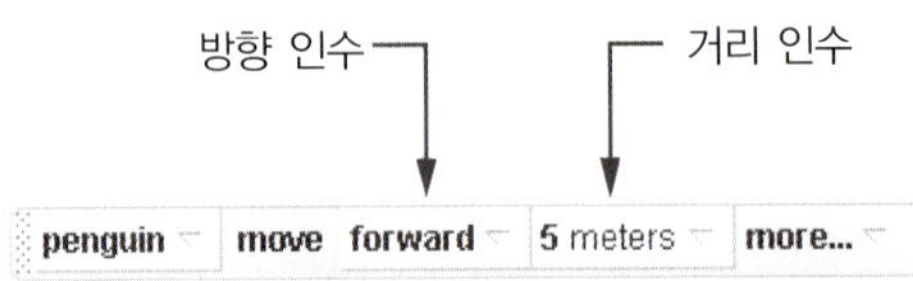

그림 5-21 create new parameter 버튼

메서드 안에 매개변수를 만들려면, 메서드 편집기에서 해당 메서드를 열고 그림 5-21의 create new parameter 버튼을 클릭한다. 이렇게 하면 그림 5-22의 Create New Parameter 대화상자가 나타난다. 이것은 지역변수를 만들 때 사용했던 대화상자와 동일하다. 대화상자에서 매개변수의 이름을 입력하고 형식을 선택한다. OK 버튼을 클릭하면 매개변수가 만들어진다.

그림 5-22 Create New Parameter 대화상자

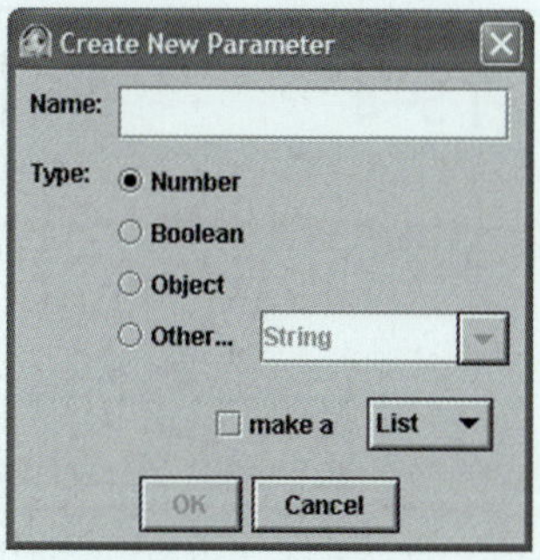

매개변수가 일단 메서드 안에 만들어지면, 메서드를 호출할 때마다 인수를 지정해야 한다. 매개변수는 메서드 내부에서 인수 값을 저장하고 있다. 매개변수도 변수이기 때문에 전달된 인수 값을 처리할 때 메서드 내에서 일반 변수처럼 사용할 수 있다.

ExerciseGirl 클래스에서 만든 runInPlace 메서드는 매개변수의 장점이 발휘될 수 있는 좋은 예이다. 현재 메서드는 여학생으로 하여금 제자리에서 10번 반복해서 달리도록 한다. 그런데 만약 달리는 횟수를 줄이거나 늘리려면 어떻게 해야 할까? 메서드에 반복횟수를 저장하는 매개변수를 만들면 쉽게 이것을 해결할 수 있다. 메서드를 호출할 때, 반복횟수를 메서드의 인수로 전달하는 것이다. 결국, 여학생은 전달된 반복횟수 만큼 달리게 된다.

runInPlace 메서드의 수정된 의사코드는 다음과 같다. 주목할 점은 첫 번째 줄의 메서드 이름 다음에 괄호가 있고 그 안에 repetitions이라는 이름의 매개변수가 있다는 것이다. 세 번째 줄에 있던 숫자 10도 매개변수 repetitions로 교체되었다.

```
Method runInPlace(repetitions)
    Raise the right leg
    Loop repetitions times
        Do together
            Lower the right leg
            Raise the left leg
        End Do together
        Do together
```

```
        Lower the left leg
        Raise the right leg
      End Do together
    End Loop
    Lower the right leg
  End Method
```

따라하기 5-4에서 ExerciseGirl 클래스를 위와 같이 수정할 것이다.

따라하기 5-4

메서드로 인수 전달하기

단계 1: 부록 CD의 Gym 월드를 하드 드라이브로 복사해서 연다.

단계 2: 따라하기 5-3에서 만든 ExerciseGirl 클래스의 인스턴스를 불러온다(Import).

단계 3: exerciseGirl 객체의 runInPlace 메서드를 메서드 편집기에 연다.

단계 4: create new parameter 버튼을 클릭한다. Create New Parameter 대화상자에서 매개변수 이름에 repetitions를 입력한다. (수행할 반복횟수를 저장하고 있어야 하기 때문에 repetitions라는 이름을 지었다.) 형식에 Number를 선택하고 OK를 클릭한다. 그림 5-23과 같은 매개변수 타일을 볼 수 있을 것이다.

그림 5-23 완성된 매개변수

단계 5: 현재, 루프가 10회 반복하도록 작성되어 있다. 매개변수 repetitions가 반복횟수로 사용될 수 있도록 루프를 수정하자. 이렇게 하려면, 그림 5-24처럼, repetitions 매개변수 타일을 드래그한 후, 루프의 10 times에 드롭한다. 이제 repetitions 매개변수가 그림 5-25와 같이 루프의 반복횟수로 작용한다.

단계 6: world 객체의 animation 메서드를 메서드 편집기에 연다. 이 메서드는 월드가 플레이 될 때 자동으로 실행된다. exerciseGirl 객체의 runInPlace 메서드 타일을 드래그한 후, 메서드 편집기에 드롭한다. 타일을 드롭할 때 나타나는 메뉴에서 repe-

그림 5-24 루프 수정하기

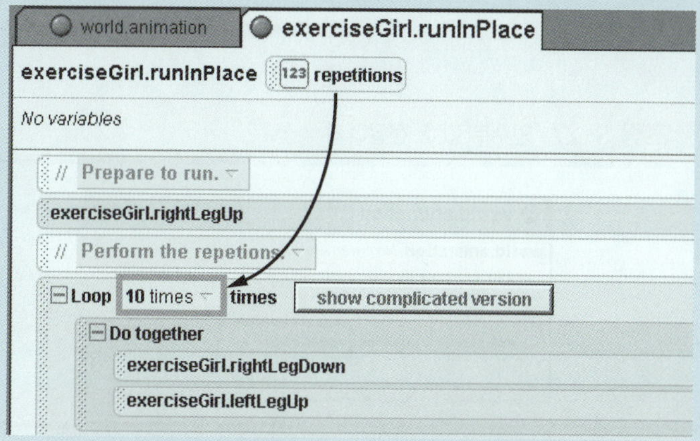

그림 5-25 수정된 루프

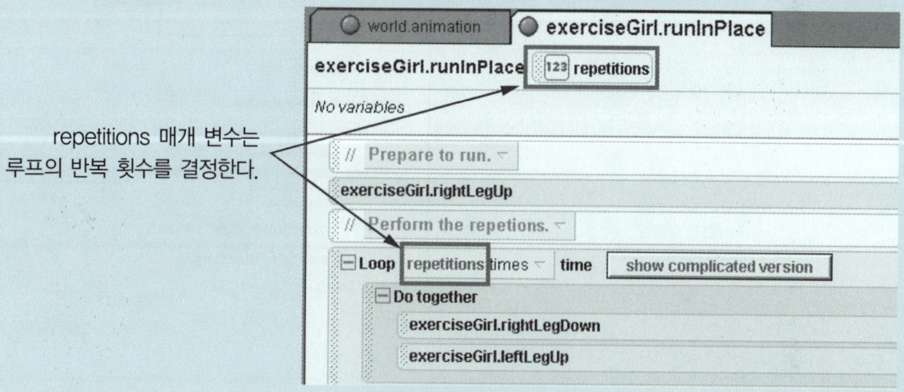

titions 매개변수의 값을 지정하자. 2를 선택한다. 메서드에 그림 5-26과 같은 타일이 만들어진다.

이 명령문이 실행될 때 어떤 일이 일어나는지 잠깐 생각해 보자. exerciseGirl 객체의 runInPlace 메서드가 호출되고 값 2가 인수로 전달되어 매개변수 repetitions에 저장된다. 그 결과, 루프는 2번 반복한다. 이 과정이 그림 5-27에 묘사되어 있다.

단계 7: 월드를 저장하고 플레이 해보자. 여학생이 제자리 달리기를 두 번 반복할 것이다. World Running... 윈도우를 닫고, runInPlace 메서드에 다른 인수를 전달해 보자. 인수를 바꿀 때마다, 월드를 플레이해서 그 값이 메서드에 제대로 전달되는지 확인해 보자. (인수 값으로 0이 메서드에 전달되면 어떻게 될까?)

그림 5-26 인수가 있는 메서드 호출문

그림 5-27 인수로 값 2 전달하기

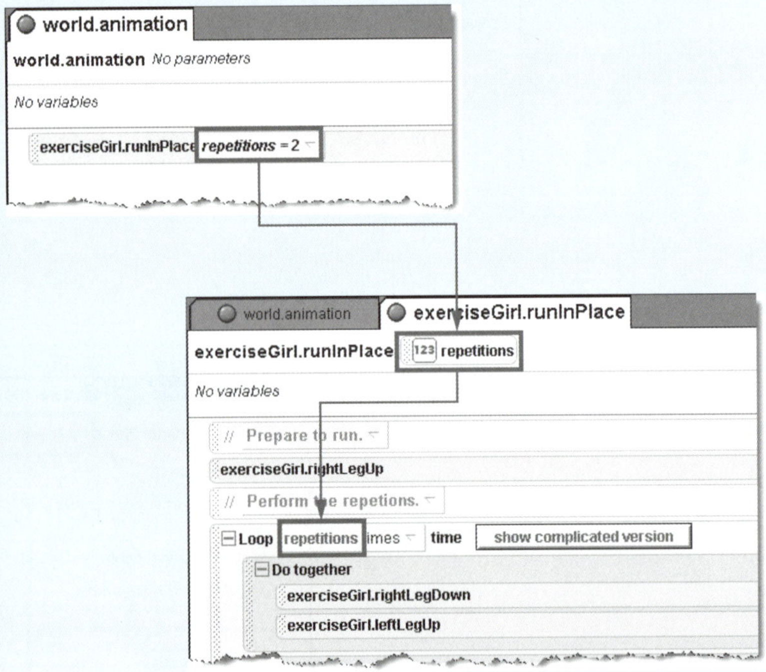

객체 매개변수

일부 메서드는 인수로 객체를 받는다. 그리고 메서드는 그 객체를 사용해서 특정 동작을 수행한다. 예를 들어, 기본 메서드인 turn to face는 인수로 객체를 받는다. 이 메서드는 객체로 하여금 인수로 전달된 객체를 바라보도록 한다. 기본 메서드 move to도 인수로 객체를 받는다. 이 메서드는 객체로 하여금 인수로 전달된 객체가 위치한 곳까지 움직이도록 한다.

인수로 객체를 받는 자신만의 메서드를 만들 수 있다. 인수로 객체를 받으려면, 객체 매개변수를 만들어야 한다. 매개변수를 만들 때 그림 5-28처럼 형식을 Object로 선택한다. 그런 다음, 메서드 호출시 객체를 인수로 전달한다.

그림 5-29의 예는 부록 CD에 있는 Bird라는 이름의 월드이다. 월드에 glidingBird라는 이름의 객체가 있는데, 이것은 Web Gallery의 Animals 컬렉션에서 가져온 BlueBird 클래스의 인스턴스이다. 월드에 있는 다른 객체로는 birchTree, bush, flower, rock이 있다.

그림 5-28 객체 형식 선택하기

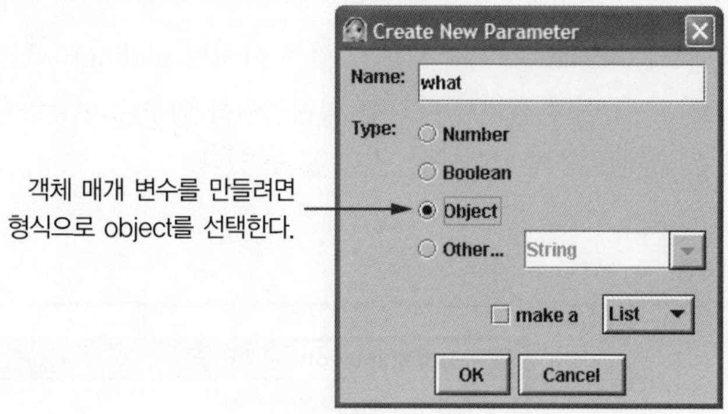

그림 5-29 Bird 월드

glidingBird 객체는 그림 5-30과 같은 클래스 수준의 맞춤형 메서드 glideTo를 가지고 있다. 이 메서드에 what이라는 이름의 객체 매개변수와 stopAt이라는 이름의 수치 매개변수가 있음을 주목하라.

glideTo 메서드를 통해서 새는 객체를 향해 날아가되 그 객체로부터 특정 거리만큼 떨어진

그림 5-30 glideTo 메서드

곳에서 멈춘다. 첫 번째 매개변수 what은 새가 날아갈 방향이 되는 객체다. 두 번째 매개변수 stopAt은 새가 멈추게 될, 객체로부터 떨어진 거리이다.

월드 객체의 animation 메서드는 그림 5-31처럼 glidingBird.glideTo 메서드를 연속해서 4번 호출하면서, 여러 객체와 다양한 정지거리를 인수로 전달한다. 월드를 플레이하면 인수로 전달받은 객체를 향해 날아가는 새를 볼 수 있다.

그림 5-31 world.animation 메서드

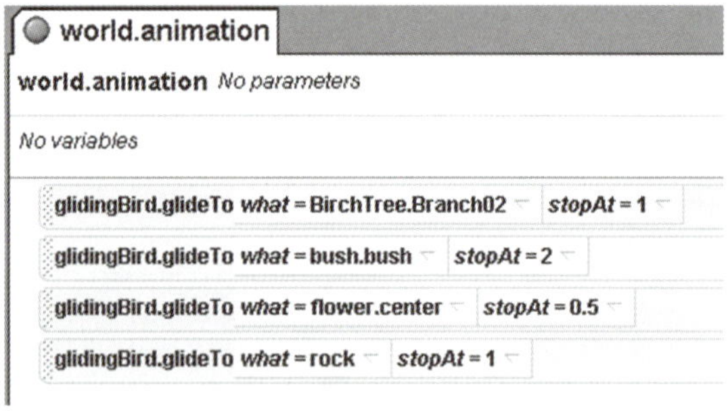

체크 포인트

5.8 인수란 무엇인가?

5.9 매개변수란 무엇인가?

5.10 메서드 안에 매개변수를 만드는 방법은?

5.11 메서드 안에 매개변수를 만든 경우, 이 메서드를 호출할 때 매번 해야 하는 것은?

5.5 클래스 수준 변수를 속성으로 사용하기

개념 : 객체에 속성을 추가하려면, 클래스 수준의 변수를 만들어야 한다. 이 객체를 새 클래스로 저장하면, 클래스 수준 변수도 같이 저장된다.

Alice 월드의 객체는 속성을 가지고 있으며, 그것은 객체의 특징을 규정하는 값임을 1장에서 학습하였다. 우리가 살펴본 공통적인 속성 중, color는 객체의 색깔을 결정하고, opacity는 객체의 투명도를 결정하며, isShowing은 객체를 보이게 또는 안보이게 한다.

속성은 객체에 속한 변수이다. 속성은 객체에 대한 데이터를 저장하고 있다. 속성이 객체에 속한 변수이므로, *클래스 수준 변수(class-level variable)*라고 부른다.

객체에 부가적인 속성을 추가하려면, 그림 5-32의 create new variable 버튼을 클릭하면 된다. 이 버튼은 세부 패널의 properties 탭 아래에 있다. 이 버튼을 클릭하면, Create New Variable 대화상자가 나타난다. 이것은 메서드 안에 지역변수를 만들 때 나타난 대화상자와 동일하다. 이 대화상자에서 변수 이름을 입력하고 형식을 선택한다. OK를 클릭하면 변수가 만들어지고 세부 패널의 properties 탭 아래에 변수 타일이 나타난다.

따라하기 5-5에서는 부록 CD의 Office 월드를 사용할 것이다. 이 월드에는 컴퓨터 모니터를 그대로 흉내 낸 Monitor 클래스(Web Gallery의 Object 컬렉션에 있음)의 인스턴스가 있다. monitor 객체는 내부 객체로 screen이 있으며, 이것은 컴퓨터 화면과 같은 이미지를 보여준다.

여느 객체와 마찬가지로, monitor 객체는 Alice의 모든 객체들이 공통으로 가지고 있는 기본 메서드와 속성만을 가지고 있다. monitor 객체를 수정해서, 켜고 끌 수 있도록 하려고 한다. 모니터를 끄려면, 내부 객체인 screen의 color 속성을 black으로 설정해야 한다. screen이 검정색이면 이미지를 볼 수 없게 되고 모니터가 꺼진 것처럼 보이게 된다. 모니터를 켜려면, 내부 객체인 screen의 color 속성을 no color로 설정해야 한다. 그러면 보이지 않았던 이미지가 다시 보이게 된다.

따라하기에서는 monitor 객체에 isOn이라는 이름의 논리 속성을 추가할 것이다. 모니터가 켜지면 isOn 속성은 true로 설정되고, 모니터가 꺼지면 false로 설정된다. monitor 객체에 turnOnOff라는 이름의 클래스 수준 메서드도 추가할 것이다. 이 메서드를 호출하면, 일반적인 모니터의 전원 버튼을 눌렀을 때 발생하는 일이 그대로 일어난다. 모니터가 켜져 있는 상태에서 이 메서드가 호출되면 모니터는 꺼지고, 모니터가 꺼진 상태에서 메서드가 호출되면 다시 켜진다.

이렇게 수정한 다음, monitor 객체를 새 클래스로 저장할 것이다. 객체를 새 클래스로 저장하면, 객체에 추가된 클래스 수준의 변수와 메서드도 같이 저장된다. 이때, 그 클래스로부터 인스턴스를 만들면(File을 선택한 다음, Import를 선택한다), 이번에 추가된 클래스 수준의 변수와 메서드가 인스턴스에 포함되어 있는 것을 확인할 수 있을 것이다.

그림 5-32 클래스 수준 변수를 만드는 버튼

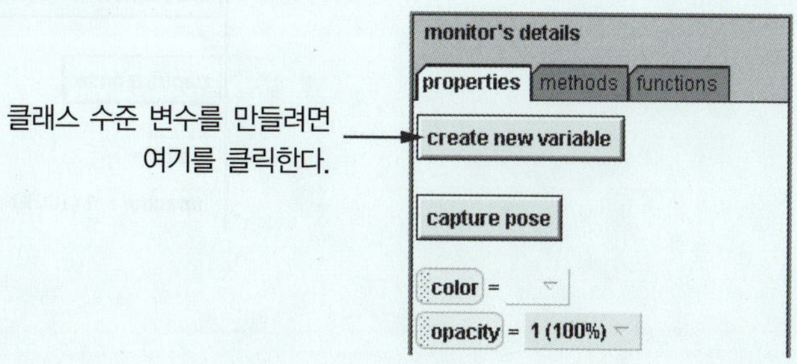

따라하기 5-5

객체에 속성 추가하기

단계 1: 부록 CD의 Office 월드를 하드 드라이브로 복사해서 연다.

단계 2: 우선 monitor 객체에 새 속성(클래스 수준 변수)을 추가해 보자. monitor 객체를 선택하고, 세부 패널의 properties 탭 아래에 있는 create new variable 버튼을 클릭한다. 그러면 create new variable 대화상자가 나타난다. 그림 5-33처럼 변수 이름에 isOn을 입력하고 형식으로 Boolean을 선택한다. 그리고 값으로 true를 선택한다. 이렇게 하면 isOn 속성 타일이 그림 5-34처럼 세부 패널에 나타나는 것을 볼 수 있다.

단계 3: 이제 모니터를 켜고 끄게 하는 클래스 수준의 메서드를 만들어보자. 다음은 메서드의 의사코드이다.

그림 5-33 클래스 수준 변수 만들기

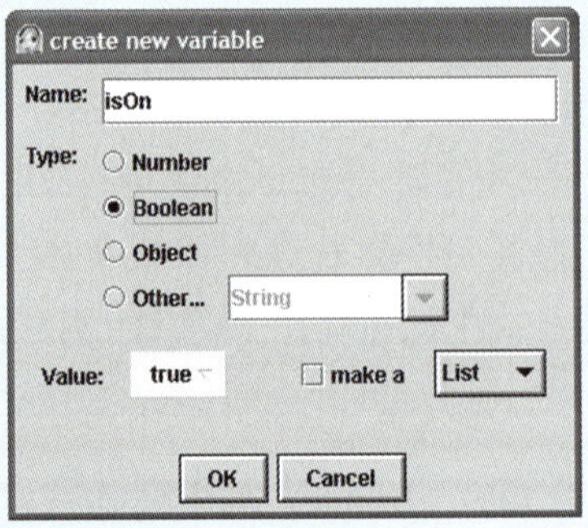

그림 5-34 새로 만들어진 속성 타일

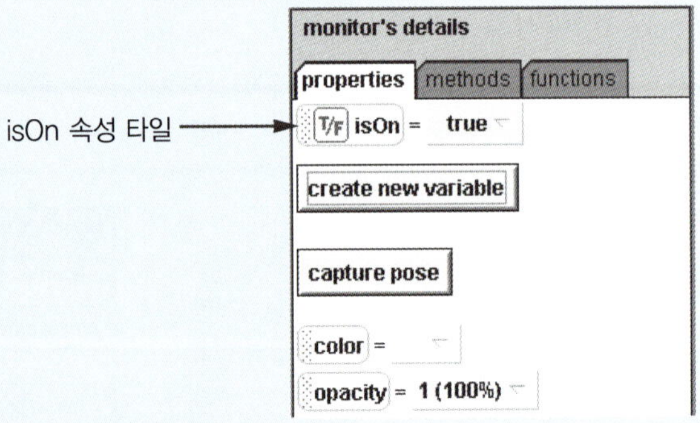

```
Method turnOnOff
    If monitor is on
        screen set color to black
        isOn set to false
    Else
        screen set color to no color
        isOn set to true
    End If
End Method
```

monitor 객체를 선택한 상태에서 세부 패널의 methods 탭을 클릭한다. 그리고 create new method 버튼을 클릭한다. 그러면 New Method 대화상자가 나타난다. 이름에 turnOnOff를 입력하고 OK를 클릭한다.

단계 4: 메서드 편집기에서 turnOnOff 메서드의 명령문을 그림 5-35처럼 만든다.

그림 5-35 monitor.turnOnOff 메서드

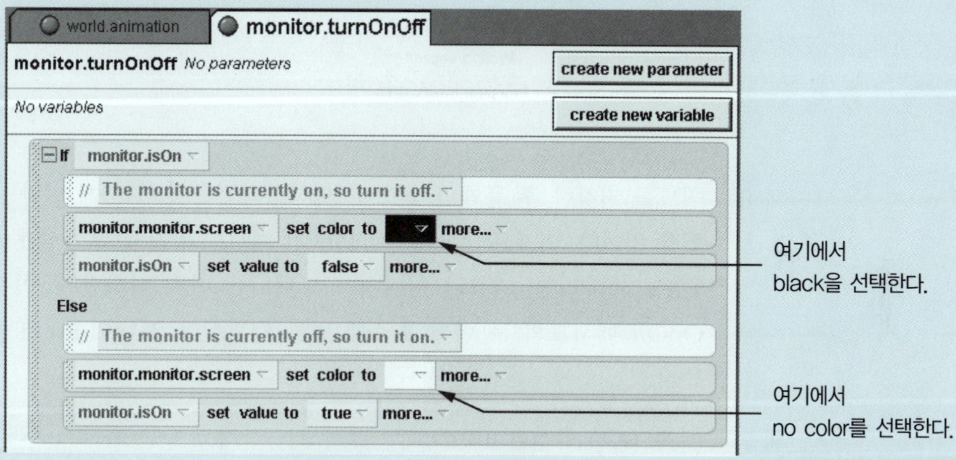

단계 5: 이제 world 객체의 animation 메서드를 이용해서 turnOnOff 메서드를 실행해 보자. 월드가 플레이될 때, turnOnOff 메서드가 자동으로 실행되도록 하려고 한다. 다음은 작성할 명령문에 대한 의사코드이다.

```
Method world.animation
    monitor turn OnOff
    wait for 1 second
    monitor turn OnOff
End Method
```

알고리즘을 자세히 살펴보자. 우선, monitor.turnOnOff 메서드를 호출한다. monitor 객체가 처음부터 켜져 있었으므로, 이 메서드에 의해 모니터는 꺼지게 된다. 그런 다음, 1초 동안 기다릴 것이다. 이것은 Wait 명령문을 사용하면 된다. Wait 명령문 타일은 메서드 편집기의 하단에 위치한다. Wait 명령문은 1개의 인수를 받는데, 이것은 일시중지되는 시간을 초로 나타낸 수치값이다. Wait 명령문이 실행되면 프로그램은 아무것도 하지 않고, 지정한 숫자에 해당하는 초만큼 그냥 기다린다. 1초를 기다린 다음, monitor.turnOnOff 메서드를 다시 호출한다. 메서드가 호출될 당시 모니터가 꺼져있는 상태였으므로, 이번에는 이 메서드에 의해 모니터가 켜지게 된다.

그림 5-36은 world.animation 메서드의 실제 명령문을 보여준다. 메서드 편집기에 메서드를 열고 그림과 같이 명령문을 만든다.

그림 5-36 world.animation 메서드

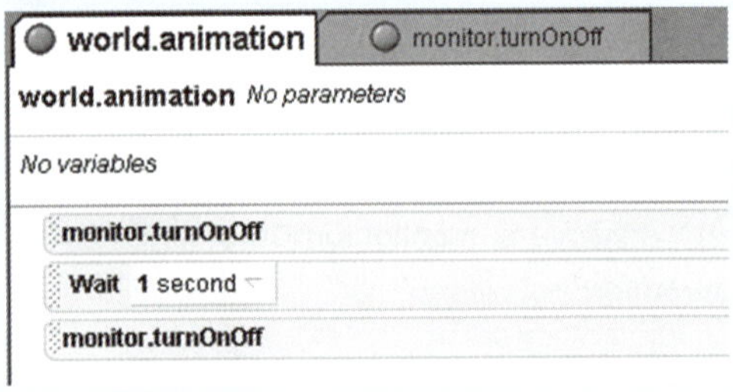

단계 6: 월드를 저장한 후 플레이 해보자. 모니터의 스크린이 검게 변하는 것을 확인할 수 있을 것이다. 이것은 monitor.tunOnOff 메서드의 첫 번째 호출문에 의한 결과이다. 1초를 기다리면, 스크린 이미지가 모니터에 다시 나타난다. 이것은 monitor.tun OnOff 메서드의 두 번째 호출에 의한 결과이다. World Running... 윈도우를 닫는다.

단계 7: 이제, isOn 속성과 turnOnOff 메서드를 가지고 있는 monitor 객체를 새 클래스로 저장해 보자. monitor 객체의 이름을 switchableMonitor로 변경한 다음 저장한다. 이렇게 하면, 다른 Alice 월드에 새로 저장한 클래스의 인스턴스를 추가할 수 있게 된다.

체크 포인트

5.12 속성은 어떤 수준의 변수인가?

5.13 객체에 클래스 수준 변수를 만드는 방법은?

5.6 클래스 수준 함수 작성하기

개념 : Alice의 모든 객체가 공통으로 가지고 있는 기본 함수 외에, 자신만의 클래스 수준 함수를 만들 수 있다

함수는 그 함수를 호출한 명령문 쪽으로 값을 반환하는 메서드임을 4장에서 학습하였다. Alice의 모든 객체는 기본 함수를 가지고 있다. 예를 들어, 객체들은 모두 distance to 함수를 가지고 있는데, 이것은 자신으로부터 다른 객체까지의 거리를 미터로 계산해서 반환한다.

한 객체에 대한 클래스 수준의 맞춤형 메서드를 만드는 방식과 동일하게 클래스 수준의 맞춤형 함수도 만들 수 있다. 객체에 대한 정보를 반환하는 함수가 필요한 경우에는 클래스 수준의 맞춤형 함수를 만들면 된다. 한 예를 들어보자.

인스턴스는 제자리 뛰기를 무한정 반복할 수 있다. 실제 사람이라면, 결국 지치게 될 것이다. 클래스의 인스턴스가 지쳤는지 아닌지를 사용자에게 알려주는 함수를 만들면, 좀 더 현실감 있는 클래스가 될 것이다. 이것이 바로 따라하기 5-6에서 실습하게 될 내용이다. 논리값을 반환하는 isTired라는 이름의 함수를 ExerciseGirl 클래스에 만들 것이다. 여학생이 지쳐있으면, 함수는 true를 반환한다. 그렇지 않으면, false를 반환한다.

팁

따라하기 5-6을 진행하면서, isTired 함수가 객체에게 지쳤는지 아닌지 물어 보는 것이라고 생각하면 이해하는데 도움이 될 것이다. 함수가 반환하는 값은 그 물음에 대한 답이다. 만약 지쳐있다면, 그 물음에 대한 답은 true이다. 그렇지 않으면 그 답은 false이다.

그렇다면, 함수는 ExcerciseGirl 객체가 지쳐있는지 아닌지를 어떻게 판단할 수 있을까? 이를 위해서는, 객체가 2가지 데이터, 즉, 객체가 “지치게 될 반복횟수”와 “현재까지 수행한 반복횟수”를 유지하고 있어야 한다. 만약 후자의 값이 전자의 값보다 크거나 같으면 객체는 지쳐있는 것이다.

이 2가지 데이터를 유지하기 위해, getsTiredAt과 repsDone 속성을 ExerciseGirl 객체에 추가할 것이다. getsTiredAt 속성은 객체가 “지치게 될 반복횟수”를 저장한다. repsDone 속성은 “현재까지 수행한 반복횟수”를 저장한다.

이들 속성을 객체에 추가한 다음, 객체의 runInPlace 메서드에서 매 반복마다 repsDone 속성을 1씩 증가하도록 수정한다. 속성이나 변수가 증가한다는 것은 덧셈을 한다는 것을 의미한다. 매 반복 후에, 객체의 repsDone 속성에 1씩 더하면, repsDone 속성에는 객체가 현재까지 수행한 반복횟수가 저장될 것이다.

그 다음으로, isTired 함수를 만든다. isTired 함수는 repsDone이 getsTiredAt 보다 크거나 같은지를 판단한다. 만약 크거나 같으면, 함수는 true를 반환해서 객체가 지쳐있음을 알린다. 그렇지 않으면, 함수는 false를 반환해서 객체가 아직 지쳐있지 않음을 알린다.

따라하기 5-6

클래스 수준 함수 작성하기

단계 1: 새 Alice 월드를 만든다. 지금까지 해 왔던 것처럼, world.my first method의 이름을 world.animation과 같은 camelCase 이름으로 변경한다.

단계 2: ExerciseGirl 클래스의 인스턴스를 불러온다(Import).

단계 3: exerciseGirl 객체를 선택한 다음, getsTiredAt이라는 이름의 속성(클래스 수준 변수)을 새로 만든다. 속성의 형식으로 Number를 선택하고, 속성의 값으로 10을 선택한다. (속성값에 10을 부여함으로써, 객체는 10번의 반복으로 지친다는 것을 알 수 있다.)

단계 4: repsDone이라는 이름의 속성을 하나 더 추가한다. 속성의 형식으로 Number를 선택하고, 속성 값으로 0을 선택한다.

여기서 속성의 초기값으로 0을 설정했다는 사실이 매우 중요하다. 왜냐하면 이 속성을 통해서 반복 수행할 때마다 매 반복 횟수를 세기 때문이다. 월드를 시작하면 처음에 객체는 0번 반복한 것이 된다.

properties 탭을 선택하면, 세부 패널의 윗부분이 그림 5-37처럼 되어 있을 것이다.

그림 5-37 새로 만든 속성들

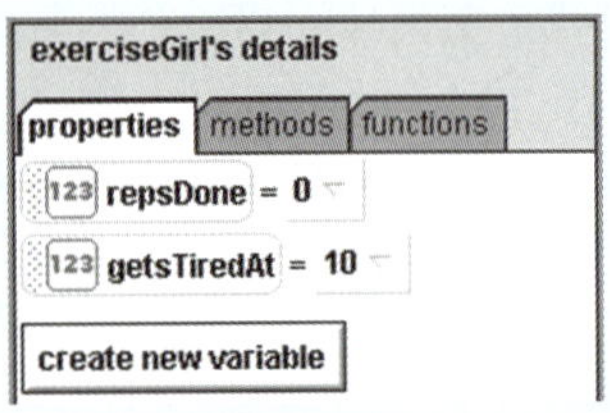

단계 5: 이제 runInPlace 메서드를 수정해서 매번 반복할 때 마다 repsDon 속성이 증가되도록(1을 더한다) 하자. 메서드를 메서드 편집기에 연 다음, repsDone 속성 타일을 편집기 안으로 드래그한다. 타일을 그림 5-38의 위치에 드롭한다. (드롭할 위치가 Do together 구조의 아래, 그리고 루프의 안쪽임에 주의하자!)

이렇게 하면 메뉴가 나타난다. increment exerciseGirl.repsDone by 1을 선택한다. 그림 5-39처럼 메서드 안에 increment exerciseGilr.repsDone 명령문이 만들어진다.

runInPlace 메서드에 방금 추가한 명령문에 대해서 잠깐 생각해 보자. 매 반복이 완료될 때마다 명령문은 repsDone 속성에 1을 더한다. 결국, 그 속성은 객체가

그림 5-38 repsDone 속성이 증가되도록 명령문 만들기

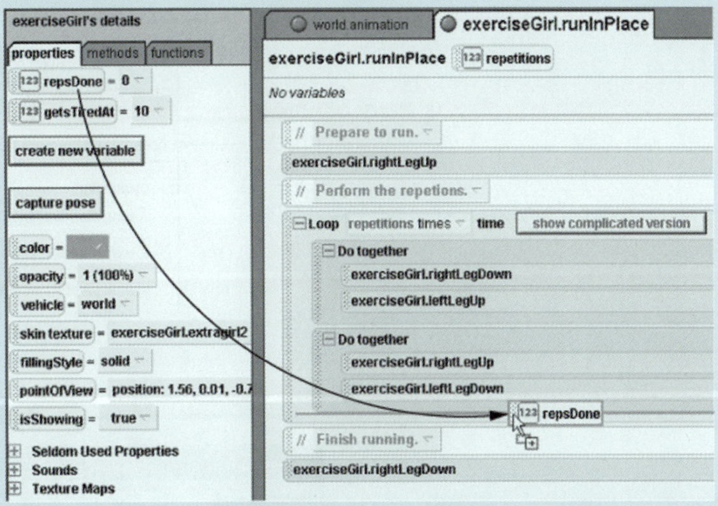

그림 5-39 생성된 increment 명령문

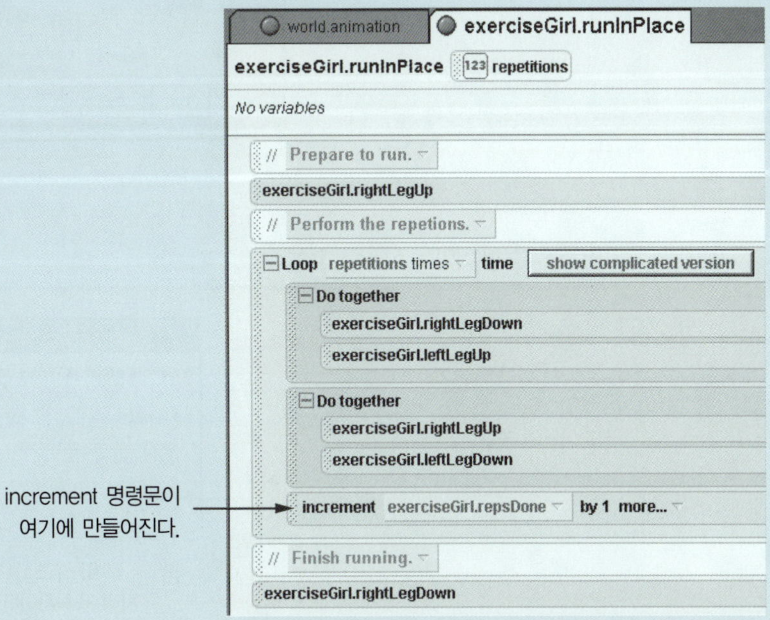

수행한 반복횟수를 계속 세게 된다.

단계 6: 이제 isTired 함수를 만들 것이다. exerciseGirl 객체를 선택한 상태에서, 세부 패널의 functions 탭을 클릭한다. 그런 다음 그림 5-40의 create new function 버튼을 클릭한다. 그러면 New Function 대화상자가 나타난다. 그림 5-41처럼 이름에 isTired를 입력하고, 형식으로 Boolean을 선택한다. 이렇게 하고 나면, isTired라는 이름의 함수가 그림 5-42처럼 만들어진다.

그림 5-40 create new functions 버튼

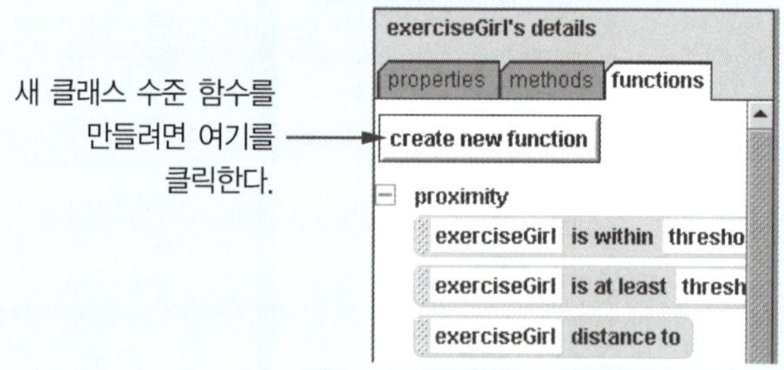

그림 5-41 New Function 대화상자

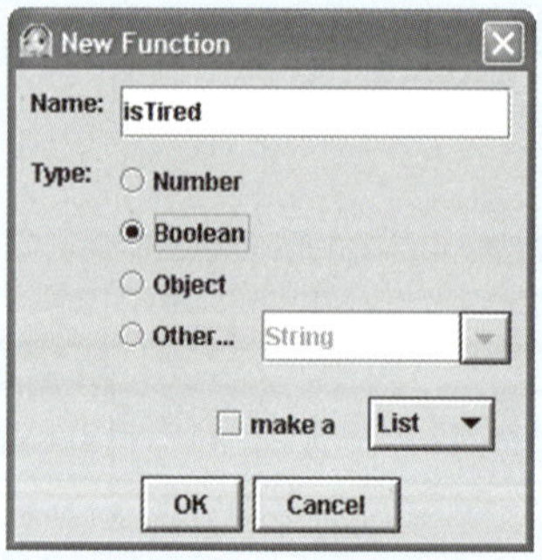

그림 5-42 비어있는 isTired 함수

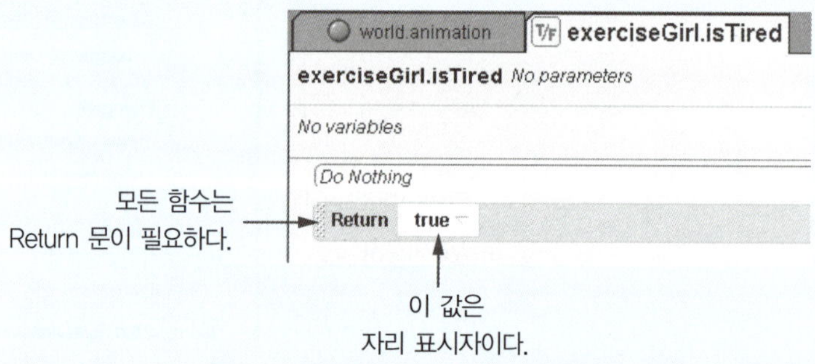

현재 함수 안에 아무 것도 없으며, 오로지 Return 명령문만 있음에 주목하자. 모든 함수에는 Return 명령문이 있어야 한다. 이것은 함수 바깥으로 값을 반환하는 역할을 한다. 현재 Return 문에 표시된 반환값은 자리표시자로서 이제 곧 다른 값으로 교체될 것이다.

단계 7: 이제 isTired 함수를 완성할 수 있다. 다음은 의사코드이다.

```
Boolean Function isTired
    Local Boolean Variable: tired
    If repsDone is greater than or equal to getsTiredAt
        tired set to true
    Else
        tired set to false
    End if
    Return tired
End Function
```

이 함수의 알고리즘을 자세히 살펴보자. 우선 tired라는 이름의 지역변수가 있다. 이 지역변수의 형식은 Boolean이다. 그리고 If/Else 문이 있다. 만약 repsDone 속성이 getsTiredAt 속성보다 크거나 같으면 tired 변수는 true로 설정된다. 그렇지 않으면 tired 변수는 false로 설정된다. 그런 다음 tired 변수의 값은 함수 바깥으로 반환된다. Return 명령문이 실행되면, 함수는 종료되고 Return 명령문에 있는 값이 함수 바깥으로 반환된다.

그림 5-43에서 이 함수의 실제 코드를 볼 수 있다. 그림처럼 함수를 완성한다. Return 명령문의 자리표시자 값이 tired 변수로 교체되었음에 주의하자.

그림 5-43 완성된 isTired 함수

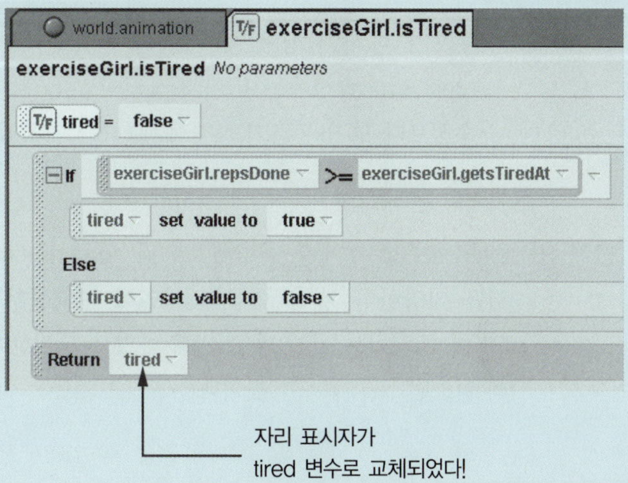

단계 8: 이제 함수를 테스트 해 볼 수 있다. 다음은 world.animation 메서드의 의사코드이다.

```
Method world.animation
    While exerciseGirl is not tired
        exerciseGirl runInPlace 5 repetitions
        exerciseGirl says the number of repsDone
    End While
End Method
```

루프의 첫 번째 줄이 While exerciseGirl is not tired 임에 주목하자. 이것을 어떻게 코드로 구현할 것인가? 우리가 작성한 함수의 이름은 isTired이며, 객체가 지친 경우에 true를 반환한다. isNotTired라는 이름의 함수를 또 하나 작성해야 할까?

아니다. 그럴 필요가 없다. isTired 함수에 not a 연산자를 사용하면 된다. not a 연산자는 피연산자 a의 논리값을 반전시킨다는 것을 4장에서 이미 학습하였다. exerciseGirl.isTired 함수는 여학생이 지쳐있는 경우에 true를 반환한다. 따라서 not exerciseGirl.isTired 명령문은 여학생이 아직 지쳐있지 않은 경우에 true를 반환한다.

의사코드의 루프를 While not exerciseGirl is Tired 라고 다시 작성하면, 코드로 훨씬 쉽게 구현할 수 있다. 그림 5-44는 이 메서드의 순서도를 보여준다. 그림 5-45는 이 메서드의 실제 Alice 코드이다.

단계 9: 월드가 플레이 될 때, exerciseGirl이 수행하는 반복횟수가 얼마인지 예상할 수 있겠는가? 총 10번의 반복을 수행하고 멈춘다. 다음을 생각해보자.

- 처음 루프가 실행될 때, 5번 반복한다. 이렇게 반복한 다음에 repsDone 속성에는 5가 저장되어 있을 것이다. 아직 지치지 않은 상태이므로, 다시 루프가 실행된다.
- 루프가 다시 실행될 때, 5번의 반복을 더 수행한다. 이렇게 반복한 다음에 repsDone 속성에는 10이 저장되어 있을 것이다. 이제 repsDone이 getTiredAt 속성보다 크거나 같기 때문에, 그녀는 지쳐있고 루프는 멈춘다.

월드를 플레이해서 맞는지 확인해 보자.

단계 10: exerciseGirl 객체를 변경했으므로, ExerciseGirl.a2c라는 이름으로 새 클래스 파일을 저장한다. 같은 이름의 파일이 존재한다는 경고 메시지가 나타날 것이다. OK를 클릭해서 이전 파일을 새 파일로 교체한다. 다음 따라하기에서는 이 클래스의 인스턴스를 추가할 것이다.

그림 5-44 world.animation의 순서도 알고리즘

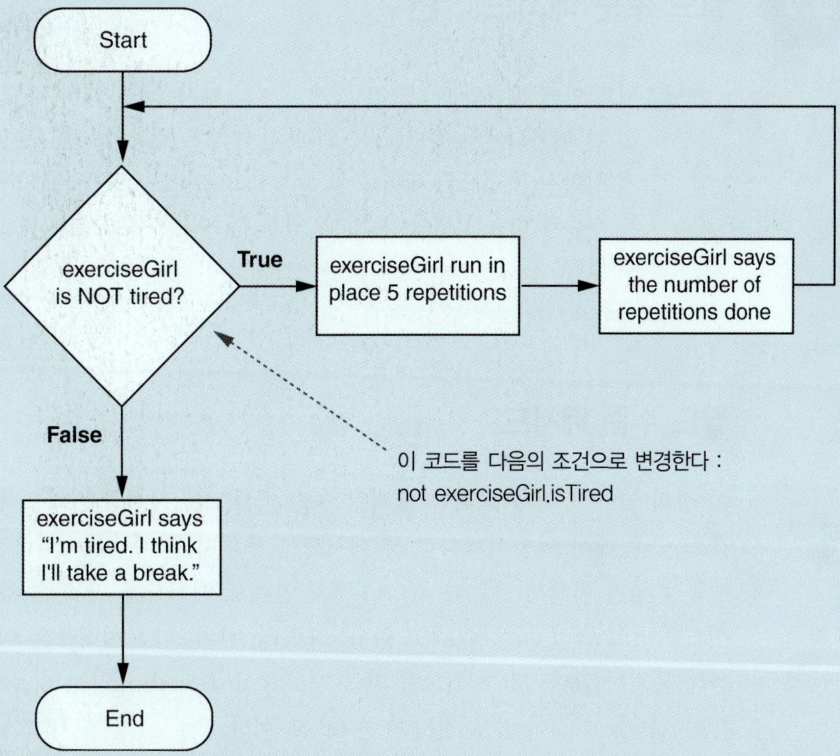

그림 5-45 world.animation 메서드

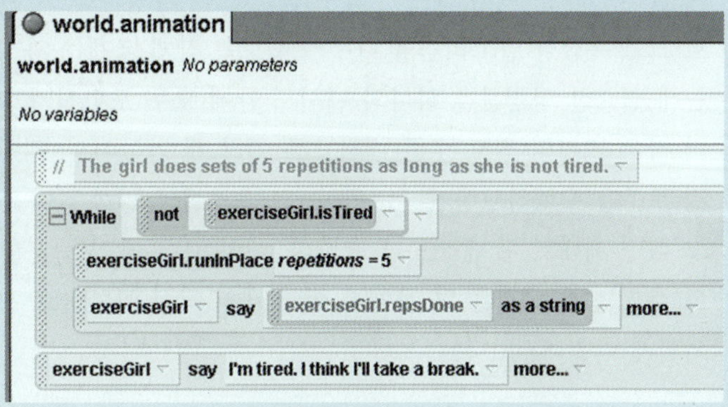

체크 포인트

5.14 함수란 무엇인가?

5.15 속성이나 변수의 값을 증가시킨다는 것은 결국 무엇을 한다는 의미인가?

5.16 모든 함수에 반드시 있어야 할 명령문은 무엇인가? 이 명령문이 하는 역할은?

5.7 월드 수준 메서드와 변수

개념 : 월드 안에 하나의 메서드를 길게 만드는 대신, 여러 개의 월드 수준 메서드를 만든 다음 각 메서드에서 애니메이션의 특정 부분을 수행하도록 할 수 있다. 그런 다음 이렇게 작아진 메서드를 제대로 된 순서로 호출한다. 또한, 월드의 속성으로 취급되는 월드 수준의 변수도 만들 수 있다. 월드 수준의 변수는 월드 내 모든 메서드에서 사용할 수 있다.

월드 수준 메서드

이 장의 앞에서 객체에 대한 클래스 수준 메서드를 작성하는 방법에 대해서 알아보았다. 클래스 수준 메서드는 객체의 기본 메서드를 통해서 할 수 있는 일반적인 행동 이외의 독특한 행동을 하기 위해서 만든다. world 객체 안에도 메서드를 만들 수 있다. 이것을 *월드 수준 메서드(world-level method)*라고 한다. 그런데, 이미 독자 여러분은 이 월드 수준 메서드를 사용해 본적이 있다. Alice 월드를 만들 때, my first method라는 이름의 메서드가 자동으로 만들어지는데, 이것이 바로 월드 수준 메서드이다.

그러나 월드 수준에 이 메서드 하나만 있어야 한다는 제약은 없다. world 객체에 메서드를 추가해서 만들 수 있다. world 객체 안에 메서드(또는 함수)를 만드는 과정은 다른 객체 안에 클래스 수준 메서드(또는 함수)를 만드는 과정과 동일하다. 월드 수준 메서드는 일반적으로 크고 복잡한 알고리즘을 다루기 쉽도록 작게 쪼개는 과정에서 만들어진다. 월드를 움직이는데 필요한 명령문을 하나의 메서드 안에 모두 포함시켜 그 메서드를 길게 만드는 대신, 좀 더 작은 크기의 월드 수준 메서드를 여러 개 만들어서, 각각의 메서드에서 애니메이션의 특정 부분을 수행하도록 할 수 있다. 그 다음에 이렇게 작아진 메서드를 월드가 본래 수행하려고 했던 제대로 된 순서로 호출한다. 이와 같은 방식을 *분할 정복(divide and conquer)*이라고 부르는데, 이것은 큰 문제를 여러 개의 작은 문제들로 분할하여 해결하기 쉽도록 한다는 의미에서 유래되었다.

하나의 문제를 여러 개의 작은 메서드로 분할하는 또 다른 이유는 프로그램을 단순화하기 위해서다. 특정한 작업이 한 프로그램 내의 다른 여러 곳에서 여러 번 수행되는 경우, 그 일을 수행하는 메서드를 한번만 작성하고, 필요할 때마다 그 메서드를 실행시킬 수 있다. 이것을 *코드의 재사용(code reuse)*이라고 하는데, 어떠한 일을 수행하는 코드를 한번만 작성하고 그 일이 필요할 때 마다 코드를 다시 사용할 수 있다는 것을 의미한다.

따라하기 3-5(눈사람이 있었던)에서 그림 5-46과 같은 world.animation 메서드를 작성했던

그림 5-46 따라하기 3-5의 world.animation

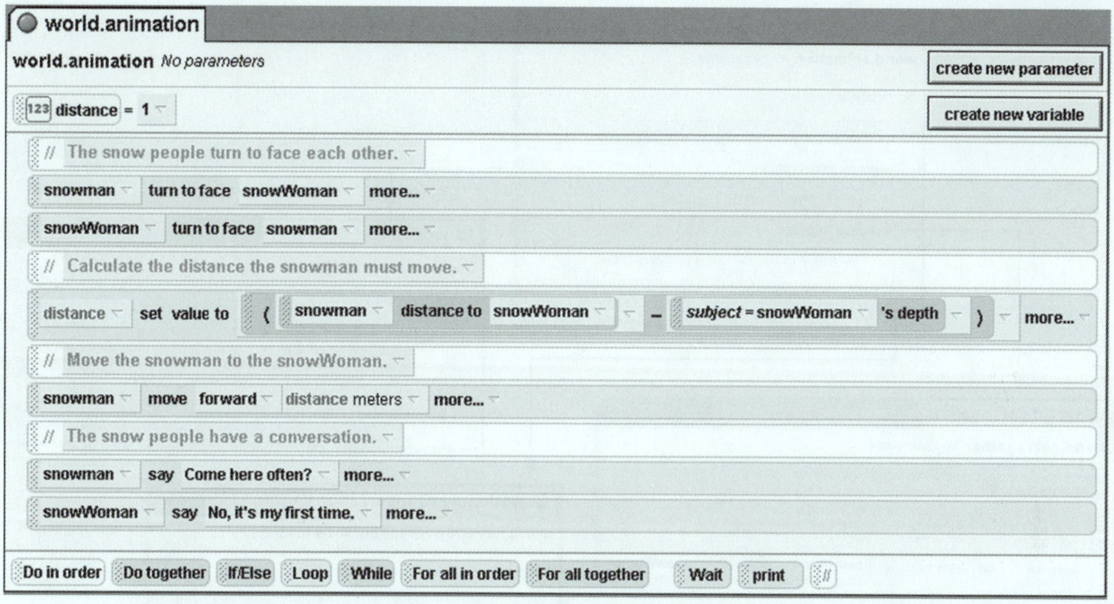

것을 기억할 것이다. 메서드가 실행되면 남자 눈사람과 여자 눈사람이 서로를 마주 본 다음 남자 눈사람이 여자 눈사람에게로 다가가서 짧은 대화를 나눈다. 이 메서드는 그렇게 복잡한 메서드가 아니다. 그러나 이 메서드를 통해 하나의 긴 메서드를 좀 더 작은 메서드로 쪼개는 방법을 확인할 수 있다.

부록 CD에 동일한 행동을 하는 SnowWorld라는 이름의 월드가 있다. 그러나 SnowWorld 월드는 1개의 긴 메서드를 사용하는 대신 4개의 좀 더 작은 월드 수준 메서드를 사용하였다. 그림 5-47에서 볼 수 있듯이 SnowWorld 월드의 월드 수준 메서드는 animation, faceEach Other, getTogether, 그리고 haveConversation이다.

이름이 말해주듯이, faceEachOther 메서드는 남자 눈사람과 여자 눈사람으로 하여금 돌아서서 서로를 마주 보게 한다. getTogether 메서드는 남자 눈사람으로 하여금 여자 눈사람에

그림 5-47 SnowWorld의 월드 수준 메서드

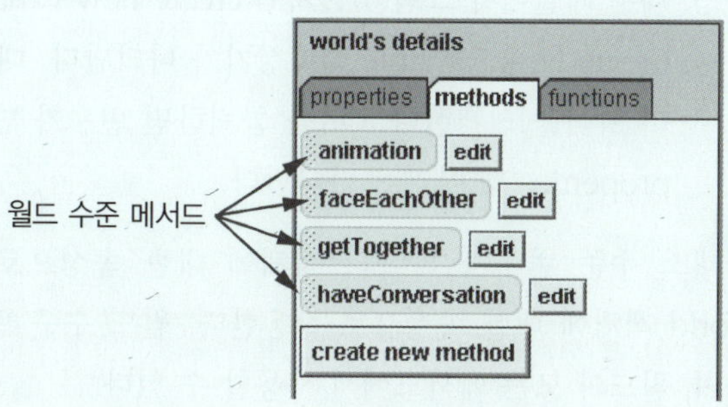

그림 5-48 SnowWolrd에서 월드 수준 메서드 호출하기

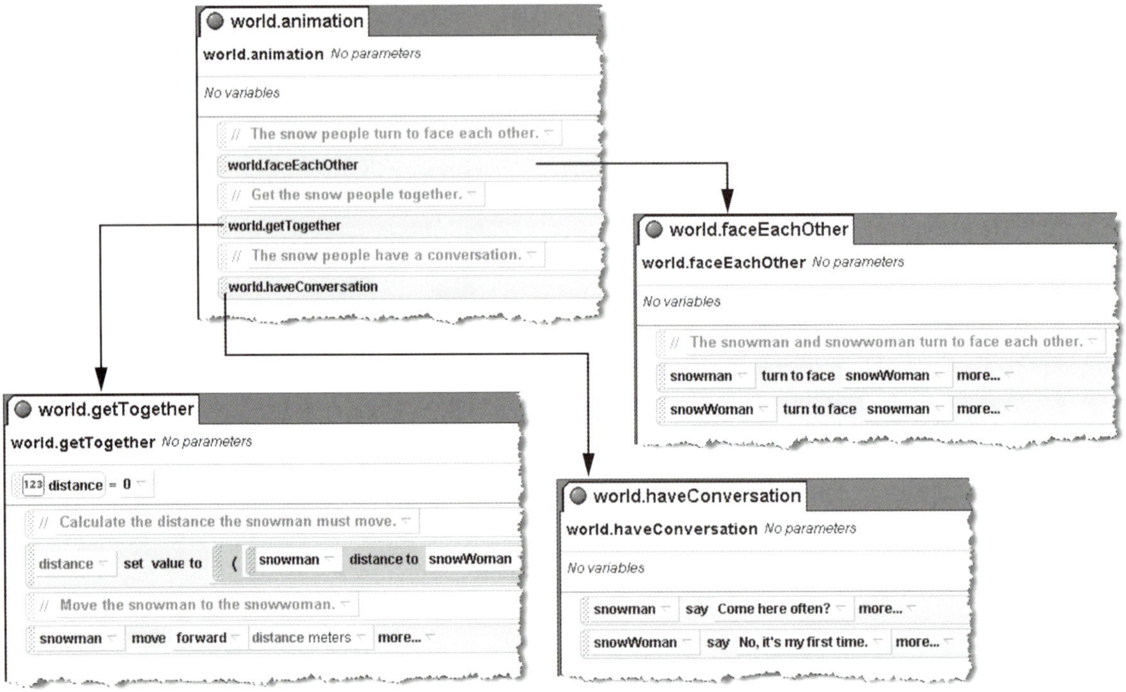

게 다가가게 한다. haveConversation 메서드는 남자 눈사람과 여자 눈사람으로 하여금 대화를 나누게 한다. animation 메서드는 여전히 월드가 시작될 때 실행되는 메서드로 그림 5-48처럼 다른 메서드를 호출한다.

월드 수준 변수

월드 수준 변수(world-level variable)란 world 객체에 속하는 변수를 말한다. 월드 수준 변수를 만드는 방법은 클래스 수준 변수를 만드는 방법과 동일하다. 다음은 만드는 단계이다.

1. 객체 트리에서 world 객체를 선택한다.
2. 세부 패널에서 properties 탭을 선택한다.
3. 세부 패널에서 그림 5-49처럼 create new variable 버튼을 클릭한다.
4. Create New Variable 대화상자가 나타난다. 대화상자에서 변수 이름을 입력하고 데이터 형식을 선택한다. OK를 클릭하면 변수가 만들어지고, 이 변수 타일은 세부 패널의 properties 탭 아래에 나타난다.

클래스 수준 변수가 하나의 객체에 대한 속성으로 작용하는 것처럼, 월드 수준 변수는 world 객체에 대한 속성으로 작용한다. 월드 수준 변수는 월드가 실행하는 동안 내내 존재하며, 월드의 모든 메서드에서 사용할 수 있다.[9]

그림 5-49 월드 수준 변수 만들기

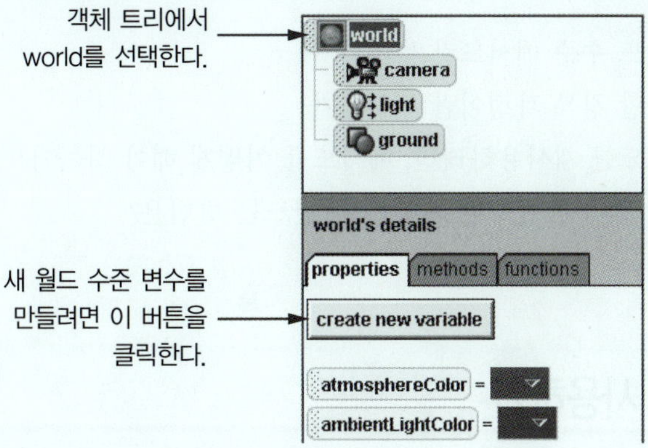

9) 이러한 월드 수준 변수를 일반 프로그래밍 언어에서는 "전역 변수(Global Variable)"라고 부른다. 월드 수준 변수는 한 월드 내에서, 다시 말하면, 지금 만들고 있는 월드 전체에서 사용할 수 있다. 이것은 월드 수준 변수의 이름이 월드 수준에서 유일해야 한다는 것을 의미한다. 즉, 한 월드 내에서 동일한 이름을 가진 2개 이상의 월드 수준 변수가 존재할 수 없다는 것이다. 다음의 표는 독자 여러분이 Alice에서 변수나 메서드의 이름을 지을 때 주의해야 할 이름의 유일성과 그 사용 범위를 정리한 것이다.

	이름의 유일성	사용 범위
객체 이름 월드 수준 변수 월드 수준 메서드 월드 수준 함수	월드 내에서 유일해야 한다. 즉, 월드 내에서 동일한 이름이 두 개 이상 존재하면 안 된다.	월드 내의 모든 객체에서 사용할 수 있다.
	예) 객체의 이름과 동일한 이름의 클래스 수준 변수, 클래스 수준 메서드, 클래스 수준 함수, 지역 변수가 월드 내에서 하나라도 존재하면 안 된다.	
클래스 수준 변수 클래스 수준 메서드 클래스 수준 함수	한 객체 내에서 유일해야 한다. 즉, 한 객체 내에서 동일한 이름이 두 개 이상 존재하면 안 된다.	월드 내의 모든 객체에서 사용할 수 있다.
	예) 한 객체 내에서 클래스 수준 변수의 이름과 메서드에 존재하는 지역 변수의 이름이 서로 동일하면 안 된다. 또는 한 객체 내에서 클래스 수준 변수의 이름과 메서드 이름이 서로 동일하면 안 된다.	
	주의) 서로 다른 객체에 속한 클래스 수준 변수의 이름은 동일해도 상관없다. 각각의 변수는 그 변수가 속한 클래스 이름에 의해서 식별될 수 있으므로, 월드 내의 모든 객체에서 문제없이 사용할 수 있다. 다음의 예를 살펴보자. 객체 A와 객체 B에 각각 var이라는 이름의 클래스 수준 변수가 있다고 가정하자. 클래스 수준 변수의 이름은 한 객체 내에서 유일해야 하므로, 이름 var은 합당하다. 서로 다른 객체에 동일한 이름이 있는 상태에서도 이 이름을 월드 내의 모든 객체에서 사용할 수 있는 이유는, 변수의 이름이 그 변수가 속한 객체의 이름에 의해 식별될 수 있기 때문이다. 객체에 있는 var를 점 표기법으로 나타내면 다음과 같다. A.var B.var 객체의 기본 속성과 기본 메서드, 그리고 기본 함수들이 동일한 이름으로 모든 객체에 존재하고 있음을 상기해 보라.	
지역 변수 매개 변수	한 메서드 내에서 유일해야 한다. 즉, 한 메서드 내에서 동일한 이름이 두 개 이상 존재하면 안 된다.	해당 메서드 내에서만 사용할 수 있다.

체크 포인트

5.17 월드 수준 메서드란 무엇인가?

5.18 분할 정복 과정이란 무엇인가?

5.19 코드를 재사용하려면, 메서드를 어떻게 해야 하는가?

5.20 월드 수준 변수란 무엇인가? 만드는 방법은?

5.8 클립보드 사용하기

클립보드(clipboard)는 임시로 복사본을 저장하는 곳이다. Alice 개발 환경에서 툴바 영역의 오른편에 그림 5-50과 같은 하나 또는 그 이상의 클립보드 아이콘을 볼 수 있다.

Alice에서 클립보드 안에 명령문의 복사본을 저장할 수 있다. 이것은 한 메서드에서 다른 메서드로 명령문을 복사할 때 사용한다. 클립보드에 명령문의 복사본 하나를 저장하려면, 명령문 타일을 그냥 클릭해서 클립보드로 드래그한다. 마치 한 장의 하얀색 종이가 클립보드에 놓여 있는 것처럼 보인다면, 클립보드에 뭔가가 저장되어 있다는 뜻이다. 그림 5-50의 왼편에 있는 클립보드가 바로 이 예다. 클립보드에 저장된 것을 붙여넣기 하려면, 클립보드 아이콘을 클릭한 후 붙여넣기하려는 위치까지 드래그한다. 클립보드를 비우려면, 클립보드를 클릭한 다음 휴지통으로 드래그한다.

Alice는 기본적으로 1개의 클립보드를 사용할 수 있다. 사용할 클립보드의 수를 변경하려면, Edit 메뉴를 클릭한 후 Preferences를 클릭한다. 나타나는 대화상자에서 Seldom Used 탭을 클릭하고, number of clipboards의 숫자를 변경한다.

그림 5-50 클립보드 아이콘

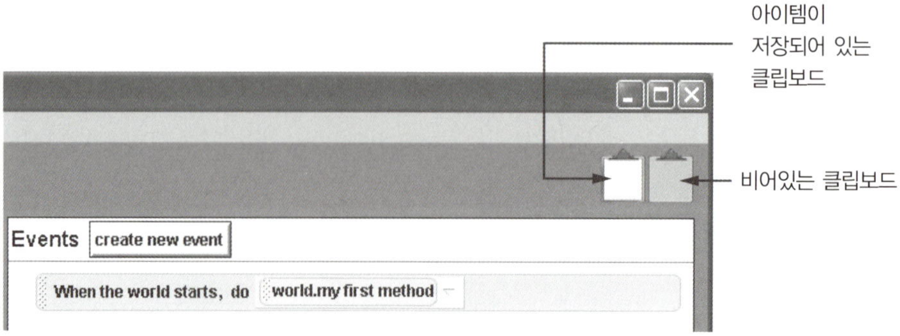

5.9 시각 효과와 애니메이션을 위한 팁

빌보드

Alice는 그림이나 이미지를 월드에 삽입할 수 있다. 즉, 포토샵과 같은 그래픽 편집 프로그램에서 만든 이미지나, 디지털 카메라로 찍은 사진을 삽입할 수 있다. Alice에서 지원하는 이미지 파일 포맷은 JPEG, GIF, 그리고 TIF 등이다.

Alice 월드에 이미지를 삽입하려면, 이미지를 빌보드(Billboard)로 먼저 변환해야 한다. File 메뉴를 클릭하고, Make Billboard...를 선택한다. 나타나는 대화상자에서 이미지 파일을 찾는다. 원하는 이미지를 선택하고 Import 버튼을 클릭한다. 선택한 이미지 파일은 빌보드 형태로 변환되어 월드에 삽입된다.[10)]

Alice 월드에서 빌보드는 평평한 2차원 객체이다. 그림 5-51의 Alice 월드에서 3차원 눈사람 객체가 2차원의 빌보드 앞에 서 있는 것을 볼 수 있다. 빌보드는 높이와 너비가 있지만 깊이가 없다. 빌보드를 뒤에서 보면 거울처럼 보인다. 똑바로 옆에서 보면 아무것도 보이지 않는다. (또는 1개의 아주 얇은 선만 보일 것이다.)

빌보드는 여러 가지 목적으로 사용된다. 예를 들어, 그림 5-52처럼 배경이나 사진으로 사용되기도 하고, 그림 5-53처럼 사용자에게 정보를 제공하는 용도로 사용되기도 한다.[11)]

그림 5-51 2D 객체인 빌보드

10) 이미지를 자체를 그대로 삽입할 수는 없다. 이것을 빌보드 형태로 변환해서 삽입해야 하는데, 그때 사용하는 메뉴가 바로 File 메뉴의 Make Billboards이다.

11) 빌보드를 이용해서 정보 표시창을 만들려면, 우선 포토샵과 같은 그래픽 편집 프로그램을 사용할 수 있어야 한다. 그러나 이러한 프로그램은 전문적인 기능들이 많아 처음 배우는 학습자에게는 다소 어렵게 느껴질 수 있다. 월드에 나타나게 할 사진이나 정보 표시 창을 간단하게 만들 수 있는 방법이 "부록 E. Alice에서 사용할 이미지와 소리 만들기" 에 소개되어 있다.

그림 5-52 배경과 사진으로 사용된 빌보드

그림 5-53 빌보드를 이용해서 정보 표시 창 만들기

빌보드는 Alice 월드에서 하나의 객체이다. 빌보드를 월드에 삽입하면, 객체 트리에 빌보드를 나타내는 타일이 만들어진다. 객체의 이름은 이미지 파일의 이름과 동일하다. 빌보드도 월드의 여느 다른 객체들처럼 속성과 메서드를 가지고 있다. 이 메서드를 이용해서 빌보드를 움직일 수 있다. 예를 들어, 빌보드를 회전시키려면 turn 메서드를 호출하면 된다.

안개

Alice는 월드에 안개 효과도 낼 수 있다. 그림 5-54는 안개가 낀 월드의 예이다. 월드에 안개가 있으면, 수증기 같은 것이 보이면서 객체가 뒤쪽으로 멀어질수록 그 객체가 잘 안보이게 된다.

안개 효과를 내려면, world 객체의 fogStyle 속성을 density로 변경해야 한다. (기본 값은 no fog로 설정되어 있어 안개 효과가 나지 않는다.) 그런 다음, world 객체의 fogDensity 속성을 조절하면 원하는 만큼 안개를 짙게 할 수 있다. fogDensity 속성 값이 커지면 커질수록 안개는 더욱 짙어진다.

그림 5-54 안개 낀 월드

Vehicle 속성으로 객체들을 함께 이동하기

2개의 객체가 같이 움직여야 하는 경우가 있다. 예를 들어, 그림 5-55에 모터보트(Web Gallery의 Motorboat 클래스에 있음)를 타고 있는 앨리스가 보인다. 앨리스를 태운 상태로 보트가 물 위에서 움직이게 하려고 한다고 가정하자. 만약 앨리스를 보트에 "묶어 둘" 방법이 없다면, 보트와 앨리스는 따로 따로 움직일 것이다. 이 두 객체를 같이 움직이게 하는 한 가지 방법은 보트와 앨리스의 move 메서드를 동시에 실행하는 것이다.[12] 그러나 더 쉬운 방법은 그림 5-56처럼 AliceLiddell 객체의 vehicle(이동수단) 속성을 이용하는 것이다.

AliceLiddell 객체가 Motorboat 객체와 같이 이동하게 하려면 Motorboat 객체를 AliceLiddell 객체의 vehicle(이동 수단)로 만들면 된다. 이렇게 하면 Motorboat가 이동함에 따라 AliceLiddell도 같이 이동하게 된다. AliceLiddell이 Motorboat와 동시에 이동하도록 굳이 프로그래밍 할 필요가 없다. Motorboat가 AliceLiddell의 이동 수단이므로, Motorboat가 움직일 때 자동으로 AliceLiddell도 같이 움직이게 되는 것이다.

그림 5-55 모터보트에 탄 앨리스

12) 이것은 Do together 구조를 이용하면 된다.

그림 5-56 vehicle 속성

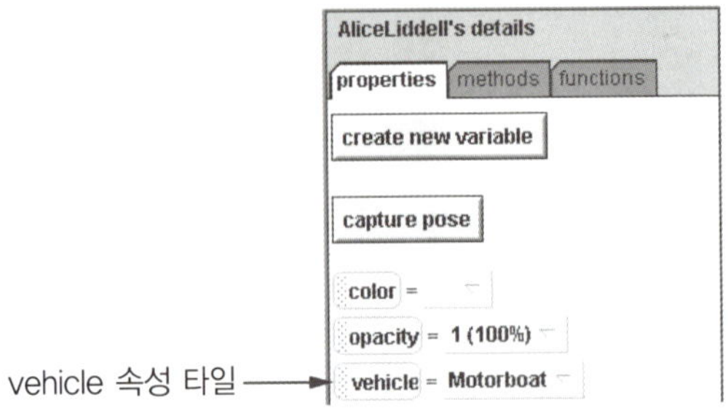

다른 객체의 둘레 회전하기

객체의 turn 메서드는 객체를 제자리에서 회전시킬 때 사용한다. 그러나 다른 객체의 둘레를 회전할 때도 사용할 수 있다. 이렇게 하려면 turn 메서드의 more... 편집 태그를 사용해서 asSeenBy 인수를 변경해야 한다.

기본적으로, turn 메서드는 객체를 객체 자신의 중심점을 기준으로 돌린다. 이것은 객체가 제자리에서 회전하도록 한다. 메서드의 more... 편집 태그를 클릭해서 asSeenBy 인수를 변경하면, 다른 객체의 중심점을 기준으로 그 둘레를 회전시킬 수 있다.

그림 5-57의 예는 부록 CD에 들어있는 HawkAndTree 월드이다. 월드에는 hawk와 bonzai라는 객체가 있다. 월드를 플레이하면 hawk가 bonzai 둘레를 회전한다. 이것은 hawk 객체의 turn 메서드를 그림 5-58처럼 호출했기 때문이다. 방향으로 right를, 회전수로 1 revolution을 지정하였다. 그리고 asSeenBy 인수를 bonzai로 설정하였는데, 이것으로 인해 hawk가 bonzai 객체의 중심점을 기준으로 그 둘레를 돌게 된다. 결국, hawk가 bonzai 주위를 원 모양으로 나는 것처럼 보이게 되는 것이다.

월드를 플레이하면, hawk가 bonzai를 원 모양으로 빠르게 회전한다. 이것은 1회전이 1초만에 이루어지기 때문이다. more... 편집 태그를 사용해서 duration(지속시간)을 더 큰 값으

그림 5-57 나무 둘레를 회전하는 Hawk

그림 5-58 hawk 객체의 turn 메서드 호출

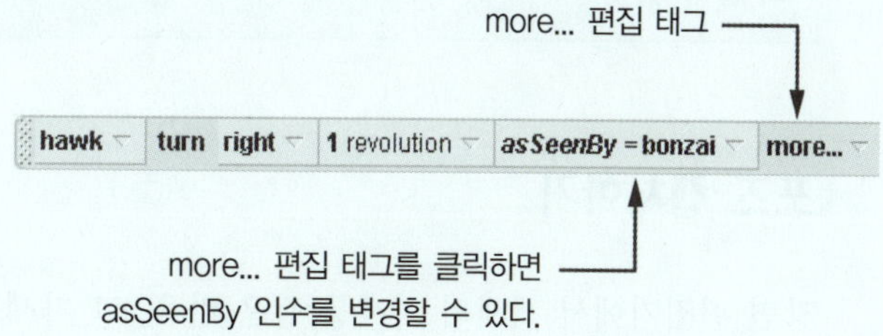

로 변경할 수 있다. 이렇게 하면 hawk의 회전 속도가 느려진다. duration 값이 크다는 것은 1 회전하는데 그만큼 더 많은 시간이 소요된다는 것을 의미하기 때문이다.

turn 명령문을 루프 안에 삽입해서, hawk가 bonzai 둘레를 여러 번 회전하게 할 수 있다. 그러나 hawk의 나는 모습을 유심히 보면, 매 회전이 끝날 때 속도가 느려지고, 그 다음 회전이 시작할 때 속도가 빨라지는 것을 알 수 있다. 한 바퀴씩 연속해서 도는 움직임이 좀 더 자연스럽게 보이려면, more... 편집 태그를 사용해서 style 인수를 변경하면 된다. style 인수는 움직임의 시작과 끝을 어떻게 처리할지 결정한다. 기본적으로 움직임은 천천히(gently) 시작해서 천천히 끝난다.

그림 5-59는 hawk로 하여금 bonzai 둘레를 계속 회전하게 하는 루프의 한 예이다. duration(지속시간)이 좀 더 큰 값으로(3초) 설정되어 있고 style(스타일)이 abruptly(빠르게)로 설정되어 있기 때문에, 움직임이 좀 더 자연스럽게 보일 것이다.

그림 5-59 hawk로 하여금 bonzai 둘레를 회전하게 하는 루프

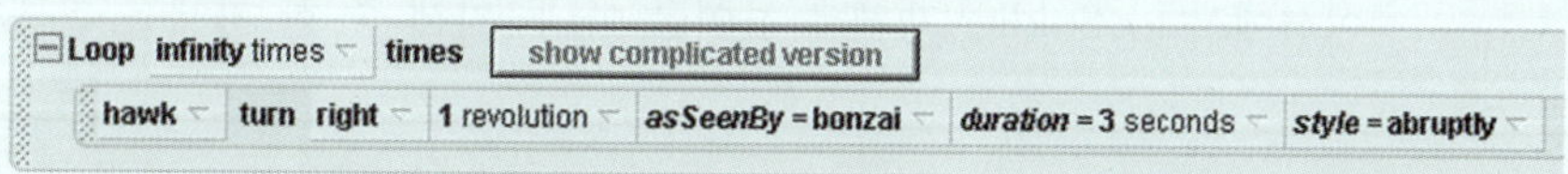

투명한 객체의 둘레 회전하기

바로 앞의 예제에서 hawk가 bonzai의 둘레를 회전하는 월드를 살펴보았다. bonzai는 hawk가 나는 원 모양의 중심점 역할을 한다. 만약 bonzai가 없는 상태에서 hawk가 그냥 원을 그리며 날도록 하려면 어떻게 해야 할까? hawk가 원을 그리며 날기 위해서는 asSeenBy 인수로 지정할 하나의 객체가 필요하다. bonzai 객체가 없는 것처럼 보이려면 객체의 isShowing 속성을 false로 설정하면 된다. 이렇게 하면 실제로는 월드에 존재하지만 화면에는 보이지 않는다. 월드를 플레이하면, hawk가 그냥 혼자서 원을 그리며 나는 것처럼 보일 것이다.

팁

한 객체가 투명한 객체의 둘레를 회전하는 월드를 만드는 경우, 갤러리에 있는 모든 객체가 이 투명한 객체가 될 수 있다.

포즈 캡처하기

장면 편집기에서 객체의 자세를 잡은 다음, 그 자세를 하나의 포즈로 캡처 할 수 있다. 그런 다음, 애니메이션 도중에 객체의 자세를 캡처한 포즈로 다시 바꿀 수 있다.

예를 들어, ToySoldier 클래스의 인스턴스를 그림 5-60의 왼쪽 이미지와 같이 만들었다고 가정하자. 애니메이션 도중에 병사가 경례를 하도록 하려고 한다. 한 가지 방법은 장면 편집기에서 병사의 팔을 경례 자세로 움직인 다음, 그 자세를 하나의 포즈로 캡처하는 것이다. 이렇게 하면 월드가 플레이 될 때 병사가 캡처한 포즈를 취하도록 하는 명령문만 작성하면 된다.

일단 원하는 모양으로 객체의 자세를 잡은 다음 그 자세를 하나의 포즈로 캡처하려면, 그림 5-61의 capture pose 버튼을 클릭하면 된다. capture pose 버튼은 세부 패널의 properties 탭 아래에 있다. 이 버튼을 클릭하면 캡처한 포즈의 타일이 만들어 지는데, capture pose 버튼 바로 위에 나타난다. 현재 캡처한 포즈의 타일 이름이 pose라고 되어 있다. 좀 더 의미 있는 이름으로 변경하자.

그림 5-62의 예는 toySoldier 객체의 자세를 새로 캡처한 2개의 포즈 타일 atAttention(차렷)과 salute(경례)를 보여준다. atAttention 포즈는 그림 5-60의 왼쪽에 있는 것처럼 병사의 평상시 자세이다. salute 포즈는 그림 5-60의 오른쪽에 있는 것처럼 경례하는 자세이다. 애니메이션에서 toySoldier 객체로 하여금 이 두 자세 중 한 자세를 취하게 하려면 toySoldier.set

그림 5-60 toySoldier 객체

그림 5-61 capture pose 버튼

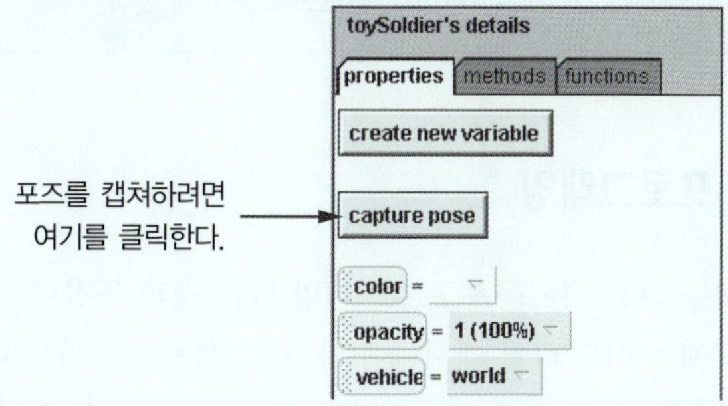

그림 5-62 캡처한 포즈

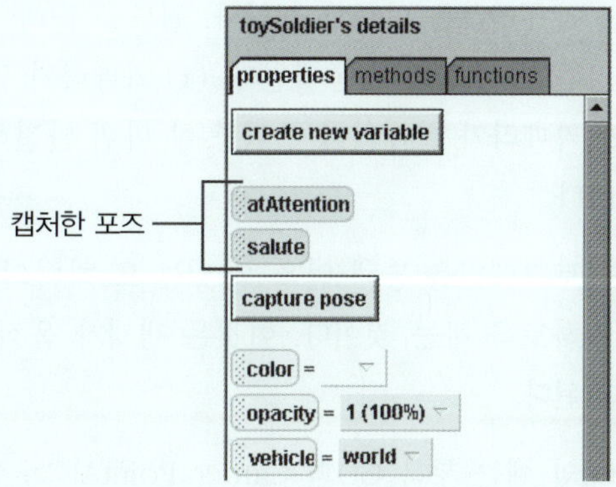

그림 5-63 포즈를 설정하는 명령문

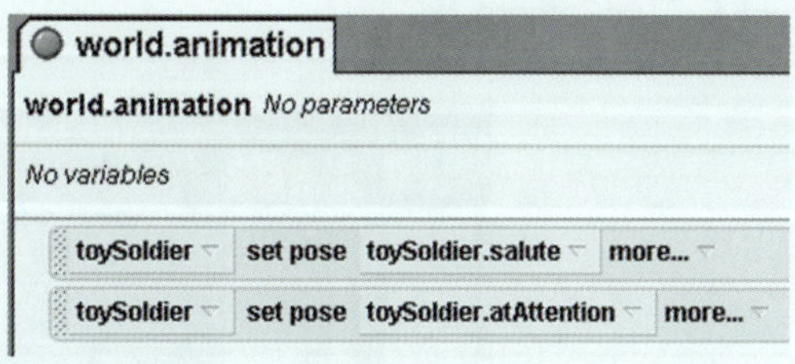

pose 메서드를 호출하면 되는데, 이때 원하는 포즈의 이름을 인수로 전달한다.[13)] toySolider로 하여금 이 두 포즈를 취하게 하는 명령문이 그림 5-63의 메서드에 있다. (부록 CD의 SalutingSoldier 월드를 플레이해 보면 메서드가 동작하는 모습을 확인할 수 있을 것이다.)

13) set pose 메서드를 호출하는 방법은 간단하다. 변수 타일을 메서드 편집기로 드래그 앤 드롭하면 set value 메서드 호출문이 자동으로 생기듯이, 이 경우도 포즈 타일을 메서드 편집기로 드래그 앤 드롭하면 set pose 메서드 호출문이 자동으로 생기면서 그 메서드의 인수로 포즈 타일의 이름이 자동으로 설정된다.

팁

> 객체를 새 클래스로 저장하면, 그 객체에서 캡처한 모든 포즈들도 함께 저장된다. 그런 다음, 그 클래스로부터 만들어진(Import) 객체는 자동으로 그 포즈들을 갖게 된다.

카메라 프로그래밍

Alice에서는 다른 객체들을 프로그래밍 하는 것과 똑같이, 카메라도 프로그래밍 할 수 있다. 카메라 객체는 여느 다른 객체들이 가지고 있는 모든 기본 메서드와 함수들을 똑같이 가지고 있다. 애니메이션을 만들 때, 이러한 점을 이용할 수 있다. 그림 5-64의 예는 부록 CD의 Turn Camera 월드이다. BlueBallerina 클래스(People 컬렉션에 있음)의 인스턴스는 월드에 있는 Dojo 클래스(Web Gallery의 Environments 컬렉션에 있음) 인스턴스의 내부에 있다. 카메라는 발레리나를 마주보고 있다. 월드를 플레이하면, 그림 5-65의 명령문들이 실행되면서 카메라가 다음과 같이 움직인다. (1) 카메라가 앞으로, 즉, 발레리나 쪽으로 10미터 이동한다. (2) 카메라가 발레리나 주위를 한 바퀴 완전히 회전한다. 이 기법은 극적인 시각 효과를 제공한다.

카메라 프로그래밍을 통해 얻을 수 있는 또 하나의 시각 효과는, 카메라의 방향이 움직이는 객체를 향하도록 하는 것이다. 이것은 객체가 움직일 때 동시에 camera.point at 메서드를 호출하면 된다.

그림 5-66의 예는 부록 CD의 CameraPointAtCar 월드이다. 월드는 kelly(People 컬렉션에 있음)가 convertibleCorvette(Vehicles 컬렉션에 있음) 안에 탄 상태로 되어있다. 사람 객체

그림 5-64 TurnCamera 월드

그림 5-65 카메라가 발레리나 주위를 한 바퀴 회전하도록 하는 명령문

```
camera move forward 10 meters more...
camera turn right 1 revolution asSeenBy = blueBallerina duration = 4 seconds style = abruptly
```

그림 5-66 CameraPointAtCar 월드

의 vehicle 속성은 convertibleCorvette로 설정되어 있기 때문에 차가 움직일 때 사람도 따라서 같이 움직인다. 월드가 플레이되면 하나의 루프가 실행되면서 차가 도로를 따라 움직인다. 차가 움직일 때, 카메라의 시점도 움직이는 차를 따라 같이 변경된다. 그림 5-67은 월드가 플레이될 때 실행되는 명령문이다.

그림 5-66의 CameraPointAtCar 월드에서는 카메라 자체는 Alice 월드 내에서 움직이지 않는 대신, 차가 카메라 시점 안에 계속 머물러 있도록 카메라의 방향이 변한다. 그러나 카메라가 객체와 함께 움직이도록 프로그래밍 할 수도 있다. 부록 CD의 CameraFollowCar 월드를 보면 이것을 확인할 수 있다. 이 월드에 있는 객체는 CameraPointAtCar 월드와 동일하다. CameraFollowCar 월드에서 차가 움직일 때 카메라도 같이 움직이는데, 이것은 카메라의 vehicle 속성이 convertibleCorvette로 설정되어 있기 때문이다.

팁

한 객체의 vehicle 속성을 카메라로 설정할 수도 있다. 이렇게 하면, 카메라가 움직이는 대로 객체도 따라서 움직이게 된다.

그림 5-67 차가 움직이는 대로 카메라의 방향도 따라서 움직이게 하는 명령문

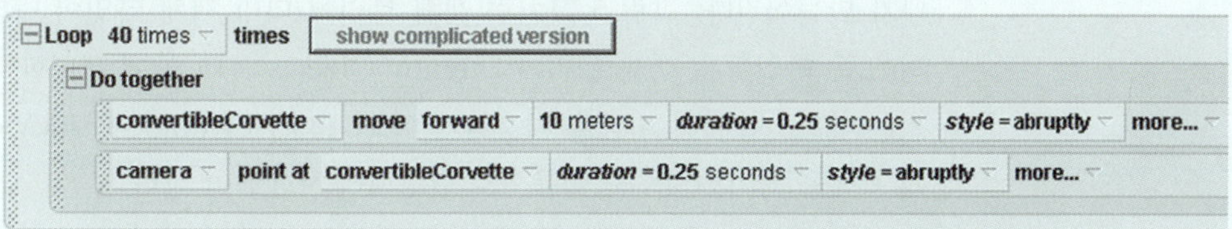

팁

객체 트리에서 camera를 선택한 후에 quad view(4중 시점 모드)로 전환하면, top(위), right(오른쪽), front(앞) 시점에서 카메라의 경계 박스를 볼 수 있다. 그림 5-68은 그 예시이다.

그림 5-68 4중 시점 모드에서 볼 수 있는 카메라의 경계 박스

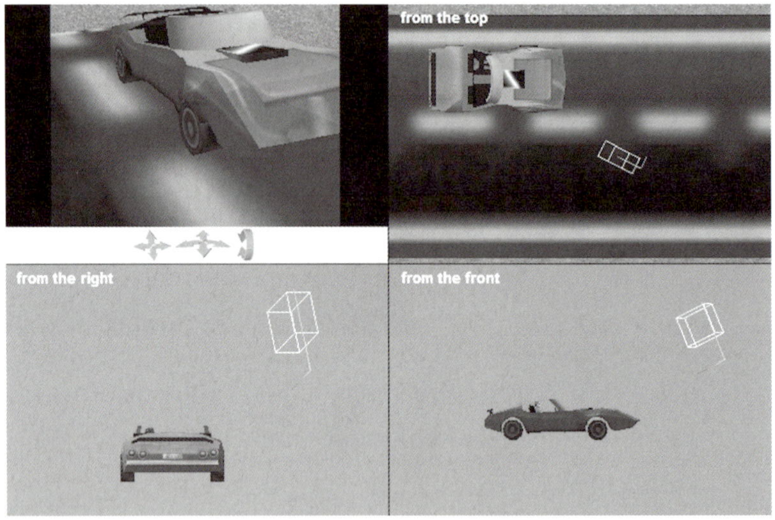

카메라 이동을 위한 더미 객체 만들기

앞에서, move와 같은 기본 메서드를 사용하여 월드 내에서 카메라를 움직이도록 하는 방법에 대해서 살펴보았다. 카메라를 움직이는 데 사용하는 보조 도구로서 더미(dummy) 객체를 사용할 수도 있다. 더미 객체는 월드의 임의의 위치에 놓을 수 있는 투명한 객체이다. 그리고 더미 객체까지 카메라를 이동시킬 수 있다. 다음의 단계를 따라하면, 더미 객체를 월드에 배치할 수 있다.

1. 장면 편집 모드에서, 월드의 플레이 중에 카메라가 움직일 첫 번째 위치로 카메라를 이동시킨다.
2. 그림 5-69의 more controls 버튼을 클릭한다. 그림 5-70과 같은 추가 컨트롤들이 나타난다.
3. drop dummy at camera 버튼을 클릭한다. 그러면 카메라의 현재 위치에 더미 객체 하나가 만들어진다. 그림 5-71처럼 객체 트리에 더미 객체 타일이 나타난다. (더미 객체의 모든 타일들은 객체 트리의 Dummy Objects 폴더 안에 위치한다.) 대부분의 경우, 기본적으로 붙여진 이름을 사용하지 말고, firstViewPoint나 sideView처럼 더미 객체의 목적을 상기시켜주는 이름으로 변경해서 사용해야 한다.
4. 그 다음 위치로 카메라를 이동한 다음, 카메라 위치에 더미 객체를 놓는 과정을 반복한다. 카메라가 움직일 위치마다 이 과정을 수행한다.
5. 어느 하나의 더미 객체에서 애니메이션이 시작되게 하려면, 그림 5-70의 move camera to dummy라는 이름의 드롭-다운 메뉴에서 원하는 더미 객체를 선택한다.

6. 이미 만든 더미 객체들의 위치로 카메라를 이동시키는 명령문을 메서드 편집기에서 만들 수 있다. 기본 메서드 camera.set point of view to를 호출하면서 원하는 더미 객체를 인수로 넘겨주면 된다. 그림 5-72는 이러한 명령문의 예이다.

그림 5-69 more controls 버튼

그림 5-70 펼쳐진 컨트롤

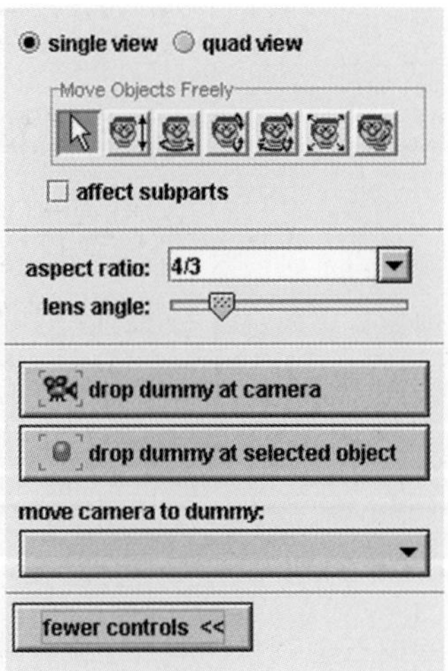

그림 5-71 더미 객체 타일

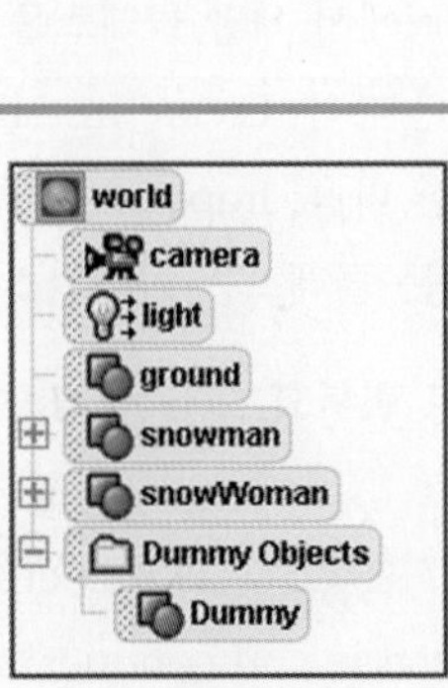

그림 5-72 카메라를 더미 객체로 이동시키는 명령문

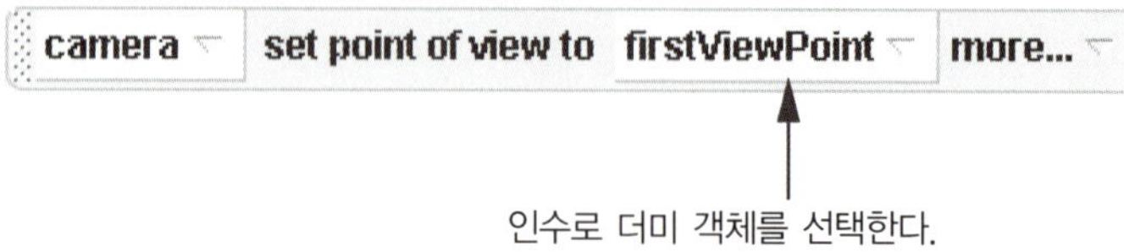

체크 포인트

5.21 Alice 월드에 그림이나 이미지를 삽입하는 방법은?

5.22 Alice 월드에 객체 a와 객체 b가 있다. 객체 b가 움직이는 대로 객체 a가 자동으로 움직이게 하려고 한다. 어떻게 하면 되겠는가?

5.23 객체 a의 turn 메서드를 실행하되 more... 편집 태그에서 asSeenBy 인수를 객체 b로 설정하였다면, 움직임에 어떤 효과가 나타나겠는가?

5.24 포즈란 무엇인가?

5.25 더미 객체란 무엇인가?

확인 문제

객관식

1. 객체에 새 행동을 추가하려 할 때, 만들어야 하는 메서드 형식은?
   가. 지역(Local) 메서드
   나. 클래스 수준(Class-level) 메서드
   다. 기본(Primitive) 메서드
   라. 기본(Primitive) 함수

2. 객체를 새 클래스로 저장한 다음, 그 클래스의 인스턴스를 월드에 추가하기 위해 해야 하는 과정은?
   가. Local Gallery에서 해당 클래스를 찾은 다음, 그 클래스의 인스턴스를 추가한다.
   나. File을 클릭한 다음, Create Instance를 클릭한다.
   다. File을 클릭한 다음, Import...를 클릭한다.
   라. 사용자가 만든 클래스는 인스턴스로 추가할 수 없다.

3. 실제 명령문으로 변환할 수 있을 만큼 충분히 상세해지도록 알고리즘의 각 단계들을 확장하는 과정은?
   가. 단계적 세분화(Step-wise refinement)
   나. 분할 정복(Divide and conquer)

다. 증분(Incrementation)

라. 상속(Inheritance)

4. 메서드에 전달되는 인수 값을 저장하는 특수한 변수는?

   가. 지역 변수

   나. 클래스 수준 변수

   다. 매개 변수

   라. 속성

5. Alice에서 속성은 다음의 보기 중 무엇에 해당하는가?

   가. 메서드

   나. 클래스 수준 변수

   다. 지역 변수

   라. 함수

6. 모든 함수에 반드시 있어야 할 명령문은?

   가. Return

   나. Terminate

   다. SendBack

   라. End

7. 복잡하고 긴 알고리즘을 다루기 쉽도록(manageable) 작게 쪼개는 과정은?

   가. 가상 구성(Virtual composition)

   나. 상속(Inheritance)

   다. 인스턴스화(Instantiation)

   라. 분할 정복(Divide and Conquer)

8. 그림이나 이미지를 월드에 삽입하기 위해 만들어야 하는 것은?

   가. 평평한 패널(Flat Panel)

   나. 빌보드(Billboard)

   다. 프레임(Frame)

   라. 이미지뷰(ImageView)

9. 객체를 다른 객체와 함께 움직이게 하는 속성은?

   가. vehicle

   나. movesWith

   다. coupledTo

   라. joinedWith

10. 카메라를 더미 객체로 이동시키는 기본 메서드는?

   가. camera.move to dummy object

나. camera.move

다. camera.set point view to

라. 더미 객체의 restore camera 메서드

주관식

1. 객체에 클래스 수준의 맞춤형 메서드를 추가한 경우에 그와 동일한 객체를 또 만들려면 어떻게 해야 하는가?
2. 객체를 새 클래스로 저장하는 경우, 새 클래스가 갖게 되는 이름은?
3. 한 객체의 클래스 수준 메서드에서 다른 객체의 클래스 수준 메서드를 호출하지 말아야 하는 이유는?
4. 월드 수준에서 실행해야할 명령문들이 많은 경우, 이것을 하나의 긴 메서드로 작성하는 대신 분할 정복 과정을 적용하는 방법은?
5. josie라는 이름의 객체가 horse 객체 위에 앉아 있는 월드를 만들려고 한다. horse 객체가 움직이는 대로 josie 객체를 움직이게 하는 방법은?
6. 월드에서 카메라가 움직이는 대로, 객체도 따라서 움직이게 하는 간단한 방법은?

연습 문제

1. 운동 시합

   3명의 여학생 Jenny, Kelly, 그리고 Barb은 체육수업을 수강하고 있다. 어느 날 수업이 끝난 후, 3명은 제자리 달리기를 지칠 때까지 10회 단위로 해서 얼마나 많은 횟수를 하는지 확인해 보기 위해 선의의 시합을 하기로 한다. 처음에 Barb이 시도하고 10회에서 지친다. Kelly가 그 다음으로 시도해서 20회에서 지친다. Jenny는 수업시간에 가장 많은 횟수를 하는 학생인데, 그 다음으로 시도해서 30회에서 지친다.

   이 시합을 재현하는 월드를 만들어 보자. 여학생들은 이번 장에서 만든 ExerciseGirl 클래스의 인스턴스이어야 한다. 여학생들이 정확한 반복횟수에서 지치도록 getsTiredAt 속성을 적절한 값으로 설정한다.

2. ExerciseGirl의 첫 번째 수정

   이 장의 따라하기에서 만든 ExerciseGirl 클래스를 수정해서, 제자리 뛰기를 할 때 실제처럼 팔을 흔들도록 해 보자.

3. ExerciseGirl의 두 번째 수정

   ExerciseGirl 클래스에 jumpingJack 메서드를 추가해 보자. 이 메서드를 통해서 객체는 피티체조(제자리 팔 벌려 뛰기)를 할 수 있으며, 메서드에는 반복횟수를 나타내는 매개변수가 있다. 매 반복마다 repsDone 속성 값을 증가시켜야 한다.

4. 궤도를 선회하는 우주선

2대의 우주선이 지구를 선회하는 월드를 만들어 보자. 지구는 Globe 클래스(Web Gallery의 Objects 컬렉션에 있음)의 인스턴스를 사용해서 만든다. 인스턴스를 삽입한 후 GlobeBall을 제외한 나머지 내부 객체들을 모두 삭제한다. 다양한 우주선들이 Web Gallery의 Space 컬렉션에 있다.

우주선 중 하나는 다른 것 보다 지구에 더 가까이 있어야 한다. 지구에 가까이 있는 우주선은 보다 멀리 떨어져 있는 우주선보다 더 빨리 궤도를 선회해야 한다.

5. 마술사 마르셀로(Marcello)

마술사 마르셀로는 사물을 사라지게 하는 마술을 마침내 터득하였다. 마술을 선보이기 위해 마술사는 앞에 있는 테이블 위에 여러 개의 물건들을 놓는다. 하나의 물건 위에 오른쪽 팔을 뻗은 채 서 있다. "Alakazam, Alakazee"라고 주문을 외우면 물건이 사라진다. 테이블 위에 있는 물건들에 대해서 각각 이 과정을 반복한다.

마르셀로(People 컬렉션에 있는 Magician 클래스의 인스턴스)가 그림 5-73처럼 그의 마술을 보여주는 월드를 만들어 보자. magician 객체 안에 sayMagicWords와 makeDisappear라는 2개의 클래스 수준 메서드를 만들어야 한다. 마르셀로는 sayMagicWords 메서드를 통해서 주문을 외운다. makeDisappear 메서드는 하나의 객체 매개변수가 있어야 한다. 마르셀로는 이것을 통해서 객체를 바라보고, (sayMagicWords 메서드를 호출해서) 주문을 외운다. 그런 다음, 객체의 isShowing 속성을 false로 설정해서 객체를 사라지게 한다.

메서드를 만들고 확인한 후, 다른 월드에서 사용할 수 있도록 magician 객체를 새로운 클래스로 저장하자.

그림 5-73 마술을 부리는 마르셀로

6. 다양한 마술을 부리는 마르셀로

마술사 마르셀로에게 더 다양한 마술을 부릴 수 있는 능력을 부여하자. 예를 들어 객체를 인수로 받는 levitate라는 이름의 메서드를 만들 수 있다. 이 메서드를 호출하면 객체가 공중

부양한다. 2개의 객체를 인수로 받는 transform이라는 이름의 메서드를 작성할 수도 있다. 이 메서드를 호출하면 첫 번째 객체가 두 번째 객체로 변신한다. 이 메서드를 만들려면, 객체 중 하나를 안보이게(opacity를 0으로 설정) 해야 한다. 그리고 두 객체 모두 같은 위치에 놓여 있어야 한다. 메서드가 호출되면, 보이는 객체는 안보이게, 동시에 안 보이는 객체는 보이게 해야 한다.

7. 가라데 동작
EvilNinja 클래스(People 컬렉션에 있음)의 인스턴스가 있는 월드를 만들어 보자. EvilNinja 객체를 수정해서 적어도 한 가지 종류의 가라데 킥과 가라데 펀치를 할 수 있도록 하자. EvilNinja가 이러한 동작을 할 수 있도록 필요한 클래스 수준의 메서드를 작성하라. EvilNinja를 KarateNinja라는 이름의 새로운 클래스로 저장한다. 이 새로운 클래스의 인스턴스를 Dojo 객체(Web Gallery의 Environments 컬렉션에 있음)가 있는 월드로 불러온다. 월드 수준의 메서드를 만들어서, 이를 통해 KarateNinja 객체가 가라데 킥과 가라데 펀치를 하는 모습을 확인해 보자.

팁

만들고 있는 닌자가 진짜처럼 움직이게 하기 위해, 기본적인 가라데 킥과 가라데 펀치에 대한 간단한 설명을 제공하는 웹 사이트를 찾아봐도 좋을 것이다.

8. 고전 서부 영화
서부 영화의 한 장면에서 한 명의 여자가 선술집 앞에 서 있다. 그리고 보안관이 말을 타고 그녀에게 다가가 "Howdy Ma' am"이라고 말한다.

고전 서부 영화에 나오는 듯한 월드를 만들어서 그림 5-74와 같은 장면을 재현해 보자. 월드에는 다음 객체들, saloon, sheriff, wetGirl(모두 Old West 컬렉션에 있음), 그리고 horse(Animals 컬렉션에 있음)가 있어야 한다. sheriff가 horse 위에 앉아 있도록 위치시켜야 한다. sheriff의 속성을 설정해서, horse가 움직일 때 sheriff도 같이 움직이게 한다.

그림 5-74 고전 서부 영화 월드

sheriff 객체 안에 greetWoman이라는 이름의 메서드를 만들어보자. 이 메서드를 통해서 sheriff는 "Howdy Ma' am"이라고 말한다. horse 객체가 앞으로 걷도록 하는 메서드를 만들 수도 있다. 이 메서드를 통해서 horse의 앞 다리와 뒷다리가 걷는 모습처럼 이동해야 한다. ("포즈 캡처하기" 기능을 이용해서, 서로 다른 위치에 있는 다리의 자세를 하나의 포즈로 캡처할 수 있다.)

9. 묘지 탐사

교회(Web Gallery의 Buildings 컬렉션에 있음)와 묘지가 있는 귀신이 나올듯한 분위기의 월드를 만들어 보자. 묘지를 만들 때, 대문과 묘비(Spooky 컬렉션에 있음), 그리고 담장(Web Gallery의 Buildings 컬렉션에 있음)을 사용한다. 동상(Web Gallery의 City 컬렉션에 있음)과 같은 것들을 사용할 수도 있다. 그림 5-75는 이 월드의 예이다.

월드가 플레이되면, 카메라가 월드 안쪽으로 움직이고, 촛대(Objects 컬렉션에 있음)가 카메라를 따라서 움직여야 한다. 이렇게 하면 주인공이 촛대를 들고 월드를 걷고 있는 효과가 난다. 촛대가 카메라와 같이 움직이게 하려면 촛대의 vehicle 속성을 카메라로 설정한다.

우선 카메라는 대문으로 이동한다. 카메라가 대문에 다다르면, 문이 천천히 열린다. 일단 문이 열리면, 묘지를 통과해서 교회 쪽으로 움직인다. 카메라가 교회의 문에 가까이 오면 촛불이 나가고 월드가 컴컴해진다. (촛불의 opacity 속성을 이용해서 촛불이 꺼지도록 하자. 월드의 light 객체를 이용하면 월드 내의 빛의 양을 조절할 수 있다. light 객체의 brightness 속성을 0으로 설정하면 월드가 어두워진다.)

그림 5-75 묘지 탐사 월드

10. 구조대 (Search and Rescue)

그림 5-76의 왼쪽 이미지처럼 바다에 2명의 scubaDiver 객체(People 컬렉션에 있음)가 있는 월드를 만들어 보자. helicopter(Vehicles 컬렉션에 있음)를 만들되, 화면에서 벗어난 곳에 위치시킨다. 그림 5-76의 오른쪽 이미지가 helicopter를 보여주고 있다. Torus 클래스

(Shapes 컬렉션에 있음)의 인스턴스를 이용해서 2개의 구명 기구를 만들고 그것을 helicopter의 활주부 바로 아래에 위치시킨다.

locate라는 이름의 메서드를 helicopter 객체안에 만든다. locate 메서드는 하나의 객체를 매개변수로 전달받는다. 이 메서드를 통해서 helicopter는 매개 변수로 전달받은 객체를 향해 마주 본 다음, 객체로부터 10미터 떨어진 위치까지 이동한다. 그런 다음 객체 주위를 원을 그리며 1회 선회한다.

dropLeftPreserver와 dropRightPreserver라는 이름의 메서드를 2개 더 작성한다. 이 메서드들을 통해서 왼쪽과 오른쪽의 구명기구가 수면 위로 떨어진다. 이렇게 하려면, 각 메서드는 우선 해당되는 torus의 vehicle 속성을 world로 설정하고, ground 객체(이 경우에는 물) 바로 위에 놓일 거리만큼 torus를 아래로 이동시켜야 한다.

월드가 플레이되면, helicopter는 첫 번째 스쿠버 다이버에게로 이동하여 원을 그리며 선회한 후 구명 기구 1개를 떨어뜨린다. 그리고 두 번째 스쿠버 다이버에게로 이동하여 원을 그리며 선회한 후 나머지 구명 기구를 떨어뜨린다.

그림 5-76 구조대 월드

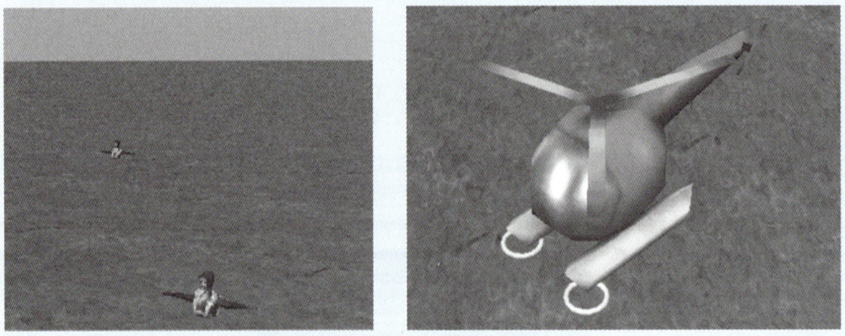

CHAPTER 6

이벤트

TOPICS

6.1 이벤트에 반응하기

개념 : 이벤트란 Alice 월드가 플레이되는 중에 발생하는 액션[1]의 일종이다. Alice 월드는 이벤트를 감지하고 그에 반응할 수 있다. 프로그래머는 이벤트에 반응하여 특정 동작을 수행하는 메서드를 작성할 수 있다. 이러한 메서드를 이벤트 처리기(event handler)라고 한다.

*이벤트(event)*란 프로그램의 실행 중에 발생하는 액션의 일종이다. Alice 월드는 실행 중에 여러 형태의 이벤트를 감지할 수 있다. 예를 들어, 사용자가 마우스로 객체를 클릭할 때 이벤트가 발생한다. 사용자가 키보드를 칠 때도 이벤트가 발생한다. 표 6-1에는 Alice 월드가 실행 중에 감지할 수 있는 모든 이벤트들이 정리되어 있다.

표 6-1에 나열된 이벤트가 발생하면 Alice 월드는 그에 대한 반응으로 특정 동작을 수행한다. 사실, 지금까지 만든 Alice 월드는 모두 When the world starts 이벤트에 반응하였다.

1) 여기서 액션(action)이란, Alice 월드의 플레이 중에 발생되는 포괄적인 움직임을 말한다. 키보드와 마우스를 이용한 사용자의 움직임이 될 수도 있고, 월드 내에 있는 캐릭터의 움직임일 수도 있으며, Alice 월드의 플레이와 관련된 움직임일 수도 있다.

이 이벤트는 월드를 실행하기 위해 Play 버튼을 클릭할 때 발생한다.

Alice 개발 환경에서 화면의 오른쪽 상단에 그림 6-1과 같이 Events라고 적혀 있는 영역이 있다. 이 영역을 "이벤트 편집기"라고 하였음을 기억할 것이다. Alice 월드를 만들면, 이벤트 편집기에 다음과 같은 타일이 나타난다.

```
When the world starts, do world.my first method
```

이 타일은 월드가 시작할 때, 메서드 world.my first method가 실행되도록 지정하고 있다. 타일의 왼쪽 부분은 이벤트의 이름 When the world starts이고, 타일의 오른쪽 부분은 드롭-다운 박스인데, 이벤트가 발생할 때 실행되는 메서드의 이름을 보여준다. 드롭-다운 박스의

표 6-1 Alice에서 감지할 수 있는 이벤트

이벤트	설명
When the world starts	이 이벤트는 월드가 시작되자마자 바로 발생한다. 이벤트는 월드가 플레이될 때 한 번만 발생한다.
While the world is running	이 이벤트는 월드가 실행되는 동안 계속 발생한다.
When a key is typed	이 이벤트는 사용자가 키보드의 키를 누른 후, 그 키에서 손을 뗄 때 발생한다.
While a key is pressed	이 이벤트는 사용자가 키를 누르고 있는 동안 발생한다.
When the mouse is clicked on something	이 이벤트는 사용자가 월드에 있는 객체를 마우스로 클릭할 때 발생한다.
While the mouse is pressed on something	이 이벤트는 사용자가 월드에 있는 객체를 마우스로 누르고 있는 동안 발생한다.
While something is true	이 이벤트는 지정한 조건이 참이 되어, 그 참 값이 유지되고 있는 동안 발생한다.
When something becomes true	이 이벤트는 지정한 조건이 참이 될 때 발생한다.
When a variable changes	이 이벤트는 변수의 값이 변할 때 발생한다.
Let the mouse move <objects>	이 이벤트를 사용하면 사용자가 직접 마우스로 월드 내의 객체를 이동시킬 수 있다.
Let the arrow keys move <objects>	이 이벤트를 사용하면 사용자가 직접 키보드의 화살표 키로 월드 내의 객체를 이동시킬 수 있다.
Let the mouse move the camera	이 이벤트를 사용하면 사용자가 직접 마우스로 카메라를 월드 내에서 이동시킬 수 있다.
Let the mouse orient the camera	이 이벤트를 사용하면 사용자가 직접 마우스로 카메라의 방향을 변경할 수 있다.

그림 6-1 이벤트 편집기

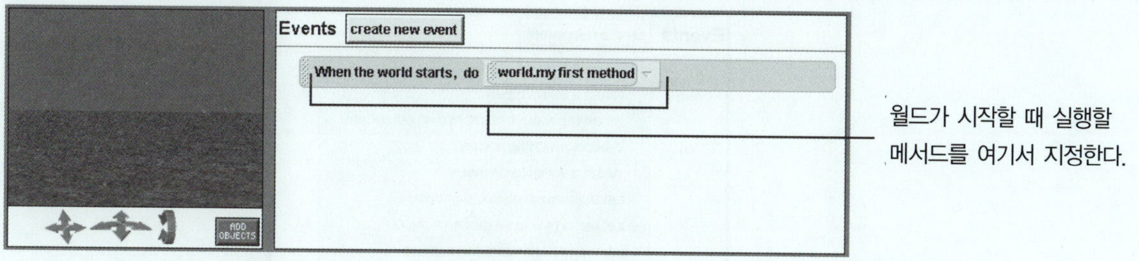

화살표를 클릭하면 다른 메서드를 선택할 수 있다. 월드가 플레이 될 때, 여기서 선택한 메서드가 자동으로 실행된다.

이벤트에 반응하는 과정을 보통 "*이벤트 처리하기(event handling)*"라고 부른다. Alice 월드에서 이벤트를 처리하려면, 일단 해당되는 이벤트 타일이 이벤트 편집기에 나타나야 한다. 월드를 만들면, 처음에는 이벤트 편집기에 When the world starts라는 이벤트 타일만 보인다. 월드에서 다른 이벤트를 처리하기 위해서는, 그 이벤트 타일을 이벤트 편집기에 만들어야 한다. 이벤트 타일을 새로 만들려면, 그림 6-2의 create new event 버튼을 클릭한다. 그림 6-3과 같은 메뉴가 나타나는데, 이 메뉴에 보이는 것들이 사용 가능한 이벤트들이다. 이 메뉴에서 처리하고자 하는 이벤트를 선택한다. 그러면 이벤트 편집기에 그 이벤트 타일이 만들어진다.

대부분의 이벤트 타일은 추가적인 인수, 즉 이벤트에 반응하여 실행될 메서드를 지정해야 한다. 이벤트에 반응하여 실행되는 메서드를 보통 *이벤트 처리기(event handler)*라고 부른다. 이 장의 이후부터는, 표 6-1에 나오는 여러 이벤트들을 처리하는 방법들에 대해서 살펴볼 것이다.

그림 6-2 create new event 버튼

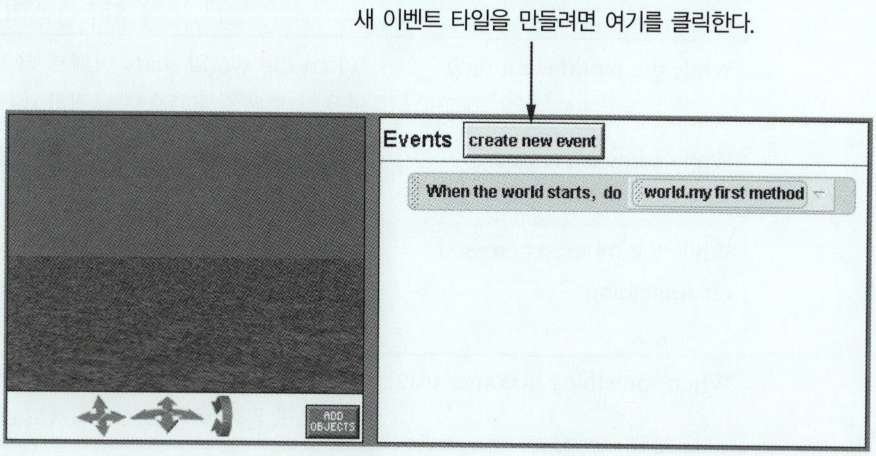

그림 6-3 사용 가능한 이벤트들을 보여주는 메뉴

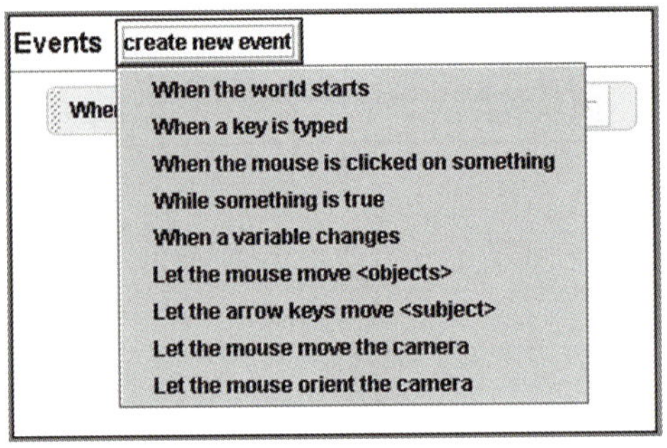

노트

이 장에서는 Let the mouse move ⟨object⟩ 이벤트를 다루지 않는다. 이 이벤트는 리스트(list)에 대한 지식이 필요하므로 7장에서 다룰 것이다.

특수 이벤트

표 6-1에 열거된 이벤트들 중 일부는 그림 6-3의 이벤트 메뉴에 나타나지 않음을 아마 눈치챘을 것이다. 이러한 이벤트들은 다른 일반 이벤트가 변형되어 만들어지는 특수 이벤트이다. 이러한 특수 이벤트를 만들려면, 먼저 일반 이벤트를 만들어야 한다. 그런 다음 만들어진 이벤트 타일을 마우스 오른쪽 버튼으로 클릭하고, 나타나는 메뉴에서 change to를 선택한다. 이렇게 하면 일반 이벤트가 특수 이벤트로 바뀐다.

표 6-2에 특수 이벤트들과 그것을 만드는 방법에 대한 설명이 나와 있다. 이번 장을 진행하면서, 이들에 대해서 자세히 살펴 볼 것이다.

표 6-2 특수 이벤트들과 그 만드는 방법

이벤트	만드는 방법
While the world is running	When the world starts 이벤트 타일을 만든 다음, 타일을 마우스 오른쪽 버튼으로 클릭하고 change to를 선택한다.
While a key is pressed	When a key is typed 이벤트 타일을 만든 다음, 타일을 마우스 오른쪽 버튼으로 클릭하고 change to를 선택한다.
While the mouse is pressed on something	When the mouse is clicked on something 이벤트 타일을 만든 다음, 타일을 마우스 오른쪽 버튼으로 클릭하고 change to를 선택한다.
When something becomes true	While something is true 이벤트 타일을 만든 다음, 타일을 마우스 오른쪽 버튼으로 클릭하고 change to를 선택한다.

노트

이벤트는 대부분의 일반 프로그래밍 언어에서도 사용된다. 예를 들어, Java, Visual Basic의 경우, 사용자가 버튼을 클릭하는 등의 액션을 수행할 때 이벤트가 발생되도록 할 수 있다.

체크 포인트

6.1 이벤트란 무엇인가?

6.2 새 Alice 월드를 열때 처음으로 이벤트 편집기에 보이는 이벤트 타일은 무엇인가?

6.3 월드가 시작할 때 다른 메서드가 자동으로 실행되도록 지정하려면 어떻게 해야 하는가?

6.4 이벤트 편집기에 새 이벤트 타일을 만들려면 어떻게 해야 하는가?

6.5 이벤트 처리기란 무엇인가?

6.2 키 누름 이벤트와 마우스 이벤트 처리하기

개념 : Alice는 사용자가 키보드의 키를 언제 눌렀는지, 객체를 언제 클릭했는지를 감지할 수 있다. 이러한 기능을 이용하면 사용자와 정교하게 상호작용할 수 있는 월드를 만들 수 있다.

지금까지 만들었던 Alice 월드는 사용자와 제한된 상호작용만이 가능했다. 예를 들어, ask user 함수를 사용해서, 수치값이나 문자열을 입력받거나, '예' 또는 '아니오' 라는 대답만을 입력 받을 수 있었다. 이 절은 이벤트를 사용해서, 키의 누름과 마우스 클릭을 감지하는 방법에 대해서 학습한다. 이러한 이벤트를 처리함으로써 키보드나 마우스를 사용하여 사용자가 객체와 상호작용할 수 있는 월드를 만들 수 있다.

키 누름 이벤트

Alice 월드가 처리할 수 있는 이벤트 중 하나는 When a key is typed 이벤트이다. 이 이벤트는 사용자가 키보드의 키를 누르고 나서 그 키를 놓을 때 발생한다. 이 이벤트 타일을 만들려면, 이벤트 편집기의 create new event 버튼을 클릭한다. 그렇게 한 다음, 나타나는 메뉴에서 When a key is typed를 선택한다. 이벤트 편집기에 그림 6-4와 같은 타일이 만들어진다.

그림 6-4 이벤트 타일

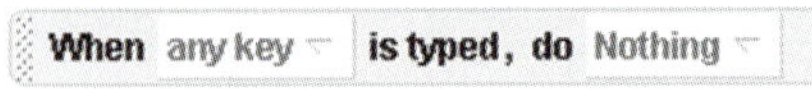

그림 6-4의 이벤트 타일은 아직 미완성이다. 키, 그리고 그 키를 눌렀을 때 실행될 메서드를 아직 지정하지 않았기 때문이다. 자리 표시자인 any key 옆의 드롭-다운 화살표 ▿를 클릭하면 메뉴가 나타나는데, 이 이벤트에서 선택할 수 있는 모든 키를 여기서 볼 수 있다. [Spacebar], [Enter] 키, [↑], [↓], [←], 그리고 [→] 키, 숫자 키, 또는 이외 다른 키를 선택할 수 있다.

키를 선택한 후 다음 중 하나를 수행해서 이벤트에 대한 반응으로 실행할 메서드를 지정한다.

- Nothing 옆의 드롭-다운 화살표 ▿를 클릭한다. 그러면 메뉴가 나타나는데, 월드에 만들었던 모든 메서드들을 이 메뉴에서 볼 수 있다. 키가 입력되었을 때 실행할 메서드를 선택한다.
- 세부 패널에서 객체의 클래스 수준 메서드 타일을 드래그한 다음, 자리표시자인 Nothing에 드롭한다.

그림 6-5는 완성된 When a key is typed 이벤트 타일의 예이다. 이 타일은 [↑]키가 눌러졌을 때, world.moveUp이라는 이름의 메서드가 실행되도록 지정하고 있다.

그림 6-5 완성된 이벤트 타일

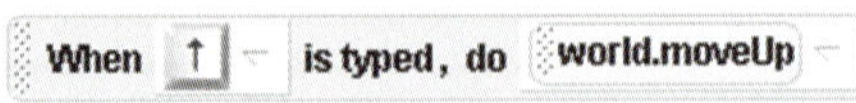

팁

> 이벤트에 대한 반응으로 객체의 기본 메서드가 실행되도록 하려면, 원하는 기본 메서드 타일을 드래그해서 자리표시자인 Nothing에 드롭한다.

따라하기 6-1을 통해 독자 여러분은 지정된 키가 눌러졌을 때 반응하는 이벤트 처리기와 이벤트 타일을 만드는 과정을 실습하게 된다.

따라하기 6-1

키 누름 이벤트 처리하기

그림 6-6은 부록 CD에 있는 Faeries라는 이름의 월드이다. 왼쪽에 있는 객체는 MabHazelnut 클래스의 인스턴스이고, 오른쪽에 있는 객체는 GossamerFlameGlimmer 클래스의 인스턴스

그림 6-6 Faeries 월드

이다. 이 두 클래스는 Web Gallery의 Fantasy > Faeries 컬렉션에 있다.

이 두 객체는 표정을 짓거나 날갯짓 등을 하는 클래스 수준의 맞춤형 메서드를 여러 개 가지고 있다. 이번 따라하기에서는 두 객체가 공중으로 올라가거나 내려갈 때 날갯짓을 하는 fly라는 이름의 클래스 수준 메서드를 만들 것이다. 그런 다음 지정한 키가 눌러졌을 때 객체의 fly 메서드를 호출하는 이벤트 타일을 만들어 볼 것이다.

단계 1: 부록 CD의 Faeries 월드를 하드 드라이브로 복사해서 연다.

단계 2: 우선 gossamerFlameGlimmer 객체의 fly 메서드를 만들어보자. gossamerFlameGlimmer 객체를 선택하고, 세부패널의 methods 탭 아래에 있는 create new method 버튼을 클릭한다. 메서드의 이름을 fly라고 입력한다.

단계 3: gossammerFlameGlimmer.fly 메서드 안에 그림 6-7과 같은 명령문을 만든다.

그림 6-7 fly 메서드

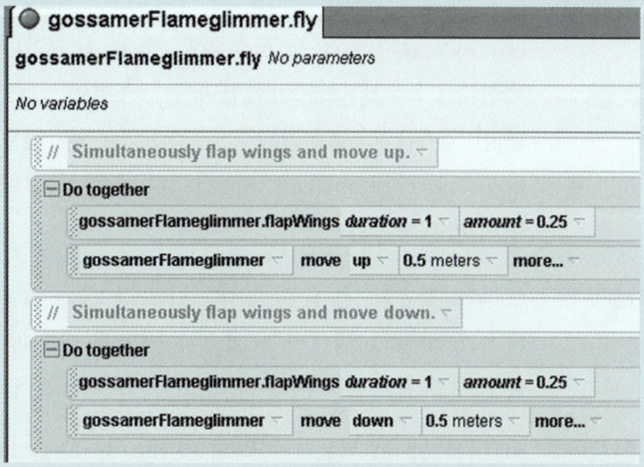

단계 4: 사용자가 G 키를 눌렀을 때, gossamerFlameGlimmer.fly 메서드가 실행되도록 하려고 한다. 이제 fly 메서드를 실행시킬 이벤트 타일을 만들어 보자. 이벤트 편집기의 create new event 버튼을 클릭한다. 나타나는 메뉴에서 그림 6-8처럼 When a key is typed를 선택한다. 이렇게 하면, When a key is typed 이벤트 타일이 그림 6-9처럼 만들어진다.

그림 6-8 새 이벤트 타일 만들기

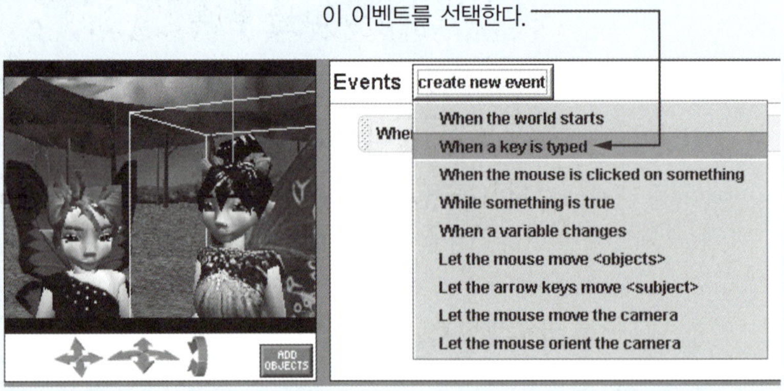

그림 6-9 새 이벤트 타일이 만들어진 이벤트 편집기

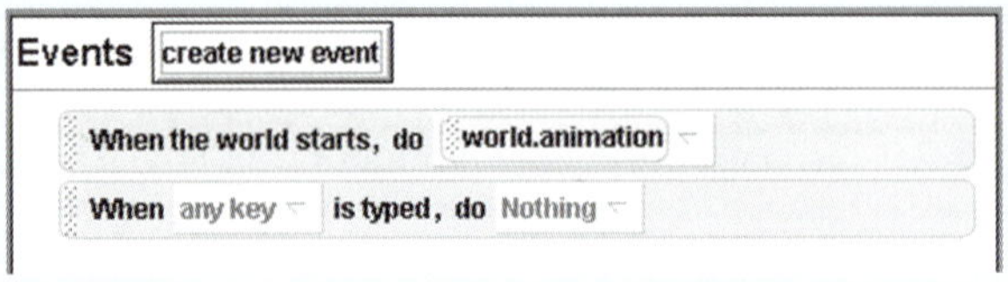

단계 5: 방금 만든 이벤트 타일을 완성하려면, 키보드의 키와 메서드를 지정해야 한다. any key 옆의 드롭-다운 화살표 를 클릭한다. 그런 다음, 메뉴에서 letters를 선택한다. 그리고 G를 선택한다. 이 과정이 그림 6-10의 왼쪽 이미지에 나와 있다. 그림 6-10의 오른쪽 이미지에 나와 있는 것처럼, 나타나는 메뉴에서 gossamerFlameglimmer를 선택하고 fly를 선택한다. 이렇게 하면 그림 6-11의 타일이 만들어진다.

단계 6: 월드를 저장한 후 플레이 해보자. G 키를 눌렀다가 손가락을 뗄때마다 gossame Flameglimmer 객체가 날갯짓을 하면서 잠시동안 나는 모습을 볼 수 있을 것이다. 확인을 마쳤으면 World Running... 윈도우를 닫는다.

단계 7: mabHazelnut 객체를 선택하고, fly 메서드를 그림 6-12와 같이 만든다.

그림 6-10 이벤트 타일 완성하기

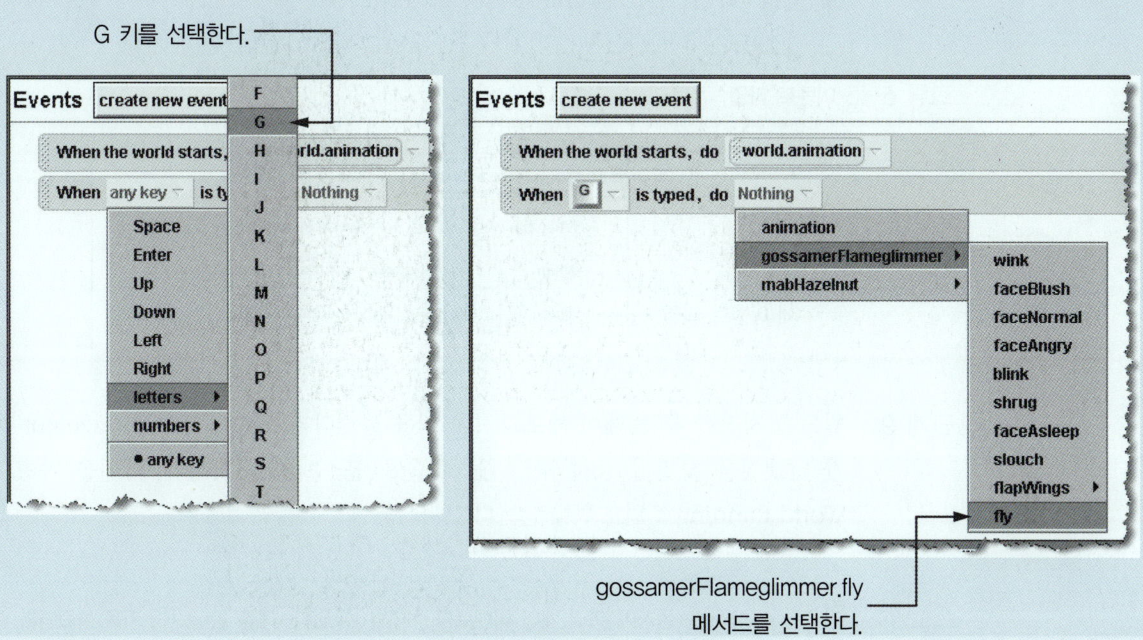

그림 6-11 이벤트 편집기의 새 타일

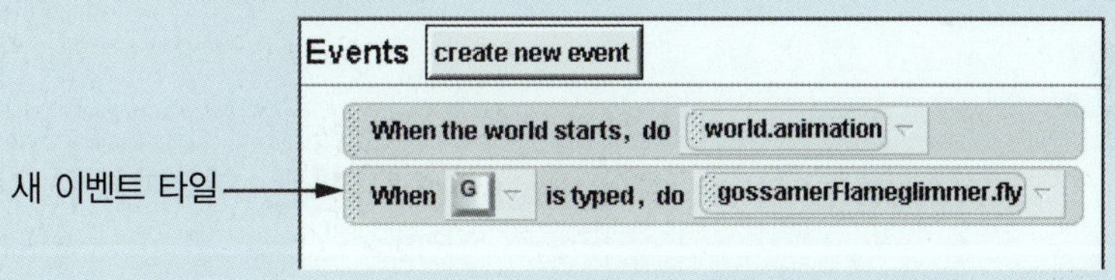

그림 6-12 mabHazelnut.fly 메서드

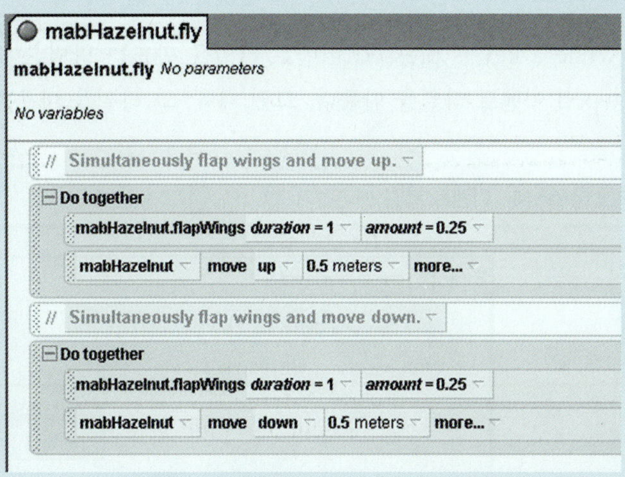

단계 8: Ⓜ 키가 눌러졌을 때, mabHazelnut.fly 메서드를 실행하는 이벤트 타일을 만든다. 그림 6-13과 같은 타일이 만들어질 것이다.

그림 6-13 이벤트 타일

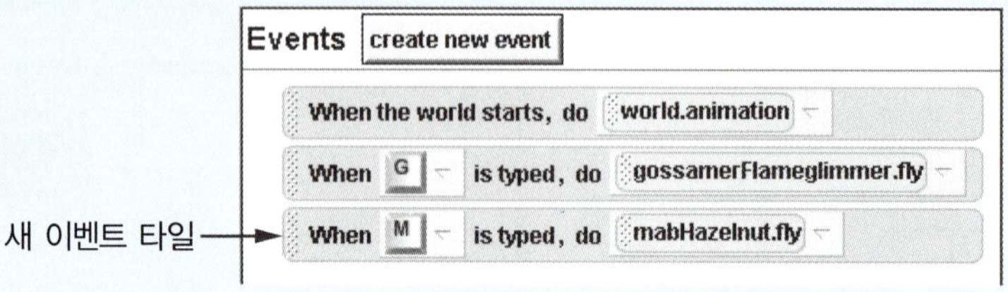

단계 9: 월드를 저장한 후 플레이 해보자. Ⓜ 키를 눌렀다가 뗄때마다 mabHazelnut 객체가 날갯짓을 하면서 잠시동안 나는 모습을 볼 수 있을 것이다. 확인을 마쳤으면 World Running... 윈도우를 닫는다.

팁

Alice는 동시에 여러 개의 이벤트를 처리할 수 있다. 예를 들어, Ⓖ 키를 눌렀다가 떼면서 동시에 Ⓜ 키를 눌렀다가 떼면 gossamerFlameglimmer와 mabHazelnut 객체가 동시에 나는 모습을 볼 수 있다.

While a key is pressed 이벤트 처리하기

While a key is pressed 이벤트는 특수 이벤트이다. 이 이벤트는 사용자가 키보드의 키를 누르고 있는 동안 발생한다. 이것이 When a key is typed 이벤트와 다른 점이다. When a key is typed 이벤트는 사용자가 키를 놓을 때만 발생한다.

While a key is pressed 이벤트 타일을 만드는 방법은 다음과 같다. 우선 When a key is typed 이벤트 타일을 만든다. 그런 다음, 그 타일을 마우스 오른쪽 버튼으로 클릭하고, 나타

그림 6-14 이벤트 타일 변경하기

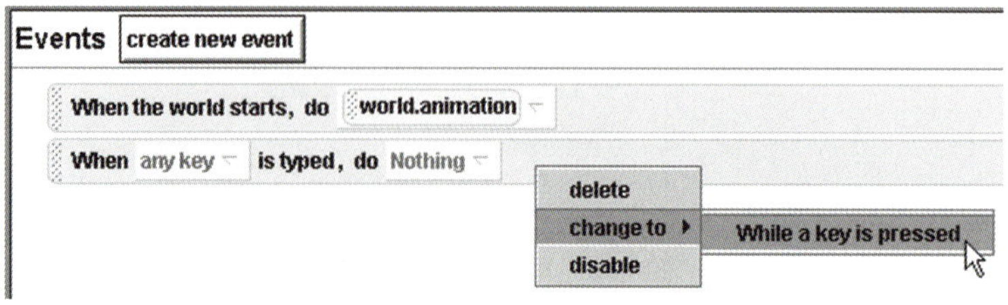

나는 메뉴에서 그림 6-14와 같이 change to > While a key is pressed를 선택한다. 이렇게 하면 이벤트 타일이 그림 6-15처럼 변경된다.

그림 6-15 While a key is pressed 이벤트 타일

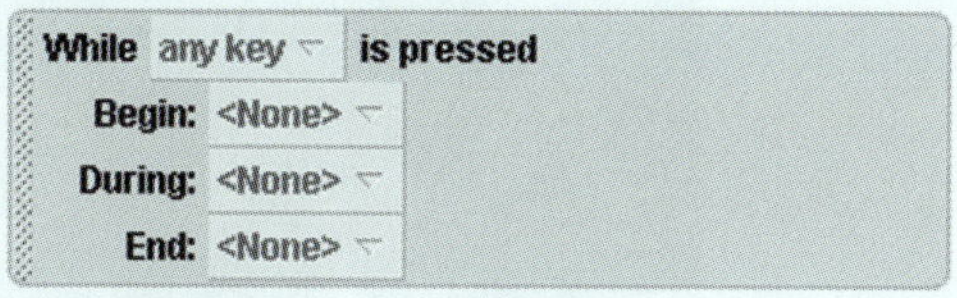

새로 만들어진 타일 위에 서로 다른 4개의 자리표시자 슬롯이 있음에 주목하라. 하나는 키를 선택하는 슬롯이고 나머지 슬롯에는 Begin, During, End라고 표시되어 있다. 이런 종류의 이벤트를 BDE 이벤트라고 부른다. BDE 이벤트를 완성하려면 이벤트가 시작할 때(이벤트가 발생하는 순간) 수행하는 동작, 이벤트 도중(이벤트가 발생되고 있는 시간 동안)에 수행하는 동작, 그리고 이벤트가 끝날 때(이벤트가 끝나는 순간) 수행하는 동작을 지정해야 한다.

비록 4개의 슬롯 안에 수행할 동작을 모두 지정할 필요는 없지만, 이 4가지 슬롯은 강력한 이벤트 처리 기법을 제공한다. 따라하기 6-2는 이러한 이벤트들을 처리하는 방법에 대해서 살펴본다.

따라하기 6-2

While a key is pressed 이벤트 처리하기

그림 6-16은 부록 CD에 있는 SpaceJet이라는 이름의 월드이다. 우주선은 GrayJumpJet 클래스의 인스턴스이고, 조종사는 Scientist_Woman 클래스의 인스턴스이다. 이 두 클래스들은 모두 Web Gallery의 SciFi 컬렉션에 있다.

이번 따라하기는 While a key is pressed 이벤트를 사용해서 사용자가 Spacebar를 누르고 있는 동안 우주선이 날도록 할 것이다. 이렇게 하려면 각 시점마다 다음과 같은 동작들이 일어나야 한다.

```
While the spacebar is pressed
   Begin:  grayjumpjet move up 15 meters
   During: grayjumpjet move forward 30 meters abruptly
   End:    grayjumpjet move down 15 meters
```

단계 1: 부록 CD의 SpaceJet 월드를 하드 드라이브로 복사해서 연다.

그림 6-16 SpaceJet 월드

단계 2: 이벤트 편집기에 있는 create new event 버튼을 클릭하고, 메뉴에서 When a key is typed를 선택한다. 이렇게 하면 When a key is typed 이벤트 타일이 만들어진다.

단계 3: 방금 만든 이벤트 타일 When a key is typed를 마우스 오른쪽 버튼으로 클릭한다. 나타나는 메뉴에서 change to > While a key is pressed를 선택한다. 이제 타일이 그림 6-17과 같이 변경된다.

그림 6-17 이벤트 타일

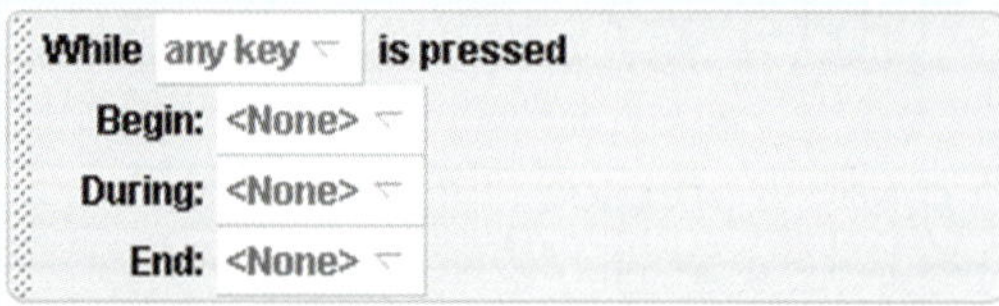

단계 4: 이벤트 타일의 자리표시자를 다음과 같이 변경하자.

- any key 자리표시자를 Space 키로 변경한다.
- grayjumpjet 객체를 선택한 다음, 그림 6-18처럼 move 메서드 타일을 Begin 영역의 <None> 자리표시자까지 드래그한다. 타일을 드롭하고 나서, direction(방향)으로 up을 선택하고 amount(거리)로 15 meters를 선택한다.
- grayjumpjet 객체의 move 메서드 타일을 드래그해서 During 영역의 <None> 자리표시자에 드롭한다. direction(방향)으로 forward를 선택하고 amount(거리)로 30 meters를 지정한다. more... 편집 태그를 사용해서 style 인수를 abruptly로 변경한다.
- grayjumpjet 객체의 move 메서드 타일을 드래그하고 End 영역의 <None>

그림 6-18 grayjumpjet.move 타일을 Begin 영역까지 드래그하기

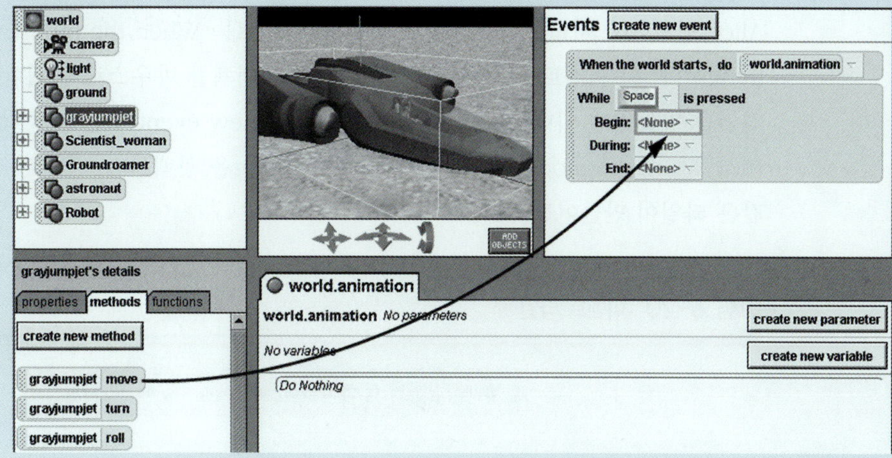

자리표시자에 드롭한다. direction(방향)으로 down을 선택하고 amount(거리)로 15 meters를 선택한다.

이상의 모든 것을 하고 나면, 그림 6-19와 같은 타일이 만들어진다.

그림 6-19 완성된 이벤트 타일

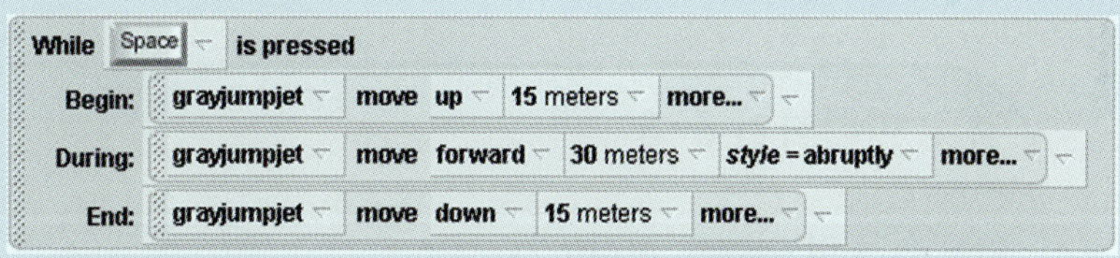

단계 5: 월드를 저장한 후 플레이 해보자. 이벤트 처리에 대한 코드가 올바르게 작성되었는지 확인하려면, Spacebar를 누르고 있어야 한다. 우주선이 위쪽으로 똑바로 올라간 다음(이벤트 타일의 Begin 부분), 앞으로 날아간다(이벤트 타일의 During 부분). 스페이스 바를 놓으면, 앞으로 이동하는 것을 멈추고 땅 바닥으로 내려온다(이벤트 타일의 End 부분).

우주선이 움직일 때, 카메라도 같이 움직이는 것에 주목하자. 이것은 카메라의 vehicle 속성을 grayjumpjet 객체로 설정해 놓았기 때문이다.

마우스 이벤트

Alice 월드에서 처리할 수 있는 또 하나의 이벤트는 When the mouse is clicked on something이다. 이 이벤트는 사용자가 월드에 있는 객체를 마우스로 클릭할 때 발생한다. 이벤트 타일을 만들려면 이벤트 편집기에 있는 create new event 버튼을 클릭한 후, 나타나는 메뉴에서 When the mouse is clicked on something을 선택한다. 이벤트 편집기에 그림 6-20과 같은 타일이 만들어진다.

그림 6-20 이벤트 타일

타일을 완성하려면 anything 옆의 드롭-다운 화살표를 클릭한다. 그러면 월드에 있는 모든 객체를 보여주는 메뉴가 나타난다. 객체를 하나 선택한 후, Nothing 옆의 드롭-다운 화살표를 클릭한다. 이렇게 하면 월드에서 만든 모든 메서드를 보여주는 메뉴가 나타난다. 지정한 객체를 마우스로 클릭했을 때 실행할 메서드를 선택한다.

따라하기 6-3에서 마우스 클릭 이벤트를 처리하는 이벤트 타일을 Alice 월드에 추가해 볼 것이다.

따라하기 6-3

마우스 클릭 이벤트 처리하기

그림 6-21은 부록 CD에 있는 Fridge 월드이다. 월드에는 fridge라는 이름의 냉장고 객체가 있다. 이번 따라하기에서는 사용자가 냉장고 문을 클릭할 때 그 문이 열리도록 월드를 수정해 볼 것이다.

그림 6-21 Fridge 월드

단계 1: 부록 CD의 Fridge 월드를 하드 드라이브로 복사해서 연다.

단계 2: 사용자가 fridge 객체의 문을 클릭할 때, 문이 열리게 하려고 한다. fridge 객체는 fridgeDoor라는 이름의 내부 객체가 있는데, 이것은 냉장고의 냉장실 문에 해당한다. 마우스로 fridgeDoor 객체를 클릭하면, 그 반응으로 객체의 기본 메서드 turn이 실행되어 문이 열리도록 할 것이다.

이벤트 편집기의 create new event 버튼을 클릭한다. 나타나는 메뉴에서 When the mouse is clicked on something을 선택한다. 이렇게 하면 When the mouse is clicked on something 이벤트 타일이 그림 6-22와 같이 만들어진다.

그림 6-22 이벤트 타일

단계 3: 방금 만든 이벤트 타일에서 anything 옆의 드롭-다운 화살표를 클릭한다. 나타나는 메뉴에서 fridge를 선택한 다음, fridgeDoor, 그리고 the entire fridgeDoor를 선택한다.

단계 4: fridgeDoor 객체를 선택한 후, turn 메서드 타일을 이벤트 타일의 자리표시자 Nothing까지 드래그한다. turn 메서드 타일을 드롭하고, direction(방향)으로 left를, amount(회전수)로 0.25 revolutions를 선택한다. 그림 6-23과 같은 이벤트 타일이 만들어진다.

그림 6-23 완성된 이벤트 타일

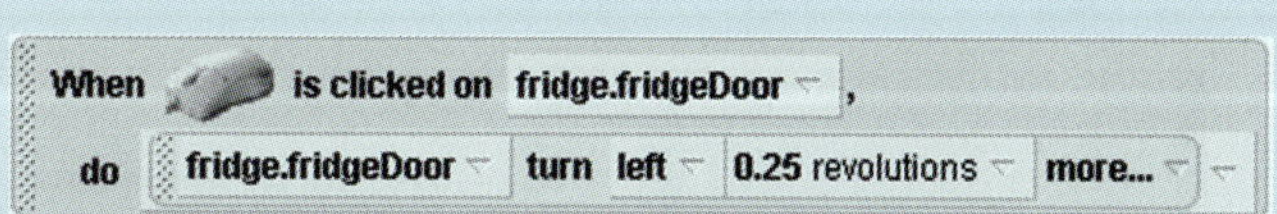

단계 5: 월드를 저장한 후 플레이 해보자. 냉장고의 문을 클릭하면 문이 활짝 열리면서, 그 안에 있는 6개의 포도 쥬스 팩이 보일 것이다!

While the mouse is clicked on something 이벤트 처리하기

While the mouse is clicked on something 이벤트는 특수 이벤트 중 하나이다. 이 이벤트는 사용자가 객체를 마우스로 클릭한 상태에서, 그 마우스 버튼을 누르고 있는 동안 발생한다. 이것이 When the mouse is clicked on something 이벤트와 다른 점이다. When the mouse is clicked on something 이벤트는 사용자가 객체를 마우스로 클릭할 때만 발생한다. While the mouse is clicked on something 이벤트 타일을 만드는 방법은 다음과 같다. 우선 When the mouse is clicked on something 이벤트 타일을 만든다. 그런 다음, 그 타일을 마우스 오른쪽 버튼으로 클릭하고, 나타나는 메뉴에서 change to > While the mouse is clicked on something을 선택한다. 이렇게 하면 이벤트 타일이 그림 6-24와 같이 변경된다.

그림 6-24 이벤트 타일

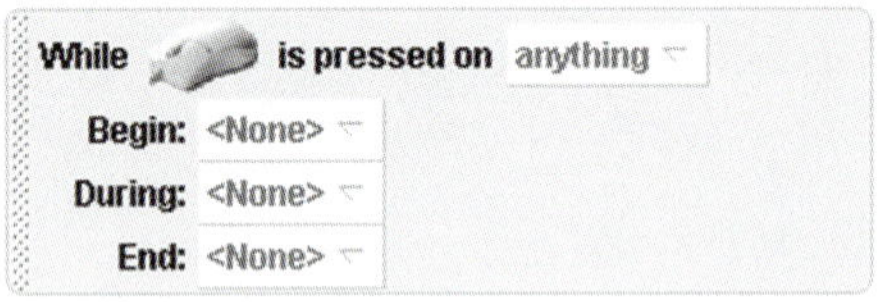

While the mouse is clicked on something은 BDE 이벤트이다. 타일에는 서로 다른 4개의 자리표시자 슬롯이 있다. 하나는 객체를 선택하는 슬롯이고 나머지 슬롯은 Begin, During, End라고 표시되어 있다. 이벤트가 시작할 때(마우스로 객체를 클릭하는 순간) 수행하는 동작, 이벤트 도중(마우스 버튼을 누르고 있는 시간 동안) 수행하는 동작, 그리고 이벤트가 끝날 때(마우스 버튼을 놓는 순간) 수행하는 동작을 지정해야 한다.

부록 CD에 Globe라는 이름의 월드가 있는데, While the mouse is clicked on something 이벤트를 직접 확인해 볼 수 있다. 월드에 Globe 클래스(Web Gallery의 Objects 컬렉션에 있음)의 인스턴스가 있다. 지구본을 클릭하면 돌기 시작한다. 마우스 버튼을 누르고 있는 동안 계속해서 돌아갈 것이다. 그림 6-25는 이러한 동작이 일어나도록 하는 이벤트 타일이다.

그림 6-25 Globe 월드

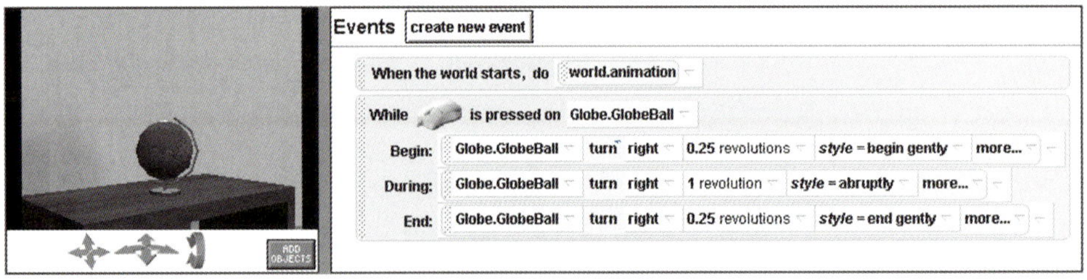

체크 포인트

6.6 While a key is pressed 이벤트와 When a key is pressed 이벤트의 차이점은 무엇인가?

6.7 While a key is pressed 이벤트를 만드는 방법은?

6.8 BDE 이벤트에서 B, D 그리고 E는 무엇의 약자인가?

6.9 While the mouse is clicked on something 이벤트와 When the mouse is clicked on something 이벤트의 차이점은 무엇인가?

6.3 게임과 시뮬레이션에서 이벤트 사용하기

개념 : 여러 개의 이벤트 처리기를 사용하면 사용자와 다양하게 상호작용하고, 발생하는 각각의 이벤트들에 적절히 반응하는 프로그램을 만들 수 있다.

이 절에서는 헬리콥터 구조대의 임무를 시뮬레이션 하는 Alice 월드를 만들어 볼 것이다. 부록 CD에 있는 IslandRescue 월드에는 그림 6-26과 같은 헬리콥터가 있는데, 바다에 떠 있는 항공모함의 상공에 위치해 있다. Helicopter와 Carrier 클래스는 Web Gallery의 Vehicles 컬렉션에 있다. 헬리콥터에 매달려 있는 빨간색 링은 Shapes 컬렉션에서 볼 수 있는 Torus 클래스의 인스턴스이다.

그림 6-26 IslandRescue 월드의 헬리콥터

시뮬레이션의 목적은 항공모함 전방에 있는 섬에 표류된 사람에게 헬리콥터를 조정해서, 그림 6-27의 링으로 그 사람을 끌어 올리는 것이다. Man 클래스는 Web Gallery의 People 컬렉션에 있다. 링이 사람의 손에서 1미터 범위 내에 오면 사람이 자동으로 링에 달라붙는다. 그런 다음 그를 항공모함으로 데려 와서, 그림 6-28의 오렌지색 원에 내려놓는다. (원과 원뿔은 Shape 컬렉션에 있다.) 사람이 원의 10미터 범위 내에 오면, 그는 자동으로 링을 놓고 원의 중앙에 떨어진다.

[↑]와 [↓] 키 그리고 [Spacebar]를 사용해서 헬리콥터를 조정한다. 헬리콥터의 조정법은 월드가 시작될 때 그림 6-29처럼 빌보드로 보여 준다. 마우스로 윈도우 아무 곳이나 클릭하면 시

뮬레이션이 시작된다.

이번 월드에서 일어나는 모든 것은 이벤트에 의해서 구동된다. 시뮬레이션이 어떻게 동작하는지 이벤트를 하나씩 살펴보자. 우선 그림 6-30은 월드가 시작할 때 무슨 일이 일어나는지 보여준다. world.animation 메서드가 호출되면 헬리콥터의 날개가 돌기 시작한다.

그림 6-31은 그 다음에 나오는 이벤트 타일인 When the mouse is clicked on anything 이벤트이다. 이 타일은 사용자가 월드의 아무데나 클릭하면, 빌보드 IslandRescueInstructions

그림 6-27 사람을 끌어 올리는 모습

그림 6-28 항공모함으로 사람을 데려 오는 모습

그림 6-29 헬리콥터의 조정법

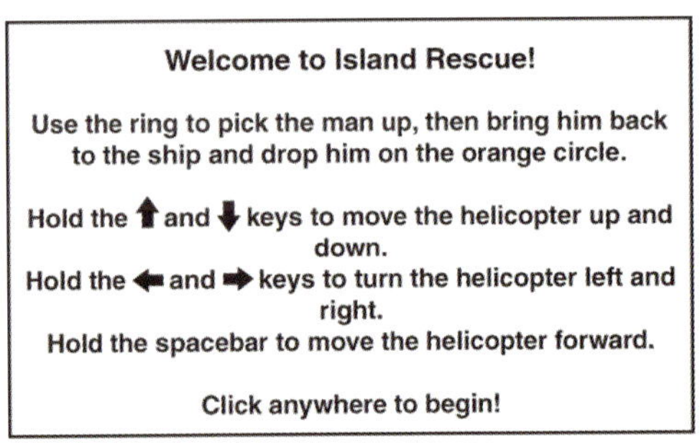

그림 6-30 When the world starts 이벤트

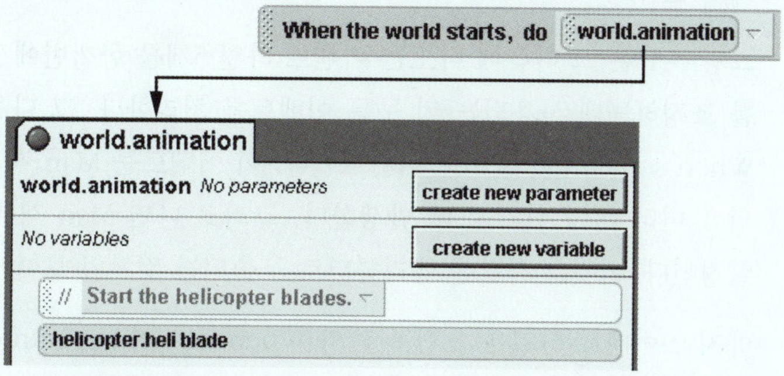

그림 6-31 When the mouse is clicked on anything 이벤트

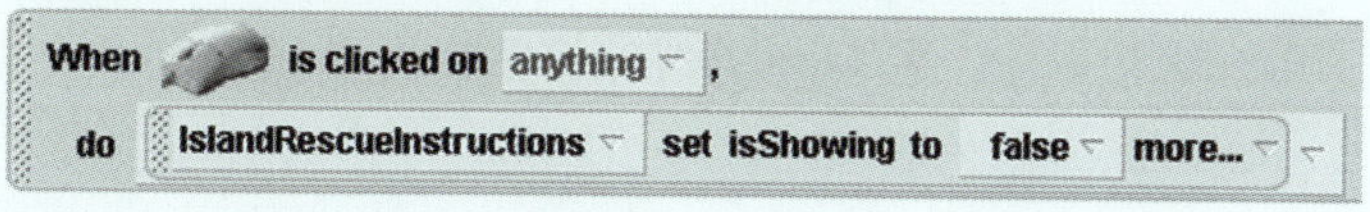

을 보이지 않게 한다.

그림 6-32는 그 다음에 나오는 이벤트 타일인 While the world is running 이벤트이다. 이 이벤트는 역시 그림 6-32의 world.updateCamera 메서드를 호출한다. world.updateCamera 메서드는 헬리콥터가 카메라에서 15미터 이상 떨어져 있는지를 결정하는 If/Else 명령문을 가지고 있다. 이 명령문이 true면, 카메라가 헬리콥터를 바라보는 동시에, 헬리콥터에서 15미

그림 6-32 While the world is running 이벤트

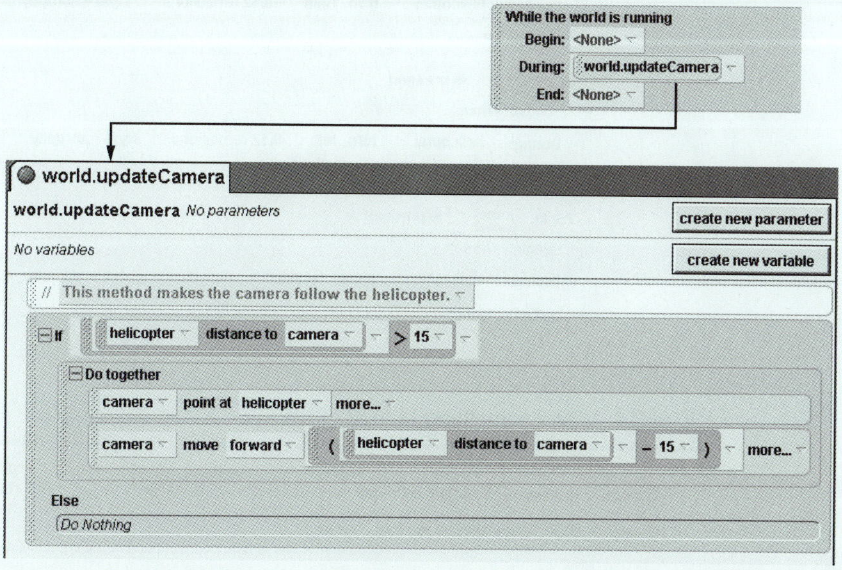

터 떨어진 지점까지 이동한다. 결국, 카메라가 헬리콥터를 15미터의 거리를 두고 계속 따라가게 된다.

그림 6-33은 그 다음에 나오는 이벤트 타일 5개를 한꺼번에 보여준다. 이 타일들은 헬리콥터를 조정하는데 사용되는 키 누름 이벤트를 처리한다. 그 다음에 나오는 타일은 그림 6-34의 When something is true 이벤트이다. 이 이벤트는 Man 객체의 오른쪽 손바닥이 ring 객체의 1 미터 내에 위치할 때 발생한다. 그러고 나면 Man 객체의 vehicle 속성이 ring 객체로 설정된다. 이것은 사람이 헬리콥터로 구출되는 것처럼 보이게 한다.

마지막 이벤트 타일은 그림 6-35의 When something is true 이벤트이다. 이 이벤트는 Man 객체가 dropZone 객체(항공모함 위의 오렌지색 원)의 10미터 범위 내에 위치할 때 발생한다. 이벤트가 발생하면, 그림 6-35의 world.moveManToDropZone 메서드가 실행된다. 이 메서드는 Man 객체의 vehicle 속성을 world로 설정하고 Man 객체를 dropZone 객체의 중앙으로 이동시킨 후, Man 객체의 오른쪽 팔을 내린다.

그림 6-33 키 누름 이벤트 타일

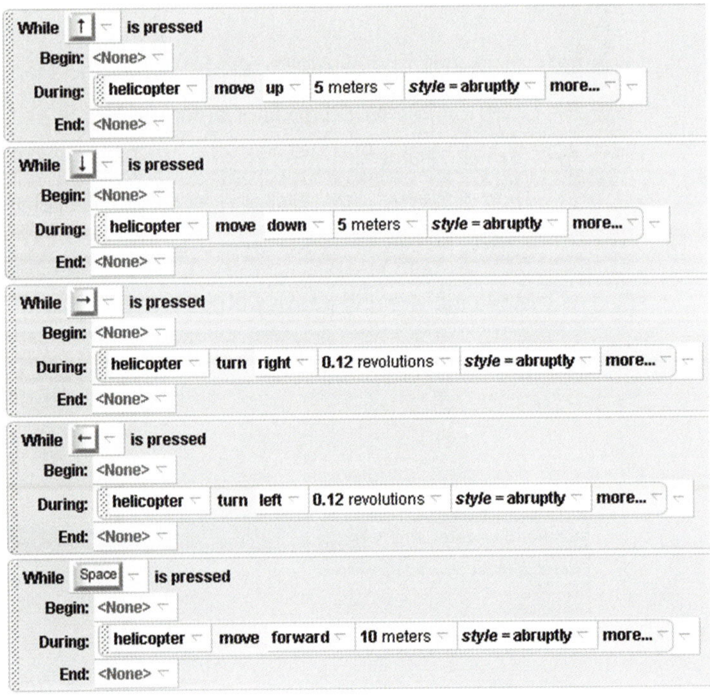

그림 6-34 When something is true 이벤트

그림 6-35 또 하나의 When something is true 이벤트

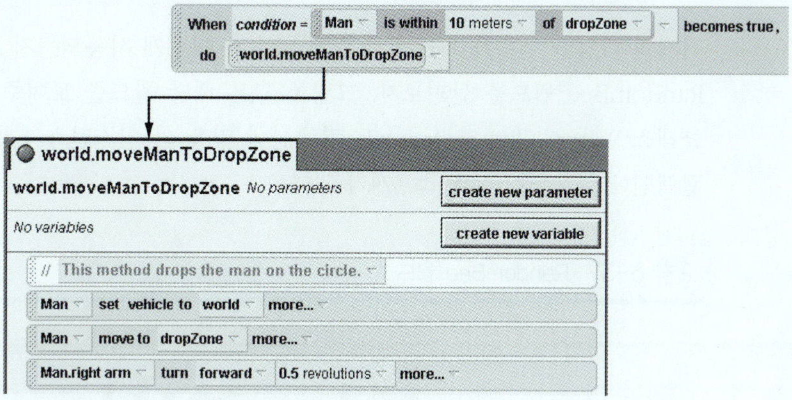

6.4 게임과 시뮬레이션을 위한 팁

난수

난수를 발생시키는 기능은 여러 형태의 프로그램, 특히 게임이나 시뮬레이션에서 매우 중요하다. 예를 들어, 카드 게임에서 난수는 어떤 카드 패들이 사용자에게 돌아가게 할 지를 결정하는데 사용된다. Alice에서 world 객체는 난수를 반환하는 random number라는 이름의 함수를 가지고 있다. 그림 6-36은 세부 패널에 있는 random number 함수이다.

그림 6-36 random number 함수 타일

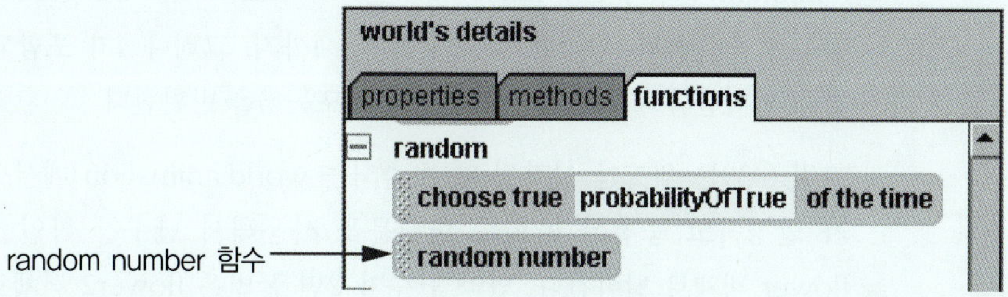

random number 함수는 0과 1사이의 실수를 반환한다. 함수의 more... 편집 태그를 사용하면 이를 변경할 수 있다. 편집 태그는 다음과 같은 인수를 가지고 있다.

- minimum(최소값) : minimum 인수는 반환되는 난수의 최소값을 결정하는데 사용된다.
- maximum(최대값) : maximum 인수는 반환되는 난수의 최대값을 결정하는데 사용

된다. (난수는 최대값까지의 값이며, 최대값은 포함되지 않는다.)

- integerOnly(정수) : integerOnly 인수가 true로 설정되면, 함수는 정수만 반환한다.

객체의 다양한 행동을 나타내기 위해 난수가 어떻게 사용되는지 확인해 보려면, 부록 CD의 RandomBee 월드를 살펴보자. 그림 6-37은 해당 월드를 보여주고 있는데, 이 월드에 Bee 클래스(Web Gallery의 Animals 컬렉션에 있음)의 인스턴스 1개와 Flower 클래스(Nature 컬렉션에 있음)의 인스턴스 3개가 있다.

그림 6-37 RandomBee 월드

월드를 플레이하면 꿀벌이 무작위로 선택한 꽃을 향해 날아간다. 프로그램에서 꿀벌이 어떤 꽃으로 날아갈지 결정하는 난수가 발생하고 그 난수는 selectedFlower라는 이름의 변수에 저장된다. 그림 6-38은 이것을 수행하는 명령문이다.

그림 6-38 난수를 발생시키는 명령문

minimum 인수가 1로, maximum 인수가 4로, 그리고 integerOnly 인수가 true로 설정되어 있음에 주목하라. 이것은 함수가 1부터 4까지, 그러나 4가 포함되지 않은 정수 난수를 반환함을 의미한다. 따라서 이 함수는 1, 2, 또는 3을 반환한다.

그림 6-39는 월드가 시작될 때 호출되는 world.animation 메서드이다. 이 메서드에서 난수가 발생하고 중첩된 If/Else 명령문을 사용해서 난수를 확인한다. 난수가 1이면 꿀벌은 flower 객체로 날아간다. 만약 난수가 2면 꿀벌은 flower2 객체로 날아간다. 만약 난수가 3이면 꿀벌은 flower3 객체로 날아간다.[2)]

2) flower 객체들을 리스트나 배열로 만들면, 그림 6-39의 world.animation 메서드를 중첩된 If/Else 명령문 없이 아주 간단하게 구현할 수 있다. 이렇게 구현하는 문제가 7장의 추가 연습 문제에 있다. 리스트와 배열에 대해서는 7장에서 자세히 살펴볼 것이다.

그림 6-39 world.animation 메서드

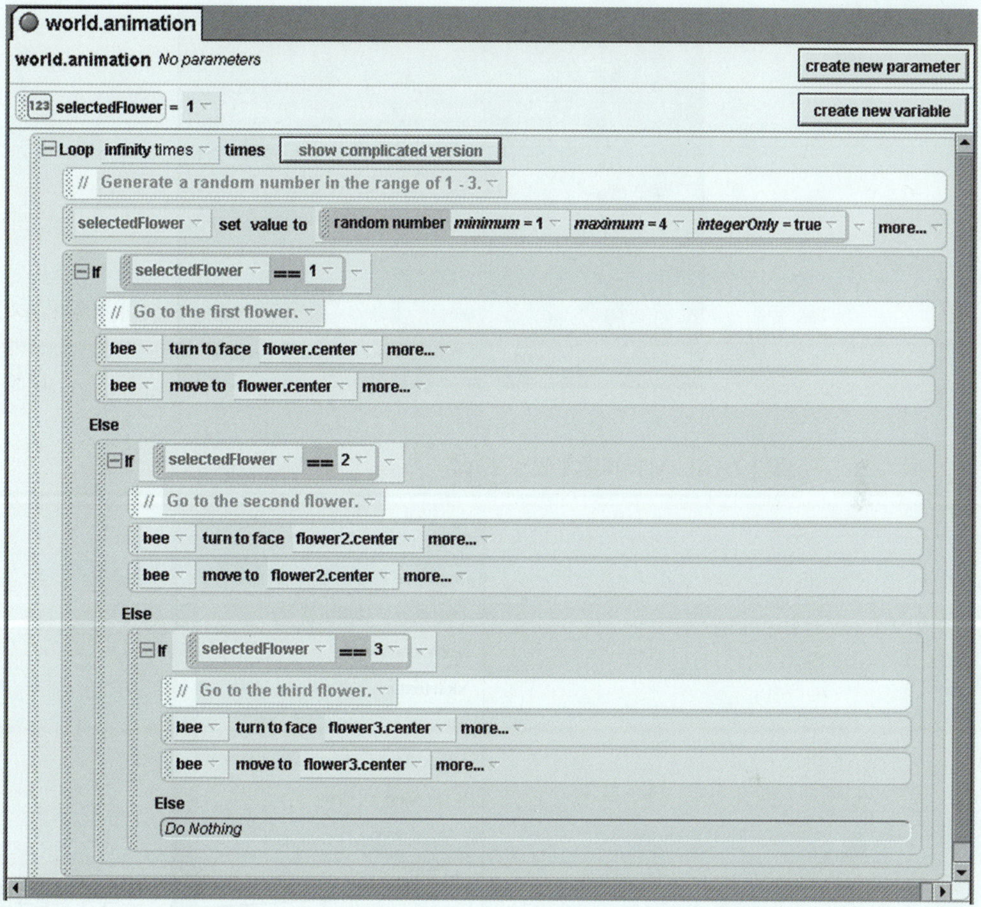

오디오 플레이하기

Alice 갤러리에 있는 일부 클래스들은 월드의 실행 중에 플레이할 수 있는 소리를 가지고 있다. 예를 들어 Web Gallery의 Animals 컬렉션에 있는 Lion 클래스는 lionroar(사자처럼 으르렁대기)와 wimper(낑낑대기)라는 2개의 소리를 가지고 있다. 갤러리의 클래스 타일을 클릭한 다음, 클래스 정보 창을 보면 클래스에 있는 소리들을 확인할 수 있다. 그림 6-40은 Lion 클래스의 클래스 정보 창이다.

월드에 객체를 이미 추가했다면, 그 객체를 선택한 다음, 세부 패널의 properties 탭 아래에서 객체의 소리 타일을 볼 수 있다. properties 탭에는 그림 6-41과 같은 Sounds라는 영역이 있고, 이를 펼칠 수 있다. 각 소리 옆에는 어떤 소리가 나는지 확인해 볼 수 있는 초록색 화살표가 있다.

그림 6-40 Lion 클래스

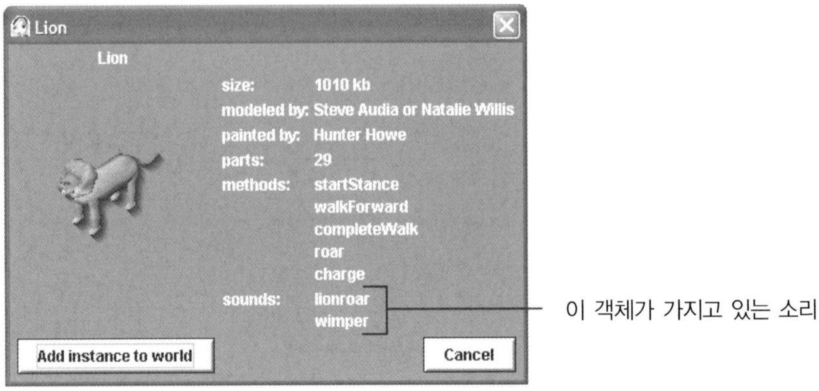

그림 6-41 세부 패널에 있는 소리들

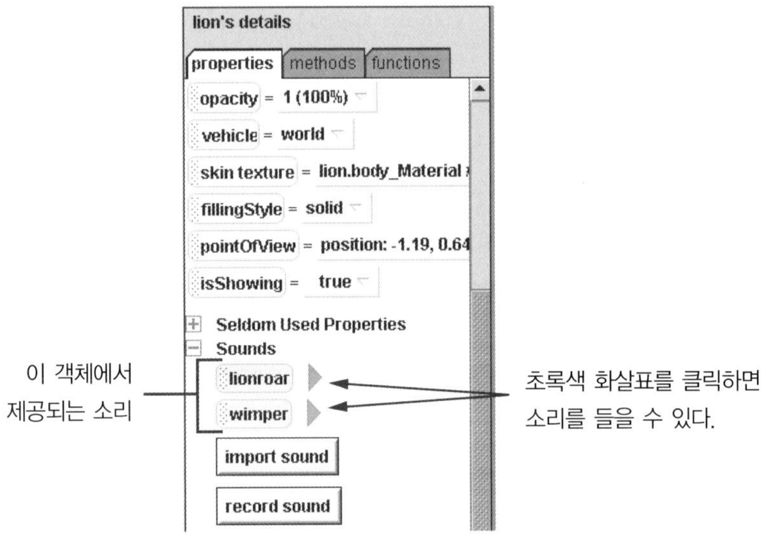

월드가 실행되고 있을 때 소리를 플레이하는 명령문을 작성할 수도 있다. 소리를 플레이하려면, 객체의 기본 메서드 play sound를 호출해야 한다.[3] 이때, play sound 메서드의 인수로 플레이할 소리를 지정한다. 그림 6-42는 play sound 메서드를 호출하는 명령문으로, lion 객체의 lionroar 소리를 플레이한다. 소리 이름 옆에 있는 괄호 안의 숫자는 소리가 플레이 되는 시간이다. 그림 6-42의 lionroar 소리는 0.909초 동안 플레이된다.

3) play sound 메서드를 호출하는 방법도 간단하다. properties 탭에 있는 소리 타일을 메서드 편집기로 드래그 앤 드롭하면, play sound 메서드 호출문이 자동으로 생기면서 메서드의 인수로 소리 타일의 이름이 자동으로 설정된다.

그림 6-42 play sound 메서드 호출하기

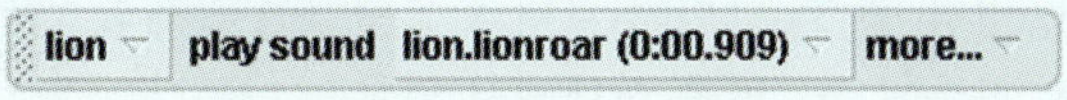

소리 불러오기와 녹음하기

예전에 녹음한 소리가 .wav나 .mp3 포맷으로 저장되어 있다면, 이것을 객체로 불러올 수 있다. 그림 6-41을 다시 보면, 세부 패널의 import sound 버튼을 볼 수 있을 것이다. 이 버튼을 클릭하면, import 대화상자가 나타난다. 이 대화상자에서 불러올 소리를 찾아 선택할 수 있다.

import sound 버튼 바로 아래에는 record sound 버튼이 있다. 컴퓨터에 마이크가 연결되어 있다면, 이 버튼을 사용해서 소리를 새로 녹음할 수 있다. 이렇게 녹음된 소리는 객체의 속성으로 추가된다.[4]

캐릭터 생성기

여러 다양한 캐릭터들이 Alice 갤러리의 People 컬렉션에 있다. Alice는 People 컬렉션에 있는 기존의 캐릭터 외에 추가로 사람 객체를 직접 만들 수 있는 강력한 캐릭터 생성 도구를 제공한다. 이 도구를 hebuilder와 shebuilder라고 부른다. 그림 6-43은 이 도구들이 있는 갤러리의 썸네일이다. hebuilder 도구를 사용해서 남자 캐릭터를 만들 수 있고, shebuilder 도구를 사용해서 여자 캐릭터를 만들 수 있다. 캐릭터 생성 도구들 중 하나를 시작하려면, 원하는 썸네일을 클릭하면 된다.

그림 6-43 hebuilder와 shebuilder 도구

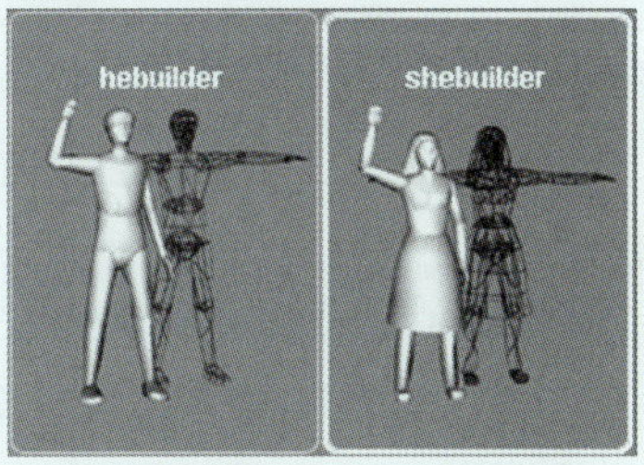

4) record sound 버튼은 소리의 녹음만 가능하고, 녹음된 소리의 편집은 불가능하다. 소리 파일을 편집하기 위해서는 별도의 소리 편집 프로그램이 필요하다. 역자는 Audacity라는 프로그램을 추천한다. 무료로 사용할 수 있으며, 상용 프로그램에 버금가는 기능을 자랑한다. 이 프로그램의 간단한 사용법은 "부록 E. Alice에서 사용할 이미지와 소리 만들기"를 참고하기 바란다. 부록 CD에 Audacity의 최신 안정화 버전이 포함되어 있다.

캐릭터 생성 도구를 이용하면, 다음의 특징들을 하나씩 선택해서 캐릭터를 만들게 된다.

- 머리, 몸통, 다리의 형태를 선택해서 몸체를 만든다.
- 피부색, 눈, 입을 선택해서 얼굴을 만든다.
- 헤어스타일과 색을 선택해서 머리카락을 만든다.
- 셔츠, 바지, 그리고 신발을 선택해서 옷가지를 만든다.

그림 6-44는 hebuilder 도구의 화면이다. 창의 상단을 가로지르는 아이콘을 통해서 캐릭터 생성 도구의 여러 영역으로 오고 갈 수 있다. 그리고 각 영역에서 현재 만들고 있는 캐릭터의 특징들을 선택할 수 있다. 창의 하단에는 Name과 Create By라는 박스가 있다. Name 박스에 캐릭터의 이름을 입력하고, (원한다면) Created By 박스에 독자 여러분의 이름을 입력한다. Name 박스에 입력한 이름이 객체의 이름이 된다.

그림 6-44 hebuilder 화면

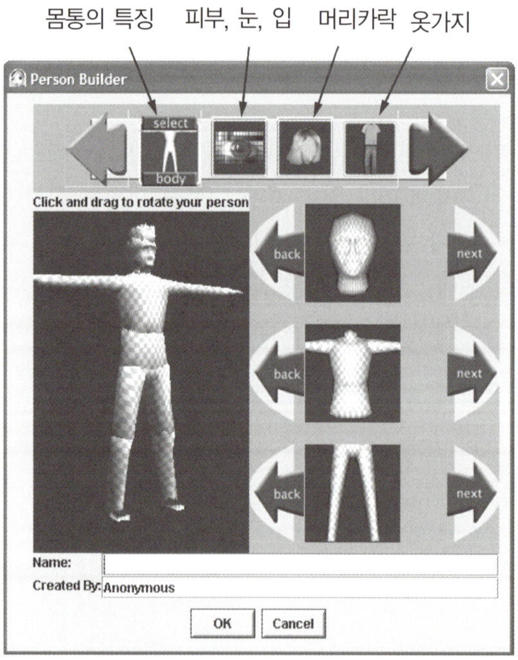

hebuilder와 shebuilder 도구로 만든 캐릭터는 클래스 수준의 맞춤형 메서드를 가지고 있다. 그림 6-45는 세부 패널에 있는 맞춤형 메서드의 목록이다. 이 메서드들을 이용하면, 캐릭터의 다양한 제스처와 표현이 가능하다. 그 중 특히 재미있는 것은 walk 메서드인데, 이것은 캐릭터의 관절 움직임이 실제 사람과 흡사해서 진짜로 걷고 있는 것처럼 보이도록 한다.

일단 hebuilder와 shebuilder 도구로 캐릭터를 만들면, 그 객체를 새로운 클래스로 저장할 수 있고, 다른 월드로 불러올 수 있다.

그림 6-45 hebuilder, shebuilder 캐릭터의 맞춤형 메서드

print 명령문으로 디버그하기[5)]

프로그램이 올바르게 수행되지 않는 경우, 프로그래머는 진단 메시지(diagnostic message)를 화면에 표시하는 명령문을 프로그램 안에 만든다. 예를 들어, 변수에 잘못된 값이 할당되

5) Alice에서 제공하는 디버그 도구 중에는 watch 메뉴도 있다. 이것은 print 명령문을 사용하지 않고, 속성이나 변수의 내용을 월드의 실행 중에 직접 확인할 수 있는 방법으로, 세부 패널의 properties 탭에서 속성 타일이나 변수 타일을 마우스 오른쪽 버튼으로 클릭한 다음, 나타나는 메뉴에서 watch this property 또는 watch this variable을 선택하는 것이다. (메서드 편집기에서 만든 지역 변수의 경우도 이와 동일한 방법을 적용한다.) 이렇게 하면 다음의 그림과 같이 World Running 윈도우의 오른편에 watch 콘솔이 생긴다. 그림은 지역 변수 selectedFlower에 watch 기능을 적용한 것이다. watch 콘솔에 보이는 selectedFlower 변수 타일의 값이 월드 실행 중에 계속 변하고 있음에 주목하자.

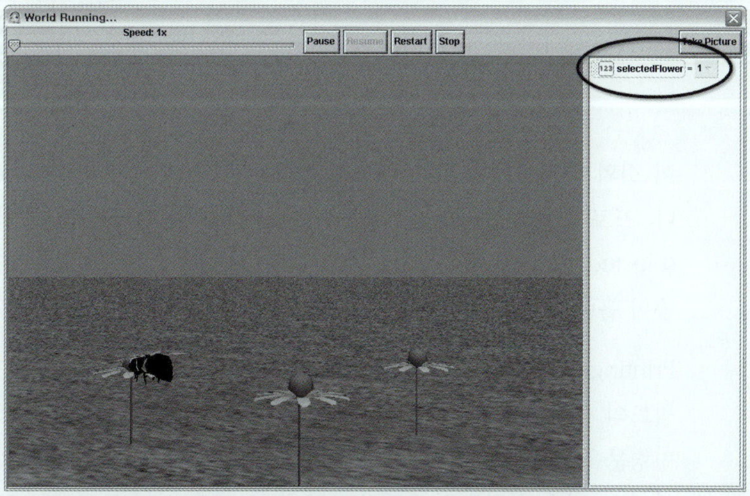

watch 기능을 해제하려면 해당 속성 또는 변수 타일을 다시 마우스 오른쪽 버튼으로 클릭한 후, 나타나는 메뉴에서 stop watching this property 또는 stop watching this variable을 클릭하거나 watch 콘솔에 보이는 속성 또는 변수 타일을 직접 마우스 오른쪽 버튼으로 클릭하면 된다.

고 있는 것으로 의심되는 경우, 프로그램 실행 중에 그 변수의 값을 보여주는 진단 메시지를 여러 번에 걸쳐 모니터에 출력한다. 프로그래머는 프로그램이 실행되고 있는 동안 이러한 진단 메시지를 주의깊게 관찰함으로써, 프로그램의 어느 지점에서 변수에 잘못된 값이 할당되는지 확인할 수 있다. 이것은 프로그램의 실행 중에 프로그램 내부에서 어떤 일이 일어나는지를 확인하는데 도움을 준다.

Alice는 print 명령문을 사용해서 진단 메시지를 출력한다. print 명령문 타일은 그림 6-46처럼 메서드 편집기의 하단에 위치해 있다. 기타 다른 명령문들과 마찬가지로, 타일을 드래그한 후, print 명령문을 실행할 지점에 드롭한다.

그림 6-46처럼, 메서드 편집기에 print 명령문을 만들면 메뉴가 나타난다. 이 메뉴에서 출력할 text string(텍스트 문자열) 또는 object(객체)를 선택할 수 있다. 변수의 내용을 화면에 표시하려면, object를 선택한 후 expressions를 선택한다. 그리고 원하는 변수를 선택하면 된다. print 명령문이 실행되면, World Running... 윈도우의 하단에 위치한 텍스트 콘솔(text console) 영역에 변수의 내용이 출력된다.

그림 6-46 print 명령문의 위치

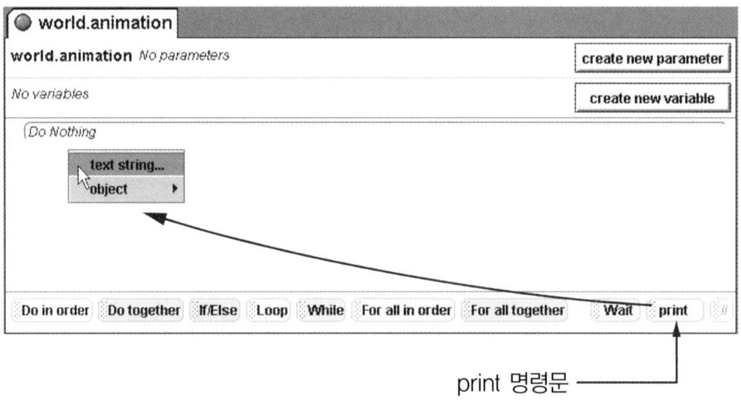

이 절의 앞에서 꿀벌이 무작위로 선택한 꽃으로 날아가는 RandomBee 월드를 실습해 보았다. 프로그램에서는 꿀벌이 어느 꽃으로 날아갈지 결정하는 난수가 발생되었고, 그 난수는 selectedFlower라는 이름의 변수에 할당되었다. 그 변수에 할당되는 값을 확인해서 알고리즘이 올바르게 동작하는지 검증하려 한다고 가정하자.

PrintingRandomBee 월드가 부록 CD에 있다. 이 월드는 이 절의 앞에서 살펴본 randomBee 월드의 수정본이다. 그림 6-47에서 볼 수 있듯이, PrintingRandomBee 월드는 하나의 print 명령문을 가지고 있는데, selectedFlower 변수에 난수를 할당하는 명령문 바로 아래에 위치해서 그 변수의 내용을 출력한다. 그림 6-48은 실행 중인 월드를 보여준다. 윈도우 하단의 텍스트 콘솔에 표시되는 메시지를 통해, selectedFlower 변수의 내용을 월드의 실행 중에 확인할 수 있다.

그림 6-47 PrintingRandomBee 월드의 print 명령문

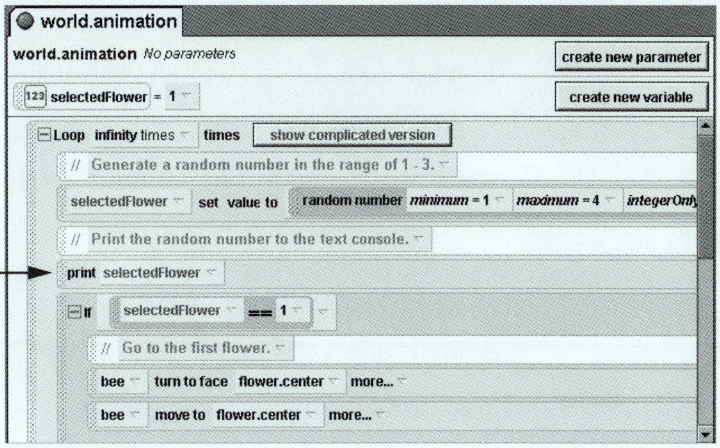

그림 6-48 텍스트 콘솔에 표시되는 메시지

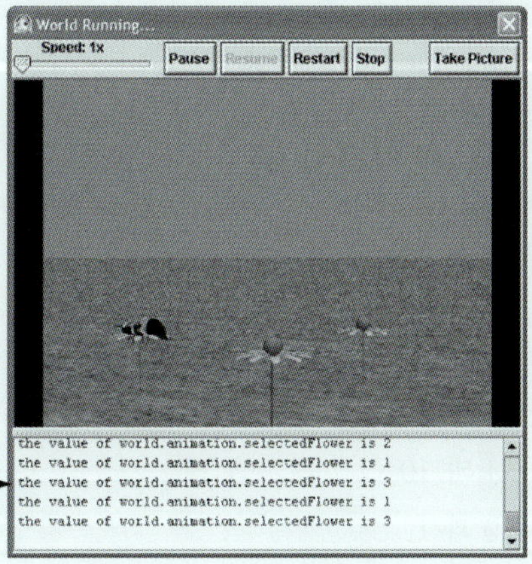

확인 문제

객관식

1. 이벤트에 반응하는 과정을 무엇이라고 하나?
   가. 이벤트 일으키기(Triggering the event)
   나. 이벤트 억제하기(Suppressing the event)
   다. 이벤트 처리하기(Handling the event)
   라. 이벤트 죽이기(Killing the event)

2. Alice 월드가 만들어지고 나서 처음에 이벤트 편집기에 나타나는 유일한 이벤트 타일은 ?
   가. When the world starts
   나. When a key is typed
   다. When the mouse is clicked on something
   라. When something is true

3. 이벤트 핸들러(event handler)란?
   가. 이벤트를 일으키는 객체
   나. 이벤트에 반응하여 실행되는 메서드
   다. 객체 트리에서 이벤트를 나타내는 타일
   라. 이벤트가 발생되는 것을 방지하는 메서드

4. BDE는 무엇의 약자인가?
   가. Basic Duration Event
   나. Before, During, Event
   다. Begin, During, End
   라. Balanced Dual Event

5. 난수를 반환하는 월드 함수는?
   가. rand
   나. randNum
   다. getRandom
   라. random number

6. 난수를 반환하는 월드 함수는 기본적으로, 다음 두 값 사이의 난수를 발생시킨다.
   가. 1 과 10
   나. 0 과 1
   다. 0 과 100
   라. −1 과 1

7. 다음 중 hebuilder 또는 shebuilder 도구에서 선택할 수 없는 특징은?
   가. 모자
   나. 머리카락 색깔
   다. 머리
   라. 바지

8. 월드의 실행 중에, 메시지를 텍스트 콘솔에 표시하기 위해 사용하는 명령문은?
   가. display
   나. message
   다. print
   라. console

주관식

1. 월드가 시작될 때, 다른 메서드가 자동으로 실행되도록 하려면 어떻게 해야 하는가?
2. 사용자가 하나의 키를 누르고 있는 동안 특정 동작이 수행되려면 어떤 이벤트를 처리해야 하는가?
3. While a key is pressed 이벤트 타일을 만드는 방법은?
4. While the world is running 이벤트 타일을 만드는 방법은?
5. When something becomes true 이벤트 타일을 만드는 방법은?
6. 정수 난수를 발생시키는 방법은?

연습 문제

1. 점프하는 물고기

   하나의 섬과 한 마리의 물고기가 있는 바다 풍경의 월드를 만들어 보자. 물고기는 섬 주위를 헤엄친다. (물고기의 몸통 일부가 수면 위로 나와 있어서 헤엄치고 있는 모습을 볼 수 있다) [Spacebar]를 누르면, 물 밖으로 점프했다가 다시 들어간다.

2. 아이스 스케이팅 선수

   Lake 클래스(Environments 컬렉션에 있음)의 인스턴스와 IceSkater 클래스(People 컬렉션에 있음)의 인스턴스가 있는 월드를 만들어 보자. [S] 키를 누르면, 선수가 제자리에서 한 바퀴 옆으로 회전한다. [J] 키를 누르면, 점프한다.

3. 소파 색깔 테스터기

   인테리어 설계사가 방에 어떤 색깔의 소파가 어울리는지 시각적으로 판별하는데 사용할 수 있는 도구를 만들어보자. 방 하나와 Couch 클래스(Furniture 컬렉션에 있음)의 인스턴스가 있는 월드를 만든다. 그리고 월드에 4개의 서로 다른 색깔의 공(Shapes 컬렉션의 Sphere 클래스)들이 있다. 사용자가 이 공들 중에 하나를 클릭하면, 소파가 공의 색깔로 변한다.
   또한 월드에는 Lightswitch 클래스(Web Gallery의 Controls 컬렉션에 있음)의 인스턴스가 있다. 사용자가 그 스위치를 마우스로 클릭하면, 방의 불이 켜지거나 꺼진다. 불을 끄려면, 월드 객체의 ambientBrightness 속성을 0으로 설정한다. 불을 켜려면, 월드 객체의 ambientBrightness 속성을 1로 설정한다.

4. 최초의 달 착륙

   1969년 7월 20일, 닐 암스트롱이 달에 첫발을 내딛는 모습을 재현하는 월드를 만들어 보자. 하나의 달 착륙선과 한 명의 우주 비행사(Web Gallery의 Space 컬렉션에 있음)가 있는 달 월드를 만들어 보자. 달 착륙선을 마우스로 클릭하면, 우주비행사가 달 착륙선의 사다리를 타고 내려온다. 우주비행사가 달 표면에 닿으면, 부록 CD의 step.wav 음성 파일이 플레이된다. 이 파일은 NASA에서 정식으로 배포한 음성 파일로, 암스트롱이 달에 발을 디뎠을 때 한 유명한 말[6]이 나온다.

5. 유령이 출몰하는 집

유령이 출몰하는 집을 Alice 월드로 만들어 보자. Let the mouse move the camera 이벤트를 사용해서 사용자가 카메라를 월드 내에서 자유롭게 이동시킬 수 있도록 하자. 적어도 2개의 무섭게 생긴 괴물들이 숨어 있다가 해당 괴물로부터 특정 거리 내에 카메라가 도달하면, 갑자기 튀어나와 사용자를 놀라게 한다.

6. 보트 장애물 코스

하나의 모터보트(Web Gallery의 Vehicles 컬렉션에 있음)와 한 명의 보트 운전자, 그리고 부분적으로 물에 잠긴 큰 쇠고리 모양의 객체(Shapes 컬렉션에 있음)들이 여러 개 있는 게임을 만들어 보자. 그림 6-49는 예시이다. 월드에는 풍선 모양의 장애물들이 물 위에 여러 개가 떠있다. 이벤트를 사용해서 사용자가 보트의 속도를 제어하면서 운전할 수 있도록 하자. 사용자가 보트를 몰아서 쇠고리를 통과할 때마다 점수를 얻게 되고, 그 쇠고리는 물에 가라앉는다. 장애물 옆을 지나가면 장애물도 물에 가라 앉지만, 너무 가까이 다가가면 점수를 잃게 된다. 쇠고리 모양의 객체와 장애물이 모두 가라앉으면 게임이 종료되고 사용자의 최종 점수가 월드에 나타난다.

그림 6-49 보트 장애물 코스

7. 원 모양의 트랙

그림 6-50에 있는 원 모양의 경기 트랙을 만들어 보자. 그림의 트랙은 두 개의 Circle(Shapes 컬렉션에 있음) 객체를 가지고 만들었다. 트랙 위에 한 대의 자동차를 배치하고, 2개의 버튼이 있는 스위치(Web Gallery의 Controls 컬렉션에 있음) 한 개를 배치한다. 사용자가 초록색 버튼을 클릭하면 자동차가 트랙을 따라 돈다. 사용자가 빨간색 버튼을 클릭하면 자동차가 멈춘다.

---

6) "That' s one small step for man... one giant leap for mankind." 한 인간에게는 작은 발걸음이지만, 인류에게는 커다란 도약이다.

그림 6-50 원 모양의 트랙

8. 유원지의 놀이 기구

Web Gallery의 Amusement Park 컬렉션에 여러 개의 유원지 놀이 기구 클래스들이 있으며, 대부분의 클래스들은 놀이기구의 고유한 움직임을 나타내는 맞춤형 메서드를 가지고 있다. 3개의 놀이기구와 3개의 버튼 스위치(Controls 컬렉션에 있음)가 있는 월드를 만들어 보자. 사용자가 각각의 버튼 스위치를 클릭하면, 각 놀이 기구들이 작동한다.

9. 상어의 추격

상어 한 마리와 기타 다른 종류의 물고기가 있는 해저 월드를 만들어 보자. 상어는 물고기 쪽으로 헤엄쳐 온다. 상어가 계속 그 물고기를 추격하지만, 상어가 1미터 이내에 오면 그때마다 물고기는 헤엄쳐 도망간다. 물고기가 상어를 피해 헤엄치는 방향과 거리는 난수를 발생시켜서 결정한다.

10. Bob과 춤 추게 될 사람은 누구?

hebuilder와 shebuilder 도구를 사용해서 서로 다른 캐릭터를 여러 개 만들어 보고, 파티가 벌어지고 있는 월드에 배치하자. 캐릭터 중 하나의 이름을 Bob이라고 짓고, 그 캐릭터 안에 askToDance라는 메서드를 만든다. 메서드는 객체 하나를 인수로 받는다. 나머지 캐릭터 중에서 하나를 클릭하면, Bob은 그 캐릭터에게 다가가서 함께 춤추지 않겠냐고 묻는다. Bob 외의 모든 캐릭터 중 단 하나의 캐릭터만이 그 제안을 받아들이도록 프로그래밍 해야 한다. 다른 캐릭터는 정중히 거절한다. Bob이 다가간 캐릭터가 Bob의 제안을 수락하도록 설정되었다면, 그 캐릭터는 Bob과 간단한 춤을 춘다.

11. 정지 댄스(Freeze Dance)

정지 댄스란 파티에서 벌어지는 게임으로, 참가자는 음악이 흐르는 동안 어둡거나 희미한 불빛이 있는 방에서 재미있는 춤을 춘다. 한 사람이 방의 불을 켜고 끄는 일을 담당하는데, 불을 켜고 끄는 시간의 간격을 다양하게 조절한다. 불이 들어오자마자, 방에 있는 모든 사람들은 그 순간의 자세로 그대로 정지한다. 불이 나가거나 희미해지면, 모든 사람들이 다시 재미있는 춤을 추기 시작한다.

정지 댄스 게임을 재현하는 Alice 월드를 만들어보자. 우선, 캐릭터 생성기를 이용해서 남자 캐릭터 1명과 여자 캐릭터 1명을 만든다. 각 캐릭터 객체 안에 웃기는 춤을 추게 하는 메서드를 만든다. (춤을 추는 자세를 만들기 위해서 포즈 캡처하기[7] 를 이용해야 할 것이다.) 일단 캐릭터가 춤추기 시작하면, 어떤 순간에도 그 춤을 멈출 수 있어야 하고, 자세를 현재 그대로 유지하고 있어야 한다.

이러한 캐릭터 객체를 만든 다음, 그것을 새 클래스로 저장한다. 그런 다음, 정지 댄스 파티를 재현하는 월드에 그 클래스를 불러와서 여러 개의 인스턴스를 만든다. 월드의 실행 중에 사용자가 Spacebar를 누르면 불이 켜지거나 꺼진다. 사용자가 불을 끄면, 캐릭터들이 춤을 춰야 한다. 사용자가 불을 켜면, 캐릭터들은 현재 자세로 그대로 정지해야 한다.

팁

불이 나간 것처럼 보이게 하려면, 월드의 ambientLightBrightness 속성을 변경하면 된다. 예를 들어, 그 속성을 0으로 설정하면 불이 나간 것처럼 보이고, 5로 설정하면 불이 들어온 것처럼 보인다.

추가 연습 문제

1. 직렬 스위치 회로

직렬 스위치 회로 애니메이션을 만들어 보자. 월드에는 그림 6-51과 같이 두 개의 스위치와 한 개의 전구가 있다. 두 개의 스위치는 사용자에 의해서 켜고 끌 수 있다. 스위치의 손잡이를 클릭하면, 스위치가 내려가고, 또 한 번 클릭하면 스위치가 올라간다. 스위치의 상태에 따라 전구에 불이 들어온다. 스위치가 전구에 직렬로 연결되어 있기 때문에, 두 개의 스위치가

그림 6-51 직렬 스위치 회로 월드

7) "포즈 캡처하기"는 "5.9 시각 효과와 애니메이션을 위한 팁" 을 참조하라.

모두 ON 상태가 되어야 전구에 불이 들어온다. 그리고 두 개의 스위치 중 어느 하나라도 OFF 상태가 되면 전구의 불이 꺼진다. (스위치의 ON 상태란 스위치의 손잡이가 내려간 상태이고, OFF 상태란 스위치의 손잡이가 올라간 상태를 말한다.)

팁

전구는 Local Gallery의 Lights 컬렉션에 있는 LightBulb 클래스를 이용한다. 이때, 전구가 켜지는 효과를 내려면, LightBulb 객체의 속성 중에서 Seldom Used Properties의 emissiveColor 속성을 변경해야 한다. emissiveColor 속성을 Black으로 설정하면, 전구가 꺼진 효과가 나고, Yellow로 설정하면, 전구가 켜진 효과가 난다. (단, 객체의 emissiveColor 속성의 효과를 제대로 나타내려면, world 객체의 ambientLightColor 속성을 Black으로 설정해야 한다.)

2. 병렬 스위치 회로

   병렬 스위치 회로 애니메이션을 만들어 보자. 월드의 모습은 그림 6-51과 동일하다. 역시 월드에는 두 개의 스위치와 한 개의 전구가 있다. 스위치가 전구에 병렬로 연결되어 있기 때문에, 두 개의 스위치 중 어느 하나만 ON 상태이어도 전구에 불이 들어온다. 만약 전구의 불을 끄려면, 두 개의 스위치를 모두 OFF 상태로 만들어야 한다.

3. 직선 코스 경주 월드 수정

   2장의 연습문제 "6. 직선 코스 경주"를 좀 더 박진감 있게 수정해 보자. 월드를 플레이할 때마다, 두 자동차의 빠르기가 출발하기 전에 무작위로 결정되어 직선 코스의 마지막에 먼저 도달하는 자동차가 매번 달라져야 한다.

4. 얼음 위의 펭귄 1

   3장의 따라하기 3-4에서 사용했던 월드를 수정해서, 월드의 플레이 중에 사용자가 얼음에 생긴 구멍의 위치를 마우스로 변경할 수 있도록 해 보자. 얼음 구멍을 마우스로 드래그해서 그 위치를 사용자 마음대로 변경할 수 있어야 하고, 펭귄은 계속 그 변화되는 얼음 구멍의 위치를 그림 6-52와 같이 바라보아야 한다.

그림 6-52 얼음 위에 난 구멍을 바라보는 펭귄

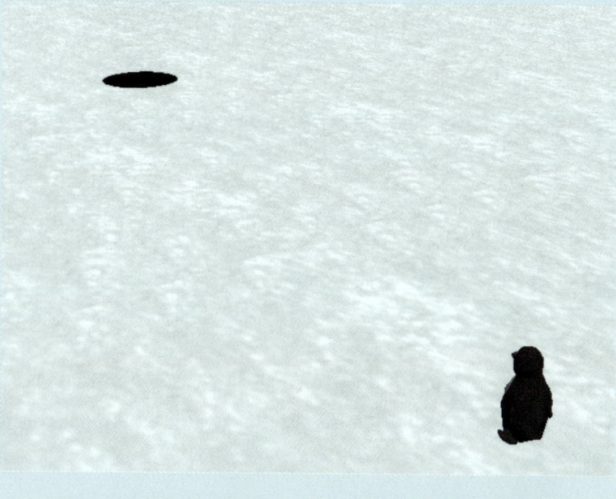

5. 얼음 위의 펭귄 2

추가 연습 문제 "4. 얼음 위의 펭귄 1" 월드에 다음과 같은 기능을 추가하자. 스페이스바를 누르고 있으면 펭귄이 뒤로 조금 물러났다가, 스페이스바에서 손을 떼면 얼음 구멍을 향해 미끄러져 간다. 이때 스페이스바를 누르고 있던 시간에 따라 펭귄이 미끄러지는 거리가 달라진다. 얼음 구멍의 중심점으로부터 1미터 범위 내에 펭귄이 멈추게 되면 자동으로 구멍 속으로 들어가지만, 범위를 벗어나서 멈추게 되면 얼음 구멍에 들어가지 못하고 "Oh! My God!!" 이라고 소리 지른다.

6. Fridge 월드 수정 1

따라하기 6-3의 Fridge 월드를 수정해 보자. 닫혀 있는 냉장실 문 또는 냉동실 문을 사용자가 클릭하면 자동으로 열리고, 열려 있는 문을 클릭하면 자동으로 닫히도록 만들어 보자.

7. Fridge 월드 수정 2

Fridge 월드의 한쪽 구석에 오븐이 있다. 오븐의 문도 사용자에 의해서 열고 닫을 수 있도록 해 보자.

8. Monty Hall 쇼

Monty Hall 쇼는 미국의 NBC TV에서 방송했던 게임 쇼로, 한때 미국 내에서 선풍적인 인기를 끌었던 TV 프로그램이기도 하다. 이 TV 프로그램이 더욱 유명해진 것은, 이 프로그램에 녹아 있는 게임의 스릴과 논란이 되었던 확률의 진실 때문이었다.[8] 무대에 3개의 문이 있다. 1개의 문 뒤에는 스포츠카가 있고, 나머지 2개의 문 뒤에는 닭이 각각 1마리씩 있다. 단, 사회자는 어느 문에 무엇이 있는지 알고 있다. 쇼에 참가한 게스트는 3개의 문들 중에서 1개의 문을 고른다. 이때, 사회자는 게스트가 선택하지 않은 문 중에서 닭이 들어있는 문을 열어 보인다. 그리고 이렇게 묻는다. "당신이 지금 선택한 문을 바꾸셔도 됩니다. 바꾸시겠습니까? 아니면 그대로 고수하시겠습니까?" 자신이 최종적으로 선택한 문에 차가 있으면, 게스트는 그 차를 상품으로 받게 된다. 독자 여러분이 게스트라면 이러한 상황에서 어떻게 하겠는가? 바꾸겠는가? 아니면 바꾸지 않고 처음에 골랐던 문을 그대로 고수하겠는가??

이러한 Monty Hall 게임 쇼를 재현하는 월드를 만들어 보자. 월드가 플레이 되면, 문이 무작위로 섞여지는 장면이 연출된다. 게스트는 이 월드를 플레이하는 사용자이다. 사용자는 3개의 문들 중에서 하나를 선택한다. 문을 선택할 때는 원하는 문을 클릭하면 된다. 이때, 선택한 문이 빨갛게 변한다. 그러고 나면, 사용자가 선택하지는 않았으나 처음부터 닭이 들어 있던 문이 열린다. 이때, 사용자는 다시 문을 선택해야 한다. 처음에 선택했던 문을 다시 클릭할 수도 있고, 다른 문(닫혀 있는 문)을 클릭할 수 있다. 문을 다시 클릭하면 이번에 선택한 문은 파랗게 변한다. 만약, 기존에 선택했던 문을 다시 클릭했다면, 문의 색깔이 빨간색에서 파란색으로 변해야 할 것이다. 최종적으로 선택한 문이 마침내 열리고, 그 문 뒤에 차가 들어

8) Monty Hall 쇼에 대해 자세히 알고 싶은 독자는 "과학 콘서트, 정재승, 동아시아, 2003, p39~43"을 읽어 보기 바란다. 영어에 자신이 있는 독자라면, 다음의 주소 http://en.wikipedia.org/wiki/Monty_Hall_problem를 방문해도 좋다.

있다면, 그림 6-53처럼 무대 위에 "You Win!!" 이라고 표시된다. 이때 팡파르가 울리도록 해도 좋겠다. 닭이 들어 있다면 "You Lose!" 라고 표시된다. 효과음으로 "꼬끼오~" 라는 닭울음 소리도 좋을 것이다.

그림 6-53 Monty Hall 월드

팁

객체를 월드 내의 특정 위치로 이동시키는 것은 dummy 객체를 이용하면 쉽게 구현할 수 있다. 문이 무작위로 섞여지는 장면을 연출할 때, 이 dummy 객체를 활용하자!

CHAPTER 7

리스트와 배열

TOPICS

7.1 리스트

개념 : 리스트는 여러 데이터들을 하나의 묶음으로 저장한다. 또한, 월드의 실행 중에 데이터의 추가, 삭제가 가능하다.

데이터 구조

이 장은 Alice에서 제공하는 2개의 데이터 구조를 소개한다. *데이터 구조(data structure)*는 데이터를 저장하고 구성하는 논리적인 메커니즘[1]이다. Alice에서 사용 가능한 데이터 구조에는 리스트와 배열이 있다. 대부분의 일반 프로그래밍 언어도 이와 유사한 데이터 구조를 제공한다. 이 절에서는 리스트에 대해 알아본다.

---

1) COLLINS COBUILD English Dictionary는 "메커니즘(machinism)"이란 단어를 다음과 같이 정의하고 있다.

"A mechanism is a special way of getting something done within a particular system." (메커니즘이란 특정 시스템 내에서 어떤 결과를 얻기 위한 특별한 방법이다.) 여기서 "특별한 방법(special way)"의 의미를 강조하고 싶다. 리스트와 배열은 시각적으로 보이는 객체가 아니다. 이것은 그냥 특수한 변수이다. 그러나 일반 변수와는 차이점이 있는데, 그것이 바로 이 "방법(way)"에 있다. 프로그래밍 과정에서, 굉장히 복잡해질 수 있는

리스트

리스트는 일상생활에서도 사용된다. 식료품 가게에 가기 전에, 구입할 물건의 리스트를 작성한다. 분주한 아침에 그날 해야 할 리스트를 만들 수도 있다. 파티를 계획하는 경우, 초대할 손님들의 리스트를 작성하는 것도 좋은 방법이다. 리스트는 어떤 목적을 위해 함께 저장되는 아이템들의 묶음이다.

프로그래머들도 리스트를 사용한다. 프로그래머에게, *리스트(list)*는 데이터들을 하나의 묶음으로 저장하는 일종의 그릇이다. 데이터들은 리스트에 차례대로 저장된다. 리스트에서 각 데이터들의 위치는 번호로 매겨져 있다. 리스트의 첫 번째 아이템은 0번 위치에 있고, 두 번째 아이템은 1번 위치에 있고... 이러한 위치 번호를 보통 *인덱스(index)*라고 한다. 리스트는 또한 크기를 가지고 있는데, 이것은 바로 리스트에 저장되어 있는 데이터의 개수이다.

그림 7-1은 Alice에서 사용되는 리스트의 개념을 묘사하고 있다. 그림에는 4개의 객체가 있는데, 이것들은 SkaterGirl 클래스(People 컬렉션에 있음)의 인스턴스이다. 객체의 이름은 jenny, karen, katie 그리고 lynn이다. 이 객체들은 모두 girlList라는 이름의 리스트에 있는 데이터들이다. jenny 객체는 0번 위치에 있고, karen 객체는 1번 위치에 있고, katie 객체는 2번 위치에 있고, lynn 객체는 3번 위치에 있다. 리스트가 4개의 아이템을 담고 있기 때문에, 리스크의 크기는 4이다.

팁

그림 7-1의 리스트 크기가 4임에 주목하라. 마지막 데이터의 위치 번호는 3이다. 리스트에서 마지막 데이터의 위치 번호는 리스트의 크기보다 언제나 1이 작다. 왜냐하면 0부터 위치 번호가 시작하기 때문이다.

리스트는 동적인 데이터 구조이다. 이것은 리스트를 만든 다음에 명령문 코드를 실행시켜 리스트에 데이터를 추가하거나 삭제할 수 있음을 의미한다. 리스트는 데이터가 추가되면서 자동으로 확장되고, 데이터가 삭제되면서 자동으로 축소된다.

Alice에서 리스트 만들기

리스트는 어떤 형식의 데이터도 저장할 수 있다. 수치값(Number)을 저장하는 리스트, 논리값(Boolean)을 저장하는 리스트, 문자열(String)을 저장하는 리스트, 객체(Object)를 저장하는 리스트 등... 단, 리스트에 객체를 저장하려면, 먼저 리스트에 저장할 객체부터 만들어

작업을 이들 자료구조를 이용하면 매우 쉽게 처리할 수 있다. 그 핵심이 바로 여러 개의 데이터들을 한 묶음으로 관리한다는 것이다. 여기서 묶음으로 관리한다는 것은 리스트나 배열 내의 데이터들을 하나의 동일한 이름(리스트나 배열의 이름)으로 접근하되, 인덱스를 이용하여 개별적으로 데이터를 처리할 수 있다는 것을 의미한다. 이렇게 묶음으로 관리하면, 한 문제에 대해 반복 구조를 효율적으로 적용할 수 있다. 이 장의 추가 연습 문제들을 통해 위의 설명을 직접 확인할 수 있다.

그림 7-1 객체 리스트

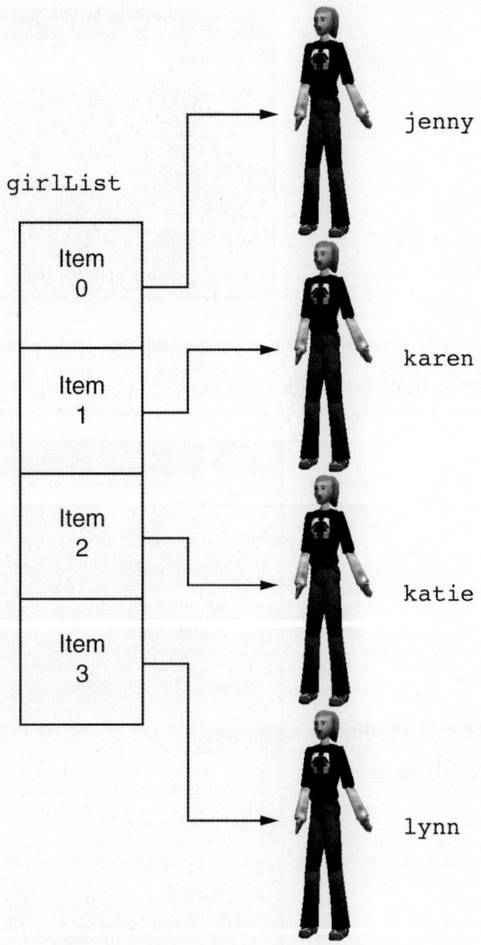

야 한다.

Alice에서 리스트는 특별한 형식의 변수로 간주된다. 그래서 create new variable 버튼이 있는 곳이면 어디서나 리스트를 만들 수 있다. 예를 들어, 객체 트리에서 아무 객체나(또는 world 객체를) 선택한 다음, 세부 패널의 properties 탭 아래에서 리스트를 만들 수 있다. 메서드를 메서드 편집기에 연 다음, 그 메서드 안에서도 리스트를 만들 수 있다.

리스트를 만들려면, create new variable 버튼을 클릭한다. create new variable 대화상자에서 리스트의 이름을 입력하고 리스트에 저장할 데이터의 형식을 선택한다. 그림 7-2와 같이 Value 영역에 보이는 드롭-다운 메뉴에서 List를 선택한다. 그리고 make a 옵션을 체크한다. make a 옵션을 체크하면, 대화상자가 그림 7-3과 같이 펼쳐진다. 대화상자의 하단 영역을 *컬렉션 편집기(Collection Editor)*라고 한다.

그림 7-3에서 볼 수 있듯이, 컬렉션 편집기에는 new item 버튼이 있어서 이것을 통해 데이

그림 7-2 리스트 만들기

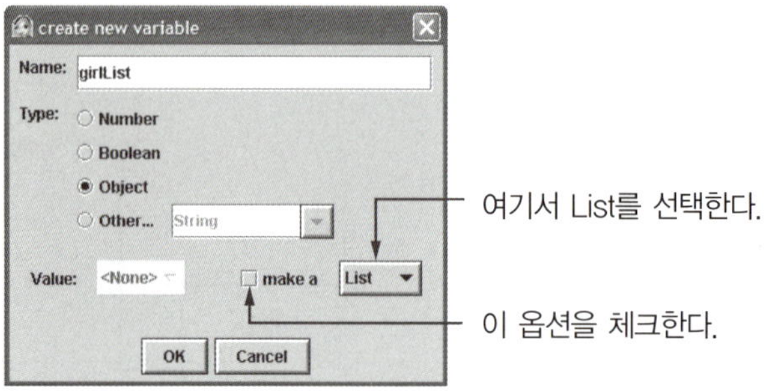

그림 7-3 new item 버튼

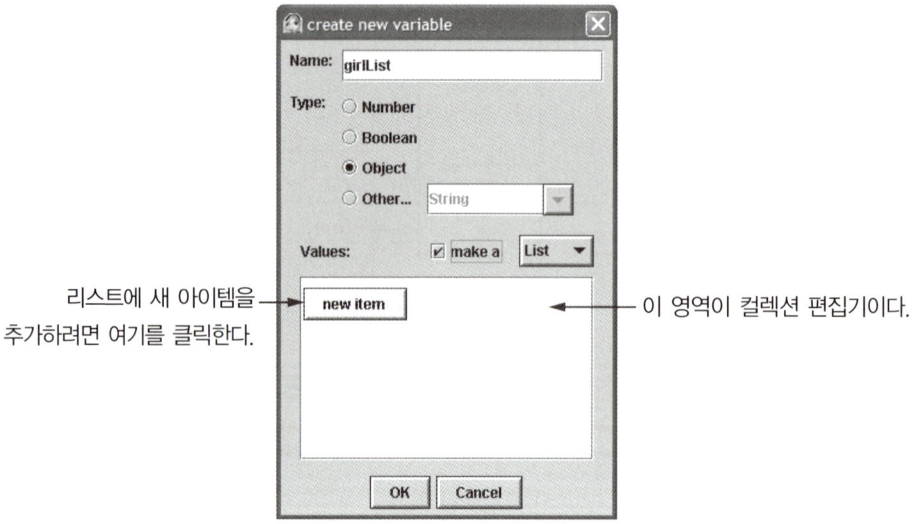

터를 리스트에 추가할 수 있다. 처음에 이 버튼을 클릭하면, 그림 7-4처럼 item 0 타일이 추가된다. item 0에 저장할 값을 설정하려면, 타일 옆의 <None>라고 적혀 있는 부분을 클릭한다.

new item 버튼을 클릭할 때마다, 새 아이템 타일이 리스트에 추가된다. 그림 7-5는 리스트에 4개의 아이템을 추가하고 각 아이템의 값을 선택한 후의 대화상자 모습이다.

리스트 처리 명령문

일단 리스트를 만들었다면, 리스트에 저장된 데이터의 처리는 Alice에서 제공하는 2개의 리스트 처리 명령문을 이용한다. 그림 7-6의 For all in order와 For all together 명령문 타일이 바로 리스트 처러 명령문이다. 이 명령문들은 리스트의 각 아이템들에 대해서 동일한 작

그림 7-4 리스트에 추가된 Item 0

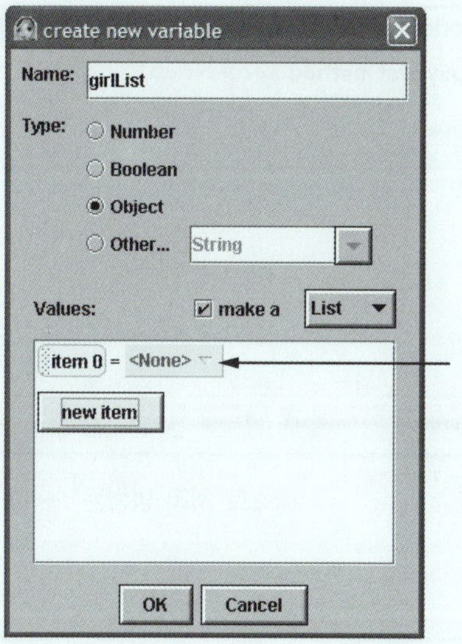

그림 7-5 리스트에 추가된 4개의 아이템들

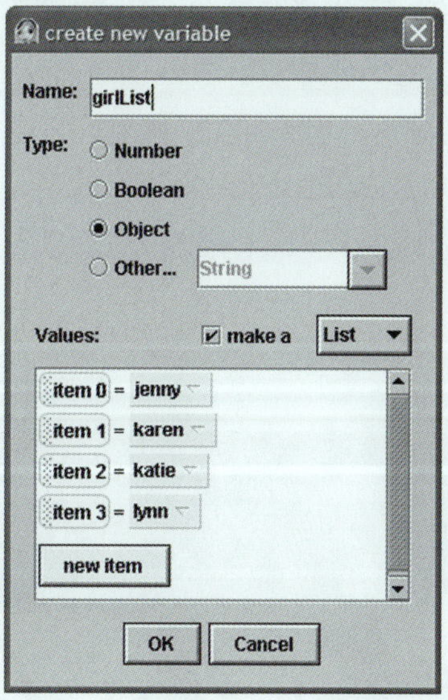

업을 수행할 수 있는 특수한 루프이다.

For all in order 명령문은 리스트의 각 아이템들에 대해서 동일한 작업을 **한 번에 하나씩** 수행한다. For all together 명령문은 리스트의 모든 아이템들에 대해서 동일한 작업을 **동시에** 수행한다. 따라하기 7-1에서는 하나의 리스트에 대해서 이 두 명령문들을 모두 사용해 보고, 각각의 실행 방법에서 어떠한 차이점이 있는지 살펴볼 것이다.

그림 7-6 리스트 처리 명령문

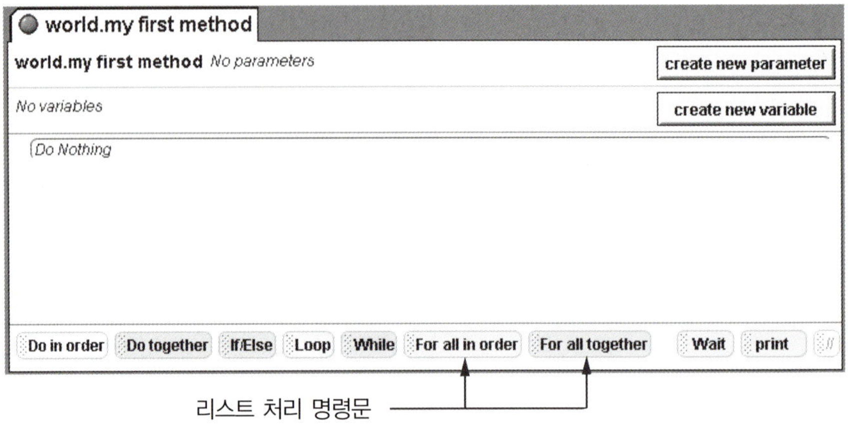

따라하기 7-1

리스트에서 For all in order와 For all together 명령문 사용하기

그림 7-7은 부록 CD 안에 있는 FourSkaters 월드이다. 월드 안에는 iceSkater 클래스(People 컬렉션에 있음)의 인스턴스 4개가 배치되어 있다. 객체의 이름은 firstSkater, secondSkater, thirdSkater, 그리고 fourthSkater이다. 이번 따라하기에서 이 네 객체들을 하나의 리스트에 넣고, For all in order와 For all together 명령문을 사용해서 특정 작업을 수행해 볼 것이다.

그림 7-7 FourSkaters 월드

단계 1: 부록 CD의 FourSkaters 월드를 하드 드라이브로 복사해서 연다.

단계 2: 이제 월드 수준에서 리스트를 하나 만들어 볼 것이다. 객체 트리에서 world를 선택한 후, 세부 패널의 properties 탭을 선택한다. 그리고 세부 패널에 있는 create new variable 버튼을 클릭한다.

단계 3: create new variable 대화상자에서 이름에 skaterList를 입력하고 형식으로 Object를 선택한다. Value 영역에 있는 드롭-다운 메뉴에서 List를 선택하고, make a 옵션을 체크한다. 대화상자가 이제 그림 7-8처럼 된다.

그림 7-8 create new variable 대화상자

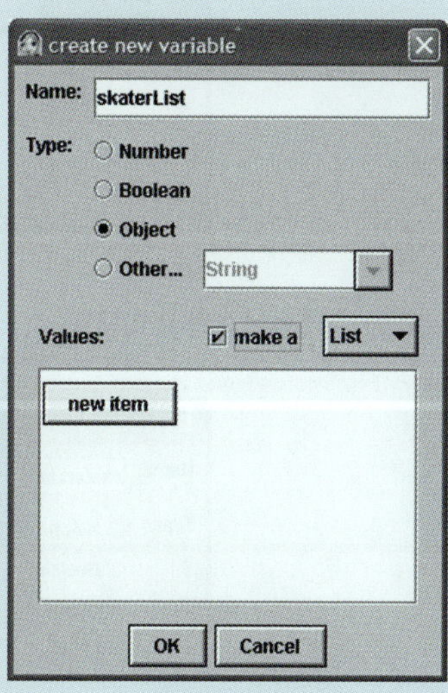

단계 4: new item 버튼을 클릭한다. item 0 = <None>라는 타일이 버튼 바로 위에 만들어질 것이다. 타일에서 <None>이라고 되어 있는 부분을 클릭한 후, firstSkater를 선택한다. 그 다음 나타나는 메뉴에서 entire firstSkater를 선택한다. 이렇게 하면 firstSkater 객체가 item 0의 값으로 설정된다. 이제 그림 7-9와 같은 아이템 타일이 만들어진다.

단계 5: 단계 4에서 수행했던 과정을 반복해서 item 1, item 2 그리고 item 3의 타일을 추가하자. item 1의 값에 secondSkater 객체를 설정하고, item 2의 값에 thirdSkater 객체를 설정하고, item 3의 값에 fourthSkater 객체를 설정한다. create new variable 대화상자가 이제 그림 7-10처럼 된다. (실수로 잘못 만든 타일이 있다면, 그 타일을 휴지통으로 드래그하고 다시 만들면 된다.) OK 버튼을 클릭해서 대화상자를 닫는다.

단계 6: world 객체가 선택된 상태에서, 세부패널의 properties 탭 아래를 보면, skaterList 타일이 보일 것이다. 그림 7-11과 같이 리스트의 아이템들이 버튼 위에 표시된다. (리스트의 아이템들이 모두 보이려면, 세부 패널의 크기를 조절해야 할 것이다.[2])

그림 7-9 추가된 item 0 타일

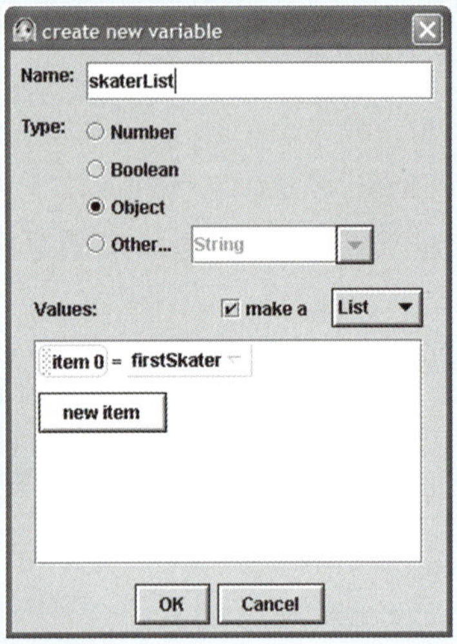

그림 7-10 리스트에 추가된 4개의 아이템들

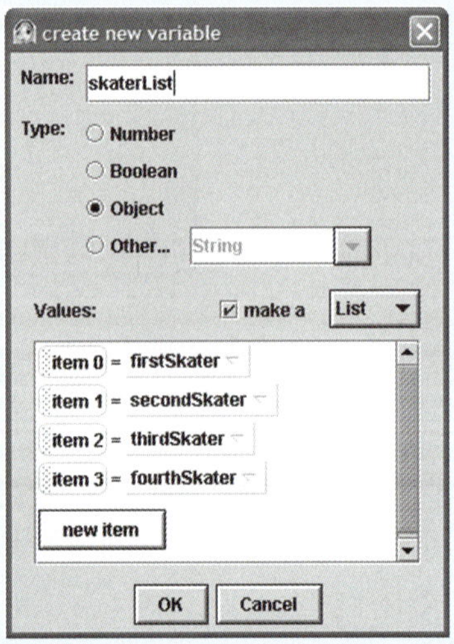

---

2) 세부 패널의 크기를 조절하려면 다음 그림에 표시된 부분을 클릭한 상태에서 오른쪽으로 드래그하면 된다. 객체 트리, 월드 뷰 윈도우, 이벤트 편집기, 그리고 메서드 편집기의 크기도 동일한 방식으로 조절할 수 있다.

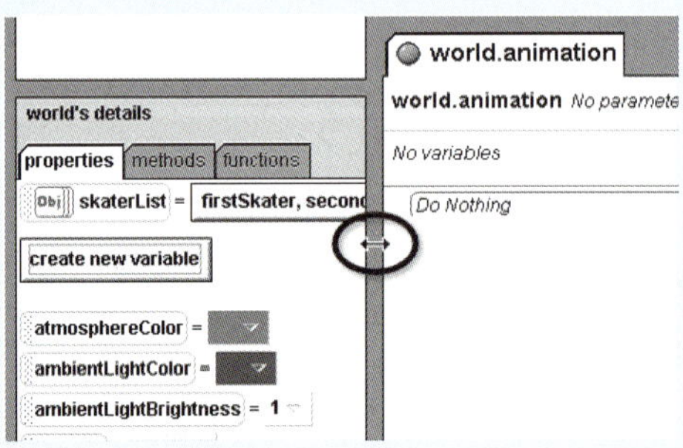

이 버튼을 클릭하면, 컬렉션 편집기가 다시 나타난다. 컬렉션 편집기를 사용해서 리스트에 아이템들을 언제든지 더 추가하거나 삭제할 수 있다.

그림 7-11 완성된 리스트

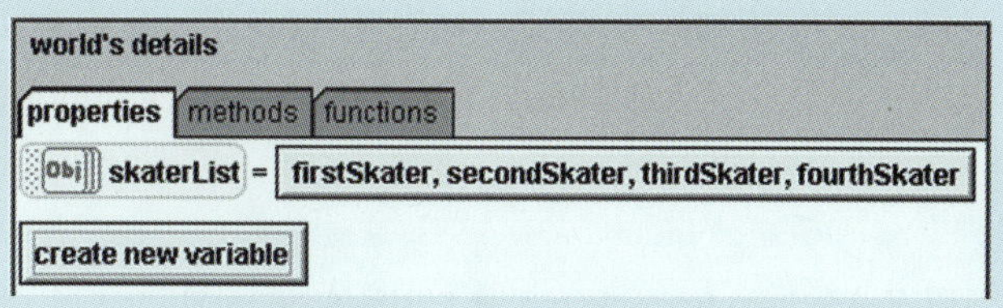

팁

world 객체가 선택된 상태인데도 세부 패널의 properties 탭 아래에 skaterList 타일을 찾을 수 없다면, 아마도 단계 2에서 create new variable 버튼을 잘못 클릭했을 가능성이 있다. 만약 이런 경우라면, Undo 버튼을 클릭하고, 돌아가서 단계 2에서 단계 6까지를 다시 반복하자.

단계 7: 이제 리스트에 있는 iceSkater 객체들을 차례대로 왼쪽으로 한 바퀴씩 회전시키는 명령문을 만들어보자. 물론 별개의 서로 다른 명령문을 4개 작성해서 객체의 turn 메서드를 각각 호출할 수도 있다. 그러나 객체들을 이미 하나의 리스트에 저장했기 때문에, 굳이 그렇게 할 필요가 없다. 그렇게 하는 대신, 하나의 For all in order 명령문을 사용하면 된다.

world 객체의 animation 메서드가 메서드 편집기에 열려 있는지 다시 한 번 확인하자. For all in order 명령문 타일을 편집기 안으로 드래그 앤 드롭한다. (For all in order 명령문 타일의 위치는 그림 7-6을 참조하라.) 타일을 메서드 편집기 안에 드롭하면, 메뉴가 하나 나타난다. expressions를 선택한 후, world.skaterList를 선택한다. 이렇게 하면 그림 7-12와 같은 명령문 타일이 만들어진다.

그림 7-12 For all in order 명령문

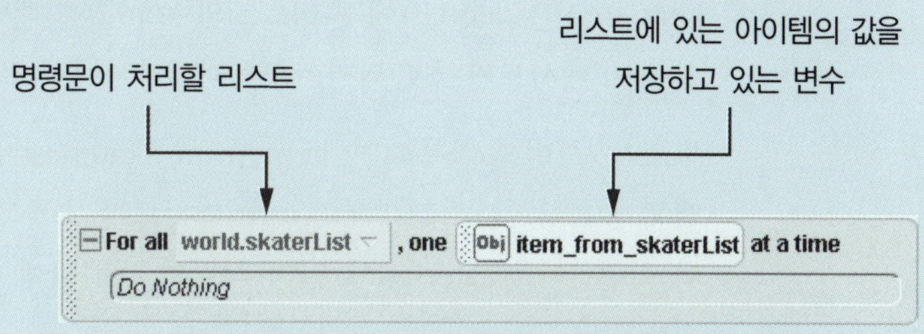

명령문에 있는 world.skaterList는 이 명령문이 처리할 리스트이고, item_from_skaterList는 일종의 변수로서, 루프가 매번 수행될 때마다 각 아이템들의 값이 이

변수에 저장된다. 루프가 처음 실행될 때 item_from_skaterList에는 item 0의 값이 저장되고, 두 번째 반복 될 때 item 1의 값이 저장된다.

단계 8: 방금 만든 For all in order 명령문의 item_from_skaterList 타일을 그림 7-13과 같이 For all in order 명령문의 Do Nothing 영역에 드래그 앤 드롭한다. 타일을 드롭하면 메뉴가 하나 나타난다. item_from_skaterList turn을 선택한 후, direction(방향)으로 left를, amount(회전수)로 1 revolution을 선택한다. 이제 메서드가 그림 7-14처럼 된다.

그림 7-13 item_from_skaterList 타일을 드래그하기

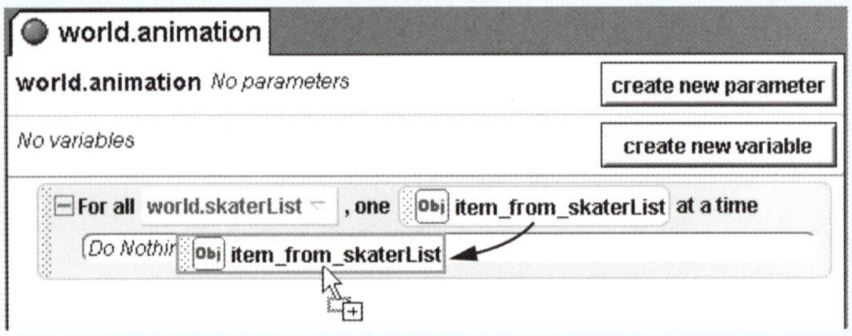

그림 7-14 완성된 명령문

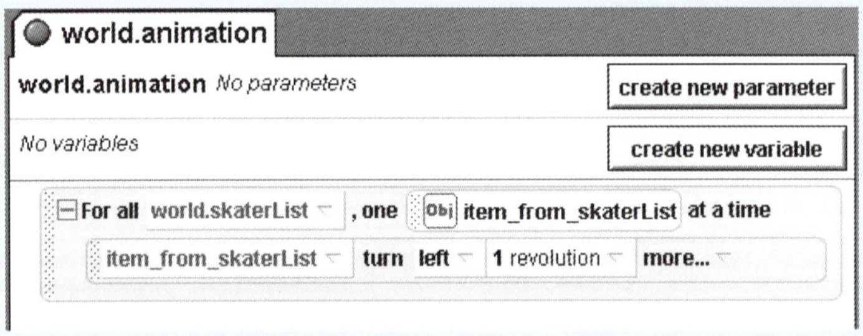

방금 만든 명령문에 대해서 잠깐 생각해 보자. 이 명령문은 skaterList에 있는 각각의 아이템들에 대해서 한 번씩 반복하는 루프이다. 루프가 처음 실행될 때, item_from_skaterList에는 리스트의 item 0에 해당하는 객체가 저장된다. 그 객체의 turn 메서드가 호출되면, 해당 객체가 왼쪽으로 한 바퀴 회전한다.

루프가 두 번째 반복되면, item_from_skaterList에는 리스트의 item 1에 해당하는 객체가 저장된다. 그 객체의 turn 메서드가 호출되면, 해당 객체가 왼쪽으로 한 바퀴 회전한다. skaterList에 있는 각각의 객체들에 대해서 이와 같은 방식으로 계속 진행된다.

단계 9: 월드를 저장한 후 플레이 해보자. 스케이팅 선수들이 차례대로 회전하는 모습을 볼 수 있을 것이다. 월드의 플레이가 종료되면, world running... 윈도우를 닫는다.

단계 10: 이번에는 For all together 명령문을 만들어서, For all in order 명령문과의 차이점을 확인해 보자. For all together 명령문 타일을 world.animation 메서드 안으로 드래그 앤 드롭한다. (For all together 명령문 타일이 있는 위치는 그림 7-6을 참조하라.) 타일을 메서드 편집기에 드롭하면 메뉴가 하나 나타난다. expressions를 선택한 다음, world.skaterList를 선택한다. world.animation 메서드가 이제 그림 7-15처럼 된다.

그림 7-15 추가된 For all together 명령문

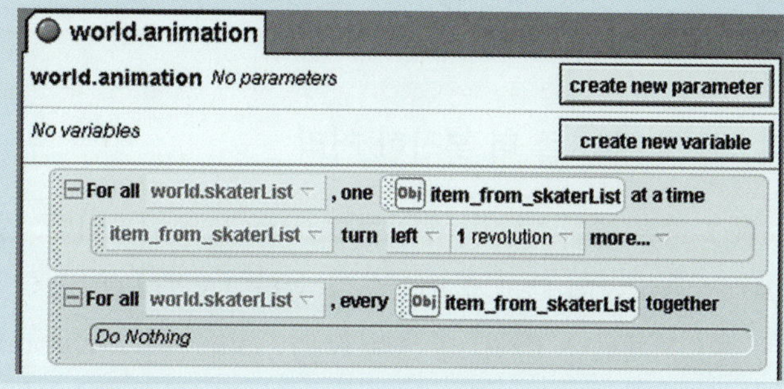

단계 11: 방금 만든 For all together 명령문의 item_from_skaterList 변수 타일을 For all together 명령문 안쪽으로 드래그 앤 드롭한다. 타일을 드롭하면 메뉴 하나가 나타난다. item_from_skaterList turn을 선택한 다음, direction(방향)으로 left를, 그리고 amount(회전수)로 1 revolution을 선택한다. animation 메서드가 이제 그림 7-16처럼 된다.

그림 7-16 완성된 명령문

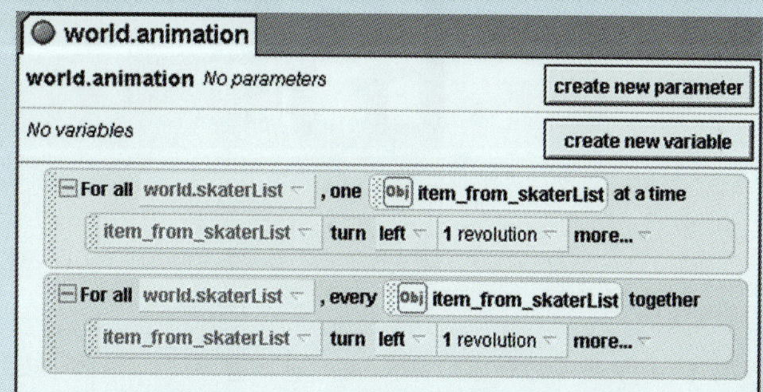

단계 12: 월드를 저장한 후 플레이 해보자. 처음에는 각각의 스케이팅 선수들이 차례대로 회전한다. 이것은 For all in order 명령문의 실행 결과이다. 그 다음에는 모든 스케이팅 선수들이 동시에 회전하는 모습을 볼 수 있다. 이것은 For all together 명령문의 실행 결과이다.

좀 더 복잡한 예제

따라하기 7-1에서는 리스트에 대해 간단한 처리를 수행하는 FourSkaters 월드를 만들어 보았다. 따라하기 7-2에서는 리스트의 아이템들에 대해서 좀 더 복잡한 처리를 수행하는 월드를 만들어 볼 것이다. For all together 명령문을 만들고 이것을 통해서, 각각의 리스트 아이템을 특정 메서드의 인수로 전달할 것이다. 또한 메서드로 전달된 인수를 사용해서 리스트 아이템 객체의 몸체 일부분을 조작할 것이다.

따라하기 7-2

리스트에 대한 좀 더 복잡한 처리

그림 7-17은 부록 CD 안에 있는 KarateClass 월드이다. 월드에는 coach, girl, madScientist, 그리고 evilNinja 객체가 배치되어 있다. (모두 People 컬렉션에 있는 클래스의 인스턴스이다.) 이 객체들은 Dojo 클래스(Web Gallery의 Environments 컬렉션에 있음) 인스턴스의 내부에 있다. 이번 따라하기에서는 다음의 문제 진술문대로 움직이는 월드를 만들어 볼 것이다.

닌자(evilNinja 객체)가 3명의 수련생들을 대상으로 가라데 수업을 시작한다. 닌자가 수련생들에게 발차기 연습을 명령하는 월드를 만들어 보자. 닌자가 "Kick!"이라고 말하면, 수련생들은 동시에 오른쪽 다리로 발차기를 한다. 닌자는 5회 발차기를 명령한다.

그림 7-17 KarateClass 월드

단계 1: 부록 CD의 KarateClass 월드를 하드 드라이브로 복사해서 연다.

단계 2: 우선 하나의 객체를 인수로 받아서 이 객체의 오른쪽 다리를 이용하여 발차기를 하는 월드 수준의 메서드를 만들어 보자. 객체 트리에서 world 객체를 선택한 후, 세부 패널의 methods 탭 아래에 있는 create new method 버튼을 클릭한다. 메서드의 이름을 kick이라고 입력한다. 메서드 편집기에 who라는 이름의 매개변수를 만든다. 매개변수의 형식은 Object이다. kick 메서드가 이제 그림 7-18처럼 만들어진다.

그림 7-18 객체 매개변수가 있는 kick 메서드

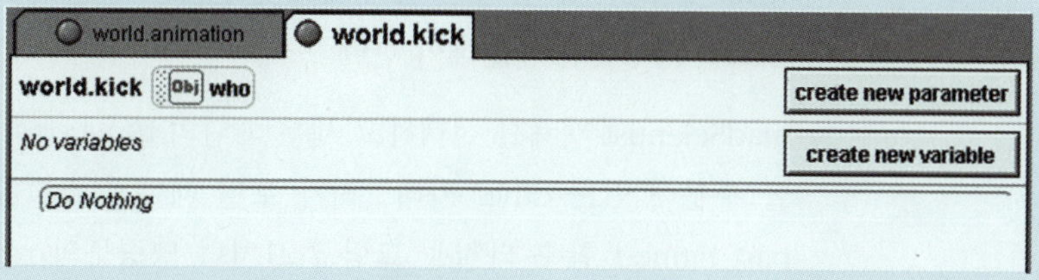

단계 3: 다음은 kick 메서드의 의사코드이다.

```
Method kick(who)
    who's right leg turn backward 1/4 revolution
    who's right leg turn forward 1/4 revolution
End Method
```

이 메서드가 호출되면, 하나의 객체가 who 매개변수로 전달된다. who 매개변수의 오른쪽 다리가 뒤쪽으로 움직인 다음, 다시 앞쪽으로 움직여서 발차기 동작이 일어난다. 그림 7-19는 이 메서드의 완성된 모습이다. 그러나 그림처럼 명령문을 만들기 위해서는 몇 가지 단계를 거쳐야 한다.

그림 7-19 완성된 kick 메서드

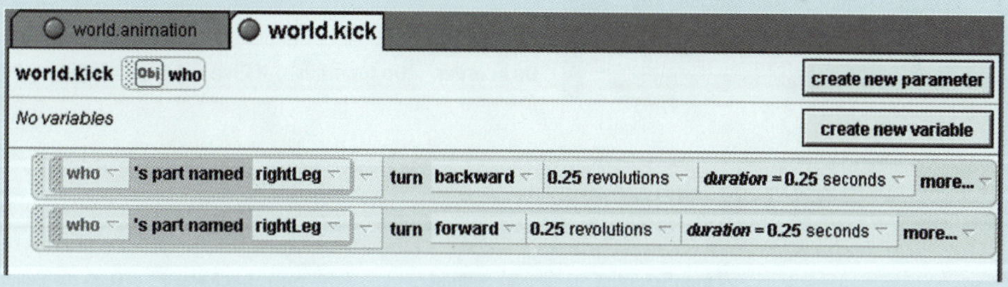

메서드의 첫 번째 명령문을 만들려면, 객체 트리에서 madScientist 객체의 +표시를 클릭해서 객체 타일을 펼치고 거기서 내부 객체 rightLegs를 선택한다. rightLeg의 turn 메서드 타일을 메서드로 드래그 앤 드롭한다. direction(방향)으로 backward를 선택하고 amount(회전수)로 1/4 revolutions을 선택한다. 그림 7-20과 같은 명령문이 만들어진다.

그림 7-20 첫 번째 명령문

단계 4: 방금 만든 명령문은 madScientist 객체의 내부 객체인 rightLeg를 회전시킨다. who 매개변수를 통해 어떤 객체가 전달되든지 그 객체의 rightLeg를 회전시킬 수 있도록 명령문을 수정해야 한다.

madScientist 객체를 선택하고 세부 패널의 functions 탭을 클릭한다. 함수 목록의 끝 부분에 있는 other 카테고리가 보일 때까지 스크롤을 내린다. madScientist' s part named 함수 타일을 그림 7-21처럼 명령문의 madScientist.rightLeg에 드래그 앤 드롭한다. 이렇게 하면 명령문이 그림 7-22처럼 변경될 것이다.

그림 7-21 part named 함수를 메서드로 드래그하기

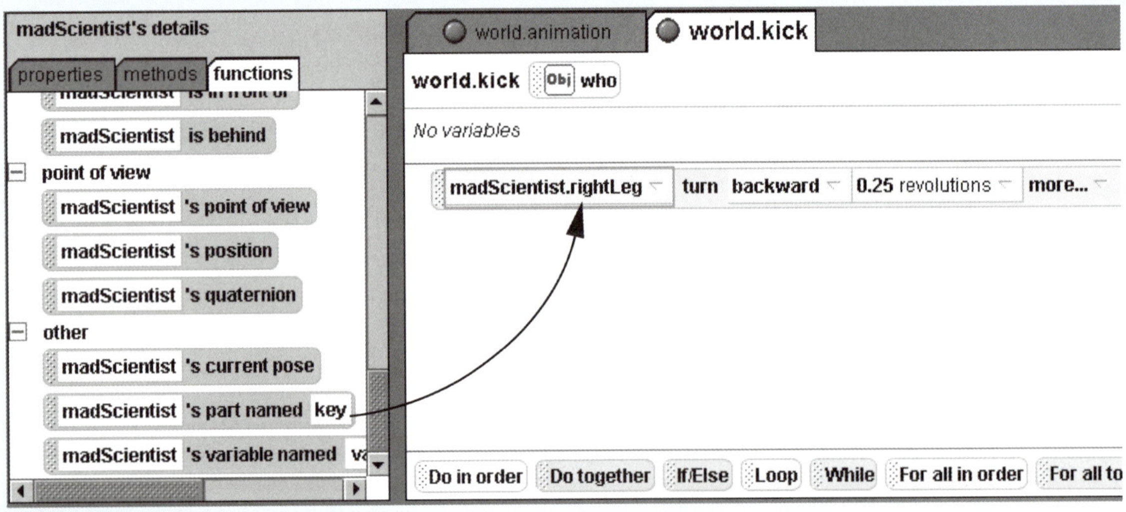

그림 7-22 변경된 명령문

단계 5: 그림 7-23의 첫 번째 이미지에 표시된 영역을 클릭한다. (드롭-다운 화살표 를 클릭하지 않도록 주의하자. 드롭-다운 화살표 의 왼쪽 영역을 클릭한다.) 이렇게 하면 그림 7-23의 두 번째 이미지처럼 타일이 확장된다. 확장된 영역에 rightLeg라고 입력하고(철자를 정확하게 입력하도록 주의하자) Enter를 누른다. 이제 명령문이 그림 7-24처럼 된다.

단계 6: 다음으로, who 매개변수 타일을 그림 7-25처럼 명령문의 madScientist에 드래그 앤 드롭한다. 이렇게 한 후에, 명령문의 duration(지속 시간)을 0.25 seconds로 변경한다. 명령문이 그림 7-26과 같이 완성된다.

그림 7-23 몸체 일부분(내부 객체)의 이름 입력하기

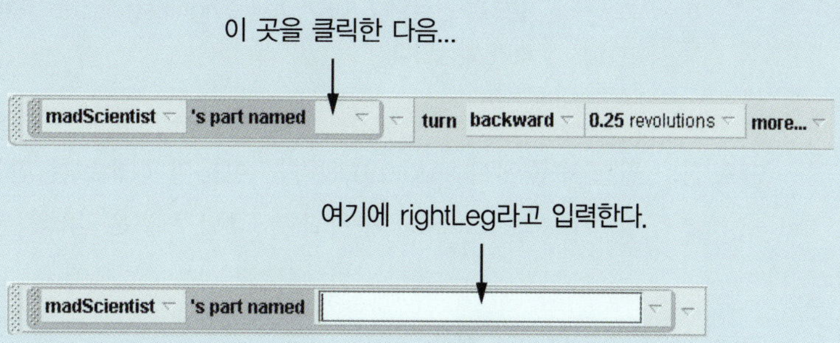

그림 7-24 변경된 명령문

그림 7-25 madScientist를 who 매개변수로 교체하기

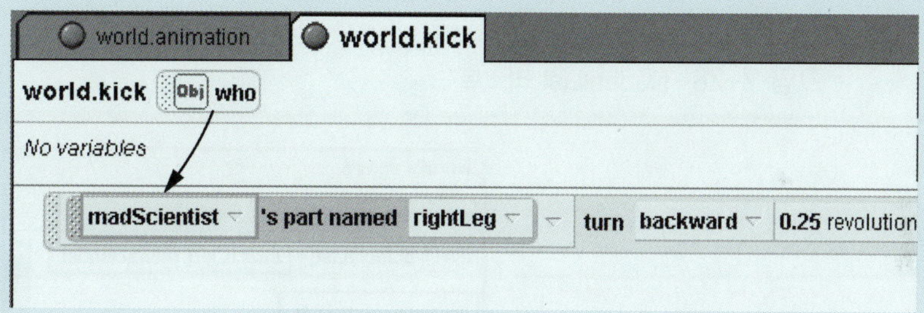

그림 7-26 완성된 명령문

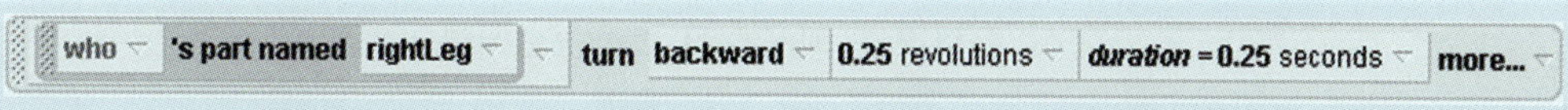

단계 7: 방금 만든 명령문은 who 매개변수로 전달된 객체의 내부 객체 rightLeg를 뒤로 1/4 만큼 회전시킨다. 이와 동일한 방식으로 who 매개변수의 내부 객체 rightLeg를 앞으로 1/4 만큼 회전시키는 명령문을 하나 더 만들어야 한다. 단계 3에서 단계 6까지의 과정을 반복하면[3] 두 번째 명령문이 그림 7-27처럼 만들어진다.

3) 동일한 과정을 다시 반복할 필요 없이 이미 만든 명령문을 복사한 다음, backward를 forward로 변경해도 된다.

노트

kick 메서드의 who 매개변수로 전달되는 모든 객체는 내부 객체로 rightLeg가 있는 것으로 간주된다. 내부 객체로 rightLeg가 없는 객체가 who 매개변수로 전달되면, 에러가 발생한다.

단계 8: 월드 수준에서 studentList라는 이름의 리스트를 만들고, 리스트에 coach, girl, 그리고 madscientist를 추가한다. 그림 7-28은 리스트 타일의 모습을 보여준다.

그림 7-27 완성된 kick 메서드

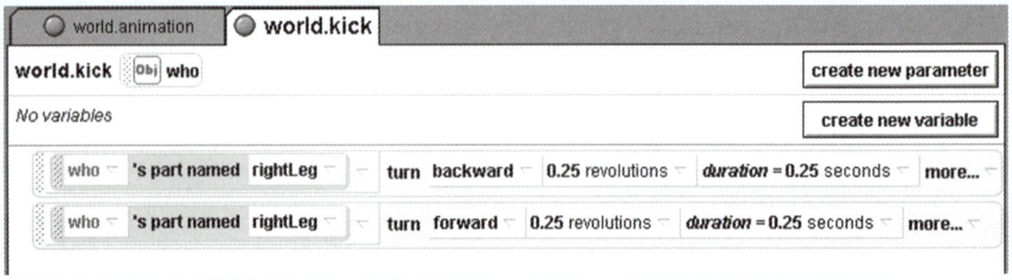

그림 7-28 studentList 리스트

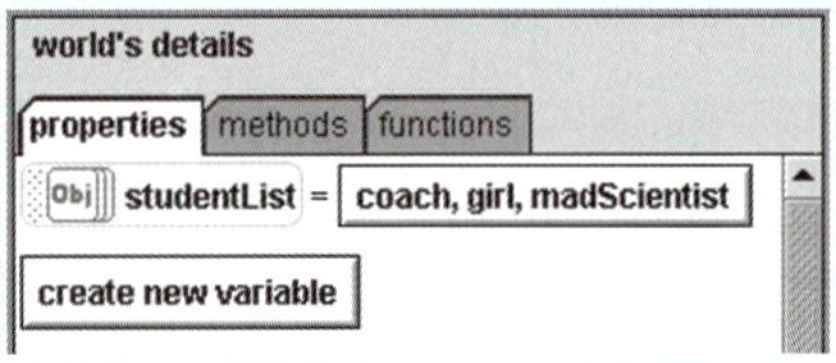

단계 9: 마지막 단계는 월드가 플레이될 때 실행되는 world.animation 메서드를 완성하는 것이다. 다음은 메서드의 의사코드이다.

```
Loop 5 times
   evilNinja say "Kick!"
   For all item in studentList together
       kick(item from the list)
   End For
End Loop
```

명령문 타일을 그림 7-29와 같이 만들어서 메서드를 완성한다.

단계 10: 월드를 저장한 후 플레이해 보자. 닌자가 발차기를 명령한다. 그러면 3명의 수련생이 동시에 오른쪽 다리로 발차기를 한다. 이 과정이 5번 반복된다.

그림 7-29 완성된 world.animation 메서드

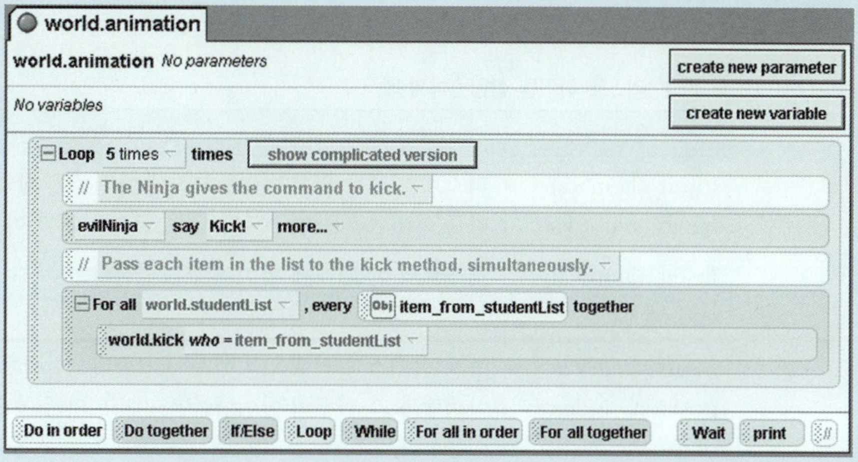

리스트 아이템 삽입 · 삭제 메서드

지금까지 리스트에 아이템을 추가하거나 삭제하려면 컬렉션 편집기를 이용해야 했다. Alice는 다양한 메서드를 통해서 리스트에 아이템을 추가하거나 삭제할 수 있다. 즉, 월드의 실행 중에 메서드를 호출하여 리스트 아이템을 추가하거나 삭제할 수 있다.

리스트 타일을 메서드 편집기 안으로 드래그 앤 드롭하면 메뉴가 나타나는데, 이 메뉴에서 리스트 아이템을 삽입 · 삭제하는 메서드의 목록을 볼 수 있다. 그림 7-30은 한 예이다. 그림

그림 7-30 리스트 아이템 삽입 · 삭제 메서드

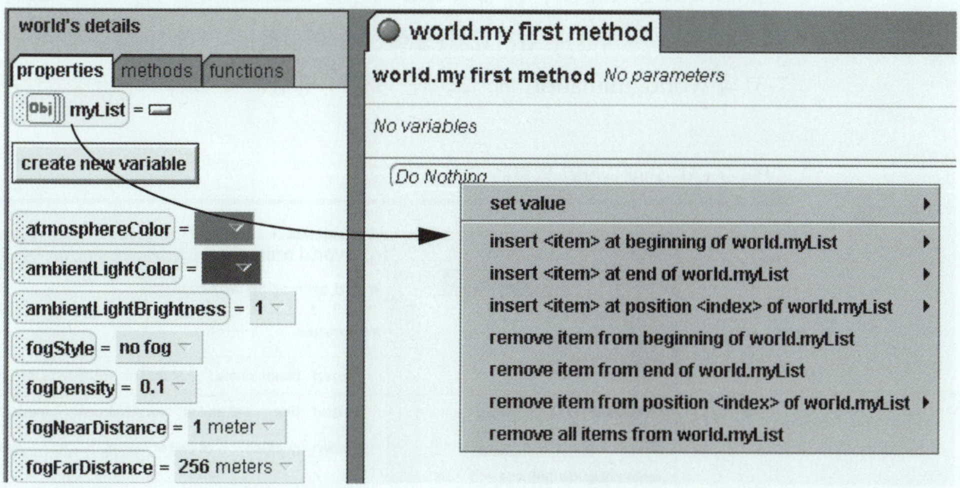

은 myList라는 이름의 리스트 타일을 메서드 편집기 안으로 드래그 앤 드롭한 경우이다. 표 7-1은 이 메서드들에 대한 설명이다.

표 7-1 리스트 아이템 삽입 · 삭제 메서드

메서드	설명
Insert <item> at beginning of list	리스트의 시작 위치인 0번 위치에 아이템을 삽입한다. 기존에 있던 다른 아이템들은 리스트의 뒤쪽으로 한 칸씩 이동한다.
Insert <item> at end of list	리스트의 끝 위치에 아이템을 삽입한다.
Insert <item> at position <index> of list	특정 인덱스 위치에 아이템을 삽입한다. 그 위치에 기존에 있던 아이템과 그 이후의 아이템들은 리스트의 뒤쪽으로 한 칸씩 이동한다.
remove item from beginning of list	0번 위치의 아이템을 리스트에서 삭제한다. (이 아이템은 월드에서 삭제되는 것이 아니라, 단지 리스트에서만 삭제되는 것이다.) 남아있는 아이템들은 리스트의 앞쪽으로 한 칸씩 이동한다.
remove item from end of list	마지막 위치 번호에 있는 아이템을 리스트에서 삭제한다. (이 아이템은 월드에서 삭제되는 것이 아니라, 단지 리스트에서만 삭제되는 것이다.)
remove item from position <index> of list	특정 인덱스 위치에 있는 아이템을 삭제한다. (이 아이템은 월드에서 삭제되는 것이 아니라, 단지 리스트에서만 삭제되는 것이다.) 그 이후의 아이템들은 리스트의 앞쪽으로 한 칸씩 이동한다.
remove item all items from list	모든 아이템을 리스트에서 삭제한다. (이 아이템들은 월드에서 삭제되는 것이 아니라, 단지 리스트에서만 삭제되는 것이다.)

부록 CD의 FishWorld의 예를 살펴보자. 이 월드에는 3개의 물고기 객체, blueminnow, fish, 그리고 goldfish가 있다. world 객체는 fishList라는 이름의 리스트를 가지고 있다. 현재 이 리스트는 컬렉션 편집기를 사용해서 아이템을 추가하지 않았기 때문에 비어 있다. 그림 7-31의 world.animation 메서드에는 3개의 명령문이 있다. 이 명령문들은 fishList에 있는 기

그림 7-31 FishWorld 명령문

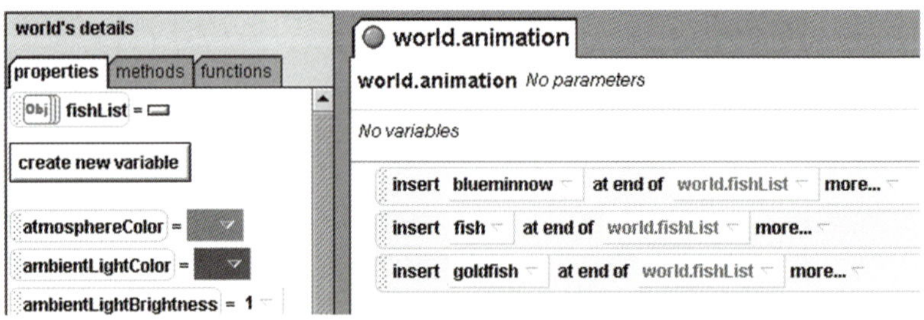

존 아이템의 바로 뒤에 blueminnow, fish, 그리고 goldfish 객체를 차례대로 삽입한다. 이 명령문들이 실행되고 나면, blueminnow 객체는 item 0이 되고, fish 객체는 item 1이 되며, goldfish 객체는 item 2가 된다.

리스트 함수

Alice는 리스트와 관련된 정보를 반환하거나, 리스트의 아이템을 반환하는 다양한 함수를 제공한다. 표 7-2는 이 함수들에 대한 설명이다.

리스트 타일을 명령문의 자리표시자에 드래그 앤 드롭하면 하나의 메뉴가 나타나는데, 여기서 리스트 함수들의 일부를 볼 수 있다. 이 메뉴에는 반환값의 형식이 자리표시자와 일치하

표 7-2 리스트 함수

함수 이름	반환값 형식	설명
size of list	Number(수치값)	리스트의 크기, 즉 리스트에 저장되어 있는 아이템의 개수를 반환한다.
first index of	Number(수치값)	하나의 인수를 전달받아, 리스트에서 그 인수와 동일한 아이템들을 찾되, 첫 번째로 찾은 아이템의 위치를 반환한다. 리스트에 동일한 아이템이 없으면, -1을 반환한다.
last index of	Number(수치값)	하나의 인수를 전달받아, 리스트에서 그 인수와 동일한 아이템들을 찾되, 마지막으로 찾은 아이템의 위치를 반환한다. 리스트에 동일한 아이템이 없으면, -1을 반환한다.
is list empty	Boolean(논리값)	리스트가 비어있으면 true, 그렇지 않으면 false를 반환한다.
list contains	Boolean(논리값)	하나의 인수를 전달받아, 그 인수와 동일한 아이템이 리스트에 존재하면 true를 반환하고, 그렇지 않으면 false를 반환한다.
first item from list	리스트의 아이템과 동일	리스트의 첫 번째 아이템(0번 위치의 아이템)을 반환한다. 리스트가 비어있으면 none이라는 특수한 값을 반환한다.
last item from list	리스트의 아이템과 동일	리스트의 마지막 아이템을 반환한다. 리스트가 비어있으면 none이라는 특수한 값을 반환한다.
random item from list	리스트의 아이템과 동일	리스트의 아이템을 무작위로 선택해서 반환한다. 리스트가 비어있으면 none이라는 특수한 값을 반환한다.
ith item from list	리스트의 아이템과 동일	인덱스 번호(위치 번호)를 인수로 전달받아 리스트에서 그 위치에 저장된 아이템을 반환한다. 리스트가 비어있으면 none이라는 특수한 값을 반환한다.

는 함수들이 나타난다.

예를 들어, myList가 객체 리스트이고, 변수 x가 수치 변수라고 가정하자. 그림 7-32의 첫 번째 이미지는 변수 x에 값 1을 할당하는 명령문이다. 만약 myList 타일을 값 1에 드래그 앤 드롭하면, 수치값을 반환하는 리스트 함수들이 메뉴에 나타남을 확인할 수 있다. 그림 7-32의 두 번째 이미지는 이와 같이 했을 때 나타나는 메뉴이다.

또 다른 예로, myList가 객체 리스트이고, 그림 7-33의 첫 번째 이미지와 같은 If/Else 명령문이 있다고 가정하자. myList 타일을 자리표시자 true에 드래그 앤 드롭하면, 논리값을 반환하는 리스트 함수들이 메뉴에 나타남을 확인할 수 있다. 그림 7-33의 두 번째 이미지는 이와 같이 했을 때 나타나는 메뉴이다.

그림 7-32 리스트 함수 메뉴

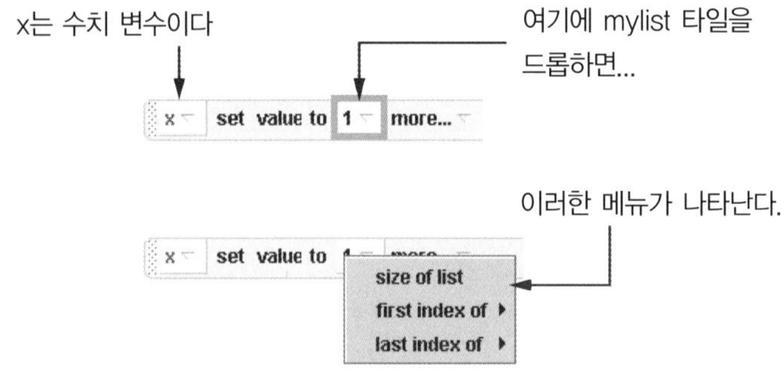

그림 7-33 리스트 함수 메뉴

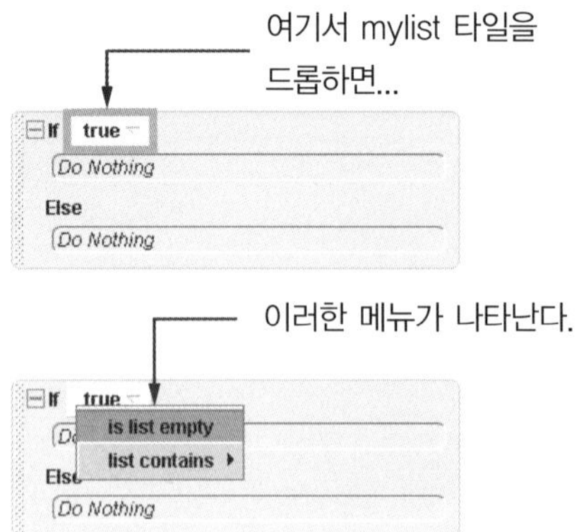

마지막으로 한 가지 예를 더 살펴보자. 표 7-2의 마지막 4개의 함수들은 리스트의 아이템을 반환한다. 이 함수들은 first item from list, last item from list, random item from list, ith item from list이다. 이 함수들을 호출하려면, 리스트의 아이템과 동일한 형식의 자리표시자에 리스트 타일을 드롭해야 한다.

예를 들어, myList가 객체 리스트이고, 변수 obj가 객체 변수라고 가정하자. 그림 7-34의 첫 번째 이미지는 변수 obj에 ground 객체를 할당하는 명령문이다. myList 타일을 ground 위에 드래그 앤 드롭하면, 리스트의 아이템을 반환하는 리스트 함수들이 메뉴에 나타남을 확인할 수 있다. 그림 7-34의 두 번째 이미지는 이와 같이 했을 때 나타나는 메뉴다.

그림 7-34 리스트 함수 메뉴

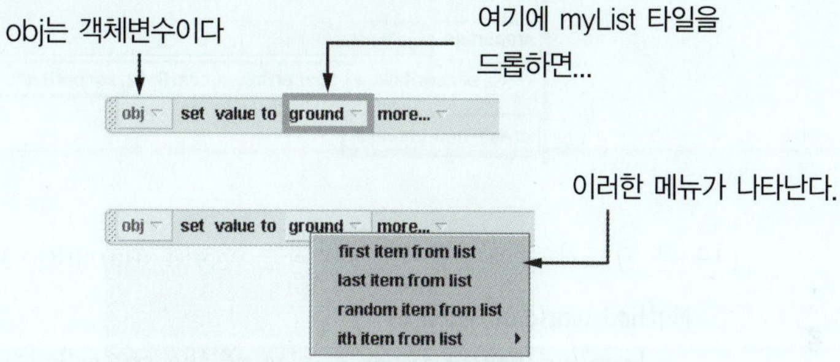

리스트 메서드와 함수를 사용하는 예제 월드

다음의 문제 진술문을 토대로 만든 예제 월드를 살펴보자.

> *한 축구 선수가 5개의 축구공을 골대 앞에 일렬로 세워놓고 골대를 향해 한 번에 하나씩 공을 차는 연습을 한다. 이 축구 선수의 연습 모습을 재현하는 월드를 만들어 보자.*

그림 7-35는 부록 CD에 있는 SoccerPractice 월드이다. 월드에 있는 여자 캐릭터는 soccerPlayer라는 이름의 객체이며, 6장에서 다루었던 shebuilder 도구를 사용해서 만들었다. 축구공과 골대는 Sports 컬렉션에 있는 클래스의 인스턴스이다.

그림 7-35 SoccerPlayer 월드

월드를 열어서 플레이해보자. soccerPlayer가 맨 오른쪽에 있는 축구공을 바라본 다음, 그 공을 향해 걸어가서 그것을 발로 찬다. 그런 다음, 시작 위치로 되돌아온다. 그리고 남아있는 공에 대해서도 이 과정을 반복한다. 공을 차면, 공의 일부는 골대 안으로 들어가지만, 일부는 들어가지 않는다.

이 월드의 메서드를 자세히 살펴보기 전에, 알고리즘이 어떻게 돌아가는지 확인해보자. 우선, 축구공 객체 5개는 그림 7-3과 같이 월드 수준의 리스트 soccerBalls에 저장되어 있다.

그림 7-36 soccerBalls 리스트

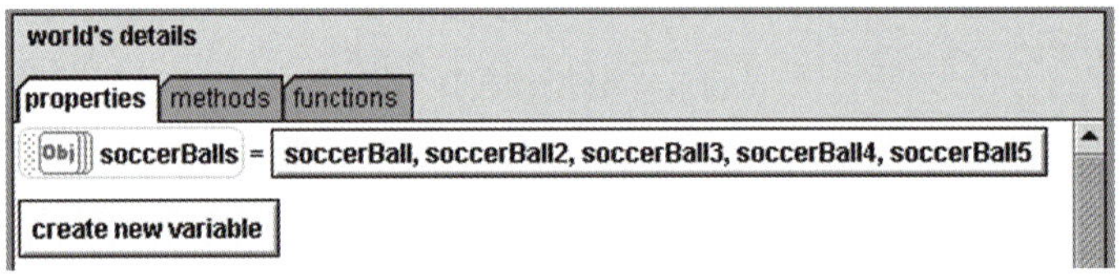

다음은 월드가 플레이될 때 실행되는 world.animation 메서드의 의사코드이다.

```
Method world.animation
   Loop number of times = size of the soccerBalls list
      targetBall = first item in the soccerBalls list
      soccerPlayer goes to targetBall and kicks it
      Remove the first item from the soccerBalls list
      soccerPlayer steps back to the starting position
   End Loop
   soccerPlayer turns to face the camera
End Method
```

이 의사코드는 알고리즘의 각 단계를 기술하고 있지만, Alice 명령문으로 실제 구현하려면 좀 더 상세하게 기술할 필요가 있다. 5장에서 다루었던 단계적 세분화(stepwise refinement) 과정을 거치면 그림 7-37과 같이 알고리즘을 확장시킬 수 있다. 즉, 알고리즘을 3개의 월드 수준 메서드 animation, kickTheBall, 그리고 goBack으로 세분화 할 수 있다.

그림 7-38은 world.kickTheBall 메서드이다. 우선 메서드가 whichBall이라는 이름의 객체 매개변수를 가지고 있음에 주목하자. 메서드가 호출되면 soccerPlayer가 차게 될 축구공이 인수로 넘어온다. 그림에는 다음과 같은 4개의 항목이 표시되어 있다.

① 이 명령문을 통해서 soccerPlayer는 메서드의 인수로 넘어온 공을 바라본다.

② 이 Do together 명령문을 통해서 soccerPlayer가 메서드의 인수로 넘어온 공으로 걸어간다. 여기서 soccerPlayer 객체의 walk 메서드와 move 메서드가 동시에 호출된다.[4] move 메서드는 soccerPlayer를 앞쪽으로 1미터 이동시킨다. soccerPlayer가 모든 공에

4) walk 메서드와 move 메서드를 동시에 호출하는 이유는, walk 메서드가 제자리에서 걷는 모습으로 구현되어 있기 때문이다. walk 메서드가 어떻게 구현되어 있는지 확인해 보려면, 해당 캐릭터를 선택하고, 세부 패널의 methods 탭 아래에서 walk 메서드를 찾아 그 타일 옆에 있는 edit 버튼을 클릭해 보면 된다. 꽤나 많은 기본 명령문들을 사용해서 복잡하게 구현되어 있는 것을 확인할 수 있을 것이다.

그림 7-37 world.animation 메서드

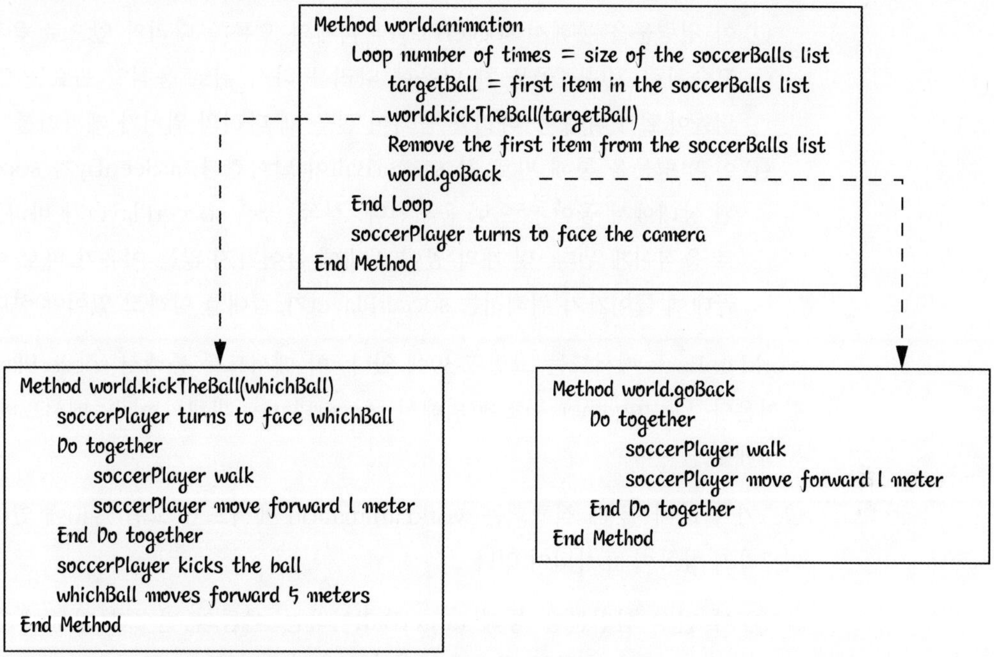

그림 7-38 world.kickTheBall 메서드

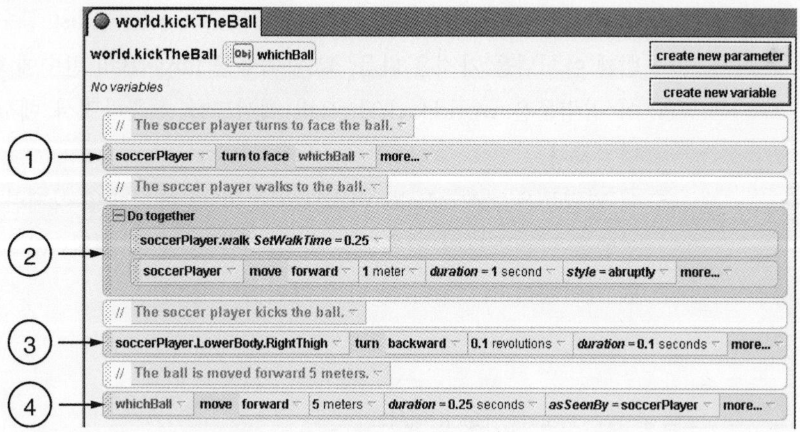

서 대략 1미터 정도 떨어진 위치에 서 있도록 월드의 초기장면을 설정해 놓았다.

walk 메서드는 shebuilder 도구를 통해 만들어진 것인데, 객체의 다리를 마치 걷고 있는 것처럼 움직이게 한다. SetWalkTime 인수에 0.25초가 설정되어 있는데, 이것은 메서드의 실행 지속 시간이다.[5] move 명령문은 1초의 duration(지속 시간)을 사용한

5) 기본 명령문의 실행시간은 편집 태그의 duration 속성을 통해 결정되지만, soccerPlayer 객체의 walk 메서드는 메서드 호출시 전달되는 인수 값에 의해서 결정된다.

다. 시행착오 방법으로 조금 더 테스트해 보면, 이 지속 시간이 실제와 꽤 흡사한 모습으로 움직이게 한다는 것을 발견할 수 있다.

③ 이 명령문을 통해서 soccerPlayer 객체의 오른쪽 다리가 앞으로 움직여서 공을 차는 모습처럼 된다. (공을 찬 다음에 다리를 다시 뒤로 움직일 필요는 없다. 시작 위치로 되돌아오기 위해 두 다리를 움직여 걸을 때 다리의 위치가 제자리를 잡기 때문이다.)

④ 이 명령문을 통해 발로 찬 soccerBall이 날아간다. asSeenBy가 soccerPlayer로 설정된 상태에서 공이 앞으로 움직인다. 결국, 공은 soccerPlayer가 바라보고 있는 방향으로 움직이게 된다. 몇 개의 공이 골대에 들어가지 않는 이유가 바로 여기에 있다. 볼이 골대에 들어가기 위해서는 soccerPlayer가 골대를 향하고 있어야 한다.

world.goBack 메서드는 그림 7-39에 있다. 이 메서드를 통해서 soccerPlayer는 1미터 뒤로 걸어온다. Do together 구조에 의해서 soccerPlayer 객체의 walk 메서드와 move 메서드가 동시에 호출된다.

월드가 플레이 될 때 실행되는 world.animation 메서드가 그림 7-40에 있다. 그림에는 다음의 7가지 항목이 표시되어 있다.

① 이 변수 선언문을 통해 targetBall이라는 이름의 변수가 만들어진다. 변수 형식은 Object이다. 축구공 객체를 저장하는데 사용된다.

② 이 루프는 soccerBalls 리스트의 size of 함수를 호출해서 반복 수행 횟수를 결정한다. 리스트에 5개의 객체가 있으므로, 루프는 5번 수행될 것이다.

③ 이 명령문은 soccerBalls 리스트의 first item from list 함수를 호출해서 리스트의 첫 번째 아이템을 가져온 다음, 그 아이템을 targetBall 변수에 할당한다.

④ 이 명령문은 world.kickTheBall 메서드를 호출하면서 메서드의 인수로 targetBall을 넘겨준다.

⑤ 이 명령문은 soccerBalls 리스트의 첫 번째 아이템을 삭제한다. 리스트에 있는 다른 아이템들은 리스트의 앞쪽으로 한 칸씩 이동한다. 결국, 리스트의 두 번째 위치에 있었던 아이템이 리스트의 첫 번째 아이템이 된다.

그림 7-39 world.goBack 메서드

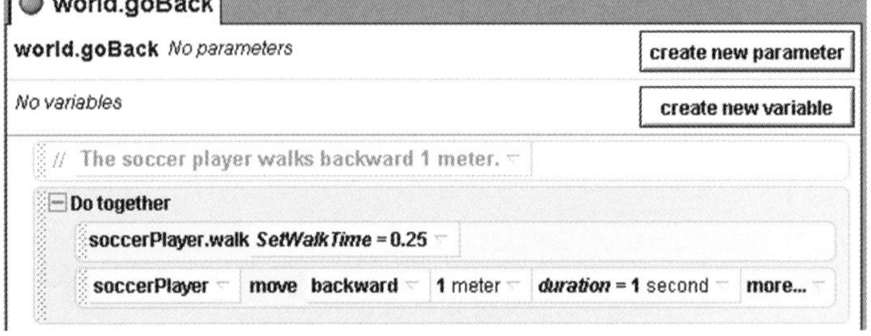

그림 7-40 world.animation 메서드

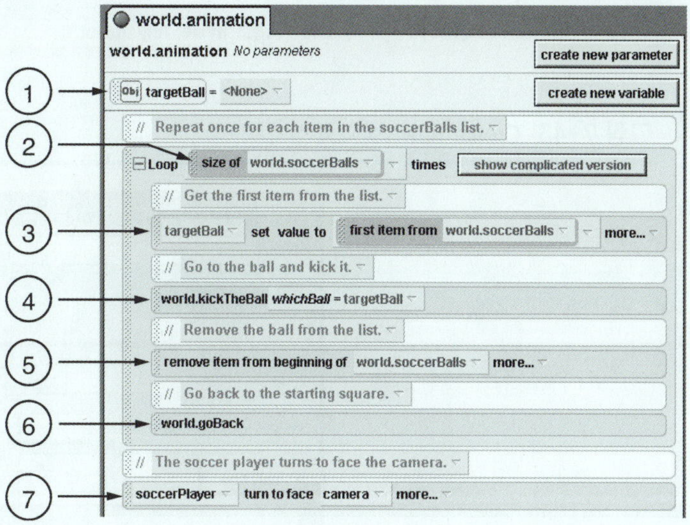

⑥ 이 명령문은 world.goBack 메서드를 호출한다.

⑦ 이 명령문은 soccerPlayer로 하여금 카메라를 쳐다 보도록 한다.

Let the mouse move <objects> 이벤트 사용하기

Let the mouse move <objects> 이벤트는 Alice 월드에서 사용할 수 있는 이벤트의 일종이다. 이 이벤트를 통해 사용자는 Alice 월드의 플레이 중에 객체를 마우스로 드래그함으로써 그 객체를 움직일 수 있다. 이 특수 이벤트는 6장에서 다루지 않았다. 그 이유는 이 이벤트를 사용하려면 리스트가 있어야 하기 때문이다. 이벤트 타일을 만들 때 리스트를 지정해야 하는데, 이 리스트에는 월드의 실행 중에 사용자가 마우스로 움직일 객체가 들어 있어야 한다.

그림 7-41 Let the mouse move 〈objects〉 이벤트 만들기

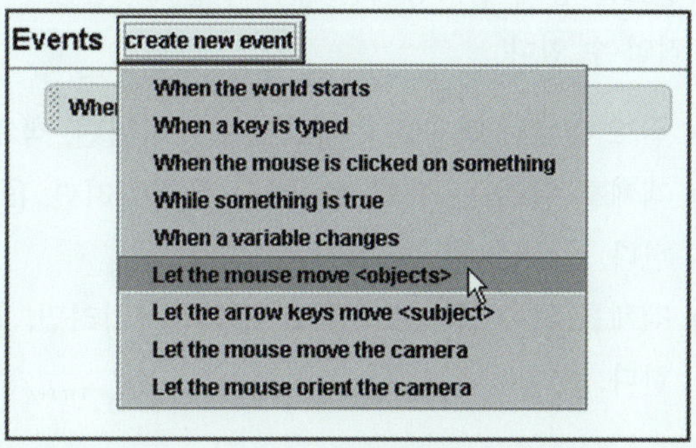

그림 7-42 이벤트 타일

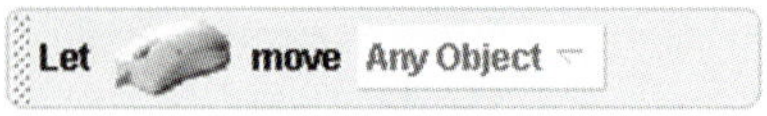

그림 7-43 Create new list 대화 상자

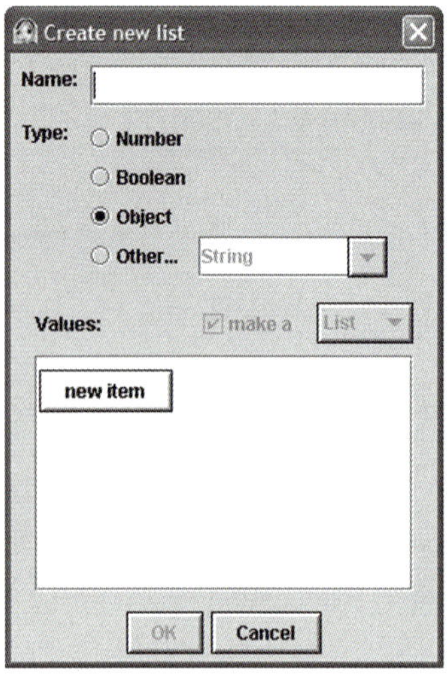

이 이벤트 타일을 만들려면, 이벤트 편집기의 create new event 버튼을 클릭한 후, 그림 7-41의 메뉴에서 Let the mouse move <objects>를 선택한다. 이렇게 하면 그림 7-42의 이벤트 타일이 만들어진다. 이 타일에서 Any Object 부분을 클릭하면 메뉴가 나타나는데, 여기서 월드에 이미 만들어 놓은 리스트를 선택하거나 새로 리스트를 만들어야 한다.

메뉴에서 기존에 있던 리스트를 선택하면, 월드의 플레이중에 드래그해서 그 리스트의 객체들을 움직일 수 있다. 메뉴에서 create new list...를 선택하면 그림 7-43의 Create new list 대화상자를 볼 수 있다. 이 대화상자에서 새로운 리스트를 만들고 리스트에 아이템을 추가할 수 있다. 리스트를 만든 다음, 사용자는 월드의 플레이중에 드래그함으로써 그 리스트의 객체들을 움직일 수 있게 된다.

이 이벤트를 통해서 사용자는 월드의 플레이중에 다음과 같은 동작들을 수행함으로써 객체를 움직일 수 있다.

- 월드 내에서 객체를 수평으로 움직이려면, 객체를 그냥 드래그한다.
- 객체를 위 또는 아래로 똑바로 움직이려면, Shift 키를 누른 상태에서 객체를 드래그한다.
- 객체를 왼쪽 또는 오른쪽으로 회전시키려면, Ctrl 키를 누른 상태에서 객체를 드래그한다.

- 객체를 사방으로 회전시키려면(왼쪽, 오른쪽, 앞으로, 뒤로, 또는 4가지 방향들의 어떤 조합으로든지), Ctrl 과 Shift 키를 누른 상태에서 객체를 드래그한다.

따라하기 7-3은 이 이벤트를 얼마나 쉽게 구현할 수 있는지를 보여준다.

따라하기 7-3

Let the mouse move 〈objects〉 이벤트 사용하기

단계 1: 부록 CD의 MovableFurniture 월드를 하드 드라이브로 복사해서 연다. 이 월드의 방에는 그림 7-44에서 볼 수 있듯이 다양한 가구들이 놓여 있다.

그림 7-44 MovableFurniture 월드

단계 2: 이벤트 편집기의 create new event 버튼을 클릭한 후, 메뉴에서(그림 7-41을 참조하라) Let the mouse move <objects>를 선택한다.

단계 3: 이벤트 타일(그림 7-42를 참조하라)이 만들어질 것이다. 타일의 Any Object부분을 클릭한다. 나타나는 메뉴에서 create new list...를 선택하면 Create new list 대화상자가 표시된다. 그림 7-45처럼, 이름으로 moveableObjects를 입력하고, 형식으로 Object를 선택한다. 그림처럼 아이템들을 추가하고 OK 버튼을 클릭한다.

단계 4: 월드를 저장한 후 플레이해보자. 가구들을 드래그하면 가구들이 움직여야 한다. Ctrl, Shift 키와 조합해서 마우스를 드래그해 보자. 객체를 움직이거나 옆으로 회전시키거나 또는 사방으로 회전시킬 수 있다.

그림 7-45 Create new list 대화 상자

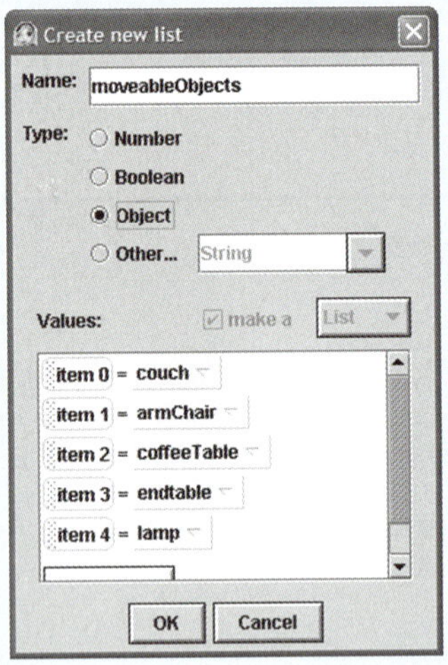

리스트에 비시각적인 데이터 저장하기

지금까지 살펴보았던 모든 예제는 리스트에 시각적인 객체를 담아서 사용하였다. 수치값, 문자열, 논리값 등의 비시각적인 데이터도 리스트에 저장할 수 있다. 부록 CD의 HamletList 월드의 예를 살펴보자. 이 월드에는 그림 7-46과 같이 People 컬렉션에서 가져온 HandsomePrince 클래스의 인스턴스가 있다.

world 객체에 script라는 이름의 리스트가 있는데, 이 리스트에는 4개의 문자열이 저장되어 있다. 이 문자열들은 셰익스피어의 햄릿에 나오는 대사들이다. 그림 7-47은 리스트를 컬렉션 편집기로 연 모습이다. 월드를 플레이하면 world.animation 메서드에서 For all in order 명령문이 실행되고, 이 명령문을 통해서 handsomePrince 객체가 리스트에 저장된 대사들을 말하게 된다. 그림 7-48은 이 월드의 animation 메서드이다.

그림 7-46 HamletList 월드

그림 7-47 script 리스트

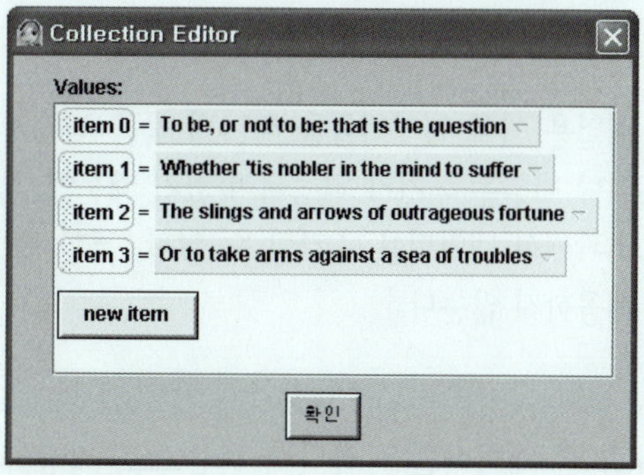

그림 7-48 world.animation 메서드

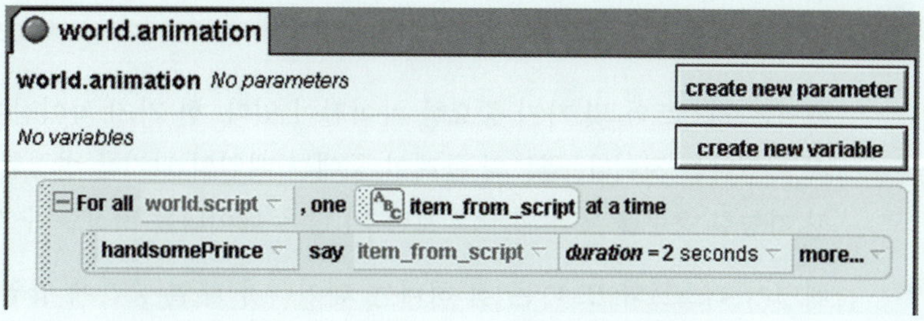

체크 포인트

7.1 자료 구조란 무엇인가?

7.2 리스트의 첫 번째 아이템이 저장되어 있는 위치 번호는?

7.3 리스트의 크기란 무엇을 나타내는 것인가?

7.4 For all in order와 For all together 명령문에 대해 설명하라.

7.5 리스트에 아이템을 삽입하는 Alice 메서드에 대해 설명하라.

7.6 리스트에서 아이템을 삭제하는 Alice 메서드에 대해 설명하라.

7.7 리스트 타일을 명령문의 자리표시자에 드래그 앤 드롭하면, 메뉴 하나가 나타난다. 이 메뉴에서 볼 수 있는 것은 무엇인가?

7.2 배열

개념 : 배열은 여러 데이터들을 하나의 묶음으로 저장한다는 점에서 리스트와 유사하다. 그러나 배열은 크기가 고정되어 있기 때문에, 월드의 플레이 중에는 저장 가능한 용량을 초과해서 데이터를 추가할 수 없다. 또한 배열은 리스트와 같은 삽입, 삭제 메서드를 제공하지 않는다.

*배열(array)*은 데이터들을 하나의 묶음으로 저장하는 일종의 그릇이다. 배열에 저장된 아이템들을 대개 *요소(element)*라고 부른다. 배열은 여러 가지 면에서 리스트와 유사하다. 아이템들은 배열에 차례대로 저장된다. 배열에서 각 데이터들의 위치는 번호로 매겨져 있다. 배열의 첫 번째 데이터는 0번 위치에 있고, 두 번째 아이템은 1번 위치에 있고... 이러한 위치 번호를 보통 인덱스(index)[6] 라고 한다.

배열은 리스트와 몇 가지 중요한 차이점이 있다. 한 가지 차이점이 배열은 고정된 크기를 가지고 있다는 것이다. 월드의 플레이 중에는 배열의 크기를 변경할 수 없다. 따라서 배열은 저장 가능한 용량을 초과해서 그 보다 더 많은 데이터를 저장할 수 없다.

배열이 리스트와 또 다른 점 하나는 데이터가 배열 중간에 삽입될 때, 배열에 이미 저장되어 있는 데이터들의 위치가 자동으로 바뀌지 않는다는 것이다. 배열의 특정 위치에 데이터를 삽입하는 경우, 그 위치에 이미 저장되어 있는 데이터는 새로 삽입되는 데이터에 의해 덮어 써진다. 또한 배열에 있는 데이터를 삭제하려면, 그 데이터 값을 다른 값으로 덮어쓰는 방법 밖에는 없다.

그림 7-49는 Alice에서 사용되는 배열의 개념을 묘사하고 있다. 그림에는 4개의 객체가 있는데, 이것들은 Lion 클래스(Web Gallery의 Animals 컬렉션에 있음)의 인스턴스이다. 객체의 이름은 simba, mufasa, leo, 그리고 kimba이다. 이 객체들은 모두 lionArray라는 이름의 배열에 있는 아이템들이다. simba 객체는 0번 위치에 있고, mufasa 객체는 1번 위치에 있고, leo 객체는 2번 위치에 있고, kimba 객체는 3번 위치에 있다. 배열이 4개의 아이템을 가지고 있기 때문에, 그 크기는 4이다.

노트

> 배열에서 마지막 아이템의 위치 번호는 배열의 크기보다 언제나 1이 작다. 왜냐하면 위치 번호가 0부터 시작하기 때문이다.

6) 아이템이 저장되어 있는 배열의 위치 번호를 "*배열 첨자(subscript)*" 라고도 부른다.

그림 7-49 객체 배열

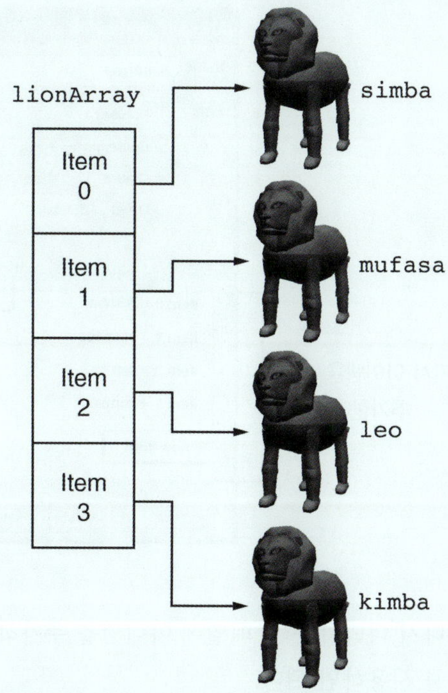

Alice에서 배열 만들기

Alice에서 배열을 만드는 과정은 리스트를 만드는 과정과 동일한 순서를 따른다. 객체 안[7]이나, 메서드 안에 있는 create new variable 버튼을 클릭한다. create new variable 대화상자에서 배열의 이름을 입력하고 배열 안에 저장할 데이터의 형식을 선택한다. 그림 7-50과 같이 Values 영역에 있는 드롭-다운 메뉴에서 Array를 선택하고, make a 옵션을 체크한다. make a 옵션을 체크하면 그림처럼 대화상자가 펼쳐지면서 컬렉션 편집기가 나타난다. 그림 7-50에서는 배열에 4개의 아이템을 추가하였다. OK 버튼을 클릭하면, 배열이 만들어진다.

배열은 객체나 메서드 내부에 하나의 타일로 나타난다. 그림 7-51은 하나의 타일로 만들어진 배열의 예이다. 타일에 표시된 별표(*)에 주목하라. 이것은 타일이 배열임을 나타낸다.[8] 그림에서처럼, 배열의 데이터들이 하나의 버튼 위에 표시된다. 이 버튼을 클릭하면 컬렉션

7) 여기서 "객체 안"이란 객체 트리에서 객체를 선택한 다음, 세부 패널의 properties 탭 안쪽을 의미한다. properties 탭 아래에 있는 create new variable 버튼을 클릭하면 클래스 수준의 변수를 만들 수 있는데, 여기서 배열을 만들 수 있다. 메서드의 지역 변수로 배열을 만들려면, 메서드 안에 있는 create new variable 버튼을 클릭하면 된다.

8) Alice 개발팀에서 배열을 나타내는 방법으로 별표(*)를 사용한 특별한 이유가 있을까? 확인된 바는 없지만,

그림 7-50 배열 만들기

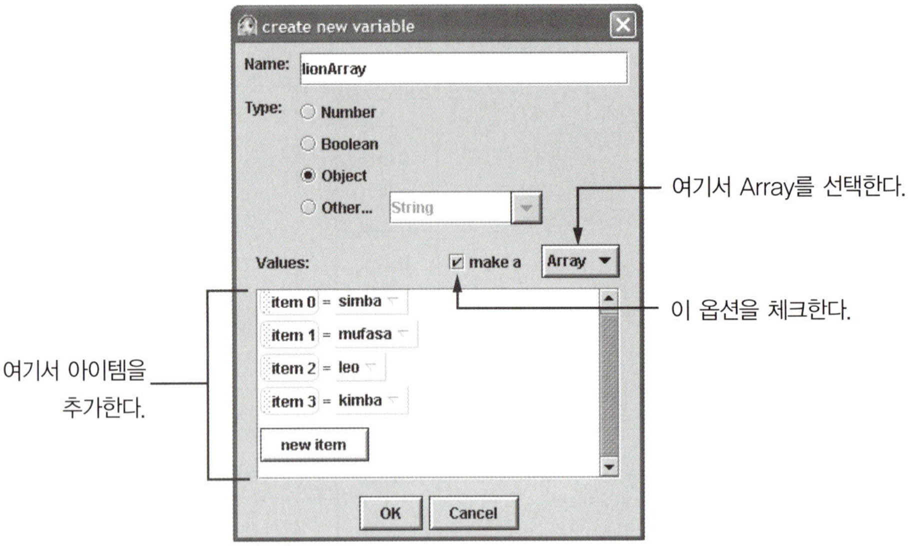

편집기가 다시 나타나는데, 배열에 아이템을 추가하거나 삭제할 필요가 있을 때마다 이 컬렉션 편집기를 사용하면 된다.

부록 CD에 LionArray라는 이름의 월드가 있을 것이다. 이 월드에는 지금 살펴본 Lion 객체들과 lionArray 배열이 있다. lionArray는 world 객체 안에 있다.

C언어의 배열과 포인터의 개념을 반영한 결과라고 생각된다. C언어에서 배열은 곧 포인터이다. C언어에서 배열은 대괄호 [ ]로 표시하고, 포인터는 별표 ∗로 표시한다. 다음은 C언어에서 정수형 아이템 4개를 저장하는 배열을 선언하는 명령문 코드이다.

```
int lionArray[4]={10,20,30,40};
```

만약 정수형 포인터를 선언하려면, 다음과 같이 한다.

```
int *ptr;
```

이때, 다음의 명령문을 수행하고 나면, ptr는 배열 lionArray와 완전히 동일하게 되며, 내부적으로 주소를 이용한 포인터 연산에 의해서 동일한 방식으로 작동한다. 단지, 배열은 포인터 상수이며, 포인터는 변수라는 것만 차이가 있을 뿐이다.

```
ptr = lionArrary;
```

다음은 C언어에서 문자열로 된 아이템 4개를 저장할 수 있는 배열을 선언하는 명령문 코드이다.

```
char *lionArray[4];
```

그림 7-51의 배열 타일에 있는 simba, mufasa, leo, kimba가 문자열이라고 가정하고, C언어의 배열로 다시 선언하면 다음과 같다.

```
char *lionArray[4] = {"simba","mufasa","leo","kimba"};
```

Alice의 배열 타일과 C언어의 배열 선언문이 그 겉모습에서 꽤 유사함을 발견할 수 있을 것이다. C언어에서 배열이 포인터와 내부적으로 매우 유사하게 동작함을 이해한다면, C언어의 기초를 마스터하는데 많은 도움이 될 것이다.

그림 7-51 배열 타일

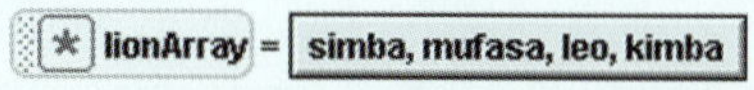

개개의 배열 아이템들에 대해 동작하는 명령문을 만들 수 있다. 예를 들어 LionArray 월드의 world.animation 메서드를 열면 그림 7-52와 같은 명령문이 메서드의 맨 상단에 보일 것이다. 이 명령문들을 실행하면 0번 위치의 배열 아이템부터 한 번에 하나씩 앞쪽으로 0.5미터를 이동한다.

그림 7-52 배열 아이템들에 대해서 동작하는 명령문들

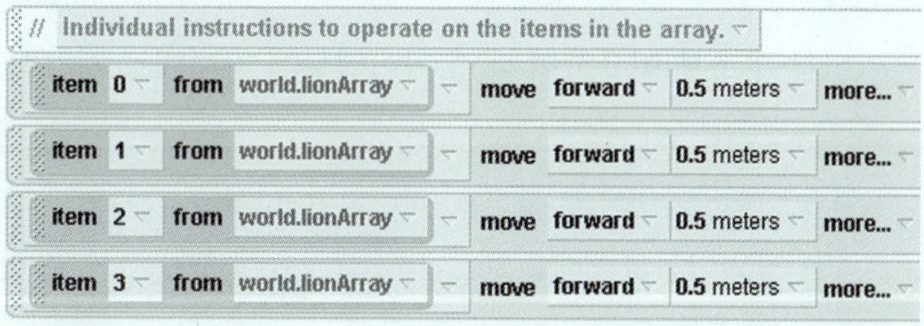

그림 7-52에는 배열 아이템 각각에 대해서 동작하는 명령문이 하나씩 있음에 주목하자. 첫 번째 명령문은 0번 위치의 아이템 (item 0)에 대해서 동작하고, 그 다음 명령문은 1번 위치의 아이템 (item 1)에 대해서 동작하고...

이러한 방식 보다 더 좋은 방법은 반복 구조를 사용하는 것이다. 그러나 불행히도, 리스트에서 사용했던 For all in order와 For all together 명령문은 배열에서는 동작하지 않는다. 배열 아이템들을 차례로 접근하면서 배열 아이템 각각에 대해서 어떠한 동작을 수행하려면, 배열에 있는 각 아이템에 대해서 한 번씩 실행되는 Loop 명령문을 만들어야 한다. 복잡한 버전의 Loop 명령문을 사용하면 index 변수를 통해 배열의 아이템들에 접근할 수 있다. 예를 들어, LionArray 월드의 world.animation 메서드 하단에 있는 그림 7-53의 루프를 살펴보자.

그림 7-53 배열 아이템들에 접근하는 루프

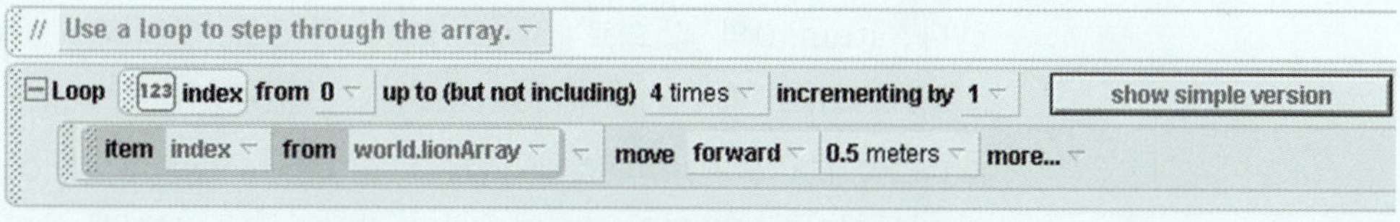

루프내의 명령문이 index 변수를 사용해서 배열의 아이템들에 접근한다는 사실에 주목하자. 처음 루프가 실행되면 index 변수가 0으로 설정되고 item 0이 앞으로 이동한다. 루프의

두 번째 반복에서 index 변수가 1로 설정되고 item 1이 앞으로 이동한다. 이러한 과정이 각각의 배열 아이템에 대해서 계속된다.

팁

> Loop 명령문의 복잡한 버전에 대한 자세한 내용은 4장을 참조하라.

따라하기 7-4에서 독자 여러분은 배열과 Loop 명령문을 만들고, 이 Loop 명령문을 통해 배열의 아이템들에 차례대로 접근하는 과정을 실습하게 된다.

따라하기 7-4

반복 구조를 이용하여 배열 아이템들에 차례대로 접근하기

그림 7-54는 부록 CD에 있는 FourSkatersArray 월드이다. 이 월드는 따라하기 7-1에서 완성한 FourSkater 월드의 복사본이다. 이번 따라하기에서는 4개의 스케이팅 선수 객체들을 배열에 넣고 각각의 객체들을 조작하는 Loop 명령문을 만들어 볼 것이다.

그림 7-54 FourSkatersArray 월드

단계 1: 부록 CD의 FourSkatersArray 월드를 하드 드라이브로 복사해서 연다.

단계 2: 월드 객체에 skaterArray라는 이름의 배열을 만든다. 배열에 4개의 아이템을 추가한다. item 0의 값으로 firstSkater 객체를 설정하고, item 1의 값으로 secondSkater 객체를 설정하고, item 2의 값으로 thirdSkater 객체를 설정하고, item 3의 값으로 fourthSkater 객체를 설정한다. 이제 그림 7-55와 같은 배열 타일이 만들어진다. (배열의 아이템들이 그림처럼 모두 보이게 하려면 세부 패널의 크기를 조절해야 할 것이다.)

그림 7-55 skaterArray 배열

단계 3: 이제, 배열에 있는 스케이팅 선수 객체들을 차례로 한 바퀴씩 왼쪽으로 회전시키는 명령문을 만들어 보자. world.animation 메서드가 메서드 편집기에 열려 있는지 다시 한 번 확인하자. Loop 명령문 타일을 메서드 안쪽으로 드래그 앤 드롭한다. 타일을 메서드 편집기 안에 드롭하면 메뉴가 나타나는데, 여기서 반복 수행할 횟수를 선택할 수 있다. 배열에 있는 아이템 각각에 대해서 반복 수행해야 하므로, 4를 선택한다. 이렇게 하면 Loop 명령문 타일이 만들어진다. show complicated version 버튼을 클릭한다. 이제 Loop 명령문 타일이 그림 7-56처럼 된다.

그림 7-56 Loop 명령문

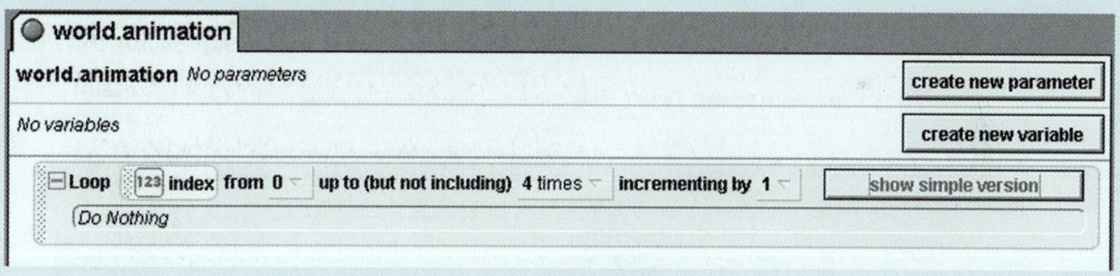

단계 4: Loop 명령문 내부에서 배열의 아이템들에 접근하여 turn 메서드를 실행하려고 한다. 그림 7-57처럼 세부 패널에 있는 skaterArray 타일을 Loop 명령문 안쪽으로 드래그 앤 드롭한다. 타일을 드롭할 때 나타나는 메뉴에서 다음과 같이 선택한다. item responses > item 0 > item 0 from world.skaterArray turn > left > 1 revolution(all the way around). 그림 7-58은 이러한 메뉴 선택 과정을 보여준다.[9]

단계 5: 방금 Loop 명령문 안쪽에 만든 명령문을 통해서 item 0이 왼쪽으로 1회전한다. 월드를 플레이해 보면, item 0 위치에 있는 스케이팅 선수 객체가 4번 회전하는 모습을 볼 수 있다. 이것은 우리가 의도한 바가 아니다. 대신에, 스케이팅 선수 객

9) 그림 7-58의 메뉴 선택 과정에서 왼쪽 아래 부분에 있는 첫 번째 메뉴와 그림 7-30의 메뉴를 비교해 보자. 차이점을 발견할 수 있겠는가? 리스트는 리스트 고유의 다양한 기능을 수행하는 메서드와 함수가 있지만, 배열은 그러한 메서드나 함수가 없다.

그림 7-57 skaterArray 타일을 Loop 명령문에 드롭하기

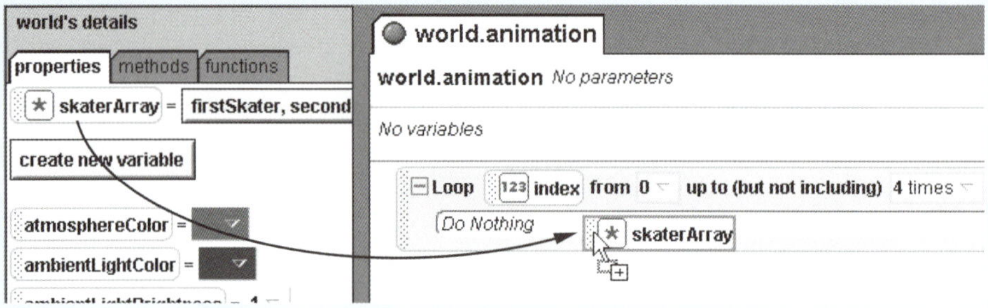

그림 7-58 메뉴 선택 과정

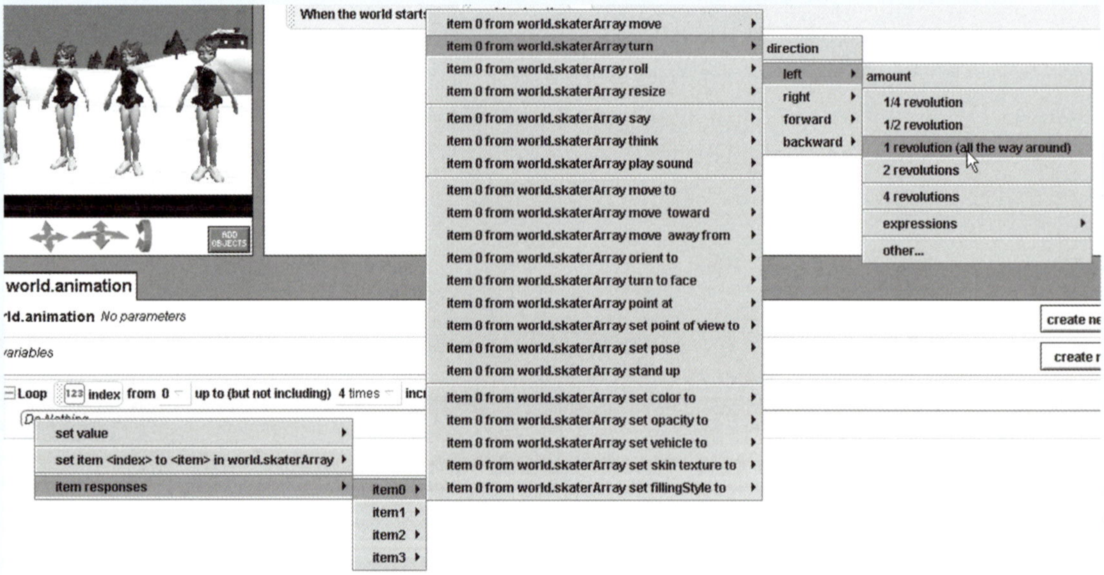

체 모두를 차례대로 회전시켜야 한다. 그렇게 하려면, Loop 명령문의 item 0을 item index로 변경해야 한다. 그림 7-59의 첫 번째 이미지처럼, index 변수 타일을 0에 드래그 앤 드롭한다. 이렇게 하면 명령문이 그림 7-59의 두 번째 이미지처럼 변경된다.

이 루프가 어떻게 동작하는지 잠시 생각해 보자. 루프가 처음 실행될 때 index 변수는 0으로 설정된다. 이렇게 되면 item 0이 회전한다. 루프의 그 다음 반복에서 index 변수는 1로 설정된다. 이제 item 1이 회전한다. index 변수 값이 4가 될 때까지(4는 포함되지 않음)[10] 이런 식으로 계속해서 반복한다.

10) index 값이 4보다 작은 동안 반복되는 것이다. 즉, index 값이 4와 같아지거나 커지면 그 반복은 종료된다.

그림 7-59 item 0을 item index로 바꾸기

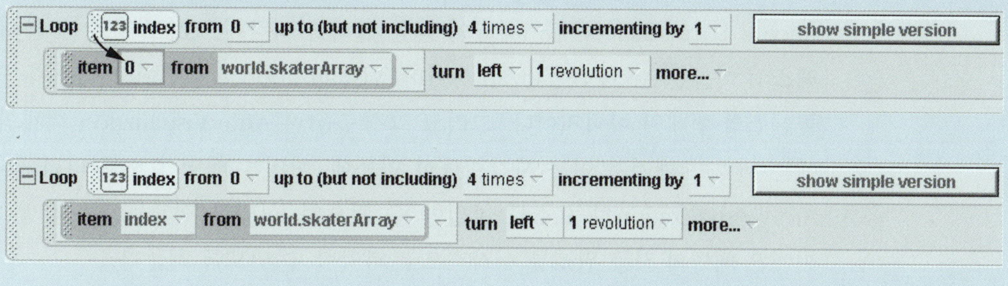

단계 6: 월드를 저장한 후 플레이 해보자. 스케이팅 선수가 한 번에 하나씩 왼쪽으로 한 바퀴 회전하는 모습을 보게 될 것이다.

배열과 리스트

배열은 모든 일반 프로그래밍 언어에서 만들 수 있다. 리스트도 대부분의 언어에서 만들 수 있다. 배열과 리스트 중 하나를 선택해야 하는 경우 프로그래머는 자신이 만들 프로그램에 가장 적합한 데이터 구조를 선택한다.

배열과 리스트 중에서 하나를 선택할 때 프로그래머들이 고려하는 주요 기준 중 하나는, 프로그램에서 사용할 데이터 구조의 크기가 고정되어야 하느냐 또는 동적으로 변경되어야 하느냐 하는 것이다. 리스트의 크기는 동적이다. 이것은 프로그램의 실행 중에 리스트의 아이템을 추가하거나 삭제할 수 있다는 것을 의미한다. 리스트의 크기는 이러한 동작에 따라 자동으로 확장되거나 축소된다. 그러나 배열의 크기는 프로그램 실행 중에 변경할 수 없다. 프로그램 실행 중에 아이템을 추가하거나 삭제해야 하는 경우, 프로그래머는 리스트를 선택한다.

또 한가지의 고려사항은 현재 만들려고 하는 프로그램의 속도이다. 리스트와 배열 사이에 존재하는 내부적인 동작 방식의 차이로 인해 컴퓨터는 일반적으로 리스트보다 배열을 더 빠르게 처리한다. 이러한 이유로 가능한 빠르게 수행되어야 하는 프로그램을 만드는 경우 프로그래머는 배열을 선택한다.[11]

11) 배열과 리스트를 비교해 보면 알겠지만, 그 모양이나 쓰임새가 매우 비슷하다. 속도를 제외하고는, 동적인 크기를 가지고 있고 다양한 메서드와 함수를 제공하는 리스트가 배열보다 훨씬 유용한 자료구조처럼 보인다. 그 반면에 배열은 속도 이외에는 리스트에 비해 내세울 장점이 없는 자료구조처럼 보인다. 그러나 과연 그럴까? "부록 F. 배열과 리스트, 도대체 너희들은 뭐가 다른 거야"에서 배열과 리스트의 차이점에 대해서 자세히 살펴본다.

ArrayVisualization 객체 사용하기

Alice의 Local Gallery에는 배열의 작동 원리를 시각적으로 보여 주는 클래스가 있다. 그 클래스의 이름은 ArrayVisualization이며, Visualization 컬렉션에서 찾을 수 있다. 그림 7-60은 클래스의 썸네일 이미지이다. 그리고 그림 7-61은 ArrayVisualiztion 객체의 예이다. 객체 안에는 번호가 매겨져 있는 사각형들이 있는데, 이것은 배열 요소를 나타낸다. 다른 객체들을 ArrayVisualization의 요소로 삽입할 수 있으며, 삽입한 객체들은 사각형 내부에 나타난다. 이것은 배열의 작동 원리를 시각적으로 파악할 수 있도록 해준다.

노트

> ArrayVisualization 클래스는 배열의 작동 원리를 학습하는데 도움이 되도록 설계되었다. 이것은 Alice에서 제공하는 독특한 도구 중 하나로서, 일반 프로그래밍 언어에서는 이와 유사한 것을 찾아 볼 수 없다.

ArrayVisualization 클래스의 인스턴스를 만들면, 그림 7-62와 같은 Initialize array 대화상자가 화면에 나타난다. 이 대화상자는 컬렉션 편집기와 비슷하게 동작한다. new item 버튼을 클릭하면 아이템을 배열에 추가하듯이 ArrayVisualization 객체에 추가할 수 있다. 배열과 다른 점은, ArrayVisualization에는 객체만 추가할 수 있다는 것이다.[12)]

객체들을 ArrayVisualization에 추가하면, 객체들이 사각형 안으로 알맞게 이동한다. 그림 7-63의 예는 부록 CD의 ArrayVisualization 월드이다. 이 월드에는 따라하기 7-4에서 다루었던 4개의 스케이팅 선수 객체가 ArrayVisualization 객체 안에 위치해 있다. ArrayVisualization 객체를 선택한 후, 세부 패널의 properties 탭 아래를 보면 그림 7-64처럼 element라는 이름

그림 7-60 ArrayVisualization 클래스

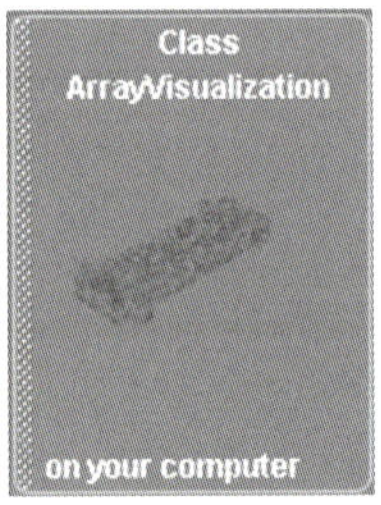

그림 7-61 ArrayVisualization 객체

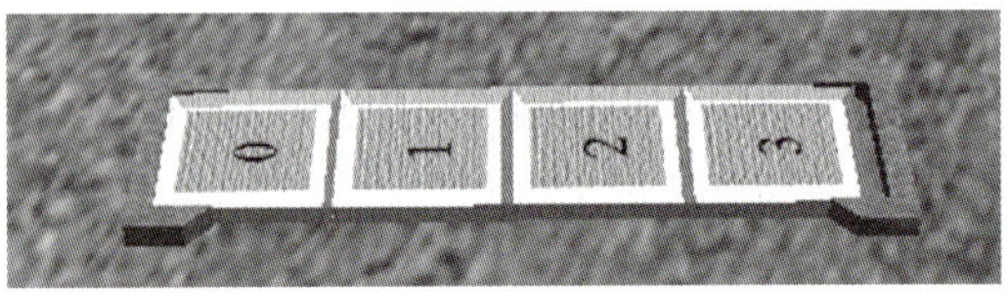

12) 수치 데이터, 논리 데이터 등은 ArrayVisualization 객체에 추가할 수 없다.

의 배열을 볼 수 있다. 이 배열에 스케이팅 선수 객체들이 저장되어 있다.

그림 7-65는 world.animation 메서드이다. 이 메서드에는 element 배열에 있는 아이템들에 차례대로 접근해서 스케이팅 선수 객체의 turn 메서드를 실행하는 루프가 있다. 월드를 플레이하면 메서드의 실행 모습을 바로 확인할 수 있다.

그림 7-62 Initialize array 대화상자

그림 7-63 ArrayVisualization 월드

그림 7-64 elements 배열

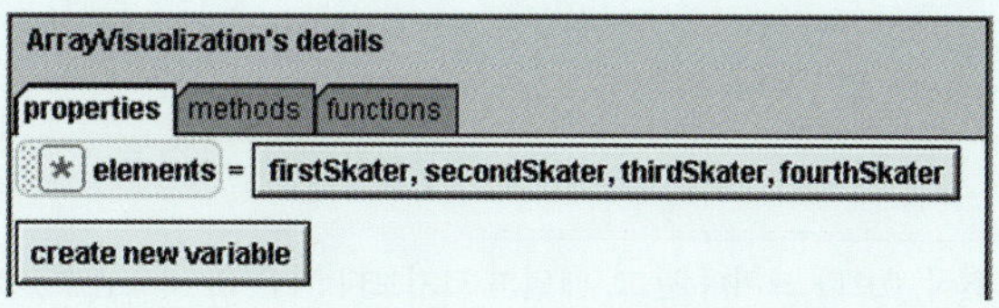

그림 7-65 world.animation 메서드

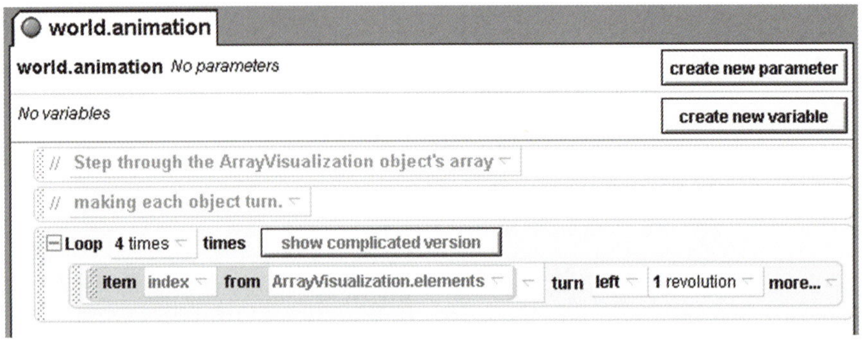

배열 아이템을 무작위로 선택하기

프로그램을 만들 때, 배열 아이템을 무작위로 선택해야 하는 경우가 있다. 예를 들어 무작위로 선택한 문 뒤에 보물을 숨겨 놓은 다음, 사용자가 제시된 문들 중에서 하나를 선택하는 게임을 만들려고 한다고 가정하자. 이렇게 하려면 모든 문을 배열에 넣은 다음, 그들 중 하나를 무작위로 선택해야 한다.

Alice의 리스트는 리스트의 아이템을 무작위로 선택하는 함수(함수의 이름이 random item from list였다)가 있다. 그러나 배열은 그러한 함수가 없다. 배열 아이템을 무작위로 선택하기 위해서는 난수를 발생시켜 그 난수를 배열의 인덱스로 사용해야 한다. 이렇게 하려면, 6장에서 다루었던 world 객체의 함수 random number를 사용한다. 그리고 more... 편집 태그를 사용해서 다음과 같이 인수를 설정한다.

- 0보다 작지 않은 난수가 반환되도록 minimum 인수를 0으로 설정한다.
- 배열 크기까지의 난수(배열 크기는 포함되지 않음)가 발생되도록 maximum 인수를 배열의 크기로 설정한다.
- 정수형 난수만 발생되도록 integerOnly 인수를 true로 설정한다.[13)]

따라하기 7-5에서는 ArrayVisualization 월드를 수정해서 배열 아이템을 무작위로 선택하는 메서드를 추가해 볼 것이다.

13) 결국, 0보다 크거나 같고, 배열의 크기보다 작은 (0 <= 난수 < 배열의 크기) 정수형 난수가 발생한다.

따라하기 7-5

배열 요소를 무작위로 선택하기

단계 1: 부록 CD의 ArrayVisualization 월드를 하드 드라이브로 복사해서 연다.

단계 2: randomMove라는 이름의 메서드를 world 객체 안에 새로 만든다. randomMove 안에, index라는 이름으로 Number 형식의 변수를 만든다. 이제 메서드가 그림 7-66처럼 된다.

그림 7-66 randomMove 메서드

단계 3: randomMove 메서드는 ArrayVisualization의 아이템을 무작위로 선택하고, 아이템 객체의 turn 메서드를 호출한다. 다음은 메서드의 의사코드이다.

```
Method randomMove
    Set the index variable to a random number
    Call the turn method on the object at the random index
End Method
```

그림 7-67은 메서드의 명령문 코드이다. 그림처럼 메서드를 완성하자.

그림 7-67 완성된 randomMove 메서드

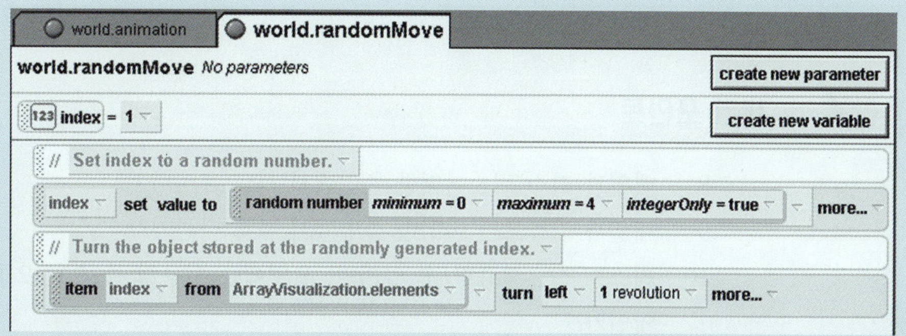

> **팁**
>
> 메서드의 마지막 명령문을 만드는 방법은 다음과 같다. ArrayVisualization 객체의 elements 배열 타일을 메서드 편집기 안으로 드래그 앤 드롭한다. 타일을 드롭할 때 나타나는 메뉴에서 다음과 같이 선택한다. item responses 〉 item 0 〉 item 0 from ArrayVisualization.elements turn 〉 left 〉 1 revolution (all the way around). 이렇게 하면 item 0 위치에 저장된 객체를 회전시키는 명령문이 만들어진다. 무작위로 선택된 객체를 회전시키도록 명령문을 바꾸려면, index 변수 타일을 0에 드래그 앤 드롭한다. 이렇게 하면 명령문이 그림 7-67과 같이 변경된다.

단계 4: world.animation 메서드를 메서드 편집기에 연다. 메서드에 기존에 있던 명령문 아래에 그림 7-68의 명령문을 추가로 만든다.

단계 5: 월드를 저장한 후 플레이 해보자. 우선 스케이팅 선수 객체들이 차례대로 한 바퀴씩 회전하는 모습을 보게 될 것이다. 그런 다음, 무작위로 4개의 객체가 선택되어 회전한다.

그림 7-68 완성된 world.animation 메서드

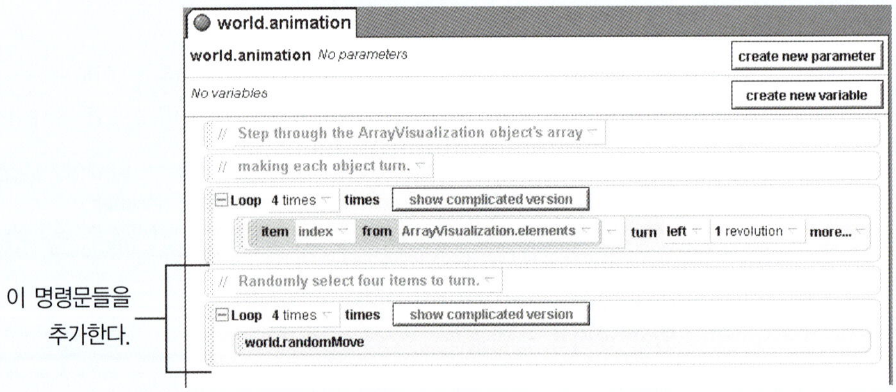

체크 포인트

7.8 배열과 리스트는 어떠한 측면에서 서로 유사한가?

7.9 배열과 리스트는 어떠한 측면에서 서로 다른가?

7.10 리스트에는 사용할 수 있지만, 배열에는 사용할 수 없는 2개의 Alice 명령문은 무엇인가?

7.11 배열 아이템을 차례대로 접근하기 위해서는 어떤 형식의 명령문을 만들어야 하는가?

7.12 ArrayVisualization 객체란 무엇인가? 배열을 이용한 프로그래밍 학습에서 이 객체

가 도움이 되는 이유는 무엇인가?

7.13 배열의 아이템을 무작위로 선택하려면 어떻게 해야 하는가?

확인 문제

객관식

1. 리스트나 배열의 첫 번째 아이템이 저장되어 있는 위치 번호는?
   가. 1
   나. 0
   다. −1
   라. 어떤 위치든 상관없음

2. 리스트나 배열의 크기는?
   가. 리스트나 배열에 저장된 아이템의 개수
   나. 리스트나 배열에서 사용한 메모리의 양
   다. 리스트나 배열의 아이템 개수 + 10
   라. 리스트나 배열의 아이템 개수 * 2

3. 리스트나 배열에 있는 마지막 아이템의 위치 번호는?
   가. 0
   나. 리스트나 배열의 크기보다 1이 더 작은 값
   다. 리스트나 배열의 크기보다 1이 더 큰 값
   라. 리스트나 배열의 크기와 동일한 값

4. 리스트의 아이템에 차례대로 접근하여 동일한 작업을 한번에 하나씩 수행하는 명령문은?
   가. For all in order
   나. For all together
   다. For each item
   라. For all one at a time

5. 리스트의 아이템에 동시에 접근하여 모든 아이템에 대해서 동일한 작업을 동시에 수행하는 명령문은?
   가. For all in order
   나. For all together
   다. For each item
   라. For all one at a time

6. 다음 보기에서 리스트의 메서드를 통해 가능한 작업은?
   가. 리스트의 시작 위치에 아이템 삽입하기
   나. 리스트의 마지막 위치에 아이템 삽입하기
   다. 리스트의 특정 위치에 아이템 삽입하기
   라. 위 모두가 가능

7. 다음 보기에서 리스트의 메서드를 통해 가능한 동작은?
   가. 리스트의 시작 위치에 있는 아이템 삭제하기
   나. 리스트의 마지막 위치에 있는 아이템 삭제하기
   다. 리스트의 특정 위치에 있는 아이템 삭제하기
   라. 위 모두가 가능

8. 객체 리스트를 사용하는 이벤트는?
   가. While the mouse is pressed on something
   나. When the mouse is clicked on something
   다. Let the mouse move <objects>
   라. Let the arrow keys move <subject>

9. 배열의 크기에 대한 설명으로 올바른 것은?
   가. 배열의 크기는 월드의 플레이 중에 변경할 수 없다.
   나. 배열의 크기는 월드의 플레이 중에 변경할 수 있다.
   다. 배열의 크기는 언제나 배열에 저장되어 있는 아이템 개수의 2배이다.
   라. 배열의 크기는 언제나 배열에 저장되어 있는 아이템 개수보다 하나 더 많다.

10. 동적인 데이터 구조는?
   가. 배열
   나. 리스트
   다. 리스트와 배열이 모두 해당됨
   라. 리스트와 배열이 모두 해당되지 않음

주관식

1. 데이터 구조란 무엇인가?
2. 리스트와 배열 중에서, 아이템을 삽입할 때 그 크기가 자동으로 증가하는 것은?
3. 리스트 타일을 명령문의 자리표시자에 드래그 앤 드롭하면 메뉴가 하나 나타나는데, 그 메뉴에서 볼 수 있는 것은?
4. 배열에 차례대로 접근하여 한번에 한 아이템씩 동일한 작업을 수행하려고 한다. 이때 필요한 명령문을 만드는 방법은?
5. 리스트 아이템을 무작위로 선택하는 방법은? 배열 아이템을 무작위로 선택하는 방법은?

6. ArrayVisualization 객체란 무엇인가?

7. 프로그램이 실행되는 동안 데이터 구조에 아이템을 삽입할 수 있도록 프로그램을 만들려고 한다. 리스트와 배열 중에서 어떤 데이터 구조를 선택해야 하는가?

8. 데이터 구조의 아이템에 접근하되 가능한 빠르게 실행되는 프로그램을 만들려고 한다. 리스트와 배열 중에서 어떤 데이터 구조를 선택해야 하는가?

연습 문제

1. 물고기 떼

   적어도 5마리의 물고기 떼가 있는 바다 속 배경의 월드를 만들어 보자. 물고기들은 언제나 같은 방향으로 함께 움직인다. 물고기 떼는 약간의 시간 간격을 두고, 무작위 방향으로 회전한다. 물고기 떼가 화면을 완전히 벗어나지 않도록 알고리즘을 작성해 보자.

2. 매직 블록

   한 아이와 적어도 5개의 블록이 있는 월드를 만들어 보자. 그림 7-69의 왼쪽 이미지는 월드의 초기 장면이다. 처음에는 모든 블록이 바닥에 있어야 한다. 이 블록들은 매직 블록으로 월드가 플레이되면 그림의 오른쪽 이미지처럼 스스로 쌓이게 된다.(그림에 있는 아이는 Web Gallery의 People 컬렉션에 있는 LittleBrother 클래스의 인스턴스이고, 블록은 Web Gallery의 Objects 컬렉션에 있는 BuildingBlock 클래스의 인스턴스이다.)

그림 7-69 매직 블록 월드

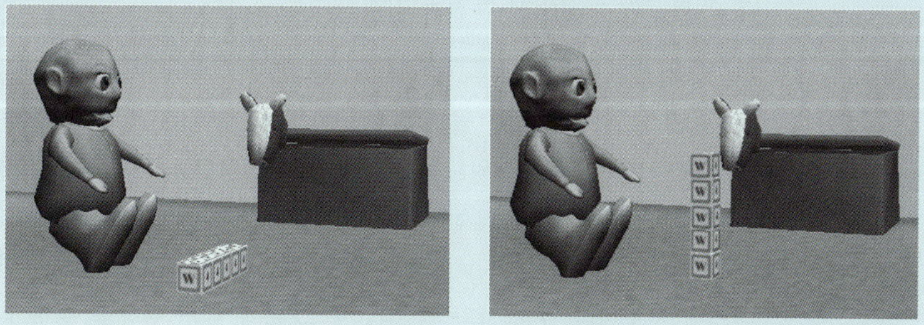

3. 도미노

   적어도 10개의 객체가 도미노처럼 가지런히 정렬된 월드를 만들어 보자. 그림 7-70은 Shapes 컬렉션의 Box 클래스 인스턴스를 사용한 예이다. 이 인스턴스들은 모두 리스트나 배열에 저장되어 있어야 한다. 사용자가 월드의 아무 곳이나 클릭하면, 첫 번째 도미노부터 쓰러지면서 두 번째 도미노에 부딪힌다. 그리고 두 번째 도미노가 쓰러지면서 세 번째 도미노에 부딪히고... 모든 도미노가 쓰러질 때까지 이런 과정이 계속된다.

그림 7-70 도미노 월드

4. 벌레 잡기 게임

벌레 객체들이 리스트나 배열에 들어 있는 월드를 만들어 보자. (Animals > Bugs 컬렉션에 다양한 벌레 클래스들이 있다) 월드가 플레이되면, 무작위로 선택한 다양한 방향으로 모든 벌레들이 빠르게 움직여야 한다. 사용자가 벌레를 클릭하는데 성공하면 벌레가 사라진다. 게임은 벌레가 모두 사라질 때까지 계속된다.

5. 벌레 잡기 수정

이 연습문제는 "4. 벌레 잡기 게임" 연습문제를 완성하였다고 가정한다. 월드를 수정해서 처음에는 벌레가 느리게 움직이도록 하자. 사용자가 벌레를 클릭할 때마다, 남아 있는 벌레가 좀 더 빠르게 움직여야 한다.

6. 상어 피하기

이 연습문제는 "1. 물고기 떼"를 완성하였다고 가정한다. 월드를 수정해서 상어(Animals 컬렉션에 있음) 한 마리를 삽입하되, 처음에는 물고기 떼에서 멀리 떨어진 위치에 있다가 천천히 물고기 떼 쪽으로 헤엄쳐 온다. 상어가 물고기 떼에 가까이 접근하면, 물고기 떼는 상어보다 더 빠르게 헤엄쳐서 안전한 거리만큼 도망간다.

7. TV 요리 쇼

TV 요리 쇼를 재현하는 월드를 만들어보자. Kitchen 컬렉션의 다양한 요리 기구들이 있는 주방을 만들어야 한다. 월드를 플레이하면 쇼의 요리사가 요리법을 알려주기 위해 재료들을 한 번에 하나씩 그릇에 넣는다. 재료는 Web Gallery의 Kitchen > Food 컬렉션에 있는 클래스를 사용하고, 그릇은 Shapes 컬렉션의 Dome 클래스를 사용하면 된다. 재료들을 리스트나 배열에 저장한다. 요리사가 각 재료를 그릇에 넣는 행동을 취하게 하려면, 리스트나 배열에 있는 각각의 아이템들에 접근하는 명령문을 사용해야 한다. 요리사가 재료를 그릇에 넣으면서 재료의 이름을 말해야 한다.

8. 공항

관제탑과 활주로가 있는 공항의 모습을 재현하는 월드를 만들어 보자. 여러 대의 비행기들이 무리지어 늘어서 있고 이륙할 준비를 하고 있다. 비행기 객체를 리스트나 배열 아이템으로 저장하자. 비행기는 한 번에 하나씩 이륙해서 멀리 날아간다.

9. 의장대

장난감 병정들(People 컬렉션에 있음)이 무리지어 풋볼 스타디움(Web Gallery의 City 컬렉션에 있음)의 운동장 끝에 도열해 있는 월드를 만들어 보자. 병정들은 동시에 50 야드(운동장 중앙까지)를 행진한 후 멈춰 서서 경례한 뒤, 운동장 끝까지 다시 행진해서 되돌아온다.

10. 가라데 수업의 수정

이 장의 앞에서 제시했던 KarateClass 월드를 수정해서, 닌자가 수련생들에게 가라데 주먹지르기를 5번 연습하는 명령을 내리도록 하자. 닌자가 "Chop!" 이라고 외칠 때 마다, 수련생들은 가라데 주먹지르기 모션을 취해야 한다.

11. 댄스 수업시간

댄스를 배우는 한 무리의 학생들이 첫 번째 댄스 스텝을 이제 막 배운 상태이다. 학생들은 수업시간에 댄스 선생님을 따라서 댄스 스텝을 5번 연습한다. 이러한 댄스 수업시간을 재현하는 월드를 만들어 보자.

힌트: 이 월드는 이 장 앞에서 나왔던 KarateClass 월드와 여러 면에서 유사하다.

12. 축구 연습

이 장의 앞에서 제시했던 SoccerPractice 월드를 수정해서, 축구선수가 언제나 골대 방향으로 공을 차도록 하자. 골대에서 들어오는 공을 막는 골키퍼 캐릭터를 하나 더 만든다. 또한 이러한 연습 장면을 바라보는 코치 한명이 옆에 서 있어야 한다.

축구선수가 공을 찰 때마다 난수를 발생시키고 그 난수를 통해 골키퍼가 공을 막는데 성공하는지 실패하는지를 결정한다. 이렇게 하려면 0부터 1 범위의 정수 난수를 발생시키면 된다. 만약 숫자가 0이면, 골키퍼는 공을 막는다. 만약 숫자가 1이면, 골키퍼는 공을 막지 못하게 되고 공이 골대로 들어간다. 축구 선수가 공을 찰 때마다 코치는 골대에 공이 들어갔는지 아니면 골키퍼가 막았는지를 큰소리로 말한다.

추가 연습 문제

1. 배열 또는 리스트를 이용한 RandomBee 월드

배열과 리스트를 사용해서 6장의 4절에 나오는 RandomBee 월드를 다시 만들어 보고, 배열과 리스트를 사용했을 때 어떤 장점이 있는지 설명해 보자.

2. 배열 또는 리스트를 이용한 MontyHall Simulation

배열과 리스트를 사용해서 6장의 추가 연습문제 "8. MontyHall Simulation"을 다시 만들어 보고, 배열과 리스트를 사용했을 때 어떤 장점이 있는지 설명해 보자.

3. 따라하기 7-1의 수정

따라하기 7-1에서 아이템이 없는 skaterList 타일을 만들고, 월드의 플레이 중에 아이템을 순서대로 skaterList에 저장해 보자. 기본 명령문 타일의 지속 시간이 1초임에 주의하라. 이것은 객체를 리스트에 저장하는 데만 4초의 시간이 걸린다는 것을 의미한다.

4. 따라하기 7–4의 수정

따라하기 7-4에서 아이템이 없는 skaterArray 타일을 만들고, 월드의 플레이 중에 아이템을 순서대로 skaterArray에 저장해 보자. 기본 명령문 타일의 지속 시간이 1초임에 주의하라. 이것은 객체를 배열에 저장하는 데만 4초의 시간이 걸린다는 것을 의미한다.

5. 객체 배열 안에 있는 두 아이템의 위치 맞바꾸기

이 장의 추가 연습 문제 "4. 따라하기 7-4의 수정"에서 완성한 월드에 다음과 같은 월드 수준의 메서드를 추가해 보자. 메서드의 이름은 swap이고, 매개변수는 Number 형식의 i와 j이다. 메서드를 호출하면 매개변수 i와 j에 두 아이템의 인덱스가 전달되고 메서드가 수행되면 두 아이템의 위치가 서로 교체된다. swap 메서드의 실행 결과는 배열 내의 아이템 위치만 변경될 뿐, 월드의 겉모습으로는 나타나지 않는다. 단, Do together 구조를 사용하지 않아야 한다.

배열 내의 위치가 교체되었는지 확인하기 위해, 0번째 아이템 위치에 있는 스케이팅 선수부터 차례대로 한 바퀴씩 회전시켜 보자.

팁

임시의 객체 변수 1개가 꼭 필요하다. 그렇지 않으면, i 또는 j 위치에 있는 객체가 덮어써지게 된다. 주의하자.

6. ArrayVisualization 객체 안에 있는 두 아이템의 위치 맞바꾸기

따라하기 7-5에서 완성한 월드에 다음과 같은 월드 수준의 메서드를 추가해 보자. 메서드의 이름은 swap이고, 매개변수는 Number 형식의 i와 j이다. 메서드를 호출하면 매개변수 i와 j에 두 아이템의 인덱스가 전달되고 메서드가 수행되면 두 아이템의 위치가 서로 교체된다. swap 메서드의 실행 결과는 배열 내의 아이템 위치뿐만이 아니라, ArrayVisualization 상에서도 나타나야 한다. 단, Do together 구조를 사용하지 않아야 한다.

팁

배열 내에 저장된 아이템의 움직임을 시각적으로 나타내기 위해 ArrayVisualization을 이용하는데, Do together 구조를 사용하지 않고 두 아이템의 위치를 맞바꾸게 되면 한 위치에 2개 이상의 객체가 일시적으로 겹쳐지는 상황이 발생할 수 있다. 이것을 방지하기 위해서는 객체를 임시로 대피시킬 공간이 필요하다. 이러한 경우는 ObjectVisualization 객체를 사용하면 된다. 다음은 ArrayVisualization에 있는 객체를 ObjectVisualization으로, 그리고 ObjectVisualization에 있는 객체를 ArrayVisualization으로 이동할 때 사용하는 메서드와 함수이다.

ObjectVisualization 클래스

let ObjectVisualization=item 메서드

객체를 ObjectVisualization으로 이동시킨다.

the value at ObjectVisualtization 함수

객체를 ObjectVisualtization에서 빼내온다.

ArrayVisualization 클래스

let ArrayVisualization[index]=item 메서드

객체를 ArrayVisualization의 index 위치로 이동시킨다.

the value at ArrayVisualtization[index] 함수

index 위치의 객체를 ArrayVisualization에서 빼내온다.

7. 거품 정렬(Bubble Sort)

임의의 데이터들이 N개가 있을 때, 그 N개의 데이터들을 일정한 순서, 즉, 오름차순(ascending order, non-decreasing order)이나 내림차순(descending order, non-increasing order)으로 다시 나열하는 것을 "정렬(Sorting)"이라고 한다. 정렬 문제는 컴퓨터 알고리즘의 가장 대표적인 문제이다. 이 문제는 이미 다양한 해결 기법들이 존재한다. 그 기법들 중 하나가 거품 정렬이다. 정렬 기법을 이야기할 때, 그 정렬 기법을 상징할 수 있는 이름을 앞에 붙인다. 거품 정렬은 두 개의 비눗방울이 서로 붙어 있듯이 인접한 데이터를 비교하면서 정렬한다는 의미에서 비롯되었으며, "버블 정렬"이라고도 한다.

a0, a1, a2, a3, a4 위치에 5개의 난수가 나열되어 있으며, 이것을 오름차순으로 정렬한다고 가정하자. 정렬하기 위해서는 일단 두 데이터의 크기를 비교하고, 그에 따라 그 데이터들의 위치를 맞바꾼다. 먼저 a0의 값과 a1의 값을 비교해서 만약 a0의 값이 a1의 값보다 크면, a0의 값을 a1의 위치로, a1의 값을 a0의 위치로 교환한다. 만약 a0이 a1보다 작거나 같다면, 다음 데이터의 비교로 진행한다. 이때 거품 정렬에서는 비교 대상의 데이터가 반드시 인접한 데이터이어야 한다. 즉, a0의 값과 a1의 값을 비교하고, 다음으로 a1의 값과 a2의 값을 비교하고, 다음으로 a2의 값과 a3의 값을 비교하고.... 이러한 식으로 전체 데이터를 한번 비교하고 나면, 오름차순 정렬의 경우 가장 큰 데이터가, 내림차순 정렬의 경우 가장 작은 데이터가 제자리를 찾는다. 여기서는 a4 위치에 가장 큰 수가 오게 된다. 나머지는 아직 제자리를 찾지 못한 상태이다. 정확히 이야기하면 나머지 데이터들은 모두 제자리를 찾았다고 보장할 수 없는 상태이다. 이제 처음부터 다시 위와 같은 비교 과정을 거친다. 그러면 이번에는 두 번째로 가장 큰 데이터가 a3 위치에 오게 된다. 역시 이외의 나머지 데이터들은 제자리를 찾았다고 보장할 수 없다. 모든 데이터가 정렬이 완료된 상태의 제자리를 찾았다고 보장되는 순간까지 이런 방식으로 교환 과정이 계속된다.

아래의 예는 5개의 임의의 수로 이루어진 수열을 거품 정렬하는 과정을 일부 보여주고 있다. 흰색의 네모칸에 있는 값이 서로 비교되고 교환되는 데이터들이다. 마지막 과정의 50 60 30

	a0	a1	a2	a3	a4
비교 전	70	50	60	30	10
비교 후	50	70	60	30	10
비교 전	50	70	60	30	10
비교 후	50	60	70	30	10
비교 전	50	60	70	30	10
비교 후	50	60	30	70	10
비교 전	50	60	30	70	10
비교 후	50	60	30	10	70

10 70에서 a4 위치의 데이터 70만 그 위치가 확정되었고, a0 ~ a3의 데이터들을 아직 정렬되지 않았다. 이 상태에서 다시 처음부터 인접한 데이터끼리 비교하고 교환하는 과정을 반복하며, 결국에는 모든 수열이 정렬될 때까지 이러한 과정은 계속된다.

Alice를 이용하여 거품 정렬하는 과정을 애니메이션으로 보여주는 월드를 만들어 보자. 처음에 서로 키가 다른 객체를 ArrayVisualization 객체에 저장하되 그 키의 순서가 무작위가 되도록 한다. 그런 다음, 객체들을 키순으로 오름차순 정렬을 하는 것이다.

그림 7-71은 거품 정렬을 이용하여 정렬을 모두 마친 상태의 월드를 보여준다.

그림 7-71 거품 정렬

8. 삽입 정렬(Insertion Sort)

삽입 정렬이란 이미 정렬되어 있는 부분 수열에 새로운 데이터를 추가해 나가되, 그 데이터를 포함한 부분 수열이 정렬된 상태가 되도록 새로운 데이터를 적절한 위치에 삽입한다는 의미에서 비롯되었다.

a0, a1, a2, a3, a4 위치에 5개의 난수가 나열되어 있으며, 이것을 오름차순으로 정렬한다고 가정하자. 처음에는 정렬되었다고 가정하는 수열이 a0 위치의 값 하나이고, 정렬된 수열에 새롭게 삽입할 데이터는 a1 위치의 값이다. a0 값과 a1 값을 비교해서 필요하면 그 위치를 교환한다. 이렇게 하면 a0, a1 위치에 있는 부분 수열이 정렬된다. 이렇게 정렬된 수열 a0, a1에 a2의 값을 삽입한다. 아무 곳에나 삽입하면 안 되고, a0, a1, a2 위치의 값들이 정렬된 상태가 되도록 삽입해야 한다. 이 과정을 모든 수열이 정렬될 때가지 반복한다. 전체 수열의 정렬이 완료되기 직전 상황을 살펴보자. 아마 a0 위치의 값부터 a3 위치의 값까지 정렬되어 있을 것이다. 이렇게 정렬된 부분 수열에 a4 위치의 데이터를 삽입해야 한다. 이때 a4 위치의 데이터를 전체 수열이 정렬되도록 삽입하는 것이다.

아래의 예는 5개의 임의의 수로 이루어진 수열을 삽입 정렬하는 과정을 보여주고 있다. 흰색의 네모칸에 있는 값들이 이미 정렬되어 있는 부분 수열이고, 바로 옆에 ◆로 표시된 값이 정렬된 부분 수열에 삽입할 데이터이다. 마지막, 10 20 30 50 70은 정렬이 완료된 모습이다.

	a0	a1	a2	a3	a4
		◆			
삽입 전	70	50	60	30	10
삽입 후	50	70	60	30	10
			◆		
삽입 전	50	70	60	30	10
삽입 후	50	60	70	30	10
				◆	
삽입 전	50	60	70	30	10
삽입 후	30	50	60	70	10
					◆
삽입 전	30	50	60	70	10
삽입 후	10	30	50	60	70

단, 위의 예에서는 정렬된 부분 수열에 데이터가 삽입되는 과정은 생략되었다. 위 예의 2번째 삽입 과정에서 정렬된 수열 50, 70에 60이라는 데이터를 어떻게 삽입할까? 우선 a1 위치의 데이터 70과 a2 위치의 데이터 60을 비교한다. 60이 더 작으므로, 70과 60을 교환한다. 이제 60은 a1에 위치하게 된다. 다시 a0 위치의 데이터 50과 60을 비교한다. 60이 더 크므로, 교환이 일어나지 않고, 그때 60이 있는 a1의 위치가 부분 수열에서 60의 삽입 위치가 되는 것이다.

Alice를 이용하여 삽입 정렬하는 과정을 애니메이션으로 보여주는 월드를 만들어 보자. 처음에 서로 키가 다른 사람 객체를 ArrayVisualization 객체에 저장하되, 그 키의 순서가 무작위가 되도록 한다. 그런 다음, 객체들을 키순으로 오름차순 정렬을 하는 것이다.

9. 랜덤 자리 배치

그림 7-72와 같이 교실에 6명의 학생이 있다. 이 학생들은 자신의 자리를 바꿔서 앉으려고 한다. 자리는 앞줄 왼쪽부터 번호가 매겨져 있다고 가정하자. 먼저 1번 자리의 학생이 무작위로 선택한 학생과 자리를 맞바꾼다. 그 다음은 역시 2번 자리의 학생이 무작위로 선택한 학생과 자리를 맞바꾼다. 6번 자리의 학생까지 이러한 과정을 반복한다. 월드가 플레이될 때마다, 섞어 앉은 자리가 매번 달라야 한다. 자리를 바꿔 앉기 위해 그림처럼 모두 일어서 있는 상태이며, 자리에 앉거나 자리에서 일어나는 행동은 구현할 필요가 없다. 또한 자리를 이동할 때 사람 객체가 의자를 투명인간처럼 통과하는 문제에 대해서는 신경 쓰지 말자.

그림 7-72 랜덤 자리 배치 월드의 초기 장면

10. 두더지 잡기

두더지 잡기는 롤러코스터와 더불어 대부분의 놀이 공원에서 볼 수 있는 놀이기구이다. 아마 독자 여러분들도 두더지 잡기를 해 본 경험이 있을 것이다. 그림 7-73과 같은 두더지 잡기 놀이기구를 만들어 보자. 갤러리의 Amusement Park 컬렉션에 두더지 잡기 놀이기구인 WackAmoleBooth 클래스가 있을 것이다. 이 클래스의 인스턴스를 월드에 추가한 후 자세히 살펴보면, 12개의 두더지 구멍 중에 하나의 구멍에만 두더지가 있는 것을 확인할 수 있다. 내부 객체인 두더지를 11개 복사해서 모든 구멍에 적당히 배치하자. 두더지들은 무작위로 위로 올라왔다가 내려와야 하며, 올라오는 속도와 그 다음 두더지가 올라오는 시간 간격 또한 무작위어야 한다. 두더지가 올라왔을 때 사용자가 두더지를 클릭하면 점수가 올라간다.

그림 7-73 두더지 잡기 월드

11. 조세퍼스 문제(Josephus Problem)[14)]

기사 12명이 원 모양으로 빙 둘러서 있다. 그리고 각 기사들은 1시 방향의 기사부터 시계방향으로 번호가 매겨져 있다. 1시 위치의 기사는 1번, 2시 위치의 기사는 2번, 3시 위치의 기사는 3번... 그들은 용에게 납치된 공주를 구하기 위해 모인 기사들이다. 그러나 용이 사는 계곡으로 가기 위해서는 줄다리 하나를 통과해야 하는데, 그 줄다리는 너무 약해서 기사 1명만이 겨우 통과할 수 있다. 이때 한 기사가 줄다리를 건너는 순서를 다음과 같이 정하자고 제안한다. 현재 기사가 12명이므로, 12보다 작거나 같은 수 m을 선택한다. 그런 다음, 1번 기사부터 시계방향으로 원을 따라 m번째인 기사가 먼저 선택되어 용이 있는 계곡으로 출발한다. 그 다음 기사부터 다시 m번째 위치에 있는 기사가 선택되고... 마지막으로 한 명의 기사가 남을 때가지 이 과정을 반복한다. 선택된 기사는 곧장 용의 계곡으로 출발해야 한다. 예를 들어 7명의 기사가 있다고 가정하고, 선택한 수 m이 3이라면, 3번, 6번, 2번, 7번, 5번, 1번, 4번 기사 순서로 출발해야 한다. 이 순서를 *(7, 3)-조세퍼스 순열*이라고 한다. 비열한 짓이지만, 모두 출발하고 마지막으로 남은 기사(위 예의 4번 기사)는 공주를 구출하러 가는 것을 포기한다. 그리고 입가에 미소를 짓는다. 이 장면을 재현하는 월드를 만들어 보자.

본래의 문제는 (n, m)-Josephus Problem으로, n, m은 양의 정수, 그리고 n ≥ m 조건의 문제이지만, 문제 상황을 좀 더 간단히 하기 위해 n을 12로 고정하였다. 그러나 독자 여러분은 n이 엄청나게 큰 정수일 수 있다는 가정, 즉 공주를 구출하기 위해 모인 기사가 엄청나게 많다는 가정 하에 이 문제를 해결해야 한다. 예를 들어, (12, 3)-조세퍼스 순열의 문제는 종이 위에 연필로 잠깐 계산해 봐도 그 답을 구할 수 있다. 그러나 기사의 수가 상당히 많아지면

14) 이 추가 연습 문제는 Introduction to Algorithms (2nd), Thomas H. Cormen 외 2인 저, The MIT Press, 2001, p318 에 나와 있는 Josephus Problem을 각색한 것이다.

이렇게 해를 구하는 것은 불가능하다. m은 월드가 시작할 때, ask user for a number 함수를 통해 사용자로부터 입력받는다. m의 범위를 벗어나는 숫자가 입력되면 사용자에게 이를 알려주고, 다시 입력할 수 있도록 구현하자.

월드의 초기 장면에서 그림 7-74와 같이 12명의 기사가 원탁에 둘러 서 있다. 출발할 기사로 선정되면, 기사는 그냥 화면의 오른쪽으로 이동해서 화면에서 벗어나 안보이도록 하면 된다.

배열과 리스트를 이용하여 각각 구현해 보고, 두 자료구조를 사용함에 있어 무슨 차이를 느끼게 되었는지 설명해 보자.

그림 7-74 조세퍼스 월드의 초기 장면

12. 문 열고 닫기 퍼즐[15)]

총 20개의 현관문이 일렬로 늘어서 있다. 처음에는 현관문이 모두 열려 있다. 20명의 학생에게 1번부터 20번까지 번호를 매기고 번호 순서대로 1번 학생부터 차례로 현관문을 지나가게 한다. 1번 학생은 모든 현관문을 닫는다. 2번 학생은 현관문을 하나씩 건너뛰면서 닫혀 있는 문은 열고, 열려 있는 문을 닫는다. 3번 학생은 현관문을 두 개씩 건너뛰면서 닫혀 있는 문은 열고, 열려 있는 문은 닫는다. 4번 학생은 현관문을 세 개씩 건너뛰면서 동일한 일을 수행한다.

현관문에도 1번부터 20번까지 번호를 매기면(왼쪽 문부터 번호를 매긴다고 가정하자) 2번 학생이 만지고 지나가는 문은 2, 4, 5, 8, 10 등이 되고, 3번 학생이 만지는 문의 번호는 3, 6, 9, 12 등이 된다. 4번 학생이 만지는 문의 번호는 4, 8, 12, 16 등이 될 것이다. 이와 같은 규

15) 이 추가 연습 문제는 임백준의 소프트웨어 산책, 임백준 저, 한빛 미디어, 2005, p14의 퍼즐 문제를 각색한 것이다.

칙에 의해서 1번부터 20번까지 학생들이 모두 현관문 앞을 통과하고 난 후, 닫혀 있는 현관문의 개수를 알아맞히는 문제이다.

이 문제도 역시 현관문이 상당히 많다는 가정하에 해결해야 한다.

월드를 만들 때 그림 7-75와 같이 문이 열리고 닫히는 모습만 나타나면 된다. 학생은 애니메이션에 포함시킬 필요가 없다. 단, 현재 어떤 학생이 선택되어 진행하고 있는지 3D 텍스트로 표시하자. 열고 닫는 것을 모두 마쳤다면, 닫혀 있는 문의 개수를 세어서 역시 3D 텍스트

그림 7-75 문 열고 닫기 퍼즐 월드의 수행 결과 화면

로 표시하면 된다.

13. 줄 세우기[16)]

점심시간이 되면 반 학생 모두가 한 줄로 줄을 서서 급식을 탄다. 그런데 매일 같이 앞자리에 앉은 학생들이 먼저 줄을 서 점심을 먹고, 뒷자리에 앉은 학생들은 늦게 줄을 서 점심을 먹게 된다. 어떻게 하면 이러한 상황을 바꾸어 볼 수 있을까 고민하던 담임 선생님이 한 가지 방법을 내 놓았다. 그 방법은 다음과 같다.

학생들이 한 줄로 선 후, 첫 번째 학생부터 차례로 번호를 뽑는다. 첫 번째로 줄을 선 학생은 무조건 0번 번호를 받아 제일 앞에 줄을 선다. 두 번째로 줄을 선 학생은 0번 또는 1번 둘 중 하나의 번호를 뽑는다. 0번을 뽑으면 그 자리에 그대로 있고, 1번을 뽑으면 바로 앞의 학생 앞으로 가서 선다. 세 번째로 줄을 선 학생은 0, 1 또는 2 중 하나의 번호를 뽑는다. 그리고 뽑은 번호만큼 앞자리로 가서 줄을 선다. 마지막에 줄을 선 학생까지 이와 같은 방식으로 뽑은 번호만큼 앞으로 가서 줄을 서게 된다. 각자 뽑은 번호는 자신이 처음에 선 순서보다는

16) 이 추가 연습 문제는 2004년도 한국 정보올림피아드 지역 본선 초등부 2번 문제를 각색한 것이다.

작은 수이다.

예를 들어 5명의 학생이 줄을 서고, 첫 번째로 줄을 선 학생부터 다섯 번째로 줄을 선 학생까지 차례대로 0, 1, 1, 3, 2의 번호를 뽑았다고 하자. 첫 번째 학생부터 다섯 번째 학생까지 1부터 5로 표시하면 학생들이 줄을 선 순서는 다음과 같이 된다.

첫 번째 학생이 번호를 뽑은 후: 1
두 번째 학생이 번호를 뽑은 후: 2 1
세 번째 학생이 번호를 뽑은 후: 2 3 1
네 번째 학생이 번호를 뽑은 후: 4 2 3 1
다섯 번째 학생이 번호를 뽑은 후: 4 2 5 3 1

따라서 최종적으로 학생들이 줄을 선 순서는 4, 2, 5, 3, 1이 된다.

위의 상황을 그대로 재현하는 월드를 만들어 보자. 월드의 초기 장면은 그림 7-76처럼 10명의 학생이 키 순서대로 한 줄로 서 있다. 그리고 ArrayVisualization 객체에 학생 객체들을 저장한다. 학생의 번호는 학생의 머리 위에 떠 있는 글자이다. 이때 각 번호의 vehicle 속성이 해당 학생으로 설정되어야 한다.

이 문제도 역시 학생 수가 상당히 많다는 가정 하에 해결해야 한다. 문제에서 예로 든 10명의 경우는 종이 위에 연필로 잠깐 계산해도 그 답을 구할 수 있다. 그러나 학생 수가 상당히 많아지면 이렇게 해를 구하는 것은 불가능하다.

각각의 학생들이 뽑은 번호는 그림처럼 ask a user for a number 대화상자를 통해 사용자가 차례대로 입력한다. 번호를 순서대로 하나씩 입력할 때마다(ask a user for a number 대화상자의 "확인" 버튼을 누를 때 마다) 학생들의 순서가 변경되는 모습이 월드에 나타나야 한다. (학생들이 번호를 뽑는 구체적인 장면은 생략하자. 이러한 장면은 이 문제에서 중요하지 않다. 학생이 뽑은 번호에 의해서 그 학생의 순서가 어떻게 변경되며, 최종적으로 전체 학생의 순서가 어떻게 되는지, 그 순서의 변경 모습을 애니메이션으로 보여주는 것이 중요한 것이다.)

배열과 리스트를 이용하여 각각 구현해 보자. 그리고 두 자료구조를 사용함에 있어 무슨 차이점을 느끼게 되었는지 설명해 보자.

팁

10명의 학생이 차례대로 0, 1, 1, 0, 0, 0, 5, 2, 3, 7의 번호를 뽑았다면, 학생의 순서는 2, 7, 10, 3, 1, 4, 9, 8, 5, 6이 되어야 한다. 또한, 차례대로 0, 1, 1, 3, 2, 4, 6, 7, 2, 5의 번호를 뽑았다면, 학생의 순서는 8, 7, 4, 6, 10, 2, 5, 9, 3, 1이 되어야 한다.

그림 7-76 줄 세우기 월드의 초기 장면

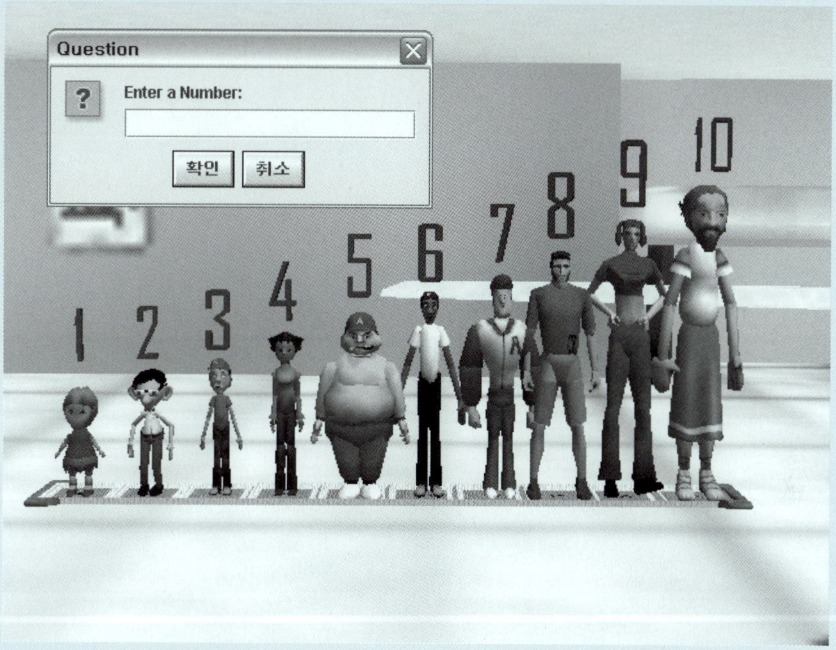

CHAPTER 8

재귀

TOPICS

8.1 재귀에 대한 소개

개념 : *재귀 메서드(recursive method)*란 자기 자신을 호출하는 메서드를 말한다.

앞 장에서 다루었던 여러 월드에서 하나의 메서드가 다른 메서드를 어떻게 호출하는지 살펴보았다. 메서드가 자기 자신을 호출하는 *재귀(recursion)*도 Alice에서 가능하다. 한 예를 들어보자. 부록 CD 안에 EndlessRecursion 월드가 있을 것이다. 그 월드의 boy 객체는 convertibleCorvette 객체(Vehicles 컬렉션에 있음)의 조수석에 앉아 있다. 월드를 플레이하면 world.animation 메서드가 실행된다. 그림 8-1에서 확인할 수 있듯이, 메서드는 world.boyAskQuestion이라는 메서드를 호출한다. 그림 8-2가 world.boyAskQuestion 메서드이다.

world.boyAskQuestion 메서드에 있는 명령문을 살펴보자. 우선, 꼬마가 "Are we there yet?(도착하려면 아직 멀었어?)" 라고 말한다. 그런 다음 Wait 명령문이 실행되는데, 이 명령문을 통해 0.5초 동안 메서드가 잠시 멈추게 된다. 그런 다음 메서드가 자기 자신을 호출한다. 자기 자신을 호출할 때마다, 위의 명령문이 반복 수행된다. 이 메서드에서 문제점을 발견할 수 있겠는가? 그것은 바로 메서드의 재귀 호출을 중단시킬 방법이 없다는 것이다. 반복을 중단시킬 코드가 없으므로, 이 메서드는 무한 루프처럼 동작한다.

루프와 마찬가지로, 재귀 메서드는 반복 횟수를 제어할 수 있어야 한다. world.boyAskQuestion 메서드가 무한히 반복되지 않도록 수정하는 방법은 부록 CD의 Recursion 월드에서 확인할 수 있다. 그림 8-3은 Recursion 월드의 world.boyAskQuestion 메서드이다. 이 메서드는 인수로 정수를 전달 받는데, 이 값은 메서드가 자기 자신을 호출하는 횟수이다.

그림 8-1 EndlessRecursion 월드

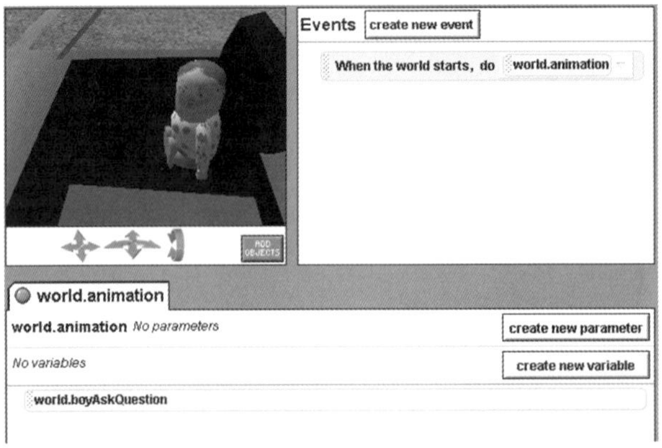

그림 8-2 world.boyAskQuestion 메서드

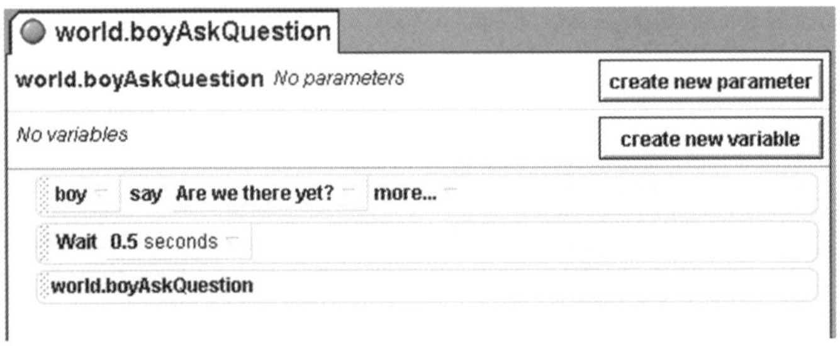

그림 8-3 수정된 world.boyAskQuestion 메서드

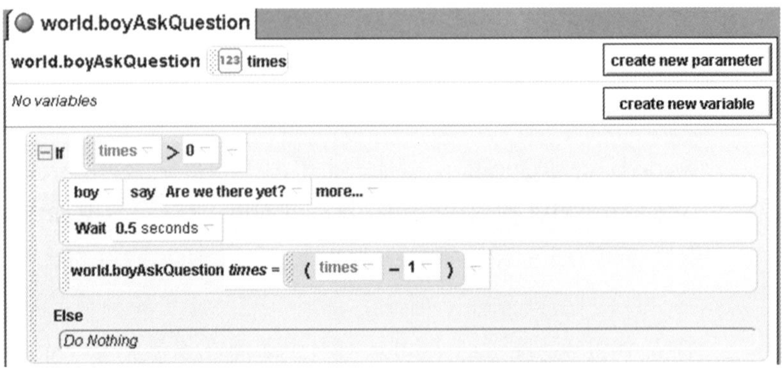

이 메서드에는 반복을 제어하는 if 문이 있다. 매개변수 times가 0보다 큰 동안, 꼬마는 "Are we there yet?" 이라고 말한다. 그리고 Wait 명령문이 실행된 다음, 메서드가 자기 자신을 다시 호출한다. 자기 자신을 호출할 때마다 인수로 times-1이 전달된다. 그림 8-4는 이 월드의 world.animation 메서드이다.

world.animation 메서드가 world.boyAskQuestion 메서드를 호출하면서 5를 인수로 전달한다. 전달된 인수 값을 통해 boyAskQuestion 메서드는 자기 자신을 5회 반복해서 호출한다. 메서드가 처음 호출되면 boy 객체가 말을 하고 Wait 명령문이 실행된 다음, 자기 자신을 호출하면서 인수로 4를 전달한다. 그림 8-5가 이러한 과정을 나타내고 있다.

그림 8-5의 도식은 world.boyAskQuestion 메서드가 개별적으로 2회 호출되는 모습을 보여준다. 메서드가 호출될 때마다, 매개변수 times가 메모리에 새로 만들어진다. 처음 메서드가 호출되면, 매개변수 times에 5가 저장된다. 메서드가 자기 자신을 호출하면, times가 새로 만들어지면서 times에 값 4가 전달된다. 메서드에 인수 0이 전달될 때까지 이러한 과정이 반복된다. 그림 8-6이 이러한 과정을 나타내고 있다.

그림 8-6에서 확인할 수 있듯이 메서드는 총 6회 호출된다. 처음 1회는 world.animation 메서드에 의해서 호출되고, 나머지 5회는 자기 자신에 의해서 호출된다. 메서드가 자기 자신을 호출하는 횟수를 *재귀의 깊이(depth of recursion)*라고 한다. 이 예에서 재귀의 깊이는 5이다. 메서드의 재귀 호출이 6번째가 되면, 매개변수 times에 0이 저장된다. 이때, if문의 조건이 거짓이 되고 메서드는 복귀된다. 그리고 프로그램의 제어가 6번째 메서드에서 5번째 재귀 메서드의 호출문 바로 아래로 복귀된다.[1] 그림 8-7이 이러한 과정을 나타내고 있다.

그림 8-4 world.animation 메서드

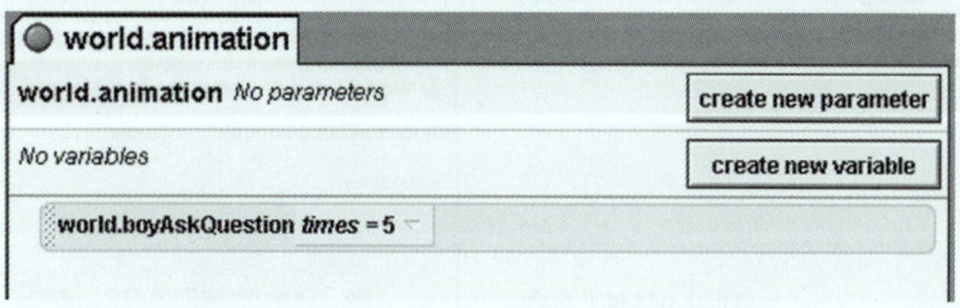

그림 8-5 world.boyAskQuestion 메서드가 최초로 2회 재귀 호출되는 모습

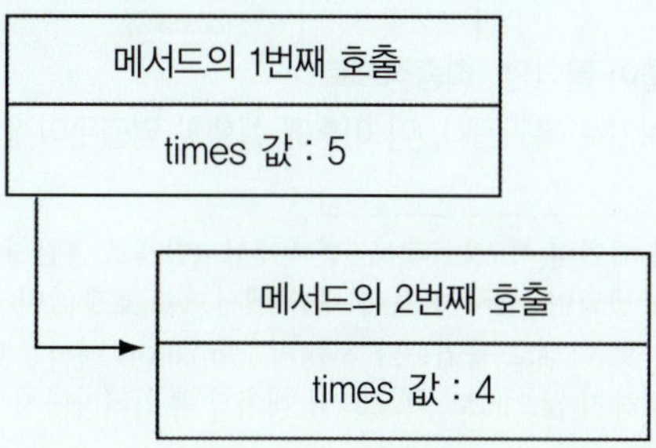

그림 8-6 world.boyAskQuestion 메서드가 총 6회 재귀 호출되는 모습

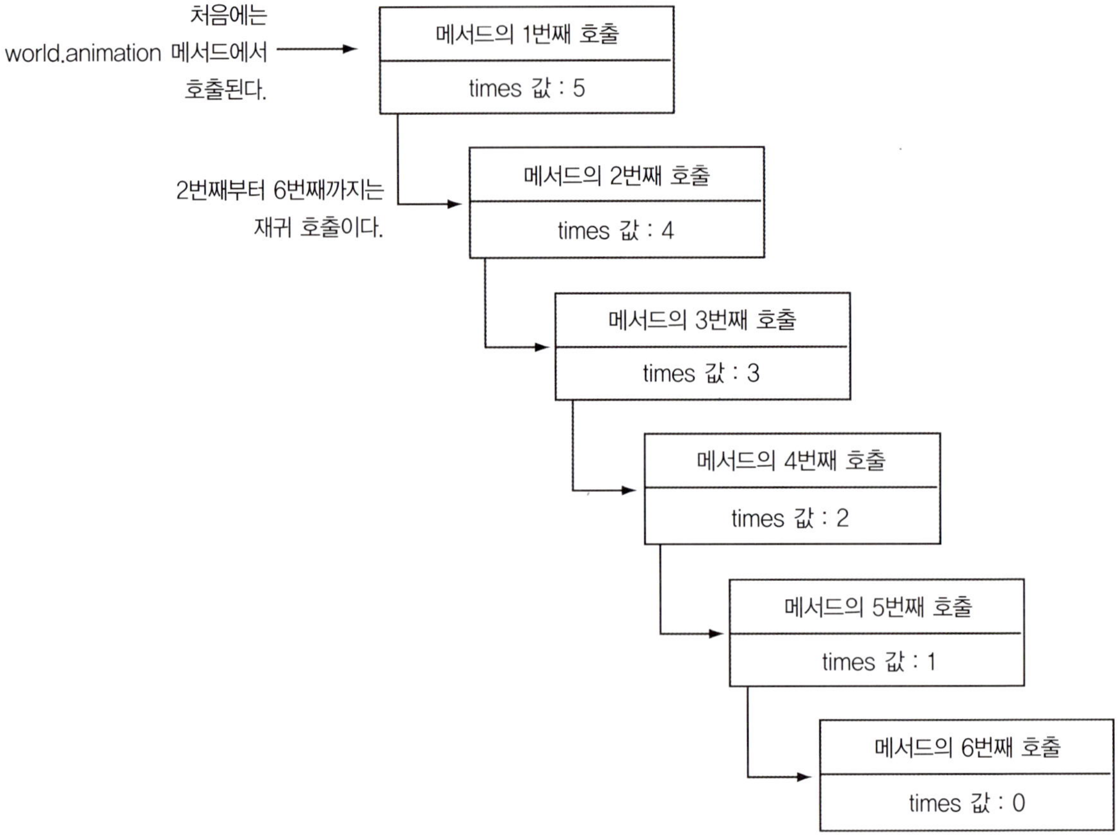

그림 8-7 재귀 메서드 호출문 이후 지점으로 복귀되는 프로그램 제어

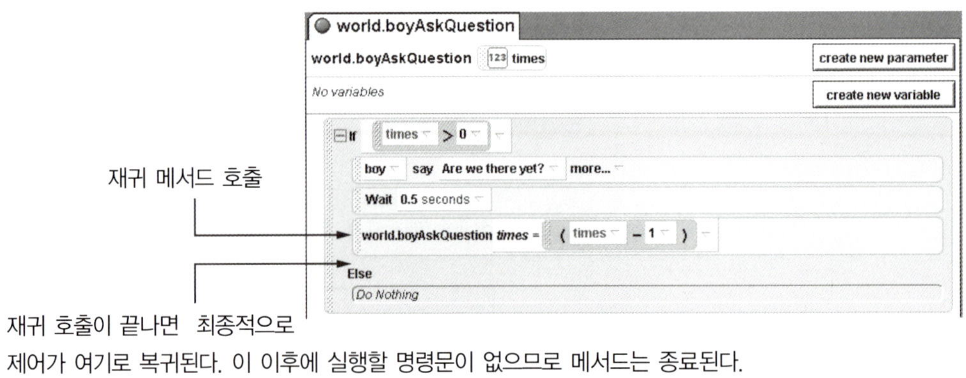

1) 프로그램 제어의 복귀는 다시 5번째에서 4번째로, 4번째에서 3번째로, 3번째에서 2번째로.... 이런 식으로 연쇄적으로 발생되며, 결국 최초에 재귀 메서드를 호출했던 world.animation의 world.boyAskQuestion times=5 명령문 바로 아래로 복귀된다. world.animation 메서드의 world.boyAskQuestion 명령문 이후에는 어떤 명령문도 존재하지 않으므로, 프로그램 제어가 복귀되자마자 프로그램은 종료된다.

따라하기 8-1에서 독자 여러분은 Alice 월드에서 재귀 메서드를 만드는 과정을 실습하게 된다.

따라하기 8-1

재귀 메서드 만들기

단계 1: Alice를 실행한 다음, 그림 8-8과 같이 IceSkater 클래스(People 컬렉션에 있음)의 인스턴스가 있는 눈 덮인 월드를 만든다. 본 교재에서 항상 해 왔던 것처럼, world.my first method의 이름을 world.animation이나 camelCase 이름 작성 규칙에 부합하는 이름으로 변경한다.

그림 8-8 IceSkater가 있는 Snow 월드

단계 2: 그 다음으로 skaterSpin이라는 이름의 월드 수준 메서드를 만든다. 다음은 메서드의 의사코드이다.

```
Method skaterSpin(times)
    If times > 0
        skater set pose to pose4
        skater turn left 1 revolution
        skater set pose to original pose
        skaterSpin(times-1)
    End If
End Method
```

이 메서드의 목적은 skater 객체가 정해진 횟수만큼 회전 연습을 수행하도록 하는 것이다. times 매개변수는 skater 객체의 연습 횟수를 저장하고 있다. times가 0보다 크면, 메서드는 skater의 자세를 pose4로 설정하고 skater를 왼쪽으로 1회전시킨다. 그리고 skater의 자세를 다시 처음의 자세로 설정한다. 그런 다음에 메서드가 자기 자신을 호출하면서 times-1을 인수로 전달한다.

world 객체를 선택하고 skaterSpin이라는 이름의 메서드를 새로 만든다. 그리고 이 메서드 안에 이름이 times인 Number 형식의 매개변수를 만든다. 그리고 그림 8-9의 명령문을 메서드 안에 추가한다.

그림 8-9 world.skaterSpin 메서드 만들기

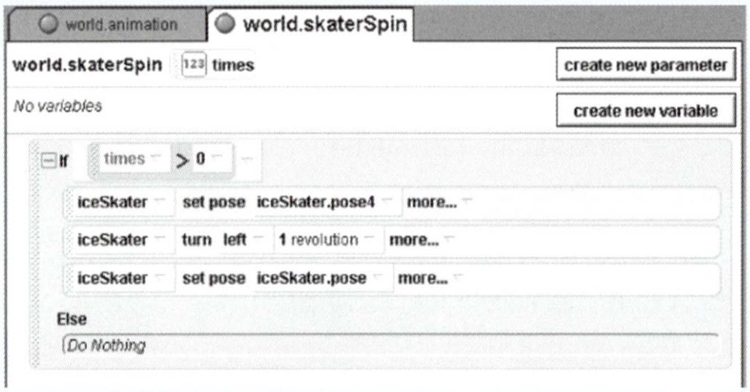

단계 3: 이제 재귀 메서드 호출문을 만들어 보자. world 객체의 skaterSpin 메서드 타일을 메서드 편집기로 드래그해서 그림 8-10의 초록색 선이 보이는 위치에 드롭한다. 타일을 드롭할 때 마우스 버튼을 떼면 팝업 메뉴가 나타나는데, 여기서 times 매개변수 값을 선택하자. expressions를 선택한 후 times를 선택한다. 이렇게 하면 그림 8-11의 대화상자가 나타난다. 이 대화상자는 지금 독자 여러분이 재귀 메서드 호출문을 만들려고 하고 있다고 경고한다.[2)] "Yes, I understand what I am doing." 버튼을 클릭한다. 이제, 메서드가 그림 8-12처럼 된다.

단계 4: 마지막 단계에서 만든 명령문은 인수로 times를 전달하면서 world.skaterSpin 메서드를 재귀적으로 호출한다. 그림 8-13과 같이 인수로 times-1을 전달하도록 명령문을 수정한다. (이렇게 수정하려면, times=times 옆에 있는 드롭-다운 화살표 ▿를 클릭한다. math를 선택한 다음 times - 를 선택한다. 그런 다음 1을 선택한다.) 이제 world.skaterSpin 메서드가 완성된다.

단계 5: world.animation 메서드를 메서드 편집기에 연다. world.skaterSpin 메서드 타일을 world.animation 메서드로 드래그 앤 드롭한다. 인수로 3을 지정한다. world.animation 메서드가 그림 8-14처럼 된다.

---

2) 대화상자에 표시된 메시지를 번역하면 다음과 같다.

지금 이 코드를 드롭하면 "재귀 메서드 호출문"이 만들어진다. 우선 재귀가 무엇인지 파악한 후에 이 호출문을 만들기를 권장한다. 정말 만드는 것이 확실한가?

예, 나는 지금 내가 무엇을 하고 있는지 잘 알고 있다. 아니오, 나는 잘 모르는 상태에서 이렇게 했다.

단계 6: 월드를 저장한 후 플레이해 보자. skater가 3번 회전하는 모습을 보게 될 것이다.

그림 8-10 재귀 메서드 호출문 만들기

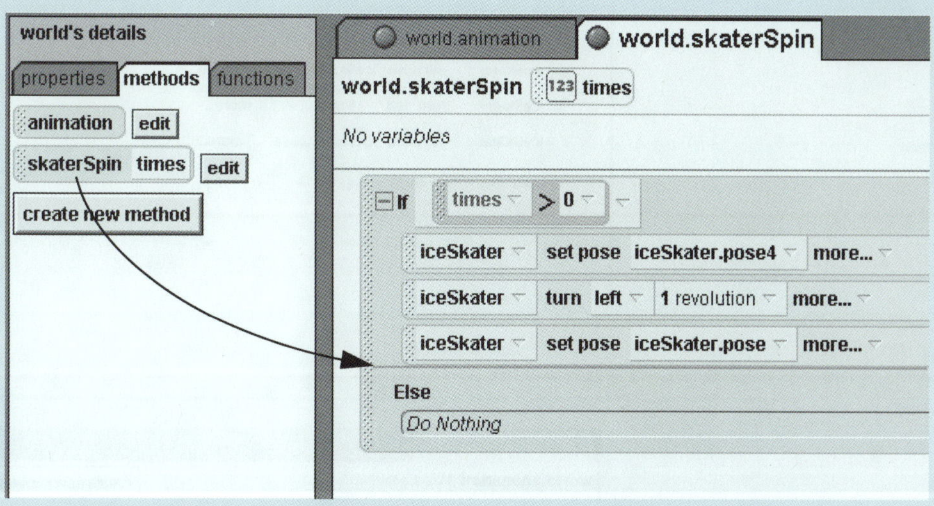

그림 8-11 Recursion Warning (재귀 경고) 대화상자

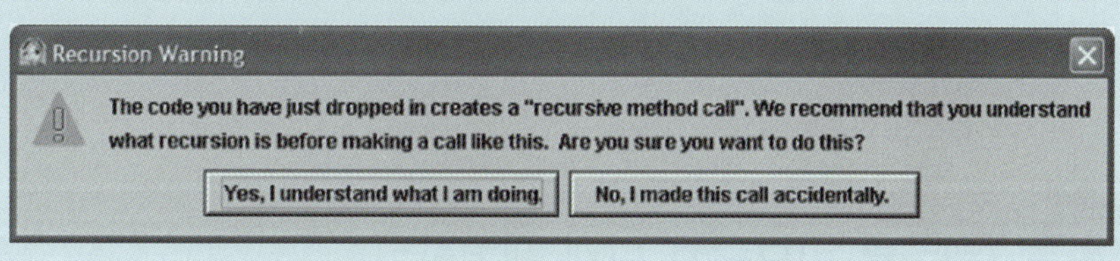

그림 8-12 지금까지 만든 world.skaterSpin 메서드

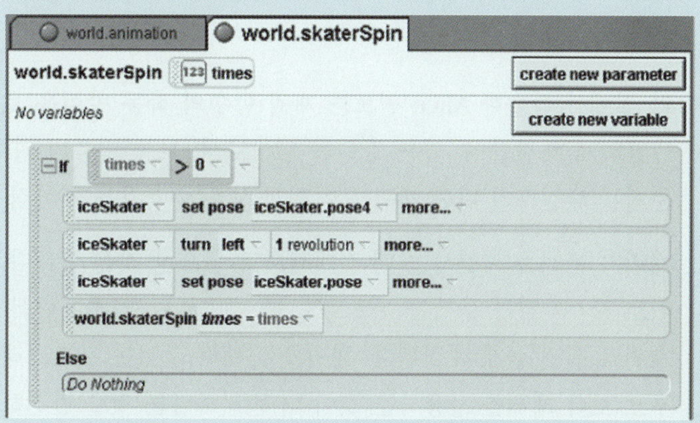

그림 8-13 완성된 world.skaterSpin 메서드

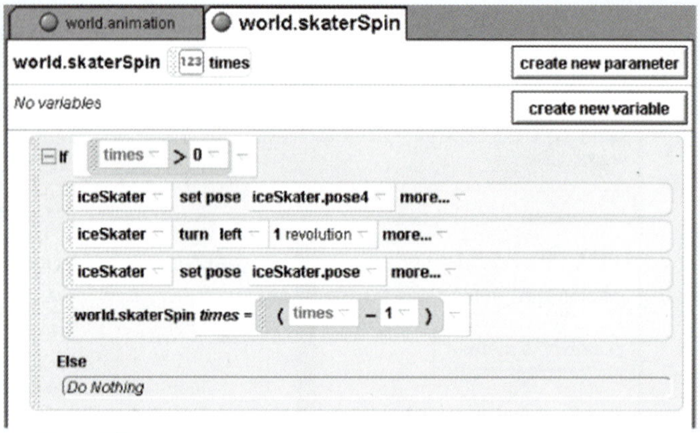

그림 8-14 완성된 world.animation 메서드

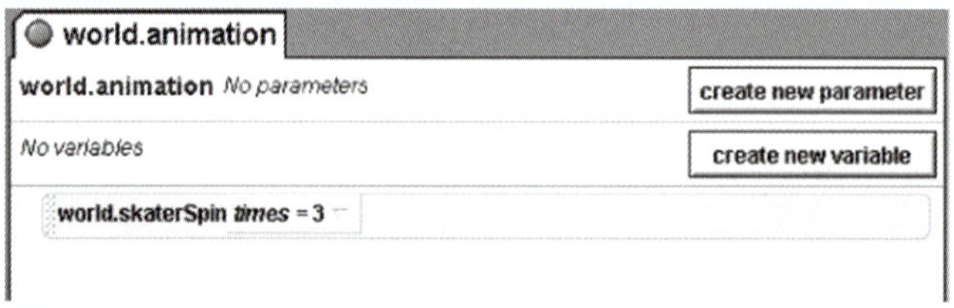

8.2 재귀를 이용해서 문제 해결하기

개념 : 문제를 연속적으로 더 작게 쪼갤 수 있다면, 재귀를 이용하여 전체 문제를 해결할 수 있다.

앞 절에서 학습한 Alice 월드는 재귀 함수의 작동 방식을 보여준다. 재귀는 반복적인 문제를 깔끔하게 해결할 수 있는 강력한 도구로서, 보통 컴퓨터 과학 전공 과정에서 학습하게 된다. 문제를 해결하기 위해 재귀를 어떻게 사용해야 하는지 아직 명확하지 않을 것이다.

재귀가 문제를 해결하는 데 절대적으로 필요한 것은 아니다. 이 점을 우선 유념해야 한다. 재귀로 풀 수 있는 문제는 루프로도 풀 수 있다. 그러나 반복적인 문제들 중 일부는 루프보다 재귀로 훨씬 쉽게 해결된다. 재귀를 이해하고 있는 프로그래머는 특정 알고리즘을 설계할 때 루프 보다 재귀를 사용하는 것이 더 편리하다는 것을 발견하게 된다.

일반적으로 재귀 메서드는 다음과 같이 동작한다.

- 현재 상태에서 재귀 없이 문제를 해결할 수 있다면, 메서드는 문제를 해결하고 복귀한다.
- 현재 상태에서 문제를 해결할 수 없다면, 그 문제를 좀 더 작고 유사한 문제로 분할하고 자기 자신을 호출하여 작아진 문제를 해결한다.[3)]

우선, 이 방법을 적용하기 위해서는 첫째, 재귀 없이 해결 가능한 부분 문제를 적어도 하나 이상 규명해야 한다. 이러한 부분 문제를 *기본 상태(base case)*라고 한다. 둘째, 기본 상태 이외의 모든 경우의 부분 문제에 대해서는 재귀를 사용해서 해결할 수 있는 방법을 찾아야 한다. 이러한 부분 문제를 *재귀 상태(recursive case)*라고 한다. 재귀 상태(recursive case)에서는 언제나 본래의 문제를 좀 더 작게 분할해야 한다. 재귀 호출을 통해 문제를 분할하다 보면, 결국 기본 상태(base case)에 다다르게 되고, 여기서 재귀는 중단된다.[4)]

---

3) 만약 작아진 문제가 아직도 쉽게 해결되지 않는다면, 그 문제를 좀 더 작게 분할하고 더 작아진 문제를 해결하기 위해 자기 자신을 호출한다. 결국 재귀 없이 쉽게 해결되는 사소한(trivial) 문제가 될 때까지 분할하고, 그 이후부터는 작아진 문제들이 해결되면서 연쇄적으로 복귀된다. 해결된 문제의 해는 그 다음의 복귀 과정에서 좀 더 큰 문제를 해결하는 원천이 된다. 결국 최초의 재귀 호출문으로 복귀 될 때, 전체 문제는 해결된다. 이러한 방식으로 문제를 해결하는 기법을 분할 정복(Divide and Conquer)이라고 한다. (5장에서 언급했던 "분할 정복"은 프로그램의 단계적 세분화라는 측면에서 접근한 것이고, 여기서 언급한 분할 정복은 재귀를 이용한 문제 해결 기법이라는 측면에서 접근한 것이다.) 분할 정복 문제의 대부분은, 재귀 호출되면서 문제가 작게 분할되고(Divide), 연쇄적으로 복귀되면서 전체 문제의 해가 구해진다(Conquer). 이러한 방식으로 해결되는 대표적인 문제가 합병 정렬(Merge Sort)이다. 그러나 어떤 경우는 문제가 작게 분할되는 과정에서, 즉, 재귀 호출되는 과정에서 전체 문제가 해결되기도 한다. 이러한 방식으로 해결되는 대표적인 예로는 이분 검색(binary search), 퀵 정렬(Quick Sort) 등이 있다. 이분 검색, 퀵 정렬, 합병 정렬에 대해서 자세히 알고자 하는 독자는 "자료 구조" 또는 "알고리즘" 관련 서적을 참고하기 바란다.

4) 재귀를 처음 접하는 독자는 이 부분이 어렵게 느껴질 수도 있다. 쉽게 예를 들어 보자. 1부터 10까지의 합계를 구하는 문제가 있다고 하자. 이 문제는 반복 구조를 이용해서 해결할 수도 있지만, 재귀를 이용하면 깔끔하게 해결된다. 이 문제를 어떻게 분할할 수 있을까? 계속 분할하다가, 더 이상 분할할 필요 없이 쉽게 풀리는 사소한(trivial) 문제는 무엇일까? 좀 더 작게 분할한 문제를 '부분 문제'라고 한다면, 이 문제의 부분 문제는 "1부터 9까지의 합계"이다. 이 부분 문제의 해에 10을 더하면 전체 문제가 해결된다. 그렇다면 1부터 9까지의 합계를 구하는 문제의 부분 문제는? "1부터 8까지의 합계"이다. 이 부분 문제의 해에 9를 더하면 1부터 9까지의 합계를 구할 수 있다. 이런 식으로 문제를 계속 나누다 보면, 너무나도 쉽게 풀리는 부분 문제에 도달한다. 잠깐 생각해 보자! 그 문제는 무엇일까? 1부터 1까지의 합계를 구하는 문제다. 이 문제는 어떠한 계산 과정 없이도 쉽게 구할 수 있다. 이 부분 문제의 해는 1이다. 결국, 이 부분 문제가 재귀의 밑바닥인 것이다. 이제 복귀되면서 좀 더 큰 문제를 향해 분할된 문제를 조금씩 해결해 나간다. 이쯤해서 "기본 상태(base case)"와 "재귀 상태(recursive case)"를 구분해 보자. 1부터 10까지의 합계, 1부터 9까지의 합계, 1부터 8까지의 합계, ... , 1부터 2까지의 합계가 모두 "재귀 상태"의 부분 문제이다. 그리고 1부터 1까지의 합계를 구하는 문제, 이것이 바로 "기본 상태"의 부분 문제이다. 기본 상태에 대해서 다른 문제의 예를 가지고 잠깐 연습해 보자. N개의 임의의 정수들로 구성된 수열을 정렬하는 문제가 있다고 하자. 이 문제의 기본 상태는 무엇일까? 얼마나 분할하면 정렬 문제가 너무 쉽게 해결되는 사소한 문제가 될까? 결국 1개의 정수로 구성된 수열을 정렬하는 문제이다. 왜냐하면 데이터가 1개인 수열은 그 데이터가 어떤 값의 정수이든, 이미 정렬되어 있기 때문이다.

지금까지의 설명이 이해가 되었다면, N! (N의 계승) 문제도 재귀를 이용해서 쉽게 해결할 수 있다. 이 문제는 이 장에서 곧 다루게 된다.

따라하기 8-2에서는 재귀를 이용한 문제 해결 기법을 다른 성격의 Alice 월드에 적용해 볼 것이다.

따라하기 8-2

재귀를 이용하여 애니메이션 구현하기

그림 8-15는 부록 CD 안에 있는 Circles 월드이다. 이것은 5장의 hawkAndTree 월드와 유사하다. 월드에 두 객체 hawk와 bonzai가 있다. 이번 따라하기에서는 하나의 재귀 메서드를 만들어 볼 예정이다. 이 메서드를 통해서 hawk는 bonzai 주위를 원 모양으로 날게 된다. 메서드는 하나의 인수를 전달 받는데, 그 인수에는 hawk가 bonzai 주위를 원 모양으로 나는 횟수가 저장된다.

그림 8-15 Circles 월드

단계 1: 부록 CD의 Circles 월드를 하드 드라이브로 복사해서 연다.

단계 2: world 객체를 선택하고 flyCircles라는 이름으로 메서드를 새로 만든다. 그런 다음, 메서드에 이름이 times인 Number 형식의 매개변수를 하나 만든다. 다음은 메서드의 의사코드이다.

```
Method world.flyCircles(times)
    If times > 0
        hawk turn right 1 revolution around bonzai
        world.flyCircles(times-1)
    End If
End Method
```

times 매개변수는 hawk가 bonzai 주위를 원 모양으로 나는 횟수를 저장하게 된다. 이 알고리즘의 재귀 상태(recursive case)는 times가 0보다 큰 경우이다. 조건이 참인 동안 메서드는 hawk 객체의 turn 메서드를 호출해서 bonzai 주위를 날게 한다. 그런 다음 메서드는 재귀적으로 자기 자신을 호출하면서 인수로 times-1을 전달한다.

매개변수 times가 0이 되면 메서드는 기본 상태(base case)에 도달하게 되고, 재귀 호출은 더 이상 수행되지 않는다.

그림 8-16은 메서드의 실제 코드이다. 그림처럼 메서드를 완성한다.

그림 8-16 완성된 world.flyCircles 메서드

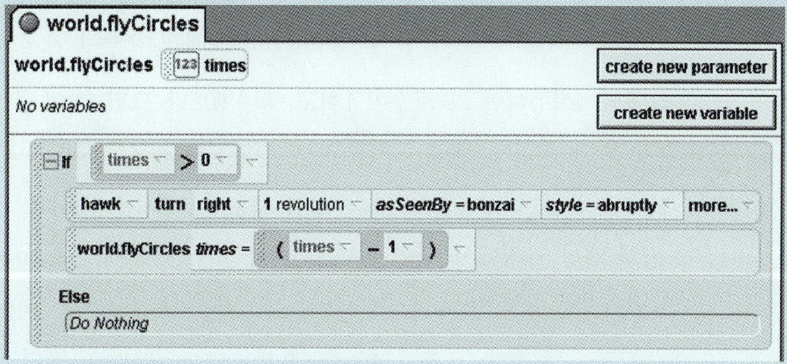

단계 3: 월드가 플레이될 때 실행되는 animation 메서드가 이미 만들어져 있다. 이 메서드를 메서드 편집기에 연 다음 그림 8-17처럼 완성한다. 이 메서드는 world.flyCircles 메서드를 호출하면서 인수로 5를 전달한다.

단계 4: 월드를 저장한 후 플레이 해 보자. hawk가 bonzai 주위를 5회 원 모양으로 나는 모습을 볼 수 있을 것이다. 다양하게 테스트 해보려면, world.flyCircles 메서드에 다른 값의 인수가 전달되도록 world.animation을 변경한다. 그런 다음, 월드를 플레이해서 결과를 확인해 보자.

그림 8-17 완성된 world.animation 메서드

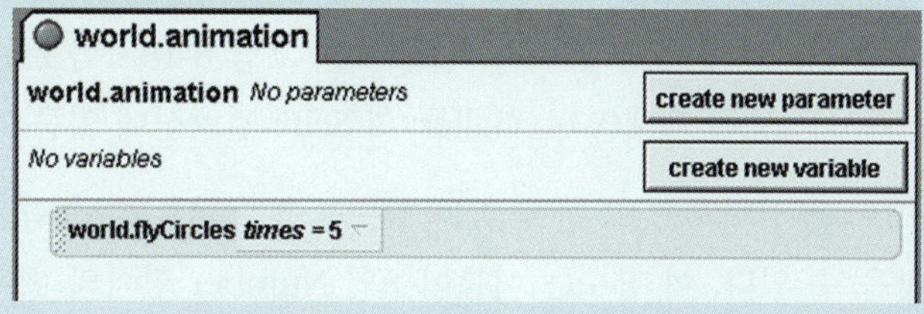

재귀를 이용해서 수학 문제 해결하기

재귀의 적용 예는 수학에서도 찾아 볼 수 있다. 한 예를 들어 보자. 수학에서 $n!$ 표기법은 정수 n의 계승을 나타낸다. 음수가 아닌 정수의 계승은 다음과 같은 식으로 정의할 수 있다.

If $n = 0$ then $n! = 1$
If $n > 0$ then $n! = 1 \times 2 \times 3 \times \ldots \times n$

$n!$ 표기를 좀 더 프로그래밍 코드의 함수처럼 보이도록 하기 위해 factorial(n)로 교체해 보자. 그리고 다음과 같이 다시 작성하자.

If $n = 0$ then factorial(n) = 1
If $n > 0$ then factorial(n) = $1 \times 2 \times 3 \times \ldots \times n$

이 식에서 n이 0이면 그 계승이 1이고, n이 0보다 크면 그 계승은 1부터 n까지의 양의 정수를 모두 곱한 것이다. 예를 들어, factorial(6)은 $1 \times 2 \times 3 \times 4 \times 5 \times 6$ 으로 계산된다.

임의의 수에 대한 계승을 구하는 재귀 알고리즘을 설계할 때, 먼저 기본 상태(base case), 즉, 전체 계산 과정에서 재귀 없이도 해결할 수 있는 부분을 규명해야 한다. 그것은 다음과 같이, n이 0인 경우이다.

If $n = 0$ then factorial(n) = 1

이 식은 n이 0일 때, 문제를 해결하는 방법을 보여 준다. 그러나 n이 0보다 클 때는 어떻게 해결할까? 그것이 바로 재귀 상태(recursive case), 즉, 전체 문제 중에서 재귀를 사용하여 해결하는 부분이다. 이것은 다음과 같이 표현할 수 있다.

If $n > 0$ then factorial(n) = $n \times$ factorial($n - 1$)

n이 0보다 큰 경우, n의 계승은 $n-1$의 계승에 n을 곱한 값이다. 작아진 문제 $n-1$에 대해서 재귀 호출이 어떻게 이루어지는지 주목하라! 임의 수에 대한 계승을 계산하는 재귀식은 다음과 같다.

If $n = 0$ then factorial(n) = 1
If $n > 0$ then factorial(n) = n $\times$ factorial($n - 1$)

이런 재귀식이 Alice에서 어떻게 구현되는지 확인해 보자. MathRobot이라는 이름의 월드가 부록 CD 안에 있을 것이다. 월드에는 그림 8-18처럼 mad_scientist 객체(People 컬렉션에 있음)와 robot 객체(Web Gallery의 SciFi 컬렉션에 있음)가 있다.

robot을 선택하고 그 안에 있는 함수들을 살펴보면, 그림 8-19와 같은 robot.factorial 함수를 찾을 수 있다. 이 함수는 이름이 n인 Number 형식의 매개변수를 가지고 있다. 다음은 그림에 표시되어 있는 3가지 타일에 대한 설명이다.

① 이 명령문은 매개변수 *n*이 0이 될 때 실행되며, 지역 변수 factorialValue의 값을 1로 설정한다.

② 이 명령문은 지역 변수 factorialValue의 값을 $n \times n - 1$의 계승으로 설정한다. 이 명령문은 재귀 상태(recursive case)로서, *n*이 0이 아닌 경우에 실행된다.

③ 이 명령문은 변수 factorialValue를 반환한다.

그림 8-18 MathRobot 월드

그림 8-19 robot.factorial 메서드[5]

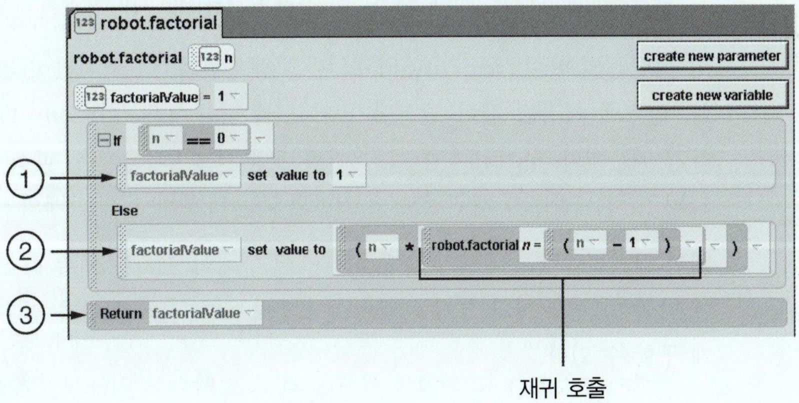

5) robot.factorial 메서드나 그림8-7의 world.boyAskQuestion 메서드처럼 재귀 호출 명령문 다음에 실행할 다른 명령문이 존재하지 않는 경우를 *꼬리 재귀(tail recursion)*라고 한다. 이러한 꼬리 재귀는 반복 구조로 변환하기가 쉽다. 그림 8-13의 world.skaterSpin 메서드, 그림 8-16의 world.flyCircles 메서드, 그리고 그림 8-19의 robot.factorial 메서드들이 모두 꼬리 재귀이다. 이러한 꼬리 재귀는 재귀 호출이 계속 이루어지다가 재귀 밑바닥(이것을 기본 상태라고 부르는데, 여기서 밑바닥이라는 볼품없는 용어를 사용한 이유는 독자 여러분이 "재귀의 깊이"라는 용어와 관련지어 직관적으로 이해할 수 있도록 하기 위함이다)에 도달하게 되면, 프로그램의 제어가 연쇄적으로 복귀되는 현상이 발생한다.

robot.factorial 함수는 그림 8-20처럼 world.animation 메서드에서 호출된다. 그림 8-21은 월드의 실행 모습이다. 그림의 경우, 사용자는 숫자를 입력하는 대화상자에 4를 입력하였다. mad_scientist는 robot에게 4.0의 계승을 알려달라고 말한다. 그러고 나면 robot이 24.0이라고 알려준다.

그림 8-20 world.animation 메서드

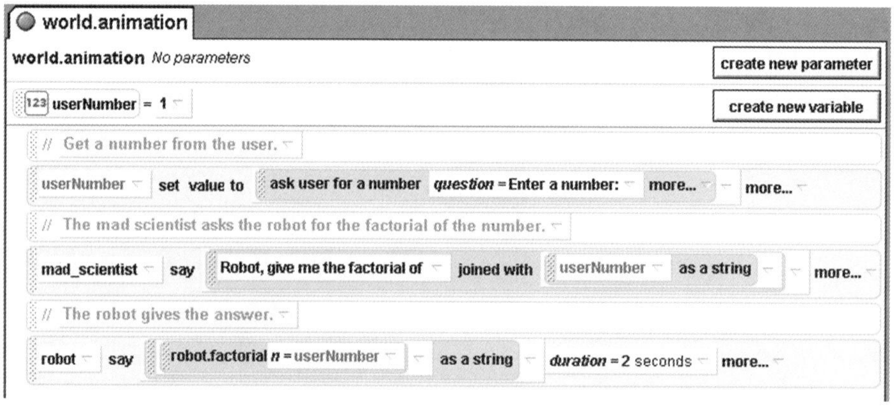

월드의 실행 예에서 robot.factorial 함수는 자기 자신을 호출하면서 n에 인수 4를 전달한다. n이 0이 아니므로 If문의 Else절에 있는 다음의 명령문이 실행된다.

factorialValue.set value to (n * robot.factorial(n−1))

이 명령문은 변수 factorialValue의 값을 설정한다. 그러나 값이 변수에 바로 저장되지 않는다. 변수에 저장될 값이 결정되기 위해서는 robot.factorial($n-1$)의 값이 먼저 결정되어야 하기 때문이다. factorial 함수는 5번째 호출, 즉, n이 0이 될 때까지 재귀 호출된다. 그림 8-22의 도식은 함수가 재귀 호출되고 반환되는 과정에서 각 단계의 n값과 반환값을 나타낸다.

재귀 알고리즘에서 재귀 호출을 이용하여 문제의 크기를 계속 축소해야 하는 이유가 이 도식에 나와 있다. 문제의 크기를 계속 축소하다보면, 결국 재귀가 멈추는 곳에서 하나의 답을 쉽게 구할 수 있다.[6]

---

6) 재귀를 이용해서 문제를 해결하려면, 많은 훈련이 필요하다. 중요한 것은 그 문제에 내재되어 있는 재귀적인 특성을 찾아내는 것이다. 여기서 재귀적인 특성은 문제의 기본 상태와 재귀 상태를 규명함으로써 찾게 된다. 컴퓨터 과학의 "알고리즘"은 이러한 능력을 키우는 학문 분야이다. 문제에 내재되어 있는 재귀적인 특성을 찾아내고, 부분 문제들 사이에 숨어있는 관계를 찾아, 전체 문제의 해를 도출해 내는 통찰력을 키우는 것이 중요하다. 이러한 능력은 "귀납적 사고"가 기본이 되어야 한다. 그런데 이 "귀납적 사고"는 재귀와 일맥상통하는 면이 많다. "재귀와 귀납적 사고"의 관련성에 대해 알기 쉽게 설명하고 있는 책이 있어 다음과 같이 소개한다.

"자기호출은 컴퓨터 과학 이론의 근간을 이루는 중요한 개념이다. 이것은 어떤 문제를 해결하는 과정에서 자신과 똑같지만 크기가 다른 문제를 발견하고, 이들의 관계를 파악함으로써 문제 해결에 간명하게 접근하는 방식이다. <중략> 귀납적 사고라는 것은 성격이 같지만 크기가 다른 문제간의 "관계"를 파악하는 것이다. <중략> 자기호출을 이용하는 알고리즘의 정당성은 수학적 귀납법과 관련이 깊다. 수학적 귀납법이란 자신보다 작은

그림 8-21 MathRobot 월드의 실행 모습

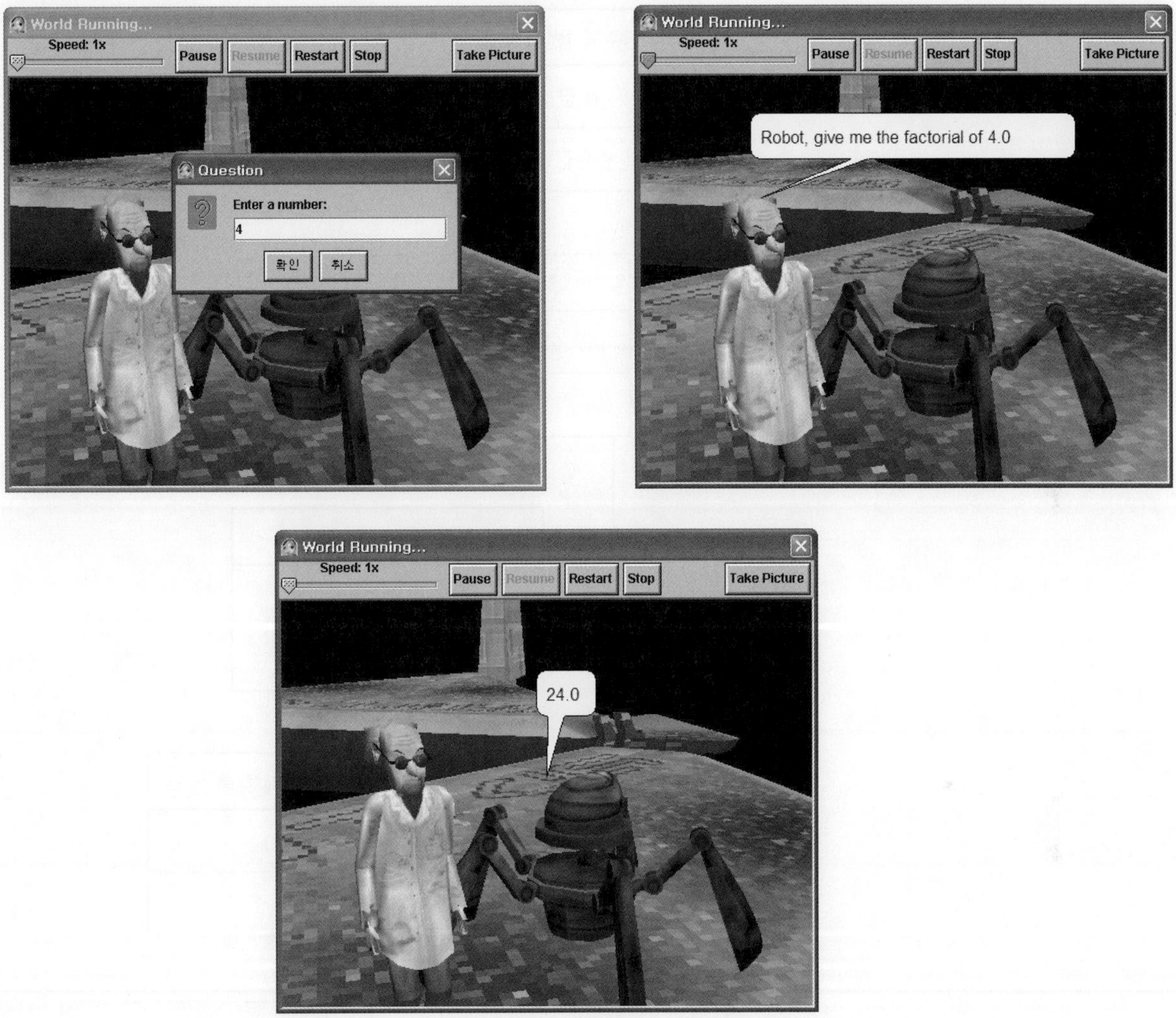

점점 더 작아지는 문제에 대해서 재귀 호출이 이루어지면, 재귀 호출은 기본 상태를 향하게 된다. 기본 상태는 더 이상의 재귀가 필요 없으므로, 연쇄적인 재귀 호출은 기본 상태에서 멈춘다.

문제에 대해 결론이 옳음을 가정하고 자신과 이 작은 문제와의 관계를 통해서 자신에 대해서도 결론이 옳음을 보이는 것이다. 재귀 알고리즘이 자신보다 작은 문제를 자기호출하는 것은 수학적 귀납법에서 자신보다 작은 문제에 대해 결론이 옳음을 가정하는 것과 일치한다. 즉, 자신보다 작은 문제에 대해서는 이 알고리즘이 제대로 작동한다고 가정하는 것이다. 자기호출을 이용하는 알고리즘에서 자기호출을 제외한 나머지 부분은 대부분 크기가 다른 문제간의 관계를 반영하기 위한 것이다." (쉽게 배우는 알고리즘: 관계 중심의 사고법, 문병로, 한빛미디어, 2007, p26~27, 이 책에서는 좀 더 직관적인 이해를 위해 "자기호출"라는 용어를 사용하였지만, 그것이 바로 본 교재의 "재귀 호출" 또는 "재귀"를 말하는 것이다.)

그림 8-22 factorial 함수의 재귀 호출

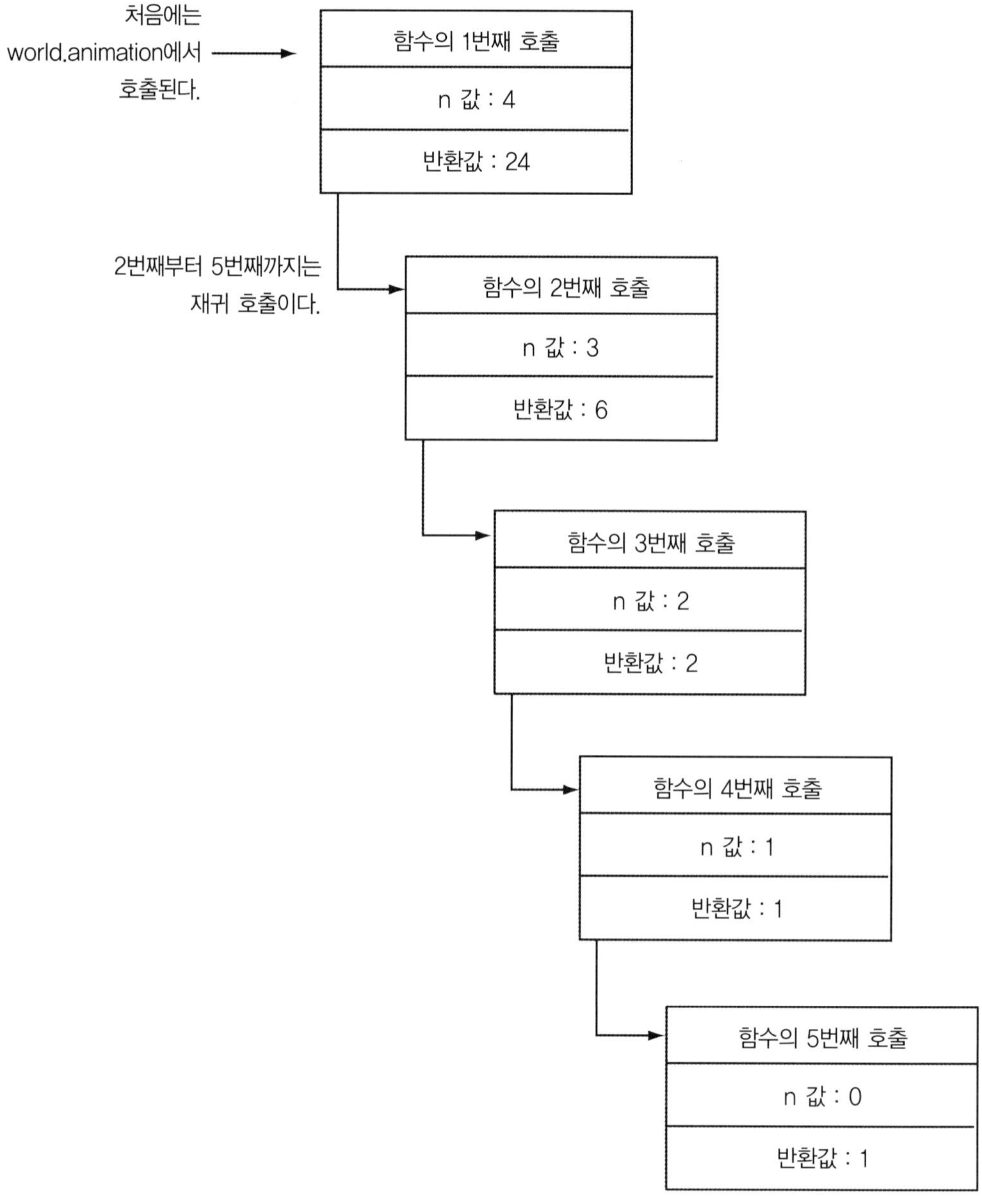

일반적으로, 재귀 호출에 의해서 매개변수 값이 점점 작아지는 방식으로 문제가 축소된다. 재귀호출이 매번 일어날 때마다 robot.factorial 함수의 매개변수 n 값이 0에 가까워진다. 매개변수가 0에 도달하면, 함수는 더 이상의 재귀호출을 하지 않고 값을 반환한다.

따라하기 8-3에서는 robot 객체 안에 재귀적인 수학 함수를 하나 더 만들어 볼 것이다.

따라하기 8-3

수학 함수를 재귀적으로 작성하기

이번 따라하기에서는 multiply라는 이름의 재귀 함수를 작성해 볼 것이다. 함수는 이름이 a와 b인 2개의 매개변수를 가지고 있다. a × b의 값을 계산하고 그 결과값를 반환하기 위해서 재귀를 사용할 것이다. 곱셈은 다음과 같은 반복적인 덧셈으로 계산될 수 있음을 기억하자.

$$7 \times 4 = 7 + 7 + 7 + 7$$

알고리즘을 최대한 단순화하기 위해 음수나 0은 무시한다. a와 b가 모두 양의 정수라고 가정하자. 다음은 이러한 가정하에 만든 식으로, 이 식을 통해 알고리즘을 설계한다.

If $b > 1$ then multiply(a, b) = a + multiply(a, $b - 1$)
If $b = 1$ then multiply(a, b) = a

다음은 위의 식을 토대로 만든 multiply 함수의 의사코드이다.

```
Function robot.multiply(a, b)
    If b > 1
        set product variable to (a + robot.multiply(a, b-1))
    Else
        set product variable to a
    End If
    Return product variable
End Function
```

단계 1: Alice를 실행하고, 부록 CD의 MathRobot 월드를 연다.

단계 2: robot 객체를 선택한 다음, 세부 패널의 functions 탭을 선택한다. create new function 버튼을 클릭한다. 함수의 이름으로 multiply를 입력하고, 함수의 형식으로 Number를 선택한다.

단계 3: 그림 8-23의 명령문을 만들어서 multiply 함수를 완성한다. (함수에 2개의 Number형 매개변수 a, b, 그리고, 하나의 Number형 지역 변수 product가 있음에 주의하자.)

단계 4: 그림 8-24와 같이 world.animation에서 multiply 함수를 호출하여 테스트해 보자. 그림에 있는 명령문은 5 × 3의 값을 구하기 위해 함수를 호출한다. 원한다면 다른 값을 이용해도 된다.

단계 5: 월드를 저장한 후 플레이 해보자. 함수가 정확한 값을 반환하는지 확인해 보자.

그림 8-23 완성된 multiply 함수

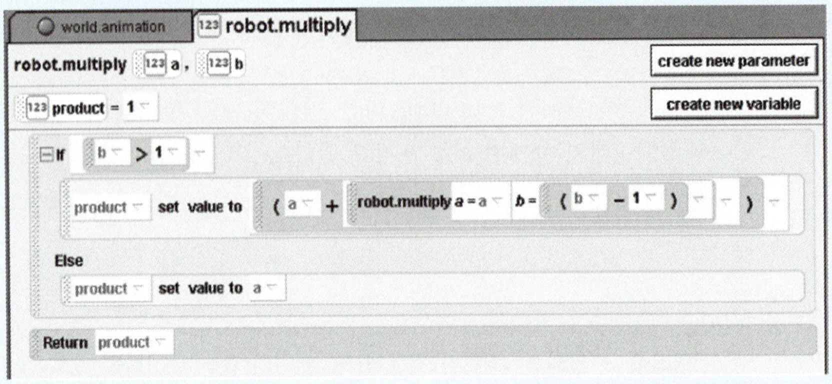

그림 8-24 robot.multiply 함수 호출하기

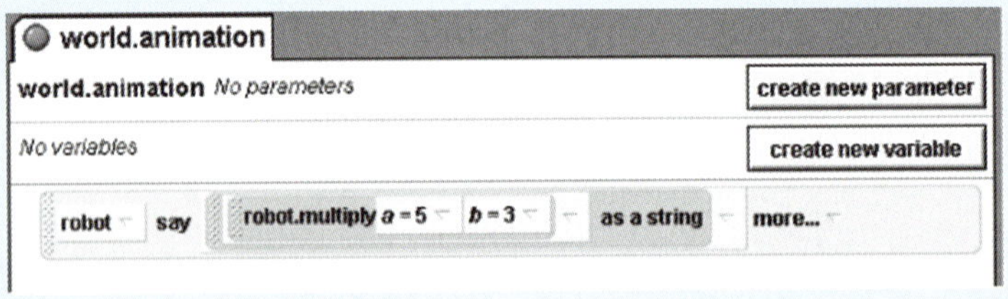

이번 장에서는 재귀에 대한 간단한 소개와 재귀를 사용하여 반복적인 문제를 해결하는 방법에 대해서 다루었다. 사실, 이러한 주제에 대해 수박 겉핥기식으로 살펴보았지만, 이제 재귀가 무엇인지 어느정도 감을 잡았을 것이다. 컴퓨터 과학(computer science)으로 계속 공부할 생각이 있는 독자라면, 앞으로의 전공 과정에서 재귀에 대해 좀 더 자세하게 공부하게 될 것이다.

체크 포인트

8.1 기본 상태(base case)란 무엇인가?

8.2 재귀 상태(recursive case)란 무엇인가?

8.3 재귀 알고리즘에서 결국 재귀호출이 중단되는 이유는?

확인 문제

객관식

1. 재귀 메서드가 동작하는 방식은
   가. 다른 메서드를 호출한다.
   나. 프로그램을 비정상적으로 중단시킨다.
   다. 자기 자신을 호출한다.
   라. 단지 한번만 호출된다.

2. 메서드 A가 메서드 B를 호출하고, 메서드 B가 자기 자신을 4번 호출한다. 이때 재귀의 깊이는 얼마인가?
   가. 1
   나. 4
   다. 5
   라. 9

3. 재귀 없이 해결 가능한 부분 문제를 무엇라고 부르는가?
   가. 기본 상태(Base case)
   나. 해결 가능한 상태(Solvable case)
   다. 알려진 상태(Known case)
   라. 반복 상태(Iterative case)

4. 재귀를 이용해서 해결 가능한 부분 문제를 무엇이라고 부르는가?
   가. 기본 상태(Base case)
   나. 반복 상태(Iterative case)
   다. 알려지지 않은 상태(Unknown case)
   라. 재귀 상태(Recursive case)

5. 재귀 상태에서 일어나는 일은?
   가. 재귀 없이 문제가 해결된다.
   나. 본래의 문제를 좀 더 작게 축소한다.
   다. 에러가 발생해서 프로그램이 중단되었음을 알린다.
   라. 본래의 문제를 좀 더 크게 확대한다.

6. 기본 상태에서 일어나는 일은?
   가. 재귀 없이 문제가 해결된다.
   나. 본래의 문제를 좀 더 작게 축소한다.
   다. 에러가 발생해서 프로그램이 중단되었음을 알린다.
   라. 본래의 문제를 좀 더 크게 확대한다.

주관식

1. 이 장에서 제시했던 Recursion 월드에서 world.boyAskQuestion 메서드의 기본 상태는 무엇인가?

2. 이 장에서 음이 아닌 정수에 대한 계승을 계산하기 위해 다음과 같은 식을 사용하였다.

   If $n = 0$ then factorial(n) $= 1$

   If $n > 0$ then factorial(n) $= n \times$ factorial($n - 1$)

   이 식을 토대로 함수를 만든다면, 무엇이 기본 상태이고, 무엇이 재귀 상태인가?

3. 문제를 해결하기 위해 재귀가 반드시 필요한가? 반복적인 특성을 갖고 있는 문제를 해결하기 위해 사용할 수 있는 다른 방법은?

4. 재귀 알고리즘에서 재귀 호출을 이용하여 문제의 크기를 축소해야 하는 이유는?

5. 재귀 메서드를 사용해서 문제를 축소하는 일반적인 방법은?

연습 문제

1. Jock이 역기를 들어 올리는 장면을 재귀로 구현하기

   Jock 클래스(Web Gallery의 People 컬렉션에 있음)의 인스턴스와 Barbell 클래스(Objects 컬렉션에 있음)의 인스턴스가 있는 월드를 만들어 보자. 객체 barbell과 jock을 그림 8-25와 같이 배치한다. jock으로 하여금 barbell을 들어 올리도록 하는 curl이라는 이름의 메서드를 만든다. (barbell을 가슴 높이까지 들어 올리면 된다.) 메서드는 하나의 Number형 매개변수를 가지고 있는데, 이 매개변수는 jock이 barbell을 들어 올리는 횟수를 나타낸다. 재귀를 사용해서 정해진 횟수만큼 jock이 barbell을 들어 올리도록 하자.

그림 8-25 역기를 들어올리는 jock

2. 항해하는 장면을 재귀로 구현하기

돛단배와 섬이 있는 바다 배경의 월드를 만들어 보자. 그림 8-26과 같이 돛단배와 어느 정도 떨어진 거리에 섬을 배치한다. Object형 매개변수가 있는 sailTo라는 이름의 메서드를 만들고 그 안에 Object 형식의 매개 변수도 만든다. 돛단배는 이 메서드를 통해서 매개변수로 전달받은 객체를 향해 1미터를 이동한다. 그리고 돛단배는 그 객체에 도달할 때까지 sailTo 메서드를 재귀적으로 호출한다. 메서드를 호출하면서 인수로 섬을 넘겨주고 메서드의 실행 결과를 확인하자.

그림 8-26 돛단배와 섬

3. 거듭제곱 계산을 재귀로 구현하기

이 장에서 제시했던 MathRobot 월드의 robot 객체에 함수 하나를 새로 만든다. 함수의 이름은 power이고, 2개의 매개변수 a와 b를 가지고 있다. 함수는 재귀를 사용하여 a 거듭제곱 b의 값을 계산하고 반환해야 한다. 다음은 이 함수의 의사코드이다.

```
Function robot.power(a, b)
    If b = 0
        set powerValue variable to 1
    Else
        set powerValue variable to (a * robot.power(a, b-1))
    End If
    Return powerValue variable
End Function
```

world.animation을 수정해서 이 함수가 제대로 동작하는지 확인해 보자.

4. 수치 합계

이 장에서 제시했던 MathRobot 월드의 robot 객체에 함수 하나를 새로 만든다. 함수의 이름은 sumNumbers이다. 이 함수는 하나의 Number형 매개변수를 가지고 있고, 1부터 인수로 전달받은 값까지의 모든 수를 더한 합계를 반환해야 한다. 예를 들어 인수로 50이 전달되었다면, 함수는 1, 2, 3, 4, ... , 50의 합계를 반환해야 한다. 함수는 재귀를 사용하여 합계를 계산한다. world.animation을 수정해서 이 함수가 제대로 동작하는지 확인해 보자.

5. 피보나치 수

수학 문제들 중 일부는 재귀적으로 해결하도록 설계 되어 있다. 널리 알려진 예가 피보나치 수의 계산이다. 이탈리아 수학자 Leonardo Fibonacci의 이름을 따서 명명된 피보나치 수는 다음과 같은 수열을 말한다.

0, 1, 1, 2, 3, 5, 8, 13, 21, 34, 55, 89, 144, 233, ...

수열에서 두 번째 이후에 나오는 수는 바로 앞에 나오는 수 2개를 더한 것이다. 다음은 피보나치 수열의 n번째 수를 계산하는 식이다.

If $n = 0$ then Fibonacci(n) = 0

If $n = 1$ then Fibonacci(n) = 1

If $n >= 2$ then Fibonacci(n) = Fibonacci($n - 1$) + Fibonacci($n - 2$)

MathRobot 월드의 robot 객체에 함수 하나를 추가한다. 함수의 이름은 fibonacci이다. 함수는 이름이 n인 하나의 Number형 매개변수를 가지고 있어야 하고, 피보나치 수열의 n번째 수를 반환해야 한다. 다음은 이 함수의 의사코드이다.

```
Function robot.fibonacci(n)
    If n = 0
        result = 0
    Else If n = 1
        result = 1
    Else
        result = robot.fibonacci(n - 1) + robot.fibonacci(n - 2)
    End If
    Return result
End Function
```

world.animation을 수정해서 이 함수가 제대로 동작하는지 확인해 보자.

추가 연습 문제

1. 재귀 호출 확인하기

그림 8-7의 재귀 호출 명령문의 바로 앞과 바로 뒤에 print 명령문 타일을 삽입하여 times 변수의 값을 출력해 보자. 여기서 곧바로 Alice 월드를 만들어서 결과를 확인해 보는 것은 좋은 방법이 아니다. 먼저 어떤 출력 결과가 나올지 곰곰이 생각해 보자. 최종 결론에 도달하였으면 그때 월드를 만들어서 플레이해 본다. 그리고 자신의 생각이 맞는지 결과를 확인해 보자.

2. 재귀 호출을 반복문으로 변환하기

이 장의 추가 연습 문제 "1. 재귀 호출 확인하기"를 재귀 호출을 사용하지 않고 반복 구조만을 적용하여 동일한 결과가 나오도록 수정해 보자.

3. 농구공의 탄성계수 실험

그림 8-27과 같이 농구장에 선수 한 명이 있고, 한 손에는 농구공을 들고 있다. 이 선수는 농구공이 바닥으로부터 얼마나 튀어 오르는지를 실험하려고 한다. 농구공이 튀어 오르는 정도는 농구공의 탄성계수에 의해 달라진다. 농구공의 탄성계수가 0보다 크거나 같고 1보다 작은 수라고 가정하자.

월드가 플레이 되면, 선수는 농구공을 떨어뜨린다. 0보다 크고 1보다 작은 난수가 발생되어 농구공의 탄성계수를 결정한다. 따라서 월드가 플레이 될 때마다, 농구공이 튀어 오르는 정도가 매번 달라야 한다. 농구공이 튀어오를 때마다, 농구공이 약간씩 앞으로 나가도록 구현해도 좋다.

팁

농구공의 탄성계수가 e 라고 하고, 현재의 낙하 거리를 h, 그 다음 튀어 오르는 높이를 h' 라고 하자. 이때 $h' = e^2h$ 이다.

그림 8-27 월드의 초기 장면

4. 순열의 생성

순열이란 서로 다른 n개의 수를 서로 다르게 나열하는 것을 말한다. 재귀 호출을 이용하여 1, 2, 3, 4 수열의 순열을 만들어 보자. 재귀 호출 과정에서 각 숫자들이 교환되면서 순열이 생성되는 모습이 애니메이션으로 나타나야 하며, 그림 8-28처럼, ArrayVisualization과 ObjectVisualization을 사용해야 한다. 순열 하나가 생성되면, 그 순열이 잘 보이도록 위로 조금 올라갔다가 1초 정도 공중에 정지한 후 내려온다. 그리고 그 다음 순열 생성을 위한 교환 과정이 계속된다.

그림 8-28 월드의 초기 장면

5. 재귀 호출을 이용한 삽입 정렬

퀵 정렬(Quick Sort)과 합병 정렬(Merge Sort)은 재귀 호출을 이용한 대표적인 정렬 기법이다. 삽입 정렬도 재귀 호출로 구현할 수 있다. 7장의 추가 연습 문제 "8. 삽입 정렬"을 재귀 호출로 구현해 보자. 중요한 것은, 삽입 정렬 기법 속에 내재된 재귀적인 특성을 찾아내는 것이다. Alice 월드를 곧바로 수정하려고 하지 말고, 우선 삽입 정렬의 재귀적인 특성을 찾아보자. 그 특성만 올바르게 찾을 수 있다면, 재귀 호출로 구현하는 것은 문제가 되지 않는다. 여기서 재귀적인 특성을 찾는다는 것은 문제의 기본 상태와 재귀 상태를 규명하는 것이다.

APPENDIX

A Alice 설치하기[1)]

Alice는 Carnegie Mellon 대학이 사회봉사 차원에서 배포하는 무료 소프트웨어이다. 이 책에 동봉된 CD에 Alice 2.0이 들어 있다. Alice의 최신 버전은 http://www.alice.org에서 다운로드 할 수 있다.

이 부록은 Alice 설치에 대한 간단한 지침과 상세한 지침을 모두 제공한다. 컴퓨터 사용에 능숙한 독자라면, 간단한 설치 지침만으로도 충분할 것이다. 단계별로 자세한 설치 안내가 필요하다면, Windows XP에 설치하는 다음의 상세한 지침대로 따라하면 된다.

간단한 설치 지침

Alice 소프트웨어는 Alice.zip 파일로 압축되어 있다. Alice에는 별도의 설치 마법사가 없고, CD에 있는 압축파일을 독자 여러분의 컴퓨터에 그냥 복사하거나, Alice 웹 사이트에서 다운로드 하면 된다. 그런 다음, 원하는 설치 위치에 압축 파일을 푼다. Alice.zip을 풀면, Alice라는 이름의 폴더가 생긴다. 이 폴더 안에는 실행 파일 Alice.exe가 있다. 이 실행 파일을 더블클릭하면 Alice가 실행된다. 필요하면 바탕화면에 이 실행 파일의 바로가기를 만들어도 좋다.

Windows XP 환경에서의 상세한 설치 지침

단계 1: Alice.zip을 부록 CD에서 복사하거나 http://www.alice.org에서 다운로드 한다.

---

1) 본 설치 지침을 따라하기 전에, "부록 C. Alice 설치와 실행에 관한 자세한 사항"을 먼저 읽어보기 바란다. 설치 지침을 그대로 따라했음에도 실행이 전혀 되지 않는 현상이 발생할 수 있기 때문이다.

단계 2: Alice.zip 파일을 오른쪽 버튼으로 클릭한다. 팝업 메뉴에서 그림 A-1의 "압축 풀기..."를 선택한다. 그러면 그림 A-2와 같은 대화상자가 나타난다.

단계 3: "다음" 버튼을 클릭해서 진행한다. 그림 A-3과 같은 대화상자가 보일 것이다. "찾아보기" 버튼을 클릭해서 압축 파일을 해제할 장소를 선택한다. (선택한 장소에 Alice라는 폴더가 만들어진다. 그 폴더 안에 Alice 소프트웨어의 모든 파일들이 담겨져 있다.)

그림 A-1 Alice.zip 압축 풀기

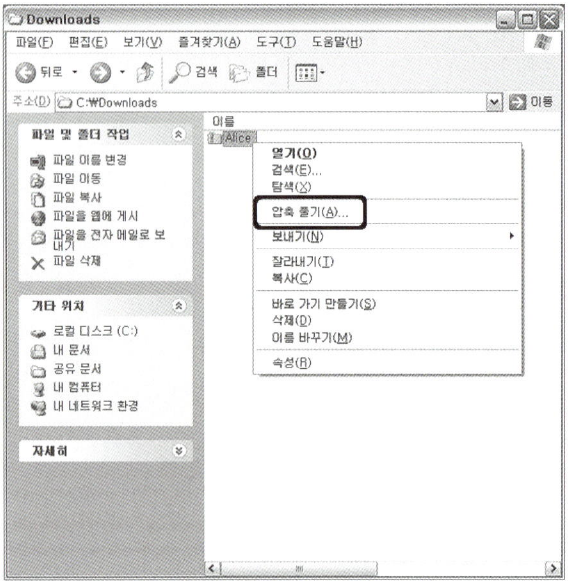

그림 A-2 압축 풀기 대화상자

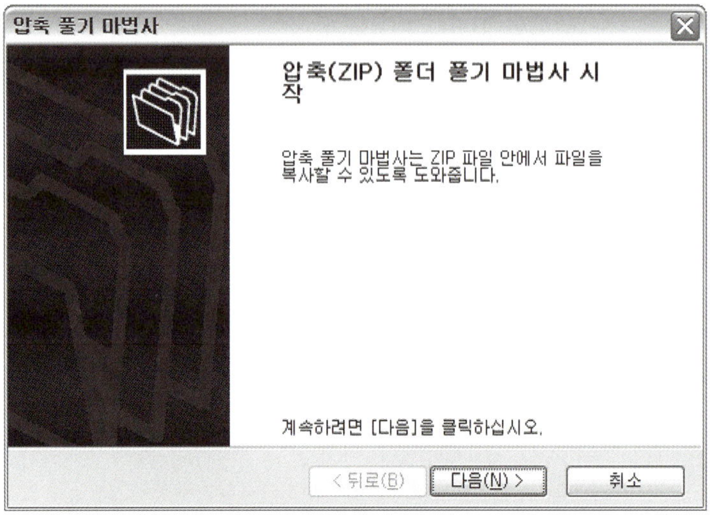

그림 A-3 설치 위치 선택하기

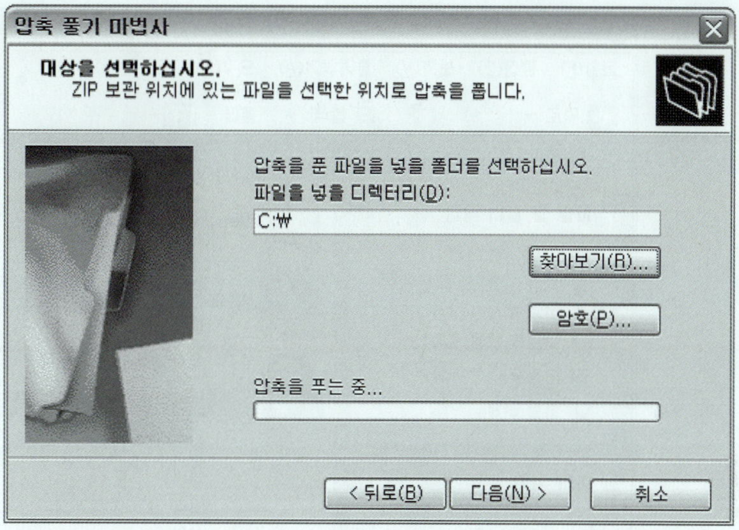

단계 4: 위치를 선택한 후, "다음" 버튼을 클릭하면 압축 파일이 풀린다. 이 후에 나타나는 대화상자에서 "마침" 버튼을 클릭한다.

단계 5: Alice 폴더는 단계 3에서 선택한 위치에 생긴다. 이 폴더 안에서 Alice.exe 파일을 찾을 수 있다. 이것이 Alice의 실행 파일이다. 편의상 Alice.exe 파일의 바로가기를 바탕화면에 만들어 보자. 그림 A-4와 같이 Alice.exe 파일을 오른쪽 마우스 버튼으로 클릭한 다음, 팝업 메뉴에서 "보내기 > 바탕화면에 바로가기 만들기"를 선택한다. 이렇게 하면 Alice.exe의 바로가기가 바탕화면에 만들어진다.

축하한다! Alice가 독자 여러분의 컴퓨터에 설치되었다. Alice를 시작하려면, 바탕화면에 만든 바로가기를 더블 클릭하자.

그림 A-4 바탕화면에 바로가기 만들기

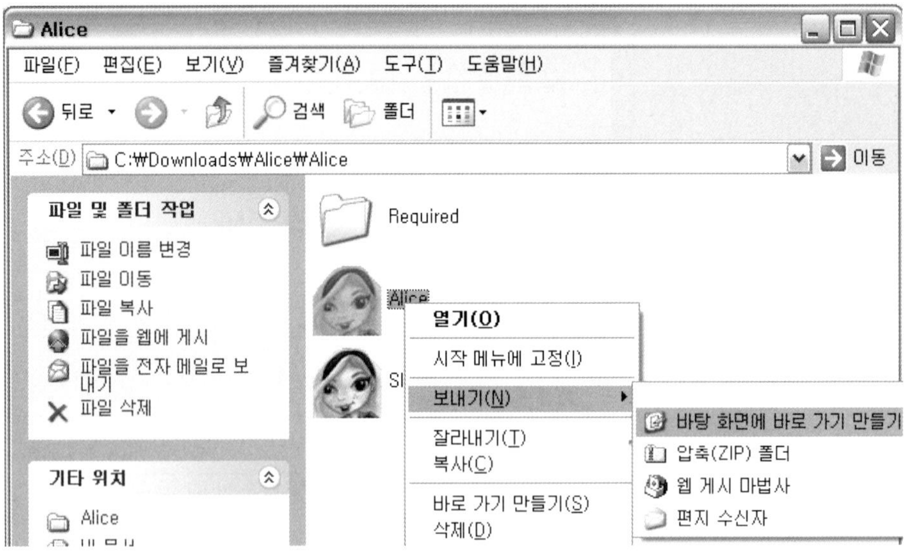

APPENDIX B

체크 포인트 해답

1장

1.1 컴퓨터는 데이터를 조작하고 저장하는 명령문을 따르는 장치이다.

1.2 컴퓨터 프로그램이란 컴퓨터가 일을 수행하기 위해 따르는 명령문의 집합이다.

1.3 알고리즘은 하나의 일을 수행하기 위해 거쳐야만 하는 잘 정의된 논리적 단계들의 집합이다.

1.4 기계어는 컴퓨터가 이해할 수 있는 유일한 언어이다.

1.5 컴퓨터는 (이진수로 이루어진) 기계어만 이해할 수 있으므로, 좀 더 수월하게 프로그래밍이 가능하도록 프로그래밍 언어가 개발되었다. 프로그래밍 언어는 사람이 이해하기 쉬운 단어로 이루어져 있다.

1.6 World Running... 윈도우의 speed 슬라이더 컨트롤을 사용하면 된다.

1.7 월드 뷰 윈도우

1.8 객체 트리

1.9 타일은 조그마한 사각형의 아이콘이다. 이 절에서는 객체 트리에서 객체를 나타내는 타일의 사용법에 대해서 다루었다,

1.10 속성이란 객체의 특징을 규정하는 값이다.

1.11 color 속성이 객체의 색깔을 결정한다. opacity 속성이 객체의 투명도를 결정한다.

1.12 메서드는 객체가 수행할 수 있는 프로그래밍 문장들의 집합이다.

1.13 snowLove 월드에서 다루었던 남자 눈사람 객체를 예로 들 수 있다. 남자 눈사람 객체는 머리 부분 객체, 중간 부분 객체, 그리고 아래 부분 객체로 이루어져 있다.

1.14 클래스는 객체의 형태를 기술한다.

1.15 클래스는 설계도와 유사하며, 클래스의 인스턴스는 설계도대로 만든 집과 유사하다. 설계도 자체는 집이 아니다. 그것은 집에 대한 자세한 설명서이다. 설계도대로 집을

짓는다는 것은 설계도에 기술된 집의 인스턴스(instance), 즉, 실제 예를 짓는 것이다. 동일한 설계도를 토대로 똑같은 집을 여러 개 지을 수도 있다. 이때 각각의 집은 설계도에서 기술된 집의 독립된 인스턴스이다.

1.16 Alice 갤러리에는 클래스가 저장되어 있다.

1.17 장면 편집 모드로 전환된다.

1.18 클래스 썸네일 이미지를 클릭하면, 클래스 정보 창이 나타나는데, 이때 Add instance to world 버튼을 클릭한다. 또는 갤러리의 클래스 썸네일 이미지를 클릭해서 월드 안으로 드래그 한다.

1.19 월드 뷰 윈도우에서 객체를 클릭하거나, 객체 트리에서 객체 타일을 클릭한다.

1.20 노란색 경계 박스가 나타난다.

1.21 객체 이름이다. 왜냐하면 관습적으로 객체의 이름은 소문자로 시작하고 클래스 이름은 대문자로 시작하기 때문이다.

1.22 세부 패널

1.23 2차원 객체는 높이와 너비를 갖고, 3차원 객체는 높이, 너비, 그리고 깊이를 갖는다.

1.24 2차원 세계의 객체는 위, 아래, 왼쪽, 오른쪽으로 움직일 수 있다. 3차원 세계의 객체는 위, 아래, 왼쪽, 오른쪽, 앞, 뒤로 움직일 수 있다.

1.25 자유롭게 이동, 위 아래로 이동, 왼쪽 오른쪽으로 이동, 앞 뒤로 회전, 사방으로 회전, 크기 변경, 복사

1.26 객체는 중심점을 기준으로 회전하기 때문이다.

1.27 초록색 축은 객체의 위쪽을 가리키고, 파란색 축은 객체의 앞쪽을 가리키고, 빨간색 축은 객체의 오른쪽을 가리킨다.

1.28 월드 뷰 윈도우, from the top(위에서 보는) 시점, from the right(오른쪽에서 보는) 시점, from the front(앞에서 보는) 시점

1.29 4중 시점 모드에서는 "위 아래로 이동" 버튼이 보이지 않는다. 왜냐하면 from the right(오른쪽에서 보는)와 from the front(앞에서 보는)의 윈도우에서 위 아래로 이동이 가능하기 때문이다. 4중 시점 모드에서 객체를 위 아래로 이동시키기 위해서는 그냥 "자유롭게 이동 버튼"을 선택한 후, from the right(오른쪽에서 보는)와 from the front(앞에서 보는)에서 객체를 위 또는 아래로 이동시키면 된다.

1.30 X, Y, 그리고 Z 축을 사용해서 위치를 표시한다. 첫 번째 숫자 (5)는 X 좌표이고, 두 번째 숫자 (0)는 Y 좌표이며, 세 번째 숫자 (1)는 Z 좌표이다.

2장

2.1 hare.move

2.2 When the world starts, do라는 이벤트 타일이 있는데, 여기서 지정한 메서드가 자동

으로 수행된다.

2.3 기본 메서드는 기본적인 행동을 수행하는 내장 메서드이다. Alice 월드의 모든 객체는 기본 메서드를 가지고 있다.

2.4 처음에 객체를 선택하고 세부 패널에서 methods 탭을 선택하면 객체의 메서드를 나타내는 타일의 목록이 표시된다.

2.5 other...를 선택하면, Custom Number 키패드가 나타난다. 메뉴에 나오지 않는 거리를 지정할 때 other...를 선택한다.

2.6 다른 메서드를 실행한다는 것을 의미한다.

2.7 인수란 메서드가 실행될 때 필요한 정보이다.

2.8 맞춤형 메서드란 특정한 클래스 객체만 가지고 있는 메서드를 말한다. 모든 클래스가 맞춤형 메서드를 가지고 있는 것은 아니다.

2.9 클래스 정보 창에서 맞춤형 메서드의 목록을 확인할 수 있다. 또한 월드에 클래스 인스턴스를 추가한 후, 그 객체를 선택하면(만약 그 객체가 맞춤형 메서드를 가지고 있다면), 세부 패널의 기본 메서드 타일 위에 맞춤형 메서드가 보인다.

2.10 객체의 이름은 월드 내에서 객체의 목적과 역할을 반영해야 한다. 그렇게 해야 코드를 읽은 사람이면 누구나 객체의 목적을 쉽게 이해할 수 있다.

2.11 허용되지 않는다.

2.12 camelCase 이름 작성 규칙은 공백 없이 여러 개의 단어로 된 이름을 만드는 방법이다. camelCase는 이름을 소문자로 시작한다. 그런 다음 두 번째와 그 이후의 단어는 대문자로 시작한다. camelCase 이름 작성 규칙은 객체와 메서드의 이름을 만들 때 적용한다.

2.13 PascalCase는 camelCase와 동일하지만, 첫 번째 문자가 대문자로 시작하는 것만 다르다. PascalCase는 클래스 이름을 만들 때 적용한다.

2.14 프로그램 설계, 메서드 작성, 메서드 테스트, 메서드 디버그

2.15 의사코드와 순서도

2.16 논리적인 오류란 프로그램의 실행을 방해하지는 않지만 정확하지 않은 결과를 야기하는 실수를 말한다.

2.17 의도했던 대로 일을 수행해야 하며, 바람직하지 않은 결과를 가져오는 논리적인 오류가 없어야 한다. 그리고 불필요한 단계를 수행하지 않아야 하며, 효율적으로 동작해야 한다.

2.18 주석은 프로그램 코드를 읽은 사람으로 하여금 명령문을 이해하는데 도움을 준다.

2.19 영향을 미치지 않는다.

2.20 2개의 슬래쉬 문자(//)가 채택된 이유는, Java와 C++를 포함하여 대부분의 일반 프로그래밍 언어에서 2개의 슬래쉬 문자(//)로 시작하는 주석을 사용하기 때문이다.

2.21 명령문들을 Do together 구조 내에 배치한다.

2.22 Do in order 구조를 Do together 구조 내에 배치하고, 그 Do in order 구조 내에 명령문들을 배치한다.

3장

3.1 변수란 이름을 가지고 있는, 컴퓨터 메모리 내의 저장 장소이다.

3.2 변수 이름, 변수 형식, 초기 값

3.3 변수 영역

3.4 그 변수의 형식은 Number이다.

3.5 변수 타일을 메서드 편집기로 드래그해서, 명령문이 만들어져야할 위치에 드롭한다. 나타나는 메뉴에서 set value를 선택한다. 메뉴가 또 나타나는데, 여기서 변수에 저장할 값을 선택한다. 이렇게 하면 set 명령문이 만들어진다.

3.6 함수는 자신을 호출한 명령문쪽으로 값을 반환한다.

3.7 객체를 선택한 후, 세부 패널의 functions 탭을 선택한다.

3.8
- ask user for a number
- ask user for yes or no
- ask user for a string

3.9 distance to 함수는 객체와 객체 사이의 거리를 반환한다. (정확하게 말하면, 두 객체의 중심점 사이의 거리를 반환한다.)

3.10 +는 덧셈, -는 뺄셈, *는 곱셈, /는 나눗셈 연산자이다.

3.11 계산을 수행한 후, 그 결과 값을 반환한다.

3.12 7

3.13 2개의 그래픽 객체가 서로 맞닿는 경우를 말한다.

3.14 문자열이란, 문자들의 연속된 나열이다.

3.15 ask user for a string

3.16 문자열 접합이란 두 문자열을 서로 연결하는 것을 말한다.

3.17 world 객체의 what as a string 함수를 사용해서 변수의 값을 문자열로 변환해야 한다. 변수를 인수 what으로 전달하면 함수는 그 값을 문자열로 변환해서 반환한다.

4장

4.1 true 또는 false

4.2 사용자가 "예" 버튼을 클릭하면 true를 반환하고, "아니오" 버튼을 클릭하면 false를 반환한다.

4.3 순차 구조란 명령문들이 보이는 순서대로 순차적으로 실행되는 구조이다.

4.4 결정 구조란 일부 명령문들이 특정 상황에서만 실행되는 구조이다.

4.5 If/Else 명령문은 조건을 테스트하는데, 여기서 조건은 논리값을 반환하는 것이면 무엇이든지 상관없다. 이때, 조건의 값이 true이면 일부 명령문들이 실행되고, 거짓이면 다른 명령문들이 실행된다.

4.6 양자택일 결정 구조는 2개의 실행 가능한 경로가 있다. 하나는 조건이 true일 때 실행되는 경로이고, 다른 하나는 조건이 false일 때 실행되는 경로이다. 단일 선택 결정 구조는 조건이 true일 때 실행되는 경로 하나만을 가지고 있는 구조이다. 조건이 false이면 실행되지 않고 건너뛴다.

4.7 Else 부분이 비어 있는 If/Else 명령문을 만든다.

4.8 중첩 If/Else 명령문이란 If/Else 명령문 안에 또 다른 If/Else 명령문이 있는 구조를 말한다.

4.9 같다, 같지 않다, 보다 크다, 보다 크거나 같다, 보다 작다, 보다 작거나 같다.

4.10 world 객체의 함수 목록에서 math 카테고리에 있다.

4.11 both a and b 연산자는 a와 b가 모두 true이어야 조건이 참이 된다. either a or b, or both 연산자는 a 또는 b가 true이거나 둘 모두 true이어야 조건이 참이 된다.

4.12 피연산자 a의 논리값을 반전한다. a가 true이면 not a는 false이고, a가 false이면 not a는 true이다.

4.13 Loop 명령문은 반복 구조이다.

4.14 show complicated version 버튼을 클릭한다.

4.15 무한 루프란 무한히 반복하는 루프를 말한다.

4.16 index

4.17 While 명령문은 논리 조건으로 제어되기 때문에 조건 루프라고 부른다.

4.18 조건을 검사했을 때, false로 판명된 경우

4.19 While 루프는 반복을 수행하기 전에 먼저 조건을 검사하기 때문에, 예비 검사 루프라고 부른다.

5장

5.1 해당 객체를 새 클래스로 저장해야 한다.

5.2 객체와 동일한 이름이 붙여진다. 단, 첫 번째 문자는 대문자로 변경된다.

5.3 File에서 Import를 클릭한다.

5.4 특수 클래스가 일반 클래스로부터 메서드와 속성을 상속받는다.

5.5 한 객체의 클래스 수준 메서드에서 외부 객체의 클래스 수준 메서드를 호출하면 안 된다. 만약 외부 객체가 존재하지 않는 경우는 에러가 발생한다. 더욱이 모든 월드에 그 외부 객체가 언제나 존재하는지 확신할 수 없다.

5.6 알고리즘이 프로그래밍 명령문으로 변환하기에 충분히 상세하게 기술되어 있지 않은 경우이다.

5.7 하나의 메서드가 너무 길면 이해하기가 어렵다. 이러한 메서드는 여러 개의 메서드로 쪼개는 것이 더 좋은 방법이다.

5.8 인수란 메서드로 전달되는 값이다.

5.9 매개 변수란 메서드로 전달된 인수를 저장하는 특수한 변수이다.

5.10 메서드를 메서드 편집기에 열고 create new parameter 버튼을 클릭한다.

5.11 인수가 필요하다.

5.12 속성은 클래스 수준의 변수이다.

5.13 객체에 클래스 수준 변수를 만들려면 우선 객체를 선택한 후, 세부 패널의 properties 탭에 있는 create new variable 버튼을 클릭하면 된다.

5.14 함수를 호출한 명령문 쪽으로 값을 반환하는 메서드이다.

5.15 속성이나 변수에 값을 더한다.

5.16 모든 함수에는 Return 명령문이 있어야 한다. 그 함수를 호출한 명령문 쪽으로 값을 반환하는 역할을 한다.

5.17 월드 수준 메서드란 world 객체 안에 만든 메서드이다.

5.18 월드 수준 메서드를 하나로 길게 만드는 대신 좀 더 작은 크기의 월드 수준 메서드를 여러 개 만들어서 각각의 메서드에서 애니메이션의 특정 부분을 수행하도록 하는 것이다. 그 다음에는 이렇게 작아진 메서드를 월드가 본래 수행하려고 했던, 제대로 된 순서로 실행시킨다.

5.19 특정한 작업이 한 프로그램 내의 다른 곳에서 여러 번 수행되는 경우, 그 일을 수행하는 메서드를 한번만 작성하고 필요할 때마다 그 메서드를 호출한다.

5.20 월드 수준 변수란 world 객체에 속한 변수이다. 클래스 수준 변수가 한 객체의 속성으로 작용하는 것처럼, 월드 수준 변수는 world 객체의 속성으로 작용한다. 월드 수준 변수는 월드가 실행되는 동안 존재하며, 월드의 모든 메서드에서 사용 가능하다.

월드 수준 변수를 만드는 방법은 클래스 수준 변수를 만드는 것과 동일하다. 다음은 만드는 단계이다.

1. 객체 트리에서 world 객체를 선택한다.
2. 세부 패널에서 properties 탭을 선택한다.
3. 세부 패널에서 create new variable 버튼을 클릭한다.
4. Create New Variable 대화상자가 나타난다. 대화상자에서 변수 이름을 입력하고 데이터 형식을 선택한다. OK를 클릭하면 변수가 만들어지고, 이 변수 타일은 세부 패널의 properties 탭 아래에 나타난다.

5.21 Make Billboard…를 선택하고, 여기서 그림이나 이미지 파일을 불러온다.

5.22 객체 a의 vehicle 속성을 객체 b로 설정한다.

5.23 객체 a가 객체 b의 중심점을 기준으로 회전한다.

5.24 포즈란 객체의 자세를 캡처한 것이다. 그리고 월드의 플레이 중에 캡처한 포즈로 자세를 바꿀 수 있다.

5.25 더미 객체는 월드의 임의의 위치에 놓을 수 있는 투명한 객체이다. 그리고 더미 객체까지 카메라를 이동시킬 수 있다.

6장

6.1 이벤트란 Alice 월드가 플레이되는 중에 발생하는 액션의 일종이다.

6.2 When the world starts

6.3 When the world starts 이벤트 타일의 메서드 이름 옆에 있는 드롭-다운 화살표를 클릭한 후, 다른 메서드를 선택한다.

6.4 이벤트 편집기의 상단에 위치한 create new event 타일을 클릭한다. 메뉴에 선택 가능한 이벤트들이 나타난다. 이 메뉴에서 처리할 이벤트를 선택한다. 그러면 메서드 편집기에 이벤트 타일이 만들어진다.

6.5 이벤트 처리기란 이벤트에 반응하여 실행되는 메서드이다.

6.6 While a key is pressed 이벤트는 사용자가 키를 누르고 있는 동안 발생한다. 반면, When a key is typed 이벤트는 사용자가 키를 놓을 때만 발생한다.

6.7 먼저 When a key is typed 이벤트 타일을 만든다. 타일을 마우스 오른쪽 버튼으로 클릭하고 나타나는 메뉴에서 change to와 While a key is pressed를 선택한다.

6.8 Begin, During, 그리고 End

6.9 While the mouse is clicked on something 이벤트는 사용자가 객체를 마우스로 클릭한 상태에서 그 마우스 버튼을 누르고 있는 동안 발생한다. 반면, When the mouse is clicked on something 이벤트는 사용자가 객체를 마우스로 클릭할 때만 발생한다.

7장

7.1 데이터 구조란 데이터를 저장하고 구성하는 방법에 대한 메커니즘이다.

7.2 0

7.3 리스트의 크기는 리스트에 저장되어 있는 데이터의 개수이다.

7.4 For all in order 명령문은 리스트의 각 아이템들에 대해서 한 번에 하나씩 동일한 작업을 수행한다. For all together 명령문은 리스트의 모든 아이템들에 대해서 동시에 동일한 작업을 수행한다.

7.5 Insert <item> at beginning of list 메서드는 리스트의 시작 위치인 0번 위치에 아이

템을 삽입한다. 기존에 있던 다른 아이템들은 리스트의 뒤쪽으로 한 칸씩 이동한다.

Inset <item> at end of list 메서드는 리스트의 끝 위치에 아이템을 삽입한다.

Insert <item> at position <index> of list 메서드는 특정 인덱스 위치에 아이템을 삽입한다. 그 위치에 기존에 있던 아이템과 그 이후의 아이템들은 리스트의 뒤쪽으로 한 칸씩 이동한다.

7.6 remove item from beginning of list 메서드는 0번 위치의 아이템을 리스트에서 삭제한다. (이 아이템은 월드에서 삭제되는 것이 아니라, 단지 리스트에서만 삭제되는 것이다.) 남아있는 아이템들은 리스트의 앞쪽으로 한 칸씩 이동한다.

remove item from position <index> of list 메서드는 특정 인덱스 위치에 있는 아이템을 삭제한다. (이 아이템은 월드에서 삭제되는 것이 아니라, 단지 리스트에서만 삭제되는 것이다.) 그 이후의 아이템들은 리스트의 앞쪽으로 한 칸씩 이동한다.

remove all items from list 메서드는 모든 아이템을 리스트에서 삭제한다. (이 아이템들은 월드에서 삭제되는 것이 아니라, 단지 리스트에서만 삭제되는 것이다.)

7.7 리스트 함수의 일부를 볼 수 있다. 자리표시자와 동일한 반환형을 갖는 리스트 함수가 메뉴에 나타난다.

7.8 배열과 리스트는 아이템들을 순차적으로 저장한다. 두 데이터 구조 모두 아이템들의 위치가 번호로 매겨져 있다. 0번 위치에 첫 번째 아이템이, 1번 위치에 두 번째 아이템이...등

7.9 한 가지 차이점은 배열이 고정된 크기를 가지고 있다는 것이다. 월드의 플레이 중에는 배열의 크기를 변경할 수 없다. 따라서 배열은 저장 가능한 용량을 초과해서 그 보다 많은 데이터를 저장할 수 없다. 배열이 리스트와 또 다른 점 하나는 데이터가 배열 중간에 삽입될 때, 배열에 이미 저장되어 있는 데이터들의 위치가 자동으로 바뀌지 않는다는 것이다. 배열의 특정 위치에 데이터를 삽입하는 경우, 그 위치에 이미 저장되어 있는 데이터는 새로 삽입되는 데이터에 의해 덮어 써진다. 또한 배열에 있는 데이터를 삭제하려면, 그 데이터 값을 다른 값으로 덮어쓰는 방법 밖에는 없다.

7.10 리스트에서 사용했던 For all in order와 For all together 명령문은 배열에서 동작하지 않는다.

7.11 배열에 있는 각 아이템들에 대해서 한 번씩 실행되는 Loop 명령문을 만들어야 한다. 복잡한 버전의 Loop 명령문을 사용하면 index 변수를 통해 배열의 아이템들에 접근할 수 있다.

7.12 ArrayVisualization 객체는 배열의 작동 원리를 시각적으로 파악할 수 있도록 해준다. 객체 안에는 번호가 매겨져 있는 사각형들이 있는데, 이것은 배열 요소를 나타낸다. 다른 객체들을 ArrayVisualization의 요소로 삽입할 수 있으며, 삽입한 객체들은 사각형 내부에 나타난다.

7.13 배열 아이템을 무작위로 선택하기 위해서는 난수를 발생시켜 그 난수를 배열의 인덱스로 사용해야 한다. 이렇게 하려면 월드 수준의 random number 함수를 사용해야 한다. 여기서, 난수의 최소값은 0이어야 하고, 최대값은 배열의 크기이어야 한다. 또한 난수는 정수이어야 한다. 이러한 제약 조건은 random number 함수의 more... 편집 태그에서 설정한다.

8장

8.1 재귀 없이 해결 가능한 부분 문제를 기본 상태라고 한다.

8.2 본래의 문제를 좀 더 작게 분할해서 재귀를 이용해 해결하는 부분 문제를 재귀 상태라고 한다.

8.3 재귀 호출을 통해 문제를 분할하다 보면 결국 기본 상태에 다다르게 되고, 여기서 재귀는 중단된다.

APPENDIX

C Alice 설치와 사용에 관한 자세한 사항

부록 C에서는 Windows XP 환경에서 Alice의 설치와 사용에 대해 독자 여러분이 확인해야 할 몇가지 사항들을 살펴본다.

컴퓨터 시스템의 최소 요구사항

다음은 Alice를 원활하게 실행하기 위한 컴퓨터 시스템의 최소 요구사항이다.

운영 체제

- Windows ME, 2000, XP, 또는 Vista

하드웨어

- 500MHz나 그 이상의 CPU (1.0GHz나 그 이상의 CPU 추천)
- 16bit High 컬러와 1024×768 해상도의 VGA 그래픽 카드(16M 3D 비디오 카드 추천)
- 256M RAM (500M 또는 1G 추천)
- 사운드 카드

Alice 2.0 설치와 실행 방법

부록 A의 설치 지침대로 따라했음에도 Alice 소프트웨어가 실행되지 않는 경우가 있다. 이러한 현상은 대표적으로 다음과 같은 원인으로 발생한다.

Alice가 실행되지 않는 몇 가지 원인들

- Alice 소프트웨어가 설치된 폴더의 절대 경로에 "한글"이 포함된 경우이다. 만약 Alice.zip 파일의 압축을 풀 때, 그 장소를 "바탕화면"으로 선택했다면, Alice 소프트웨어가 설치된 경로는 다음과 같을 것이다.

  C:\Documents and Settings\All Users\바탕 화면\Alice

  위의 예처럼 설치 경로 상에 "바탕 화면"과 같은 한글이 포함되어 있으면 Alice가 원할히 실행되지 않을 수 있다. Alice.zip 파일의 압축을 해제할 장소로 C:\을 선택할 것을 권장한다.

- 특정 소프트웨어가 Alice.exe의 실행을 방해하는 경우이다. 현재까지 이 현상의 원인으로 밝혀진 하나의 사실은 컴퓨터 시스템에 IomegaWare 소프트웨어(최신 버전 4.02)가 설치된 경우이다. 이러한 경우는 IomegaWare 소프트웨어를 완전히 삭제하거나 Alice를 실행시키기 전에 작업 관리자의 프로세스 목록에 있는 "ImgIcon.exe" 프로세스를 강제 종료시키는 것이다.(이 사실은 http://www.alice.org의 Support > Known Bugs에서 공식 발표한 내용이다.)

- 발견되지 않은 버그 또는 확인되지 않은 다양한 원인들

Alice를 실행하는 3가지 방법

- Alice.exe 실행하기

  이 파일이 바로 Alice의 주요 실행 파일이다. 그러나 일부 컴퓨터 환경에서는 실행이 안 될 수도 있다. 즉, 실행 파일을 더블 클릭하면 잠깐 실행되는 듯 하다가 아무런 일도 일어나지 않는 현상이 발생한다. 이러한 현상의 원인을 Alice 개발 팀도 아직 찾고 있는 중이다. (역자도 열심히 찾고 있다. 정확한 원인이 파악되면 역자의 홈페이지를 통해 공지하도록 하겠다)

- SlowAndSteadyAlice.exe 실행하기

  이 파일로 실행하면 Alice 소프트웨어가 안정되게 실행되는 느낌을 받는다. 그러나 약간 느리게 동작하며, 3D 그래픽의 질도 다소 떨어지는 단점이 있다. 실제 사용에는 전혀 문제가 되지 않는다.

- Alice 폴더 〉 Required 폴더 〉 IfAliceFailsTryThis.exe 실행하기

  이 파일로 실행하면 Alice.exe로 실행하는 것과 동일한 실행 환경을 제공한다. 즉, Alice 본래의 속도와 3D 그래픽 질감으로 실행된다. 단, Alice 실행 중에, 검정색 Dos 창이 함께 떠 있는 것이 단점이라면 단점이다. 또한, 5장 4절에 나오는 print 명령문을 실행하면, 출력 메시지가 이 Dos 창에 표시된다. 이 Dos 창을 없애버리면, Alice 소프트웨어도 함께 강제 종료되니 주의하자.

기타 Alice 실행에 문제가 있다면, 역자의 홈페이지에 그 증상을 상세히 남겨 주기 바란다.

Alice 2.0 환경 설정

Alice 2.0을 편하게 사용하기 위해 반드시 알고 있어야 할 환경 설정 몇 가지를 알아보자. Alice의 모든 환경 설정은 Edit 메뉴의 Preferences에서 한다.

- Alice 월드를 저장하고 불러올 기본 폴더 설정

  우선 C:\에 Alice World라는 이름의 폴더를 만든다. 그런 다음 Alice의 Edit 메뉴를 클릭하고 Preferences를 클릭한다. Preferences 대화상자에서 General 탭을 선택하면 그림 C-1과 같은 항목들이 표시된다.

그림 C-1 Preferences 대화상자의 General 탭

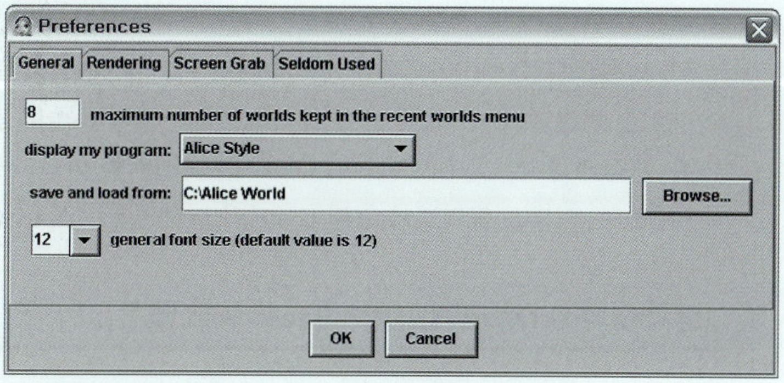

save and load from 항목의 Browse... 버튼을 클릭한 다음, 그림 C-2처럼 방금 전에 만든 Alice World 폴더를 찾아, 폴더 아이콘을 선택하고, Set Directory 버튼을 클릭한다. (그림 C-2에서 마우스 포인터가 어느 위치를 가리키고 있는지 확인하자. 아이콘을 클릭해야 한다. 폴더 이름인 Alice World를 천천히 더블 클릭하면 폴더 이름을 수정할 수 있도록 커서가 이름 안으로 들어가니 주의하자.)

그림 C-2 Choose Directory... 대화상자

역자는 이것을 먼저 설정하고 나머지를 진행할 것을 권장한다. 그렇지 않으면 그림 C-3과 같은 Bad Directory 대화상자를 자주 보게 될 것이다.

그림 C-3 Bad Directory 대화상자

이것은 영문 Windows의 "Desktop"이 한글 Windows XP에서는 "바탕 화면"으로 되어 있어, 이를 Alice가 인식하지 못하는 일종의 버그라고 할 수 있다. 이러한 대화상자가 나타나면 "아니오"를 클릭한다. 동일한 대화상자가 바로 또 나타날 것이다. 이때도 "아니오"를 클릭한다.

- **캡처 그림 형식 및 저장 폴더 설정**

Alice 월드의 한 장면을 그림으로 캡처할 때, 캡처한 그림이 저장될 폴더의 위치와 그림 형식을 설정할 수 있다. 우선 방금 만든 Alice World 폴더 안에 Capture라는 이름의 폴더를 만들어 놓자. 그리고 Screen Grab 탭을 선택한 다음, directory to capture to 항목의 Browse...버튼을 클릭해서 그림 C-4처럼 방금 만든 Capture 폴더를 찾아 선택한다.

그림 C-4 Preferences 대화상자의 Screen Grab 탭

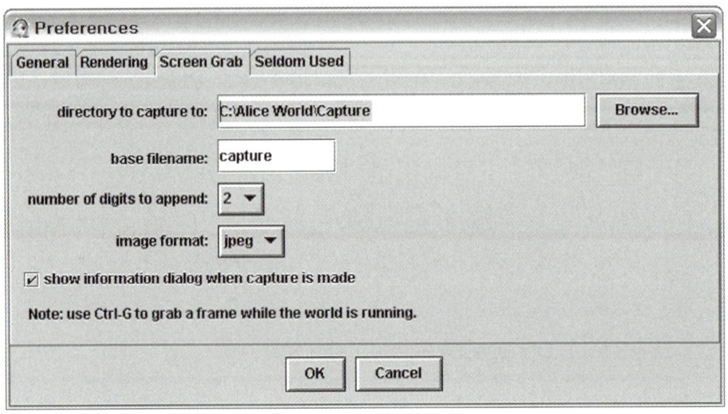

이렇게 한 다음, image format 항목에서 원하는 그림 포맷을 선택한다. 그림 C-4에서는 jpeg를 선택했다.

팁

> Alice 환경 설정에서 지정하는 디렉토리(그림 C-1, 또는 그림 C-4)의 절대 경로에 한글이 포함되어 있는 경우, 일부 컴퓨터 환경에서 Alice의 기능이 원활히 작동하지 않을 수 있으니 주의하자.

- World Running... 윈도우의 크기 설정

독자 여러분이 만든 월드를 플레이하면, World Running... 윈도우가 나타나면서 그곳에서 월드가 플레이된다. 즉, World Running... 윈도우는 극장의 스크린, 또는 TV 브라운관에 해당한다. 스크린이나 브라운관이 크면 클수록 영화를 보는 재미가 커진다. World Running... 윈도우의 크기를 설정하려면, Screen Grab을 선택하고 그림 C-5의 화면에서 width와 height 항목의 숫자를 변경하면 된다. 그러나 화면의 크기가 커지면 시스템의 그래픽 성능에 따라 Alice의 속도가 느려질 수 있으므로 적당히 조절하는 것이 좋겠다.

그림 C-5 Preferences 대화상자의 Rendering 탭

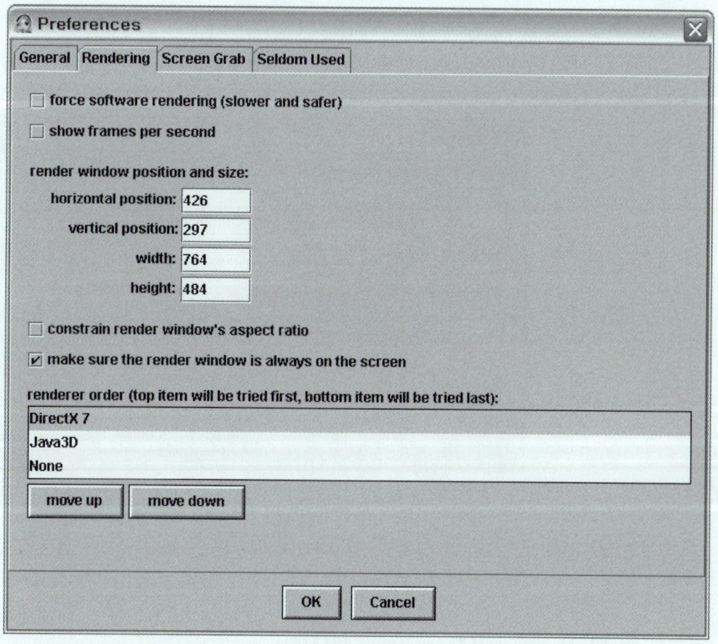

- 명령문 타일의 스타일 변경하기

역시 Preferences의 General 탭을 클릭하면 Alice 명령문 타일의 스타일을 변경할 수 있다. 기본적으로 그림 C-6의 "Alice Style"로 설정되어 있다. Alice Style은 명령문 타일의 형식이 마치 자연어(영어)에 가깝게 표시된다. 초급자로 하여금 친근한 느낌을 가질 수 있도록 한 Alice 개발팀의 배려라고 할 수 있다. 독자 여러분이 만약 Alice를 배운 후에 Java 언어를 학습할 계획을 가지고 있다면, 그림 C-7의 "Java Style in Color"를 선택해도 좋다. 이것은 명령문 타일을 마치 자바 코드처럼 보이도록 하며, 모든 속성과 메서드를

그림 C-6 Alice Style의 예

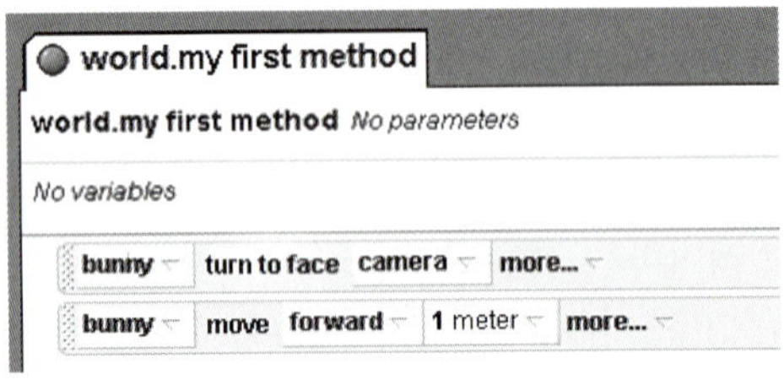

그림 C-7 Java Style in Color의 예

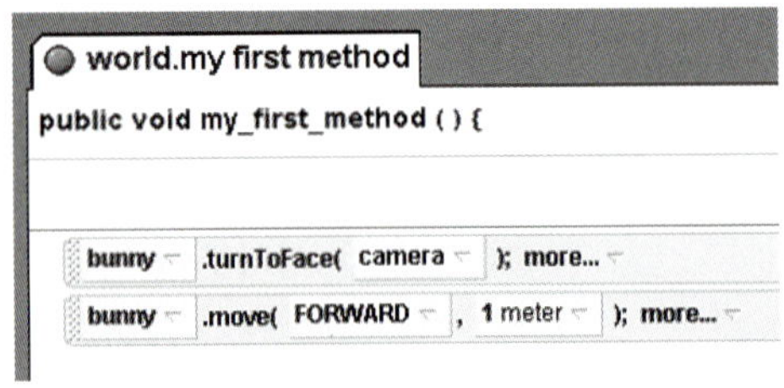

점 표기법으로 표시한다. 단, 이 설정은 Alice를 재시작한 다음부터 반영된다.

그림 C-8의 display my program 항목을 "Java Style in Color" 또는 "Java Style in Black & White"로 선택한 후, OK 버튼을 누른다. 여기서, 그림 C-3과 같은 Bad Directory 대화상자가 나타날 수 있는데, "아니오" 버튼을 누른다. 그림 C-3의 대화상자가 연속해서 2회 나오는 경우는 모두 "아니오" 버튼을 누른다.

그림 C-8 Preferences 대화상자의 General 탭

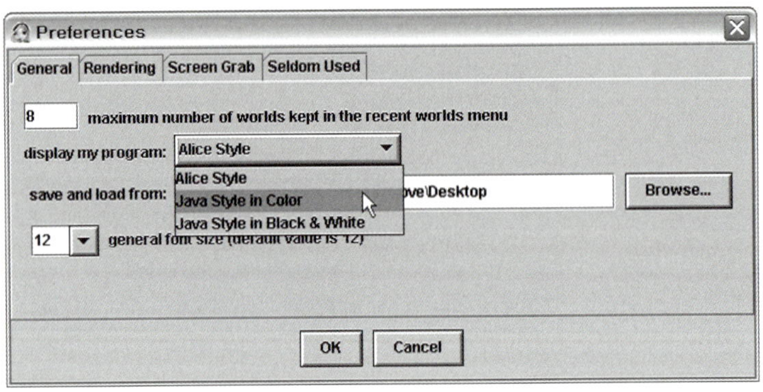

그림 C-9와 같은 대화상자가 나타나면 확인 버튼을 누르고, Alice를 종료한 후 재 시작한다.

그림 C-9 Restart Required 대화상자

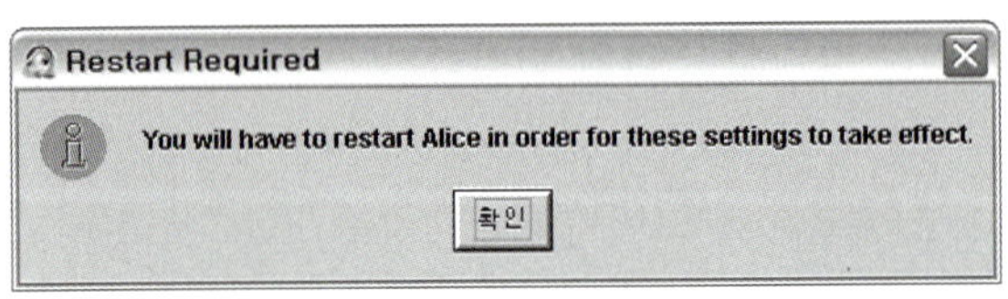

Alice 코드 타일 삭제하기

월드를 수정하다 보면, 변수 타일이나 메서드 타일을 삭제하는 경우가 있다. 이러한 타일을 삭제하려면, 해당 타일을 마우스 오른쪽 버튼으로 클릭하고, 나타나는 팝업 메뉴에서 delete를 선택하거나 타일을 휴지통으로 드래그 앤 드롭하면 된다. 이때 그림 C-10과 같은 대화상자가 나타날 수 있다.

그림 C-10 Alice - Can't Delete 대화상자

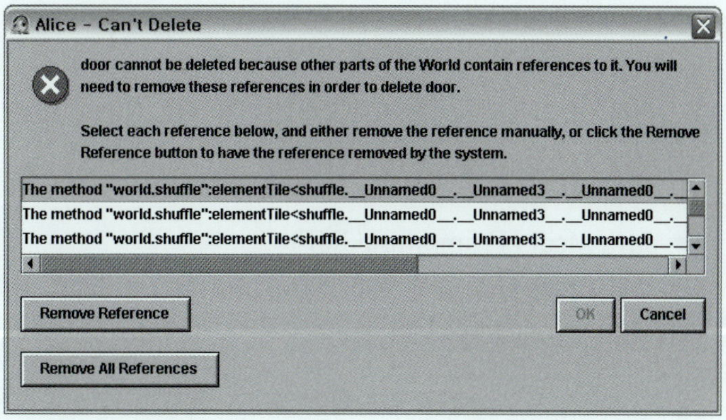

이 대화상자는 지금 삭제하려는 타일이 다른 메서드에 의해서 참조되고 있음을 사용자에게 알려 준다. 참조하고 있는 메서드와 그 메서드 내의 참조 위치를 확인하려면, 대화상자에 표시된 항목을 하나씩 클릭하면 된다. 이렇게 하면, 참조하고 있는 메서드가 메서드 편집기에 열리고, 거기서 삭제하려는 타일이 빨간색 테두리로 표시된다. 이때, Remove Reference 버튼을 클릭하면 현재 빨간색 테두리로 표시된 타일만 삭제되고, Remove All Reference 버튼을 클릭하면 참조되고 있는 모든 타일이 삭제된다.

Alice 월드를 웹 페이지로 만들기

File 메뉴를 클릭하면, Export As A Web Page...라는 메뉴가 있다. 이것은 자신이 만든 Alice 월드를 웹 페이지 형식으로 만들어 인터넷 익스플로러와 같은 웹 브라우저를 통해 Alice 월드를 감상할 수 있도록 한 기능이다. 그러나 불행히도 웹 페이지로 만들어진 월드는 소리나 Ask User 함수, 그리고 이벤트 등이 동작하지 않는다.

완벽하지 않다 하더라고, 한번 시도해 보고자 하는 독자는 다음의 단계를 따라해 보자.

단계 1 : 먼저 Alice 2.0에서 만든 월드의 웹 페이지를 웹 브라우저를 통해서 온라인 또는 오프라인으로 보기 위해서는 클라이언트 컴퓨터에 기본적으로 다음과 같은 3개의

프로그램이 설치되어 있어야 한다. 부록 CD에 이 세 가지 프로그램의 최신 버전이 들어 있다.

- Java Runtime Environment(JRE) 또는 Java Development Kit(JDK)
  부록 CD의 Java 설치 프로그램 폴더에 이름이 jdk로 시작하는 실행파일과 jre로 시작하는 실행파일이 있을 것이다. 둘 중 하나를 설치하면 된다. jdk로 시작하는 파일은 Java Virtual Machine과 함께 Java 프로그램을 개발할 수 있는 개발 도구까지 포함하고 있다. jre로 시작하는 파일은 Java Virtual Machine만 설치된다. 앞으로 Java 프로그래밍 언어를 배울 계획이 있는 독자라면, jdk로 시작하는 파일을 설치하기를 권장한다.

- Java 3D
  부록 CD의 Java 설치 프로그램 폴더에 이름이 java3d로 시작하는 실행파일을 설치한다. 구체적인 설치 과정은 생략한다.

- Java Media Framework(JMF)
  부록 CD의 Java 설치 프로그램 폴더에 이름이 jmf로 시작하는 실행파일을 설치한다. 구체적인 설치 과정은 생략한다.

위 3가지 프로그램을 모두 설치했다면, 필요한 Java 환경은 모두 갖춘 것이다.

단계 2 : 먼저 웹 페이지로 만들고자 하는 월드를 연다. 여기서는 Examples의 LightDemo 월드를 열었다. 이제 본격적으로 웹 페이지를 만들어 보자. File 메뉴를 선택한 다음, 그림 C-11처럼 Export As A Web Page...를 선택한다.

그림 C-11 File 메뉴에서 Export As A Web Page... 선택하기

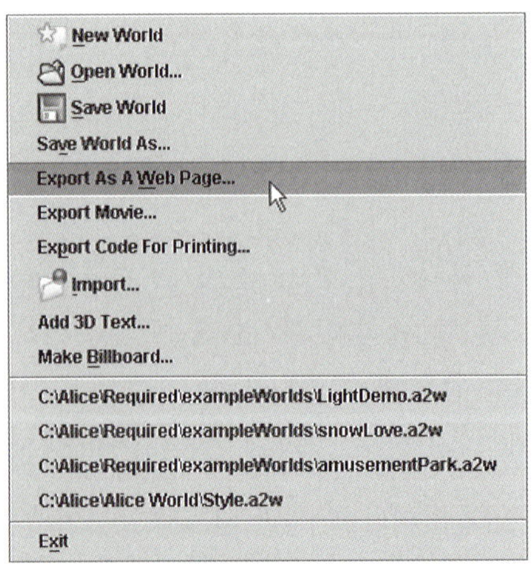

단계 3 : 그림 C-12와 같은 Save World for the Web 대화상자가 나타날 것이다. Title에 웹 페이지의 제목을 입력하고, Author 's name에 자신의 이름을 영문으로 입력한다. Save Location에서 웹 페이지를 저장할 폴더를 지정한다. 마지막으로 Save 버튼을 누른다.

그림 C-12 Save World for the Web 대화상자

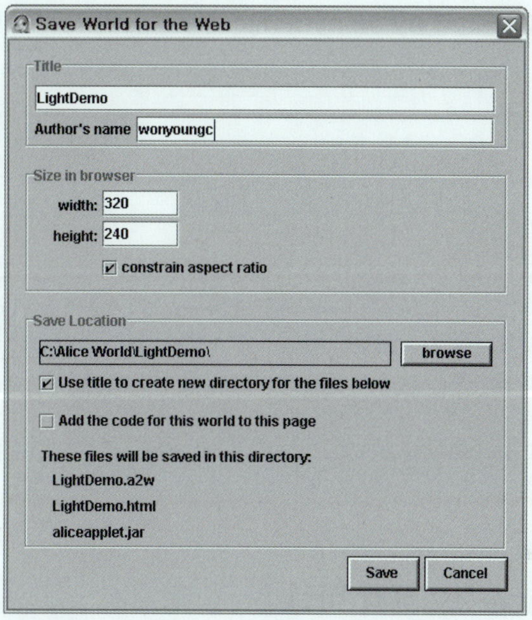

단계 4 : Save Location에서 지정한 폴더로 가서, 만들어진 웹 페이지를 확인해 보자. 그림 C-13처럼 3개의 파일이 만들어 진 것을 확인할 수 있다. LightDemo.html 파일을 더블 클릭하면 인터넷 익스플로러가 실행되면서 LightDemo 웹페이지가 나타난다.

그림 C-13 생성된 웹 페이지

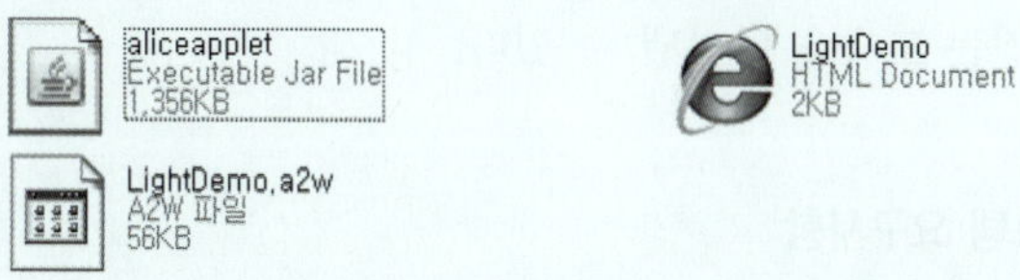

만약 잠깐 진행 바가 움직이다가 그림 C-14처럼 보인다면, 여러분의 웹 브라우저에서 그 월드를 표시하지 못하는 것이다. 그림 C-15처럼 보인다면, 성공한 것이다. 모두 성공하시길 기원한다.

그림 C-14 웹 페이지 실패

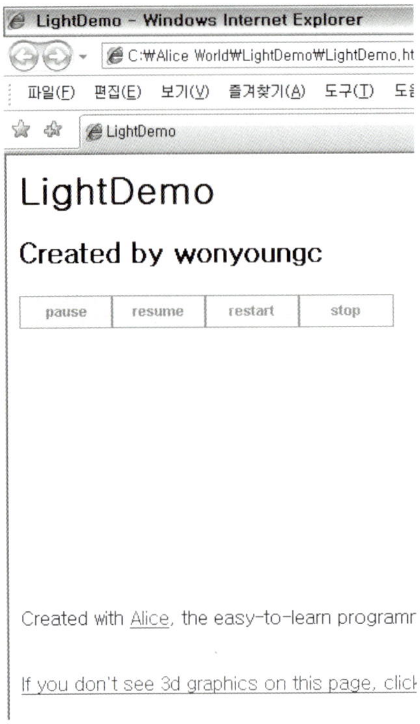

그림 C-15 웹 페이지 성공

Alice 2.2 베타 버전

Alice 2.2에서는 Alice 2.0의 여러 가지 버그가 수정되었고, 몇 가지 기능이 개선되었다. Alice 2.2에서 가장 주목할 만 한 점은 File 메뉴의 Export Video 기능으로 자신이 만든 월드를 MOV 동영상 형식으로 저장할 수 있다. 이렇게 저장한 동영상은 YouTube나 네이버 등에 올릴 수 있다. 또한 People 컬렉션에 있는 대부분의 클래스에 walk 메서드가 기본적으로 삽입되었다. 예전에는 기본 메서드를 이용해서 사람이 걷는 모습을 일일이 만드는 꽤 따분하고 지루한 작업을 했어야 했지만, Alice 2.2에서는 그냥 walk 메서드를 드래그 앤 드롭만하면 걷는 모습을 나타낼 수 있다.

시스템 요구사항

Alice 2.0과 동일하다. 단, Windows 환경의 경우 Windows XP 또는 Vista에서만 실행된다.

Alice 2.2 설치

부록 CD에 Alice2.2.zip 파일이 있다. 이 압축파일을 Alice 2.0의 설치 방법과 동일하게 설치한다.

Alice 2.2 실행 방법

- Alice.exe 실행하기
- Alice 2.2 폴더 > Required 폴더 > IfAliceFailsTryThis.exe 실행하기

실행 방법에서 Alice 2.0과의 차이점은 SlowAndSteadyAlice.exe가 없다는 것이다. 현재 배포되고 있는 Alice 2.2는 베타 버전으로 프로그램이 여러 컴퓨터 환경에서 문제없이 실행되는지 확인하기 위해 Alice 개발 팀에서 일부러 삭제한 듯 보인다.

나머지 실행 방법은 Alice 2.0과 동일하다.

Alice 2.2의 환경 설정

환경 설정도 Alice 2.0과 동일하다. 주의할 점은, "Alice 월드를 저장하고 불러올 기본 폴더"를 미리 설정해야 한다는 것이다.(설정 방법은 Alice 2.0의 환경 설정을 참고하라.) 이 항목의 환경 설정이 제대로 되어 있지 않으면 Alice 2.2의 Export Video(동영상 내보내기) 기능이 정상적으로 작동하지 않을 수 있다.

Alice 2.2에서 동영상 만들기

현재 Alice 2.2 베타 버전에서 만들 수 있는 동영상 파일의 형식은 MOV이다. Alice 2.2의 정식 버전은 AVI 형식도 가능하도록 개발 중이다. 자! 이제 자신이 만든 Alice 월드를 동영상으로 만드는 방법에 대해 알아보자.

단계 1: Alice에서 제공하는 예제 월드인 lakeSkater 월드를 동영상으로 만들어 보자. File > Open World를 클릭하면, 그림 C-16의 Welcome to Alice! 대화상자가 표시된다. Examples 탭을 선택한다. 그리고 lakeSkater 월드의 썸네일 이미지를 찾아 클릭한 다음, Open 버튼을 누른다.

단계 2: 그림 C-17은 lakeSkater 월드를 불러온 화면이다.

단계 3: 여기서, File의 Export Video...를 클릭한다. 그러면 그림 C-18과 같은 Save World As... 대화상자가 나타날 것이다. 저장 위치를 선택하고, 저장할 파일의 이름을 입력한다. 그리고 저장 버튼을 누른다. 그림의 경우는 Alice 소프트웨어를 설치할 때 만들었던 Alice World 폴더에 Alice 월드를 저장하였다. 현재 선택한 폴더에 동영상 파일이 만들어 질 것이다.

저장 과정이 끝나면, 그림 C-19와 같은 World 윈도우가 나타난다. 윈도우의 제목이 World Running...이 아님에 주목하라.

그림 C-16 Welcome to Alice! 대화상자

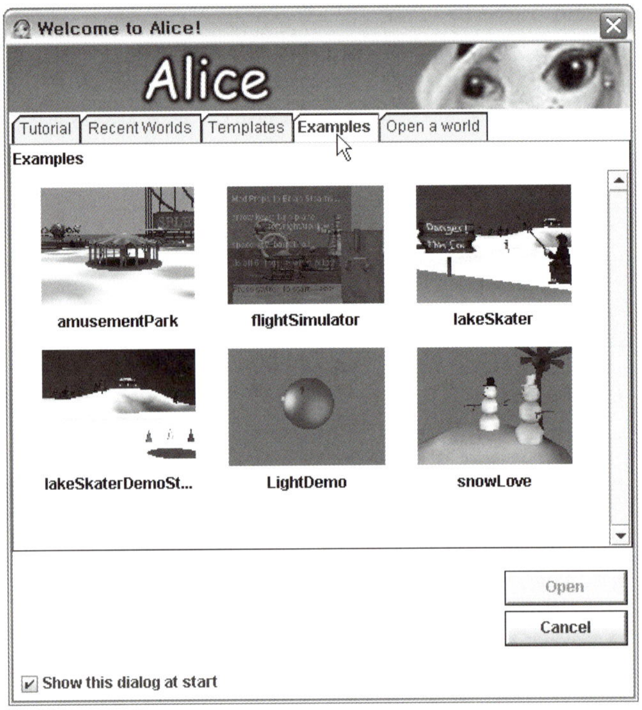

그림 C-17 lakeSkater 월드

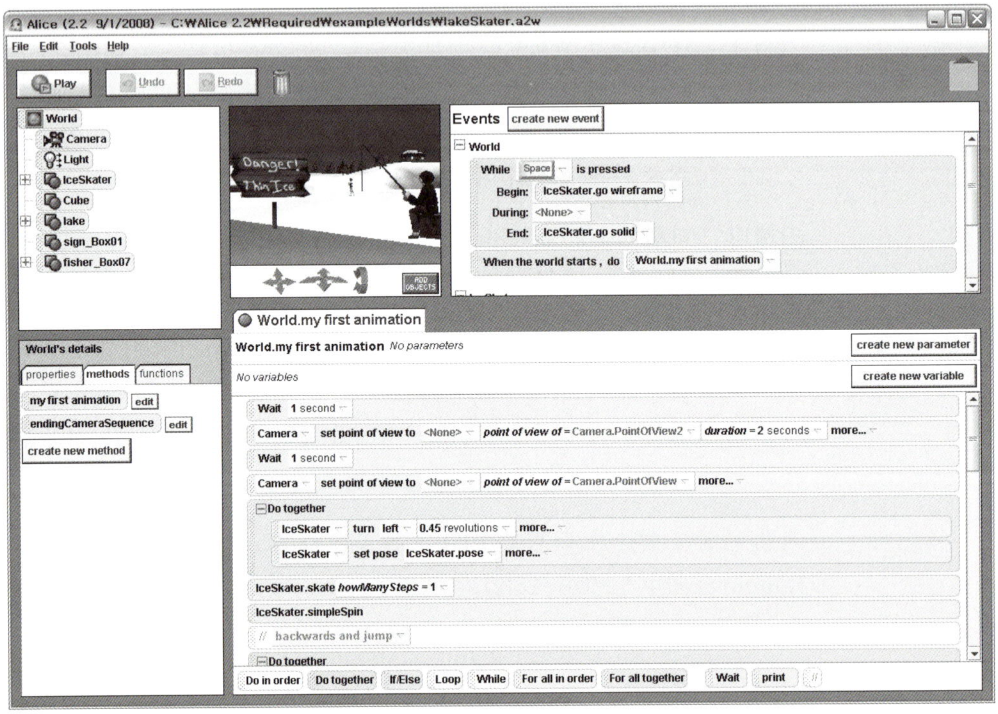

그림 C-18 Save World As...

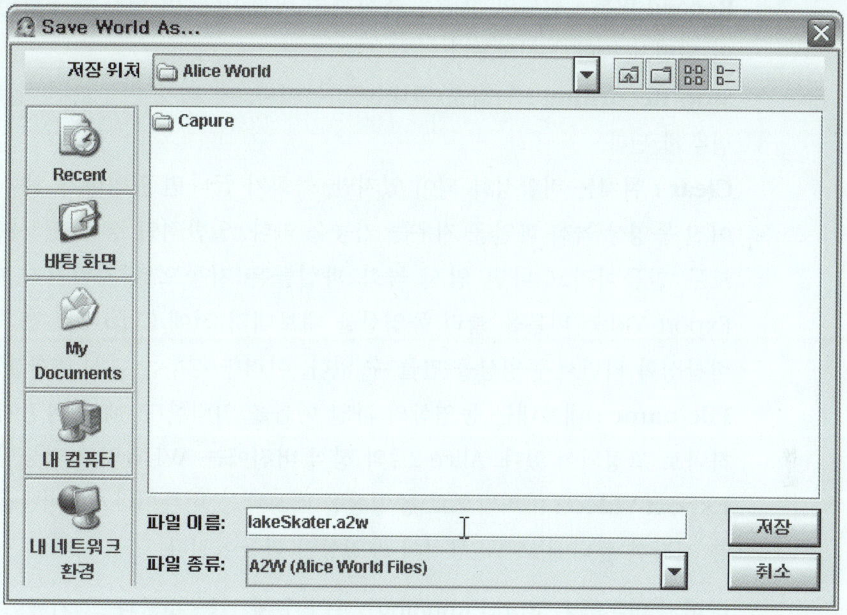

그림 C-19 World 윈도우

다음은 World 창에 보이는 버튼들에 대한 간단한 설명이다.

Record 버튼 : 월드의 장면을 녹화하는 버튼이다. 이 버튼을 누르면, 월드가 자동으로 플레이 되면서 녹화가 시작된다.
Stop Recording : 녹화를 끝내는 버튼이다. 이 버튼을 누르면, 월드의 플레이도 자동으로 멈추게 된다.
Clear : 현재는 비활성화 되어 있지만, 녹화가 끝나면 활성화가 된다. 이 버튼은 임시로 만들어진 동영상 녹화 파일을 지우는 기능을 한다. 일반적인 경우, 잘 사용하지 않는다. 동영상이 모두 만들어지고 나면 임시 녹화 파일들은 자동으로 지워지기 때문이다. 주의할 점은, Export Video 버튼을 눌러 동영상을 내보내기 전에 Clear 버튼을 누르면, Export Video가 비활성화 되면서 동영상을 만들 수 없다. 이러한 경우는 다시 녹화를 해야 한다.
File name : 내보내는 동영상의 파일 이름을 입력한다. 베타 버전에서는 파일 형식이 MOV 하나로 고정되어 있다. Alice 2.2의 정식 버전에는 AVI 파일도 가능할 것이다.
Export Video : 마지막으로 동영상을 내보내는 버튼이다. 이 버튼을 클릭하면 잠시 후 월드를 저장한 폴더에 MOV 형식의 동영상이 만들어진다.

나머지 버튼들은 World Running... 윈도우에 있는 것들과 그 기능이 동일하다.

단계 4: Record 버튼을 클릭한다. 그러면 윈도우의 왼쪽 상단에 그림 C-20과 같은 빨간색 점이 보일 것이다. 이 표시는 녹화가 진행중임을 나타낸다. 월드의 플레이가 종료되면 Stop Recording 버튼을 클릭한다.

그림 C-20 녹화 상태

단계 5: 이제는 동영상을 내보낼 차례이다. File name에 그림 C-21처럼 SkaterMovie라고 입력한다. 그런 다음, 창의 오른편에 있는 Export Video 버튼을 클릭한다.

그림 C-21 동영상 파일의 이름 입력

단계 6: 그림 C-22와 그림 C-23과 같은 창이 차례대로 나타나면서, 동영상 파일이 만들어진다.

그림 C-22 Encoding Video

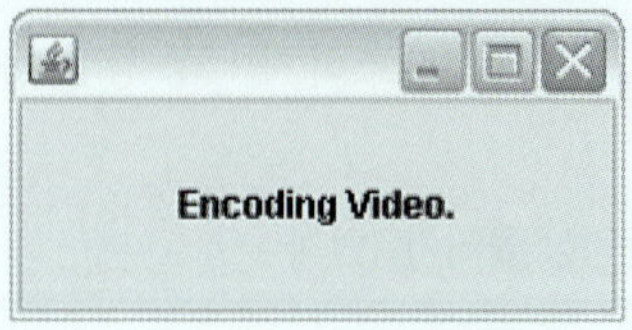

그림 C-23 Merging Sound and Audio

단계 7: 창이 모두 사라지면, 동영상이 다 만들어진 것이다.

단계 8: 만들어진 동영상을 확인하려면 Apple사의 QuickTime™ Player(부록 CD에 있음), 또는, MOV 파일 포맷을 재생할 수 있는 동영상 재생 프로그램(예를 들어, 곰플레이어나 알쇼 등)이 컴퓨터에 설치되어 있어야 한다.

단계 9: 단계 3에서 선택한 폴더로 가서, lakeSkater.mov 파일을 더블 클릭한다. Alice 월드가 동영상으로 만들어진 것을 확인할 수 있다.

Alice 동영상을 인터넷에 올리는 방법

이제 YouTube와 네이버 동영상 서비스를 이용해서 Alice 동영상을 인터넷에 올리는 방법에 대해서 알아보자.

YouTube

단계 1: 먼저 http://kr.youtube.com를 방문한다. 로그인을 한 다음, 그림 C-24의 화면 오른쪽 상단에 있는 "올리기" 버튼을 클릭한다. 로그인을 하기 위해서는 먼저 회원가입이 필요하다.

그림 C-24 YouTube 사이트

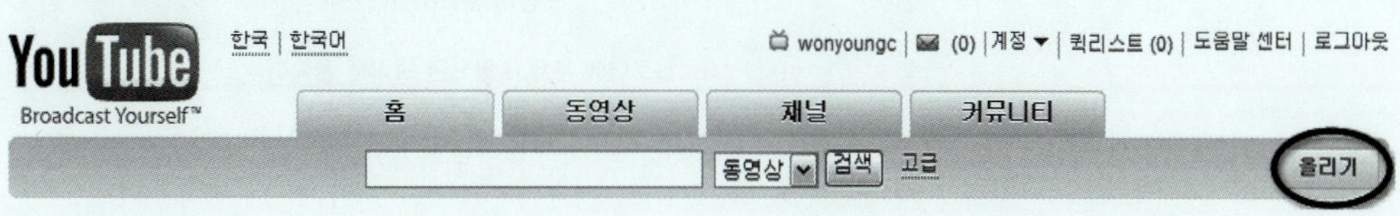

단계 2: 그림 C-25의 화면에서 업로드하려는 동영상의 "제목", 동영상에 대한 "설명"을 입력한다. 동영상 카테고리를 선택하고, 태그를 입력한다. 자세한 사항은 YouTube의 도움말을 참조하자. "동영상 올리기" 버튼을 클릭한다.

그림 C-25 동영상 올리기 1단계

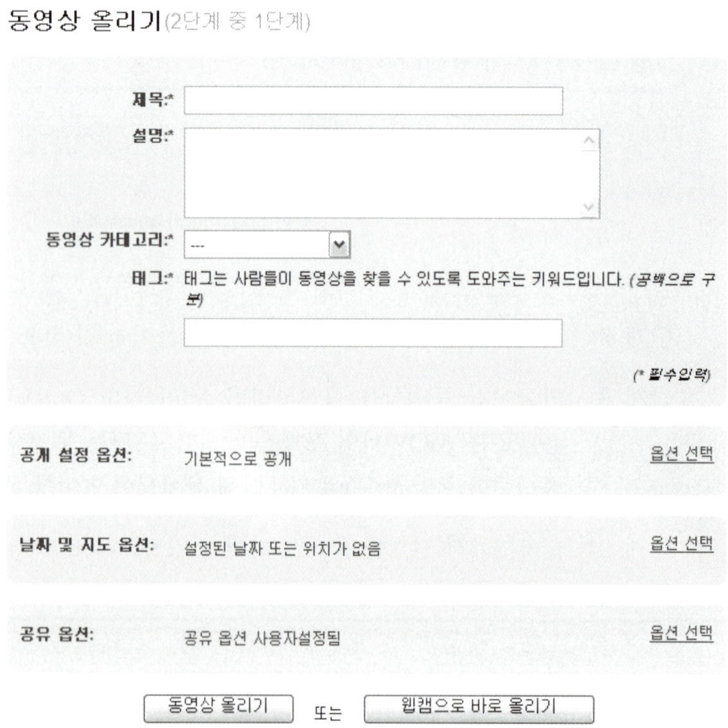

단계 3: 그림 C-26의 화면에서 "찾아보기" 버튼을 눌러 자신의 컴퓨터에 있는 동영상을 찾아 선택한다. 마지막으로 "동영상 올리기" 버튼을 클릭한다.

그림 C-26 동영상 올리기 2단계

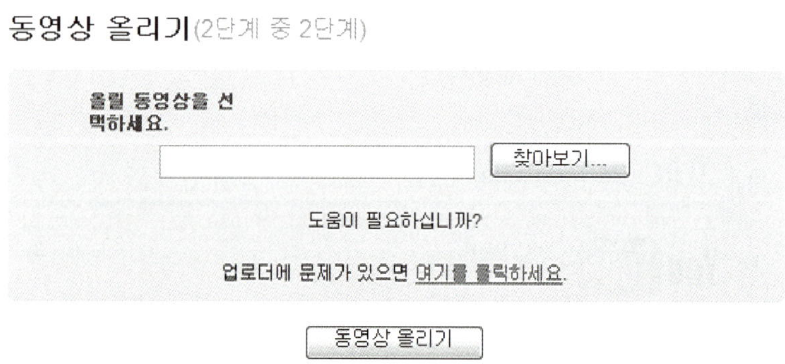

단계 4: YouTube로 Alice 동영상이 모두 올라가면, 그림 C-27과 같은 화면이 나타난다.

그림 C-27 동영상 올리기 완료

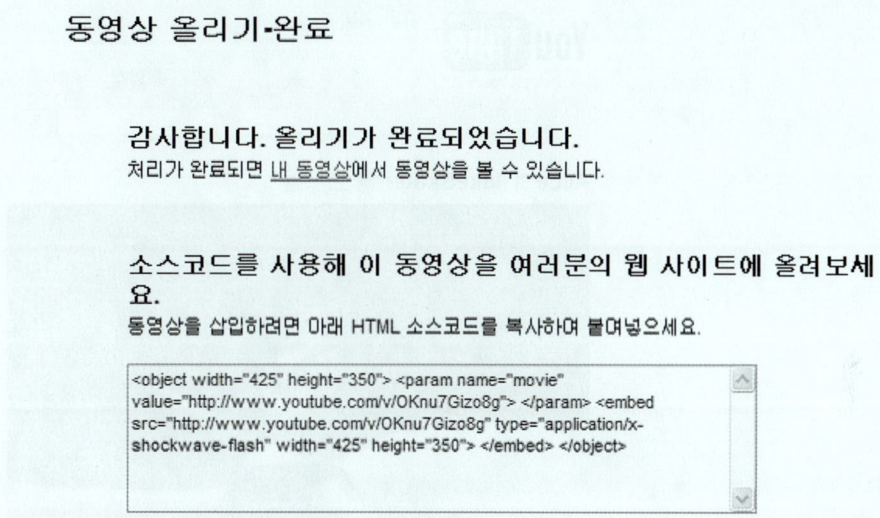

단계 5: 그림 C-28의 화면 상단에 있는 "계정"을 클릭하고 "내 동영상"을 선택하면, 방금 올린 동영상을 인터넷으로 감상할 수 있다.

그림 C-28 인터넷에 올린 동영상 감상하기

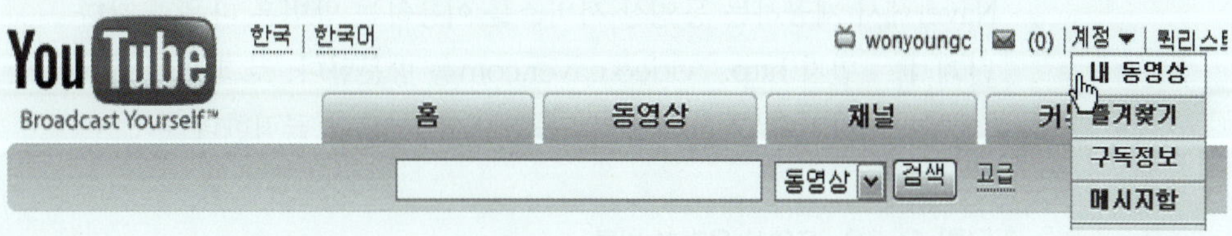

단계 6: 그림 C-29는 YouTube에 업로드된 동영상이 재생되는 모습이다.

그림 C-29 동영상 재생 모습

Naver 동영상 서비스

Naver에서 제공하는 동영상 서비스를 이용하는 방법은 다음과 같다.

단계 1: 먼저 http://video.naver.com을 방문한다. 로그인 한 후, 화면 오른쪽 중간 부분에 위치한 그림 C-30의 "동영상 올리기"를 클릭한다.

그림 C-30 동영상 올리기 버튼

단계 2: 필요한 Active X를 설치한 후, 그림 C-31의 화면에서 테마를 선택한다. 그리고 제목을 입력한 다음, "동영상 올리기" 버튼을 클릭한다. 이때 Active X를 한 번 더 설치할 것이다.

그림 C-31 동영상 올리기

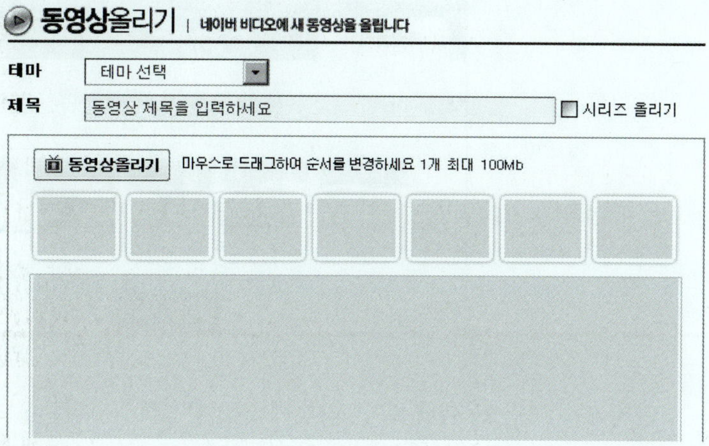

단계 3: 그림 C-32의 비디오 업로더 창에서 "파일찾기" 버튼을 클릭하고, 자신의 컴퓨터에 있는 동영상 파일을 선택한 후, "그냥 올리기" 버튼을 클릭한다.

그림 C-32 비디오 업로더 창

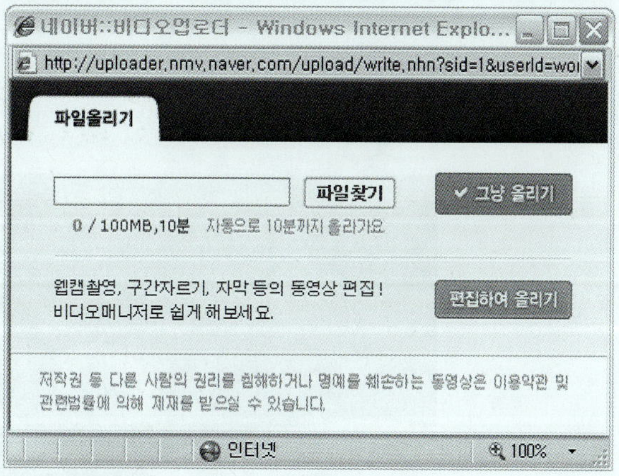

단계 4: 업로드가 완료되면, 그림 C-33과 같이 동영상의 표지를 선택하는 화면이 나타난다. 표지로 사용할 썸네일 이미지를 선택하고 "올리기 완료" 버튼을 클릭한다.

그림 C-33 동영상의 표지 선택

단계 5: 그림 C-34의 화면 하단에 위치한 "확인" 버튼을 클릭한다. 기타 자세한 사항은 NAVER 비디오의 도움말을 참조하자.

그림 C-34 동영상 올리기 마무리

단계 6: 그림 C-35는 Naver 비디오 서비스에 업로드된 동영상이 재생되는 모습이다.

그림 C-35 동영상 재생 모습

People 클래스의 walk 메서드

Alice 2.2 베타 버전에서 달라진 기능 중 하나는, People 컬렉션에 있는 대부분의 클래스에 walk 메서드가 기본적으로 삽입되었다는 것이다. 사람이 걷는 모습을 만들려면 기본 메서드를 사용하여 꽤 따분하고 지루한 작업을 하거나, hebuilder와 shebuilder를 이용해서 캐릭터를 직접 만들어야 했지만, Alice 2.2에서는 그냥 walk 메서드를 드래그 앤 드롭만하면 된다.

Alice 2.2의 People 컬렉션 안쪽을 확인해 보면, 그림 C-36과 같이 Walking People이라는 폴더가 새로 생긴 것을 확인할 수 있다.

이 폴더 안에 있는 모든 클래스는 기본적으로 walk 메서드를 가지고 있다. 그림 C-37은 Cowboy 클래스의 인스턴스를 월드에 추가하고, cowboy.walk 메서드를 호출하는 명령문 타일을 my first method 메서드에 추가한 모습이다.

그림 C-36 People 컬렉션의 Waling People 폴더

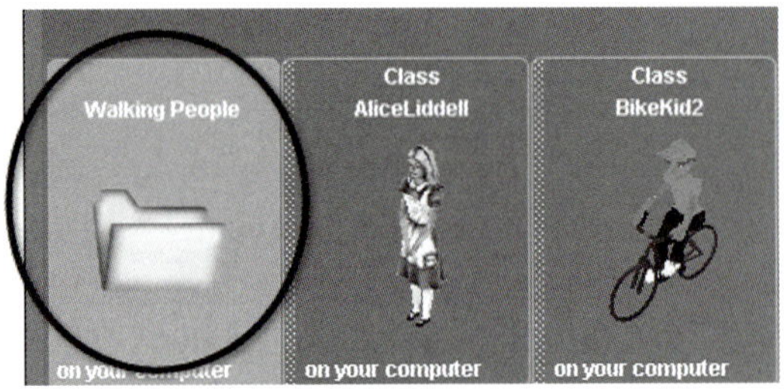

그림 C-37 Cowboy 객체의 walk 메서드

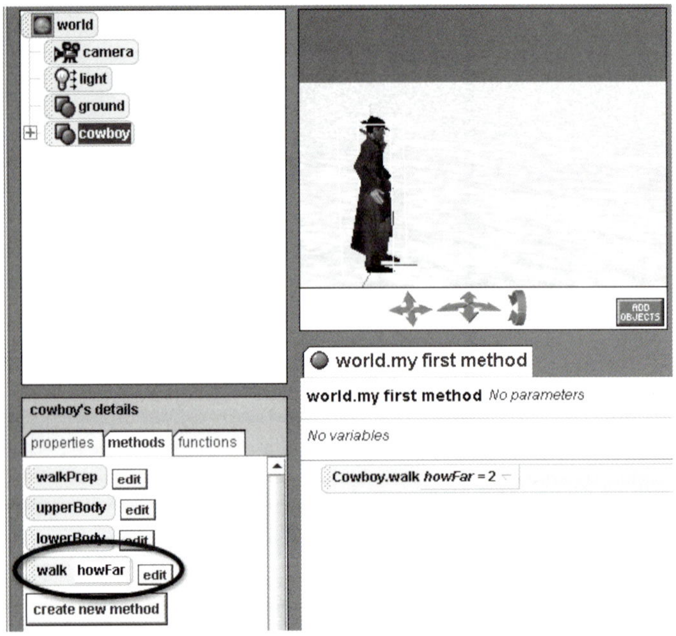

Alice 2.2는 아직 베타 버전으로 배포되고 있다. 베타 버전이란 아직 테스트가 진행 중인 개발 단계의 소프트웨어라는 뜻이므로, 약간의 버그는 필요악이라고 할 수 있겠다. 충분히 시간이 지나 베타 테스트가 완료되고 정식 버전이 배포되면, Alice 2.2는 Alice 3.0의 개발이 완료될 때까지 독자 여러분의 프로그래밍 학습에서 훌륭한 동반자가 될 것이다.

www.alice.org 사이트의 Downloads 메뉴를 자주 확인해보기 바란다. 최신 업데이트된 Alice 2.2 베타 버전이 이 메뉴를 통해서 배포된다.

APPENDIX

D 객체 지향 프로그래밍의 3대 요소

캡슐화, 상속, 다형성

부록 D에서는 캡슐화, 상속, 다형성이라고 하는 객체 지향 프로그래밍의 3대 요소에 대해서 간략하게 설명한다. Alice를 학습하고 난 후, Java나 C++와 같은 객체 지향 프로그래밍 언어를 학습할 계획이 있는 독자는 이 3대 요소를 반드시 숙지하고 있어야 한다. 본 번역서의 범위를 벗어나지 않는 수준에서 Alice의 기능과 연결시켜 그 핵심 개념만을 간단히 설명할 것이다.

캡슐화 (Encapsulation)

캡슐화는 크게 2가지 의미를 내포하고 있다. 하나는 "관련된 것들을 캡슐로 한데 모은다"는 의미이고, 다른 하나는 "캡슐 내부에 들어 있는 것들을 캡슐이라는 보호막으로 보호한다"는 의미이다. 첫 번째 의미는 어떤 객체의 속성과 행동을 하나의 클래스에 모아 둔다는 것으로, 이러한 캡슐화를 보통 클래스화(Classification)라고도 한다. 여기서 클래스가 곧 캡슐이다. Alice 갤러리에서 제공하는 각 클래스들이 바로 그 캐릭터와 관련된 속성과 행동을 하나의 캡슐 안에 모아 놓은 것이다. 캡슐화의 두 번째 의미는 캡슐 안에 들어 있는 것들에 대해서 캡슐 외부로부터의 접근을 막는다는 의미로, "클래스 접근 제어"라고도 한다. Java 언어와 같은 일반 프로그래밍 언어에서는 이러한 역할을 public, protected, private 등의 접근 제어자(access modifier)가 담당한다. 이러한 접근 제어자를 통해서 중요한 속성 및 메서드에 대해서는 외부로부터의 접근을 막고, 필요한 속성과 메서드만 공개하는 것이다. 그러나 Alice에서는 프로그래머가 직접 이러한 접근 제어를 할 수 있는 기능이 없으며, 모든 클래스의 속성과 메서드가 외부로 공개되어 있다. 만약 A 객체의 메서드 안에서 B 객체의 속성 값을 설정하거나 B 객체의 메서드를 호출할 수 있다면, B 객체의 속성과 메서드는 외부에 공개되어 있는 것이며 접근 제어가 전혀 안 되고 있는 것이다. 이와 관련된 예로 그림 D-1을 살펴보자. 그림 D-1의 월드에는 두 개의 요정 객체가 있다. 하나는 leftFantasy이고 다른 하나는

rightFantasy이다. 그리고, world.my first method에서는 rightFantasy 객체의 맞춤형 메서드 change를 호출하고 있다. 그림 D-2는 rightFantasy 객체의 맞춤형 메서드 change의 모습이다. 메서드 안의 명령문을 유심히 살펴보라. leftFantasy 객체의 color 속성을 red로 설정하고 있다! 즉, rightFantasy 객체가 자신이 아닌 남(leftFantasy 객체)의 몸 색깔을 붉게 만들고 있는 것이다.

그림 D-1 독립된 두 요정 객체

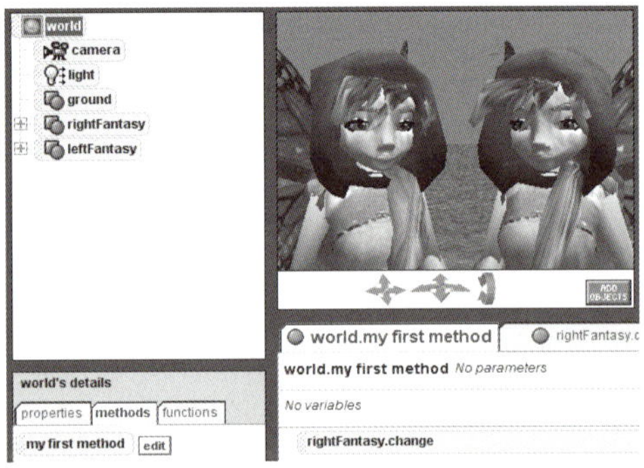

그림 D-2 다른 객체의 속성을 변경하는 예

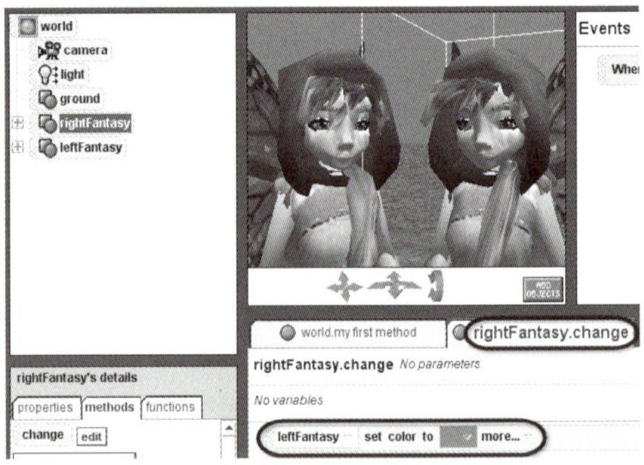

만일, 현실 세계에서 이러한 현상이 발생한다면 얼마나 황당할까? 남이 나의 몸 색깔을 자유자재로 변경할 수 있다면... 상상하기도 싫은 상황이다. 만약, leftFantasy 객체의 color 속성에 Java 언어의 private 접근 제어자가 설정되어 있다면, 그림 D-2와 같은 명령문은 컴파일 단계에서 에러를 발생시킨다. 여기서 private의 접근 제어가 설정된 속성이나 메서드는 해당 클래스 내에서만 접근할 수 있고, 외부에서는 전혀 접근할 수 없도록 보호된다. 즉, private으로 설정된 속성이나 메서드는 외부 객체의 메서드에 표시되면 안 된다. 글자로 보이면 안 된다는 것이다. 그러나 Alice는 모든 클래스의 속성과 메서드에 대해 외부의 접근을 허용하고 있으며, 따로 이것을 제어할 수 있는 즉, 외부의 접근을 막을 수 있는 방법이 전혀 없다. 따라서 Alice의 캡슐화는 "관련된 것들을 캡슐로 한데 모은다"는 첫 번째 의미가 강하다.

상속 (Inheritance)

객체 지향 프로그래밍에서 상속은 "코드의 재사용", "클래스의 계층적 설계", "다형성", 이 3가지를 위해 존재한다. 앞 절에서 이미 배웠듯이, 상속은 코드의 재사용성을 증가시킨다. 클래스를 설계할 때, 관련 있는 모든 속성과 메서드를 하나의 클래스 안에 모아 놓는 것이 아니라, '일반적인' 속성과 메서드는 상위 개념의 클래스에 모아 놓고, 그 상위 클래스를 그냥 상속받아 사용하는 것이다.(좀 더 '일반적인' 속성과 메서드를 가지고 있는 클래스를 상위 클래스, 좀 더 '특수한' 속성과 메서드를 가지고 있는 클래스를 하위 클래스라고 한다. 그림 5-10에서 곤충이 상위 클래스이고, 벌꿀과 메뚜기가 하위 클래스에 해당한다.) 즉, 상위 개념의 클래스로 갈수록 그 클래스는 하위 클래스들의 공통된 속성과 메서드를 가지고 있게 된다. 이렇게 클래스를 계층적으로 설계하면, 코드의 재사용성이 증가함과 동시에, 프로그램을 계층적으로 설계할 수 있으므로, 프로그램의 유지와 보수가 훨씬 쉬워진다. Alice에서 상속은 월드에 객체를 배치한 후, 그 객체에 맞춤형 메서드를 만들고, 이 객체를 새 클래스 파일로 저장하는 방식으로 이루어진다. 여기서 새로 저장한 클래스가 하위 클래스가 되는 것이고, 갤러리에 기존에 있던 클래스가 상위 클래스가 되는 것이다. 따라하기 5-2의 경우, FlyingPterodactyl가 하위 클래스이고, 갤러리의 Animals 컬렉션에 있는 Pterodactyl 클래스가 상위 클래스이다.

상속은 또한 다형성 구현에 결정적인 역할을 한다. 상속이 없이는 다형성의 구현이 불가능하기 때문이다.

다형성 (Polymorphism)

다형성이란 동일한 메시지에 대해서 이 메시지를 수신한 객체가 그 객체에 맞는 적절한 행동을 하도록 구현하는 객체 지향 기법을 말한다. 상속의 관점에서 다형성을 다시 정의하면 "상위 클래스의 좀 더 포괄적인 개념을 이용해서 하위 클래스들에 동일한 방식으로 접근하되, 그 하위 클래스의 특화된 메서드를 실행하는 기법"이라고 할 수 있다.

Java 언어와 같은 일반 프로그래밍 언어는 상속, 메서드 오버라이딩(Method Overriding), 레퍼런스형 변환 등의 기법들을 조합해서 다형성을 구현한다. 현재 Alice 2.0 또는 2.2는 이러한 다형성을 직접 구현할 수 있는 기능이 없다. 이는 Alice 개발팀의 공식 입장이기도 하다.

만약 Alice가 다형성을 지원하고 있다면, 다음에 설명하고 있는 단계들이 가능해야 한다. 다음은 Alice가 다형성 기능을 지원한다는 가정하에 설명한 것이다.

우선, 월드에 2개의 Penguin 인스턴스를 그림 D-3과 같이 추가한다. 왼쪽에 있는 인스턴스의 이름은 leftPenguin이고, 오른쪽에 있는 인스턴스의 이름은 rightPenguin이다.

그림 D-3 월드에 추가한 두 마리 펭귄

두 객체 내에 각각 run이라는 이름의 맞춤형 메서드를 만든다. leftPenguin 객체의 run 메서드는 그림 D-4와 같다.

그림 D-4 leftPenguin의 run 메서드

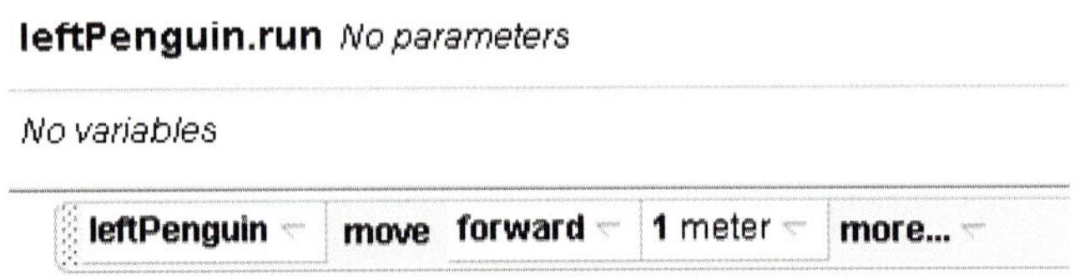

rightPenguin 객체의 run 메서드는 그림 D-5과 같다.

그림 D-5 rightPenguin의 run 메서드

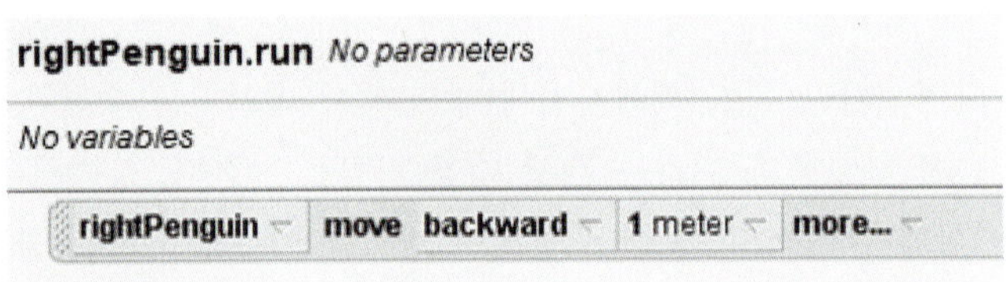

메서드의 이름이 run으로 동일하지만, 현재 그 내부 동작은 다르다. leftPenguin의 run 메서드는 앞쪽으로 1미터 이동하고, rightPenguin의 run 메서드는 뒤쪽으로 1미터 이동한다.

이번에는 world 객체에 testPoly 메서드를 그림 D-6과 같이 만든다. 형식이 Object형이고 이름이 abc인 매개변수도 같이 만들었다. 타일 위에 있는 Obj 표시는 이 변수의 형식이 Object형이라는 것을 말해 준다. Object 형식의 변수는 Alice의 모든 객체를 저장할 수 있다. 즉, testPoly 메서드는 월드에 존재하는 모든 객체를 인수로 전달 받을 수 있다. 이렇게 전달 받은 객체는 abc 매개변수에 저장된다. 그리고 testPoly 메서드는 인수로 전달된 객체의 run 메서드를 호출한다.

그림 D-6 world.testPoly 메서드

my first method에서 testPoly 메서드를 그림 D-7과 같이 호출하였다. 첫 번째 명령문 타일은 testPoly 메서드를 호출하면서 인수로 leftPenguin 객체를 넘겨주고 있으며, 두 번째 명령

문 타일은 testPoly 메서드를 호출하면서 rightPenguin 객체를 넘겨주고 있다. 어떤 일이 발생할까?

그림 D-7 world.my first method

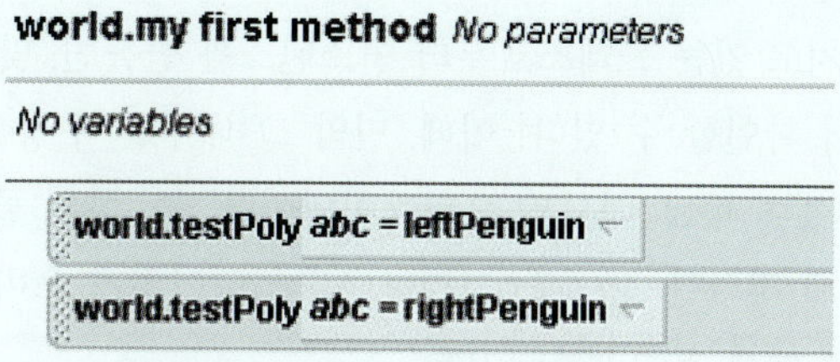

만약 Alice에서 다형성이 가능하다면, 왼쪽에 있는 펭귄은 앞쪽으로 1미터 이동하고, 오른쪽에 있는 펭귄은 뒤쪽으로 1미터 이동할 것이다.

여기서 독자 여러분이 주목할 부분이 바로 testPoly 메서드에 있는 그림 D-8의 타일이다.

그림 D-8 run 메서드 타일

abc 매개변수는 Object형으로 testPoly 메서드로 넘어 온 인수를 저장한다. 이때 abc에 어떤 객체가 저장되느냐에 따라, run 메서드는 다르게 수행된다. 만약 abc에 leftPenguin 객체가 저장되면 leftPenguin 객체의 run 메서드가 실행된다. 결국, leftPenguin이 앞쪽으로 1미터 이동하게 된다. 만약 abc에 rightPenguin 객체가 저장되면 rightPenguin 객체의 run 메서드가 실행된다. 결국, leftPenguin이 뒤쪽으로 1미터 이동하게 된다. 동일한 메시지 run에 대해서 매개변수 abc에 저장된 객체가 다르게 행동하고 있다!!

그러나 아쉽게도 Alice는 이러한 다형성 기능이 없다. 그림 D-8과 같은 타일은 처음부터 만들 수 없다. Object 형식의 변수에 저장된 객체는 오로지 모든 객체가 공통으로 가지고 있는 기본 메서드만 호출할 수 있다. run은 현재 leftPenguin 객체와 rightPenguin 객체에 만든 맞춤형 메서드이다. 위의 그림은 독자 여러분들에게 다형성을 설명하기 위해 역자가 그림 편집 프로그램으로 조작한 것이다.

다시 한 번 더 확인하자! 그림 D-8의 타일을 만드는 것은 Alice에서 불가능하다. 만약 Alice 3.0이 다형성 기능을 지원한다면, 이러한 타일을 만들 수 있을 것이다.

그러나 솔직히 이야기하자. 사실 위의 그림과 같은 타일을 만들 수 있다고 해서, 이것을 진정한 다형성이라고는 말할 수 없다. Alice에서 진정한 다형성이 가능하려면, 우선 클래스 이름을 프로그래머가 직접 지을 수 있어야 하고, 그 이름으로 된 데이터 형식을 만들 수 있어야 한다. 그리고 그러한 데이터 형식으로 만든 변수는 그 클래스의 인스턴스와 그 하위 클래스의 인스턴스를 저장할 수 있어야 한다. 현재는 객체를 저장할 수 있는 데이터 형식으로 Object 형만 가능하다. 메서드 오버라이딩도 자유롭게 가능해야 한다. 사실 현재 Alice는 약간의 메서드 오버라이딩을 지원하고 있다. 여기서 메서드 오버라이딩(Method Overriding)이란 상위 클래스의 메서드를 하위 클래스에 맞게 재 정의하는 것을 말한다. 맞춤형 메서드를 가지고 있는 클래스로부터 인스턴스를 만들면, 맞춤형 메서드의 내부 모습을 메서드 편집기에서 확인할 수 있다. 이때, 만약 그 내부를 수정한 후, 객체를 새로운 클래스로 저장했다면, 그것이 바로 메서드 오버라이딩이다. 즉, 상위 클래스의 맞춤형 메서드를 하위 클래스에 맞게 재 정의한 것이다. 그러나 Alice는 이렇게 오버라이딩된 맞춤형 메서드를 Object 형식의 변수에서 호출할 수 없다.

지금까지 객체 지향 프로그래밍의 3대 요소에 대해서 Alice의 기능과 연결하여 간단하게 설명하였다. 이 3대 요소에 대해 관심이 있는 독자는 Java 언어 전문 서적이나 객체 지향 프로그래밍 설계에 관한 서적을 참고하기 바란다.

APPENDIX E

Alice에서 사용할 이미지와 소리 만들기

빌보드에 사용할 이미지 만들기

빌보드를 사용하기 위해서 디지털 카메라 등으로 찍은 사진을 그대로 사용한다면 모를까, 기존 사진의 일부분을 사용하거나 새롭게 이미지를 만들어야 하는 상황이라면, 포토샵과 같은 사진 편집 프로그램을 이용해야 한다. 그러나 Alice의 빌보드를 만들기 위한 사진이라면 그렇게 전문적인 프로그램을 사용할 필요가 없다. 이 절에서는 이미지 편집의 경험이 없는 독자들도 쉽게 빌보드를 만들 수 있는 팁을 소개한다.

이 부록을 진행하기 위해서는 최소 2개의 프로그램 즉, 문서 편집 프로그램과 화면 캡처 프로그램이 컴퓨터에 설치되어 있어야 한다. 한글 2005나 MS 워드와 같은 문서 편집 프로그램은 대부분 컴퓨터에 설치되어 있을 것이다. 화면 캡처 프로그램에는 SnagIt과 같은 상용 프로그램도 있지만, 무료로 사용할 수 있는 프로그램도 많다. 역자가 추천하고 싶은 프로그램은 "오픈 캡처 ver 1.3.5" 인데, 무료이면서도 상용에 버금하는 기능을 가지고 있다. 이 프로그램은 별도의 설치 과정이 필요 없어, 독자 여러분의 USB에 저장해서 가지고 다니기에 편리하다. 그냥 opencapture_v1.3.5.exe 파일 하나가 전부다. 이것을 클릭하면 프로그램이 바로 실행된다. 그림 E-1은 이 프로그램의 실행 화면이다. 이 프로그램은 부록 CD에 포함되어 있다.

그림 E-1 오픈 캡처 프로그램의 실행 화면

자! 그러면 이제부터 이미지의 일부분과 정보 표시창을 빌보드로 만드는 방법에 대해서 간략히 살펴보자.

이미지의 일부분을 빌보드로 만들기

기존에 있는 사진 또는 이미지를 Alice 월드에 그대로 사용할 예정이라면 큰 문제가 없지만, 이미지의 일부분만을 사용하는 경우는 다른 도구가 필요하다. 오픈 캡처 ver 1.3.5가 유용한 프로그램이 될 것이다. 다음의 단계를 따라해 보자.

단계 1: opencapture 프로그램을 실행한다.

단계 2: 캡처할 사진이나 이미지가 컴퓨터 화면에 잘 보이도록 위치시키자.

단계 3: 오픈 캡처 프로그램의 "화면 캡처" 메뉴를 선택한다. 그림 E-2의 메뉴에서 "캡처할 영역을 사용자가 직접 지정"을 선택한다. (단축키를 외워두면 편리하다. "캡처할 영역을 사용자가 직접 지정"하는 단축키는 Shift+Ctrl+R이다.)

그림 E-2 화면 캡처 메뉴

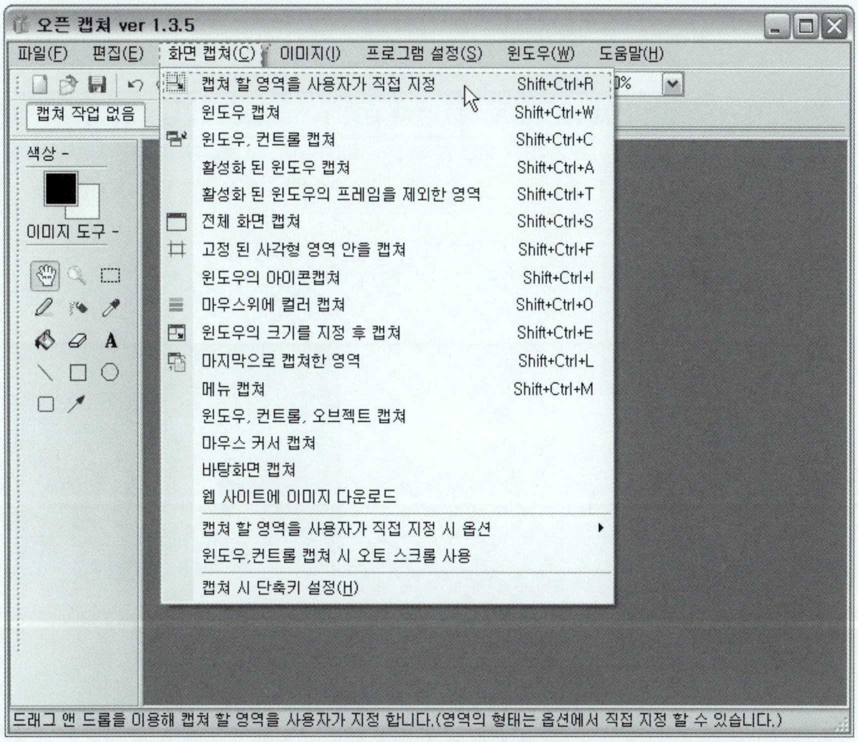

단계 4: 마우스 포인터가 그림 E-3처럼 십자 표시로 바뀐다. 이때 원하는 부분을 드래그한다.

그림 E-3 화면 선택

단계 5: 그림 E-4처럼, 캡처한 이미지가 프로그램에 표시된다.

그림 E-4 캡처한 이미지

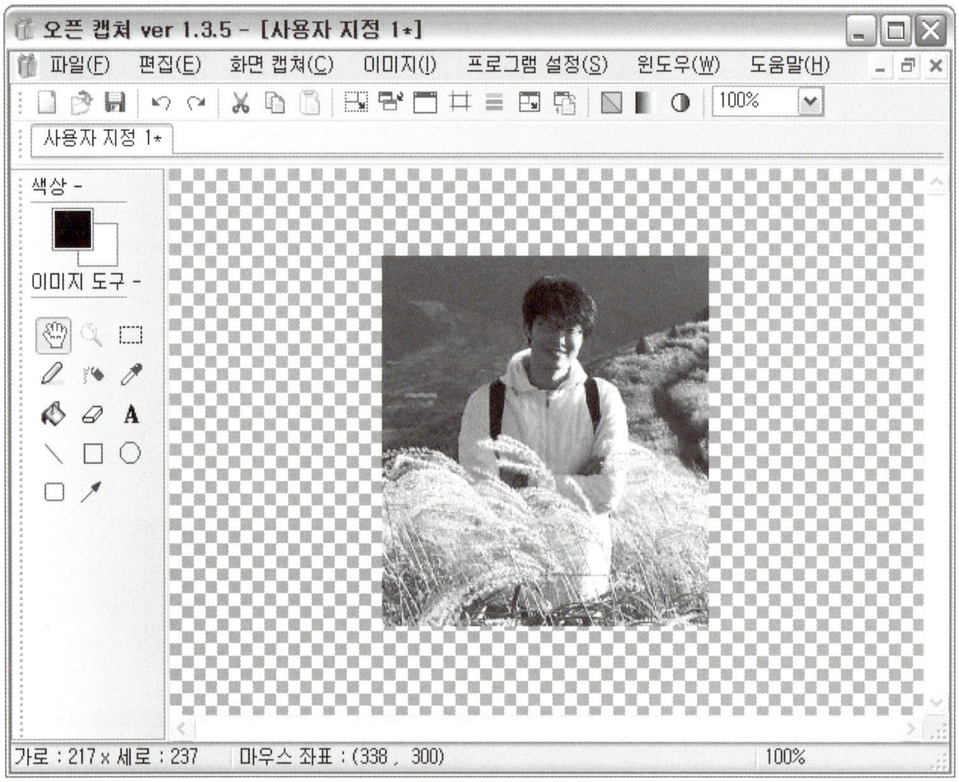

단계 6: 그림 E-4의 왼쪽에 있는 그림 편집 툴을 이용해서 약간의 편집도 가능하다.

단계 7: 마지막으로 이것을 그림 파일로 저장하자. 파일 > "이미지를 파일로 저장"을 클릭한다. 나타나는 대화상자에서 파일 이름을 입력하고, 파일 형식을 선택한 후, 저장 버튼을 클릭한다. Alice에서 지원하는 파일 형식은 GIF, JPG, TIF, PNG, BMP, JPEG, TIFF이다.

단계 8: Alice 프로그램에서 Make Billboard...메뉴를 선택한다. 방금 저장한 그림 파일을 선택하고 Import 버튼을 누른다.

단계 9: Alice의 월드 뷰 윈도우에 빌보드로 변환된 이미지가 그림 E-5처럼 삽입된다.

그림 E-5 월드에 삽입한 이미지

원본 이미지보다 약간 어둡게 나타난다. 이것은 빌보드의 emissiveColor 속성이 기본적으로 black으로 설정되어 있기 때문이다. 객체 트리에서 방금 삽입한 이미지를 선택하고, 세부 패널의 properties 탭에서 Seldom Used Properties 항목을 찾아 그림 E-6의 emissiveColor 속성을 no color로 설정한다. 그러면 원본 이미지처럼 밝아진다.

그림 E-6 emissiveColor 속성

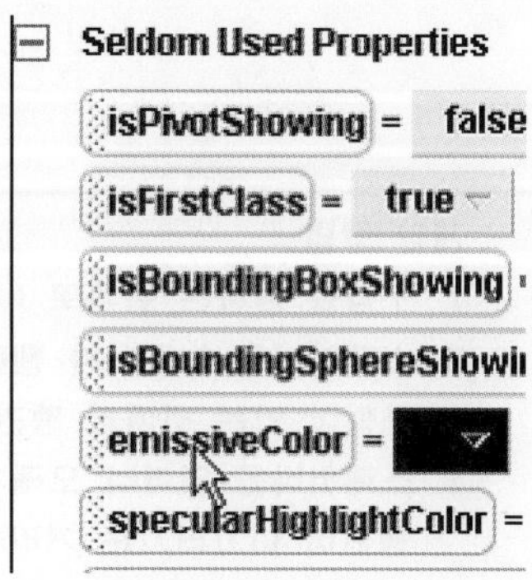

정보 표시창을 위한 빌보드 만들기

정보 표시창은 원하는 정보를 사용자에게 알려주는 이미지이다. 이 이미지 또한 빌보드로 만들어서 Alice 월드에 삽입할 수 있다. 이러한 정보 표시창은 특히 자신이 만든 월드의 작동법을 다른 사용자에게 알려주기 위해 반드시 필요하다. 이러한 경우, 앞에서 다루었던 오픈 캡처 프로그램과 독자 여러분들이 자주 사용하는 문서 편집 프로그램만 있으면 충분하다. 다음의 단계를 따라해 보자. 여기서는 한글 2005 프로그램을 가지고 설명한다.

단계 1: 정보 표시창에 표시할 글을 한글 2005에서 작성한다. 정보 표시창에 들어갈 글이므로 간결하게 작성하자.

단계 2: 작성을 모두 마쳤으면, 그림 E-6의 "미리 보기"를 선택한다.

그림 E-6 한글 2005의 미리 보기 버튼

단계 3: 그림 E-7의 화면에서 오픈 캡처 프로그램의 "화면 캡처" 메뉴를 선택한다. 거기서 "캡처할 영역을 사용자가 직접 지정"을 선택한다. (단축키는 Shift+Ctrl+R이다. 단, 오픈 캡처 프로그램이 실행중인 상태이어야 한다.) 이때 주의할 점은 정보 표시 창에 나타날 글들이 미리보기 화면에 모두 보여야 한다는 것이다. 미리 보기의 "화면 확대" 버튼을 클릭해서, 전체 글이 그림 E-7처럼 잘 보이도록 조절하자.

그림 E-7 미리 보기 화면

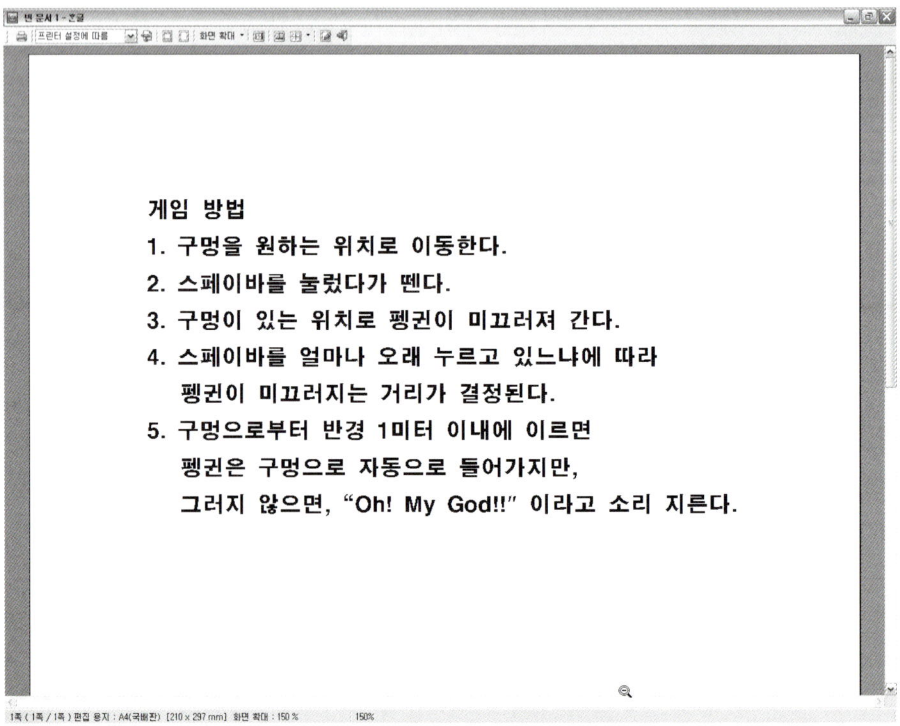

단계 4: "이미지의 일부분을 빌보드로 만들기" 의 단계 4 ~ 단계 7의 과정을 그대로 반복한다.

단계 5: Alice 프로그램에서 Make Billboard...메뉴를 선택한다. 방금 저장한 이미지 파일을 선택하고 Import 버튼을 누른다.

단계 6: Alice의 월드 뷰 윈도우에 빌보드로 변환된 이미지가 그림 E-8처럼 삽입된다. 삽입된 이미지 역시 원본 이미지보다 어둡게 보일 것이다. emissiveColor 속성을 no color로 설정한다.

그림 E-8 월드에 삽입한 이미지

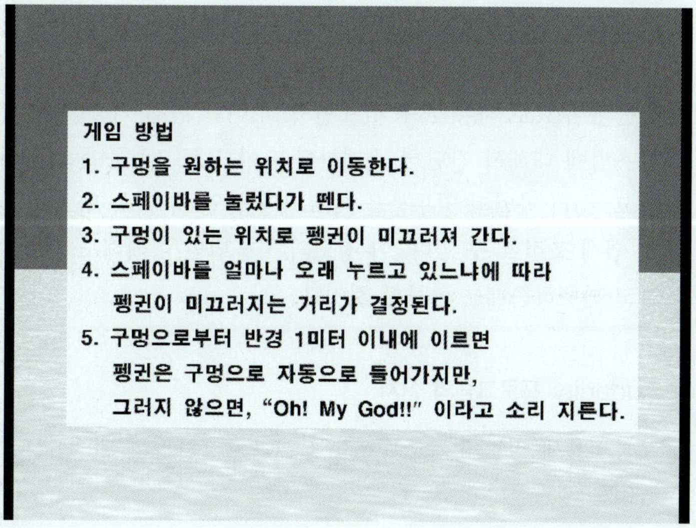

지금까지 Alice에서 사용할 이미지를 만드는 방법에 대해서 간단히 설명하였다. 한글 2005의 자세한 사용법은 해당 프로그램의 도움말을 참고하기 바란다. 오픈 캡처 프로그램의 구체적인 사용법은 블로거 노정훈(xiles)님의 "무료 화면캡처(Capture) 프로그램 오픈캡처(OpenCapture) 리뷰 및 사용법 소개(http://xiles.tistory.com/7)"를 참고하라.

※ 오픈 캡처 프로그램과 한글 2005를 이용하여 그림 파일을 만드는 방법이 만족스럽지 않은 독자도 있을 것이다. 좀 더 전문적인 이미지 편집 프로그램을 원하는 독자에게 소개하고 싶은 무료 이미지 편집 프로그램이 있다. http://www.gimp.org를 방문해 보기 바란다. 현재 안정화 버전인 gimp 2.6까지 공개되었고, GNU에 의해 무료로 사용할 수 있다.

http://www.gimp.org/downloads를 방문하면, 최신의 gimp 설치 파일을 다운로드할 수 있다. 이 프로그램은 자세한 한글* 도움말까지 제공한다. 한글로 된 온라인 도움말은 다음

주소 http://docs.gimp.org/ko를 방문해 보기 바란다. 인터넷이 느려 온라인 도움말이 답답하게 느껴진다면, 컴퓨터에 직접 도움말을 설치해 보는 것도 좋은 방법이다. 도움말 설치 프로그램은 현재 2.4 버전까지 개발되었다. http://gimp-win.sourceforge.net/stable.html를 방문하면 최신의 도움말 설치 파일을 다운로드 할 수 있다. 부록 CD에 gimp 2.6의 윈도우용 설치 파일(gimp-2.6.0-i686-setup-1.exe)과 도움말 설치 파일(gimp-help-2-2.4.0-setup.exe)이 포함되어 있다.

소리 파일 만들기

소리 파일을 제대로 편집하기 위해서는 소리 편집 프로그램을 사용해야 한다. 그러나 소리를 전문적으로 편집하는 상용 프로그램의 경우, 그 가격도 만만치 않을뿐더러 자주 사용하지 않는 고급 기능들로 인해 오히려 초급자에게는 더 어렵게 느껴질 수 있다. 여기서는 독자 여러분들이 무료로 사용할 수 있으면서, 뛰어난 편집 기능을 자랑하는 Audacity라는 프로그램의 사용법에 대해서 간단히 소개한다.[2] 이 프로그램을 통해, 자신의 음성을 손쉽게 녹음할 수 있고, 소리 파일의 일부분을 자르거나 붙일 수 있으며, 잡음을 없애고 소리의 톤이나 빠르기를 쉽게 조절할 수 있다. 이 정도의 사용법만 이해해도, Alice 월드에 삽입할 소리 파일을 만들고 활용하는데는 충분할 것이다.

Audacity 프로그램의 설치

부록 CD에 있는 audacity-win-1.2.6.exe (안정화 버전)를 실행하여 설치하자. 자세한 설치 과정은 생략한다.

※ 설치 시 주의할 점

Audacity의 기본 저장 포맷은 WAV이다. MP3 파일 포맷으로 소리 파일을 저장하기 위해서는 Audacity의 설치 완료 후 한 가지 과정을 더 해주어야 한다. Audacity 프로그램의 설치가 완료되면, 부록 CD에 있는 libmp3lame-win-3.97.zip 압축 파일을 적당한 폴더에 푼다. 폴더 안으로 가보면 Lame_enc.dll이라는 파일이 있을 것이다. 이것을 복사해서 Audacity 프로그램을 설치한 폴더에 붙여넣기 한다. 그림 E-9는 Lame_enc.dll 파일을 복사해서 넣은 Audacity 프로그램의 설치 폴더를 보여주고 있다.

---

2) Audacity 사이트 http://audacity.sourceforge.net를 방문하면, Audacity 프로그램의 최신 버전 또는 베타 버전을 다운로드 할 수 있다.

그림 E-9 Lame-enc.dll 복사해서 붙여넣기

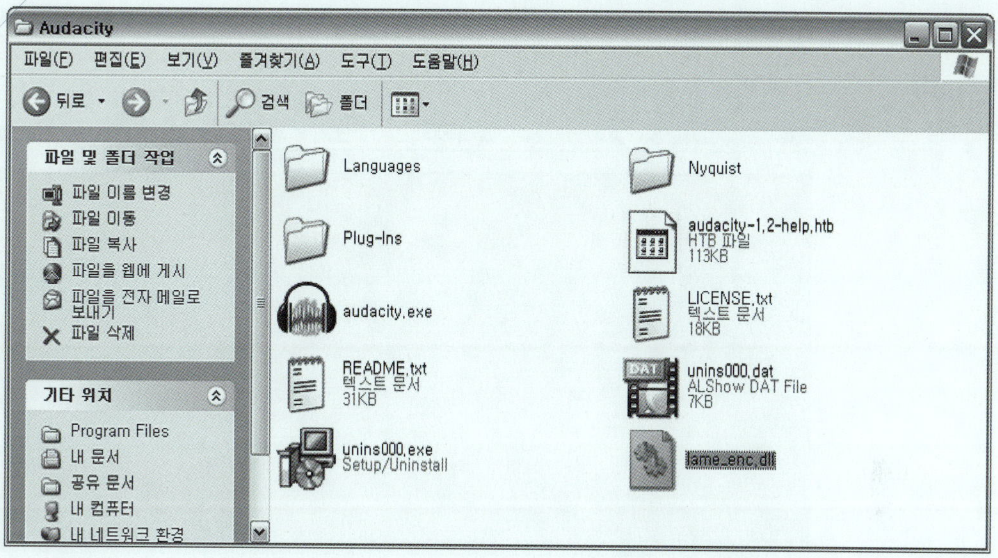

Audacity 프로그램에서 MP3 파일 포맷으로 소리 파일을 처음 저장할 때, 그림 E-10과 같은 대화상자가 나타날 것이다. 이때, audacity 폴더에 복사한 lame_enc.dll의 위치를 한번만 지정해 주면 된다.

그림 E-10 Export MP3 대화상자

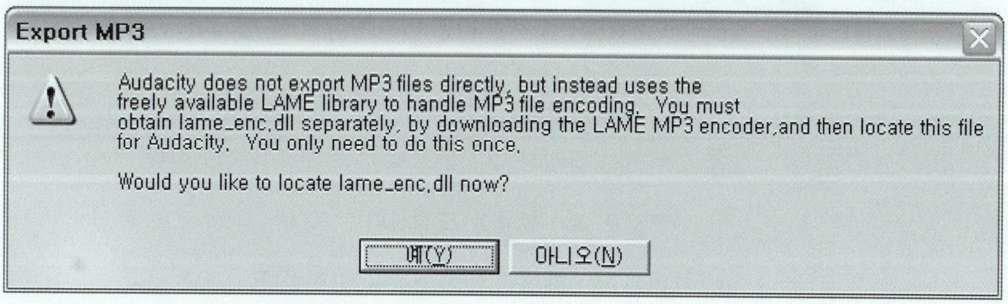

Audacity 프로그램의 인터페이스

이제 Audacity 프로그램을 실행해서, 소리 파일을 편집해 보자. 우선 Audacity 프로그램을 실행하면 그림 E-11과 같은 화면이 나타난다. 이것이 프로그램의 전체 인터페이스이다.

그림 E-11 Audacity 프로그램의 인터페이스

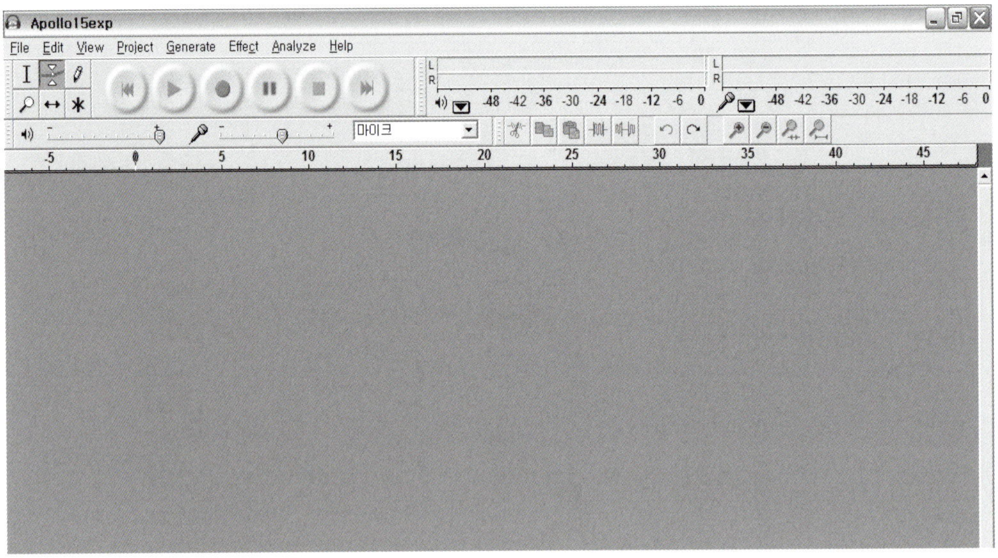

Audacity 프로그램의 인터페이스는 메인 메뉴와 더불어 총 4개의 툴바와 트랙으로 구분되어 있다. 아래는 Audacity 프로그램에서 사용하는 툴바의 간단한 설명이다.

- 제어 툴바

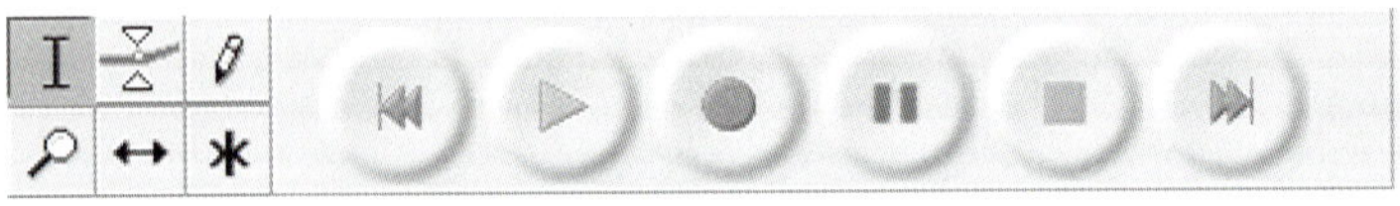

선택 툴 : 편집하거나 듣고자 하는 부분을 선택한다.

엔벨로프 툴 : 볼륨을 조절한다.

그리기 툴 : 개별적으로 샘플을 수정한다.

돋보기 툴 : 확대하거나 축소한다.

이동 툴 : 트랙을 왼쪽 또는 오른쪽으로 이동한다.

멀티 툴 : 위의 모든 기능을 한 번에 적용할 수 있다. 마우스의 위치와 키보드의 어떤 키를 눌렀느냐에 따라 기능이 달라진다.

처음으로 건너뛰기

재생

- 녹음
- 정지
- 끝으로 건너뛰기

- 믹서 툴바

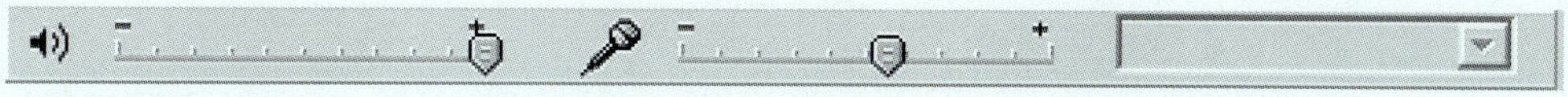

소리가 출력되고 입력되는 볼륨의 양을 조절할 수 있다. 또한 오른쪽의 드롭다운 메뉴를 통해 녹음할 입력 소스를 선택할 수 있다. 만약 마이크를 이용해서 자신의 음성을 녹음하려면, 여기서 마이크에 해당하는 항목을 선택하면 된다.

- 편집 툴바

- 잘라내기
- 복사하기
- 붙여넣기
- 선택 영역의 바깥쪽을 잘라 버린다.
- 선택 영역을 무음 처리 한다.
- 취소
- 재시도 (마지막에 실행한 명령을 다시 반복한다.)
- 확대
- 축소
- 선택 영역을 윈도우 크기에 꽉 차게 조절한다.
- 전체 영역을 윈도우 크기에 꽉 차게 조절한다.

- 계측 툴바

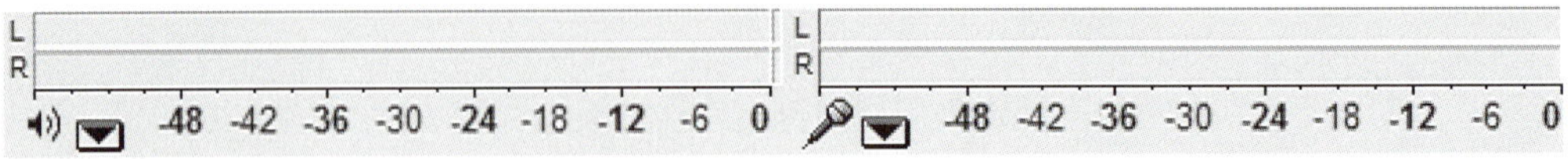

입력 소리와 출력 소리의 레벨을 확인할 수 있다.

- 오디오 트랙

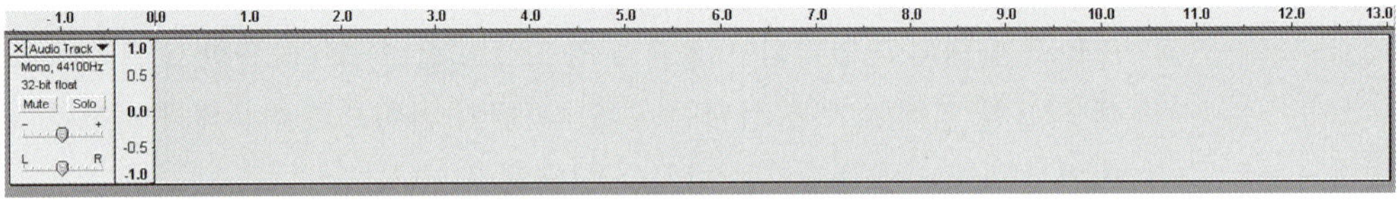

사람 눈에는 보이지 않는 소리가 이 트랙에 시각적인 파형으로 나타난다. 이곳에서 소리 파일의 실질적인 편집 작업이 이루어진다.

소리 파일을 잘라서 저장하기

우선 컴퓨터에 저장된 소리 파일을 열기 위해서는 File > Open을 선택한다. 부록 CD에 있는 Apollo15exp.wav를 하드 드라이브로 복사한 다음, 그 파일을 선택해서 연다. 이 소리 파일은 Apollo 15호의 실험 동영상에 나오는 음성을 녹음한 것이다. 이 파일을 열면, 그림 E-12와 같은 소리의 파형을 확인할 수 있을 것이다.

그림 E-12 Apollo15exp.wav를 불러온 화면

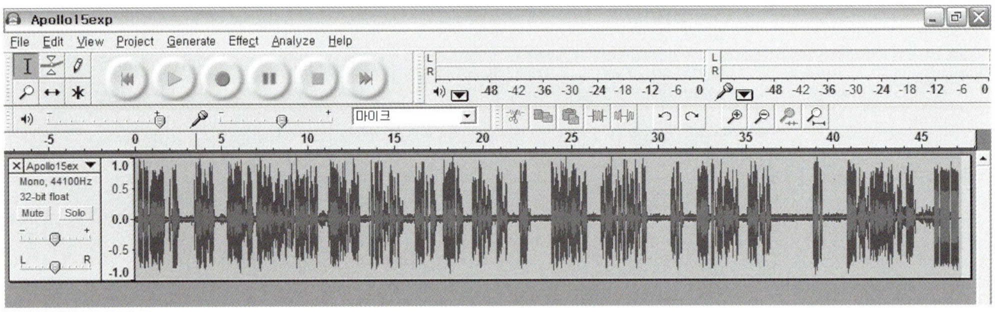

달에서 이루어진 Apollo 15호의 실험 동영상을 관찰해 보면, 크게 두 부분으로 나눠진다. 실험을 실시하기 전에 실험의 배경을 설명을 하는 부분과 실험을 하고 나서 그 실험의 결과를 설명하는 부분이다. 이제 이 음성 파일을 두 부분으로 나누어 각각을 MP3 파일로 저장해 보자.

단계 1: 실험의 배경을 설명하는 부분의 파형을 선택하자. 소리 파형의 0초부터 36초까지가 바로 실험의 배경 설명 부분이고, 그 이후는 실험을 하는 장면과 함께 그 실험 결과를 설명하는 부분이다. 먼저, 소리의 0초에서 36초까지의 파형을 선택하자. 파형을 선택하려면, 제어 툴바의 선택 툴 I 을 클릭하고, 원하는 파형을 마우스로 드래그한다. 그림 E-13은 실험의 배경을 설명하는 부분을 선택한 모습이다.

그림 E-13 실험의 배경 설명 부분을 선택한 모습

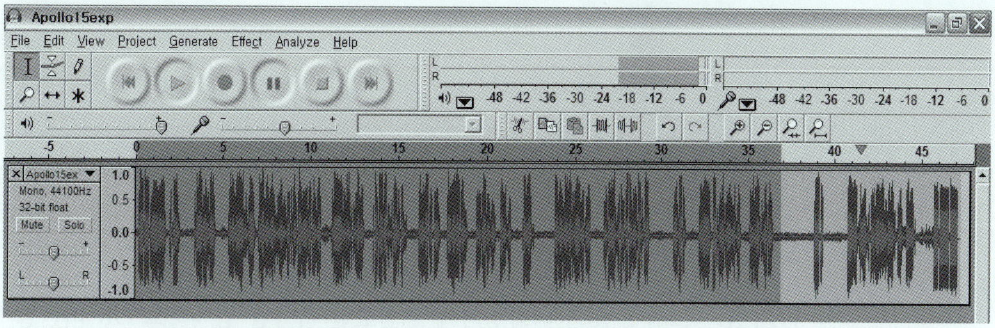

단계 2: 이제 이렇게 선택한 부분만 MP3 파일로 만들어 보자. File > Export Selection As MP3...를 선택한다. Export As MP3...는 소리 파일 전체를 MP3 파일로 저장하는 메뉴이므로 이것을 선택하지 않도록 주의하자. (만약 WAV 형식으로 저장하려면 Export Selection As WAV...를 선택하면 된다.) 나타나는 대화상자에서 Apollo15exp_1.mp3라고 입력하고, 저장 버튼을 클릭한다. Audacity 프로그램에서 처음 MP3 파일을 저장하는 독자라면, 그림 E-14와 같은 Export MP3 대화상자가 나타날 것이다.

그림 E-14 Export MP3 대화상자

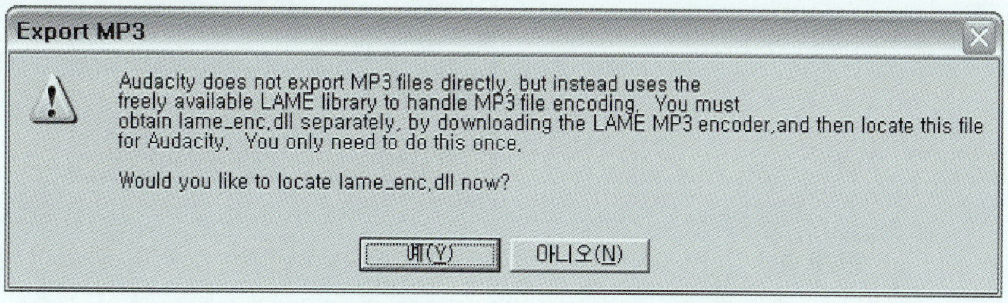

대화상자에서 "예" 버튼을 선택하고, 그림 E-15처럼 Lame_enc.dll 파일을 선택한 다음, 열기를 클릭한다. 이 과정은 Audacity 프로그램을 설치하고 최초로 MP3 파일을 저장하는 경우에만 필요하다. 이후에 MP3 파일을 저장할 때는 이 과정이 필요 없다.

그림 E-15 Lame_enc.dll 파일의 위치 지정

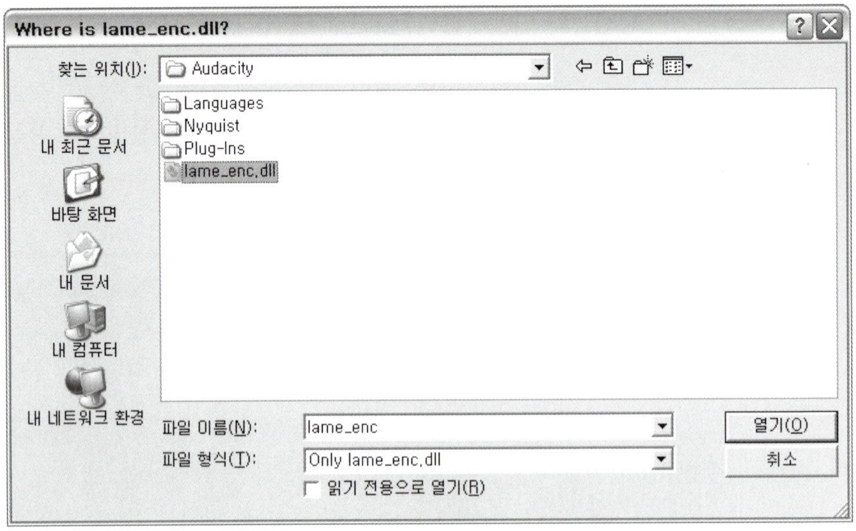

단계 3: 그림 E-16의 대화상자에서 필요한 사항을 입력하고 OK 버튼을 클릭한다. 필요 없으면, 아무것도 입력하지 않은 상태에서 그냥 OK 버튼을 눌러도 된다.

그림 E-16 Edit ID3 tags for the MP3 file 대화상자

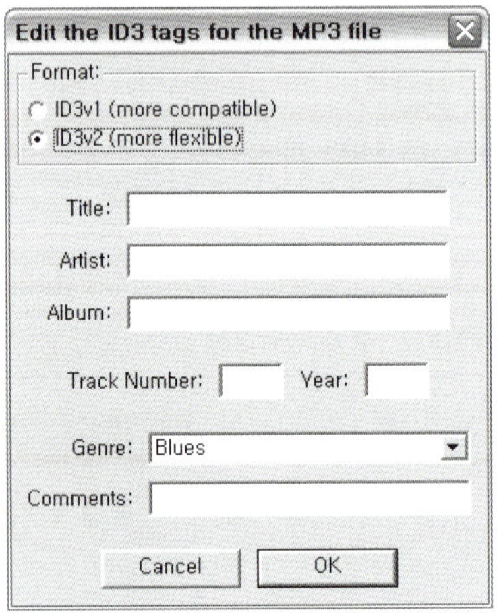

단계 4: MP3 파일이 생성되어 컴퓨터에 저장된다. 소리 파일의 나머지 부분도 이와 같은 과정으로 MP3 파일을 만들어 보자.

자신의 음성 녹음하기

이제 자신의 음성을 녹음해 보자. Alice에서 현실감 있는 애니메이션을 만들고자 할 때, 자신의 음성 파일을 이용할 수 있다. 단, 이렇게 하려면, Audacity 프로그램을 통해 몇 가지 단계

를 거쳐야 한다.

단계 1: 사용 가능한 마이크를 컴퓨터에 연결하고, 윈도우 제어판의 "사운드 및 오디오 장치"를 선택한다. 오디오 탭을 눌러, 소리 녹음의 볼륨을 적당히 조절하자.

그리고 Audacity 프로그램을 실행한 다음, 그림 E-17의 믹서 툴바에서 "마이크"를 선택한다.

그림 E-17 믹서 툴바

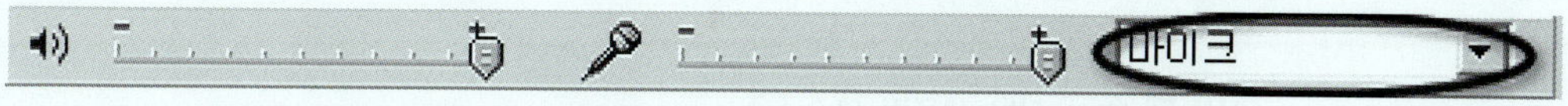

이상과 같이 설정을 마쳤다면, 이제 녹음 준비는 모두 끝난 것이다.

단계 2: 이제 녹음을 해 보자. 그림 E-18과 같이 제어 툴바의 녹음 버튼을 클릭한다.

그림 E-18 제어 툴바의 녹음 버튼

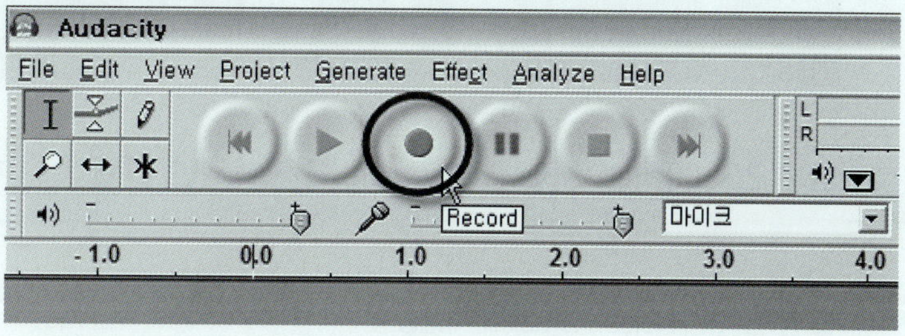

그러면 바로 녹음이 시작된다. 마이크에 입을 대고 말하기 시작하면 자신의 음성이 녹음 되는 모습을 확인할 수 있다. 그림 E-19는 녹음을 마친 결과이다.

그림 E-19 음성 녹음이 완료된 모습

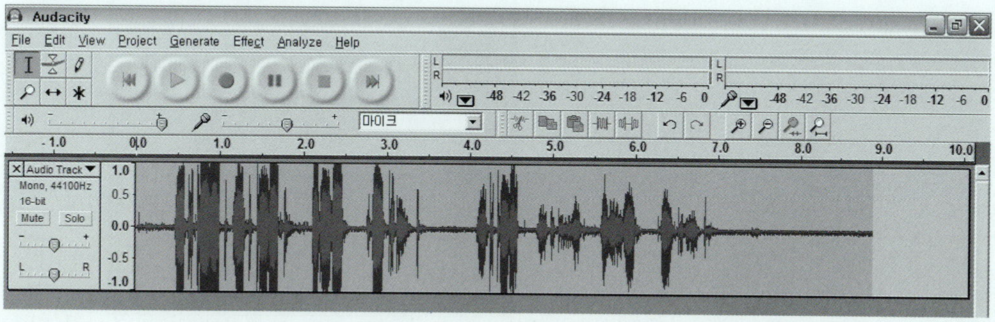

음성 파일의 잡음 제거하기

전문 녹음실에서 녹음하지 않았다면, 녹음된 음성 파일에는 많은 잡음이 섞여 들어가 있을 것이다. 특히, 파형의 골짜기 사이는 무수한 생활 잡음 및 마이크의 전자적인 잡음이 들어가 있다. 이를 제거하는 방법에 대해서 알아보자.

단계 1: 필요하다면 파형을 적당히 확대해도 좋다. 제어 툴바나 편집 툴바의 돋보기를 통해 파형을 확대시킬 수 있다. 전체적으로 잡음이 포함되어 있지만, 잡음이 들어있는 적당한 샘플을 선택해야 한다. 그림 E-20은 잡음의 본을 뜨기 위해 잡음을 선택한 모습이다.

그림 E-20 잡음 샘플링 모습

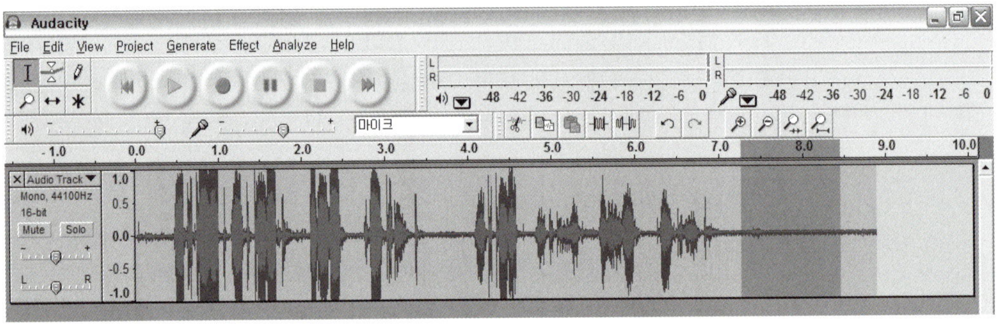

단계 2: Effect > Noise Removal ...를 선택하면, 그림 E-21과 같은 대화상자가 나타난다.

그림 E-21 Noise Removal 대화상자

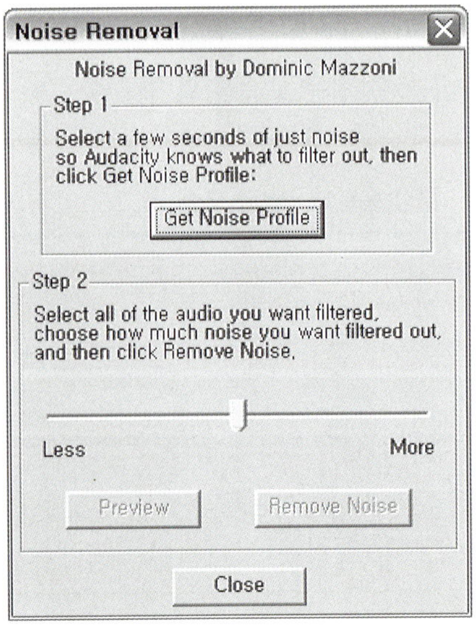

이때 Get Noise Profile 버튼을 선택하면 대화상자가 사라진다. 그러면서 Audacity 프로그램이 방금 전에 선택한 잡음 샘플을 내부적으로 분석한다. 그러나 이러한 분석과정은 겉으로는 나타나지 않는다. 대화상자가 사라지면 그것으로 끝이다. Audacity 프로그램은 이렇게 분석한 결과를 토대로 앞으로 선택할 영역에서 이와 비슷한 잡음을 모두 제거한다.

단계 3: 이제 잡음을 제거할 영역을 선택할 차례이다. 제어 툴바의 선택 툴을 사용해서 원하는 부분을 드래그한다. 그림 E-22에서는 소리 전체에 퍼져있는 잡음을 없애기 위해서 소리 파일의 전체 영역을 선택하였다.

그림 E-22 소리 파일 전체 선택

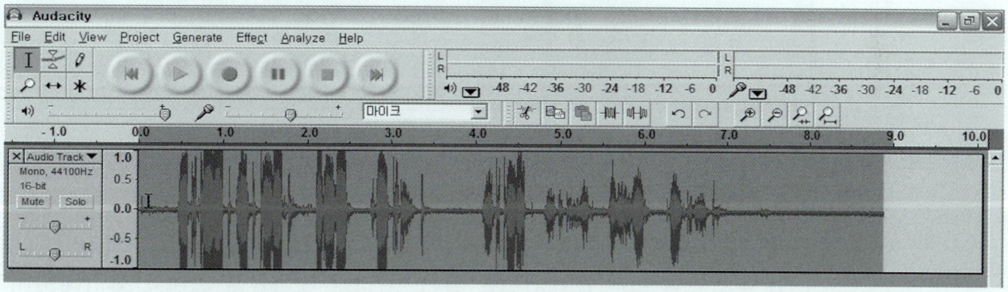

다시 Effect > Noise Removal을 선택한다. 그림 E-23의 Preview 버튼을 클릭하면, 잡음을 제거한 결과를 미리 들어볼 수 있다. 잡음 제거 효과가 없다면, 그림 E-23에 있는 슬라이드 바를 약간 조절한 다음, 다시 들어보자. 그렇게 해도 큰 차이가 없다면, 단계 1에서 잡음 샘플을 잘못 선택한 것이다. 이런 경우는 Close 버튼을 클릭하고, 단계 1부터 다시 시도한다. 괜찮다 싶으면, Remove Noise 버튼을 클릭한다.

그림 E-23

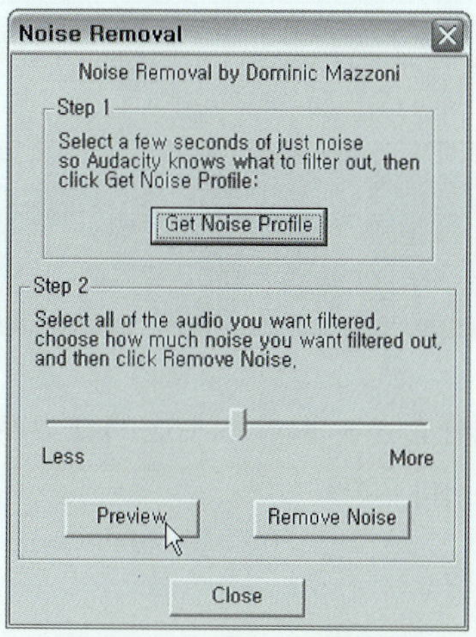

단계 4: 그림 E-24는 잡음이 제거된 결과를 보여준다. 처음에 녹음된 음성의 파형과 지금의 파형을 비교해 보라. 파형의 변화를 확인할 수 있겠는가? 파형의 골짜기 부분을 유심히 관찰해 보면, 잡음이 모두 제거되어 골짜기 부분이 하나의 실선처럼 보인다. 이것은 파형의 골짜기 속에 포함되어 있는 잡음이 깔끔히 제거되었음을 의미한다.

그림 E-24 잡음이 제거된 모습

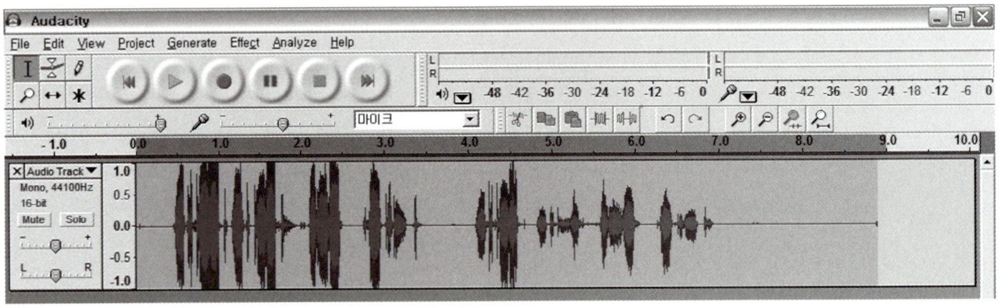

필요 없는 영역 제거하기

전체 소리 파형의 시작 부분과 끝 부분은 필요 없는 영역이다. 그러나 녹음을 하다 보면, 반드시 들어가게 되는 부분이기도 하다. 이러한 불필요한 영역을 잘라내려면 다음의 단계를 따라하자.

단계 1: 제어 툴바의 선택 툴 I 을 선택한 다음, 필요 없는 영역을 드래그 한다.

단계 2: 그림 E-25에서는 파형 끝 부분의 필요 없는 영역을 선택하였다. 이제 편집 툴바의 잘라내기 버튼을 클릭한다.

그림 E-25 불필요한 영역 잘라내기

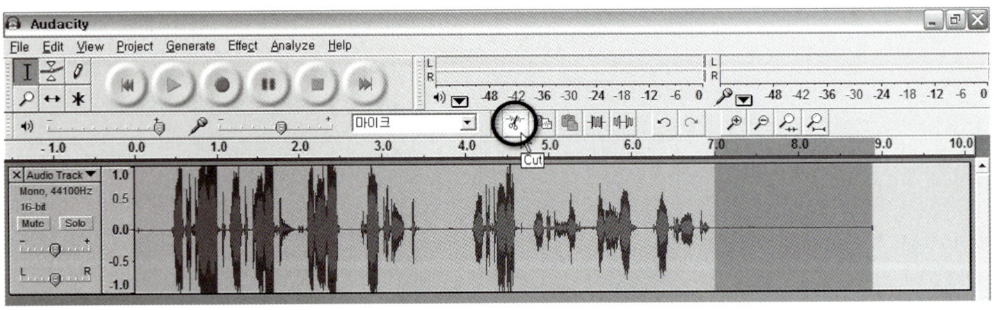

단계 3: 그림 E-26은 이런 식으로 시작 부분과 끝 부분의 필요 없는 영역을 모두 잘라낸 결과이다.

그림 E-26 불필요한 영역이 모두 제거된 파형

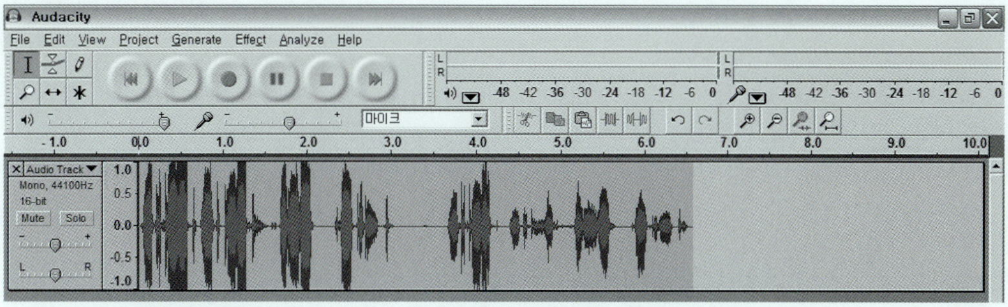

단계 4: 이제 저장만 하면 된다. 저장하는 방법은 앞에서 설명한 "소리 파일을 잘라서 저장하기"의 방법과 동일하다.

팁

음색, 톤, 속도 조절하기

목소리의 음색이나 톤, 그리고 속도를 조절하는 방법은 모두 Effects 메뉴 아래에 있다. 다음은 독자 여러분들이 쉽게 사용할 수 있는 메뉴에 대해 간단히 설명한 것이다.

① Amplify: 현재 작업 중인 소리 파일의 볼륨을 증폭하거나 감소시킨다.
② Bass Boost: 저음을 증폭한다.
③ Change Pitch: 음조를 조정한다.
④ Change Speed: 재생 속도를 조절한다.
⑤ Change Tempo: 소리의 템포를 조절한다.
⑥ Echo: 선택된 영역에 에코 효과를 준다.
⑦ Fade In: 선택 영역의 소리크기를 점점 줄여주는 효과를 낸다.
⑧ Fade Out: 선택 영역의 소리크기를 점점 높여주는 효과를 낸다.
⑨ Noise Removal: 선택한 영역의 소리를 샘플로 해서 잡음을 제거한다. 일부 영역의 잡음을 제거할 수도 있고, 전체 영역의 잡음을 제거할 수도 있다.
⑩ Normalize: 소리 파일 전체의 잡음을 제거하는 기능이다.

Fade In과 Fade Out을 제외하고 위 메뉴의 대화상자에는 모두 Preview 버튼이 있다. 이 버튼을 이용하면 사운드 효과를 최종적으로 반영하기 전에 미리 결과를 확인할 수 있다. Preview 버튼으로 미리 결과를 확인하면서 각 효과의 입력 값을 적절히 조절하면 된다. 자신의 목소리가 완전히 다른 사람의 목소리로 변하는 것을 확인할 수 있을 것이다.

이렇게 만든 소리 파일들은 Alice 객체의 properties 탭에 있는 "import sound" 버튼을 사용해서 Alice 월드에 삽입할 수 있다.

Audacity에 대해서 좀 더 자세한 사용법을 알고자 하는 독자는 Audacity의 공식 사이트를 방문해 보기 바란다.

APPENDIX F

배열과 리스트, 도대체 너희들은 뭐가 다른 거야?

배열이나 리스트를 이용해서 데이터들을 묶음으로 관리하면, 동일한 형식의 데이터들을 한데 모아 처리할 수 있는 장점이 있다. 또한, 숫자로 된 인덱스를 이용해서 한 묶음내의 모든 데이터에 간편하게 접근할 수 있다. 이것은 Loop 명령문 타일의 index 변수를 그대로 사용해서 Loop 명령문 타일 내에 배치한 한 개의 명령문 타일만으로 묶음 내의 모든 데이터들을 접근할 수 있다는 것을 의미한다. 이렇게 배열과 리스트는 그 사용법에서 매우 유사점을 가지고 있다.

한편, 리스트의 경우 그 크기가 프로그램의 실행 중에 자유자재로 변경된다는 점에서 배열보다 유연하고, 자체적으로 제공하는 메서드와 함수들도 매우 다양해서 프로그래머가 사용하기에 매우 편리하다. 그렇다면, 이렇게 편리한 리스트만 있어도 충분한 것을, 굳이 배열이라는 자료구조가 있어야 하는 이유는 무엇인가? 이것을 알게 되면, 배열과 리스트의 차이점도 자연스럽게 파악할 수 있다. 자! 이제 배열의 존재 이유를 자세히 살펴보자.

첫 번째, CPU의 처리 속도에서 배열이 리스트보다 훨씬 더 빠르다. 본 교재에서는 "내부적인 동작 방식의 차이" 때문이라고 설명하고 있지만, 그림 F-1과 그림 F-2를 살펴보면 그 원인을 확인할 수 있다. 각각의 그림은 배열과 리스트의 논리적인 모양을 나타내고 있다.

그림 F-1 배열

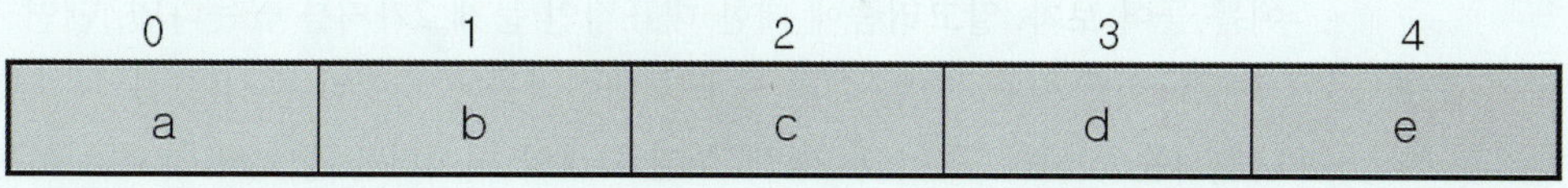

그림 F-2 리스트

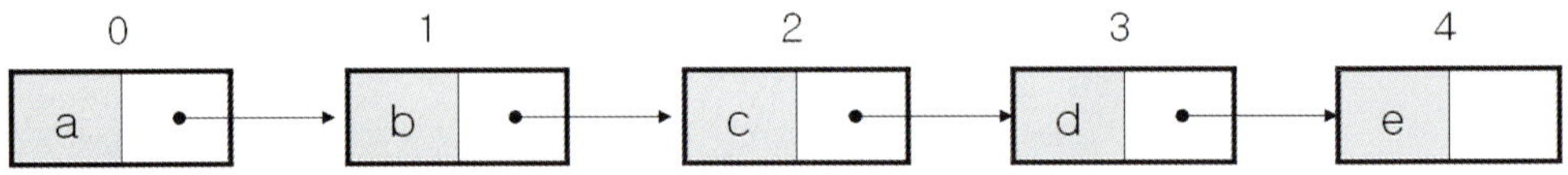

배열과 리스트의 사각형 박스는 데이터가 저장되는 공간이고, 그 공간에 현재 a, b, c, d, e 라는 데이터가 저장되어 있다. 각 박스마다 번호가 매겨져 있다. 이 번호를 인덱스라고 생각하면 된다. 이때 3번째 위치, 즉, 인덱스 번호가 3인 데이터에 접근한다고 가정하자. 배열은 인덱스 번호 3을 이용하여 곧바로 그 위치의 데이터에 직접 접근할 수 있다. 그러나 리스트는 0번 위치의 데이터를 기점으로 3개의 화살표를 오른쪽으로 따라가야 비로소 3번 위치의 데이터에 도달할 수 있다. 여기서 주의할 점은 리스트는 배열처럼 인덱스 번호를 이용하여 직접 접근할 수 없다는 것이다. 반드시 0번 위치부터 화살표를 따라가야 하며, 그때 따라간 화살표의 개수를 세야 한다. 당연히 배열 보다 느릴 수밖에 없다.

두 번째, 이들 자료 구조를 이용하여 해결하려고 하는 문제의 특성에 따라, 리스트와 배열의 유용성이 상당히 달라진다. 어떤 문제는 리스트를 사용하는 것이 더 좋고, 어떤 문제는 배열을 사용하는 것이 더 좋다. 이렇게 자료 구조의 유용성을 다르게 하는 문제의 특성이란 무엇일까? 바로 "데이터들의 묶음에서, 삽입 또는 삭제될 위치에 있는 데이터의 처리"에 있다. 그 위치의 처리 상황은 삽입과 삭제 시 각각 두 가지 경우가 있을 수 있다.

새로운 데이터의 삽입 시

- 삽입할 위치에 있던 기존의 데이터를 그냥 덮어 쓰는 경우
- 삽입 위치의 데이터와 그 이후의 데이터를 한 칸씩 뒤로 밀어서 삽입할 공간을 만들어야 하는 경우

기존 데이터의 삭제 시

- 삭제되고 남아 있는 공간을 그대로 두는 경우
- 삭제 위치 이후의 데이터들을 한 칸씩 앞으로 밀어서 삭제된 공간을 메워야 하는 경우

삽입과 삭제 시 전자에 해당하는 경우는 배열을, 후자에 해당하는 경우는 리스트를 사용하는 것이 프로그래밍을 하기에 편리하다.

예를 들어 보자. 알고리즘에 대한 대표적인 문제 2가지를 꼽는다면, 단연 "정렬(Sort)"과 "검색(Search)"이다. "정렬"이란 N개의 데이터들을 특정한 순서(오름차순, 또는 내림차순)대로 나열하는 것이다. 그리고 "검색"이란 N개의 데이터들 중에서 찾고자 하는 데이터가 포함되어 있는지, 그리고 포함되어 있다면 어느 위치에 있는지를 알아내는 것이다.

이 2가지 문제 모두, 문제 해결 과정에서 N개의 데이터 이외에 새로운 데이터가 삽입되거나, 기존의 데이터가 삭제되는 경우는 전혀 일어나지 않는다. 정렬의 경우, 두 데이터의 교환 과정이 전체 데이터가 정렬될 때까지 반복되는데, 이 과정에서 기존 데이터들의 묶음에 새로운 데이터 삽입되거나 그 묶음에서 데이터가 삭제되는 경우는 없다. 그냥 그 묶음 속에 있던 두 데이터들의 위치만 서로 교환되어 바뀔 뿐이다. 또한 두 데이터의 교환 과정에서 나머지 데이터들의 위치는 전혀 변화될 필요가 없다. 예를 들어, 10개의 데이터를 정렬한다고 하자. 그 정렬 과정에서 교환되는 데이터들이 2번째와 6번째라고 한다면, 이때(2번째 데이터와 6번째 데이터를 서로 교환될 때) 3번째, 4번째, 5번째 데이터의 위치는 변화될 필요가 없다. 또한 7번째, 8번째, 9번째 데이터들 역시 그 위치는 변함이 없다. 이와 같은 경우는 리스트보다 배열을 사용하는 것이 프로그래밍 하기에 훨씬 편리하다.

그러나 7장의 추가 연습 문제 "11. 조세퍼스 문제"는 선택된 기사의 번호를 묶음에서 완전히 삭제하고, 그 이후의 데이터들이 삭제된 자리를 메워야 한다. 또한, "12. 줄 세우기"는 학생이 뽑은 번호대로 학생의 위치가 변동되는데, 그때, 앞에 있던 다른 학생들의 위치까지 한 칸씩 뒤로 이동되어야 한다. 이와 같은 문제들은 리스트를 사용하는 것이 훨씬 편리하다.

리스트와 배열의 차이점에 대해서 자세히 설명하였지만, 혹시 이해가 잘 되지 않는 독자가 있다면, 배열과 리스트를 각각 사용해서 7장의 추가 연습 문제를 해결해 보라고 권하고 싶다. 특히, "11. 조세퍼스 문제"와 "12. 줄 세우기"를 추천한다. 배열과 리스트를 이용하여 이 문제들을 해결하다 보면, 문제의 특성에 대한 두 자료구조의 유용성을 확실하게 느낄 수 있을 것이다.

찾아보기

INDEX

V, W, Y

기타

▶ 역자에 대해서

장 원 영
메일 : wonyoungc@gmail.com
홈페이지 : http://www.codingfun.net

역자는 현재 충북과학고등학교 전산 교사로 재직하고 있으며, 컴퓨터 과학 교육(Computer Science Education)에 관심을 갖고 있다. 특히, "컴퓨터 알고리즘을 통한 논리적인 사고력 함양", "한국 정보 올림피아드(KOI)", 그리고, "초급자를 위한 Java 객체지향 프로그래밍"에 관심을 갖고, 이들에 대한 효과적인 교수 · 학습 방법을 찾기 위해 노력하고 있다.

정가 29,000원

Alice 컴퓨터 프로그래밍의 시작

2009년 5월 25일 초판 인쇄
2009년 6월 1일 초판 발행

역자와의
협의하에
인지생략

저　자 : Tony Gaddis
역　자 : 장 원 영
발행자 : 우 명 찬 · 송 준
발행처 : 홍릉과학출판사
주　소 : ㉾ 142-885 서울시 강북구 인수동 455-60
등　록 : 1976년 10월 21일 제5-66호
전　화 : 999-2274~5, 996-8341, 903-7037
팩　스 : 905-6729
hongpub@hongpub.co.kr
www.hongpub.co.kr